普通高等教育"十一五"国家级规划教材
新世纪全国高等中医药院校七年制规划教材

U0736494

金 匮 要 略

主　编　张家礼（成都中医药大学）
副主编　陈国权（湖北中医学院）
　　　　李敬孝（黑龙江中医药大学）
　　　　陶汉华（山东中医药大学）
　　　　王新佩（北京中医药大学）

中国中医药出版社
·北　京·

图书在版编目（CIP）数据

金匮要略／张家礼主编 . —北京：中国中医药出版社，2004.9（2018.8重印）

普通高等教育"十一五"国家级规划教材

ISBN 978 - 7 - 80156 -566-2

Ⅰ. 金…　Ⅱ. 张…　Ⅲ. 金匮要略—中医学院—教材　Ⅳ. R222.3

中国版本图书馆 CIP 数据核字（2004）第005126号

中国中医药出版社出版

北京市朝阳区北三环东路 28 号易亨大厦 16 层

邮政编码　100013

传真　010 64405750

廊坊市三友印务装订有限公司印刷

各地新华书店经销

*

开本 850×1168　1/16　印张 33.25　字数 776 千字

2004 年 9 月 第 1 版　2018 年 8 月第 11 次印刷

书　号　ISBN 978 -7 -80156 -566 -2

定价　99.00 元

网址　www.cptcm.com

全国高等中医药专业教材建设
专家指导委员会

前　言

　　"新世纪全国高等中医药院校七年制规划教材"，是高等中医药院校成立七年制以来第一版规划教材，是依据教育部《关于"十五"期间普通高等教育教材建设与改革的意见》精神，在教育部、国家中医药管理局宏观指导下，由全国中医药高等教育学会主办，全国设有七年制的高等中医药院校为主联合编写。第一批规划教材计 18 种，均为七年制各专业（各培养方向）必修的主干课程。包括：《中医古汉语基础》《中医哲学基础》《中医基础理论》《中医诊断学》《中医医家学说及学术思想史》《临床中药学》《方剂学》《中医内科学》《中医外科学》《中医妇科学》《中医儿科学》《中医骨伤科学》《针灸学》《内经学》《伤寒论》《温病学》《金匮要略》《中医养生康复学》。

　　本套规划教材系统总结了中医药七年制教育和教材建设的经验，根据七年制教学和学生素质特点，在吸取历版五年制教材成功经验的基础上，立足改革，更新观念，勇于探索，在继承传统理论基础上，择优吸收现代研究成果，拓宽思路，开阔视野；在注重"三基"教育的同时，注意启迪学生的思维；在"宽基础"的基本原则下，注意实践能力的培养。

　　本规划教材采用了"政府指导，学会主办，院校联办，出版社协办"的运作机制。教育部和国家中医药管理局有关部门、有关领导始终关注、关心本规划教材，及时予以指导；全国高等中医药专业教材建设专家指导委员会予以全程指导和质量监控，从教材规划、主编遴选、教学大纲和编写大纲审定、教材质量的最后审查，都进行了严肃认真的工作，严格把关，确保教材高质量，为培养新世纪中医药高级人才、为培养新一代名医奠定坚实的基础。

　　需要特别提出的是全国各高等中医药院校，尤其是设立七年制的中医药院校，在本规划教材编写中积极支持、积极参与，起到了主体作用；中国中医药出版社积极协办，从编校、设计、印装质量方面严格要求、注重质量，使本教材出版质量得以保证。各高等中医药院校和中国中医药出版社还在经费方面予以支持，为教材编写提供了保障。在此一并致谢！

　　由于编写中医药七年制教材尚属首次，本规划教材又在继承的基础上进行了一定力度的改革与创新，所以在探索的过程中难免有不足之处，甚或错漏之处，敬请各教学单位、各位教学人员在使用中发现问题及时提出，以便我们及时修改，不断提高质量。谨此致以衷心感谢！

全国中医药高等教育学会
全国高等中医药教材建设研究会
2004 年 6 月

编写说明

　　《金匮要略》是新世纪全国高等中医药院校七年制规划教材。为适应培养21世纪高素质创新人才的需要，该书是在全国五年制各版《金匮》教材的基础上，注意充分反映七年制教学改革的成果，并吸取现代有关学科的精髓，反复推敲而形成的精品教材。本教材除适合七年制（本硕连读）中医专业学习而外，亦可供中医研究生、中西结合临床医师及自学爱好中医者阅读研究参考之用。

　　本书以宋·林亿等诠次，明·赵开美校刻的《金匮要略方论》为蓝本。全书在"绪论"之后，对前22篇仍用分类编排的方式，每篇之首有简明概说（不列标题），每条〔原文〕（序号与李克光主编《金匮要略讲义》同）后均列有〔释义〕。根据内容的需要，选用〔校勘〕、〔词解〕、〔按语〕、〔临床应用与研究〕、〔选注〕、〔医案举例〕，然后增设全篇的"研究概要"，简介近20余年来国内外的研究成果及动态，最后有"小结"。全书在"目录"之前，增"张仲景《伤寒杂病论》原序"，仍保留"金匮要略方论序"，并在第23～25篇篇首增列"概述"，篇后加"小结"，以利拓宽知识面。原书〔附方〕的编写体例与正方完全相同。书末"附录"有汉代度量衡与张仲景方药剂量（为新的研究成果），〔选注〕书目，方剂索引，方便查阅。赵本在每篇正文前，列有"论"若干首，"脉证"若干条，"方"若干首，本书免载，特此说明。

　　本书在保持中医药特色方面，体现了继承性（囊括了所有五年制教材内容）、科学性（突出了研究成果）、实用性（所有方剂均精选有医案举例，没有遗漏）的巧妙结合，堪称高质量、高水平、创新性的《金匮》教材。

　　本教材的编写人员由担任过多年中医七年制教学、临床、科研任务的专家教授组成，其具体分工如下：张家礼负责编写绪论、杂疗方第二十三、禽兽鱼虫禁治并治第二十四、果实菜谷禁忌并治第二十五、目录、〔选注〕书目、方剂索引；陈国权负责编写脏腑经络先后病脉证第一、奔豚气病脉证治第八；李敬孝负责编写胸痹心痛短气病脉证治第九；陶汉华负责编写痉湿暍病脉证治第二、疟病脉证并治第四、肺痿肺痈咳嗽上气病脉证治第七；王新佩负责编写百合狐蜜阴阳毒病脉证治第三、五脏风寒积聚病脉证并治第十一；马晓峰负责编写惊悸吐衄下血胸满瘀血病脉证治第十六、趺蹶手指臂肿转筋阴狐疝蚘虫病脉证治第十九；吕志杰负责编写血痹虚劳病脉证并治第六、疮痈肠痈浸淫病脉证并治第十八；陈仁旭负责编写中风历节病脉证并治第五、消渴小便不利淋病脉证并治第十三、汉代度量衡与张仲景方药剂量；张再良负责编写腹满寒疝宿食病脉证治第十、黄疸病脉证并治第十五；张琦负责编写痰饮咳嗽病脉证并治第十二，妇人妊娠病脉证并治第二十；蒋明负责编写呕吐哕下利病脉证治第十七、妇人产后病脉证治第二十一；廖世煌负责编写水气病脉证并治第十四、妇人杂病脉证并治第二十二。我们编写七年制"精品教材"因系首创，恐难免有错漏之处，切望使用同道提出宝贵意见，以便修订提高。

《金匮要略》编委会

2004 年 3 月

張仲景《傷寒雜病論》原序

論曰：余每覽越人入虢之診，望齊侯之色，未嘗不慨然歎其才秀也。怪當今居世之士，曾不留神醫藥，精究方術，上以療君親之疾，下以救貧賤之厄，中以保身長全，以養其生；但競逐榮勢，企踵權豪，孜孜汲汲，惟名利是務；崇飾其末，忽棄其本，華其外而悴其內。皮之不存，毛將安附焉？卒然遭邪風之氣，嬰非常之疾，患及禍至，而方震慄，降志屈節，欽望巫祝，告窮歸天，束手受敗。賫百年之壽命，持至貴之重器，委付凡醫，恣其所措。咄嗟嗚呼！厥身已斃，神明消滅，變為异物，幽潛重泉，徒為啼泣。痛夫！舉世昏迷，莫能覺悟，不惜其命，若是輕生，彼何榮勢之云哉？而進不能愛人知人，退不能愛身知已，遇災值禍，身居厄地，蒙蒙昧昧，蠢若遊魂。哀乎！趨世之士，馳競浮華，不固根本，忘軀徇物，危若冰谷，至於是也！

余宗族素多，向餘二百。建安紀年以來，猶未十稔，其死亡者，三分有二，傷寒十居其七。感往昔之淪喪，傷橫夭之莫救，乃勤求古訓，博采眾方，撰用《素問》、《九卷》、《八十一難》、《陰陽大論》、《胎臚藥錄》，并平脉辨證，為《傷寒雜病論》，合十六卷。雖未能盡愈諸病，庶可以見病知源。若能尋余所集，思過半矣。

夫天布五行，以運萬類；人稟五常，以有五藏。經絡府俞，陰陽會通；玄冥幽微，變化難極。自非才高識妙，豈能探其理致哉！上古有神農、黃帝、岐伯、伯高、雷公、少俞、少師、仲文，中世有長桑、扁鵲，漢有公乘陽慶及倉公。下此以往，未之聞也。觀今之醫，不念思求經旨，以演其所知；各承家技，始終順舊。省疾問病，務在口給；相對斯須，便處湯藥。按寸不及尺，握手不及足；人迎趺陽，三部不參；動數發息，不滿五十。短期未知決診，九候曾無髣髴；明堂闕庭，盡不見察，所謂窺管而已。夫欲視死別生，實為難矣！

孔子云：生而知之者上，學則亞之。多聞博識，知之次也。余宿尚方術，請事斯語。

金匮要略方论序

　　張仲景為《傷寒雜病論》，合十六卷，今世但傳《傷寒論》十卷，雜病未見其書，或於諸家方中載其一二矣。翰林學士王洙在館閣日，於蠹簡中得仲景《金匱玉函要略方》三卷，上則辨傷寒，中則論雜病，下則載其方，并療婦人。乃録而傳之士流，才數家耳。嘗以對方證對者，施之於人，其效若神。然而或有證而無方，或有方而無證，救疾治病，其有未備。國家詔儒臣校正醫書，臣奇先校定《傷寒論》，次校定《金匱玉函經》。今又校成此書，仍以逐方次於證候之下，使倉卒之際，便於檢用也。又採散在諸家之方，附於逐篇之末，以廣其法。以其傷寒文多節略，故所自雜病以下，終於飲食禁忌，凡二十五篇，除重復，合二百六十二方，勒成上中下三卷，依舊名曰《金匱方論》。臣奇嘗讀《魏志·華佗傳》云："出書一卷，曰：此書可以活人"。每觀華佗凡所療病，多尚奇怪，不合聖人之經。臣奇謂活人者必仲景之書也。

　　大哉！炎農聖法，屬我盛旦，恭惟主上，丕承大統，撫育元元，頒行方書，拯濟疾苦，使和氣盈溢而萬物莫不盡和矣。

太子右贊善大夫臣　高保衡

尚書都官員外郎臣　孫　奇

尚書司封郎中充秘閣校理臣　林億等傳上

目　　录

绪　论

一、《金匮要略》的性质与沿革

《金匮要略方论》，是我国东汉著名医学家张仲景（公元 152～219 年）所著《伤寒杂病论》的杂病部分，是我国现存最早的一部诊治杂病的专书。该书对于后世临床医学的发展有重大贡献和深远影响。所以被古今医家誉为方书之祖、医方之经、治疗杂病的典范。是学习中医学必读的古典医籍之一。

该书大致经历了成书、散佚、整理校订三个时期。约在公元 3 世纪初（200～210 年），张仲景写成了《伤寒杂病论》，全书共十六卷（十卷论伤寒，六卷论杂病）。但该书从东汉到西晋的一段时期，因战乱而散失。后经魏晋太医令王叔和加以搜集编次（约 220～256 年），为《伤寒论》十卷，而杂病部分在《脉经》中保存了基本内容。宋仁宗时期（1023～1063年），翰林学士王洙在翰林院所存的残旧书籍中发现《伤寒杂病论》的节略本《金匮玉函要略方》三卷，上卷论伤寒病，中卷论杂病，下卷载其方剂及妇科病。宋神宗熙宁年间（1068～1077 年），林亿等在校订此书时，因为《伤寒论》已有比较完整的王叔和编次的单行本，于是删去了上卷而只保留了论述杂病和妇人病的中、下卷。为"使仓卒之际，便于检用"，又把下卷的方剂部分，分别列在各证候之下，仍编为上、中、下三卷。此外，还采集各家方书中转载仲景治疗杂病的医方及后世一些医家的良方，分类附在篇末"以广其法"，题书名为《金匮要略方论》。金匮者，以金为匮（柜）也；要略者，要领韬略也。意在表明本书内容精要，有方有论，价值珍贵，应当慎重保藏。这就是后世通行的《金匮要略》（以下简称"原书"）。

二、基本内容及编写体例

（一）基本内容

原书共二十五篇。首篇《脏腑经络先后病》篇，属于总论性质，对疾病的病因病机、预防、诊断、治疗等方面，都以例言的形式，作了原则性的提示，故在全书中具有纲领性的意义。第二篇至第十七篇属于内科范围的疾病。第十八篇属于外科疾病。第十九篇将不便归类的几种疾病合为一篇。第二十至二十二篇，专论妇产科疾病。最后三篇为杂疗方和食物禁忌。

原书载方 262 首，药物 213 味，前二十二篇中，计原文 398 条，包括 40 多种疾病，共载方剂 205 首（其中四首只列方名而未载药味，即杏子汤、黄连粉、藜芦甘草汤、附子汤），用药 155 味。在治疗方面，除使用药物外，还采用了针灸和饮食调养，并重视药后护理。在剂型方面，既有汤、丸、散、酒的内服药剂，又有熏、洗、坐、敷、滴耳、灌鼻、含舌下等外用药剂。

（二）编写体例

在编写体例方面，原书采用以病分篇，每篇内容以条文形式列出。

对于疾病的分篇，有以数病合为一篇者，亦有一病独立成篇者。其数病合为一篇者，大致有三种情况，主要以病机相同、证候近似或病位相近为依据，例如：痉、湿、暍三种疾病，都由外邪为患，在初起时多有恶寒发热等表证，故合为一篇；消渴、小便不利、淋病，都与肾或膀胱相关，病位相近，故合为一篇。二是将不便归类的疾病合为一篇，如第十九篇《趺蹶手指臂肿转筋阴狐疝蛔虫病》篇。三是分科论病，如疮、痈、肠痈、浸淫病皆属外科病证，故合为一篇。这种数病合篇的体例，有利于区别相关病证的异同之处，作出鉴别诊断，以及掌握各种疾病的辨证论治规律。原书一病成篇论述的疾病，如奔豚气、痰饮病、水气病、黄疸病等，除重点论述本病的证治外，尚涉及一些与本病有关的病证，故其论述范围亦较广泛。例如《水气病》篇，名"血分"者，尚涉及妇科病证。书中《五脏风寒积聚病》篇集中而具体地论述五脏发病机理及证候、治法，乃至方药等，充分体现了原书以脏腑辨证为主的特色。

为了使学者系统掌握各篇所述疾病的证治规律，原书在条文的叙述上，常以问答的形式，论述疾病的脉因证治。其书写方法较为灵活。有时开门见山，给疾病明确定义；有时"借宾定主"托出疾病特点；有时把性质相似的条文列在一起，以类比其异同；有时将性质不同的条文列在一起，以资对比说明；有时用许多条文解决一个问题；有时以一条原文说明许多问题。书中有或详于此而略于彼者，须留意其前后呼应；有或详于方而略于证者，示人当以药测证；有或详于证而未列方药者，示人当据证以立方。特别是对人所易知的证候和治法，各篇每多从略；对人所容易忽略的证候和治法，则不厌其详地加以分析、比较、鉴别、说明。所以陈修园说："全篇以此病例彼病，为启悟之捷法"（《浅注》）。这是很有见地的。

三、主要学术成就及贡献

（一）首创以病为纲、病证结合、辨证论治的杂病诊疗体系

原书首创了以病为纲、病证结合、辨证论治的杂病诊疗体系。首先，原书以病分篇的编写体例，确立了病名诊断在杂病中的纲领地位。其次，原书各篇篇名均冠以"病脉证治"或"病脉证并治"，则进一步示人病与证相结合、脉与证互参、辨证和论治一以贯之的重要性。再从各篇条文论述方式来看，大多先论述疾病的病因、病机和主要症状，然后分列证候、治法、方药。如《肺痿肺痈咳嗽上气病》篇："火逆上气，咽喉不利，止逆下气者，麦门冬汤主之。"文中"火逆上气"言病机，"咽喉不利"言症状，"止逆下气"言治法，"麦门冬汤主之"言处方。又如《腹满寒疝宿食病》篇："按之心下满痛者，此为实也，当下之，宜大柴胡汤。"文中"按之心下满痛者"言主症，"此为实也"言辨证，"当下之"言治法，"宜大柴胡汤"言处方。这些在辨明咳嗽上气病、腹满病的基础之上，又反映了将脉因证治与理法方

药融为一体的杂病诊疗思路。

（二）创立脏腑经络辨证方法

原书论述诊治杂病，是以整体观念为指导思想，以脏腑经络学说为基本论点，认为疾病证候的产生，都是整体功能失调，脏腑经络病理变化的反应。从这一基本论点出发，提出了根据脏腑经络病机和四诊八纲进行病与证相结合的辨证方法。这一主要精神充分地体现在《脏腑经络先后病》篇。例如，在病因、发病和病机传变方面，以脏腑经络分内外，提出了"千般疢难，不越三条"的病因分类；从整体观念出发，根据正气与邪气、人体内部各脏腑间的相互关系，提出了"若五脏元真通畅，人即安和"，以及"见肝之病，知肝传脾"等有关发病和病机传变的理论。在诊断方面，通过四诊举例，结合八纲，把疾病的各种临床表现具体地落实到脏腑经络的病变上，示范性地运用了病与证相结合的辨证方法。这一主要精神，贯穿于全书各篇，在具体病证上也得到体现。例如《中风历节病》篇，以在络、在经、入腑、入脏对中风病进行辨证；《水气病》篇，根据水气病形成的内脏根源及其证候，分为心水、肝水、脾水、肺水和肾水。仲景所创脏腑经络辨证方法，特别强调凭主症辨证论治，抓住主要矛盾和矛盾主要方面。

在原书中，仲景始终抓住"必伏其所主，而先其所因"，意即分析疾病时应抓住主症，以推求其根本原因。如"胃反呕吐者，大半夏汤主之"和"食已即吐，大黄甘草汤主之"。可见主症不同，治法迥异。大半夏汤证以"胃反"之朝食暮吐、暮食朝吐为主症，其病机为胃虚脾伤，不能磨谷，食物留在胃的时间较长，故治当益气补虚、降逆润肠。而大黄甘草汤主症为"食已即吐"，病机为实热积于胃肠，腑气不通，治当攻下泄热。原书的具体辨证论治特点有：

1. 辨主症时，当对其病位、病机具体分析。如《呕吐哕下利病脉证治》篇中有三个方剂都由姜夏组成，均用于寒饮犯胃，但主症却有别。在寒饮呕逆的共性之下包含有各个性，有药物剂量之异。小半夏汤和生姜半夏汤用生姜以散寒，"走而不守"，以治饮盛抑阳的呕吐。而半夏干姜散选干姜温阳"守而不走"，以治中阳不足的寒饮呕逆。生姜半夏汤重用生姜汁以散结通气，治中阳闭郁，不得伸发，气之出入升降受阻，似呕不呕，似喘不喘，似哕不哕，彻心中愦愦然无奈者；而小半夏汤则重用半夏以降逆化饮，主治诸呕吐，谷不得下。

2. 不论病程之久暂，凡有是证，则用是方。如《妇人产后病脉证治》篇曰："产后风续之数十日不解，头微痛，恶寒，时时有热，心下闷，干呕，汗出，虽久，阳旦证续在耳，可与阳旦汤。"此即不以病之长短，只以临床症状辨证，抓住主证治之，但见有其证，即可用其方。

3. 主证不变，主方及治则不变；兼证已变，则"随证治之"。如治疗胸痹病，但见胸痛，便用栝楼薤白白酒汤；如因水饮上逆而症见不得卧者，则加半夏以降水饮，成为栝楼薤白半夏汤；如再见"胸满，胁下逆抢心"，则加枳实、厚朴、桂枝，以降胸中胁下之气，成为枳实薤白桂枝汤。通阳宣痹的总治则则一。

原书涉及五脏辨证的内容有200多处，六腑辨证的内容有150余处，在以脏腑经络辨证为核心的同时，《伤寒论》的六经辨证，后世概括的八纲辨证，病因辨证（六淫、七情、内生之邪等），温病学中的三焦辨证、卫气营血辨证等诸多辨证方法在书中均有所体现，可谓集多种辨证方法之大成，为后世各辨证方法的发展奠定了良好基础。

（三）脉学的广泛运用

《金匮》认为脉象可以反映脏腑经络气血的病理变化，以及疾病的吉凶顺逆，因而据脉论理尤具特色。全书有145条论述脉象，为中医脉学的发展作出了贡献：

1. 脉法的整体观　仲景在《伤寒杂病论》的自序中，就曾批评了"三部不参"的"窥管"之见，故在《金匮》所论脉法，除寸关尺合诊者有180处而外，尚有30处言及寸口、趺阳、少阴及少阳合诊者，如水气病篇第十九条就是以"寸口脉沉而迟"、"趺阳脉伏"、"少阳脉卑，少阴脉细"等多部脉象合参的方法，阐述水气病发生的病机和证情。

2. 脉象与四时、五色的关系　原书首篇提出"非其时色脉，皆当病"，提出了"脉"与"时"、"色"相合的观点。

3. 以脉推测病因　如"脉紧如转索无常者，有宿食也"，是通过紧脉测知宿食；"脉偏弦者饮也"，示单手脉弦为有水饮。

4. 以脉推测病机　如"阳微阴弦，即胸痹而痛"，示胸痹心痛的病机为上焦阳虚，（中）下焦阴邪上乘，本虚标实。

5. 以脉确定病位　"病人脉浮者在前，其病在表；浮者在后，其病在里"，是确定病之表里；"诸积大法，脉来细而附骨者……各以其部处之"，是通过脉诊确定积病在上、中、下各部的病位。

6. 以脉主病（诊断）　如痉病之脉，"按之紧如弦，直上下行"；"脉微数"主百合病；"寸口脉动而弱"主惊悸病。

7. 以脉论症状　如"脉虚弱细微者，喜盗汗也"。

8. 以脉鉴别诊断　如"脉数虚者为肺痿，数实者为肺痈"。

9. 以脉论治　如"脉数而滑者，实也，此有宿食，下之愈，宜大承气汤"；"弦小紧者下之差，弦迟者可温之；弦紧者可发汗、针灸也，浮大者可吐之"；"酒黄疸者……其脉浮者，先吐之，沉弦者，先下之"；或直接指出治法或直接出示方剂。

10. 以脉推测预后　如《痰饮病》篇"久咳数岁，其脉弱者可治，实大数者死……"，是结合病之新久；首篇"脉脱入脏即死，入腑即愈"，是结合脏腑病位；《痉病》篇"太阳病，发热，脉沉而细者，名曰痉，为难治"，是结合证候；《痰饮病》篇"脉弦数，有寒饮，冬夏难治"，是结合时令；《下利病》篇"下利后脉绝，手足厥冷，晬时脉还，手足温者生，脉不还者死"，是结合邪正之盛衰；《水气病》篇"水病脉出者，死"，是结合病名以言预后。《下利病》篇"下利手足厥冷，无脉者，灸之不温；若脉不还，反微喘者，死。少阴负趺阳者，为顺也"，是结合趺阳脉有无胃气；《五脏风寒病》篇"肺死脏，浮之虚，按之弱如葱叶，下无根者，死"，是结合真脏脉无胃神根。均对临床有重要指导价值。

11. 多脉见一病　《妇人杂病》篇指出："……其虽同病，脉各异源。"如同为水气病，石水"其脉自沉"；风水"其脉自浮，"或见"脉浮而紧"，或见"寸口脉沉滑"；皮水"其脉亦浮"，也可反见"沉"脉；正水"其脉沉迟"或"沉小"（亦可见"寸口脉弦而紧"、"少阴脉紧而沉"、"寸口脉浮而迟"、"趺阳脉浮而数"、"伏脉"、"沉绝脉"、"出"脉);属气分者可见"寸口脉迟而涩",或"寸口脉沉而迟"、"趺阳脉微而迟",或"趺阳脉伏";属血分者可见"少阳脉卑"、"少阴脉细"。总计 19 种不同的脉象。

12. 一脉见多病　原书所载浮、沉、迟、数、弦、紧、大、伏、脱、绝、出、革、细、弱、动、平、虚、实、结、急 20 种单一脉,每一种单一脉均主多种不同疾病。如单见浮脉者,既主"风"、"风湿"、"风水"、"皮水"、表虚发黄,又主上气、咳喘、里虚、女劳疸和衄血、酒疸、五脏绝证。

由上述可知,原书已形成了较严密的脉学体系,充分体现了普遍联系的辩证法观点。黄树曾谓"通观《内经》、《难经》、《伤寒论》、《金匮》之脉法,全是活法,却是定法"(《金匮要略释义》)。《金匮》之脉法,"亦皆《内经》及历代相传之真诀"(清·徐大椿),值得很好继承与研究。

(四) 辩证的治疗观

1. 普遍联系的统一整体观念

(1) 治未病(既病防传)　《脏腑经络先后病》篇第一条强调了肝实之病多传变至不旺之脾,此时"当先实脾"。根据五行生克制化的理论,脏腑疾病有先后传的规律,故仲景对于邪气实的脏(腑)病,预测到必传其所克、所制约的脏(腑),从而提出了治本脏同时兼实它脏,以防传变的整体治疗法则,具有重要的临床指导意义。

仲景还将这种"既病防传"的治疗思想灵活地运用于对具体病证的治疗。如《痉病》篇见"太阳病,无汗而小便反少,气上冲胸,口噤不得语,欲作刚痉,葛根汤主之",说明病邪尚在太阳之表,但已开始内传阳明,"口噤不得语"可征,乃为刚痉欲作之初,而非已作之后。仲景为了杜绝病邪由太阳之表完全传入阳明之里,发展为"卧不着席,脚挛急、必齘齿……"等阳明里热之痉病(可与大承气汤,见该篇第十三条),故特制葛根汤发汗解表、升发津液,"乘其未盛而夺之",为既病防传之实例。

(2) 根据五行生克制化理论,防止矛盾转化的治法　首篇"十七句"是在阐明当肝虚脾不旺时,为何要用补脾的药物进行治疗。因为要解决肝虚这一主要矛盾,除了要用酸味直补本宫而外,为了防止主要矛盾逐渐转化,导致心脾两虚,肺金乘木,便采取了防微杜渐的治法,兼扶心脾,补土制肾,水火相济,使火能制金,金不乘木,"则肝自愈",这种防止矛盾转化的治法对临床实践具有重大的指导意义。

(3) 上病下取　病证虽表现在上焦,但其病本在下焦或中焦,可用本法治之。如《痰饮咳嗽病》篇:"支饮胸满者,厚朴大黄汤主之",此为饮热互结胸胃,可用逐饮荡热,行气开郁,上病下取。

(4) 下病上取　若病证虽表现在下焦,但其病本在上焦或中焦者,可用本法治之。如虚寒肺痿症见"必遗尿,小便数,所以然者,以上虚不能制下故也",则可用温肺复气、暖上制下的甘草干姜汤治疗。

(5) 内病外治　"百合病一月不解,变成渴者,百合洗方主之。"百合病本心肺阴虚内热,由于"肺合皮毛,其气相通",用药汁洗其外,亦可通其内,以达到清热养阴,润燥止渴效果。

（6）外病内治 《疮痈肠痈浸淫病》篇云："病金疮，王不留行散主之。"凡刀斧等金属器械所伤，必然会导致营卫气血失运，故用行气血、和阴阳法以治之。方后云："小疮即粉之，大疮但服之，产后亦可服。"说明内服外用均可，但主要在内治。

2. 灵活运用对立统一观点

（1）扶正与祛邪兼顾

①扶正为主，佐以祛邪 这种治则一般用于以正虚为矛盾主要方面的脏腑或经络病证，当然也照顾到祛邪的一面。如《血痹虚劳病》篇云："虚劳诸不足，风气百疾，薯蓣丸主之。"因人体阴阳气血诸不足，易受外邪侵袭，治疗时应着重扶正调补，不能一味祛风以重伤正气，反使风邪不得外解，故仲景在调理、健运脾胃和养血滋阴药中，佐以祛风散邪药，此扶正即所以祛邪之意。原书扶正以祛邪的方剂虽为数不多，这些方剂都有补益或调理脾肾的作用。因为内伤杂病至后期，多出现脾肾虚衰证候，并由此而影响其他脏腑的功能，促使病情恶化，因此调理脾肾是治疗内伤杂病治本的原则。

②祛邪为主，佐以扶正 此种治则一般用于以邪实为矛盾主要方面的脏腑经络病证。内伤失治防外感，虚劳失治防变实，原书中的多数方剂即以祛邪为主，当然在此同时，也注意扶正的一面。如治疟母的鳖甲煎丸，其祛邪为主的药物虽然较多，但又佐以人参、阿胶、桂枝、芍药等补益气血、调和营卫之品；大黄䗪虫丸是治干血劳的名方，若单治虚劳，补正必碍邪，单化"干血"，攻邪必伤正，故仲景在一派活血逐瘀药中用了大剂量扶正的地黄、芍药、蜂蜜、甘草，寓有祛邪即所以安正之意。

仲景在首篇中还提出了攻邪"当随其所得"的原则："夫诸病在脏，欲攻之，当随其所得而攻之，如渴者，与猪苓汤。余皆仿此。"因病邪在里锢结不解，往往与体内有害物质如痰、水、瘀血、宿食等相结合，故医者当随其所得之病因施以恰当治法。"病痰饮者，当以温药和之"，以及对水气病、宿食病、瘀血疾患的治疗，都体现了这一原则。

（2）顺应病机，因势利导 仲景根据《素问·阴阳应象大论》"谨守病机，各司其属"的理论，对于邪实之证的治疗，还随病邪所在部位的不同，顺应病机，因其势而就近引导，使之排出体外，以达到使正气免受或少受损伤的目的。如栝楼桂枝汤、葛根汤和大承气汤，三方均治痉病，对病邪在表者，用栝楼桂枝汤、葛根汤发汗达表，使病从外而解；对于病邪在里者，用大承气汤攻下通腑，使病从里而除。

（3）平调阴阳 由于疾病的发生是阴阳失去相对平衡的结果，故原书所采用的一切治疗手段都是为了达到平调阴阳之目的。如《水气病》篇对水气病属"气分"的治疗原则，明确指出"阴阳相得，其气乃行，大气一转，其气乃散"。因为阴阳为营卫气血之总司，阴阳相得，则气血充沛，营卫和谐，精神乃治；若阴阳相失，则气血乖戾，营卫不和，疾病丛生。水气病如此，百病皆然。

对于阴阳两虚出现偏寒偏热的虚劳病证，仲景并不是简单地以热治寒，以寒治热，而是采取建立中气、调和阴阳的方法，小建中汤为其代表方，使中气得以运化，从阳引阴，从阴引阳，俾阴阳得以协调，则"虚劳里急，悸，衄，腹中痛，梦失精，四肢酸疼，手足烦热，咽干口燥"之证也随之消失。

3. 抓住主要矛盾

（1）急则治其标，缓则治其本　　仲景重视"扶正（本）与祛邪（标）兼顾"的治疗原则，已如前述。但是，标本关系在一定条件下是可以互相转化的，当着"标"处于主要矛盾的时候，则又应"急则治其标"了。如以妊娠期疾病而言，当疾病属主要矛盾时，应先抓住主要矛盾，祛病即能安胎，故仲景对妊娠宿有癥病者，用桂枝茯苓丸祛癥以安胎；胃虚寒饮之恶阻，用干姜人参半夏丸益气蠲饮，温中降逆；阳虚宫冷阴寒腹痛者，用附子汤温散阴寒，暖宫安胎；妊娠有水气者，用葵子茯苓散通窍利水。上述四方中所用丹皮、桃仁、附子、半夏、葵子等，应为妊娠禁忌或慎用药，但仲景根据《素问·六元正纪大论》"有故无殒，亦无殒也"的精神加以具体运用，且开禁药之不禁之先河，亦为善辨标本，抓主要矛盾的范例。

（2）新旧同病，先治新病，后治旧病　　《脏腑经络先后病》篇云："夫病痼疾，加以卒病，当先治其卒病，后乃治其痼疾也。"当"卒病"处于主要矛盾时，则先治新病，后治旧病，为新旧同病时的一般治则。

（3）表里同病，急者先治，缓者后治　　《脏腑经络先后病》篇云："问曰：病有急当救里救表者，何谓也？师曰：病，医下之，续得下利清谷不止，身体疼痛者，急当救里；后身体疼痛，清便自调者，急当救表也。"本条论述表里同病时的先后缓急治则，当里证为急属主要矛盾时先治，表证为缓应后治。反之，表急先治，里缓后治。

（4）表里同病，表里两解　　《腹满寒疝宿食病》篇云："病腹满发热十日，脉浮而数，饮食如故，厚朴七物汤主之。"本条因腹满等里证重于脉浮而数、发热等表证，虽用表里两解法治之，但以解决主要矛盾的厚朴三物汤治里实为主，而以桂枝汤去芍药解表，兼顾了次要矛盾。

4. 透过现象看本质

（1）"同病异治"与"异病同治"　　由于基本病机虽同，但具体"病机"不同，疾病的"本质"不同，那么，根据矛盾特殊性制定的治疗原则或方法就有差异。所以，一病可以多方（多法）治疗，此为"同病异治"法的辩证法依据。反之，多种不同疾病，尽管其症状表现或具体病机不同，但若出现有共同的证候，反映了共同的脏腑经络病理变化时，由于基本病机相同，诸疾病的"本质"相同，那么，根据矛盾普遍性制定的治疗原则或方法就相同，因而异病可用一方（一法）治疗，此即为"异病同治"法的辩证法依据。现择要举例如后。

①同病异治　　如同病呕吐，属气虚津伤的胃反证者，用大半夏汤；胃气虚寒，肝气犯胃者，用吴茱萸汤；脾肾阳虚，阴盛格阳者，用四逆汤；胃中积热上冲者，用大黄甘草汤；胆胃郁热气逆者，用小柴胡汤；热迫肠胃干呕而利者，用黄芩加半夏生姜汤；中气虚滞、胃热肠寒而心下痞者，用半夏泻心汤；寒饮搏结胸中，上中二焦气机交阻者，生姜半夏汤；寒饮气逆之实证者，小半夏汤；中阳不足而寒饮犯胃者，半夏干姜散；脾虚而新饮停留者，猪苓散；中阳不运，停饮胃反，用茯苓泽泻汤；若系妊娠呕吐，属脾胃虚寒者，桂枝汤；胃虚寒饮，干姜人参半夏丸；产后虚热烦呕者，用竹皮大丸。此一病竟可用十五方治疗，可见同病异治运用之广。

②异病同治　　如治疗"虚劳腰痛，少腹拘急，小便不利"、"短气有微饮"、"男子消渴，

小便反多，以饮一斗，小便一斗"、"妇人病饮食如故，烦热不得卧，而反倚息者……此名转胞，不得溺也"、"脚气上入，少腹不仁"等五种不同病证，因均与肾气不足有关，故都用肾气丸一方治疗。

(2)"正治"与"反治" 所谓"正治"是逆其病性的寒热虚实而制方用药，因为此时疾病的"本质"基本上没有表现出"假象"，故直接用寒者热之、热者寒之、虚则补之、实则泻之的方法。原书也大多采用这种"正治法"，因较易掌握，不再赘述。

当某些严重疾病的临床症状出现"假象"，或者大寒证、大热证对"正治"法产生格拒时，所施治法与疾病的"假象"相顺从，则称为"反治法"或"从治法"，即"从者反治"之意。诸如《素问·至真要大论》所谓"寒因寒用"、"热因热用"、"通因通用"、"塞因塞用"之类，从整体用药精神而言，仍然抓住了疾病的本质，实际上与"正治法"不相矛盾。

所谓"寒因寒用"，是指治疗真热假寒证不用温药而用寒凉药。如《痉湿暍病》篇中的白虎加人参汤治疗气津两伤的"太阳中热"，既有"汗出……身热而渴"的暑热证，又出现了"恶寒"的寒象，但仲景仍用清解暑热、兼益气阴以治其本，此为"寒因寒用"之例。

所谓"热因热用"，是指治疗真寒假热证不用寒凉而用温热药。如《呕吐哕下利病》篇云："下利清谷，里寒外热，汗出而厥者，通脉四逆汤主之"，其中"里寒"为真寒，乃病之本，"外热"为假热，乃阴盛格阳的"假象"，故仍用阳热药以治其本，此为"热因热用"之例。

所谓"塞因塞用"，是指治疗真虚假实（闭塞不通）证，不用通利法而用补塞法。如《胸痹心痛短气病》篇云："胸痹心中痞，留气结在胸，胸满，胁下逆抢心……人参汤亦主之。"此"气结在胸"证，其病本乃中阳不运，故反用补塞温中之方，属"塞因塞用"之例。

所谓"通因通用"，是指其病机有瘀热实滞痞结不通，其症状有"通泄"之征，不用固涩法反用通利法治之。如"下利"，因实积中阻，热结旁流所致者，仲景在《呕吐哕下利病》篇中反用大、小承气汤通泄热结，此为"通因通用"之例。

(3)观察、试探法 "膈间支饮"而"医吐下之不愈"，属误治"观察"，若"试"投木防己汤"心下痞坚"变虚软，说明有效；"心下痞坚"结实，"三日复发"，"复与"木防己汤"试治"而不愈者，说明木防己汤证转变成饮热交结的实证，而兼气虚，病情真象显露，则改用木防己去石膏加茯苓芒硝汤；产后腹痛似属气血郁滞腹痛，投以枳实芍药散，"假令不愈者"，再仔细审察，才明确"此为腹中有干血着脐下"，故改用下瘀血汤治疗。均为巧用观察、试探法之范例。

5. 具体问题具体分析 如仲景对百合病的治疗，提出了应根据具体情况，"各随证治之"的原则，这同样适用于对其他杂病的治疗，它充分体现了在分析事物的矛盾时，要掌握"具体事物具体分析"这一观点。

(1)辨证求本，随证用药 仲景在分析具体病证，遣方用药时，总不离乎疾病的本质。如《痰饮咳嗽病》篇运用小青龙汤治支饮咳喘，则针对阳虚寒饮病之"本"，常用干姜、细辛、五味；有肾虚而水气上冲时，则加用桂枝；水饮呕吐时，又必用半夏；血虚而见形肿，预防麻黄产生副作用时，代以杏仁；胃热上冲，见"面热如醉"者，即加大黄。故唐容川总结"仲景用药之法，全凭乎证，添一证则添一药，易一证亦易一药。"这是在辨证求"本"

的前提下，当"标"证发生变化时而随证用药的范例。

（2）紧抠病机，灵活加减　"随证治之"的原则，在原书部分方剂的加减法中也有充分体现，如见寒喘者加麻黄；见烦喘者则加柏实；虚气上逆者即加人参；痛多气逆而呕加橘皮、白术；胃中不和或苦痛者，加芍药；腹满者则加枳实；下有陈寒者加细辛；阳虚有寒者加附子；血虚寒多者加生姜；实热或心热者加大黄；虚热者加白薇；口渴加栝楼根；热结口渴者加芒硝；风水加术；心下疼痛者加川芎；大虚者加饴糖；去血过多者加地黄；悸者加牡蛎。上述加减，无不以紧抠病机为原则，同时体现了具体问题具体分析的治疗观点。

（五）方剂学之鼻祖

1. 方剂配伍中的阴阳对立统一观

（1）入阳入阴，升散潜降之药相伍　如治疗"阴阳毒"的升麻鳖甲汤，升麻入阳分解毒散毒，能升能散；鳖甲入阴分滋阴养血，咸寒潜降，使升而有制，达邪出表，消散疫毒。

（2）攻补兼施，寒热并用之药相伍　如木防己汤，既用石膏之寒，又取桂枝之温；既有木防己之利（攻）水饮，又辅人参之补气虚。它如栝楼瞿麦丸、白虎加桂枝汤、甘草泻心汤、乌梅丸等均涵此义。

（3）阴药与阳药相伍，刚药与柔药互济　如桂枝汤中生姜、桂枝、炙甘草、大枣，辛甘化阳，而芍药、甘草、大枣，酸甘化阴，共奏滋阴和阳，调和营卫之效。黄土汤中既有附子、白术之刚药以温阳，又配地黄、阿胶之柔药以滋阴。

（4）通彻上下、表里、内外之药相伍　如治水气病"气分"之桂枝去芍药加麻辛附子汤，以麻黄、桂枝、生姜走表达上，附子、细辛走里温下，甘草、大枣补益于中，使上中下三焦阳气运转，水饮消散。

（5）动药与静药配伍，相得益彰　如治妊娠腹痛的当归芍药散，用静药白芍养血，动药川芎舒血中之气，茯苓、泽泻、白术补脾渗湿。诸药合用，毫无呆滞之弊。胶艾汤亦动静相宜，为补血专剂四物汤之祖方。

（6）利用药物的相反相成配伍　如治寒气厥逆的"赤丸"，用了半夏与乌头，未见毒性和副作用；治留饮欲去的甘遂半夏汤，用了甘遂与甘草，甘遂用量大于甘草，值得研究。

（7）配伍善用"反佐"法　用寒凉药反佐温热药者，如温脾摄血的黄土汤等，是在温热药中反佐一味黄芩；用温热药反佐寒凉药者，如竹皮大丸，是在甘寒的石膏、竹茹、白薇中，反佐辛温的桂枝；用补益药反佐泻邪药者，如十枣汤、葶苈大枣泻肺汤、皂荚丸等，均是在一派峻猛攻泻药中，反佐安中护正的大枣或枣膏；用泻邪药反佐补益药者，如肾气丸中干地黄补肾水，而泽泻泄肾浊；山茱萸温涩肝经，又佐以丹皮清泻肝火；山药收摄脾精，又用茯苓淡渗脾湿。乃是在"三补"中佐以"三泻"。甘草粉蜜汤用大量甘草、白蜜补益胃气，再伍以少许铅粉杀蛔，此"反佐以取之也"（《二注》）；用收敛药反佐宣散药者，如小青龙汤，在麻黄、桂枝、细辛等宣散药中反佐收敛的五味子；用燥湿化痰药反佐养阴润燥药者，如麦门冬汤，重用清养肺胃的麦门冬，而以少量化痰下气的半夏，防麦冬之滋腻。

2. 方药配伍中的质量转化观

（1）重视单味药的量变所产生的质变　药物的用量变化到一定程度，会引起药物功效的变化。以黄连为例，甘草泻心汤、半夏泻心汤中用一两，功在健胃为主，清热次之；而在白头翁汤中则用三两，功在清热燥湿止痢，健胃次之。

（2）复方中单味药物的变化引起全方质的变化　如苓桂甘枣汤、苓桂术甘汤、桂苓五味甘草汤三方，都用了茯苓、桂枝、炙甘草通阳化饮，健脾利水。若配大枣 15 枚补土制水，则为治疗发汗伤阳，肾中水邪上逆，欲作奔豚的苓桂甘枣汤，因而具有通阳降逆，补土制水的作用；若配白术三两健脾燥湿，则为治疗脾胃阳虚，饮停心下的苓桂术甘汤，具有健脾燥湿、温中降逆、行水化饮的作用；若配五味子敛气归元，养肾补心，则为治疗下焦阳虚，支饮随冲气上下妄动的桂苓五味甘草汤，具有敛气平冲、通阳化饮、降逆缓急之效。以上三方，因其配伍大枣、白术、五味子三种不同药物，引起了全方作用（质）的变化。

（3）复方中某一味药物重量的变化决定该方质的变化　如桂枝加桂汤，桂枝由三两加至五两，此因增加二两桂枝，主治就不是太阳中风表虚证，而为外寒内入，误汗伤及心阳，水寒凝心的奔豚气病；将桂枝汤解肌和营卫变为温通心阳，平冲降逆之效。

上述规律昭示我们"四两"确有"拨千斤"之效。

（4）严格掌握复方的剂量及其药物之间的适当比例　仲景认为服桂枝汤"不必尽剂"，"若不汗出，乃服至二三剂"，即根据病情转归严格掌握服药剂量，以期"中病即止"。

小承气汤、厚朴三物汤、厚朴大黄汤三方，组成相同，只因重量及比例不同，治疗不同病证，小承气君以大黄（四两）治热结旁流证；厚朴三物汤君以厚朴（八两）治气滞热结证，厚朴大黄汤则厚朴（一尺）、大黄（六两）俱重，治饮热互结胸腹的支饮证。三方服药量以厚朴三物汤最重（二升），小承气汤最轻（六合）。

上述说明，仲景立方命名，体现辨证。

（5）通过配伍发挥药物之间协同作用，使全方产生质的变化　在组方用药时，原书既重视发挥单味药的功能，更注意药物经过配伍后的协同作用。例如桂枝，配伍应用于不同方剂中，可以从多方面发挥其效能。如桂枝汤、黄芪桂枝五物汤，用以调和营卫；枳实薤白桂枝汤、炙甘草汤，用以宣通阳气；五苓散、苓桂术甘汤，用以温化水饮；桂枝加桂汤、桂苓五味甘草汤，用以下气降逆；小建中汤、黄芪建中汤，用以健运中气；乌头桂枝汤，用以散寒止痛；桂枝茯苓丸、温经汤，用以散结行瘀。

又如附子的配伍作用，配合干姜，可以增强回阳救逆之力；配合白术，可以收到温散寒湿之效；配合薏苡仁，可以缓急止痛；配合乌头，可以峻逐阴邪；配合粳米，可以温中除湿，降逆止痛；配合大黄，可以温阳通便，攻下寒积；配合黄土、白术等，可以温脾摄血，用治下血。

白虎汤之用生石膏与知母，实乃"相须"为用。单用生石膏退热作用虽快，但较弱而短暂，知母退热虽缓，但作用强而持久，两药相伍，全方退热作用显著提高。

上述仲景方药配伍规律，说明了量变和质变的辩证关系，综合用药形成了新的力量，产生质的飞跃，显示增效反应。具有客观性、普遍性和科学性，值得临床学家认真研讨并加以具体应用。

3. 重视药物专用与药物炮制、煎煮服药方法　原书重视单味药独特的作用。例如，用苦参之杀虫除湿热以治狐蜮病阴部蚀烂，用蜀漆以疗疟病，用百合以治百合病，用黄连泻火解毒以疗浸淫疮，用鸡矢白以治转筋入腹等，均寓有专病当用专药的意义。

原书还非常注重药物的炮制，常在方后注明所用药需咬咀，或去心、去皮、去毛、切、擘、破、碎、研、洗、泡、渍、晒、阴干、炙、烘、煨、烧、炮、熬、蒸、煮等。例如，附子用以回阳救逆者则生用，且需配以干姜；用以止痛者多炮用，不需伍干姜。至于煎煮方法，有煎煮用水之不同，如泉水、井花水、甘澜水、东流水；有煎煮顺序之先后；如麻黄、苇茎、厚朴、枳实应先煮，饴糖、蜂蜜应后煎。再如茵陈蒿汤的煎药法，先煮茵陈，后入大黄、栀子，可以峻攻其热，久煮茵陈，则可缓出其热中之湿。

服药方法有时间之异，如选择平旦、空心、空腹、未发（病）前、临发时以及一昼夜中的不同时间；有温度之别，如服用生姜半夏汤"小冷"服；服用次数灵活，有顿服者，有少少咽之者，或日一、日二、日三或日三夜一、日三夜二者。

上述方法，均有助于提高疗效。

此外，仲景还重视观察药后反应，如服用白术附子汤后，"其人如冒状，勿怪，即是术、附并走皮中，逐水气，未得除故耳"。服用乌头桂枝汤后，"其知者，如醉状，得吐者，为中病"；服用芪芍桂酒汤后，"若心烦不止者，以苦酒阻故也"，实为临床经验的积累，亦有研究价值。

（六）对中医急救学和奇难杂症学的贡献

首先，《金匮》"所论者无一非起死回生之术"（《浅注》），即危急病症。如用风引汤"除热瘫痫"、治急惊风；薏苡附子散缓解胸痹急剧疼痛；心痛彻背、背痛彻心可用乌头赤石脂丸；腹满及痉病里热壅盛，口噤，卧不着席之用大承气汤；奔豚气上冲咽，发作欲死之用奔豚汤；寒疝绕脐痛之用大乌头煎；《外台》走马汤之治"中恶心痛腹胀"；三物备急丸之治"心腹胀满、卒痛如锥刺，气急口噤，停尸卒死"；"按之心下满痛"用大柴胡汤；"食已即吐"之用大黄甘草汤；"下利清谷"之用通脉四逆汤；"肠痈，少腹肿痞，按之即痛如淋"用大黄牡丹汤；蛔虫心痛"毒药不止"之用甘草粉蜜汤；产妇腹痛，"腹中有干血着脐下"之用下瘀血汤；水血并结血室，妇人"少腹满如敦状"之用大黄甘遂汤等等，均属急救方性质；而最后三篇，还有叙述卒死急救的方法及技术，杂疗方"疗自缢、溺、喝之法，并出自张仲景为之……实救人之大术矣"（《外台》）。如用肉桂末含于舌下，治疗尸蹶脉动而无气；"薤捣汁，灌鼻中"的鼻饲法；"饮食中毒"用苦参、苦酒口服催吐的洗胃法；治疗自缢死亡之前的人工呼吸急救术等。强调恢复神志和呼吸，保存阳气，祛除邪气。由此可知，医圣仲景实为中医急救学的开创者。

其次，原书中，论述了奇症的辨证论治方法。如百合病，症状百出，医者不能识。狐惑病，其病状如伤寒，有蚀于上、下奇怪之证。肺痿病乃肺叶痿弱之病。黄汗病为汗色如黄柏汁之奇病。再如脏躁、阴吹等病，皆属少见之病。临证之时要学习张仲景深入认识奇症本质的方法，透过奇症，进行辨证诊治。

第三，原书中，论述了难症的辨证论治方法。如干血劳，其病干血坚结。疟母，其病气血痰瘀结于胁下。再如正水、石水、女劳疸等，皆属难攻难消之病。临症之时要学习张仲景辨证准确，守法守方，逐步消散病邪。

第四，原书中，论述了病机复杂，证候复杂的杂病。由于疾病有脏腑经络的传变规律，就形成了几对错综复杂矛盾的病情。如疟母病，既有气血虚损，又有气郁血瘀；既有疟热伤阴，又有痰浊阻滞脉络等矛盾病情。如薯蓣丸证，既有阳气虚，又有外感风邪；既有阴血虚，又有湿阻中焦等矛盾病情。如大黄䗪虫丸所治之干血劳证，既有五脏虚损，又有干血瘀滞；既有痰湿阻滞，又有阴虚劳热等矛盾病情；木防己汤治"膈间支饮"，实属寒饮挟热，虚实互见；产后中风竹叶汤证，既有外感风寒之发热，又有阳气大虚等复杂病情。

妇人杂病篇所举温经汤证，既有胞宫虚寒证，又有唇口干燥之虚热证；既有多年寒凝之瘀血，又有数十日出血不止。此证若以收敛止血，又恐瘀血有增，若以活血化瘀，又恐出血加重；若治其虚热，则胞宫虚寒加重，若温暖胞宫，则虚热更甚。如此错综复杂的病情，张仲景所立治法，应该研究。

（七）养生康复学巨匠

1. 淡泊名利以养生　仲景在《伤寒杂病论》的原序中呼吁社会各界人士要留神医药，养生为本，不要"惟名利是务"。不少养生家主张"养生莫若养性"，而养德之中，仲景强调淡泊名利，抛弃私心杂念，这一非常切合实际的、唯物的养生观点，应视为对中医养生康复学的一大贡献。与此同时，仲景非常强调心理健康的护理，在《妇人杂病》篇提出了因气滞痰凝所致的"妇人咽中如有炙脔"，"妇人脏躁，喜悲伤欲哭"，妇人之病有因"结气……忧惨、悲伤多嗔"，均与七情和肝气郁结有关，意味着逸情悦志有利养生。

2. 通畅元真以养生　仲景是在"天人相应"理论基础上提出的"五脏元真通畅，人即安和……若人能养慎，不令邪风干忤经络"这一养生要则，具体措施有：

（1）要适应自然界气候的变化　自然界正常气候有利于通畅或生养五脏元真，因而养生家要特别注意自然界气候的变化，提出有"未至（指时令）而至（指气候）"、"至而不至"、"至而不去"、"至而太过"四种异常气候，皆能使人发生疾病，必须注意调摄养慎，又启发医生治病用药应因时制宜。

（2）强调饮食与病相宜，注意食服居处的护理　第二十四篇"……所食之味，有与病相宜，有与身为害，若得宜则益体，害则成疾，以此致危，例皆难疗"，论述了饮食养生的重要性，说明要根据食物的营养特点和性味功能，因人而异，合理地选择和摄取食物，若不得法，则有害养生，如"味酸则伤筋……咸则伤骨"，过食酸咸，内伤肝肾，可形成历节病。这一"食宜"观点，充分体现出辩证的摄食原则，有利于元真通畅，所以仲景又云："服食节其冷、热、苦、酸、辛、甘，不遗形体有衰，病则无由入其腠理。""五脏病各有所得者愈，五脏病各有所恶，各随其所不喜者为病"，反复强调了病者食服居处的护理对通畅五脏元真所起的作用，有利于强旺形体，康复延年。

（3）综合疗法以通畅元真　仲景在创制的却病养生方剂中，特别注意通畅元真，如使"阴阳相得"的桂枝汤有"化气调阴阳"的作用，治水气病的桂枝去芍药加麻辛附子汤有温化水饮，转运大气的作用。此外，仲景还强调运用吐纳以调整呼吸的养生却病方法，导引按摩等体育锻炼手段以及膏摩之理疗，非药物疗法之针灸等，均有利于五脏元真的通畅。

3. 专论食疗以养生　第二十四、二十五篇是论述动物类和植物类食品饮食卫生的专篇。

故应视为中医食疗学的奠基之作，对中医养生康复学的建立与发展有不可忽视的作用。

4. 重视脾肾促康复　仲景已充分认识到脾肾在人体中的重要地位，不仅把"房室"过度作为一种病由，强调"房室无令竭乏"，且在疾病的治疗康复方面，顾护正气而尤重脾肾，培补中气以运后天生气血，温化肾气以益先天复精气，其康复思想至今仍有指导意义。

由上述可知，仲景不但是一位伟大的辨证论治大师，辨证施护的先驱，也是一位高明的养生家、康复学的巨匠。

四、学习方法

（一）《金匮要略》与《伤寒论》会通

伤寒是从六经病机进行证候分类；杂病是以脏腑经络病机指导辨证。《金匮要略》与《伤寒论》相同条文占 40 条，其中方剂有 36 首，除用作证候鉴别及与本病有关作为充实内容外，主要是脏腑病机有其相同之处。如病在阳明多属实证、热证；病在太阴多属虚证、寒证。故在《金匮要略》中的《腹满寒疝宿食病》、《消渴小便不利淋病》、《黄疸病》和《呕吐哕下利病》诸篇，皆说明在病机上有共通之点，治法与方剂是可以相互通用的。至于证候叙述和治疗法则，有些是《伤寒论》较详细，如腹满、小便不利等证；有些以《金匮要略》较详细，如痰饮、黄疸、水气病等。必须取长补短，两相印证，以收融会贯通之效。据此，有些条文必须结合起来阅读，文义才易理解。如《消渴小便不利淋病》篇说："脉浮，小便不利，微热消渴者，宜利小便发汗，五苓散主之。""脉浮，发热，渴欲饮水，小便不利者，猪苓汤主之。"这两条文字虽有不同，所述均为"脉浮"、"发热"、"口渴"、"小便不利"四症。然在治疗上，前者使用五苓散发汗利小便，后者用猪苓汤育阴利小便。这就要联系《伤寒论》中"太阳病篇"的五苓散证和"阳明病篇"的猪苓汤证，以区别两者在临床上的不同证候。可见，将两书结合起来学习，自能起到事半功倍的作用。

（二）遵遣词古义诠释之

如"刚痉"本当有恶寒之表现，然《痉湿暍病脉证治》称其证为"反恶寒"，若按"反"之今义则难以解释，但考汉·高诱疏注《吕氏春秋·察微》"吴人焉敢攻吾邑，举兵反攻之"一段时谓"反，更也"，由此便可引申为"又"解，循此而解上述条文中的"反"字，也就顺理成章了。

（三）注意古代文法

原著文辞古奥，言简意赅，要注意文法特点，如省笔、倒装、夹注、插入等以正确理解条文内容。

1. 省笔文法　即条文中的某些语词省略，必须从下文中发现上文内容。如《痰饮咳嗽病》篇中说："病者脉伏，其人欲自利，利反快，虽利，心下续坚满……"从"心下续坚满"之句，就可以确定其"病者脉伏"句下，应有"心下坚满"之症的存在。

2. 倒装文法　是条文中某些句子倒装排列。如《水气病》篇里说："里水者，一身面目黄肿,其脉沉,小便不利,故令病水。假如小便自利,此亡津液,故令渴也。越婢加术汤主之。"这里的"越婢加术汤"句,应接在"故令病水"句下读。如小便自利而渴,为亡津液的征象,则不宜用此方。

3. 夹注文法 指条文中某些句子又是另一些句子的注释。如《妇人产后病》篇说:"产妇郁冒,其脉微弱,不能食,大便反坚,但头汗出,所以然者,血虚而厥,厥而必冒。冒家欲解,必大汗出。以血虚下厥,孤阳上出,故头汗出。所以产妇喜汗出者,亡阴血虚,阳气独盛,故当汗出,阴阳乃复。大便坚,呕不能食,小柴胡汤主之。"其中从"所以然者"句起到"阴阳乃复"句止,就是层层注释产后郁冒病证的发病和病愈机理。

4. 插入文法 指文中出现的插笔。如《黄疸病》篇说:"寸口脉浮而缓,浮则为风,缓则为痹。痹非中风,四肢苦烦,脾色必黄,瘀热以行。""痹非中风"即属插笔,意在说明黄疸病机为湿热瘀闭之"痹",而非风寒引起之"中风"。

(四)方证互测,前后联系

1. 以方测证 即从方药推测证候、症状。原著中很多条文叙述的证候不详而包括在所用的方药中,这叫做"寓证于方"。例如《痰饮咳嗽病》篇说:"夫短气有微饮,当从小便去之,苓桂术甘汤主之,肾气丸亦主之。"同一短气有微饮而方治何以有二?这又必须从方药中找出两方的主治病证:苓桂术甘汤为温运脾阳而利小便之剂,以治脾阳不振,痰饮停留,上凌心肺,因而气机升降不利,症状除短气外,又有心悸、目眩、胸胁支满、小便不利;肾气丸为补益肾气而利小便之剂,以治肾气衰微不能化水者,除短气外,尚有少腹不仁、腰痛、小便不利之症。

2. 以证测方 即从病证推断其治疗方药。原书中也有很多叙述病证较详细而未出方治的,这必须从病证推测其方治。因为方治是包括在病证之中的,这叫做"寓方于证",如《水气病》篇说:"……病水腹大,小便不利,其脉沉绝者,有水,可下之。"知其可用十枣汤类下其水。

3. 前后联系 对原书条文中的理解达到一定程度时,应以各篇的病证为单位,进行系统分析。对每一病证,找出病因、证候、治疗、预后等,这样才能对原文内容掌握得更完全,理解得更深刻。例如,《痰饮咳嗽病》篇说:"脉沉而弦者,悬饮内痛。""病悬饮者,十枣汤主之。"须与该篇"饮后水流在胁下,咳唾引痛,谓之悬饮"一条同读,才能更好地确定十枣汤之治悬饮的具体适应症。该篇小青龙汤治支饮后药随证转的5条原文,更可作一医案阅读。

4. 各篇对照 有关篇与篇的内容,常有连贯性和共同性,必须两相对照,就可得出辨证真义。如《水气病》篇的五脏之水,应与《痰饮病》篇的水在五脏,联合参看,可知此为水气,彼为痰饮,两者皆同类而异名。若水饮停留于局部致病者,称为痰饮;泛溢于全身,引起浮肿病变者,称为水气。但两者都是水,故有些治疗方剂,亦可通用。

(五)旁证法

原书原系简略节本,篇内叙述,详略参差,或有或无。其中有病源不详者,证候过简的如狐蜚、阴阳毒病不言脉，治法未备的如五脏风寒、淋病不出方，故必须采用旁证方法，可从汉以后、宋以前各医籍中，参考校勘，以补充书内所不及。例如百合、狐蜚、阴阳毒三病，篇内阴阳毒不仅未提出脉象，而且叙证较简，这三种病的病源在《肘后》、《巢源》、《千金》、《外台》诸书中，均有详述。如百合病，《千金》谓伤寒大病后不平复，变成斯证；狐蜚病，《巢源》、《千金》谓为温毒气使然；阴阳毒，伤寒初起，或五六日至十日变成。阳毒脉浮大数，阴毒脉沉细数，可释疑团。

（六）广采诸说，择善而从

第十六篇"心气不足，吐血、衄血，泻心汤主之"。诸注家对本条文持歧见焦点又主要在于"心气不足"，第一类意见认为此句有误，当予勘正，其中吴谦等从"气有余便是火"之说，主张改此句为"心气有余"，取实火说，宜从之；孙思邈《千金要方·心脏》则改此句为"心气不定"，使其意义由言病机而变成言症状，可兼采之。第二类意见认为此句无误，无需勘正，只是另行释解其内涵而已，其中程林《金匮要略直解》释此句为"心气不足而邪热乘之，则迫血妄行"，取正虚邪实之说，使之所出方治成为"急则治标"的应变措施，不悖临床实际，也可兼采之；尤怡却释此句为"心气不足者，心中之阴气不足也，阴不足则阳独盛，血为热迫妄行不止矣"，取虚火说，虽与该条文所述症状无抵触，但与所出方治大相径庭，不可取。

（七）理论联系临床实践

原书是一部临床实践性较强的医学专著，自问世以来，便有效地指导着医疗实践，历代医家对其疗效都作了充分的肯定，近人曹颖甫的《经方实验录》，以及现代研讨仲景方药的书刊均载有不少疑难病案，印证了本书的临床效果。在观察、思考与实践运用中加深对原书的理解，是十分重要的。

张仲景以实事求是的精神，从整体观念出发，根据脏腑经络学说，对疾病的病因、发病和每一种病的理法方药都有详略不同论述，为中医学奠定了治疗杂病的基础。但由于历史条件的限制，原书毕竟是1800多年前的医著，错误脱简在所难免。故在学习和研究原书时，应重点掌握杂病诊治规律及有理论指导和临床实用价值的条文，并了解运用原书理论和方药所取得的研究成果，以拓宽临床思路和知识面，才能提高综合分析和诊治疑难病症的能力。

五、研究方法

（一）观察方法

即对《金匮》理法方药进行客观的临床观察。通过观察，不仅加深对原文精神的理解，而且大大发展了原方药的运用范围，历代积累了大量的经方医案和医话，这为后世学者研究经方的应用开拓了思路。

（二）文献考证法

这是常用的传统研究方法。如通过马王堆导引图到华佗五禽戏的考证，加深对"导引，吐纳"的理解；从《脉经》、《肘后方》、《诸病源候论》、《千金》、《外台》等医籍中搜寻仲景遗文，以挖掘研究资料；对仲景生平事迹、《金匮》版本沿革进行考证；对历代研究《金匮》书目进行调查；对病名（如奔豚气、痰饮等）、症状（如白汗、疼痛等）和字词（如"搏"、"遗"、"衰"、"下利气"之"气"及"六微"等）进行考证或校解；总结尊经学派对仲景学说的研究成果；研究名著（如《血证论》）对有关方剂（如小柴胡汤）进行探讨；研究疾病史（如痢疾、肠痈），明确《金匮》有关疾病的概念；对经方方剂药量（如防己黄芪汤等）和药物（如新绛、粉、苦酒、紫参、文蛤等）进行考证；对单味药（如大黄等）和方剂（如桂枝汤）进行综述，等。

（三）哲学方法

对中医学辩证法的研究，推动了《金匮》哲学思想的研究。如对《金匮》脏腑经络辨证方法、病因病机学说、诊断学、治疗学、方剂学等方面的哲学思想进行全面的研究。再如对有关仲景方的双向调节，即配伍中的对立统一规律的探讨；处方用药中量的变化产生质的变化，或方名变化规律的探讨等。爱因斯坦称哲学是"全部科学研究之母"，我们应当自觉地运用哲学方法指导《金匮》的研究。

（四）实验方法

这一方法是《金匮》研究中的薄弱环节，用动物实验、病理药理实验去探索辨证论治规律，已引起重视。如日本学者用间脑 - 垂体连续环流法研究证实温经汤可使促黄体生成激素（LH）分泌亢进，可望用于间脑功能不全的无排卵证；有的学者研究桂枝汤对体温和肠蠕动双相调节作用，能使异常的功能状态趋向正常；有的学者对桂枝茯苓丸进行药理研究，证实该方丸剂比煎剂效果好；有的学者对大黄牡丹汤及薏苡附子败酱散治疗阑尾炎作用机理进行动物实验；有的学者对经方的免疫作用进行研究，如探讨肾气丸对小鼠免疫功能的影响；有的学者对大黄䗪虫丸防治肠粘连、实验性脑缺血；蜂蜜解乌头毒、麻黄与桂枝协同发汗等进行实验研究；还有的学者对中药十八反进行研究；也有对病因病机（如血瘀）建立动物模型进行研究，等。近二十年来，在对经方的研究中，各种观察指标不少趋于客观化、微观化、定量化，其内容广泛涉及药学、药理、生化、病理、分子生物学、核医学等，与现代科学在许多方面有所交融。

上述实验方法被引入《金匮》，仍要注意随机、对照及重复的真实性，处理好定性与定量、主观与客观、宏观与微观的关系，应在突出《金匮》特色（整体观与辨证观）的前提下加强实验研究，并反复验证，以冀推动对《金匮》的研究。

（五）时间医学方法

随着对"中医时间医学"的研究，部分学者已开始用生物观点研究《金匮》，认为仲景在辨证论治中应用了机体和环境周期性变化规律，蕴含着丰富的时间医学内容，涉及到生理（如呼吸、脉搏与季节的关系）、病理、诊断、治疗、服药时间、预后、营养、摄生等各个方面，并总结了部分疾病发展变化的时间节律、症状变化的昼夜节律。由于人体节律对服药时间有所要求，因而要根据机体营卫之气的运行规律和祛邪药应用的最佳时间而按时服药，如十枣汤"平旦"服、蜀漆散"未发前"服等。《伤寒论》六经病的欲解时间也证明了人体生理病理活动与自然界时间周期变动有同步关系，如有的学者从临床实践中证实了"少阴病欲解时，从子至寅上"的正确性。目前对时间医学方法的研究还很不够，尚需要全面、系统地进行这方面的研究。

（六）数学方法

中医学是象、数、理（《易》）的统一。有的学者认为中医辨证是经过一系列数学演算而后成立的，据此提出了"仲景数学"的新概念，明确了研究对象，初创了基础理论，探讨了形成渊源与模式，还涉及到了具体应用。有的研究《金匮》疾病诊断指标中"量"的变化，认为仲景对"量"的描述具有简朴、模糊、直观形象的特征，对临床有指导作用，即使这属于辨证论治的"模糊数学"，但这是一种中医学"定量化"的方法之一。十几年来，数理统计学方法引人对《金匮》的研究，如对《伤寒》、《金匮》方药群体的比较分析。电子计算机的应用，为采用数学方法研究仲景方药及学术思想开拓了广阔前景。

（七）逻辑方法

1. 比较　仲景非常重视理法方药的比较鉴别和前后联系，在《金匮》中的比较法，特别注重抓住本质上的区别，重视动态中的变化。如辨证方法（脏腑经络辨证）；病名（如伤寒病与杂病，痰饮病与水气病、湿病与历节病、妊娠病与癥病）的鉴别诊断；治法与方剂的联系；服药量方面的系列对比等。亦有通过历代医著与《金匮》的联系进行比较者。如探讨张仲景对《内经》生理、病理学说的继承和发展；探讨仲景对《内经》治则的继承和发展；探讨《脉经》对仲景脉学的发挥；探讨张介宾和吴鞠通对仲景学说的继承和发展；探讨张锡纯对《金匮》精义的运用与发挥；探讨侯氏黑散与喻昌填窍说的关系；探讨《金匮》所述奔豚气与《内经》、《难经》有关论述的关系；探讨《金匮》虚劳病篇治疗方法对后世的影响，等等。比较是分类的前提，分类是比较的结果，仲景对病证的分篇，乃至对具体病名的分类（如将痰饮病分为四饮等），正是根据有关疾病的共同点和差异点进行分类的。对比较法所得结果，不能绝对化，应力求把握好比较内容之间的关系与标准。

2. 类比　类比又称取类比象或比拟法，具有猜测推理的特点，它是根据两个对象之间在某方面相似而推论出它们在其他方面也可能相似的一种逻辑方法。如《金匮》越婢加术汤治"目如脱状"，有学者据此推理借治"突眼性甲状腺肿"，竟获显效。可见这种方法在推广其临床适应范围方面有一定作用。

3. 归纳和演绎　通过归纳和演绎法的运用，可总结出《金匮》理法方药的某种规律。如对各种病证（如虚劳病、五脏水病、痞证、痛证）、各种学说（如体质学说、脾胃学说）、各种观点（如整体观、辨证观）的归纳；对诊法（如舌诊、目诊、腹诊、脉诊）和某种疾病病机（如水气病中气分、水分、血分）的归纳；对某一字词（如"反"字、"气"字）的归纳；对防治法（如防护学、同病异治、异病同治、健脾补肾法）、用药特点、某些方剂（如大小柴胡汤）的归纳，等。用归纳法所概括出的结论不一定都准确地反映出仲景在理法方药方面的运用规律，因而还要以此为依据，应用逻辑推理（即演绎法），通过反复实践的检验，以寻求正确的结果。

4. 证明和反驳 对原书的"证明和反驳"，往往以商榷、质疑、争鸣、校勘等形式体现出来。比如历代医家对首篇首条"十七句"之争议；对痉病"若发其汗者……其脉如蛇"的解释；对百合、狐蜃、阴阳毒病等病名的争议；对胸痹"关上小紧数"的见解；对"阴气衰者为癫、阳气衰者为狂"的争鸣；对桂枝茯苓丸证原文精神的探讨；对桂枝附子汤和去桂加白术汤方证的质疑；对柴胡是否劫肝阴、旋覆花是否善通肝络、蒲灰是否为蒲黄，以及甘草粉蜜汤"粉"的争鸣等，几乎涉及全书各篇的理法方药，从而活跃学术空气。在证明与反驳的论争中加深了对原书的理解，应予大力提倡这种研究方法。

原书的研究方法，尚有"三论法"（控制论、信息论、系统论）、评介法（评价介绍仲景学说的学术成就和注家的学术思想）、注释阐析法（对历代注本全面点校、注解、阐析），等等，不再赘述。

臟腑經絡先後病脉證第一

本篇论述脏腑经络先后病脉证，为全书之纲领。杂病的形成，就脏腑与经络病的先后而论，不外五种形式：先经络病后内传脏腑，先脏腑病后外及经络，先此经络病后彼经络病，先此脏腑病后彼脏腑病及脏腑经络俱病。杂病的论治以脏腑辨证为主，经络辨证为辅。同时也参以八纲、气血津液辨证等。脉即脉象，证即望、闻、问所得到的证候。仲景继承《内经》、《难经》的相关理论，博采众长，并结合自己的实践经验，以整体观为指导思想，总论治未病，详论阴阳规（准则）以及诊疗矩（法度）等，其中涉及预防、发病、病因、病机、诊断、治疗、护理及预后，将杂病辨证论治的理论、原则、方法等垂范于世。

一、治未病

（一）已病防传，虚实异治

【原文】

問曰：上工治未病，何也？師曰：夫治未病者，見肝之病，知肝傳脾，當先實脾，四季脾王①不受邪，即勿補之；中工不曉相傳，見肝之病，不解實脾，惟治肝也。

夫肝之病，補用酸，助用焦苦，益用甘味之藥調之。酸入肝，焦苦入心，甘入脾，脾能制腎，腎氣微弱②，則水不行；水不行，則心火氣盛；心火氣盛，則制肺；肺被制，則金氣不行；金氣不行，則肝氣盛。故實脾，則肝自愈。此治肝補脾之要妙也。肝虛則用此法，實則不在用之。

經曰："虛虛實實，補不足，損有余③"，是其義也。餘藏準此。（一）

【校勘】

"酸入肝……此治肝补脾之要妙也"一段，从日本宝历六年（1756）印赵刻《仲景全书》版本。《今释》同，赵本少"心火气盛"、"故实脾"两句。

制：赵开美本原作"伤"，据陈言《三因极一病证方论·内所因论》改。

【词解】

①四季脾王：指脾的运化功能一年四季均正常。亦有认为：季，即第三；王，音义同旺。意指春、夏、秋、冬四时的第三个月，即农历三、六、九、十二月之末的十八天为脾土当旺之时。

②肾气微弱：即肾的寒水之气不亢而为害。

③虚虚实实，补不足，损有余：《难经·八十一难》作"经言无实实虚虚，损不足而益有余"。意谓不能虚证用泻法、实证用补法，应虚则补之，实则泻之。

【释义】

本条从脏腑整体观出发论述治未病。仲景认为，脏腑乃整体，生理上紧密相连，病理上息息相关。一脏有病，最易传之于所克之脏。如肝病实，则当传之于脾（胃、肠）。在泻肝时，首先必须用一定的方法或药物调补其脾，以防肝病未已而脾病又起。如第八篇治肝气奔豚的奔豚汤中用半夏、生姜、甘草即是为"实脾"。这是言其常。但又必须注重其变，即若肝病正值脾气当旺之时，则脾不受肝邪，故此时无须补脾。中工不懂脏病相传之理，见到肝病，不知实脾，但治其肝，难免肝病未已而脾病又起。仲景褒是贬非，以警后人。

肝实之治尚且如此，那肝虚呢？当补之于本味，因酸入肝；尚需助用焦苦，因焦苦入心；还要加用甘味药入脾以调肝。"酸入肝……此治肝补脾之要妙也"十七句，李克光主编《金匮要略讲义》认为，"是解释肝虚病用酸甘焦苦治法的意义。肝木既虚，肺金必然会侮其所胜（《素问·五运行大论》云：'气…不及，则己所不胜侮而乘之，己所胜轻而侮之'），这是五行生克制化的一般规律。所以，在肺金未侮肝木之前，就得用酸味药来补肝的本体；用焦苦味药以助心火。助心火有三种意义：其一，心旺可以感气于肝；其二，心旺可以不泄肝气；其三，心火旺可以制约肺金，肺金受制，则木不受克而肝病自愈。至于本法中用甘药来调和脾土，其目的在于补土制水，肾的阴寒水气不亢而为害，则水不凌心，心的少火之气旺盛，则能制约肺金，肺的邪气不致乘侮肝木，则肝之本气自盛；且土能荣木，脾气健旺，有助于改善肝虚的病变。由此可见，这十七句是仲景从人体内部脏腑相关的整体观念出发，根据五行生克制化的原理，用调补助益诸法，从多个脏腑进行治疗，以达到纠正肝虚的目的。"

虽然尚不知"经曰"之"经"为何，但《难经》之论可参。先贤谆谆告诫不能虚证用泻法，以防虚者更虚；也不能实证用补法，以免实证更实。只能补其不足，损其有余，这才是其正确的含义。

【按语】

本条论述治未病之脏腑，以防疾病之传变。

历代医家对"十七句"（或"十五句"）之争，大体有两种看法：一是持肯定意见者，以任应秋为代表，其《金匮要略语译》中谓："《素问·玉机真藏论》篇云：'肝受气于心，传之于脾，气舍于肾，至肺而死。'可见肝传脾，是古人对疾病的认识论之一。《灵枢·五味》篇云：'谷味酸，先走肝；谷味苦，先走心；谷味甘，先走脾。'不仅与此正合，亦与《素问》'肝受气于心，传之于脾'的理论，两相印证合适。伤，徐忠可、程林都作'制'字解，较适合。徐、程是根据《三因方》来的，《三因方》里的'伤'字，都作'制'字。《素问·玉机真藏论》篇说：'肾受气于肝，传之于心'，这里说：'肾气微弱，则心火气盛'；《素问》说：'心受气于脾，传之于肺'，这里说：'心火气盛则伤肺'；《素问》说：'肺受气于肾，传之于肝'，这里说：'金气不行，则肝气盛'；可见这理论是根据《玉机真藏论》篇来的，不能认为无稽。但主要是概括功能而言，不一定指藏器。"

考现存《金匮》最早的刊本，元代仿宋刻本《新编金匮方论》（邓珍本）在1340年，赵良仁《金匮方论衍义》成书于 1368 年，赵开美校刻《金匮要略方论》在 1599 年，均晚于《三因方》（1174 年），故"十七句"原文中"伤"当校勘为"制"较当。

二是持否定意见者，以尤怡为代表，他在《心典》中道："酸入肝以下十五句，疑非仲景原文，类后人谬添注脚，编书者误收之也。盖仲景治肝补脾之要，在脾实而不受肝邪，非补脾以伤肾，纵火以刑金之谓，果尔，则是所全者少，而所伤者反多也。且脾得补而肺将自旺，肾受伤必虚及其子，何制金强木之有哉！细按语意，见肝之病以下九句，是答上工治未病之辞。补用酸三句，乃别出肝虚正治之法，观下文云肝虚则用此法，实则不再用之，可以见矣……"

可知，尤怡是将赵本"伤"字理解为损害，陈念祖、陆渊雷、曹家达等亦然，盖未重视《三因方》之论所致。

"十七句"虽忽略了《难经·六十九难》"虚则补其母"的治法，但其五行相制疗法的精神实质是应加以肯定的。

【临床应用与研究】

有学者认为本条启示有四：①治未病是一条纲领性原则，从虚实两面创立了治未病的具体方法；②知传是治未病的先决条件；③整体调节是治未病的关键，要点在已病之脏、欲传之脏、调控之脏，三者并治；④医用五行是一个开放的自稳调控系统。

【选注】

陈言：夫阴阳虚实者，乃脏腑更相胜复也。若其子母相感，则母虚能令子虚，子实能令母实。经曰：实则泻其母，虚则补其子。如肝实则泻肾，肝虚则补心，如百姓足，君孰与不足？此经之本意也。《难经》则反是。及观《金匮》之论，其得为多。肝虚补用酸，助用焦苦，益用甘味之药。酸入肝，焦苦入心，甘入脾，脾能制肾，肾气微弱，则水不行，水不行则心火盛，心火盛则肺金受制，肝气乃舒。肝气舒则肝病自愈。此补子之意也。肝虚则用此，实则反之。（《三因方》）

吴谦：上工，良医也。中工，常医也。已病，已然之病也。未病，未然之病也。假如现在肝病，此已然之病也；肝病将来传脾，此未然之病也。良医知肝病传脾，见人病肝，先审天时衰旺，次审脾土虚实，时旺脾实则知不受肝邪，不须补脾，直治已病之肝；若时衰脾虚，则知肝必传脾，先补未病之脾，兼治已病之肝。彼常医不晓四时所胜、五脏相传之理，见肝之病，惟泻已病之肝，不知补未病之脾也。上工不但知肝实必传脾虚之病，而且知肝虚不传脾，虚反受肺邪之病。故治肝虚、脾虚之病，则用酸入肝，以补已病之肝，用焦苦入心，以助不病之心，用甘入脾，以益不实之脾。使火生土，使土制水，水弱则火旺，火旺则制金，金被制则木不受邪，而肝病自愈矣。此亢则害，承乃制，制则生化，化生不病之理，隔二、隔三之治，故曰：此治肝补脾之要妙也。然肝虚则用此法，若肝实则不用此法也。中工不晓虚实，虚者泻之，是为虚虚；实者补之，是为实实。非其义也。上工知虚实，补其不足，损其有余。是其义也。其余四藏，皆准此法。（《金鉴》）

【医案举例】

张某，男，45 岁，长庆油田工人。1980 年 9 月 20 日初诊：患慢性乙型肝炎一年余，曾多方治疗，时减时剧。近半年来，肝区常隐疼，乏力，腹胀，肝功化验：转氨酶 500 单位以上，硫酸锌浊度 14 单位，余在正常范围。虽常服西药保肝药，并服中药柴胡疏肝散加茵陈、板蓝根之属，毫无寸效，肝功亦不改善，因来求诊。查患者右胁下引及后背隐隐作疼，偶有针刺感，疼处时觉微热，腹胀，食欲稍差，膝胫酸软，五心烦热，尿微黄，大便正常。脉微细，舌光红微暗无苔，面颧微红。肝上界正常，下界右胁下 2cm，剑下 3.5cm，质稍硬，压痛（＋），脾未触及。辨证属肝阴亏虚，兼痛久入络，肝血瘀滞，况虚多而实少，治当本《金匮》"夫肝之病，补用酸，助用焦苦，益用甘味之药调之"的治则，并佐以化瘀。处方：白芍 12g，山萸肉 9g，麦冬 9g，生地 12g，枸杞 12g，炒川楝 10g，焦栀子 9g，白花蛇舌草 24g，太子参 10g，炙甘草 6g，丹参 18g，三七 3g，苏梗 12g，炒麦芽 15g。15 剂，水煎服。10 月 6 日二诊：服前药后各证均显著减轻，现偶有右胁下隐痛及轻度腹胀，下肢困，食欲亦增进，脉细略数，舌面有薄苔。宗上方增太子参 2g，续服 15 剂。药尽剂后各证消退，肝质较前软。复查肝功完全恢复正常，上方加鳖甲 18g，再服 30 剂，以善后巩固。一年后随访，未见复发。（杜雨茂、张联惠. 金匮要略阐释. 第 1 版. 陕西科技出版社，1987；16）

（二）未病防病，已病早治

【原文】

夫人禀五常，因風氣而生長，風氣雖能生萬物，亦能害萬物，如水能浮舟，亦能覆舟。若五臟元真通暢①，人即安和，客氣邪風，中人多死。千般疢難②，不越三條：一者，經絡受邪，入臟腑，爲內所因也；二者，四肢九竅，血脉相傳，壅塞不通，爲外皮膚所中也；三者，房室、金刃、蟲獸所傷。以此詳之，病由都盡。

若人能養慎，不令邪風干忤經絡；適中經絡，未流傳臟腑，即醫治之。四肢纔覺重滯，即導引③、吐納、針灸、膏摩，勿令九竅閉塞；更能無犯王法④、禽獸災傷，房室勿令竭乏，服食⑤節其冷、熱、苦、酸、辛、甘，不遺形體有衰，病則無由入其腠理。腠者，是三焦通會元真之處，爲血氣所注；理者，是皮膚臟腑之文理也。（二）

【词解】

①元真通畅：即生命物质充裕、生理功能正常、抗病能力强盛。

②疢（chèn 趁）难：疢难即疾病。

③导引：《一切经音义》云："凡人自摩自捏，伸缩手足，除劳去烦，名为导引；若使别人握搦身体，或摩或捏，即名按摩也。"

④无犯王法：王法即国家法令。无犯王法，是仲景劝导病人遵守国法，免受刑伤之苦。

⑤服食：即衣服、饮食。《灵枢·师传》："食饮衣服，亦欲适寒温。"

【释义】

本条从天人整体观出发论述治未病。不仅五脏六腑是整体，天（自然）与人也是整体。

人生息于大自然，必然禀承木、火、土、金、水等五常之气。正常气候有利于包括人在内的万事万物的生、长、化、收、藏，反常气候则能伤害万事万物。就像五常之一的水，既能使船飘浮，也能使船翻覆一样。人与自然的相关性以及自然界气候的两面性由此可见一斑。

尽管反常气候能伤害人体，但若五脏乃至六腑的元真通畅，人也就安和无病。一旦元真不通畅，反常气候即所谓客气邪风乘虚而入，导致不良后果，其表现多因人而异。客气邪风导致的成百上千种病证，其原因和途径概而言之不外三条：一是经络受邪，因脏腑之气偏虚，故很快内传之，且临床表现只在脏腑，表证已不复存在，故属为内所因；二是病邪入中人体后因脏腑之气尚强，难以传内，故仅在四肢九窍的血脉中传注，导致四肢九窍的部分甚或全部的壅塞不通，故属为外皮肤所中；三是房室过度，金刃虫兽的意外伤害，与外邪无直接关系。用这三条来陈述千般疢难的表现形式，则一切杂病的缘由都囊括无遗。

人必须与自然相应，而病邪即客气邪风及疾病，人是可以预防的。如注重养慎，以不令邪风干犯人体经络，四肢九窍方不致壅塞不通。若一时疏忽，致病邪适中经络，则应趁其尚未内传脏腑之际即正确地医治之，以防范"一者"之成；四肢才觉重滞，迅即施之以导引、吐纳、针灸、膏摩等疗法，不使四肢九窍闭塞，以防"二者"之成；还要做到不犯王法，以免受皮肉之苦；尽量避免禽兽等意外灾害；房室无使太过；衣着要随自然气候的冷暖而增减，饮食宜五味得当，以防"三者"之成。只要做到了这三条，方可保证元真的通畅，形体不衰，自然界的病邪则无由入攻人体腠理而发病。腠理是人体的藩篱，在生理状态下，是上中下三焦交通聚会元真之组织，是血气流注之处，是人体外而皮肤、内而脏腑的气色纹理。

【按语】

本条论述治未病之人，以防疾病之成；当疾病处于萌芽状态时则应及时、多法治疗，以防疾病最终之成。仲景的"千般疢难，不越三条"不仅为宋·陈言创立三因学说奠定了基础，而且说明，无论杂病的临床表现在内还是在外多首先责之外。"三条"的第一者受示于《素问·皮部》"邪客于皮则腠理开，开则邪入客于络脉，络脉满则注于经脉，经脉满则入舍于府藏也"之论。

【临床应用与研究】

有学者提出脏腑经络的病变，尽管临床表现多端，都离不开气滞水停血瘀、五脏元真不畅的基本状态，因此，通畅五脏元真是杂病治疗的关键。

【选注】

吴谦：盖风贯四气，犹仁贯四德，故曰：因风气而生长也。然风气虽能生万物，亦能害万物者，盖主气正风，从其所居之乡而来，主长养万物者也；客气邪风，从其冲后而来，主杀害万物者也。人在气交之中，其生其害，犹水能浮舟亦能覆舟也。天之五气，人得之则为五藏真元之气，若通畅相生，虽有客气邪风，勿之能害，人自安和；如不通畅，则客气邪风，乘隙而入，中人多死……若人能慎养形气，不令客气风邪干忤经络，即适中经络，未传藏府，遂医治之，自可愈也。四肢九窍，才觉重滞，尚未闭塞，即导引、吐纳、针灸、按摩，亦可愈也。更能无犯王法，禽兽灾伤，房室勿令竭乏，服食节其冷热，五味各得其宜，不使形气有衰，万病疢难无由而入其腠理矣。腠者，一身气隙，血气往来之处，三焦通会真

元之道路也。理者，皮肤藏府，内外井然，不乱之条理也。（《金鉴》）

（三）时色脉相违则病

【原文】

师曰：寸口①脉动者，因其王时而动，假令肝王色青，四时各随其色。肝色青而反色白，非其时色脉，皆当病。（七）

【词解】

①寸口：亦名气口，又名脉口。本书脉法，一种是独取寸口法，分寸口、关上、尺中；一种是三部诊法，分寸口（手太阴动脉）、趺阳（足阳明冲阳穴）、少阴（足少阴太溪穴）。条文中凡寸口与关上、尺中并举的，则此寸口仅指两手寸脉；如单举寸口，或寸口与趺阳、少阴对举的，则此寸口包括两手的寸、关、尺三部（或仅指两寸，应视内容而定）。本条的寸口，则包括两手寸、关、尺六部脉。

【释义】

本条从脉、色与自然当相应的天人整体观以及脏腑整体观出发继续论述治未病。两手六脉的搏动随着不同脏腑的当旺之季而不断地有所变化。例如，肝旺于春，其面色应青，脉象应弦。同样，心旺于夏，其面色应赤，脉象应洪；……人体的色、脉要与春夏秋冬四时相应。若肝旺于春，人体的面色不呈现青色反现白色，脉不弦反毛，则为肺金乘制肝木，非春时的色脉，皆当发生疾病。余可类推之。

【按语】

本条治脏腑整体观和天人整体观为一炉，揭示天人相应是在天变人亦随之变的动态中相应，从反面告诫治未病之重要。同时也把《素问·阴阳应象大论》"善诊者，察色按脉，先别阴阳"的理论具体化。

【临床应用与研究】

有学者提出冬季气温低，气压高。气温低则人身经常处于拘束状态，脉亦呈现紧象；气压高则血液流向体表时，受到外界的阻力加大，脉因之而沉，这样就造成了深沉有力的冬脉，状如石。春季气温渐高，气压渐低，脉由深沉转为浅浮，但仍带紧张的余热，故春脉微弦。夏季的特点是气温高，气压低。气温高则人体易出汗，脉管易扩；气压低则外界阻力减弱，所以夏脉来盛去衰，似钩状。秋季气温渐低而气压渐高，人体汗出减少，血液流向体表不如夏日那么盛，但脉管仍带扩张的余势，故而秋脉轻虚而浮微，似毛状。现代研究亦表明，脉率不但受不同季节的气候影响，还受天气变化的影响，当暖峰通过时脉率增快。

【选注】

吴谦：寸口者，统言左右三部脉也。脉动发乎四时，命乎五藏，然必因其王时而动，则为平脉也。假令肝旺于春，随其时，色当青，脉当弦，此不病之色脉也。若色反白，脉反浮，此非其时，乃病之色脉也。四时准此。（《金鉴》）

（四）气候节令相违亦病

【原文】

問曰：有未至而至①，有至而不至，有至而不去，有至而太過，何謂也？師曰：冬至之後，甲子②夜半，少陽③起，少陽之時，陽始生，天得溫和。以未得甲子，天因溫和，此爲未至而至也；以得甲子，而天未溫和，爲至而不至也；以得甲子，而天大寒不解，此爲至而不去也；以得甲子，而天溫如盛夏五六月時，此爲至而太過也。（八）

【校勘】

"解"，赵本原刻"觧"，乃"解"之异体字，据《医统》本改。后同。

【词解】

①未至而至：第一个"至"指时令，第二个"至"指该时令的气候。下同。

②甲子：是用天干、地支相配，以纪年、月、日、时的方法。天干（甲、乙、丙、丁、戊、己、庚、辛、壬、癸）十个，地支（子、丑、寅、卯、辰、巳、午、未、申、酉、戌、亥）十二个，互相配合，始于甲子，终于癸亥，"六十"一轮回，因其始于"甲子"，故称之为甲子。此处指冬至之后的六十天。

③少阳：古人将一年分为三阴三阳六个时段，各六十天，自少阳始，至厥阴止。详见《难经·七难》。

【释义】

本条从气候与节令当相应的整体观出发论述治未病。仲景既重视脏腑一体，又重视天人一体，更重视自然一体。仲景举雨水节为例，从反面详论气候与节令相违的种种表现：冬至之后六十天的第一个夜半，乃少阳之时，阳气开始升发，天气将日渐暖和。此即《素问·六微旨大论》所谓"至而至"，即节令至而该节令的气候亦至。若未到雨水节，而天气已经转暖，属未至而至；已到雨水节，而天气尚未转暖，属至而不至；已到雨水节，而天气大寒未去，属至而不去；已到雨水节，而天气温暖竟如盛夏五六月时，属至而太过。未至而至及至而太过均属气候太过，至而不至及至而不去则均属气候不及。概为气候与节令不符，即自然界未能保持其一体性。犹如"非其时色脉皆当病"一样，非其时之气则更当病。故《六微旨大论》强调气候与节令"应则顺，否则逆，逆则变生，变则病"。示人因非其时之气而制宜，及时、正确地防止疾病之成。同时还示人临证时应考虑反常气候的致病作用。

【按语】

仲景举反雨水节气候之常的气候为例，以强调气候应与节令相应，只有自然界保持了其整体一致性，才有利于人体五脏六腑的整体协调，人与自然方可最大限度地相应。仲景继承了《内经》气候与节令相应的理论，并首先提出"至而不去"，补《内经》之未备，这是仲景自然整体观的绝好体现。

【临床应用与研究】

有学者根据本条所论，提出自然界是一个大环境，人体是一个小环境，大环境的协调有利于小环境的协调。若节令与气候不相应，则极易致病，甚至致人死亡。厄尔尼诺现象证明了这一点。

【选注】

尤怡：上之至谓时至，下之至谓气至，……冬至后六十日花甲一周，正当雨水之候为正。雨水者，冰雪解散而为雨水，天气温和之始也。云少阳起者，阳方起而出地；阳始生者，阳始盛而生物，非冬至一阳初生之谓也……至未得甲子而天已温，或已得甲子而天反未温，及已得甲子而天大寒不解，或如盛夏五、六月时，则气之有盈有缩，为候之或后或先，而人在气交之中者，往往因之而病，惟至人为能与时消息而无忤耳！（《心典》）

（五）杂病预后

【原文】

问曰：寸脉沉大而滑，沉则爲實，滑则爲氣，實氣相搏，血氣入臟即死，入腑即愈，此爲卒厥，何謂也？師曰：唇口青，身冷，爲入臟即死；如身和，汗自出，爲入腑即愈。（十一）

【校勘】

沉，赵本作"沈"，据《医统》本改。（余篇之沉皆同此。）

【释义】

本条从变化（动）观出发，举杂病中的卒厥为例论述治未病。寸脉候心肺。沉为阴，候心，指心血壅实；大滑属阳，候肺，系肺气壅实。血实与气实相并，则全身气血逆乱而致卒厥。此为《素问·调经论》所谓"血之与气并走于上，则为大厥"的体现。若病人唇口青、身冷，则为壅实的血气入攻五脏，病情深重，预后较差；反之，若病人身和、汗自出，为壅实的血气出于六腑，病情较轻，可不药而愈，自然预后较佳。示人及时救治，以防其由轻变重。

【临床应用与研究】

有学者认为"卒厥"似"急性脑血管疾病"，特别是"高血压性脑出血"，在血压骤升时，由于气血充盛于上，可导致寸脉沉大而滑，治疗不及时，血压有升无降，气血冲逆，脑血管破裂出血，可突发"卒厥"而昏迷。

【选注】

尤怡：实，谓血实；气，谓气实；实气相搏者，血与气并而俱实也。五脏者，藏而不泻，血气入之，卒不得还，神去机息，则唇青、身冷而死；六腑者，传而不藏，血气入之，乍满乍泻，气还血行，则身和、汗出而愈。经云："血之与气，并走于上，则为大厥，厥则暴死；气复返则生，不返则死"是也。（《心典》）

【原文】

问曰：脉脱[①]入臟即死，入腑即愈，何謂也？師曰：非爲一病，百病皆然。譬如浸淫瘡[②]，從口起流向四肢者可治，從四肢流來入口者不可治；病在外者可治，入裏者即死。（十二）

【词解】

①脉脱：指脉乍伏不见，多由邪气阻遏，血脉一时不通所致。

②浸淫疮：皮肤病的一种，疮面流黄水，可由一处蔓延及它处。详见第十八篇。

【释义】

本条承上条继论治未病。脉脱正与脉沉滑相反，与上条皆可见脉沉大而滑一样，邪气入攻五脏、入攻六腑者，则皆可见脉脱，以进一步阐述为何入脏即死、入腑即愈。并推而广之，非为卒厥一病，百病皆然。为了着意强调，又举浸淫疮为例。其若从口起流向四肢者，说明病邪由内达外（犹言由脏出腑），治疗易；若从四肢流来入口者，意谓病邪由外入内（犹言由腑入脏），治疗难。故最后概言道：病在外者可治，入里者即死。再次示人务必早治，以防病情由轻变重，乃至不治。

【按语】

第十一、十二两条从病邪在脏与腑、内与外的重轻难易出发，论述已病防变的治未病理论，再次示人早治。此外，卒厥多涵盖西医学的心脑血管疾病，故第十一条还启迪我们，治心脑血管疾病不要忘记治肺、治气。尚寓论杂病的预后，自不待言。

【选注】

尤怡：脉脱者，邪气乍加，正气被遏，经隧不通，脉绝似脱，非真脱也，盖即暴厥之属。经曰："跌阳脉不出，脾不上下，身冷、肤鞕"；又曰："少阴脉不至，肾气微，少精血，为尸厥"，即脉脱之谓也。厥病，入脏者深而难出，气竭不复则死；入腑者浅而易通，气行、脉出即愈。浸淫疮，疮之浸淫不已；《外台》所谓转广有汁，流绕周身者也。从口流向四肢者，病自内而之外，故可治；从四肢流来入口者，病自外而之里，故不可治。李玮西云：病在外二句，概指诸病而言，即上文百病皆然之意；入里者死，如痹气入腹、脚气冲心之类。（《心典》）

二、阴阳规

（一）杂病病机

【原文】

問曰：經云："厥陽獨行"，何謂也？師曰：此爲有陽無陰，故稱厥陽。（十）

【释义】

本条举厥阳为例，论述阴阳失去相对平衡协调是杂病的总病机。《素问·阴阳应象大论》："阴在内，阳之守也；阳在外，阴之使也。"在正常情况下，阴阳之间处于一种相对的平衡协调状态。若阴血（液）亏虚于下，则无阴维系的孤绝之阳浮越于上，疾病便接踵而至。有与无，乃相对之词，全系病态，藉以表明阴阳失去相对平衡协调状态是导致一切杂病的总病机。观水气病、产后郁冒病即可窥其一斑。

【选注】

黄元御：阳性上行，有阴以吸之，则升极而降；阴性下行，有阳以煦之，则降极而升。

有阳无阴，则阳有升而无降，独行于上，故称厥阳。(《悬解》)

(二) 杂病分类与中人五邪

【原文】

问曰：陽病①十八，何謂也？師曰：頭痛、項、腰、脊、臂、脚掣痛。陰病②十八，何謂也？師曰：欬、上氣、喘、噦、咽③、腸鳴、脹滿、心痛、拘急。五臟病各有十八，合爲九十病，人又有六微，微有十八病，合爲一百八病，五勞④、七傷⑤、六極⑥，婦人三十六病⑦，不在其中。

清邪居上，濁邪居下，大邪中表，小邪中裏，槃飪⑧之邪，從口入者，宿食也。五邪中人，各有法度，風中于前，寒中于暮，濕傷于下，霧傷于上，風令脉浮，寒令脉急，霧傷皮腠，濕流關節，食傷脾胃，極寒傷經，極熱傷絡。(十三)

【词解】

①阳病：在上、在四肢、在经络的病证。

②阴病：在下、在内、在脏腑的病证。

③咽 (yè 夜)：指咽中梗塞。

④五劳：《素问·宣明五气篇》以"久视伤血，久卧伤气，久坐伤肉，久立伤骨，久行伤筋"为五劳所伤。

⑤七伤：《诸病源候论·卷三·虚劳候》云：大饱伤脾，大怒气逆伤肝，强力举重，久坐湿地伤肾，形寒寒饮伤肺，忧愁思虑伤心，风雨寒暑伤形，大恐惧不节伤志。可从。

⑥六极：《诸病源候论·卷三·虚劳候》谓：气极、血极、筋极、骨极、肌极、精极。指六种虚损的病证。

⑦妇人三十六病：《诸病源候论·卷三十八·带下三十六疾候》作：十二癥、九痛、七害、五伤、三痼。

⑧槃飪：槃音义同穀 (谷)；飪 (rèn 任)，指煮熟。谷被煮熟为飪，即饮食。饮食太过则成为病邪，即五邪之一。

【释义】

本条从阴阳角度论述杂病分类计数方法及五邪中人规律。阳病是指头、项、腰、脊、臂、脚掣痛等六种在经络的病证，属于第二条"二者"的范畴。阴病是指咳、上气、喘、哕、咽、肠鸣、胀满、心痛、拘急等九种在脏腑的病证，属于第二条"一者"的范畴。阳病中有营病、卫病、营卫兼病的不同，此一病而有三，三六得一十八，故曰阳病十八。阴病中有虚与实的区别，此一病而有二，二九得一十八，故曰阴病十八。五脏病各有十八，尤怡谓五脏受风寒暑湿燥火六淫之邪而为病，有在气分、血分、气血兼病三者之别，三六合为十八，所以说五脏病各有十八，合为九十病。六微谓六淫之邪中于六腑，腑病较脏病为轻，故名。因仲景强调的是五邪而非六淫，故尤说仅供参照。六微亦有气分、血分、气血兼病三者之别，三六合为十八，六个十八，合为一百零八病。至于五劳、七伤、六极以及妇人三十六病，与外邪关系不大，尚不包括在内，所以说"不在其中"。

雾露之邪轻清，属阳，故多伤于人体属阳的上部；水湿之邪重浊，属阴，故多伤于人体属阴的下部；风邪泛散，亦属阳，故伤于人体属阳的表部；寒邪紧束，亦属阴，故伤于人体属阴的里部；不节之饮食，从口而入，导致了宿食。此主要从伤人的部位而论。从伤人的时间而论，也各有法度。例如，风邪伤人多在午前，因午前为阳；寒邪伤人多在傍晚，因傍晚为阴。同样的，水湿之邪伤人多在下午，雾露之邪伤人多在上午。风性泛散令脉浮（阳脉），寒性紧束令脉紧急（阴脉）。雾露轻清伤及在表属阳之皮腠，水湿重浊流入在里属阴之关节。不节之饮食伤脾胃。寒属阴，经属阴，故极寒伤经；热属阳，络属阳，故极热伤络。这两句话高度概括五邪中人是遵循以阴从阴、以阳从阳之法度的，为杂病的预防、驱邪提供了总体思路。

【选注】

徐彬：此段前言病有阴阳脏腑之异，后言感有五邪中人之殊，欲人参互而求责也。谓病在阳，当从阳治，如头项居上，阳也。腰脊虽在中，督脉所主，亦阳也。四肢属阳，则臂与脚亦阳也。阳有太少阳明三经，合六处，岂非三六十八乎？病在阴，当从阴治，如欬也，上气而喘也，哕也，咽痛也，肠鸣胀满也，心痛拘急也，皆三焦以内之病，是里也阴也。阴有太少厥阴三经，合六处，岂非三六十八乎。然而阴病既有十八，则阴属脏，五脏各有十八，岂非合为九十病乎？阳病既有十八，则阳属腑，六腑各有十八，但病为稍微，岂非合为一百八病乎？已上乃专为外至之邪，中于阴阳脏腑者，约略为言，去古甚远，不能逐病而悉数之矣。……其五劳七伤六极，与妇人三十六病，皆非外邪深伤经络脏腑之病，故不在数。……然邪之所以只伤阳，所以只伤阴，所以在表，所以在里，所以在上，所以在下，所以在脾胃，则邪有清浊不等、大小不同，或止饮食之异耳。其所伤之时节浅深，亦各于邪所中时分之。故曰五邪中人，各有法度。五邪者，即下风寒湿雾食也。风为阳邪，故中于前。前者，朝也卫也；寒为阴邪，故中于暮。暮者，晚也营也。湿为浊邪，故伤于下。雾为清邪，故伤于上。风性轻扬，故令脉浮。寒性敛束，故令脉急。雾性清阳，故走皮腠。湿性阴浊，故流关节。饮食脾胃主之，故伤止脾胃，不及经络腠理。极寒伤经，冬月阳不在外，故无以外固而邪伤及经，所以有正伤寒之说也。极热伤络，夏月阳气在外，暑热并之，汗出络虚，所以有痹疟中暑等病，而无六经之伤寒也。（《论注》）

（三）脉象与阴阳

【原文】

师曰：病人脉浮者在前^①，其病在表；浮者在後，其病在裏。腰痛背强不能行，必短氣而極^②也。（九）

【词解】

①前：指关前之寸部。

②极：即"困惫"。《史记·屈原贾生列传》："故劳苦倦极，未尝不呼天也。"余篇之"极"多解作此意。

【释义】

本条论述同一脉象既能见于阳部也能见于阴部，故主病有异。病人寸部脉浮，为正气亏虚，外邪袭人，正邪相争；尺部脉浮，系肾阴亏耗，无以系阳，阳浮于外。前者多浮而有力，后者多浮而乏力。足太阳膀胱经循经腰背，外邪袭表，经气不利，故腰痛、背强以致行走困难。肾虚则金水不能相生，不能纳气归源，故短气而疲惫虚乏。

【按语】

本条示人切脉时须分部位，更须脉证合参。

里与表、下与上、腹与背、"后"与"前"、痼与卒、缓与急、紧与浮、本与标等，概阴与阳之属，故辨治杂病也不能忽略它们之间的平调；而以阴阳类分疾病，以阴阳审视五邪之中人，则教人以提纲挈领，纲举目张。第十三条的"阳病十八"、"阴病十八"之解多从尤怡，但余家之见亦不易忽略如徐彬、魏荔彤等。故选注落墨于徐氏，以让人较而视之。五邪中人仅言及一般规律，至于特殊规律需参见相关篇章，以知常达变。从"湿伤于下，雾伤于上"之前的文字看，此"下"与"上"宜改作时间看；从尤氏"表病不除，久必归里也"可见，第九条尚寓已病防传变之意，同时也把《素问·阴阳应象大论》"善诊者，……按尺寸，观浮沉滑涩，而知病所生"的理论具体化。

【选注】

赵良仁：脉浮为虚。关前属阳主表，关后属阴主里。所谓表者，以足太阳言也；里者，以足少阴言也。一腑一脏，是其表里所合。其太阳经自足循背至头，腰者，肾府也。是故表病则背强不能行，里病则腰痛短气而极少。

虽然，寸、尺脉浮，非一经一病之可尽，今独出此证何也？大抵用表里而言病，必举太阳、肾为例。盖太阳是诸阳之属，凡受邪必自此始；肾是治内之主事，书独言此，例以推之。（《衍义》）

三、诊疗矩

（一）望诊

【原文】

问曰：病人有氣色見於面部，願聞其說。師曰：鼻頭色青，腹中痛，苦冷者死；一云腹中冷，苦痛者死。鼻頭色微黑者，有水氣；色黃者，胸上有寒；色白者，亡血也；設微赤非時者死；其目正圓者痙，不治。又色青爲痛，色黑爲勞，色赤爲風，色黃者便難，色鮮明者有留飲。（三）

【校勘】

痙，原作痓，误，据《医统》本改。

【释义】

本条从脏腑整体观及天人整体观出发论望诊。藏于内者为气，现于外者为色。仲景继承《内经》相关理论，注重望气色以诊断疾病。鼻，被古医家誉为面王，为脾胃所主。鼻头色青，乃肝气挟肾寒乘脾，脾运受困，故腹中痛。脾阳渐伤，四肢不温，故预后不佳；鼻头色微黑，为土虚不制，肾水反侮；面色黄而晦，系脾阳虚及于子（肺）、累于母（心），心肺之阳俱虚，是以寒生上焦；白色属肺，见于脾之所主，为子病累母，脾失统摄，阴血亡失；红色属心，见于脾之所主，若又不在心火主令的夏季，即乃非其时之色，多为母病及子，心血极度亏耗，阳浮于上，预后极差；目为肝窍，两眼直视而不能转动，多是风病灼筋之痉病，治疗困难。面色青则为肝寒乘脾，脾阳虚弱，血脉凝滞，故痛；面色黑为肾虚，反侮于脾，主劳；面色赤为风热上扰，母病及子；面色黄为湿热困脾，输运不及，故大便难；面色鲜泽光亮，为脾虚水泛，已成痰饮病的留饮证。

【按语】

"色鲜明者，有留饮"说明饮邪乃致病邪气之一，是对第十三条五邪的补充。

本条说明，五脏病之病色皆可应之于脾胃所主之面，反映仲景诊治杂病注重后天的思想。

【选注】

徐彬：鼻头色青腹中痛，谓鼻准属脾，青为肝色，乃肝木挟肾寒以乘土，而上征于鼻、下征于腹。又苦冷则为暴病而亡阳，主卒死，故曰苦冷者死。若鼻头色微黑，则黑虽肾色，微非沉夭，且无腹痛，但主水气而非暴病矣。若色黄乃土郁而本色见，非上有寒饮以遏之不能使郁，故曰胸上有寒。若色白，则经曰"血脱者色白，夭然不泽"，故曰亡血。然《灵枢·五色》篇谓白为寒，应知不见亡血症，即以寒断矣。设微赤，土得火色似相宜，不知鼻亦为肺之外候。微赤而非时，则非生土之火，而为克金之火，又主脏躁而死矣。然目又为五脏精华之所聚，神气之所生，正圆则目睛不转而至于痉，是阴绝。产妇多痉，亦亡阴也。合之正圆，阴绝无疑，故曰"不治"。（《论注》）

【原文】

师曰：吸而微数，其病在中焦，实也，当下之即愈；虚者不治。在上焦者，其吸促[1]，在下焦者，其吸远[2]，此皆难治。呼吸动摇振振者，不治。（六）

【词解】

①吸促：指吸气浅短而快急。

②吸远：指吸气深长而困难。

【释义】

本条论述察呼吸以辨疾病之虚实、病位之上下及预后之吉凶。吸而微数，是吸气稍频繁而短促，若因中焦邪实，波及于子，肺失肃降所致，则当用攻下法，中焦通畅，降气无碍则吸气正常，预后吉；若因中焦正虚，土不生金致吸而微数，则预后凶；若病在上焦心肺，无论虚实，皆吸气急促；若病在下焦肝肾，多属虚证，吸气深长而困难。此二者虽俱关乎中焦，但又不若中焦之实，可下之则去，治疗均难；若呼吸时全身振振动摇者，是气盛而形衰，形气相失。"形与气……不相任则夭"（《灵枢·寿夭刚柔》），故属不治。

【按语】

本条说明，呼吸异常可责之三焦，仲景把《难经·四难》"呼出心与肺，吸入肾与肝，呼吸之间，脾受谷味也，其脉在中"的理论具体化。且若中焦邪实而又正虚者，则攻补两难，亦属"不治"。以下学者之论有助于对第六条的理解。

【临床应用与研究】

有学者认为，"吸而微数……虚者不治"指病人吸气表浅、频率较快，常见于阳明腑实、结胸、宿食、心胃痛等，其特点是腹满、腹痛等引起呼吸的变化，以西医学观点视之多为急腹症，如肠梗阻、胃肠穿孔、胆囊炎等，为减轻疼痛只保留浅而快的胸式呼吸。此类病证，病位在腑，"当下之即愈"，如正虚邪实，则不任攻下，故曰"虚者不治"。第二句所论吸促、吸远若交替发生，即短而快的呼吸之后出现微弱，甚至暂停，然后呼吸又深长，反复交替出现，中医称之为元气欲脱，病情危重，西医学所谓"潮式呼吸"指此。呼吸致全身振振动摇，是呼吸微弱或似有似无，突然一阵急促的吸气，以致鼻息有声似抽泣状，同时全身不自主振摇，西医称之为"抽泣式呼吸"，中医学认为是肺肾俱绝，常预示病情危重。

【选注】

吴谦：此承上文，言喘分三焦，有可治、不可治之辨也。喘，肺病也，肺主气，司呼吸，故以呼吸气促，谓之喘也。若呼吸气均促，是病在呼吸，阻升降之气也，故知喘在中焦也；呼之气促，吸之气长，病在呼，呼出心与肺，故知喘在上焦也；呼之气长，吸之气短，病在吸，吸入肾与肝，故知喘在下焦也。喘之实者，谓邪气盛，则实也，中实，则必腹满便硬，当下之，可治也。喘之虚者，谓正气夺则虚也，中虚，则必腹软便滋，不堪下，难治也。若喘而呼吸动摇，振振不能擎身者，则为形气不相保，勿论虚实，不治也……吸不言呼，略辞也，犹言呼吸均短，呼短吸长，吸短呼长也。（《金鉴》）

（二）闻诊

【原文】

师曰：病人語聲寂然①喜驚呼者，骨節間病；語聲暗暗然②不徹者，心膈間病；語聲啾啾然③細而長者，頭中病。一作痛。（四）

【词解】

①寂然：形容安静无声。

②暗（yīn 阴）暗然：暗，一作瘖，哑也。形容语声低微而不清。

③啾（jiū 纠）啾然：啾，虫、鸟细碎鸣声。形容语声细小而长。

【释义】

本条论述闻语声以诊断疾病的方法。病痛在于内而语声发于外。若病人本多寂然而爱惊呼者，多是患或兼有骨节疼痛的一类病证，如湿病、历节病乃至水气病等。厥阴在志为惊、在声为呼、在体为筋，筋束关节故骨节疼痛。正因骨节疼痛，转侧受限，故常寂然而不敢出声。若偶一动作，则引发疼痛而致惊呼；若病人语声暗暗然而不彻者，多是心膈间病即肺病，如肝着（侮肺）、心痛、胸痹乃至《伤寒论》的结胸等病证，因气道不通畅故尔；若语声啾啾然细而长者，多为头中有病，如寒湿犯头、疟病等。因大声言语则震动头部而加剧头痛，故只得轻言细语，以防犯上。"从阴则细，道远则长"，故赵良仁认为此关乎肾与太阳膀胱。

【按语】

本条说明病在阴（肝肾）其声却阳（惊呼），病在阳（心膈、头中）其音则阴（暗暗然、啾啾然）。故声为阳，音属阴。而诊疗矩中多不离阴阳。

【选注】

赵良仁：所谓寂然者，欲语而默默处也。夫阴静而阳躁，此病在厥阴，故好寂然也。厥阴，在志为惊，在声为呼，在体为筋，筋束关节，所以厥阴之病喜惊。在声为呼，则知其病在骨节也。

暗暗然不彻者，声出不扬也。盖肺主气，膈乃肺之部，宗气行呼吸出入升降于是焉。语声之不彻，则知其气不得升，是心膈之有病也。

啾啾者，声小啾唧也；细而长者，其气起自下焦，从阴则细，道远则长，盖是巨阳主气，少阴与之为表里，巨阳有邪，则少阴上从而逆于巅。肾在声为呻，阳主躁，故呻吟之声从阳变而为啾唧细长也。巨阳脉在头，是头中病。亦仲景特发听声察病之一法耳。（《衍义》）

（三）望闻结合

【原文】

師曰：息搖肩者，心中堅；息引胸中上氣者，欬；息張口短氣者，肺痿唾沫。（五）

【释义】

本条论述察呼吸、望形态以诊断疾病的方法。一呼一吸谓之息。息摇肩，是呼吸困难，两肩上耸的急迫状态。心中多指胃脘，实邪中阻于胃，气机升降出入受阻，波及于子（肺），肃降不能故尔。常伴鼻翼煽动、胸闷气急等症。此等属实，故曰心中坚。呼吸时牵引胸中气机上逆而咳嗽频频，多因外邪袭肺，咽喉不利所致，属外感咳嗽；若呼吸时张口短气，频吐浊唾涎沫，无论其属于虚热还是虚寒，皆系肺痿病。既然肺叶萎弱而不用，故呼吸困难，肺不能通调敷布，储液为痰而频吐之。

【按语】

本条的息摇肩，虚证亦可致。"息张口短气者，肺痿唾沫"是对肺痿的绝好定义。

第三、六、四、五条把《素问·阴阳应象大论》"善诊者，……审清浊，而知部分；视喘息，听音声，而知所苦；观权衡规矩，而知病所主"的理论具体化。

【选注】

徐彬：此言闻法之最细者，先于呼吸出入之气，而辨其病之在上在下，为实为虚，故就一呼一吸为一息之常理，而先分别其出气之多者三，以征其病之在上焦也。谓息出于鼻，一呼必一吸，然呼出，心肺主之，吸入，肾肝主之。吸呼之中，脾胃主之。所主既分，则出入之际，亦宜分而详之。于是就其呼之多者，征其息，而不与吸并言。曰息摇肩者心中坚，谓息而出多者，火上窜也。至摇肩则甚矣。使非心中邪实而气稍得下行，何至于此，故曰心中坚。曰息引胸中上气者，欬，谓上气为逆，至息引其胸中之气上逆则肺金收降之令不行，乃上逆而欬。曰息张口短气者，肺痿唾沫，谓短气，虚也。张口是有涎沫阻遏，不容气返之势，则必肺气不通，而为肺痿唾沫。三者全于呼，而证其病之在心肺也，然不竟言呼而曰息者，盖出气虽大，中无小还，不能大呼，故揭出"摇肩"、"息引"、"张口"六字，而病之在呼者，宛然然，不得但言呼也。(《论注》)

（四）表里同病治则

【原文】

問曰：病有急當救裏救表者，何謂也？師曰：病，醫下之，續得下利清穀不止，身體疼痛者，急當救裏；後身體疼痛，清便自調者，急當救表也。（十四）

【释义】

本条论述表里同病的缓急治则。从《伤寒论》可知，表里同病，一般应先解表后治里，否则，易致表邪内陷而加重里病。患表病或表里同病，医者误用攻下之法治里，导致脾肾阳虚而下利清谷不止，此时，虽有身体疼痛的表证，也应先救治其里，待里证全愈即大便正常后再救治身体疼痛的表证。

【按语】

本条是《伤寒论》91条"伤寒，医下之，续得下利清谷不止，身疼痛者，急当救里；后身疼痛，清便自调者，急当救表"之精神的再现；言病有表里之不同，治者权缓急而分其先后。

【选注】

沈明宗：此病分表里，治有先后也。问急当救里救表者，乃病在表而医反下之，诛伐无过，致伤脾胃之气，所以下利清谷不止；然虽身疼表证未解，当救误下之逆为急，不可顾虑表邪，以致内阳下脱，必俟元阳恢复，清便自调之后，急当救表。然表当急救何也？盖恐内阳初复未充，外邪陷入，又变结胸痞满耳。(《编注》)

（五）痼疾加卒病治则

【原文】

夫病痼疾，加以卒病，當先治其卒病，後乃治其痼疾也。（十五）

【释义】

本条论述卒病与痼疾同在时的先后治则。宿有痼疾，又患卒病，一般应先治卒病。因卒病常易治，而痼疾每难疗。但当痼疾与卒病间存在某种必然的因果关系时，治卒病的同时又必须兼顾痼疾，如《伤寒论》18条"喘家作，桂枝汤加厚朴杏子佳"便是。在临床上甚至也有治痼疾为主而兼顾新病者。孰先孰后，全在医者权衡难易及二者的关联性而定。

【按语】

本条言病有新旧之不同，治者当审难易而分其先后也。

【选注】

周扬俊：痼疾，谓病已沉痼，非旦夕可取效者；卒病，谓卒然而来，新感而可取效于旦夕者。乘其所入未深，急去其邪，不使稽留而为患也。且痼疾之人，正气素虚，邪尤易传，设多瞻顾，致令两邪相合，为患不浅，故仲景立言于此，使后之学者知所先后也。(《二注》)

(六) 五脏喜恶调治

【原文】

師曰：五臟病各有所得者愈，五臟病各有所惡，各隨其所不喜者爲病。病者素不應食，而反暴思之，必發熱也。(十六)

【校勘】

"所得"，赵本原无"得"字，据《论注》补。

【释义】

本条论述对杂病当根据五脏喜恶进行治疗和调护。五脏的生理特点不同，故它们的病理变化及临床证候也各异。在治疗杂病时，必须因脏因人而异。五脏病如果能得到它们所需要、所适宜的药物、服食、环境等，则有利于杂病的痊愈。就所得而论：肝病苦急而应得甘缓，心病苦缓而宜得酸收，脾病苦湿而该得苦燥，肺病苦气上逆而当得苦泄，肾病苦燥而欲得辛润。如此就有利于五脏病的痊愈；就所恶而言：如肝主筋，风胜则筋拘急，故恶风；心主血，热胜则血脉伤，故恶热；脾主肌肉，湿胜则肌肉壅肿，故恶湿；肺主气，寒则气留滞，故恶寒；肾主骨生髓，燥胜则骨失其所养而无力，故恶燥。如遇到其所恶，则易导致或加剧五脏病，或拖延疗程，或减缓疗效；就所不喜来说：如肝不喜辛，心不喜咸，脾不喜酸，肺不喜苦，肾不喜甘等（以防其被乘克）。倘若得到了其所不喜者，多患病无疑。特别需要注意的是，病人较长时间以来不想吃即所不喜的某种食物，若突然想吃，这是脾胃之气被邪气所改变，必生发热之变。因此，一定要从药物、服食、环境等方面，整体予以治疗和调护，近其所得，避其所恶，远其所不喜。

【按语】

本条的"必发热"乃举隅之论，示人以三反之；本条寓论问诊。

【临床应用与研究】

有学者指出，本条的重点在于四诊中之问诊，临证颇为重要。如《难经·六十一难》说："问而知之者，问其所欲五味，以知其病所起所在也。"此对临床，确有指导意义。尤其在阴阳虚实难辨之时，更为重要。譬如舌质红苔少乏津，本为阴虚之症，但又兼有畏寒怯冷等阳气虚之症候，遇此则必问所喜食何物，若喜辛辣而食之不燥火者，多属元阳亏虚，则从温养肾阳着手论治；若恶食辛辣或偶食辛辣则唇舌疼痛，或肛门灼热，此又为胃阴虚而肾气不足之证，应用甘寒养胃，温养肾气之法治之。又如小建中汤证患者，喜食甘味是也。总之，知其所喜所恶之味，对医者辨证用药有很大帮助。

【医案举例】

"五脏病各有所得者愈"对临床有重要指导价值，蒲辅周在疾病调理上尤重食疗，曾用茶叶一味治热病伤阴老年患者。患者系中医研究院家属，热病后生疮，长期服药，热象稍减，但病人烦躁、失眠、不思食，大便七日未行，进而发生呕吐，吃饭吐饭，喝水吐水，服药吐药。病者系高年之人，病程缠绵日久，子女以为已无生望，抱着姑且一试的心情询问蒲老尚可救否？蒲老询问病情之后，特意询问病者想吃什么，待得知病者仅想喝茶后，即取龙井茶 6g，嘱待水煮沸后两分钟放茶叶，煮两沸，即少少与病者饮，他特别强调了"少少"二字。第二天病家惊喜来告："茶刚刚煮好，母亲闻见茶香就索饮，缓缓喝了几口未吐，心中顿觉舒畅，随即腹中咕咕作响，放了两个屁，并解燥粪两枚，当晚即能入睡，早晨醒后知饥索食，看还用什么药？"蒲老云："久病年高人，服药太多，胃气大损，今胃气初苏，切不可再投药石，如用药稍有偏差，胃气一绝，后果不堪设想。嘱用极稀米粥少少与之，以养胃阴、和胃气。"如此饮食调养月余，垂危之人竟得康复。蒲老回忆说："愈后同道颇以为奇，以为茶叶一味竟能起如许沉疴。其实何奇之有？彼时病者胃气仅存一线，虽有虚热内蕴，不可苦寒通下，否则胃气立竭。故用茶叶之微苦、微甘、微寒，芳香辛开不伤阴，甘降不伤阳，苦兼甘味，可醒胃悦脾，茶后得矢气，解燥粪，是脾胃升降枢机已经运转。能入睡，醒后索食即是阴阳调和的明证，而'少少与之'，又是给药的关键。如贪功冒进，势必毁于一旦。"（《山东中医学院学报》编辑室．名老中医之路·第三辑．济南：山东科学技术出版社，1985；186）

【选注】

尤怡：所得、得恶、所不喜，该居处服食而言。如《脏气法时论》云：肝色青，宜食甘；心色赤，宜食酸；肺色白，宜食苦；肾色黑，宜食辛；脾色黄，宜食咸。又，心病禁温食、热衣；脾病禁温食、饱食、湿地、濡衣；肺病禁寒饮食、寒衣；肾病禁焠焇热食、温炙衣。《宣明五气篇》所云心恶热、肺恶寒、肝恶风、脾恶湿、肾恶燥。《灵枢·五味》篇所云肝病禁辛、心病禁咸、脾病禁酸、肺病禁苦、肾病禁甘之属皆是也。五脏病各有所得而愈者，谓得其所宜之气、之味、之处，足以安脏气而却病气也。各随其所不喜为病者，谓得其所禁所恶之气、之味、之处，足以忤脏气而助病邪也。病者素不应食，而反暴思之者，谓平素所不喜之物，而反暴思之，由病邪之气变其脏气使然，食之则适以助病气而增发热也。（《心典》）

（七）审因论治原则

【原文】

夫诸病在藏，欲攻之，当随其所得而攻之，如渴者，与猪苓汤。余皆仿此。（十七）

【释义】

本条论述治病当掌握审因论治的原则。要对疾病进行治疗，应当审因论治，弄清楚疾病发生的根本原因，然后才能准确的进行治疗。如口渴症，若因水热互结，郁热伤阴，津不上承所致者，则用猪苓汤利水清热，养阴生津，口渴则愈。治疗其他疾病，也应遵循这个原则。

【校勘】

"仿"，赵本作"做"乃"仿"之异体字，据《医统》本改。

【按语】

本条与上条"所得"虽一，其内涵则各有所指：一立足于调护，一立足于治则。皆遵"谨守病机，各司其属"之训。本条举利水清热、养阴生津的猪苓汤为例，在于强调治疗疾病当审因论治，治其根本。

【选注】

尤怡：无形之邪，入结于脏，必有所据；水、血、痰、食，皆邪薮也。如渴者，水与热得，而结在水，故与猪苓汤利其水，而热亦除；若有食者，食与热得，而热结在食，则宜承气汤下其食，而热亦去；若无所得，则无形之邪岂攻法所能去哉。（《心典》）

研究概要

历代医家对本篇治未病研究较多。如：欧阳锜认为"见肝之病，知肝传脾"，当包括肝病可传之于脾及肝病可传自于脾，一为肝病累脾，一为脾病及肝；但肝病也有得之于肺者，第七条的"肝色青而反色白"即是证明。有人认为肝虚亦可克脾。因肝主疏泄，肝虚则同样可致疏泄不利，脾的运化功能相应受到影响，导致土壅。肝实是木疏太过，肝虚是木不疏土；有学者研究了"补用酸，……此治肝补脾之要妙也"后，认为《金匮》的五行相制疗法包括治肝补脾、治心补肺、治脾温肾、治肺调肝和治肾调心五法，概立足于五脏相克的角度。仲景之所以偏重于五脏相克，有人认为，这有其文化背景。东汉时期，以邹衍为代表的阴阳家们所提出的"五行相克"论仍占主导地位，而由董仲舒提出的"五行相生"论尚未引起重视。《难经·六十九难》云"虚者补其母，实者泻者子"，据此则肝虚应补其肾，肝实应泻其心，何以不然？临证之际，不必拘泥于"虚则补其子"。有人认为"虚虚实实"像《素问·至真要大论》之"民病饮积，心痛，耳聋浑浑焞焞"之"浑浑焞焞"（即混浊暗淡）一样，也像《难经·十五难》之"脉来厌厌聂聂，如循榆叶曰平"之"厌厌聂聂"（即轻浮和缓）一样，也为联合重叠词组，应译为一切虚证，一切实证。不为无见。日本学者认为，《金匮》的治未病理论如果早一点被人们了解，那么现代医学的脏器相关性就会被早一点提出来。有学者认为《脏腑经络先后病脉证》的创作撰用了《内经》尤其是《难经》的相关理论并有所发展。如第一条受示于《七十七难》，第七条受示于《七难》、《三十三难》，第九条受示于《二难》等。本篇的五邪实受示于《四十九难》之五邪即风、暑、饮食劳倦、寒及湿，但易暑为雾，去劳倦。而源于《内经》、《难经》形成于《金匮》的治未病理论对于温病的治疗有非常重要的指导意义。温病高热截断于气分是治疗的关键，不拘泥于"卫之后方言气"的顺应性疗法，而是卫气同治，先安未受邪之所，故"卫气同治，气分早下，三宝早用，气营血三联"（气营同治、气血同治、营血同治）等皆为治未病之体现。16世纪或更早就发明人痘接种法预防天花，开创了世界人工免疫之先河，这也是受示于治未病理论。有人指出《小儿药证直诀》也发展了治未病理论。如婴儿初生时，须及时清除口中常留存的羊水等秽物，搞好口腔卫生，以防导致胃肠和口腔等疾患，"俗以黄连汁压之"，以清解胎毒。对西医学的乙型肝炎、隐匿型肾炎乃至2003年暴发的传染性非典型性肺炎的防治都有积极作用。体现《金匮》恒动观的"若五脏元真通畅,人即安和"以及阴阳平衡观,对于占人类60%的亚健康状态者有很高的实用价值。美国疾病控制中心将亚健康状态正式命名为"慢性疲劳综合征",其表现主要有:易疲劳,体虚困乏,失眠,休息质量不高,注意力不集中,甚或不能正常生活和工作,情绪不稳定,抵抗力差等。显然,这其中既有生命物质的衰少,生理功能的异常,又有抗病能力的下降,即所谓元真不通畅,在总体上也可谓之阴阳失衡。根据其表现,有人已总结出肝郁气滞、瘀血内阻、脾虚湿盛、气血亏虚、痰湿内生、湿热内蕴及阴虚火旺等证,并给予了相应的方药。第八条集中体现了《金匮》的自然整体观,因为只有自然界保持了其整体一致性,才有利于人体五脏六腑的整体协调,最后方可达到人和自然最大限度的统一,以防止疾病的发生。1997 年至 1998 年世界范围的厄尔尼诺(指南美秘鲁和厄瓜多尔沿岸的东太平洋海温异常增暖现象。海水变暖使海洋浮游生物无法生存,致使该海域鱼类大量死亡)现象丰富了自然整体观中的"未至而至",因为"未至而至"只强调了未至该节令(雨水节)而该节令的气候(天气转暖)已捷足先登,但并没强调下个甚至下下个乃至来年的气候先至。如,时令是夏天却出现冬天气温,时令是冬天却出现春夏气候现象,应是翌年春天绽放的樱花却提前于先年秋季开放,等等。

诊疗方面,杂病的表现无论在内在外,多首先责之外,那是当时的历史背景所决定的。因为从公元 121 年～183 年的 62 年中曾发生大的灾害 22 次,平均不到 3 年即发生 1 次。其灾害种类计有:瘟疫、地震、地裂、河干、洪水、涝灾、阴雨、雹灾、旱灾、海水倒灌及蝗灾。因此,外邪的形成、伤人、致病乃至导致死亡是属在所难免。故当时仲景把无工业可言的时代的雾气作为致病的五邪之首也就不难理解了。约 1800 余年后的今天,工业十分发达,空气的污染度日益严重,以重庆为例,其雾中含有氢离子、硫酸根离子、氟离子等多种对人体有害的成分,虽然目前尚无法知晓东汉时期雾中的有害成分是否与之相同,但古今雾的致病作用则一。上述有害成分被人体吸入后伤及肺、气管、支气管、皮肤等,进而导致肺心病、肺炎、肺癌、咳嗽、慢性鼻炎及过敏性鼻炎等,这与"清邪居上"、"雾伤皮腠"暗合,故《金匮》的肺痿、肺痈、咳嗽上气、溢饮、支饮及所有与肺有关的病证,都恐怕或多或少与雾邪所伤有关。上述西医学的疾病无一不属于第十三条"阳病"的范畴,反映出"清邪居上"的科学性、实践性及生命力;唐容川认为,"若有疢难,皆腠理不通畅之故",故元真不通畅"已括尽全书之病机矣",是以 1990 年 12 月在成都中日仲景学术研讨会上即有学者首次书面指出,通畅元真应是仅次于平调阴阳治则的杂病的又一总治则;第七条的"肝色青而反色白"提示我们,肝病(实)不单实脾,有时也当实肺,一为治"我克"之脏,一系治"克我"之脏,从两个不同侧面向后人展示了仲景在治疗学上的脏腑整体观;有人认为第十七条的"当随其所得"之"所得"应有四意:内外合邪;适当的驱邪途径;脏腑对所入病邪抗病能力;适宜的治疗措施。颇有见地。也有人认为"随其所得而攻"是与"五脏病各有所得者愈"相对而言的,"所得"不仅不能使病情向愈,有时反而是病因,并认为"得什么攻什么","攻其所得"是中医的重要治法之一。

唯对阴阳的专门研究偏少。

小　结

　　本篇在《内经》、《难经》治未病、整体观、恒动观、辨证观及阴阳规等理论基础上，从全局出发，总论杂病的预防、传变、病因、病机、发病、诊断、治则、调护及预后等，巧妙地把《内经》、《难经》的上述理论具体化，并有所创新。

　　天人一体，故养慎是预防疾病发生的主要措施；早期治疗、正确治疗则是防止疾病最终形成乃至传变的重要方法；风、寒、雾、湿、宿食等常邪及自然整体观被破坏以后的"非其时"之气的"变邪"是仲景着意强调的致病邪气。第三条所及之"饮"，第十三条所涉之"热"的致病也不可忽略，示人多径防治；而杂病之成总不离乎阴阳失调，但杂病的表现无论在内还是在外，多首先责之外，这与东汉的历史背景密切相关；杂病的诊断注重"脉证"即四诊合参，同时要参之以天时；表里同病时，若以里证为急者，宜先里后表；卒病与痼疾同在时，则多先卒后痼，体现了急则治标的原则；对于病的虚实，自当补损有别，或先内存正气，或先安其未受邪之所，以防被传乘；同时，要医患一体，熟知并掌握五脏病的所得、所恶、所不喜的一般规律以及脏气为邪气所改变的特殊现象，在不变中防变，在变中觅不变，全方位治疗护理；要掌握邪正之相移及病邪之所合，以收辨证丝丝入扣，药到病除之效。故《金匮要略》被誉为治疗杂病的典范，是丝毫无过的。

痓濕暍病脉證治第二

痓，原书作"痙"，《辑义》云："案成无己曰：痓当作痙，传写之误也。痓（zhì 至），恶也；痙，强急也。《千金》、《二注》及《心典》等均作"痙"，今从之。

痙病为邪在筋脉，经气不利，以项背强急、口噤不开、甚至角弓反张为主症。外感、内伤均可致痙，但本篇所论以外感风寒所致者为主，与温病热盛伤津及内伤引起的痙证有所不同。

湿病为湿邪在肌肉关节，以发热身重、骨节疼烦为主症。有外湿、内湿之分，湿邪为病，多有挟风、挟寒、挟热等区别。本篇所论以外湿及其兼证为主。

暍病即伤暑，暑天以湿热二气为主，故伤暑有偏热、偏湿之别。偏暑热者，以发热自汗、烦渴溺赤、少气脉虚为主症；偏暑湿者，以身重、疼痛、发热恶寒等为主症。

本篇所论痙、湿、暍三病，均由感受外邪引起，并都有太阳表证，故合为一篇。

痙 病

一、病因病机

【原文】

太陽病，發汗太多，因致痙。（四）

夫風病，下之則痙，復發汗，必拘急。（五）

瘡家①雖身疼痛，不可發汗，汗出則痙。（六）

【词解】

①瘡家：指久患疮疡或金刃创伤不愈的病人。

【释义】

此三条论述误治伤津致痙。太阳病，属于表证，本应发汗，但须微微似有汗出，不可令如水淋漓。假如发汗太过，津液耗伤，筋脉失于濡养，则易形成痙病。

风病多汗易伤津，如误用攻下法，津液更伤，筋脉失养，容易发生痙病，如再误用发汗法，气津两伤，必致筋脉拘挛紧急。

瘡家，经常流脓失血，阴液亏虚，虽见身体疼痛之表证，也不可贸然发汗，否则必重伤津液而致痙。

【按语】

以上三条，皆因误汗误下伤津液而引发痉病，属于特例，而发生痉病的常见原因是外感风寒邪气，这是仲景详于特殊，略于一般之写作特点。病机上，此三条为耗伤津液，筋脉失养所致；而后者是外感风寒，邪阻经脉，经气不利而发。二者在治疗上当有所区别。

【临床应用与研究】

疮家亦有不经误汗而成痉病者，是风邪病毒经疮口侵袭而深入经络所引起，如破伤风杆菌感染而发生的痉病，病情尤为险恶。

痉病病因主要分为外因和内因两个方面，根据临床辨证，其病理主要有外邪侵袭、热盛伤阴、瘀血内阻、痰浊阻滞、气血亏虚等。

【选注】

吴谦：太阳病当发汗，若发汗太过，腠理大开，表气不固，邪风乘虚而入，因成痉者，乃内虚所召入也，宜以桂枝加附子汤主之，固表温经也。由此推之，凡病出汗过多，新产，金疮破伤出血过多，而变生此证者，皆其类也。

……风邪为病，不应下而下之伤液，不应汗而汗之伤津，以致津液枯燥，筋失所养而病痉者，故曰：风病下之则痉，复发汗必拘急。此不可以外感痉病治之，当以专养津液为务也。

疮家初起，毒热未成，法当汗散。已经溃后，血气被伤，虽有身痛表证，亦不可发汗，恐汗出血液愈竭，筋失所养，因而成痉，或邪风乘之，亦令痉也。（《金鉴》）

二、主要脉证

【原文】

病者身热足寒，颈项强急，恶寒，时头热，面赤目赤，独头动摇，卒口噤，背反张者，痉病也。若发其汗者，寒湿相得，其表益虚，即恶寒甚；发其汗已，其脉如蛇。一云其脉涩。（七）

夫痉脉，按之紧如弦，直上下行。一作築築而弦。《脉經》云：痉家其脉伏坚，直上下。（九）

【校勘】

"紧如弦"，《玉函》、《脉经》皆作"紧而弦"。"若发其汗者……其脉如蛇"二十五字，成本《伤寒论》、《脉经》均无。

【释义】

此两条论述痉病的主要脉证。本条所论痉病由外感风寒所致，故病人首先表现发热恶寒之太阳表证。风寒束表，阳气郁滞于上，所以表现时头热、面赤目赤而两足发冷。风寒邪气阻滞筋脉，经气不利，所以发生颈项强急、独头动摇、卒口噤、背反张等动风之症。

外感风寒致痉，治疗可以用发汗解表法，但一定要注意顾护阴液，使微微汗出而不能大汗，如发汗过度，致使表气亏虚，加之风寒与汗湿相合，导致恶寒症候加重，甚至使津液大伤，脉象呈现伏曲不利如蛇行之状，形成坏脉而预后不良。

痉病是由筋脉强急所致，故其脉一般呈强直弦劲之象。"直上下行"是言脉象自寸至尺，上下三部，皆见强直而紧弦之脉。

【按语】

"若发其汗者，……其脉如蛇"二十五字，历代注家有认为是汗后脉有动机，是一种病情好转的现象；有认为是他篇错简。但结合后面《五脏风寒积聚》篇"肝死脉，浮之弱，按之如索不来，或曲如蛇行者死"原文看，应是发汗不当而使病情加重的现象。

【临床应用与研究】

颈项强急与西医学的"脑膜刺激征"相类似。牙关紧急，口噤不开，角弓反张，都是中枢神经系统受到损害的临床表现。痉病包括西医多种疾病，如流行性脑脊髓膜炎、流行性乙型脑炎、各种不同病因引起的脑膜炎和高热惊厥；以及脑血管意外、脑肿瘤、脑寄生虫病等引起的抽搐等。本篇所论以前者外感痉为主。

【选注】

尤怡：痉病不离乎表，故身热足寒；痉为风强病，而筋脉受之，故口噤，头项强，背反张，脉强直。经云：诸暴强直，皆属于风也。头热足寒，面目赤，头动摇者，风为阳邪，其气上行而又主动也。……紧而弦，即坚直之象。李氏曰：上下行者，自寸至尺，皆见紧直之脉也。《脉经》亦云：痉病脉坚伏，直上下行。（《心典》）

三、痉病分类

【原文】

太陽病，發熱無汗，反①惡寒者，名曰剛痙。（一）

太陽病，發熱汗出，而不惡寒，名曰柔痙。（二）

【词解】

① 反：据《吕氏春秋·察微》高诱注"吴人焉敢攻吾邑，举兵反攻之"中"反"的含义，谓"更"也。可引申为"又"解。

【释义】

此两条论述痉病有刚柔之别。条文冠以"太阳病"，说明感受风寒，首先表现外感表证。发热恶寒，无汗，为太阳表实证，再加发痉的症候，即为刚痉。太阳表虚证，发热汗出而不恶寒，再加发痉症候，名曰柔痉。发痉症候，有项背强急、口噤不开等，条文中未言，是省文法，一"痉"字，即已概括。

【按语】

此两条首揭"太阳病"三字，意指病因为外感，有外感表证存在，治疗可用解表法。

【选注】

徐彬：此两条即《伤寒论》辨寒伤营、风伤卫法也，取以为痉病刚柔之别，省文也。盖痓即痉，强直之谓也。痉病必有背项强直等的证，故既曰痉，即省文不言，但治痉病，刚柔之辨，最为吃紧，故特首拈无汗反恶寒为刚，有汗不恶寒为柔，以示辨证之要领耳。（《论注》）

四、证治

（一）柔痉

【原文】

太陽病，其證備，身體强，几几然①，脉反沉遲，此爲痉，栝樓桂枝湯主之。（十一）

栝樓桂枝湯方：

栝樓根二兩　桂枝三兩　芍藥三兩　甘草二兩　生姜三兩　大棗十二枚

上六味，以水九升，煮取三升，分温三服，取微汗。汗不出，食頃，啜熱粥發之。

【校勘】

"几几然"，赵本，为"几几然"，误。据《医统》本改。《玉函》无"反"字。栝楼根二兩，一本作三兩。

【词解】

①几（shū 舒）几然：本指小鸟羽毛未丰，伸颈欲飞而不能飞之态。此指病人身体强直，俯仰转侧不能自如。《素问·刺腰痛》篇："腰痛侠脊而痛至头，几几然。"张志聪《黄帝内经素问集注》："几几，短羽之鸟，背强欲舒之象。"

【释义】

本条论述柔痉证治。太阳病，其证备，是指头项强痛、发热汗出、恶风等表证俱备。身体强，几几然，是筋脉挛急所致。太阳病汗出恶风，脉象当见浮缓，今反沉迟，可知本证病机为风寒邪气阻滞经脉，营卫运行不利，津液不能正常输布。本证脉沉迟是沉弦而迟滞不利，带有弦紧之象，为痉病常见脉象。治疗用栝楼根生津滋液，柔润筋脉，合桂枝汤疏散风邪，调和营卫。

【按语】

本条证与《伤寒论》太阳病桂枝加葛根汤证，颇为类似，但有轻重之别。彼为项背强几几，邪盛于表，故加葛根，重在解肌；此则身体强几几，津伤于里，故加栝楼根，重在生津柔筋。

【临床应用与研究】

痉病在小儿科为"惊风"，分为急惊风和慢惊风。《医方发挥》（傅衍魁著）治疗小儿初感发热抽风，表现为急惊风者，即投以银翘散重加花粉，其效甚速。若病程较长，反复不愈者，需用栝楼桂枝汤扶阳养阴方能取效。

有报道用栝楼桂枝汤治疗小儿抽搐症 60 例，体会是用于治疗因脾虚、津伤、筋脉失养所致的慢惊风之症，疗效满意。一般气虚加党参，脾虚加白术，血虚加当归，阴虚加石斛。

【选注】

尤怡：沉本痉之脉，迟非内寒，乃津液少而营卫之行不利也。伤寒项背强几几，汗出恶风者,脉必浮数,为邪风盛于表;此证身体强,几几然,脉反沉迟者,为风淫于外而津伤于内,故用桂枝则同,而一加葛根以助其散,一加栝楼根兼滋其内,则不同也。(《心典》)

【医案举例】

患者丁某,男,半岁,1931 年初夏。症状:身热,汗出,口渴,目斜,项强,角弓反张,手足搐搦,指尖发冷,指纹浮紫,舌苔薄黄。诊断:伤湿兼风,袭入太阳卫分,表虚液竭,筋脉失荣。疗法:拟用调和阴阳,滋养营液法,以栝楼桂枝汤主之。栝楼根二钱,桂枝一钱,白芍一钱,甘草八分,生姜二片,红枣二枚,水煎服。

三剂各症减轻,改投:当归一钱,生地二钱,白芍二钱,栝楼根二钱,川贝一钱,秦艽一钱,忍冬藤二钱,水煎服,四剂而愈。(赖良蒲. 蒲园医案. 南昌:江西人民出版社,1965;259)

(二) 刚痉

【原文】

太陽病,無汗而小便反少,氣上冲胸,口噤不得語,欲作剛痙,葛根湯主之。(十二)

葛根湯方:

葛根四兩　麻黄三兩(去節)　　桂二兩(去皮)　　芍藥二兩　甘草二兩(炙)　生姜三兩　大棗十二枚

上七味,㕮咀,以水一斗,先煮麻黄、葛根,減二升,去沫,内諸藥,煮取三升,去滓,溫服一升,覆取微似汗,不須啜粥,餘如桂枝湯法將息及禁忌。

【释义】

本条论述欲作刚痉的证治。太阳病无汗为表实,是由寒邪束表,卫气闭塞所致。一般而论,有汗则小便少,无汗则小便多,今无汗而小便反少,是邪气阻滞经脉,肺宣发肃降功能失职,不能正常输布津液所致。气不能正常升降出入,必逆而上冲,出现气上冲胸之症。津液不能濡润筋脉,筋脉挛急故口噤不得语。此时虽未出现颈项强急、背反张等典型痉症,但已是发痉之先兆。所以说"欲作刚痉"。用葛根汤开泄腠理,解表祛邪,滋养津液,舒缓筋脉。此方为桂枝汤加麻黄、葛根,配麻黄加强辛温发散作用,以开泄太阳之邪;配葛根以起解肌生津,通经柔筋作用。

【按语】

太阳表实证可用麻黄汤,而此条为太阳表实证欲作刚痉,故在解表的同时必须照顾津液,所以不用麻黄汤而用桂枝汤加麻黄、葛根,既能祛散风邪,又能柔筋解痉。

以上两条都是论述痉病有表证的证治,也可称为太阳痉病,因其病重心在表,故治疗以解表为主。然而解表又不能伤津液,故无论柔痉、刚痉均以桂枝汤加味,意在既能驱散表邪,又能养阴生津。

【临床应用与研究】

葛根汤临床应用十分广泛,有的用此方加全蝎、白芷治疗颈椎病。有的用此方重用葛根、白芍各 60g，甘草 30g 治疗咀嚼肌痉挛症。有的用此方加白附子、全蝎、僵蚕、钩藤、菊花治疗周围性面神经麻痹。还有用此方加味治疗心动过缓、血管神经性头痛及肩周炎者。

药理实验，葛根汤对麻醉猫、狗具有显著扩张脑血管、增加脑血流量、降低脑血管阻力的作用。

【选注】

章楠：汗出而津液外泄，则小便少；今无汗而小便反少，是营卫三焦之气皆闭，外闭则内气不得转旋，而直上冲胸。邪侵入筋，阳明筋急，而口噤不得语，欲作刚痉之先兆也。急以桂枝汤调营卫，加麻黄、葛根开泄太阳阳明之邪。盖邪本由经络侵入于筋，仍必从经络以泄之，迟则即有项背反张、头摇目赤之变也。（《本旨》）

【医案举例】

痉病，素体强壮多痰，己巳二月二十二日，晨起感冒，即头痛发热，头痛如劈不能俯，角弓反张，两足痉挛，苔白滑，脉弦迟，瞳神弛纵，项强颈直，确系风邪挟湿，侵犯项背督脉经道，庄云庐呕以葛根汤先解其项背之邪。

葛根四钱（先煎）　麻黄三钱（先煎）　桂枝二钱　白芍二钱　生姜三钱　红枣六枚炙甘草二钱

服葛根汤后，周身得汗，头痛减轻，项强瘥，拟下方以减背部压力，采大承气汤：

枳实三钱　炙厚朴三钱　大黄三钱　元明粉三钱

服大承气汤，得下三次，足挛得展，背痉亦松。（南京中医学院金匮教研组编．金匮要略译释．南京：江苏人民出版社，1959；53）

（三）阳明实热痉

【原文】

痙爲病，一本痙字上有剛字。胸滿口噤，臥不着席，脚攣急，必齘齒，可與大承氣湯。（十三）

大承氣湯方：

大黄四兩（酒洗）　厚朴半斤（炙去皮）　枳實五枚（炙）　芒硝三合

上四味，以水一斗，先煮二物，取五升，去滓，内大黄，煮取二升，去滓，内芒硝，更上火微一二沸，分溫再服，得下止服。

【释义】

本条论述阳明实热痉的证治。表证不解，邪气内传，郁于阳明，热盛灼筋，而致痉病。里热壅盛，耗伤津液，筋脉失于濡养而拘挛，故胸满、口噤、卧不着席、脚挛急、齘齿。卧不着席，即背反张之甚；齘齿，即口噤之甚，为牙关紧闭严重时上下齿紧急切挫有声的现象。病势较邪在太阳之表更为严重。故用大承气汤通腑泄热，急下存阴以解痉。

【按语】

前两条论痉是邪在太阳之表，故治疗以解表散邪为主，使病从外解，并加栝楼根或葛根，滋生津液，柔筋解痉。本条是邪在阳明，故治疗以清泄阳明实热为主，使邪从内除。总之，误汗误下，可伤阴耗液易发痉病，如汗下适当，又可祛邪愈病。全在临床辨证用法确当。

【临床应用与研究】

仲景所用大承气汤者，二十五证，虽曰各异，然即下泄之法也，其法虽多，不出大满大热大实，其脉沉实滑者之所当用也。（《内台方义》）

本方广泛用治于急性单纯性肠梗阻、粘连性肠梗阻、蛔虫性肠梗阻、急性胆囊炎、急性阑尾炎、急性胰腺炎、急性胃炎、急性痢疾、狂病等。只要抓住痞、满、燥、实、坚这一特征性病机，无论何种急性热病，均可选用本方治疗。

大承气汤具有增加肠蠕动，增加肠胃内容积，改进肠管血液循环及降低毛细血管通透性作用。

【选注】

吴谦：此申痉病入里，以明其治也。痉病而更胸满，里气壅也；卧不着席，反张甚也；脚挛急，劲急甚也；必齘齿，牙紧甚也。此皆阳明热盛灼筋，筋急而甚之象，故以大承气汤直攻其热，非攻阳明之实也。其曰可与，非尽言其可与，有慎重之意。（《金鉴》）

【医案举例】

里海辛村潘塾师之女，八九岁。发热面赤，角弓反张，谵语，以为鬼物。符箓无灵，乃延余诊。见以鱼网蒙面，白刃拍桌，而患童无惧容。予曰：此痉病也，非魅！切勿以此相恐，否则重添惊疾矣。投以大承气汤，一服，即下两三次，病遂霍然。[黎少庇．庇留医案（八）．广东中医　1958；（7）：37]

五、预后

【原文】

太陽病，發熱，脈沉而細者，名曰痙，爲難治。（三）

痙病有灸瘡，難治。（十）

暴腹脹大者，爲欲解。脈如故，反伏弦者，痙。（八）

【释义】

以上三条论述痉病预后。太阳病发热，为病在表，脉应浮，如发痉，脉亦当弦紧或沉迟；今脉沉而细，是正气不足，邪盛正虚，一般预后不良，故曰难治。其实，不独痉病如此，其他疾病也具有邪盛正虚则难治之规律。

痉病伴有灸疮，因脓液久渍，津血本亏，两病相合，势必血枯津伤，病情自较一般严重，所以难治。

痉病发作，腹部筋脉挛急，如由挛急忽然转为胀大，并脉象得以改善，说明是痉病入腑，痉病欲缓解，正是《脏腑经络先后病脉证》篇所云"入腑即愈"之意；但如脉象仍弦紧，或者沉伏而弦，说明病情未真正好转，仍将发痉。

【按语】

关于痉病有灸疮的先后问题，有的认为先有痉病，后有灸疮；有的认为先有灸疮，而后感邪成痉，根据本条精神看，这属倒装文法，后者可从。

"暴腹胀大者，为欲解"一句，许多医家认为其理难明，当存疑。

【选注】

吴谦：发热，太阳病也，脉沉细，少阴脉也。而名曰痉者，必有或刚或柔之症见也。以太阳痉证，而见少阴之脉，表里兼病也。夫太阳之邪郁于外，故病发热，少阴之邪凝于内，故脉沉细。然痉病而见弦紧之脉，是为本脉，即或沉迟，尚为可治；今沉而细，邪入少阴，阳气已衰，岂易治乎，故曰难也。（《金鉴》）

章楠：灸疮因火而发，血液已损而内热也，又感外邪而成痉，若清热养血则闭其邪，攻邪则气血已损而邪不出，故为难治也。（《本旨》）

徐彬：忽腹胀大，是经络之邪欲从内出，故曰为欲解；若脉仍如故，反伏而弦，是寒邪留经，痉病仍在也。（《论注》）

湿　病

一、证候与治则

（一）证候

【原文】

濕家之爲病，一身盡疼—云疼煩，發熱，身色如熏黄也。（十五）

【释义】

本条论述湿病发黄的证候。长期病湿之人，湿邪阻滞肌表，营卫之气郁而不通，故一身尽疼痛。湿为阴邪，本不发热，湿阻阳郁，日久必化热，湿热郁蒸不解，故"发热，身色如熏黄"，"熏黄"，是黄而晦滞，如烟熏之状，属湿重于热的现象。

【选注】

尤怡：湿外盛者，其阳必内郁。湿外盛为身疼，阳内郁则发热。热与湿合，交蒸互郁，则身色如熏黄。熏黄者，如烟之熏，色黄而晦，湿气沉滞故也，若热黄则黄而明，所谓身黄如橘子色也。（《心典》）

（二）利小便

【原文】

太陽病，關節疼痛而煩，脉沉而細—作緩者，此名濕痹。《玉函》云中濕。濕痹之候，小便不利，大便反快，但當利其小便。（十四）

【释义】

本条论述湿痹证候及其治则。湿为六淫之一，其侵犯人体必首犯太阳之表并易流关节，湿邪痹着，阳气不通，故关节疼痛而烦。湿从外来，脉应浮缓，今见脉沉而细，沉为在里，主脾阳虚，细脉主湿，湿邪侵着人体，内合于脾，脾失运化，内外合邪而形成湿痹。

湿痹病人除关节烦痛之外，又见小便不利，大便反快证候，是内湿招致外湿。湿盛则濡泄，故大便反快。湿阻于中，阳气不化，故小便不利。治当利小便为主。小便通利，则里湿去，阳气通，湿痹自除。

【按语】

关于利小便的方剂，一般注家主张用五苓散，《金匮发微》认为宜五苓散倍桂枝。

【选注】

喻昌：湿痹者，湿邪痹其身中之阳气也。利其小便，则阳气通行无碍，而关节之痹并解矣。设小便利已，而关节之痹不解，必其人阳气为湿所持，而不得外泄，或但头间有汗，而身中无汗，反欲得被覆向火者，又当微汗以通其阳也。(《医门法律》)

(三) 发汗

【原文】

風濕相搏，一身盡疼痛，法當汗出而解，值天陰雨不止，醫云此可發汗，汗之病不愈者，何也? 蓋發其汗，汗大出者，但風氣去，濕氣在，是故不愈也。若治風濕者，發其汗，但微微似欲出汗者，風濕俱去也。(十八)

【释义】

本条论述风湿病的发汗方法。外感风湿，先犯体表，客于肌腠，流注关节，卫外之气痹阻，故一身尽疼痛。此时治疗当发汗解表，使邪从外出。如值天时阴雨不止，外湿尤甚，疼痛加剧，更须发汗，以助体内湿气蒸发，但汗之而病仍不愈，这是汗不得法的缘故。因风为阳邪，其性轻扬，易于表散。湿为阴邪，其性濡滞，难以速去，今发其汗而大汗出，则风气虽去而湿邪仍在，所以病情不能痊愈。治风湿在表正确的发汗方法是"微微似欲出汗"，使湿邪缓缓蒸发，营卫畅通，风湿俱去而病愈。

【按语】

湿为阴邪，易伤阳气，汗出太过，有导致亡阳的危险。《伤寒论》麻黄汤、桂枝汤、葛根汤等方，在服法中均强调覆取微汗的方法，可见凡用发汗法时，都不可使其大汗，这是原则。

【选注】

章楠：治风湿者，必通其阳气，调其营卫，和其经络，使阴阳表里之气周流，则其内湿随三焦气化，由小便而去，表湿随营卫流行，化微汗而解，阴湿之邪既解，风邪未有不去者。(《本旨》)

二、证治

（一）头中寒湿

【原文】

濕家病，身疼發熱，面黃而喘，頭痛鼻塞而煩，其脈大，自能飲食，腹中和無病，病在頭中寒濕，故鼻塞，內藥鼻中則愈。《脉經》云：病人喘。而無濕家病以下至而喘十一字。（十九）

【释义】

本条论述寒湿在上的证治。"头痛鼻塞而烦"，为本条主症，故下文云"病在头中寒湿，故鼻塞"。由于长期寒湿侵犯肌表，阳为湿郁而化热，故身疼发热面黄。此处"面黄"，在病机上与黄疸不同，这是湿郁于表的反映。表气郁闭，肺气失宣，上逆而喘。脉大，是病邪在上。"自能饮食，腹中和无病"，是湿邪尚未传里而影响阳明胃肠，只须纳药鼻中，宣泄上焦，使肺气通利，则寒湿散而病愈。

【按语】

纳药鼻中，原文未曾指出用何方，历来注家，多主张用瓜蒂散搐鼻，或以棉裹塞鼻中，令出黄水以宣泄寒湿。有人用鹅不食草塞鼻，亦有疗效。在本条证治启发下，后世多采用辛香药物作嗅剂，如《证治准绳》辛夷散（辛夷、细辛、藁本、白芷、川芎、升麻、防风、甘草、木通、苍耳子）一类方剂，亦多有效。内服可选用羌活胜湿汤、九味羌活汤等。

【选注】

沈明宗：此湿淫于上，与湿从下受不同也。湿邪感于太阳，与肺气相合，气郁于表，故身疼发热，面黄而喘，头痛鼻塞而烦也。邪居于表，故脉大，自能饮食者，腹中和而无病，当责病在头中寒湿，寒湿者，以湿属阴故也。盖鼻为肺窍，肺气受湿则鼻塞，故当纳药鼻中，搐去黄水，俾肺气通调，大气一转，肌腠开而湿痹解矣。（《编注》）

（二）寒湿在表

【原文】

濕家身煩疼，可與麻黃加術湯發其汗爲宜，慎不可以火攻之。（二十）

麻黃加術湯方：

麻黃三兩（去節）　桂枝二兩（去皮）　甘草一兩（炙）　杏仁七十個（去皮尖）　白術四兩

上五味，以水九升，先煮麻黃，減二升，去上沫，內諸藥，煮取二升半，去滓，溫服八合，覆取微似汗。

【释义】

本条论述寒湿在表的证治和禁忌。身烦疼，是指身体疼痛而烦扰不宁，因寒湿痹阻，阳郁不伸所致。用麻黄加术汤，可知本证必挟风寒之邪，具有恶寒发热、无汗等表证。表证当从汗解，而湿邪又不宜过汗，故用麻黄汤加白术。麻黄得术，虽发汗而不致过汗；术得麻黄，并能行表里之湿，不仅适合于寒湿病情，而且亦是湿病解表微微汗出的具体方法。此时应慎重，不能用火攻法，如用火攻发汗，则大汗淋漓，风去湿存，病必不除。且火热内攻，与湿相合，可引起发黄或衄血等病变。

【按语】

"火攻"是体外加热，逼迫出汗而祛散表寒的一种治疗方法，如烧针、艾灸、熨、熏等，现在临床已少用。麻黄去节，一种认为"节"指麻黄根；一种认为"节"指茎间之节，与根同功，能止汗，故宜去之。

【临床应用与研究】

麻黄加术汤多用治风寒湿杂至且寒湿偏盛的痹证。湿重者再加茯苓、薏苡仁；风邪偏胜加防风、羌活；寒邪偏胜加细辛、附子或乌头。此方还可治疗寒湿在表，肺气不宣，营卫不合，水道不利的肺炎、荨麻疹等。还有以麻黄加术汤为基本方治疗慢性肾功能衰竭氮质血症者，气虚加黄芪，血虚加当归。

【选注】

徐彬：湿虽宜汗，但前云大出则湿反不去，则知汗中自有法，故以麻黄汤为发汗之主，而加术一味以为固本清湿之地，则内外两得矣。然发汗虽亦有火攻之法，而非治湿也，故又戒之。(《论注》)

【医案举例】

单姓，女，37岁。时至初冬，因雨淋透衣襟，归后即发热恶寒，周身疼痛而重，少汗头痛如裹，脉浮而紧，苔白而滑。证属风寒湿外侵，邪在太阳，治宜发汗解表，除湿散寒。方拟麻黄加术汤加味：麻黄6g，桂枝6g，杏仁10g，甘草4g，苍术12g，生姜3片，大枣3枚。服4剂，汗出表解，身痛解除，症状消失。治用原方去麻黄，调和脾胃，注意饮食起居。[张谷才.从金匮方来谈痹证的治疗.辽宁中医杂志 1980；(9)：18]

(三) 风湿在表

【原文】

病者一身尽疼，發熱，日晡所①劇者，名風濕。此病傷於汗出當風，或久傷取冷所致也。可與麻黄杏仁薏苡甘草湯。(二十一)

麻黄杏仁薏苡甘草湯方：

麻黄（去節）半兩（湯泡）　甘草一兩（炙）　薏苡仁半兩　杏仁十個（去皮尖，炒）

上剉麻豆大，每服四錢匕，水盞半，煮八分，去滓，溫服，有微汗，避風。

【词解】

① 日晡所：晡，即申时。指下午3~5时左右。

【释义】

本条论述风湿在表的成因和证治。风湿在表，故一身尽疼痛。风与湿合，湿邪容易化热化燥，故身痛发热而日晡时增剧，这是风湿病的特点，其病多由汗出当风，或经常贪凉，湿从外侵所致。病既属于风湿在表，治当使之得微汗而解，所以用麻杏苡甘汤轻清宣化，解表祛湿。方中麻黄、甘草微发其汗，杏仁宣肺利气，薏苡仁祛湿除痹。本方实为麻黄汤用薏苡仁易桂枝，是变辛温发散而为辛凉解表之法。

【按语】

麻黄加术汤与麻杏苡甘汤，虽同是治疗外湿表实证的方剂，但二者有显著差异。前者麻黄三两、桂枝二两，后者无桂枝，而麻黄仅半两，可知前者表证较后者为重。《本经》记载："薏苡仁味甘，微寒，主风湿痹，筋急拘挛不可屈伸。"可知前者是身痛重着，不能转侧，而后者是身痛轻微，屈伸不利。再从药物与配伍方面来看，麻黄配桂枝是偏于温散，配薏苡仁是偏于凉散，前者适用于寒湿在表，后者适用于风湿在表。晡时为阳明所主，阳明气旺，与湿邪抗争，故疼痛、发热加重，同时风湿之邪容易燥化，所以用薏苡仁清化，而不用桂枝之温化。

【临床应用与研究】

麻黄杏仁薏苡甘草汤具有宣肺解表、通络化湿之作用，临床上除常用以治疗风湿痹证外，也可用来治疗肺失宣降、水溢肌肤的风水。此外，该方临床还多用治皮肤病，如治疗扁平疣，气虚加生黄芪，血虚加当归，脾虚加白术、陈皮，疣表面硬结者加僵蚕，病久色暗者加桃仁、红花、赤芍等活血祛瘀药物。也可用此方加荆芥、防风、当归、土茯苓治疗银屑病。该方用治皮肤病时应重用薏苡仁。有作者还介绍活用该方治疗血尿、肩凝、黄褐斑等病症心得，体会本方疏表祛湿，宣上且能导下，能治表湿诸症。

【选注】

程林：一身尽疼发热，风湿在表也，日晡，申时也，阳明旺于申酉戌，土恶湿，今为风湿所干，当其旺时，邪正相搏，则反剧也。汗亦湿类，或汗出当风而成风湿者，或劳伤汗出，而入冷水者，皆成风湿病也。(《直解》)

【医案举例】

李某，男，36岁，工人。1975年因汗出风吹，以致汗郁皮下成湿，湿郁化热，今发热已十余日不解，每日下午热势增重，全身痛重。伴有咽痛而红肿，咳嗽痰白而黏稠，无汗，自用辛凉解表药，更增恶寒，舌苔白腻，脉濡缓略浮，遂议为风湿性感冒病，因风湿郁闭，湿阻气机，气机不畅而出现各症，劝其试服麻杏苡甘汤。麻黄、杏仁各10g，薏苡仁30g，甘草7g，更加秦艽10g，波蔻（即白豆蔻）7g。

仅服一剂，果然热退身安，咽已不痛，咳嗽亦舒，劝其更服二剂，以巩固疗效。[诸葛连祥.《金匮要略》论外湿的临床意义.云南中医学院学报 1978；(3)：14]

（四）风湿兼气虚

【原文】

風濕，脉浮，身重，汗出惡風者，防己黄耆湯主之。（二十二）

防己黄耆湯方：

防己一兩　甘草半兩（炒）　白术七錢半　黄耆一兩一分（去蘆）

上剉麻豆大，每抄五錢匕，生姜四片，大棗一枚，水盞半，煎八分，去滓，温服，良久再服。喘者加麻黄半兩，胃中不和者加芍藥三分；氣上冲者加桂枝三分；下有陳寒者加細辛三分。服後當如蟲行皮中，從腰下如冰，後坐被上，又以一被繞腰以下，温令微汗，差。

【释义】

本条论述风湿兼气虚的证治。脉浮身重，是风湿伤于肌表。汗出恶风，是气虚卫表不固。证候虽属于风湿，但表气已虚，故不用麻黄等以发汗，而用防己黄芪汤益气除湿。方中黄芪益气固表，防己、白术除风湿，甘草、生姜、大枣调和营卫。如病人兼有气喘加麻黄以宣肺平喘、兼胃中不和加芍药以和胃解痉、兼气上冲者加桂枝以平冲、兼下肢发冷有陈寒者加细辛以散寒。"服后当如虫行皮中"，是卫阳振奋，风湿欲解之征。同时服药后要注意护理，强调"坐被上"，"又以一被绕腰以下"，旨在助之以温，远之以寒，配合药物使微微汗出而病愈。

【按语】

因汉代重量单位无"钱"、"分"制，本方用量显系后人改定。《千金》卷八"风痹门"载"治风湿，脉浮身重，汗出恶风方"为："汉防己四两，甘草二两，黄芪五两，生姜、白术各三两，大枣十二枚。右六味，咬咀，以水六升，煮取三升，分三服，服了坐被中，欲解如虫行皮中，卧取汗。"惟方后无加减法，当是《金匮》原方。

本方仍属微汗之剂，故方后云"温令微汗，差"。但要注意，此表虚发汗，是基于益气助阳，调和营卫，使卫气振奋而驱邪外出。

【临床应用与研究】

防己黄芪汤可用于风湿痹证、水肿、喘咳、臌胀等多种疾病，对脾肺气虚，肌腠关节湿滞的一切证候，不论外感、内伤皆可应用。有医家根据临床报道，综述防己黄芪汤临床可用以治疗：风湿性关节炎，类风湿性关节炎，风湿性心脏病，慢性肾炎，肺心病，急性肾炎，脚气水肿，肥胖病，荨麻疹，狐臭。还有报道，妇科用以治疗习惯性流产，更年期综合征。骨伤科用以治疗骨折愈合后肿胀等。

【选注】

尤怡：风湿在表，法当从汗而解，乃汗不待发而自出，表尚未解而已虚，汗解之法不可守矣。故不用麻黄出之肌肤之表，而用防己驱之里。服后如虫行皮中，及从腰下如冰，皆湿下行之征也。然非芪、术、甘草，焉能使卫阳复振，而驱湿下行哉？（《心典》）

【医案举例】

李某，男，40 岁，工人，二年来患寒湿痹证，四肢关节酸痛，逢阴雨加重。近一周来，因感冒发热，服解表药热退后，关节痛烦增重，且又自汗、恶风、短气，脉象浮涩，苔白腻，诊为寒湿痹阻，卫气已虚。遂与防己黄芪汤，益气固卫行湿，服后汗止痛减。生黄芪 30g，白术 15g，防己 12g，桂枝 10g，甘草 7g，生姜 2 片，大枣 4 枚。[诸葛连祥.《金匮要略》论外湿的临床意义.云南中医学院学报 1978;（3）：15]

（五）风湿表阳虚

【原文】

伤寒八九日，风湿相搏，身体疼烦，不能自转侧，不呕不渴，脉浮虚而涩者，桂枝附子汤主之；若大便坚，小便自利者，去桂加白术汤主之。（二十三）

桂枝附子汤方：

桂枝四两（去皮） 生姜三两（切） 附子三枚（炮去皮，破八片） 甘草二两（炙） 大枣十二枚（擘）

上五味，以水六升，煮取二升，去滓，分温三服。

白术附子汤方：

白术二两 附子一枚半（炮，去皮） 甘草一两（炙） 生姜一两半（切） 大枣六枚

上五味，以水三升，煮取一升，去滓，分温三服。一服觉身痹，半日许再服，三服都尽，其人如冒状，勿怪，即是术、附并走皮中,逐水气,未得除故耳。

【校勘】

《伤寒论》"白术附子汤方"作"去桂加白术汤方"，其用量皆倍于此白术附子汤。方后云："上五味，以水六升，煮取二升，去滓，分温三服。初一服，其人身如痹，半日许复服之，三服都尽，其人如冒状，勿怪。此以附子、术并走皮内，逐水气未得除，故使之耳，法当加桂四两。此本一方二法：以大便鞕，小便自利，去桂也；以大便不鞕，小便不利，当加桂。附子三枚，恐多也。虚弱家及产妇，宜减服之。"

【释义】

本条论述风湿而见表阳虚的证治。伤寒八九日，是说伤寒表证八九日不解。其原因是由于风、寒、湿三气合邪，互相结聚，痹着肌表，经脉不利，故见身体疼烦，不能自转侧等症。不呕不渴，表明湿邪并未传里犯胃，亦未郁而化热。脉浮虚，是指脉象浮而无力，涩为湿滞。脉浮虚而涩，是风寒湿邪仍逗留于肌表且表阳已虚的征象。用桂枝附子汤温经助阳，祛风除湿。方中重用桂枝、附子祛风除湿，温经助阳，并通阳化气利小便，以除表里之湿；配生姜、大枣、甘草调和营卫。此方是为表阳虚风寒湿盛者而设。

"小便不利，大便反快"，为有里湿。"大便坚，小便自利"，为湿不在里。如果服桂枝附子汤后，由服药前的小便不利、大便溏泄转为大小便正常，说明里气已调和，但表湿未尽，

仍有余邪滞留于肌表，故在原方基础上去桂枝加白术，用白术、附子，逐皮间湿邪，温经复阳；甘草、生姜、大枣调和营卫。此时风寒湿邪已较前减轻，故将原方用量减半应用。方后注云："一服觉身痹，半日许再服，三服都尽，其人如冒状，勿怪，即是术、附并走皮中，逐水气，未得除故耳。"是本方仍为助阳逐湿，微取发汗之剂，从皮肤肌肉驱散湿邪，通行阳气的方法。

【按语】

本条争议焦点在于"去桂加白术"的意义，有认为是风邪去，湿邪尚在者；有认为是气化已行，阳通湿减者；有认为是津液不充故去桂枝之走津液，加白术以滋大便之干也；分析条文及方后注，桂枝附子汤证病机当是阳虚风寒湿痹，且表里湿盛；白术附子汤证是阳虚湿邪痹阻肌表，且症状较轻者。

【临床应用与研究】

桂枝附子汤除常用治湿病、痹证外，由于该方具有助阳和温通血脉作用，故还可用于治疗寒湿阻滞血脉，影响气血运行的心动过缓、低血压、雷诺氏病等。

白术附子汤还可治疗脾胃阳虚的腹胀、习惯性便秘等。治便秘时方中白术宜重用。有人体验，用白术40g煎服，服头煎与二煎后即觉脐腹部有蠕动感，服头煎后24小时解大量软便，2小时后又解一次，据此证实，白术确有促进胃肠分泌、蠕动增加的作用。

【选注】

朱光被：伤寒八九日，邪当解矣，而不解者，以表阳自虚，而为风湿相搏故也。身疼烦不能转侧，正是风为湿搏之征。但湿邪犯胃必呕，湿阻大肠必渴，今不呕不渴，则邪不在肠胃，而在腠理肌肉之间，故脉浮虚而涩，浮为风，虚涩则湿滞，是惟辛温达表之品，以行阳散邪，而后痹着得解。故用桂枝附子，温行表里之风湿，佐以生姜、甘、枣，以助和中达外之势，通体之风湿俱解矣。若大便坚，小便自利，而见身重烦疼之证，是病又不系风邪，而只是皮中之水寒湿气为患，故即去桂加白术，专温通三焦，令水湿即在皮中而散。如冒状者，正气鼓动，水气亦随而动，正邪相搏，未得遽胜之象，所谓与术附并走也。（《正义》）

【医案举例】

例1：病者张某，年32岁，现任开平县长，住广东五华城北门外。病名：伤寒变痹。原因：贵胄之子，素因多湿，偶感风寒。症候：发热恶寒，一身手足尽痛，不能自转侧。诊断：脉浮大而紧。风为阳邪，故脉浮大主病进，紧主寒凝。脉证合参，风寒湿三气合而成痹。疗法：桂枝附子汤主之。方中桂、附辛热散寒，草、枣奠安中土，生姜利诸气，宣通十二经络，使风寒湿着于肌表而作痛者，一并廓清矣。

处方：桂枝四钱　附子钱半　甘草二钱　大枣六枚　生姜三钱

效果：一日二服，三日举动如常。继服平调之剂痊愈，廉按：伤寒变痹，必挟风湿，长沙《伤寒论》曰：伤寒八九日，风湿相搏，身体疼烦，不能自转侧，不呕不渴，脉浮虚而涩者，桂枝附子汤主之，今有是证，则用是药，确得仲景之心法。（何廉臣．全国名医验案类编．上海：上海科学技术出版社　1959；20）

例2：黄某，男，35岁。其人素有内湿，大便溏软，又因春播下水，感受寒湿，发热恶寒，一身尽痛无汗，小便不利，大便反快，舌苔白滑，脉浮而濡。此内湿招致外湿，内外合邪为病，用麻黄加术汤。服二剂，寒热已除，身痛亦止。惟食欲未复，大便仍溏，拟温阳化湿，健脾扶正，用白术附子汤：白术 12g，附片 6g，甘草 3g，生姜 3 片，大枣 3 枚，加茯苓10g。嘱服三剂以善其后。(谭日强．金匮要略浅述．北京：人民卫生出版社　1981；40)

(六) 风湿表里阳虚

【原文】

风湿相搏，骨节疼烦，掣痛，不得屈伸，近之则痛剧，汗出短气，小便不利，恶风不欲去衣，或身微肿者，甘草附子汤主之。(二十四)

甘草附子汤方：

甘草二两（炙）　白术二两　附子二枚（炮，去皮）　桂枝四两（去皮）

上四味，以水六升，煮取三升，去滓，温服一升，日三服，初服得微汗则解，能食，汗出复烦者，服五合。恐一升多者，服六七合为妙。

【释义】

本条论述风湿表里阳气俱虚的证治。骨节疼烦，掣痛，不得屈伸，近之则痛剧，可知风湿已由肌肉侵入关节，病情较上条严重。汗出，恶风不欲去衣，是表阳虚；短气，小便不利，或身微肿，为里阳虚。种种病情，是由风寒湿盛，内外阳气皆虚所致。用甘草附子汤祛风散寒除湿，温助表里阳气。甘草配附子，意在缓急止痛；附子、桂枝、白术并用，兼走表里，助阳祛风化湿。

【按语】

桂枝附子汤、白术附子汤、甘草附子汤三方，均治风湿痹证兼阳虚者，但各有特点：桂枝附子汤是表阳虚，风寒湿痹，且风气偏盛，三方中附子用量最大，目的在于配合桂枝温经助阳，祛风除湿，并化气利小便；白术附子汤是表阳虚，湿邪滞留肌表，三方中附子用量最小，目的是配合白术助阳，且重在祛肌表湿邪；甘草附子汤是表里阳气俱虚，寒湿偏盛，用附子配合甘草，重点在于缓急止痛，用桂枝、白术、附子温经散寒除湿。

【临床应用与研究】

甘草附子汤为风湿病风寒湿邪在表，心肾阳虚的常用方。证候表现肢体关节疼痛、胸闷、心悸、小便少，下肢浮肿，脉结代，舌紫苔腻等。如瘀血内阻，加川芎、桃仁、郁金。如痰饮内阻，加栝楼、薤白、半夏。如心血不足加当归、丹参、熟地黄。慢性肾炎属脾肾阳虚，症见肢体浮肿，小便不利，脉沉细，舌淡苔白者，亦可用本方治疗。有人用此方治疗活动性风湿病，急性期重用桂枝，慢性期重用熟附子，合并全身浮肿者，重用白术、附子，甘草减量，取得较好疗效。

【选注】

沈明宗：此阳虚邪盛之证也。风湿伤于营卫，流于关节经络之间，邪正相搏，关节疼烦掣痛。阴血凝滞，阳虚不能轻蹻，故不得屈伸，近之则痛剧也。卫阳虚而汗出，里气不足则短气而小便不利，表阳虚而恶风不欲去衣，阳伤气滞，故身微肿。然表里阴阳，正虚邪实，故用甘、术、附子助阳健脾祛湿，固护而防汗脱。桂枝宣行营卫，兼去其风，乃补中有发，不驱邪而风湿自除。盖风湿证，须识无热，自汗，便是阳气大虚，故当先固阳为主。(《编注》)

【医案举例】

高某 得风湿病，遍身骨节疼痛，手不可触，近之则痛甚，微汗自出，小水不利，时当初夏，自汉返舟求治。见其身面手足俱有微肿，且天气颇热，尚重裘不脱，脉象颇大，而气不相续。其戚友满座，问是何症？予曰：此风湿为病。渠曰：凡驱风利湿之药，服之多矣，不惟无益，反而增重。答曰：夫风本外邪，当从表治，但尊体表虚，何敢发汗！又湿本内邪，须从里治，而尊体里虚，岂敢利水乎！当遵仲景法处甘草附子汤。一剂如神，服至三剂，诸款悉愈。可见古人之法，用之得当，灵应若此，学者可不求诸古哉。(注：所用甘草附子汤乃全方药味，惟缺剂量)(谢映庐.谢映庐医案.上海：上海科学技术出版社，1962;9)

三、误下证

(一) 湿病误下变证

【原文】

濕家，其人但頭汗出，背强，欲得被覆向火。若下之早則噦，或胸滿，小便不利—云利，舌上如胎①者，以丹田②有熱，胸上有寒，渴欲得飲而不能飲，則口燥煩也。(十六)

【词解】

①如胎：胎，同苔。如胎，指舌上湿润白滑，似苔非苔。

②丹田：穴名，在脐下三寸。这里是泛指下焦，与胸上对举。

【释义】

本条论述湿病误下后的变证。长期病湿之人，寒湿郁滞肌表，肌腠闭塞，阳气不能布达，反逆而上越，故但头汗出。湿困经脉，故背强不和。湿阻阳郁，阳气不能温煦肢体，故其人恶寒，欲得被覆向火。此时治疗应温经通阳，散寒除湿。若误用攻下法，是病在于表而误攻其里，下之太早，必致变症丛生。胃气被伤，胃气不降而上逆，故发生呃逆。阳气内郁，表湿内陷，气化不行，故在上则见胸满，在下则小便不利。寒湿内郁，故舌上如苔而湿润白滑。所谓"丹田有热，胸上有寒"，就是说明湿病误下后出现的一种寒热错杂，下热上寒的病理变化。由于寒湿在上，阳郁于下而化热，故渴欲得饮而不能饮，口干燥而心烦。凡此诸变，均由误下之后，湿遏热伏所致。

【按语】

外湿宜发汗，内湿宜利小便，这是治湿大法。若非化燥成实，纯属里证者，下法断不可用。本证寒湿在表，而误用下法，故出现以上变端。至于如何救误，有医家主张用前文桂枝附子汤，或甘草附子汤，可作参考。

【选注】

尤怡：寒湿居表，阳气不得外通而但上越为头汗出，为背强，欲得被覆向火，是宜驱寒湿以通其阳，乃反下之，则阳更被抑而哕乃作矣。或上焦之阳不布而胸中满，或下焦之阳不化而小便不利，随其所伤之处而为病也。舌上如苔者，本非胃热，而舌上津液燥聚如苔之状，实非苔也，盖下后阳气反陷于下，而寒湿仍聚于上，于是丹田有热而渴欲得饮，胸上有寒而复不欲饮，则口舌燥烦，而津液乃聚耳。（《心典》）

（二）湿病误下坏证

【原文】

濕家下之，額上汗出，微喘，小便利一云不利者死；若下利不止者，亦死。（十七）

【释义】

本条论述湿病误下后的坏证。湿为阴邪，最易损伤阳气，若误用攻下法，则里阳更伤，形成阴盛阳虚之势。虚阳上越，则额上汗出而微喘；阴寒内盛，则小便自利，此为阳气上越而阴液下脱之证，病情危笃，故曰"死"。假如误下而下利不止者，则真阳失守，阴脱于下，其病机与小便自利相同，阴阳两竭，故亦主"死"。

【按语】

前条与本条同为湿家误下之变证，但病情不同，预后亦异，其关键在于病人平素中阳如何。前条所论，表阳虽郁，里阳犹治，故虽经误下，阳气郁伏于里，仍然能与阴邪抗争，形成湿遏热伏之势；至于本条病情，则由中阳素虚，长期感受湿邪，再经误下，则真阳失守，毫无抵抗之力，故预后较差。

以上两条均有头汗出，但病机不同。前条但头汗出，是湿郁于表，阳气不布，逆而上出所致，并见有背强恶寒等表证。本条是湿家误下后，阳气大伤，虚阳上越，故仅见于额上汗出，并与微喘兼见。

【选注】

唐宗海：此总言湿证无下法也。上节言误下变证，为寒热郁结。此节言误下伤肾，则小便不利，气喘而死；误下伤脾，则大便下利不止而死。观仲景方，皆是补土以治湿，则知湿家断无下法也。（《补正》）

暍　病

一、脉证

【原文】

太陽中暍①，發熱惡寒，身重而疼痛，其脉弦細芤遲。小便已，洒洒然毛

聋②，手足逆冷，小有劳，身即热，口開③，前板齒燥。若發其汗，則惡寒甚；加温針，則發熱甚；數下之，則淋甚。（二十五）

【校勘】

"口开，前板齿燥"，赵本作"口前开，板齿燥"，据《医统》本改。

【词解】

① 暍（yē椰）：《说文》：伤暑也；《玉篇》：中热也。

② 洒洒然毛耸：洒淅恶寒，毫毛耸立。

③ 口开：谓暑热内扰，气逆张口作喘。

【释义】

本条论述伤暑证候以及误治后的变证。暑为六淫之一，病从太阳开始，故有发热恶寒之表证；暑多挟湿，故又见身重而疼痛；由于夏暑天气炎热，人体出汗多，容易耗伤气阴，所以伤暑又多呈现气阴两伤的证候，喻嘉言云："夏月人身之阳以汗而外泄，人身之阴以热而内耗，阴阳两俱不足。"其脉或见弦细，或见扎迟，即属阴阳两虚之象；太阳内合膀胱，外应皮毛，小便之后，热随尿失，一时阳气虚馁，所以感觉形寒毛耸；阳虚不能温煦四肢，故手足逆冷；稍有劳动，阳气即外浮而身热，口开气喘；阴津内耗而失润，则前板齿干燥。

此证虽属外感，但虚实夹杂，治应兼顾，如因见有表证，而贸然发汗，必更伤阳气而恶寒加重；如以为有表寒而误用温针法，则更助暑邪，使发热加剧；如误认为口开、齿燥是内有燥热而数用攻下法，则更伤其阴，津液内竭，热邪内陷，致使小便由黄赤而转为淋涩。凡此诸症，皆属误治之变。

【按语】

本条所论暍病症候，仔细分析，有偏寒湿和暑热二种病情，而本条未出治法，而后文白虎加人参汤和一物瓜蒂汤正是为此而设。后世医家多主张偏寒湿者用李东垣清暑益气汤，重在升阳益气除湿；偏暑热者，宜用王孟英清暑益气汤，重在益气养阴生津。

【选注】

尤怡：中暍即中暑，暑亦六淫之一，故先伤太阳而为寒热也。然暑，阳邪也，乃其证反身重疼痛，其脉反弦细而迟者，虽名中暍，而实兼湿邪也。小便已，洒洒毛耸者，太阳主表，内合膀胱，便已而气馁也。手足逆冷者，阳内聚而不外达，故小有劳，即气出而身热也。口开前板齿燥者，热盛于内而气淫于外也，盖暑虽阳邪，而气恒与湿相合，阳求阴之义也。暑因湿入，而暑反居湿之中，阴包阳之象也。治之者一如分解风湿之法，辛以散湿，寒以凉暑可矣。若发汗则徒伤其表，温针则更益其热，下之则热且内陷，变证随出，皆非正治暑湿之法也。（《心典》）

二、证治

（一）伤暑热盛

【原文】

太陽中熱者，暍是也。汗出惡寒，身熱而渴，白虎加人參湯主之。（二十

六）

白虎加人参汤方：

知母六两　　石膏一斤（碎）　　甘草二两　　粳米六合　　人参三两

上五味，以水一斗，煮米熟汤成，去滓，温服一升，日三服。

【释义】

本条论述伤暑偏于热盛的证治。"暍"是伤暑病，所谓"太阳中热"，是暑热邪气侵犯太阳肌表。此病初起，由于暑热熏蒸，即见汗出，汗出多而腠理空疏，故其人恶寒。但须注意汗出恶寒，是汗出在先，因汗出而恶寒，与一般表证发热恶寒者不同。暑必发热，故其人身热，暑热伤津，故又见口渴，这些都是暑病的主症。《素问·生气通天论》："因于暑，汗、烦则喘喝。"所以心烦、气喘、尿赤、口舌干燥、倦怠少气、脉虚等症，亦为临床所常见，应与主症结合起来辨证。白虎加人参汤有清热祛暑，益气生津之功，是暑伤气阴的正治法。

【按语】

中暍恶寒，伤寒亦恶寒，但两者病机不同。中暍恶寒，是因腠理开泄，汗出太多所致；伤寒恶寒，是因腠理闭塞，阳气被郁而发。徐大椿说："凡汗出多之病，无不恶寒者，以其恶寒汗出而误认为寒，妄用热剂，则立危矣。"即指此种病情而言。《伤寒论》中白虎加人参汤证的"时时恶寒"，或"背微恶寒"，与此同一病机，可以互证。

白虎汤证之脉，中暍与伤寒亦不同，伤寒脉必长洪，中暍脉多虚微，本篇前条脉之弦细芤迟，即其明证。《素问·刺志论》说："气虚身热，得之伤暑。"《甲乙经》说："热伤气，不伤形，所以气虚也。"这都指出了伤暑病的脉症特点，可作临证之参考。

【临床应用与研究】

本方常用于热性病、中暑、热射病等引起的高热、烦渴和脑病。糖尿病、甲状腺机能亢进等引起烦渴、脉洪大等也可应用此方治疗。《医学衷中参西录》用此方以山药代粳米，既能补脾阴，又能防石膏过寒而伤中气。此处加人参当用生晒参为宜，如用西洋参益气养阴，清热生津效果更佳。

药理实验证明，单用石膏退热作用虽快，但作用较弱而短暂；知母退热虽缓，但作用较强而持久。两药合用，退热效果更加显著。

【选注】

尤怡：中热亦即中暑，暍即暑之气也。恶寒者，热气入则皮肤缓，腠理开，开则洒然寒，与伤寒恶寒者不同。发热汗出而渴，表里热炽，胃阴待涸，求救于水，故与白虎加人参以清热生阴，为中暑而无湿者之法也。（《心典》）

【医案举例】

林某，女，38岁。夏月午后睡，昏不知人，身热肢厥，汗多，气粗如喘，不声不语，牙关微紧，舌苔黄燥，脉象洪大而芤。证属暑厥，此为火热之邪燔灼阳明，故见身热炽盛；暑热内蒸，迫津外泄，则多汗而见气粗如喘；热郁气机所以四肢反见厥冷。治以清暑泄热，益气生津，投白虎加人参汤：朝鲜白参、知母、粳米各15g，生石膏30g，甘草9g，服一剂后，脉静汗止，手足转温，神识清爽，频呼口渴，且欲冷饮。再投一剂而愈。[苏伯鳌.白

虎加人参汤治疗中暑作厥．浙江中医杂志 1965；8（8）：7]

（二）伤暑湿盛

【原文】

太陽中暍，身熱疼重，而脈微弱，此以夏月傷冷水，水行皮中所致也。一物瓜蒂湯主之。（二十七）

一物瓜蒂湯方：

瓜蒂二十個

上剉，以水一升，煮取五合，去滓，頓服。

【释义】

本条论述伤暑挟湿的证治。伤暑则身热，挟湿则疼重，暑湿伤阳，故脉微弱。其因多由夏月贪凉饮冷，或汗出入水，水湿邪气侵入肌腠，郁遏阳气所致。治疗用一物瓜蒂汤去湿散水。瓜蒂，《本经》主大水，身面四肢浮肿。本证以身体疼重为主，疼重是由于水湿偏盛，用瓜蒂逐散皮肤水气，水气去则暑无所依，而病自解。

【按语】

因瓜蒂苦寒有毒，目前临床上用一物瓜蒂汤治疗暑病者较少，《金鉴》认为此时可用大顺散（甘草、干姜、杏仁、肉桂）或香薷饮（香薷、厚朴、扁豆）治疗。

【临床应用与研究】

瓜蒂味苦，性升催吐，对痰涎宿食，填塞上脘，胸中痞硬，烦躁不安等证，用之得当，有立竿见影之效。痰湿重者，可加白矾；痰涎壅塞者，酌加菖蒲、郁金、半夏；风痰盛者，可加防风、藜芦。

据临床观察，久用瓜蒂散搐鼻，常引起鼻炎，用时当谨慎。

【选注】

尤怡：暑之中人也，阴虚而多火者，暑即寓于火之中，为汗出而烦渴；阳虚而多湿者，暑即伏于湿之内，为身热而疼重，故暑病恒以湿为病，而治湿即所以治暑。瓜蒂苦寒，能吐能下，去身面四肢水气，水去而暑无所依，将不治而自解矣。此治中暑兼湿者之法也。（《心典》）

【医案举例】

仲师于《金匮》出一物瓜蒂汤，历来注家，不知其效用。予治新北门永兴隆板箱店顾五郎亲试之。时甲子六月也，予甫临病者卧榻，病者默默不语，身重不能自转侧，诊其脉则微弱，证情略同太阳中暍，独多一呕吐，考其病因，始则饮高粱酒大醉，醉后口渴，继以井水浸香瓜五六枚，卒然晕倒。因念酒性外发，遏以凉水浸瓜，凉气内薄，湿乃并入肌腠。此与伤冷水水行皮中正复相似。予乃使店友向市中取香瓜蒂四十余枚，煎汤进之，入口不吐。须臾尽一瓯，再索再进，病者即沉沉睡，遍身微汗。迫醒而诸恙悉愈矣。（曹颖甫．曹氏伤寒金匮发微．上海：上海科学技术出版社，1990；262）

研究概要

本篇所论痉、湿、暍三种疾病，其病因皆以外感为主，此三种疾病亦载于成无己的《注解伤寒论》，故有人认为此篇为外感伤寒和杂病的过渡篇。

痉病之名最早见于《内经》，《内经》以外邪立论，《金匮要略》在《内经》基础上分为刚痉和柔痉。历代医家吸取前人研究之精华，结合临床实践，提出内伤致痉的理论。根据痉病发病原因和临床症候特点，痉病辨证论治可分为外邪侵袭、热盛阴伤、瘀血内阻、痰浊阻滞和气血亏虚等证型。外邪侵袭，吴鞠通又分为寒痉、风温痉、暑痉、湿痉、燥痉、温热痉等。尤其在热盛伤阴方面，提出的二甲复脉汤、三甲复脉汤、大定风珠、小定风珠等治疗方剂，大大丰富了本篇外感痉病的辨证论治内容，增强了临床疗效。

本篇最早提出了"风湿"这一病名，并基本上勾画出了风湿病的大致轮廓，并有重点地指出了风湿病的若干特征。许多医家根据《金匮》有关内容总结出"祛湿八法"，即发汗祛湿、清泄湿热、温化水湿、宣肺利水、健脾化湿、温肾利水、攻逐水饮、分消水湿。湿痹以感受外湿为主，但往往兼有风寒热邪，本篇所论风寒湿痹内容多，风湿热痹内容少，治疗风寒湿痹以祛风、散寒、除湿，温通经脉为治疗原则，故麻黄、桂枝、附子、白术、防己等为主要药物。治疗风湿热痹以祛风、除湿、清热为治疗原则，除用麻杏苡甘汤外，可选用麻黄连翘赤小豆汤及吴鞠通的宣痹汤加减治疗，薏苡仁、黄芩、黄柏、山栀、防己等为常用药物。有人指出，西医诊断为风湿热的患者，亦有属于风寒湿痹者，风湿热患者多有发热症状，发热，湿热相合者固多，而寒湿郁而化热或阴虚内热者亦复不少。因此，不可受西医病名的约束，而应以辨证为依据。

暍病后世及现代医学均称为中暑，而中暑有轻重之分，使人闷喟，昏不知人者为重证中暑，亦称为暑厥。《金匮要略·杂疗方第二十三》谓："凡中暍死，不可使得冷，得冷便死"，当是指暑厥。明代戴原礼《证治要诀·中暑》分为中暑和伤暑，中暑证急而重，昏倒而不知人，冷汗自出；伤暑则较轻，似指静而得之，非急重之证。张景岳将暑证分为阳暑和阴暑，暑月受热为阳暑，暑月受寒湿为阴暑。中暑的治则除清热、益气、养阴、除湿外，对暑厥病人还应用开窍法。近来对中暑的研究重点在预防上，每值夏季炎热之际，选用清暑解热生津的中草药来防暑降温。治疗先兆中暑和轻证中暑的有效方药如鲜藿香、鲜佩兰、香薷、六一散等，可煎服预防。必要时可加入生石膏、知母、金银花等。

小　　结

本篇所论痉、湿、暍三病，均由感受外邪所致，病情变化又都从太阳表证开始，与伤寒有相似之处，但又各有特点，故此三种病证，除见于《伤寒论》外，又列于此，作为论述杂病的开始。

痉病病在筋脉，以颈项强急，口噤不开，甚至角弓反张为主症。致病原因，多由外感风寒，阻滞经脉，筋脉挛急所致。故本病初起，具有发热恶寒、脉弦等表证。根据汗之有无，可分为刚痉和柔痉。发热恶寒无汗发痉者，为刚痉，用葛根汤发汗解表，升津柔筋；发热有汗发痉者，为柔痉，用栝楼桂枝汤滋养津液，解肌祛邪。这和《伤寒论》太阳病之分表实表虚相似，都是比较而言的。如病情进一步发展，表邪入里化热，热甚动风，则成为阳明实热痉，症见胸满口噤，卧不着席，脚挛急，龂齿等，当用大承气汤泄热存阴以止痉。总之，治疗痉病，在发表清里时，必须兼顾津液，这是治疗痉病的一项重要原则。

此外，有因误汗误下而成痉者，是因津液内伤，筋脉失养所致，其病机与上述有异，辨证治疗时应有所区别。

痉病预后以津液盛衰有无为转移，如津气未亏，无论发表清里，邪解热退，其病可迅即向愈。如病起而脉见沉细，或有灸疮不敛者，气血津液暗伤，预后多不良。

湿病有外湿内湿之分，本篇所论，重在外湿。以发热身重，骨节疼烦为主症。外湿侵犯人体多挟风寒，由于兼邪不同，体质差异，因此病情变化也不一样。如湿邪偏重者，以身体重着疼痛为主症；偏于寒湿，则其痛较甚；偏于风湿，则多游走性疼痛。湿从外袭，导致人体发病，首先出现表证，寒湿在上，头重疼，鼻塞而烦者，用辛夷散或瓜蒂散纳药鼻中则愈；寒湿在表，身体疼烦，恶寒无汗者，用麻黄加术汤发汗解表，散寒除湿；风湿在表一身尽疼，发热，日晡所剧者，用麻杏苡甘汤宣散风邪，清热祛湿；风湿表气亏虚，脉浮身重，汗出恶风者，用防己黄芪汤益气固表，祛风除湿；风湿表阳虚，身体疼烦，不能自转侧，脉浮虚而涩，若兼有小便不利，大便反快之里湿者，用桂枝附子汤温经助阳，祛风化湿；若大小便正常者，用白术附子汤，温经助阳，祛肌表湿邪；如风湿表里阳气俱虚，出现骨节疼烦掣痛，不得屈伸，近之则痛剧，汗出短气，小便不利，恶风不欲去衣，或身微肿者，用甘草附子汤振奋表里之阳，祛风除湿止痛。以上诸方，都属于微发汗之剂，无论表实表虚，都以温服取微汗为佳。

湿病治疗原则是利小便、发汗，但发汗不能大汗，必微微似有汗出，方使风湿邪气缓缓蒸发，风与湿邪俱去，否则，汗出太骤，风去湿存，徒伤阳气，病必不除。因此风湿病过汗、误下都会导致阳气大伤，出现不良后果。

暍即伤暑，是因夏月感受暑热之气，或贪凉饮冷，汗出入水所致。病变初起，每见发热恶寒等太阳表证。暑为阳邪，易耗气伤津，其病多呈气阴两伤，阴阳不足的脉症，故汗、下、温针等伤阳劫阴治法，皆所当禁。如暑热偏重，则汗出恶寒，身热口渴，用白虎加人参汤清热益气生津；如暑湿偏盛，身热疼重，脉象微弱，用一物瓜蒂汤祛除暑湿邪气，亦可用后世香薷饮或大顺散治疗。

百合狐蟿陰陽毒病脉證治第三

本篇论述百合、狐蟿、阴阳毒三种疾病的辨证与治疗。这三种疾病，虽各有特征，但其发病多与外感热病有关，在某些症状上，亦有相似之处，故合为一篇讨论。

百合病多发生在热病之后，余热未尽；亦可因情志不遂，郁而化火，灼伤心肺所形成。其临床表现以精神恍惚不定，口苦，小便赤，脉微数为特征。

狐蟿病，原作"狐惑"病；因"蟿"与"惑"篆文形近，《公羊传》云："蟿之犹言惑也。"故《补正》认为："狐惑二字对举，狐字着实，惑字托空……虫蚀咽喉，何惑之有？盖是蟿字之误耳。"今从《补正》将"惑"改为"蟿"。本病多由湿热虫毒所致，以目赤、咽喉及前后二阴之蚀烂为特征。在上腐蚀咽喉为蟿，在下蚀烂前后二阴为狐。

阴阳毒是阴毒与阳毒的合称，皆与感染疫毒有关，以发斑、咽喉痛为主证，属急性热病范畴。

百 合 病

一、脉证、病机与预后

【原文】

論曰：百合病者，百脉一宗，悉致其病也。意欲食，復不能食，常默默，欲卧不能卧，欲行不能行，欲飲食，或有美時，或有不用聞食臭時，如寒無寒，如熱無熱，口苦，小便赤，諸藥不能治，得藥則劇吐利，如有神靈者，身形如和，其脉微數。

每溺時頭痛者，六十日乃愈；若溺時頭不痛，淅然者，四十日愈；若溺快然，但頭眩者，二十日愈。

其證或未病而預見，或病四五日而出，或病二十日，或一月微見者，各隨證治之。（一）

【释义】

本条论述百合病的病因、证候、诊断、治疗原则和预后，是百合病的总纲。百合病是一种心肺阴虚内热的疾病。由于心主血脉，肺主治节而朝百脉，故心肺正常，则气血调和而百脉皆得其养，人即安和；如因热病之后，或情志所伤，导致心肺阴虚，百脉失养，症状百出，故称"百脉一宗，悉致其病"。

百合病既是心肺阴虚为主的病变，故其证候可表现为两个方面：一是心肺阴虚内热而神明被扰，出现神志恍惚不定，语言、行动、饮食和感觉等失调现象，如常沉默寡言，欲卧不能卧，欲行不能行，有时食欲好，有时又厌恶饮食，有时似寒非寒，如热无热，用对症的药物治疗，不仅效果不好，甚至出现呕吐、下利等不良反应，但从形体上观察又如同常人，并无显著的病态，故曰"如有神灵者"。所以《心典》云："全是恍惚去来，不可为凭之象。"二是阴虚内热的客观可凭症，即口苦、小便赤、脉微数，这些当是百合病常见之症，但并非其独有。根据上述两方面的病情，即可诊断为百合病。其治疗原则，应着眼于心肺阴虚内热，以养阴清热为法，切不可妄用汗、吐、下，以免更伤阴液。

肺主治节而朝百脉，通调水道而下输膀胱，膀胱为太阳之府，主气化与藏津液，外应皮毛，经脉上额交巅入络脑。若心肺阴虚而邪热乘之，小便时因肺气下达而郁热乘虚上冲，重者随经脉交巅入脑，故见头痛；邪热轻者，则仅见肺气下达之际，一时不能卫外，故恶风寒栗，清阳之气亦一时不能上至巅顶，故头眩。说明小便时的反应可了解气津损伤的程度，故在临证时，可作为判断疾病轻重或痊愈时间的参考。但所载的六十日、四十日、二十日，乃约略之数，不可拘泥。

本病多发生于热病之后，余热未尽所致，故"或病四五日而出，或病二十日或一月微见者"。也有"未病而预见"者，为情志不遂，日久郁结化火，消铄阴液而成。应根据具体情况，随证论治。

【按语】

关于百合病的命名，魏荔彤注："因百合一味而瘳此疾，因得名也。"此解释是可取的，因为中医学多是从单方的基础上发展起来的，单方的发现和疗效的肯定，是由古代劳动人民在和疾病长期斗争的实践过程中积累起来的，百合用治百合病有较好疗效，故以此命名；而黄树曾则认为"百脉一宗，悉致其病，故命名百合病"，着眼于病机，其理亦通。本病因于情志者，在用药物治疗的同时，还应配合心理治疗，才能收到事半功倍的效果。

【选注】

尤怡：百脉一宗者，分之则为百脉，合之则为一宗。悉致其病，则无之非病矣。然详其证，意欲食矣，而复不能食。常默然静矣，而又躁不得卧；饮食或有时美矣，而复有不用闻食臭时；如有寒如有热矣，而又不见为寒，不见为热；诸药不能治，得药则剧吐利矣，而又身形如和。全是恍惚去来，不可为凭之象。唯口苦、小便赤、脉微数，则其常也。所以者何？热邪散漫，未统于经，其气游走无定，故其病亦去来无定。而病之所以为热者，则征于脉，见于口与便，有不可掩然者矣。夫膀胱者，太阳之府，其脉上至巅顶，而外行皮肤。溺时头痛者，太阳乍虚，而热气乘之也；淅然快然，则递减矣。夫乍虚之气，溺已即复，而热淫之气，得阴乃解。故其甚者，必六十日之久，诸阴尽集，而后邪退而愈；其次四十日，又其次二十日，热差减者，愈差速也。此病多于伤寒热病前后见之。其未病而预见者，热气先动也；其病后四五日、或二十日、或一月见者，遗热不去也。各随其证以治，具如下文。（《心典》）

二、治则

【原文】

百合病见于陰者，以陽法救之；见于陽者，以陰法救之。见陽攻陰，復發其汗，此爲逆；见陰攻陽，乃復下之，此亦爲逆。（九）

【释义】

本条论述百合病的治疗原则。百合病之病机，主要是阴虚内热，治当补其阴之不足，以调整阳之偏胜，即所谓"见于阳者，以阴法救之"。本篇治百合病诸方，即为此而设，但阴阳互根互用，阴虚之甚者，阴中之阳亦受损伤，往往兼见怯寒、神疲等症，在治疗上又当酌用养阳之法，即所谓"见于阴者，以阳法救之"。本篇对于此种证治，虽未具体论述，实意寓其中，临证时可用温柔养阳之法治之。

若阴虚而见阳热之症，不予养阴清热，而误作实热攻其里，则阴更伤，其证不愈，复用汗法，伤阴耗阳，"此为逆"；若阴损及阳而见阳虚之证，不予扶阳以和阴，反用汗法散其寒，则阳更伤，乃复下之，阴阳并受其害，"此亦为逆"；故临床当谨守病机，慎调阴阳，随证治之。

【选注】

尤怡：病见于阴，甚必及阳；病见于阳，穷必归阴。以法救之者，养其阳以救阴之偏，则阴以平而阳不伤；补其阴以救阳之过，则阳以和而阴不敝。《内经》用阴和阳，用阳和阴之道也。若见阳之病而攻其阴，则并伤其阴矣，乃复发汗，是重伤其阳也，故为逆；见阴之病而攻其阳则并伤其阳矣，乃复下之，是重竭其阴也，故亦为逆。以百合为邪少虚多之证，故不可直攻其病，亦不可误攻其无病，如此。（《心典》）

三、证治

（一）百合病主方

【原文】

百合病，不經吐、下、發汗，病形如初者，百合地黄湯主之。（五）

百合地黄湯方：

百合七枚（擘）　生地黄汁一升

上以水洗百合，漬一宿，當白沫出，去其水，更以泉水二升，煎取一升，去滓，内地黄汁，煎取一升五合，分温再服。中病[1]，勿更服。大便當如漆。

【词解】

[1]中病：谓治疗方法得当，服药后病情明显好转。

【释义】

本条论述百合病的正治法。百合病未经吐、下、发汗等错误治法，日虽久而病情如初，仍如首条所述症状，应该用百合地黄汤治疗。因百合病之病机，是心肺阴虚内热，百合味甘平，润肺清心，益气安神，《本经》载百合"主邪气腹胀心痛，利大小便，补中益气"；可见其既补虚滋养，又可清利去邪，故为方中之君；生地黄益心营，清血热，滋肾水；泉水下热气，利小便，以此煎药，增清利之性，共成润养心肺、凉血清热之剂，如陈元犀所云："皆取阴柔之品，以化阳刚，为泄热救阴也"，阴复热退，百脉调和，病自可愈。方后云："中病，勿更服"，因地黄性寒而润，多服可致泻利，故用药不可过量。药后"大便当如漆"，此为地黄汁所致，停药后即可消失，不必惊惧。

【按语】

"中病，勿更服"，亦有认为药中病情，应当守方治疗，不要更换方药；"大便当如漆"亦有"热除之验"说。这些认识各有道理，当互参。

百合病，首条论证，本条论方，前后合参，则其脉、因、证、治悉备。

【临床应用与研究】

本方常用于治疗各种神经官能症、癔病、植物神经功能紊乱以及热病的善后调理。有以此方与酸枣仁汤、甘麦大枣汤、柴胡疏肝剂等合用，加柏子仁、合欢花、龙骨、牡蛎、磁石等治疗更年期忧郁症、夜游症、轻微脑功能失调以及慢性疲劳综合征；也有用此方加麦冬、沙参、五味子、贝母治疗肺燥喘咳；加丹参、赤芍治疗胸痹；加茅根、黄芩炭、知母等治疗鼻衄。还有用于治疗心肌炎、心动过速、高血压、冠心病、肺心病、肺结核、大叶性肺炎恢复期等病而见本方证者。

实验研究，百合地黄汤具有镇静、催眠、降低血糖等作用。

【选注】

尤怡：百合色白入肺，而清气中之热；地黄色黑入肾，而除血中之热。气血既治，百脉俱清，虽有邪气，亦必自下。服后大便如漆，则热除之验也。(《心典》)

【医案举例】

内翰孟端士尊堂太夫人，因端士职任兰台，久疏定省，兼闻稍有违和，虚火不时上升，自汗不止，心神恍惚，欲食不能食，欲卧不能卧，口苦，小便难，溺则洒淅头晕，自去岁迄今，历更诸医，每用一药，辄增一病。用白术则窒塞胀满；用橘皮则喘息怔忡；用远志则烦扰烘热；用木香则腹热咽干；用黄芪则迷闷不食；用枳壳则喘咳气乏；……遂致畏药如蝎，惟日用人参钱许，入粥饮和服，聊藉支撑。交春，虚火倍剧，火气一升，则周身大汗，神气骎骎欲脱，惟倦极少寐，则汗不出而神思稍宁。觉后少顷，火气复升，汗亦随至，较之盗汗迥殊。直至仲春中澣，邀石顽诊之。其脉微数，而左尺与左寸倍于他部，气口按之，似有似无，诊后，款述从前所患，并用药转剧之由，……石顽曰："此本平时思虑伤脾，脾阴受困，而厥阳之火尽归于心，扰其百脉致病，病名百合。"此证惟仲景《金匮要略》言之甚详，本文原云：诸药不能治，所以每服一药，辄增一病，惟百合地黄汤为之专药，奈病久，中气亏乏殆尽，复经药误而成坏病，姑先用生脉散加百合、茯神、龙齿以安其神；稍兼萸、连以折其势，数剂稍安。即令勿药，以养胃气，但令日用鲜百合煮汤服之，交秋天气下降，火气渐伏，可保无虞。迨后仲秋，端士请假归省，欣然勿药而康。(张璐．明清中医名著丛刊·张氏

医通．北京：中国中医药出版社，1995；131）

（二）百合病误汗

【原文】

百合病發汗後者，百合知母湯主之。（二）

百合知母湯方：

百合七枚（擘）　知母三兩（切）

上先以水洗百合，漬一宿，當白沫出，去其水，更以泉水二升，煎取一升，去滓；別以泉水二升煎知母，取一升，去滓；後合和，煎取一升五合，分溫再服。

【释义】

本条论述百合病误汗后的治法。百合病，本来心肺阴虚，内有燥热，不应使用汗法。若将"如寒无寒，如热无热"误认为表实证而用汗法，汗后阴液受伤，肺阴不足，燥热尤甚，则可见心烦、口燥等症，此时宜用百合知母汤，方以百合为主润肺清心，益气安神；以知母养阴清热，除烦润燥；以泉水煎药清其内热。共奏补虚清热而不寒凉，养阴润燥而不滋腻，以此扶正祛邪。

【临床应用与研究】

本方除用于百合病误汗后变证外，可用于治疗神经官能症、**慢性肝炎**、**慢性肾炎**等；亦可与百合地黄汤合方治疗心动过速、肺结核、大叶性肺炎恢复期等见本方证者。

据研究，本方具有镇静，镇咳平喘，抗疲劳，降低血糖，保护肾上腺皮质功能，增强呼吸道的排泄，促使黏膜排泄分泌酚红量增加，以及抗炎等作用。

【选注】

吴谦：百合病不应汗而汗之，不解者，则致燥，以百合知母汤主之者，清而润之也。（《金鉴》）

【医案举例】

王某，女，13岁，学生。1960年4月15日在看解剖尸体时受惊吓，随后因要大便跌倒在厕所内，被扶起抬到医院治疗。据代诉查无病，到家后颈项不能竖起，头向左右转动，不能说话，问其痛苦，亦不知答，曾用镇静剂二日无效，转来中医诊治。患者脉浮数，舌赤无苔，无其他病状，当即从"百合病"处理，用百合七枚，知母一钱五分，服药一包后，颈部已经能竖起十分之七，问她痛苦亦稍知道一些，左右转动也减少，但仍不能说话。再服一剂，颈项已能竖起，不向左右转动，自称口舌干燥大渴，改用瓜蒌牡蛎散（瓜蒌、牡蛎各三钱），服一剂痊愈。[吴方纶．百合病治验．江西中医药　1960；（12）：14]

（三）百合病误下

【原文】

百合病下之後者，滑石代赭湯主之。（三）

滑石代赭汤方：

百合七枚（擘）　滑石三两（碎，绵裹）　代赭石如弹丸大一枚（碎、绵裹）

上先以水洗百合，渍一宿，当白沫出，去其水，更以泉水二升，煎取一升，去滓；别以泉水二升煎滑石、代赭，取一升，去滓；后合和重煎，取一升五合，分温服。

【释义】

本条论述百合病误下后的治法。百合病本为虚热在里，邪少虚多，不能使用下法。若误将"意欲食，复不能食"、"口苦、小便赤"、"脉微数"等证候视为邪热入里之里实热证而用攻下法，误下之后，必然导致两种变证：一是津液耗伤，内热加重，部分阴液从大便泄泻而失，所以小便反而减少，表现为小便短赤而涩；二是苦寒攻下，多损伤胃气，导致胃失和降，气逆呕吐或呃逆等症。法当养阴清热，和胃降逆，用滑石代赭汤。方中百合清润心肺，益滋化源，滑石、泉水利小便而清邪热，代赭石降逆和胃。使心肺得以清养，胃气得以和降，则小便清，大便调，呕哕自除。

【按语】

有学者认为，本条论述了心肺虚热气逆夹湿证的治法，其表现有类似可下之症，应当注意鉴别诊断；若误用攻下，其病变的主要矛盾仍是心肺虚热气逆夹湿者，仍可以本方治疗。

【临床应用与研究】

本方治疗泌尿系疾病，如肾盂肾炎、尿道炎，出现尿频、尿急、小腹作胀，甚至尿道涩痛者，酌加淡竹叶、通草、猪苓等。也有用于慢性萎缩性胃炎、慢性胆囊炎、心律不齐、支气管扩张、支气管哮喘、梅尼埃病等见有本方证者。

研究表明，本方中滑石对胃肠黏膜及破损的皮肤黏膜有保护作用，代赭石能使家兔离体小肠紧张性升高，收缩幅度下降。

【选注】

徐彬：下多伤阴，虚邪在阴，阴虚火逆，攻补无益，故以百合同滑石之走窍，代赭之镇逆者以通阳气，加之泉水以泻阴火，而阴气自调也。（《论注》）

【医案举例】

李某，女，来诊时步履艰难，必以他人背负，自述胸痛、胸闷、心悸、气短、头晕，乃按胸痹治之，投以瓜蒌薤白半夏汤之类，久治不效。细审之，该患者每于发病时除上述症外，尚喜悲、欲哭、嗳气、善太息，便于前方中合以百合、地黄、旋覆花、代赭石之类治之，药后其证渐消。（中医研究院西苑医院．赵锡武医疗经验．北京：人民卫生出版社，1980；74）

（四）百合病误吐

【原文】

百合病，吐之后者，用后方主之。（四）

百合鷄子湯方：

百合七枚（擘）　　鷄子黄一枚

上先以水洗百合，渍一宿，当白沫出，去其水，更以泉水二升，煎取一升，去滓，内鷄子黄，搅匀，煎五分①，温服。

【词解】

①五分：分，成数，如《管子·乘马数》："人君之守高下，岁藏三分，十年必有三年之余。"一分即一成，五分即五成；意为鸡子黄不可煎熟，五成熟即可，方有滋阴清热养血安神之功。

【释义】

本条论述百合病误吐后的治法。百合病本属心肺阴虚之证，是不能使用吐法的。若误认为"欲饮食或有美时，或有不用闻食臭时"是痰涎壅滞，或上脘宿食而用吐法，虚作实治，不仅损伤脾胃之阴，而且扰乱肺胃和降之气。阴愈损，则燥热愈增，导致烦躁不安、嘈杂、干呕、胃中不适等症。法当滋养肺胃，生津降逆，故以百合补益肺气，清热润燥；鸡子黄入汤剂中搅匀稍煎，滋阴养血补虚，和胃安神止呕；泉水清热利小便，如此阴复胃和，虚烦呕逆自愈。

【按语】

以上三条，均论述百合病误治后的变证治法。先以本病为主，兼顾变证，所以均用百合为主药，均以泉水煎诸药，再加入救误之品以应变。如百合知母汤治误汗后伤津化燥；滑石代赭汤治误下后呃逆泄泻；百合鸡子汤治误吐后肺胃阴伤。虽各有侧重，但又谨守滋阴原则，仍以百合为君，正是"百脉一宗"而"随证治之"的体现。

【临床应用与研究】

本方治百合病误吐不能食者，可加玉竹、石斛、粳米；若惊悸不宁，心烦失眠、盗汗者，可加龙骨、牡蛎、珍珠母、酸枣仁、柏子仁等；若肢体震颤，虚风内动，可加龟板、鳖甲、生地等；对于热病阴伤，或久病精亏，肺胃阴虚者，可合用生脉散等。亦有将此方用于心脏神经官能症、心动过速、植物神经紊乱、高热性疾病脱水等见于本方证者。

【选注】

陈元犀：吐后伤中者，病在阴也；阴伤，故用鸡子黄养心胃之阴，百合滋肺气，下润其燥。胃为肺母，胃安则肺气和而令行，此亦用阴和阳，无犯攻阳之戒。（《金匮方歌括》）

【医案举例】

王某，男，44岁，因肝炎后肝硬变合并克鲍二氏征，第二次出现腹水已9个月，于1970年9月4日入院。入院后经综合治疗，腹水消退，……（1971年）1月21日患者性格改变，一反平日谨慎寡言而为多言，渐渐啼笑不宁，不能辨认手指数目，精神错乱。考虑肝昏迷I度，……（用西药治疗）并用清营开窍，清热镇静之方。患者症状无改变，清晨好转，午后狂乱，用安定剂常不效，需耳尖放血，始能平静入眠，而精神错乱如故。考虑其舌红脉虚，神魂颠倒，乃从百合病论治。从2月1日起加用百合鸡子黄汤，每日1剂，每剂百合一两，鸡子黄 1 枚，煎服。2 月 2 日患者意识有明显进步……继用百合鸡子黄汤。2 月 3 日患者神志完全恢复正常。继用百合鸡子黄汤二剂后，改用百合地黄汤（百合一两、生地五钱），患者病情保持稳定。1971 年 3 月 21 日出院时，精神良好，如常人行动，腹水征（－），肝功能试验基本正常。1972 年 6 月与患者联系，情况保持良好。[山西省中医研究所肝病科．中西医结合治疗肝硬变肝昏迷 40 例经验小结．新医药学杂志　1974；（2）：13]

（五）百合病变渴

【原文】

百合病一月不解，變成渴者，百合洗方主之。（六）

百合洗方：

上以百合一升，以水一斗，漬之一宿，以洗身。洗已，食煮餅，勿以鹽豉也。

【释义】

本条论述百合病经久变渴的外治法。百合病本无口渴之症，但历经一月不愈，而见口渴者，说明阴虚内热较甚，肺津不布，胃液已伤；此时，仅内服百合地黄汤恐药力不足，难获良效。故当内外兼施，在内服汤药的基础上，配以百合洗方外治；因肺合皮毛，其气相通，"洗其外，亦可通其内"，共奏清热养阴润燥之效。渍洗身后，"食煮饼"，因制作"煮饼"的小麦粉能益气养阴，除热止渴；勿以"盐豉"佐食，因咸味耗津增渴，故当禁用。

【按语】

煮饼，有学者认为用粳米粉制作而成；因粳米有益胃生津之功，《伤寒论》《金匮要略》中，常配伍粳米护胃生津。但据《伤寒总病论》载："饼是切面条，汤煮水淘过，热汤渍食之。"《活人书》载："煮饼，即淡熟面条也。"考晋时称"汤饼"，唐时称"餺飥"。

【临床应用与研究】

本方治疗心肺阴虚所致诸症，如肺结核低热、盗汗、干咳；妇人脏躁或情志不遂，心烦失眠等，均可根据病情，以百合为主随证加味，内服外洗，相得益彰。

现代研究本方具有镇咳、祛痰、镇静，保护肾上腺皮质、抗组胺引起的哮喘、抗缺氧等作用。

【选注】

吴谦：百合病本不渴，今一月不解，变成渴者，外以百合汤浸洗其身，通表泻热；内食煮饼，勿以盐豉，不致引饮，而渴自止也。（《金鉴》）

【医案举例】

华某，女，5 岁。1961 年秋患发热下利，住县医院治疗，诊为中毒性菌痢。经治旬余，壮热不退，下利红白，日夜无度，病情危笃，转延中医治疗，症见高热神萎，昏昏欲愦，双目露睛，数日未食，口干思饮，唇舌鲜红乏津，舌苔黄，脉细弱而数。胡老谓："此利属肠，然治应责诸肺。盖肺热则阴亏，其气不降而失治节之权。肠为热灼，则失传化之职，故利下不止，高热不退。"遂疏《金匮要略》之百合知母汤加沙参、山药、莲子、银花、桑叶、花粉为方。方中百合重用至 30g，嘱服 2 剂，以观进退。药后下利锐减，热势亦退，嘱守原方再进 2 剂，遂利止热退，余证亦相继好转而出院。讵知 2 天后，忽出现燥渴不已，饮水无度，复求先生为治。先生认为此乃气阴大伤，余热未净，无须惊骇。处以独味百合 120g，令煎水俟温洗浴。仅洗 1 次，口渴大减，再洗渴止而瘳。[胡谷塘，等．胡翘武运用经方治验四则．中国医药学报　1987；（4）：39]

【原文】

百合病，渴不差者，用後方主之。（七）

栝樓牡蠣散方：

栝樓根　牡蠣熬①等分

上爲細末，飮服方寸匕，日三服。

【词解】

①熬：此处有烤干、"炒、焙"之意。

【释义】

本条论述百合病渴不差的治法。前条论述百合病未解而出现口渴，内服百合地黄汤，并配以百合煎汤外洗；而口渴仍不解者，说明热盛津伤，药不胜病，需在前法的基础上，再加用栝楼牡蛎散治之。方中栝楼根，《本经》载"味苦寒，主消渴，身热，烦满，……"，故能清解肺胃之热，生津止渴；牡蛎咸寒镇潜，引热下行，使热不致上灼津液，则津液得生，虚热得清，口渴自解。

【按语】

上述六、七两条，《千金》《外台》均合为一条，故当前后连贯互参。论"变成渴"与"渴不差"，选百合洗方与栝楼牡蛎散，均是与百合地黄汤主方的配合使用，如此才符合临床实际。否则，百合病产生口渴变证，仅以百合外洗，或只用栝楼牡蛎散内服，病增而药减，于理不合。

【临床应用与研究】

本方不仅应用于百合病"渴不差"，亦可以此方加味，治疗糖尿病、甲状腺机能亢进、肺炎、胃炎等病证而引起的阴伤口渴，但应以热盛伤津，口渴喜冷饮者为宜。

【选注】

吴谦：与百合洗身而渴不差者，内热盛而津液竭也。栝楼根苦寒，生津止渴；牡蛎咸寒，引热下行也。（《金鉴》）

【医案举例】

陈某，男，50 岁。……已患病多日，面黄颧红微浮，口出一股焦臭气，欲卧不能卧，欲行不能行，一月来，时寒战，时发热，时昏睡，时惊叫；能食时如常人一样，不思食时则汤水不能下咽，大便颇硬，三五日一次；小便色如血水，涓滴作疼，因病情较重，动员送医院检查治疗……根据患者体温上午 37.8℃，下午 39℃，每日如此不变的情况看，系属阴虚之证，给予复脉汤 3 剂后，潮热始退，大便变软，但仍昼日了了，夜则谵语，甚则通夜不眠，此乃肾中真阴亏于下，心阳浮于上，相火炽热，龙雷不潜。……细思本例证候颇与"百合病"相似，该篇所载诸方，惟百合地黄汤比较适合，遂处方如下：百合 12g，生地 24g，水煎去滓，加鸡子黄 1 枚，搅匀炖沸，顿服，药滓于次晨加水再煎取汁，加鸡子黄 1 枚，服如前法，日服一剂，十天后，狂叫已息，夜间能安卧 4~5 小时，醒后亦不惊叫，脉息上午已平，下午微数，体温下午 37.6℃，小便仍短赤，舌由光剥至已布白苔，但渴甚。此热胜津伤，宜用《金匮要略》栝楼牡蛎散，以栝楼苦寒生津止渴，牡蛎咸寒引热下行。遂于原方（上次方）内加花粉 12g，牡蛎 18g，连服 3 剂，口渴止，诸症皆有好转，惟小便尚黄涩，下肢微浮肿，原方再加滑石 24g，服 2 剂后尿量增多，黄色转浅，再改原方为：百合 24g，生地 18g，元参 12g，牡蛎 18g，龟板 18g，鳖甲 15g，鸡子黄 1 枚，以此方作常服剂，又服 8 剂，诸症基本消除，不渴不烦，饮食一日能进三餐稀粥，小便清长，大便二日一次，根据病家要求，带药回家治疗……自出院至今已六个月，询访十余次，一切情况良好，只是体质尚差，嘱其好好注意营养和休息。［贺德镇．百合病治验．中医杂志 1965；(11)：12］

（六）百合病变发热

【原文】

百合病變發熱者，一作發寒熱。百合滑石散主之。（八）

百合滑石散方：

百合一兩（炙）① 滑石三兩

上爲散，飮服方寸匕，日三服。當微利者，止服，熱則除。

【词解】

①炙：不作今之蜜炙，而作炒、烘、晒，使焦燥易于研末用。

【释义】

本条论述百合病变发热的治法。百合病可见"如寒无寒，如热无热"的疑似症状，热象并不明显；今变发热者，乃因病久不愈，热盛于里，外达肌肤所致。治用百合滑石散，以百合为主滋养肺阴，清其上源，以润其燥；配以滑石清里热而利小便，使热从小便而出，则肌肤之热自解。

【按语】

《张氏医通》释本条"若变发热，乃肺郁而成热"，可参。方后云："当微利者，止服"，一是说明临床表现除见明显发热外，应伴有小便短涩不利。二是说明本为心肺阴虚的百合病，不可过用清利，过则阴伤，燥热不除；故药后小便畅利，其热外泄，则应停药。

【临床应用与研究】

热病后期，又复发热者，若见小便不利，可在本方基础上加元参、麦冬、地骨皮、白薇等。也有用于中暑、肾盂肾炎、膀胱炎、支气管扩张症等见本方证者。

【选注】

徐彬：仲景尝谓发于阳部，其人振寒而发热，则知变发热者，内热不已，淫于肌肤，而阳分亦热。故以滑石清腹中之热，以和其内而平其外，兼百合壮肺气以调之。不用泉水，热已在外，不欲过寒伤阴，故曰当微利，谓略疏其气，而阴平热则除也。（《论注》）

狐 蚤 病

一、临床表现及内服方

【原文】

狐蚤之爲病，狀如傷寒，默默欲眠，目不得閉，臥起不安，蝕①于喉爲蝨，蝕于陰爲狐，不欲飲食，惡聞食臭，其面目乍②赤、乍黑、乍白。蝕于上部則聲喝③一作嘎④，甘草瀉心湯主之。（十）

甘草瀉心湯方：

甘草四兩　黄芩三兩　人參三兩　乾姜三兩　黄連一兩　大棗十二枚　半夏半升

上七味，水一斗，煮取六升，去滓再煎，温服一升，日三服。

【词解】

①蚀：虫蚀之谓，这里是腐蚀的意思。

②乍：连词，表示选择关系，犹"或"，如秦人李斯《用笔法》："或卷或舒，乍轻乍重。"又，"乍"有"忽然、猝然"之义。《鬼谷子·飞箝》："其说辞也，乍同乍异。"二说并通。

③声喝（yè 叶）：《汉语大词典》："喝，声音悲咽，嘶哑。"

④嘎（shà 霎）：《辞海》：嘎，声音嘶哑。

【释义】

本条论述狐蚤病的证治。本病由于湿热久郁，化生虫毒，正气渐虚；湿热蒸腐，内犯脏腑，上犯咽喉，下及二阴。湿热郁遏，正邪相搏，故见"状如伤寒"的寒热症状；湿热中阻，脾胃受累，运化失常，则不欲饮食，恶闻食臭；湿热内困，心神被扰，故默默欲眠，目不得闭，卧起不安。湿热为病，热上蒸，则面目赤；湿上遏，则面目黑；湿热下行，阻滞营卫，气血不能上荣，则面目白。如湿热虫毒上蚀咽喉，则咽喉糜烂，声音嘶哑，名曰"蝨"；若下蚀二阴，阴部蚀烂溃疡，名曰"狐"。临证时上下病症多同时出现，以甘草泻心汤主之。方以生甘草扶正解毒，配伍黄芩、黄连苦寒清热，燥湿解毒；干姜、半夏辛温化湿以行气机，佐人参、大枣健中和胃，运化湿浊。诸药相伍，有清热化湿，安中解毒，祛邪扶正之功。

【按语】

《金鉴》认为："狐蚤，牙疳、下疳等创之古名也，近时惟以疳呼之。下疳即狐也，蚀烂肛阴；牙疳即蝨也，蚀咽腐龈，脱牙穿腮破唇。"现代学者多认为此病与西医的眼、口、生殖器三联综合征相类似。

【临床应用与研究】

狐蜃病虽本于湿热，但病有新久之不同，人有体质之差异，故临床实践当因时、因地、因人而制宜。如久病脾虚神倦，形瘦而热，当以此方合补中益气类清解湿热，补益脾气，升清降浊。若肾虚腰膝酸痛，肢冷酸软等，宜合八味肾气丸兼补肾气。若前后二阴蚀烂者，方中可加地肤子、白鲜皮、黄柏；眼部损害加密蒙花、谷精草、菊花；口腔溃疡内服药可加碧玉散，外用药可以冰硼散、锡类散等。

本方除治狐蜃病外，有用于治疗寒热错杂的胃及十二指肠溃疡、带状疱疹、产后下利、神经衰弱及失眠等。亦有用此方治疗因磺胺类、解热止痛类药物过敏所致的咽部、龟头糜烂症。

实验研究，本方具有保护胃黏膜、抗溃疡、抗炎等作用，并增强机体免疫机能。主药甘草有肾上腺皮质激素样作用，抗炎及抗免疫作用，解毒，抗消化道溃疡，抗菌作用，对急性虹膜睫状体炎有效。

【选注】

徐彬：狐蜃，虫也，虫非狐惑，而因病以名之，欲人因病思义也。大抵皆湿热毒所为之病，故状如伤寒，谓温热无奈，略似伤寒，而病不在表也。阴分受热，故默默欲眠，然目不得闭，阴火而阳在目也；卧起不安，病在内，外不自适也；于是毒盛在上，侵蚀于喉为惑，谓热淫如惑乱之气，感而生惑也（惑乱之气感而生惑出孔疏），毒偏在下，侵蚀于阴为狐，谓柔害而幽隐，如狐性之阴也（士材先生曰：上唇生疮为惑，下唇生疮为狐）。蚀者，若有食之而不见其形，如日月之蚀也；湿热既盛，阴火伤胃，不思饮食，恶闻食臭矣；面者阳明之标，目者厥阴之标，内有毒气去来，故乍赤、乍黑、乍白，变现不一。然上部毒盛，则所伤在气而声嗄，药用甘草泻心汤。谓病虽由湿热毒，使中气健运，气自不能逆而在上，热何能聚而在喉。故以参甘姜枣，壮其中气为主，芩连清热为臣，而以半夏降逆为佐也。（《论注》）

【医案举例】

郭某，女，36岁。口腔及外阴溃疡半年，在某院确诊为口、眼、生殖器综合征，曾用激素治疗，效果不好。据其脉症，诊为狐蜃病，采用甘草泻心汤加味。方用：生甘草30g，党参18g，生姜6g，干姜3g，半夏12g，黄连6g，黄芩9g，生地30g，大枣7枚，水煎服12剂。另用生甘草12g，苦参12g，4剂煎水外洗阴部。复诊时口腔溃疡及外阴溃疡已基本愈合。仍按前方再服14剂，外洗方4剂，患者未再复诊。（中医研究院西苑医院．赵锡武医疗经验．北京：人民卫生出版社，1980；99）

【原文】

病者脉数，无热，微烦，默默但欲卧，汗出，初得之三四日，目赤如鸠眼①；七八日，目四眦②—本此有黄字黑。若能食者，脓已成也，赤豆当归散主之。（十三）

赤豆当归散方：

赤小豆三升（浸，令芽出，曝干）　当归

上二味，杵爲散，漿水③服方寸匕，日三服。

【校勘】

《千金要方·卷十》，当归作"三两"；《今释》作"十两"。

【词解】

①鸠眼：鸠，鸟名，俗称斑鸠，其目色赤。

②四眦：眦，即眼角，四眦，指两眼内外角。

③浆水：浆，酢也。《本草纲目》称浆水又名酸浆。嘉谟云："炊粟米熟，投冷水中，浸五六日，味酸，生白花，色类浆，故名。"亦有医家认为，取地下深处之净土而入水溶解，澄清取用者为浆水，可参。

【释义】

本条论述狐蜜酿脓的证治。"脉数"主热，"微烦"热在里，邪热扰心；"默默但欲卧"，乃湿热郁而不宣。"无热"、"汗出"，提示病不在表，热在血分。"目赤如鸠眼"正是血中之热，随肝经上犯于目，湿热邪毒郁结不化，有酿成痈脓的征象；如两眼内外眦色黯黑，则为血分热毒壅遏，血瘀热腐，痈脓已成。此时病势集中于局部，对脾胃的影响减轻，故病人能食；也说明脾胃功能正常，气血旺盛，热腐成脓，而正气未衰，可用解毒排脓法治之。方以赤小豆当归散，赤小豆渗湿清热，解毒排脓；当归活血，祛瘀生新；浆水清凉解毒。尤怡称此方为"排脓血除湿之良剂也"。

【按语】

据临床观察，本病初起即见眼部症状的比较少见，往往经过两三年反复发作后才出现。故对"初得之三四日"，"七八日"之语，应灵活看。其眼部症状，最初表现红赤，并可兼见畏光肿痛，视力逐渐减退，进而形成前房积脓，两目亦由红赤色转为黯黑，若不积极治疗，最终可能致盲。

本病的成脓部位在眼部，结合《惊悸吐衄下血胸满瘀血病》篇"下血，先血后便，此近血也，赤小豆当归散主之"的记载，病在肛门，上下不同，但机理则一，故均以此方渗湿清热，活血解毒排脓。

【临床应用与研究】

有学者将本病分为四型内外合治。脾胃虚寒，湿热内蕴，以甘草泻心汤主之；温毒上犯，方用普济消毒饮；湿热内蕴，方用龙胆泻肝汤合导赤散；热盛血瘀者，方用赤小豆当归散合茵陈蒿汤加味。外治：苦参50g，水煎洗前阴部；雄黄15g，熏或少许涂肛门（已破烂者，不可外涂）。

有报道用本方加味，内服外洗治疗渗液性皮肤病、传染性湿疹样皮炎、接触性皮炎、生漆过敏、急性湿疹、女子前阴溃疡、男子阴茎溃烂、尖锐湿疣、脓疱疮等。症见灼热潮红者，加银花、连翘、丹皮；疼痛甚者，加皂角刺；瘙痒甚者，加荆芥、蝉蜕；渗液较多者加苍术、川连。亦有加赤白芍、桃仁、山甲片、牛膝等治疗多发性寻常疣；加败酱草、大黄治疗前列腺肥大；加丹参、薏苡仁、桑枝、忍冬藤等治疗湿热痹；加银花、败酱草、薏苡仁、贯众、冬瓜仁治疗赤白带。

【选注】

陆渊雷：脉数为热，今无热，汗出而微烦，但欲卧，是热不在表，而在于里也。目赤眦黑，皆里热所致，热何由生，生于疮疡之化脓也。脓已成，则病势集于局部，不复散漫于脏腑，故见其能食，可以知其脓成。(《今释》)

二、外治方

【原文】

蚀于下部则咽乾，苦参汤洗之。(十一)

【校勘】

"洗之"后，《医统》本作"苦参汤方：苦参一升，以水一斗，煎取七升，去滓，熏洗，日三"。宜从。

【释义】

本条论述狐蚤病前阴蚀烂的证治。由于湿热下注，前阴蚀烂，足厥阴肝脉绕阴器，抵少腹，上通于咽喉，蕴积之热毒又可循经上冲，阻遏津液上奉，故见咽喉干燥；治在内服清热燥湿解毒的同时，用苦参汤熏洗前阴患处，杀虫解毒化湿以治其外，溃烂腐蚀之患得敛，咽干之症亦随之自愈。

【按语】

《医统》本曾附遗庞安时《伤寒总论》治狐蚤证之"苦参汤方"："苦参半斤，槐白皮、狼牙根各四两。右剉，以水五升，煎三升半，洗之。"可供研究。

【临床应用与研究】

本方常用于湿疹、疥疮或会阴肛门瘙痒、肿痛及白塞氏综合征，外洗、漱口均可。治赤白带下、阴道滴虫而致的阴部瘙痒，可加黄柏、龙胆草、蛇床子；治周身风痒、疥疮顽癣、银屑病，可加地黄、赤芍、白鲜皮。

现代研究苦参汤有抗炎、抗病毒、抗皮肤真菌、抗肿瘤、抗过敏、抗心律失常、抗心肌缺血、降血脂、利尿、镇静镇痛、抗辐射和防止白细胞减少等作用。

【选注】

徐彬：下部毒盛，所伤在血而咽干，喉属阳，咽属阴也，药用苦参熏洗，以去风清热而杀虫也。(《论注》)

【原文】

蚀于肛者，雄黄熏之。(十二)

雄黄

上一味为末，筒瓦二枚合之，烧，向肛熏之。《脉经》云：病人或从呼吸上蚀其咽，或从下焦蚀其肛阴，蚀上为蚤，蚀下为狐。狐蚤病者，猪苓散主之。

【释义】

本条论述狐蚤病后阴蚀烂的治法。二阴皆为肾所主，肝脉所过，幽阴之处多潮湿，易被湿热之所侵袭，虫毒所腐蚀，导致肛门溃烂。此时可用雄黄熏治患处，雄黄味苦平，有较强的杀虫解毒燥湿功能，直接作用于患处，其功效更著。

【按语】

雄黄性味，文献载有不同。《神农本草经》载："味苦平"；《名医别录》载："甘，大温，有毒"；《本草经疏》认为："察其功用，应是辛苦温之药，而甘寒则非也。"《中药大辞典》载："性味，辛苦温，有毒。"然仲景用药，恐与《本经》近。

【临床应用与研究】

雄黄具有杀菌、抑制皮肤真菌、抗血吸虫、抗疟原虫等作用。可用于治疗白塞氏综合征、慢性支气管炎、支气管哮喘、流行性腮腺炎、热带性嗜伊红细胞增多症、细菌性痢疾、结肠炎、霉菌性阴道炎、滴虫性阴道炎、带状疱疹、皮肤诸疮或疥癣等多种病证。《肘后方》用作辟诸蛇毒；《十便良方》用于"百虫入耳，雄黄烧燃，熏之自出"。《丹溪心法》雄黄解毒丸治急喉风、双蛾肿痛汤药难下者。

【选注】

赵良仁：蚀于肛，湿热在下，二阴虽皆主于肾，然肝脉循于肛，肛又为大肠之门户，大肠，金也；湿热伤之，则木来侮，是以虫蚀于此焉！雄黄本主蜃疮杀虫，又有治风之义，故用熏之。注引《脉经》猪苓散主之者，亦分别湿热耳。（《衍义》）

【医案举例】

李某，女，24 岁。1982 年 8 月 2 日初诊。身无热，喉及前后阴瘙痒溃烂，口唇溃脓，肿胀，心烦，不思饮食。经喉科、妇科多次治疗不效，于 1982 年 8 月 2 日来诊。现症：精神烦躁，面色及目四眦黑，有少量溃疡并有脓性分泌物，目赤如鸠眼，咽喉、上颚有溃疡，上唇皮肤明显变黑连及下唇，唇内可见脓肿如粟疮状，前阴溃烂，舌质红，苔黄，脉数。治宜清热解毒、活血化瘀。方用赤小豆当归散加味：赤小豆 20g，当归 20g，茵陈 25g，大黄 10g，栀子 15g，玄参 15g，生地 25g，麦冬 20g，另服牛黄宁宫片，每次 4 片，日 3 次，外用苦参汤洗阴部，含化喉痛消炎丸，雄黄熏肛门，连服 12 剂，病愈。[王晓东，等．狐蜜病的辨证施治．辽宁中医杂志 1984；（5）：27]

阴阳毒病

一、阳毒病证治

【原文】

陽毒之爲病，面赤斑斑如錦文，咽喉痛，唾膿血。五日可治，七日不可治，升麻鱉甲湯主之。（十四）

升麻鱉甲湯方：

升麻二兩　當歸一兩　蜀椒（炒去汗）一兩　甘草二兩　雄黄半兩（研）

鳖甲手指大一片（炙）

上六味，以水四升，煮取一升，顿服之，老小再服，取汗。《肘后》《千金方》：阳毒用升麻汤，无鳖甲，有桂；阴毒用甘草汤，无雄黄。

【释义】

本条论述阳毒的证治及预后。阳毒证系感受疫疠邪毒。疫毒侵袭，血分热盛，邪热上壅，故面赤斑斑，状如锦纹；疫毒剧烈，热结咽喉，灼伤脉络，耗伤津液，故咽喉疼痛；疫毒上迫胸肺，热盛灼络，肉腐成脓，故吐脓血；五日可治，七日不可治，指出早期治疗的重要性。病初邪毒未盛，正气未衰，易于治愈；日久毒盛正虚，则较为难治。主以升麻鳖甲汤，升麻、甘草清热解毒；鳖甲、当归滋阴散瘀；雄黄"苦平"，清热解毒避秽；蜀椒导火归源，以降上壅之热；共奏清热解毒，行血散瘀之功。

【临床应用与研究】

本方加减可治疗猩红热、红斑狼疮、荨麻疹、血小板减少性紫癜、再生障碍性贫血、毒血症、败血症、白血病、银屑病、慢性肝炎等属热毒血瘀者，其血热较重者，加犀角、生地黄、大青叶、金银花等；血瘀较重者，加丹皮、赤芍、丹参、䗪虫；吐血衄血者，加茅根、生地黄、大黄等；偏气虚者，加人参、黄芪、白术等。

雄黄成分主为硫化砷（AsS），不溶于水，外用，研末撒、调敷或烧烟熏；内服，每剂0.5g左右研末冲服为宜。曾有报告内服含砒雄黄急性中毒致死1例；因市售雄黄混含砒霜，药用时须注意选择，以红黄色状如鸡冠者质较纯正，如为白色结晶或碾碎时外红中白者，均为含砒之征，用时尤应慎重，以防中毒；中毒主要症状为上吐下泻。故《本草经疏》云："雄黄性热有毒，外用亦见其所长，内服难免其无害，凡在服饵，中病乃已，毋尽剂也。"

实验研究，升麻鳖甲汤具有抗炎、镇静、解热、增强机体免疫功能的作用，能促进红细胞及血红蛋白的恢复。

【选注】

尤怡：毒者，邪气蕴畜不解之谓，阳毒非必极热，阴毒非必极寒，邪在阳者为阳毒，邪在阴者为阴毒也，而此所谓阴阳者，亦非脏腑气血之谓，但以面赤斑斑如锦文，咽喉痛，唾脓血，其邪著而在表者谓之阳；面目青，身痛如被杖，咽喉痛，不唾脓血，其邪隐而在表之里者谓之阴耳。故皆得用辛温升散之品，以发其蕴畜不解之邪，而亦并用甘润咸寒之味，以安其邪气经扰之阴。五日邪气尚浅，发之犹易，故可治；七日邪气已深，发之则难，故不可治。（《心典》）

【医案举例】

一病人颜面发斑，在额部两颧特为明显，略显蝶形，其色鲜红，西医诊断为红斑性狼疮。诊其舌红少苔，切其六脉滑数有力，问诊其患处奇痒难忍，有烧灼感，肢体疼痛，时发寒热，乃断为《金匮》之"阳毒发斑"。治宜解毒透斑，用《金匮》升麻鳖甲汤全方加银花一味，五剂而病减，后去蜀椒、雄黄，加生地、玄参10余剂而愈。他说阴阳毒皆当解毒活血，阳毒轻浅，利于速散，故用雄黄、蜀椒辛散之力，以引诸药透邪外出，观方后有云服之"取汗"，就可见本方透解的功效了。[邹学熹．怀念吴棹仙老师．成都中医学院学报 1982；

（增刊）：3～4]

二、阴毒病证治

【原文】

陰毒之爲病，面目青，身痛如被杖，咽喉痛。五日可治，七日不可治，升麻鱉甲湯去雄黄、蜀椒主之。（十五）

【释义】

本条论述阴毒的证治及预后。面目青，身痛如被杖，咽喉痛，是阴毒的主症。邪毒侵袭血脉，瘀血凝滞不通，故出现面目色青；经脉阻滞，血液运行不畅，故遍身疼痛犹如被杖；疫毒结于咽喉，故疼痛不适。治疗用升麻鱉甲汤去雄黄、蜀椒方以解毒散瘀，去雄黄、蜀椒以防损伤阴血。五日可治，七日不可治的含义，与阳毒同。

【按语】

历代医家对阴毒、阳毒的认识各有不同。魏荔彤等认为是邪毒所在的深浅不同而分阴毒、阳毒；赵良仁等认为是邪毒在阳经和阴经的不同而区分；尤怡认为是邪著而在表者为阳，邪隐而在表之里者为阴；曹家达则以寒热分阴阳。从原文精神看，仲景用一方加减治疗阴阳二毒，说明二者病因相同，而证情有异，故药有出入，但皆寓因势利导之意。

《千金要方》《外台秘要》《诸病源候论》均将阴阳毒列入"伤寒门"，《诸病源候论》载有时气阴阳毒。赵献可亦认为此感天地疫疠非常之气所致，可见仲景对阴阳毒的论治，对后世温疫学说的发展起着重要的指导作用。

【选注】

尤怡：其蜀椒、雄黄二物，阳毒用之者，以阳从阳欲其速散也；阴毒去之者，恐阴邪不可劫，而阴气反受损也。（《心典》）

研 究 概 要

百合病，陈念祖认为"此病最多，医者不识耳"。对本病的研究，大致可归纳以下几个方面。一是对病名的认识，有认为百合病惟以百合药物而愈此疾，故得名；亦有认为百合病即"百脉合病"，由心肺累及百脉，故见诸经脉以及所系脏腑的诸多病症；也有参合于两说者；日本学者认为百合病之"百合"乃房室过度之义；还有提出"合"乃"日"字之误，"百合病"应是"百日病"。二是有关病因的讨论，医家认识不一，有认为外感热病继发者，有认为情志所伤，有认为瘀血所致，有认为饮食所伤，有提出误治所成，有认为房劳所伤，还有先天遗毒说等，但外感热病继发说和情志所伤较为广大学者赞同。三是病位病机的研究，多数医家认为本病是心肺阴虚内热；也有认为阴虚为其常，阳虚为其变，提出心肺阳虚的问题；也有认为病变的重点在心而不在肺；另有学者提出百合病不仅与心肺有关，与肾的关系也较为密切。在病机方面，还有强调血瘀内停者；气阴两虚、虚火内扰者；以及酒食不节、中焦虚损等。四是中西医结合的研究，有认为百合病似属神经系统疾病中的精神分裂症，或类似神经官能症之一的焦虑症和病后的神经衰弱症等；也有认为是立克次体病毒引起的 Q 热；也有认为属现代医学的慢性疲劳综合征；甚至有人提出百合病等论治方法可试用于艾滋病（AIDS）的治疗；说明中医对现代疑难病证的治疗有着广阔的前景。五是方药的临床应用研究，有提出治疗以甘润为主，也有指出在坚持养阴清热的同时，不应忽视温柔养阳；充分发挥药物的双向调节作用，寓消于补，寓攻于守；也有提出滋阴活血治疗本病；某些病患，配合心理治疗取得更好疗效，是多数学者的临床体会，值得借鉴。仲景所论方剂，后世在此基础上加味化裁，有用于治疗老年抑郁症、更年期忧郁症、癔病性瘫痪、肝昏迷、夜游症、神经性厌食、慢性浅表性胃炎、高血压、糖尿病、老年性皮肤瘙痒症等，取得较满意疗效。对方剂中的少数药物，如百合、地黄，有一些药理研究的报道，认为百合具有镇静作用，它可增加中枢抑制药戊巴比妥钠的睡眠时间，此外还具有抗疲劳作用；地黄可增加机体免疫力。但对方剂的配伍、复方的作用机理等现代研究报道较少。

狐蟨病的研究，探讨性论述较多。"蟨"、"惑"之争已有百余年历史，有谓此病为虫病，有谓蠱病、恙虫病，也有梅毒、牙疳、下疳之说，各持己见，很难定论，却也无碍辨证论治，故文献资料往往互见。现代研究，认为此病与西医的白塞氏病（又称眼、口、生殖器三联综合征）相似，或是同一疾病；也有从口腔病变的范围，眼疾发作的时间、部位，对视力的影响和皮肤病变症状的不同以及一些白塞氏病独有的症状，指出狐蟨病不是白塞氏病，与西医学中的淋病、下疳亦有不同；也有认为不能简单地将两者完全等同或根本对立，运用中医学治疗白塞氏病证的疗效是值得肯定的；不仅如此，用甘草泻心汤推广应用于慢性淋病、前列腺炎、急性尿道炎、浅表性胃炎；用赤小豆当归散治疗渗液性皮肤病、前阴疮肿、尿路感染、隐疹、前列腺肥大、痢兼痔血、赤白带下等也均获得较好疗效。此外，有学者认为本病与某些性传播疾病有密切关系。对于本病的病因病机，有从五个方面论述，一是湿热瘀浊，腐败生虫，二是虫毒游移，循肝经为患，三是肝热脾湿，胶结难解，四是表邪不泻，闭郁为患，五是湿热久郁，心肾受累；也有将本病分为三期：早期多为湿热火毒，中期多为虚实寒热错杂，后期多为肝肾不足、虚火上炎；但也有认为本病并非感染虫毒。对于本病的好发人群，有学者调查发现，本病多发于 15～45 岁的青壮年，且以女性多见。对于本病的预后，有指出病程长者，可达数十年，也有部分患者可自愈；眼部症状严重者，可影响视力，继发青光眼，并发白内障或致失明。在治法上，后世医家尊仲景内、外治法之旨，在治则和用药方面又有很多补充和发挥。据报道，有用犀角地黄汤、竹叶石膏汤、升麻鳖甲汤、甘露饮、补中益气汤、当归龙荟丸、黄连阿胶汤、益胃汤、知柏地黄丸、椒梅附桂连理（中）汤等治狐蟨病获效者；或可用《千金》狐蟨汤（黄连薰草即佩兰各四两，右二味，咬咀，白酢浆一斗，渍之一宿，煮取二升，分为三服）；或用"治蟨丸"（槐实、苦参各二两，芦荟一两，干漆炒令烟尽六分，广木香、桃仁炒微黄各二两，青葙子、明雄黄飞、广犀角各一两。九味共研极细末，水泛为小丸，滑石为衣，每服一至二钱，每日一至三次），极大地丰富和发展了本病的治法，发现中医药的治愈率较高，疗程短，复发时间间隔延长；现代学者有配用激素、转移因子、胸腺素等，获得较高有效率。体现了中西医结合的长处。在方剂的现代药理研究方面，对单味药物的研究多，如甘草、苦参等，而对复方机理的研究较少，尤其赤小豆当归散的机理研究就更少。

阴阳毒病，乃阴毒证与阳毒证之合称。"阴阳"之含义，至今仍有争议，有认为以症状的隐显别阴阳；有从邪入深浅部位区分；也有主张从体质、病位、病势、预后四个方面去理解。有认为病属疫毒所致，具有传染性；也有根据临床观察，强调阴阳毒不具传染性。有认为阳毒在肺胃，阴毒偏肝肾；也有强调疫毒直中少阴者。治疗上多数学者尊崇仲景原文，有提出急性发作期，重在治标，宜以清热解毒、凉血祛瘀为主；慢性缓解期，重在治本，宜滋养肝肾为主。也有提出原文两方互错，阳毒证当用升麻鳖甲汤去雄黄、蜀椒治疗，阴毒证当用升麻鳖甲汤治疗。多数学者认为升麻鳖甲汤是后世治疗温毒疫疠的祖方。对阴阳毒的中西医结合研究方面，提出阴阳毒类似斑疹伤寒、猩红热、咽部化脓性感染继发败血症、红斑狼疮、流行性出血热、肺结核、登革热，或某些免疫系统疾病在其发病的某一阶段、急性播散性血管内凝血（DIC）的部分表现等。研究表明升麻鳖甲汤有类似免疫调节剂的作用，具有抗组胺药物的作用，以及类似皮质激素的作用等。所以有用于治疗系统性红斑狼疮、流行性出血热、多发性肌炎、皮肌炎、银屑病、血小板无力症、血小板减少性紫癜、幽门梗阻、慢性扁桃体肿大、子宫肌瘤等疾病。还有人提出阴阳毒的辨证论治方法可试用于艾滋病（AIDS）的治疗，但仍缺乏实验室和临床的深入研究。

总之，百合、狐惑、阴阳毒病的研究，多侧重于病名含义、病因、病机的讨论和方剂的临床应用，见仁见智，众说纷纭，有待进一步运用传统和现代的科研方法对这些病证的涵义和实质，以及经方的作用机理等进行系统的、规范的、深入而细致的研究。

小　　结

本篇论述百合、狐惑、阴阳毒三种疾病的证治。

百合病多是热病之后，或情志不遂，导致心肺阴虚内热，百脉失和。临床可见精神恍惚，语言、行动、饮食、感觉异常，口苦，小便赤，脉微数等病症。治疗以养阴清热，润养心肺为原则，百合地黄汤为主方。若误用汗法，治以百合知母汤；误下者，治以滑石代赭汤；误吐后，治以百合鸡子黄汤。未经误治，日久变渴者，配合百合洗方或栝楼牡蛎散；变发热者，用百合滑石散。总之，应从具体病情出发而随证论治。若因情志所伤者，在应用上法治疗的同时，还应佐以舒肝解郁，配合心理开导，解除心中忧虑，方能彻底治愈。

狐惑病是湿热虫毒所致的疾患。以咽喉及前后二阴溃烂或"目赤如鸠眼"为特征。以清热除湿解毒杀虫为原则。可内外兼治，内服甘草泻心汤、赤小豆当归散，外用苦参汤洗或雄黄熏，相互配合，疗效更好。

阴阳毒是感受疫毒所致的疾患，以发斑、咽喉痛为主证。因病人体质不同，感邪后病理反应不一而有阴毒、阳毒之分。均以清热解毒，活血化瘀为大法，故可用升麻鳖甲汤随证加减。

瘧病脉證并治第四

本篇专论疟病。《说文解字》："疟，热寒休作。"《释名·释疾病》："凡疾或寒或热耳，而此疾先寒后热，两疾似酷虐也。"《内经》有"疟论"和"刺疟"专篇，较为详细地论述了疟病的病因、病机及其症状表现，说明此病历史悠久，在古代是常见病和多发病。本篇首先论述了疟之主脉，并根据不同脉证提出治疗法则。其次，论述了疟病分类、转归及不同的治法方药。

一、疟病主脉与治则

【原文】

师曰：瘧脉自弦，弦數者多熱；弦遲者多寒。弦小緊者下之差，弦遲者可溫之，弦緊者可發汗、針灸也，浮大者可吐之，弦數者風發①也，以飲食消息止之②。（一）

【词解】

①风发：风，泛指邪气。指感受风邪而发。

②以饮食消息止之：指适当的饮食调理。

【释义】

本条从脉象论述疟病的病机和治则。疟病以往来寒热，发作有时为特征。病位在半表半里，属少阳，其脉多弦，故云"疟脉自弦"。由于病人体质和发病原因不同，发病后其病理变化和症状表现也不一样，故在弦脉基础上可伴有其他兼脉。兼数象者为热重；兼迟脉者为寒盛。脉弦小而紧者，是病偏于里，多兼有食滞，可酌用攻下法。脉弦迟者，为里寒，可用温热药物以祛寒。脉弦紧而兼有表证者，为风寒在表，可用发汗法、或结合针灸治疗。脉浮大者，兼有食积症候，为病变在上，可用催吐法。脉弦数，为风热所致，故云"风发也"，除用药物治疗外，也可用甘寒饮食调治。

【按语】

本条从脉论治，说明疟疾治法有汗、吐、下、温、清等法。但在临床中应结合症状辨证论治，单纯凭脉象则难以把握。

【临床应用与研究】

《述义》根据本篇方剂对本条治法配以相应的治方："所言弦数者多热，即白虎加桂枝汤、柴胡去半夏加栝楼汤证也；弦小紧者下之瘧，鳖甲煎丸是也；弦迟者可温之，柴胡桂枝干姜汤是也；弦紧者可发汗，牡蛎汤是也；浮大者可吐之，蜀漆散是也。"可资参考。

【选注】

尤怡：疟者少阳之邪，弦者少阳之脉，有是邪则有是脉也。然疟之舍，固在半表半里之间，而疟之气，则有偏多偏少之异，故其病有热多者，有寒多者，有里多而可下者，有表多而可汗、可吐者，有风从热出而不可以药散者，当各随其脉而施治也。（《心典》）

二、证治

（一）疟母

【原文】

病瘧，以月一日發，當以十五日愈，設不差，當月盡解；如其不差，當云何？師曰：此結爲癥瘕，名曰瘧母，急治之，宜鱉甲煎丸。（二）

鱉甲煎丸方：

鱉甲十二分（炙）　烏扇三分（燒）　黃芩三分　柴胡六分　鼠婦三分（熬）　乾姜三分　大黃三分　芍藥五分　桂枝三分　葶藶一分（熬）　石韋三分（去毛）　厚朴三分　牡丹五分（去心）　瞿麥二分　紫葳三分　半夏一分　人參一分　䗪蟲五分（熬）　阿膠三分（炙）　蜂窠四分（炙）　赤消十二分　蜣螂六分（熬）　桃仁二分

上二十三味爲末。取煅竈下灰一斗，清酒一斛五斗，浸灰，候酒盡一半，着鱉甲于中，煮令泛爛如膠漆，絞取汁，内諸藥，煎爲丸，如梧子大，空心服七丸，日三服。《千金方》用鱉甲十二片，又有海藻三分，大戟一分，䗪蟲五分，無鼠婦、赤消二味，以鱉甲煎和諸藥爲丸。

【释义】

本条论述疟母的形成及其证治。古人认为五日为一候，三候为一气，十五日为一个节气。一般天气十五日为一更，人与自然相应，天气更移，人身之气亦随之更移。更移时正气旺而胜邪气则病易愈，故云："病疟以月一日发，当以十五日愈。"假设疾病未愈，再过十五天，也即一个月当尽解。这是说明人与自然界气候的关系，疾病的转归与天气变化有关，但对此应活看。如疟病迁延日久，反复发作，必致正气渐衰，疟邪可假血依痰结成痞块，居于胁下而成疟母。疟母不消，病根未除，则其发热恶寒等症状难以根除，故应及时治疗。方用鱉甲煎丸。

方中鱉甲软坚散结消癥，乌扇、桃仁、丹皮、芍药、紫葳（凌霄花）、赤硝、大黄、鼠妇、䗪虫、蜂窠、蜣螂活血化瘀，杀虫止疟；葶苈、石韦、瞿麦利湿；柴胡、桂枝、干姜、半夏、厚朴、黄芩祛风邪、清热散寒，调理气机；疟病日久必耗伤气血，故用人参、阿胶益气养血，扶助人体正气。煅灶下灰、清酒为使药，引经入血分，加强活血消积之功。全方寒热并用，攻补兼施，行气化瘀，除痰消癥。具有增强抗病能力，破瘀消癥，杀虫止疟等功用。

【按语】

乌扇即射干之别名，全国各地使用的射干品种不同，四川地区习用的蝴蝶花；贵州、陕西等地习用的鸢尾和百射干，统称为射干。而《神农本草经》将鸢尾别作一药，云："鸢尾，味苦平，主蛊毒邪气，破癥瘕积聚，去水。"因此，鳖甲煎丸中所用乌扇应该是鸢尾，即贵州、陕西等地所习用的射干。方中赤硝本指产于赤山（江苏句容县）的硝石，不必拘泥，可用一般的硝石（即火硝）。有人认为赤硝是芒硝，非也。蜣螂与鼠妇一般药房不备，可用其他活血药物代替，如水蛭、穿山甲等。

煅灶下灰一般方书不载，梁代陶弘景将其收入《本草经集注》"别录"之下品，云："此煅铁灶中灰尔，兼得铁力故也。"由此可知，用煅灶下灰治疗疟母，主要在于其中所含的铁质，其与人参、阿胶共有补养气血作用。

【临床应用与研究】

鳖甲煎丸并非专治疟母一病，凡属正虚邪久不除的，如各种原因引起的肝硬化，血吸虫病引起的肝脾肿大，卵巢肿瘤及腹腔其他类型的肿瘤，都可选用。

有学者证实该方具有促羊红细胞与自身血块的吸收作用，通过对肝硬变的大鼠治疗后肝胶原纤维减少和胶原蛋白含量明显低于肝硬变组，同时能使肝硬变大鼠尿羟脯氨酸排泄量显著性增加，表明药物有促进胶原纤维降解的作用，使已形成的肝胶原重吸收，本品还有明显的抑制 S_{180} 肿瘤生长作用，证实此方具有活血化瘀，软坚散结的功能。

【选注】

尤怡：天气十五日一更，人之气亦十五日一更，气更则邪当解也，否则三十日天人之气再更，而邪自不能留矣。设更不愈，其邪必假血依痰，结为癥瘕，僻处胁下，将成负固不服之势，故宜急治。鳖甲煎丸，行气逐血之药颇多，而不嫌其峻；一日三服，不嫌其急，所谓乘其未集而击之也。（《心典》）

【医案举例】

郭某，女，52 岁。脾肿大 4～5 年，五年前曾患定期发寒热，经县医院诊断为疟疾。运用各种抗疟疗法治疗症状缓解，而遗留经常发低热。半年后，经医生检查发现脾脏肿大肋下 2～3cm，给予各种对证疗法，效果不佳。脾脏继续肿大。近一年来逐渐消瘦，贫血，不规则发热，腹胀如釜，胀痛绵绵，午后更甚。食欲不振，消化迟滞，胸满气促，脾大至胁下 10cm，肝未触及，下肢浮肿，脉数而弱，舌胖有齿印。据此脉证，属《金匮》所载之疟母，试以鳖甲煎丸治之。鳖甲 120g，黄芩 30g，柴胡 60g，干姜 30g，大黄 30g，芍药 45g，葶苈 15g，厚朴 30g，丹皮 45g，凌霄花 30g，半夏 15g，人参 15g，阿胶 30g，蜂房炙 45g，芒硝 90g，桃仁 15g，射干 20g，桂枝 30g，鼠妇（即地虱）30g，瞿麦 15g，䗪虫 60g，蜣螂 60g，以上诸药，蜜炙为丸，每丸重 10g，日服 2 丸。服完一剂后，各种症状有不同程度好转，下肢浮肿消失，此后又服一剂，诸证悉平，脾脏继续缩小，至肋下有 6cm，各种自觉症状均消失，故不足为患。遂停药，自己调养。（赵明锐．经方发挥．太原：山西人民出版社，1982；153～154）

（二）瘅疟

【原文】

师曰：陰氣孤絕，陽氣獨發，則熱而少氣煩冤[①]，手足熱而欲嘔，名曰瘅

瘅②。若但熱不寒者，邪氣内藏于心，外舍分肉之間，令人消鑠脱肉。（三）

【校勘】

"脱肉"，《医统》本作"肌肉"。

【词解】

① 烦冤：心中烦闷不舒，难以名状。

② 瘅（dàn 淡）疟：瘅，热也。瘅疟是但热不寒的一种疟病。

【释义】

本条论述瘅疟的病机和症状。此条原文源出《素问·疟论》，"阴气孤绝，阳气独发"意指阴虚阳盛；"邪气内藏于心，外舍分肉之间"，意指阳热充斥表里内外，此为瘅疟的基本病机。由于阴液不足，阳热亢盛，故症状表现但热不寒，尤其手足发热更为明显，因为手足为诸阳之本。热盛耗气伤阴，故令人少气烦冤，时时欲呕，肌肉消损。

【按语】

本条未提出治疗方法，后世注家有的主张用白虎汤，有的用白虎加人参汤，有的用竹叶石膏汤，临床上当随证变化而灵活应用。

【临床应用与研究】

瘅疟又称为热疟，多属于西医所述之恶性疟，如病人出现持续性高热、神昏等症，病势多凶险。可用黄芩、黄连、知母等清热解毒，柴胡、青蒿、常山等清热解表截疟。必要时可用安宫牛黄丸或紫雪丹以泄热解毒，清心开窍。

【选注】

曹家达：邪气内藏于心，外舍分肉之间，不过形容表里俱热，非谓心脏有热，各脏各腑无热也。（《发微》）

（三）温疟

【原文】

温瘧者,其脉如平,身無寒但熱,骨節疼煩,時嘔。白虎加桂枝湯主之。（四）

白虎加桂枝湯方：

知母六兩　甘草二兩（炙）　石膏一斤　粳米二合　桂（去皮）三兩

上剉，每五錢，水一盞半，煎至八分，去滓，溫服，汗出愈。

【校勘】

《脉经》、《千金》"呕"下有"朝发暮解，暮发朝解，名曰温疟"。

【释义】

本条论述温疟的证治。"其脉如平"是指脉象和平时常见的温疟脉象一样，多见"弦数"。"身无寒但热"是强调温疟偏热盛，相对而言，病人发热重而恶寒轻或不恶寒。骨节疼烦，说明表证未解，但邪已入里化热并伤胃气，故身无寒但热，时时呕吐。治疗用白虎汤清热生津止呕，加桂枝以解表邪。

【按语】

瘅疟、温疟皆属疟病热盛证型，但其病机和症状有所不同。瘅疟因表里皆热，气阴两伤，故但热无寒，并见少气烦冤，手足发热，欲呕等证，病情较重；温疟因表邪未解，故尚有骨节疼烦之表证，虽入里化热，但症状较轻，表现热多寒少。

有医家认为"其脉如平"，意指脉象与平常人脉象一样，说明温疟病邪轻浅，可参考。

【临床应用与研究】

白虎加桂枝汤，临床报道还可用于治疗风湿热、中暑、风疹及外感病等。此方为清泄里热，兼解表寒之剂，故凡外感风寒，邪热入里，里热炽盛，而表邪未尽，热多寒少，症见发热恶寒，头身疼痛，自汗出，口渴引饮，舌红少津，脉洪数者，均可用本方加减治疗。

【选注】

魏荔彤：温疟者，亦热积于内，而阳盛阴伏，无寒但热之证也。然其人不纯是内发之热，惟其外感之风寒郁于表分，故生内热而发外，所以骨节疼烦，时呕。见外寒内热之因，不同于外无覆冒，从内自生之焰，为猛烈实甚也，所以其脉如平人。此温疟之邪浅者也。（《本义》）

【医案举例】

友人裴某之第三女患疟，某医投以柴胡剂两帖，不愈。余诊其脉洪滑，询之月经正常，未怀孕，每日下午发作时，热多寒少，汗大出，恶风，烦渴喜饮，思此是"温疟"。脉洪滑，烦渴喜饮，是白虎汤证；汗出恶风，是桂枝汤证，即书白虎加桂枝汤。生石膏48g，知母18g，炙甘草6g，粳米18g，桂枝9g，清水四盅，煮米熟，汤成，温服。一剂病愈大半，二剂疟不复作。足见迷信柴胡或其他疟疾特效药而不知灵活以掌握之者，殊有失中医辨证施治的规律。（中医研究院．岳美中医案集．北京：人民卫生出版社，1978；130）

（四）牝疟

【原文】

疟多寒者，名曰牝疟，蜀漆散主之。（五）

蜀漆散方：

蜀漆（洗去腥）　雲母（燒二日夜）　龍骨等分

上三味，杵爲散，未發前以漿水服半錢。温瘧加蜀漆半分，臨發時服一錢匕。一方雲母作雲實。

【校勘】

牝疟，原本作牡疟。据《外台秘要》引《伤寒论》原文改。《医方考》云："牝，阴也，无阳之名，故多寒名牝疟。"

【释义】

本条论述牝疟的证治。牝疟多由素体阳虚，或素有痰饮，阳气为阴邪所阻，疟邪侵入人体留于阴分者多，而并于阳分者少，故发病以寒多热少为特征。蜀漆散乃祛痰截疟之剂，方中蜀漆（即常山苗）祛痰止疟为主药，配云母、龙骨扶助阳气、镇逆安神为佐药。此方截疟之疗效与服药时间有关，方后曰："未发前"、"临发时服"，提示服此方，须在未发前 1~2 小时服药，过早过迟，均难奏效，《素问·刺疟篇》王注谓："先其发时，真邪异居，波陇不起，故可治；过时则真邪相合，攻之则反伤正气，故曰失时。"这是应用本方治疗疟病时应特别注意的问题。

【按语】

方后所谓"温疟加蜀漆半分"，许多注家认为，当系"湿疟"之误，张璐曰："稍加蜀漆则可以治太阴之湿疟，方后有云，湿疟加蜀漆半分。而坊本误作温疟，大谬。"

【临床应用与研究】

据临床报道，用常山、蜀漆一类方剂治疟，以发作前一天晚上或发作前半天及前两小时各服一次为宜，确能提高疗效。单用蜀漆或常山治疟，虽疗效肯定，但致吐副作用大，且停药后易复发。前人经验，下述方法有助于减轻或避免呕吐之副作用：①酒煎或用姜汁炒熟后使用；②适当配伍半夏、陈皮等和胃止呕药。至于其复发问题，尚有待继续研究。中医治疟关键在于从整体出发，辨证论治，并非单恃一味药物治疗。

以常山嫩枝叶入药的蜀漆，已被证明其中所含甲、乙、丙三种常山碱均具有肯定的抗疟作用。并以常山碱丙的效价最强，约为奎宁的 100 倍。

有医家以本方去云母并加苦参、姜半夏、炙甘草组成固定方剂（名为抗早搏汤），用于治疗各种频发性期前收缩，效果颇佳，惟常山、苦参当小剂量递增为宜。

【选注】

张璐：……邪气伏藏于肾，故多寒而少热，则为牝疟。以邪气伏结，则阳气不行于外，故外寒。积聚津液以成痰，是以多寒，……方用蜀漆和浆水吐之以发越阳气，龙骨以固敛阴津，云母从至下而举其阳，取山川云雾开霁之意。盖云母……性温而升，最能祛湿运痰，稍加蜀漆则可以治太阴之湿疟。（《医通》）

【医案举例】

王某，男，25 岁，因间日寒战，发热二度，于 1958 年 6 月 29 日入院。患者于 6 月 25 日~27 日下午两度寒战，继而发热，出汗而热退。入院当天下午又复发作口渴，心烦，全身酸困。以往有慢性咳嗽史，近未发作。急性病容，舌苔薄白，胸闷甚，口渴引饮不多，两脉弦数，其他体检未见明显异常。

化验：白细胞 7500/mm³，中性 51%，淋巴 49%，血片找到间日疟原虫。胸透：左上肺有钙化点。

认证：间日疟湿热两盛，法宜截疟和解。处方：炒常山五钱，柴胡一钱半，黄芩二钱，姜半夏二钱，茯苓三钱，槟榔三钱。

经过：服上方未吐，翌日疟仍作，时间短，恐与未掌握时间给药有关。第三日于上午 4 时、8 时各服一剂，常山共量一两，无呕吐等不适反应，疟即截止。以后仍给常山等煎剂内服。常山日量四钱，服二剂，疟原虫阴性。住院六日痊愈出院，随访未再发。[徐景藩.关于常山治疗疟疾的讨论.广东中医 1959；4（9）：396]

三、附《外台秘要》方

（一）牡蛎汤

【原文】

牡蠣湯：治牝瘧。

牡蠣四兩（熬）　麻黃四兩（去節）　甘草二兩　蜀漆三兩

上四味，以水八升，先煮蜀漆、麻黄去上沫，得六升，内諸藥，煮取二升，温服一升。若吐，則勿更服。

【校勘】

"牝疟，赵本作"牡疟"，据《外台》改。

【释义】

此为治牝疟方。方中蜀漆配麻黄专开阴邪之固闭，配牡蛎敛阴助阳。有蜀漆散中应用龙骨之意。甘草甘缓调和诸药。从用麻黄、甘草之药分析，此牝疟可兼有表寒症，如头身疼痛、骨节酸痛等。

【按语】

该方药物组成与方义，与蜀漆散类似，适宜于寒多热少之疟病。此方解散外寒之力较强，且具软坚散结之功。用之可使得汗而解，体现了疟病"可发汗"之精神。方后强调"若吐，则勿更服"，提示中病即止。

【选注】

赵良仁：牡蛎者，能软坚消结，除滞血，今更佐之蜀漆，以理心下所结之邪，而甘草佐麻黄，非独散寒，且可发越阳气而通于外，阳通结去，其病即瘥。（《二注》）

（二）柴胡去半夏加栝楼根汤

【原文】

柴胡去半夏加栝樓根湯：治瘧病發渴者，亦治勞瘧①。

柴胡八兩　人參　黃芩　甘草各三兩　栝樓根四兩　生姜二兩　大棗十二枚

上七味，以水一斗二升，煮取六升，去滓，再煎，取三升，温服一升，日二服。

【校勘】

《外台》：张仲景《伤寒论》疟发渴者，与小柴胡去半夏加栝楼汤。《经心录》疗劳疟，出第十五卷中。

【词解】

①劳疟：久疟不愈，反复发作，以致气血虚弱，故称为劳疟。

【释义】

此为疟病热盛伤津口渴方。寒热往来一般为邪在少阳，病在半表半里。疟病亦往来寒热，所以用小柴胡汤和解少阳，以去表里之邪。渴者为内热渐重，津液有伤，故去半夏之辛温，加栝楼根甘寒清热、生津解渴。方中人参、大枣、生姜、甘草健脾胃，补中益气，如久疟不愈，正虚邪实者，亦可用本方攻补兼施治疗。

【按语】

此方煮药方法与一般不同，是将药先煮去滓，然后再煎，意在和解。该方所治之疟，实属首条所论"弦数者多热"之类，故辅以适当的甘寒饮食来调理，很有必要。

【选注】

赵良仁：《内经》谓渴者刺足少阳。此证殆是足少阳木也，火也，胃土被木火之伤，则津液燥而渴，是以用柴胡、黄芩治木火，人参、甘草补胃，栝楼生津益燥，姜枣发越荣卫。若劳疟之由木火盛、荣卫衰、津液竭者，亦必以此治也。（《衍义》）

【医案举例】

伍某，女，40岁，患劳疟已半年，每日下午开始畏冷，旋即头痛发烧、汗出口渴，小便短赤，舌红苔薄，脉弦细数。每次服奎宁可止，但遇劳即发，此体质虚弱，正不胜邪，拟扶正祛邪，用柴胡去半夏加栝楼汤：党参15g，柴胡10g，黄芩10g，栝楼根12g，甘草5g，生姜3片，大枣3枚，加醋炒常山10g，服三剂疟止，继用秦艽鳖甲汤（秦艽、鳖甲、地骨皮、柴胡、青蒿、当归、知母、乌梅）加首乌、党参、甘草，服7剂后未再发（谭日强.金匮要略浅述.北京：人民卫生出版社.1981；72）

（三）柴胡桂姜汤

【原文】

柴胡桂姜湯：治瘧寒多，微有熱，或但寒不熱。服一劑如神。

柴胡半斤　桂枝三兩（去皮）　乾姜二兩　栝樓根四兩　黄芩三兩　牡蠣三兩（熬）　甘草二兩（炙）

上七味，以水一斗二升，煮取六升，去滓，再煎，取三升，温服一升，日三服。初服微煩，復服汗出便愈。

【释义】

本方主治寒多微有热，或但寒不热之疟病。柴胡、黄芩和解少阳为主药，配栝楼根兼清热生津；桂枝、干姜温散寒邪；牡蛎助阳，化痰湿，软坚散结；甘草调和诸药。共奏和解少阳、平调阴阳寒热之功。

【按语】

此方所治与蜀漆散所主之牝疟，都属于寒多热少，但病机和治则上不尽相同，蜀漆散为祛痰湿截疟之剂，此为和解少阳，平调寒热之方。

【临床应用与研究】

本方为枢转少阳，温化痰饮之剂，是小柴胡汤的变方。临床上除用治疟疾外，还常用于治疗胆囊炎、肝炎、肺结核、肋膜炎、神经衰弱等证属少阳受邪兼痰饮内停者。

【选注】

张璐：而此邪伏少阳营血之分，夫邪气入营，既无外出之势，而营中之邪，亦不出与阳争，所以多寒少热，或但寒无热也。小柴胡汤本阴阳两停之方，可随疟之进退，加桂枝、干姜则进而从阳，若加栝楼、石膏则退而从阴，可类推矣！（《医通》）

【医案举例】

李某，男，45岁，患牝疟，发作时畏冷发抖，虽盖厚被两床，仍然寒战不已，头痛身疼、恶心、呕吐、面色苍白，持续约5小时，后微热汗出而解，渴喜热饮，舌苔白滑，脉象弦细而濡。此寒湿久羁，阴盛阳衰，拟温寒散湿、助阳抗疟，先用熟料五积散，寒战时间缩短，诸证相应减轻，继用柴胡桂姜汤：柴胡10g，酒芩6g，桂枝10g，干姜6g，牡蛎15g，甘草3g，栝楼根10g，加醋炒常山10g，槟榔10g，草果5g，服三剂疟止。后用四兽饮（党参、白术、法夏、茯苓、陈皮、草果、乌梅、甘草、生姜、大枣）以巩固疗效。（谭日强．金匮要略浅述．北京：人民卫生出版社，1981；73）

研究概要

疟病相当于西医学的疟疾，此病在我国从古至今，发病率较高，曾广泛流行。其典型的临床表现是恶寒发热呈周期性、间歇性发作。因疟原虫种类不同，感染人体后可有间日疟、三日疟和恶性疟之不同证型。间日疟每隔一天发作一次，三日疟每隔二天发作一次，恶性疟每天或隔天发作一次。在我国间日疟最为常见。本病一年四季均可发病，以夏秋二季为多。其典型发作一般分为三个阶段：①恶寒期：患者寒战，脸色苍白，肢体厥冷，鸡皮样皮肤等，持续约10分钟~1小时。②发热期：寒战之后继以高热，体温可达$39℃~41℃$，常伴有面赤、口渴、头痛、全身肌肉关节酸痛、显著乏力，或恶心、呕吐、脉弦数。持续约4~8小时。③出汗期：高热之后，病人突然全身大汗，体温骤降，随即顿感轻松舒适，但有疲劳感，常安然入睡，此期2~3小时。此病也有不典型发作者，或但热不寒，或但寒不热，发作没有规律性，其诊断可借助实验方法，一般取病人的末梢血，做薄血膜或厚血膜涂片，经瑞氏或姬氏染色后，镜下查到疟原虫为诊断依据。对疟病辨证论治除上内容外，现临床上常分为正疟、温疟、寒疟、湿疟、瘴疟、劳疟、痢疟等证型，其治疗正疟用小柴胡汤和达原饮；温疟用白虎加桂枝汤；寒疟用柴胡桂姜汤；湿疟用柴平散加藿香、佩兰；瘴疟用清瘴汤（青蒿、柴胡、茯苓、知母、陈皮、半夏、黄芩、黄连、枳实、常山、竹茹、益元散）；劳疟用补中益气汤；痢疟用柴芩煎（柴胡、黄芩、栀子、泽泻、木通、枳壳）。还研究出一些治疟专药如徐长卿、何首乌、草果、马鞭草等，尤其青蒿一药，我国医务工作者在前人临床经验的基础上，利用现代科学技术手段对其药理药效进行了深入研究，研制出青蒿素。青蒿素是目前用于临床的各种抗疟药中起效最快，疗效较好的一种中药制剂，为世界疟疾病的防治工作作出了巨大贡献。

小　结

　　本篇专论疟病，首条开始即对疟病作了纲领性论述，指出"疟脉自弦"，从脉象论述病机，提出疟病有偏于表、里、寒、热、在上、在下的不同，故治法也有温、清、吐、汗、下等区别，从而为疟病的辨证论治确定了基本原则。

　　本篇以寒热多少为依据，将疟病分为但热不寒的"瘅疟"，热多寒少的"温疟"，寒多热少的"牝疟"三种证型。这三种疟病，若迁延日久，疟邪深入血络，假血依痰，均可结为"疟母"。治疗上温疟用白虎加桂枝汤以清热生津，解表和营，如寒热往来，口渴者，可选用柴胡去半夏加栝楼根汤；牝疟用蜀漆散祛痰截疟，扶正助阳，亦可用《外台》牡蛎汤或柴胡桂姜汤；至于瘅疟，篇中虽未出方，但从症候看，当属温疟一类，仅病情较重而已，后世多以人参白虎汤或白虎汤、竹叶石膏汤等加减治疗，清热生津以解疟邪。治疗疟母用鳖甲煎丸，扶正祛邪，消癥化积。此方与篇中所提到的蜀漆散等方药，以及服药方法、饮食调理等，迄今仍为治疗疟疾的有效方法。

中風歷節病脈證并治第五

　　本篇论述中风与历节两种疾病，因两者皆属于广义之风病范围，故合为一篇论述。

　　以多先猝然昏倒，然后出现半身不遂，口眼㖞斜，重则昏不识人，语言謇涩或不能言语为证候特点的病证，谓之中风。《灵枢》称为"偏枯"，后世称为"内中风"或"真中风"。气血内虚，外邪诱发，是中风病总的病因病机。与《伤寒论》中所论述的外感风邪表证之中风完全不同。

　　以关节剧烈疼痛，逐渐遍历多个关节，甚或骨节变形肿大，疼痛不能屈伸为证候特点的病证，谓之历节。内因心肝肾之气血不足，外因风寒湿邪乘虚侵袭经络而留着关节，是历节病总的病因病机。

中　　风

一、脉证与病机

【原文】

　　夫風之爲病，當半身不遂，或但臂不遂者，此爲痹①。脉微而數，中風使然。（一）

【词解】

　　①痹：闭也，不仁也（《论注》），脏气不宣行也（《经籍籑诂》），此处指经脉痹阻的病机。

【释义】

　　本条论述中风病的脉证。中风病是以病人半身肢体不能随意运动者较为常见，或只有某一臂（肢）不遂者，此为中风病的轻证，与大脑元神之腑损伤较为局限有关。"此为痹"指出本病主要病机为经脉痹阻，筋脉失养。其脉微为气血不足，数为病邪有余。说明中风病虽然有半身不遂与但臂不遂的不同，但二者皆因气血不足，外邪诱发而为病，故以"脉微而数，中风使然"概之。

【按语】

　　对"但臂不遂者，此为痹"，一者认为是提出中风与痹证的鉴别，如《编注》说："此分中风与痹也。"二者认为是论述中风病的轻证及病机为经脉痹阻。如《医门法律》说："风以上入臂，先受之所入犹浅也。"南京中医药大学《金匮要略学习参考资料（修订本）》从其说。从临床实际所见，以后者所论较为合理。

【选注】

张璐：金匮云：夫风之为病，当半身不遂，或但臂不遂者，此为痹。脉微而数，中风使然。半身不遂者，偏风所中也。但臂不遂者，风遂上受也。风之所客，凝涩营卫，经脉不行，分肉筋骨俱不利，故曰此为痹。今因风着为痹，营遂致微，卫遂致数，故脉见微数。盖微者阳之微，数者风之炽也，此即《内经》风论所谓各人其门户所中者之一证也。《千金》补《金匮》之不逮，立附子散，治中风手臂不仁，口面㖞僻，专以开痹舒筋为务也。（《医通》）

二、成因与辨证

【原文】

寸口脉浮而緊，緊則爲寒，浮則爲虛；寒虛相搏，邪在皮膚；浮者血虛，絡脉空虛；賊邪不瀉，或左或右；邪氣反緩，正氣即急，正氣引邪，㖞僻不遂。

邪在於絡，肌膚不仁；邪在於經，即重不勝，邪入於府，即不識人；邪入於藏，舌即難言，口吐涎。（二）

【释义】

本条论述中风的病因病机和脉症。中风病人寸口脉浮而紧，紧是感受外寒，浮是血虚，故曰"寸口脉浮而紧，紧则为寒，浮则为虚"。气血不足，外邪乘虚而入中经络，因中风之初，病尝轻浅，所以说"寒虚相搏，邪在皮肤"。贼邪不泄或左或右，即指气血不足，经脉空虚，外邪乘虚内入，正虚不能驱邪，风邪不能外泄，则寒与虚相搏，使气血逆乱，痹阻经脉，瘀郁清窍，危及脏腑，而形成中风病。中风病的特点是，或损及于肢体之左侧，或损及于肢体的右侧。由于病侧的肌肉经脉为邪气所阻，气血不通，废而不用，表现为松懈弛缓，故曰"邪气反缓"。而未病的一侧正气独治，较之于病侧，尤其显得紧张有力，故曰"正气即急"。因健侧牵引病侧，左右肌肉经脉失去了平衡协调，出现口眼㖞斜，半身不遂，此即"正气引邪，㖞僻不遂"之意。

中风病有轻重之分。如中风轻证，即邪中于经络，中络者，络脉瘀阻，则营气不能行于肌表，故肌肤麻木不仁；如病情较重，邪中于经脉，则经脉不通，荣气不从，气血不能运行于肢体，故肢体沉重而不能任重。中风重证，即邪中于脏腑，中腑者病情深入而涉及六腑，腑失输泄，神失清灵，志无所主，则不能识人；中脏者，其病深痼而累及五脏，肺不主声，心不主舌，则舌即难言，脾不能摄津液而廉泉开，则口流涎唾，肾不藏精主骨，则骨弱肌痿不能举，肝失疏泄，则气血逆乱而瘀阻。风痰内壅，脏腑失于清灵，脑神无主，则舌强舌歪，难于言语，口眼歪斜，半身不遂等中风的严重症状相应而生。

【按语】

对于"邪入于腑"，喻昌、沈明宗认为入腑即是入胃，而与心脑有关。从中风病临床所表现的肌肤不仁，即重不胜，不识人，不能言语，半身不遂，大小便失禁等特点看，确实均与脏腑阴阳严重失调，引起脏腑功能紊乱，血脉瘀阻相关联，很难区别在何络何经，何腑何脏，但以损及于脑神为核心，脑为元神之腑，为五脏六腑之总司，故须活看。

【选注】

尤怡：寒虚相搏者，正不足而邪乘之，为风寒初感之诊也。浮为血虚者，气行脉外而血行脉中，脉浮者沉不足，为血虚也，血虚则无以充灌皮肤而络脉空虚，并无以捍御外气，而贼邪不泻，由是或左或右，随其空处而留着矣。邪气反缓，正气即急者，受邪之处筋脉不用而缓，无邪之处正气独治而急，缓者为急者所引，则口目为僻，而肢体不遂，是以左喝者邪反在右，右喝者邪反在左，然或左或右，则有邪正缓急之殊，而为表为里，亦有脏腑经络之别。经云："经脉为里，支而横者为络，络之小者为孙。"是则络浅而经深，络小而经大，故络邪病于肌肤，而经邪病连筋骨，甚而入腑又甚而入脏，则邪递深矣。盖神藏于脏而通于腑，腑病则神窒于内，故不识人，诸阴皆连舌本，脏气厥不至舌下，则机息于上，故舌难言而涎自出也。（《心典》）

【原文】

寸口脉遲而緩，遲則爲寒，緩則爲虛；榮緩則爲亡血①，衛緩則爲中風。邪氣中經，則身癢而癮疹②；心氣不足③，邪氣入中④，則胸滿而短氣。（三）

【词解】

①亡血：在此作血虚理解。

②癮疹：即风疹。其病常突然发作，起伏无定。

③心气不足：指胸中正气不足。

④入中：谓邪不外泄而内传。

【释义】

本条论述中风与癮疹的发病机制。寸口主表，亦主营卫。假如寸口见到"迟而缓"的脉象，则迟脉属寒，缓为荣卫气血不足，表气不固，故易中风邪。风寒之邪，乘营卫气血之虚而侵入，病重的可发为中风，其病机与上条相同；病轻的亦能发生癮疹，身体奇痒，是风邪外泄的现象；如正气不足，无力抗邪，则邪不外泄，反向内传，此时就会出现胸闷、短气等症。本条大意是说营卫气血不足的人，易为风寒侵袭。既能构成中风，亦可发为癮疹。另有认为，因人体感受外邪而致过敏反映，故出现风疹和胸满短气，并非单指心气不足的短气，可资参考。

【选注】

沈明宗：此卫阳气虚而招风中也，寸口脉迟者，真阳气虚，阴寒气盛，故曰迟则为寒。正气虚而受风，脉则缓而不紧，故曰缓则为虚，然缓有二辨，若见亡血，为缓在内，气虚不摄，则内病亡血；若见中风，为缓在外，乃阳虚卫弱而招风中。若营卫未致大虚，邪气不能内入，持于经络，风血相搏，风邪主病，则发身痒癮疹，邪气外出之征，即风强而为癮疹是矣。若心气不足，正不御邪，进而扰乱于胸，大气不转，津液化为痰涎，则胸满短气，是心肺中风为病也。盖贼风内入，最怕入心乘胃而成死证。（《编注》）

三、证治

(一) 风入心脾

【原文】

侯氏黑散：治大風四肢煩重，心中惡寒不足者。《外臺》治風癲。

菊花四十分　白术十分　細辛三分　茯苓三分　牡蠣三分　桔梗八分　防風十分　人參三分　礬石三分　黃芩五分　當歸三分　乾姜三分　芎藭三分　桂枝三分

上十四味，杵為散，酒服方寸匕，日一服，初服二十日，溫酒調服，禁一切魚肉大蒜，常宜冷食，六十日止，即藥積在腹中不下也。熱食即下矣，冷食自能助藥力。

【校勘】

赵本在"常宜冷食"后，原有"自能助药力"五字，现据《医统》本改为"六十日止，即药积"七字。

【释义】

本条论述风邪乘虚入中经络的证治。风邪乘虚入中经络，其病重传变快，故称大风。风邪入中，与内湿相合，湿困于脾，经脉痹阻不通，微有化热之势，故四肢苦烦而重滞。里阳虚，气血不足，风邪内入，阳气不运，卫外不固，故心中恶寒不足。治宜扶正祛邪，用侯氏黑散主之。方中人参、白术、茯苓、干姜温阳健脾，补中益气；当归、川芎、细辛、桂枝、防风、酒养血驱风，温经散寒；牡蛎、桔梗、矾石燥湿祛痰，宣痹通络；菊花、黄芩清热坚阴，清风化郁遏之热。诸药合用，相得益彰，共达益气活血，祛风化痰之功。

本证是风邪入中经络之疾，病程较长难于速愈，为有利于长期治疗，用药方便，故用散剂，每次用酒送服方寸匕，每日一次。以六十日为期。前二十日用温酒调服，以助扶正祛邪，通络开痹之功，并注意忌各种鱼肉大蒜等腥膻油腻之品，以免滋腻碍邪。二十日之后，药已中病，病已衰其大半，宜图缓治，服药时宜冷食禁热食，酒亦不宜加热，直至六十日为止。因热食易使药力耗散而下走，而冷服能使药积于腹中缓缓发挥作用，即"冷食自能助药力"之意。

【按语】

关于本方出处，《诸病源候论·卷六·解散病诸候》云"仲景经有侯氏黑散"，根据《外台》风癫门载本方，引《古今录验》，无桔梗，有钟乳、礜石。方后云，张仲景此方，更有桔梗八分，无钟乳、礜石。说明本方是仲景采用侯氏之方。方中矾石，根据《本草纲目》记载，应是矾石条下入药者之绿矾。李时珍谓绿矾气味酸凉无毒，有消积滞，燥脾湿，化痰涎的功效。在临床应用时，方中矾石亦可用白矾。

对"大风"的解释，徐彬、沈明宗、尤怡认为是中风，而未化热之证。从原文所述"大风四肢烦重，心中恶寒不足者"分析可知，此证当属于第一篇所论"血脉相传，壅塞不通"

之类的病证，这里的"大风"犹言第一篇所论及的"大邪"。亦有认为大风属《素问·长刺节论篇》所论"病大风，骨节重，须眉堕，名曰大风"。可参。

【临床应用与研究】

①本方用法：作汤剂，菊花120g，白术30g，细辛9g，茯苓9g，牡蛎9g，桔梗24g，防风30g，人参9g，矾石9g，黄芩15g，当归9g，干姜9g，川芎9g，桂枝9g。此为常用剂量，临床运用时，可根据患者身体状况和病情轻重酌情加减用量。用水600ml，煎取200ml，如法连煎三次，和合去滓，加入白酒50ml，煮开数沸。每次服200ml，每日2～3次。寒重者温服之，有微热者，宜冷服。作散剂，共研细末，每次冷开水冲服5～10g，每日2～3次。②治疗中风：（包括脑溢血、脑栓塞、中风后遗症），症见以语言不利，半身不遂，四肢重滞，步履艰难，恶寒短气，舌质淡，舌苔白腻或微黄，脾湿不运，咳唾痰多，气血内虚，证属风痰入中经络。痰多湿重加法夏、陈皮，有瘀血者加三七、红花，神志不清，语言不利，加远志、石菖蒲，大便不通有热者，加生大黄。③治疗高血压（包括原发性高血压），症见头痛头昏，手足麻木，四肢重滞，辨证为肝郁脾湿，风痰内壅者，将原方散剂改为汤剂，每日1剂水煎服，15天一个疗程，血压下降后，改为散剂，每次服5～10g，每日2～3次。肝阳上亢者，加夏枯草、草决明、淮牛膝；肾阴不足者加生地、天冬、枣皮；脾肾阳虚，水湿内盛者加麻黄、细辛、熟附片。

临床应用证实，用侯氏黑散治疗高血压、高脂血症患者，同时收到降压与降脂双重疗效。现代药理研究证实，侯氏黑散中菊花、黄芩、川芎有降压作用，当归、川芎、防风、细辛有镇静镇痛作用，人参有兴奋中枢神经、抗应激作用。白术有强壮、抗血凝、增加消化液分泌作用，并与茯苓均有利尿作用。桔梗有祛痰作用，矾石有止泻作用。实验观察表明，本方可降低组织匀浆液脂质氧化物的含量，减轻组织缺血造成的损伤，是治疗脑缺血病机理之一。

【选注】

沈明宗：直侵肌肉脏腑，故为大风，邪困于脾，则四肢烦重；阳气虚而未化热，则心中恶寒不足，故用参术茯苓健脾安土，同干姜温中补气，以菊花、防风能驱表里之风，川芎宣血养血为助，桂枝引导诸药而开痹着，以矾石化痰除湿，牡蛎收阴养正，桔梗开提邪气，而使大气得转，风邪得去，黄芩专清风化之热，细辛祛风而通心肾之气相交，以酒引群药至周身经络为使也。（《编注》）

【医案举例】

患者因情志恚怒，冷水浴头伤风后，头发脱落，曾服用养血补肾之方20余剂无效，患者头部毛发全部脱落，头皮光亮。为风寒之邪闭塞毛窍，肝郁风动血燥所致。方以侯氏黑散：当归12g，细辛12g，茯苓12g，桂枝12g，川芎12g，人参12g，干姜12g，牡蛎12g，白菊花160g，白术40g，防风40g，桔梗24g，黄芩24g，黑矾6g，加水2000ml，煎至600ml，分3次服。另以本方剂量之比例为极细末，每服3g，日3次黄酒送下。48剂后，头部毛发全部长出，黑而亮，继服15剂巩固疗效。[毕明义. 侯氏黑散新用. 山东中医杂志 1989；（5）：28]

（二）热盛风动

【原文】

風引①湯：除熱癱癇②。

大黃　乾姜　龍骨各四兩　桂枝三兩　甘草　牡蠣各二兩　寒水石　滑石　赤石脂　白石脂　紫石英　石膏各六兩

上十二味，杵，麤篩，以韋囊③盛之，取三指撮，井花水④三升，煮三沸，溫服一升。治大人風引，少小驚癇瘈瘲，日數十發，醫所不療，除熱方。巢氏云：腳氣宜風引湯。

【校勘】

癇，《金匮今释》作"癎"，与"癇"同，宜从。小注据《医统》本。

【词解】

①风引：即风痫掣引之候。俗称动风抽搐。

②癱癇：癱，即风瘫，指半身不遂；癇，指癫痫，又称"羊痫风"。

③韦囊：古代用皮革制成的药袋。

④井花水：即井华水，为清晨最先汲取的井泉水，其质洁净。

【释义】

本条论述热盛里实，肝风内动的证治。风引者，是因风动而产生的抽搐；热癱癇者，即因热盛风动，风邪入中经络所致的瘫痪，半身不遂；除热者，是说其治法应当清热泻火，平肝熄风，方用风引汤。方中用牡蛎、龙骨、赤石脂、紫石英以平肝熄风，重镇潜阳；石膏、寒水石、滑石辛寒以清风化之火；大黄苦寒泻内实之热，使热或风动得以平熄；反佐以干姜、桂枝之温，既能通血脉，又能制诸石之咸寒而顾护脾胃之气；甘草和中以调和诸药。

【按语】

本方用法，以十二味共研细末，装入防潮湿药袋或器具中备用。用时取三指撮（约 50～100g 为宜，不以附录 1 之"四圭曰撮"为准），取井中泉水或平常饮用水 600ml，煮数沸，每次服用 200ml，日 3 服。目前用法常用散剂与汤剂两种，用散剂时，可依照原方剂量按比例制成散剂，成人每次冲服 5～10g，每日 2～3 次。用汤剂时，方中大黄、干姜、桂枝、甘草的常用量以 10～15g 为宜；龙骨、牡蛎、寒水石、滑石、赤石脂、白石脂、紫石英、石膏的常用量以 20～30g 为宜，用水 1000ml，煎取 600ml，每次服 200ml，每日服 3 次。儿童常用量以成人的 1/4 或 1/3 为宜。

【临床应用与研究】

①本方常用于治疗神经系统疾病（包括癫痫大发作、小儿痫症、神经官能症、狂症）。常见主证为胸中烦热，面赤气粗，便秘尿赤，头痛，脉弦数有力，舌质红，舌苔黄腻或黄燥，或烦躁不安，语言错乱，或性情暴躁，狂乱怒骂，愤怒窜走，不识亲疏。辨证为热盛里实，肝风内动，风火痰瘀内窒者，均可加减使用本方。湿痰重者，加二陈汤、胆南星、僵蚕、全蝎；痰热重者，加礞石、海浮石、天竺黄、鲜竹沥；瘀血突出者，加三七粉、丹皮、

红花、川芎。治疗癫痫证、狂证等慢性病时，虽坚持服药 2～3 个月，初期用汤剂，见效后巩固疗效即可改用散剂。②治疗循环系统疾病（包括高血压、脑动脉硬化性脑缺血、脑血栓形成、中风偏瘫、脑溢血昏迷）。症见头痛眩晕，面赤口苦，舌红苔黄燥，便秘尿赤，脉弦数，手足麻木，神识不清，语言謇涩，半身不遂。辨证为肝阳亢盛，风火痰瘀内闭清窍者。肝热重加石决明、龙胆草、怀牛膝。痰热瘀合邪为患者，加胆南星、红花、丹皮、水牛角粉；神志不清者，加石菖蒲、远志。

药理研究发现，风引汤中龙骨、石膏有镇静作用，石膏还有退热作用，配桂枝攻瘀泄热，桂枝还有扩张血管，调整血液循环和解热镇痛作用，大黄有泄下和抗感染作用，滑石、赤石脂有吸附作用，紫石英、白石英、寒水石、生石膏、龙骨、牡蛎诸石类、贝类药，均含有钙成分，钙离子有降低神经肌肉兴奋性作用。

【选注】

徐彬：风邪内并则火热内生，五脏亢甚进归人心。故以桂甘龙牡通阳气安心肾为君。然厥阴风木与少阳相火同居，火发必风生，风生必挟木势侮其脾土，故脾气不行，聚液成痰，流注四末，因成瘫痪。故用大黄以荡涤风火湿热之邪为臣，随用干姜之止而不行者，以补之为反佐，又取滑石石膏清金以伐其木，赤白石脂厚土以除其湿，寒水石以助肾水之阴，紫石英以补心神之虚为使，故大人小儿风引惊痫皆主之。（《论注》）

【医案举例】

郑某，女，49 岁。1980 年 11 月 17 日诊。患者有高血压 5 年。血压波动在 160～230/95～130mmHg 之间。经常头痛头晕，服过多种降压西药，但效果不显。1980 年 11 月 6 日心电图检查：窦性心律，Q－T 间期延长 0.44，眼底检查：视网膜血管痉挛。

近一周来，头痛，眩晕加剧，手足麻木，面红，口苦、耳鸣，便秘，溲赤，舌质红，舌苔薄黄，脉弦硬数。血压 180/110mmHg，诊为肝火上炎，肝阳上亢；肝风有欲动之势。用风引汤加减，处方：寒水石 24g，紫石英 30g，石膏 18g，生龙骨、生牡蛎各 30g，生石决明 20g（均先煮半小时），滑石 14g（包煎），赤芍 15g，干姜 3g，大黄 9g，川芎 10g，地龙 10g，钩藤 12g（后下），菊花 10g，黄芩 10g。水煎服。一日一剂，分 2 次服。

三剂后头痛眩晕大减，便通溲清，黄苔消退，脉缓，血压 170/100mmHg，余症同前。原方加灵磁石 30g，干姜增至 6g 再进。12 月 4 日血压正常，头痛，眩晕消失，已可自由行走，唯舌头感不太灵活。原方去寒水石、磁石、大黄，加石菖蒲 10g，葛根 10g。至 12 月 30 日诸症皆失……追访一年，血压一直正常。[程广里 . 风引汤的临床运用 . 中医杂志　1982；12：25]

（三）血虚受风

【原文】

防己地黄汤：治病如狂狀，妄行，獨語不休，無寒熱，其脉浮。

防己一錢　桂枝三錢　防風三錢　甘草二錢

上四味，以酒一盃，浸之一宿，絞取汁，生地黄二斤，咬咀，蒸之如斗米飯久，以銅器盛其汁，更絞地黄汁，和，分再服。

【校勘】

《千金·第十四卷·风眩门》："治言语狂错，眼目霍霍，或言见鬼，精神昏乱。防己、甘草各二两，桂心、防风各三两，生地黄五斤别切，勿合药渍，疾小轻用二斤。上五味吹咀，以水一升，渍之一宿，绞汁，著一面；取其滓，著竹簪上，以地黄著药滓上，于三斗米下蒸之，以铜器承取汁，饭熟，以向前药汁合绞取之，分再服。"

【释义】

本条论述阴虚血热感受风邪所致癫狂的治疗。素有阴虚血热之体，感受风邪，风为阳邪，易入里化热，风之邪热与里之阴虚血热相搏，则化火生风，热扰心神，故病者狂躁，妄行，独语不休；其脉浮而无寒热者，言无恶寒发热的表证，脉浮为阴虚血热，风火内炽所致。治当用防己地黄汤滋阴凉血，清热祛风。方中重用生地黄滋阴凉血，以清其内炽之热，甘草助地黄清热而兼调诸药，防己苦寒，能泄血中湿热而通窍，轻用防风、桂枝疏风祛邪，以驱血中之风外出。

【按语】

关于本方剂量和用法可参考校勘，方中防己成人用量 15~20g 均属安全常用量。对本方的主治证，沈明宗认为"此少阴时令感冒风火入心，是为治热病之剂，非治中风之方"。从原文所述"治病如狂状、妄行，独语不休"可知，本方实为主治癫狂类疾病的方剂，非治中风之方，但病机与方药主治相符的中风病，亦可用本方加减治疗。

【临床应用与研究】

①治疗癫证、狂证、精神病，症见病如狂状，时而发狂大笑，时而歌哭无端，或妄言错语，怒骂不止，独语不休，心烦意乱，夜不安卧，恐怖、惊悸等，辨证为阴虚血热，感受风邪，血虚生热，扰及心神者，均可用本方加减治疗。阴虚血热者加天冬、知母、丹参；躁狂不安者加龙骨、牡蛎、代赭石；肝气郁结者加佛手、郁金、柴胡；兼有痰热者加鲜竹沥、胆南星、桔梗；不识亲疏、妄言乱语、躁动不安者加远志、石菖蒲、合欢花。②治疗心悸（包括风湿性心肌炎），症见心悸胸闷，全身乏力，四肢酸楚，脉数而结代，舌质红，苔黄，辨证属风邪稽留，营血郁热者，本方加麦冬、黄连、木通、赤芍、茯苓。③治疗剥脱性皮炎，症见颜面及前胸后背皮肤潮红肿胀，糜烂渗出，结痂脱屑，灼热，瘙痒难忍，舌质红，苔黄燥，脉数大。辨证为血热伤阴，风湿袭表，化火成毒者，本方加荆芥、泽泻、土茯苓、黄连、前胡、野菊花。

临床研究证实，用防己地黄汤治愈肾病综合征大量用激素后毒副作用所致的湿热瘀毒证，本方具有消炎解热，利尿排毒，抗风湿，抗过敏，改善血液流态，降血糖，清除免疫复合物，提高或调整垂体-肾上腺皮质系统功能等广泛作用。

【选注】

沈明宗：盖热风邪入于心，风火相搏，神识躁乱不宁，故如狂状妄行。而心主语，风火炽盛于心，独语不休，经谓心风焦绝善怒吓是也。风邪入内，表无寒热，但脉浮耳。此少阴时令感冒风火入心，是为温热病之制。非治中风之方，乃编书者误入，然中风证非四肢不收，即喎僻半身不遂，何能得其狂状妄行？读者详之。因心经血虚，火盛受风，故用生地凉

血养血为君，乃取血足风灭之意，甘草以和营卫，防风、防己驱风而使外出也。(《编注》)

【医案举例】

任某，男，14 岁，1985 年 2 月 6 日诊。患儿月前感冒发烧，咳嗽，咽痛，继而出现眼睑浮肿，伴血尿。经用青霉素、止血敏、激素等治疗，效果不显。症见发热，T38℃，四肢不温，微恶寒，面浮肢肿，咽红，口渴，尿少色赤，舌质稍红，苔薄白，脉浮数。小便检查：尿蛋白(＋＋＋)，红细胞(＋＋＋＋)，白细胞 46/HP，颗粒管型 25/HP。血沉 85mm/h。属风热袭表，肺气失宣，热伤肾络而致血尿水肿。西医诊断：急性肾小球肾炎。治则清热解毒，疏风凉血。治用防己地黄汤加味：生地 30g，防己 15g，防风、桂枝、紫草、甘草各 10g，花粉、鲜浮萍各一把，2 剂水煎服。3 天浮肿消退，体温正常，微渴汗止，但血尿未消。仍予上方，生地加至 60g，加白茅根 30g，贯众炭 15g，2 日服一剂，25 剂。1 月后小便转清，血尿消失，尿检正常。随访 2 年未复发 [魏雪舫，等．防己地黄汤新用．陕西中医 1991；(4)：173]

(四) 气血两虚 外感风寒

【原文】

附方

《古今録験》①續命湯：治中風痱②，身體不能自收持，口不能言，冒昧不知痛處，或拘急不得轉側。姚云：與大續命同，兼治婦人産後去血者，及老人小兒。

麻黄 桂枝 當歸 人參 石膏 乾姜 甘草各三兩 芎藭一兩 杏仁四十枚

上九味，以水一斗，煮取四升，温服一升，當小汗，薄覆脊，憑几坐，汗出則愈；不汗，更服。無所禁，勿當風。并治但伏不得卧，咳逆上氣，面目浮腫。

【校勘】

"收持"，赵本无"持"字，据《心典》补。芎藭"一两"，赵本缺剂量，据《医统》本补。

【词解】

① 《古今录验》：书名。据《中国医籍考》云：原作者甄权，隋唐时代人。

② 痱：楼氏《医学纲目》云："痱、废也。"又称风痱、中风痱。即中风偏枯证，以手足痿废不用故名。

【释义】

本条论述气血两虚兼风寒之中风偏枯的证治。《灵枢·热病》云："痱之为病也，身无痛者，四肢不收，智乱不甚，其言微知，可治，甚则不能言，不可治也。"本条所论中风痱，即指中风偏枯之证，与《灵枢》所论相同。因气血虚衰，风邪入中脏腑，窒塞清窍，神失清灵，心无所主，故口不能言语，冒昧不知痛处；风邪入中，痹阻经脉，气血不通，故身体不能自收持，或拘急不得转侧。治宜祛风散寒，益气养血，用《古今录验》续命汤。方中人参、甘草、干姜扶正固本，益气温中；当归、川芎养血通络，活血化瘀；麻黄、桂枝祛风散寒，通阳行痹；石膏、杏仁清热宣肺。使风邪外散，气血畅旺，营卫通调，则风痱自能愈。

【按语】

《外台·风痱门》载有《古今录验》西州续命汤，其主治及药味均与本方相同，惟"冒昧"下，有"不知人"三字，药物分量略有出入。方后注云"范汪方……汪云是仲景方"，范汪是东晋人，可知本方原为仲景方。在方后煎服法中明确指出，温服一升，当小汗，薄覆脊，凭几坐，汗出则愈，若不汗，更服。说明本方是主治气血两虚兼风寒的中风偏枯证。若阴虚阳亢者，则不宜本方。

【临床应用与研究】

①中风病：《千金要方》治中风，口眼歪斜，筋脉拘急，半身不遂，舌强不能语，或神情闷乱。以本方去石膏、当归，加防风、防己、黄芩、芍药、附子，名小续命汤。②脑中风（包括脑动脉血栓形成）：症见突然发生语言不利，肢体不能随意运动，头昏目眩，舌质红，苔黄，脉弦数。辨证为风邪内中。本方加蜈蚣、僵蚕、钩藤、白蒺藜。③类风湿性关节炎，症见四肢骨节红肿灼热，疼痛难忍，屈伸不利，手如鸡爪，身热恶寒，舌质红，苔腻而黄。辨证为寒湿凝滞，气血瘀阻，郁而化热之痹证，治当蠲痹祛风，养血通络，本方加蜈蚣、全蝎、秦艽、威灵仙。

实验研究表明续命汤能明显降低脑缺血大鼠脑组织含水量，明显增加离体豚鼠心脏冠脉流量，抗血小板聚集作用强于丹参。故本方对气血不足，风痰瘀血痹阻所致的中风病、冠心病、脑动脉血栓形成等都有很好的疗效。

【选注】

尤怡：痱者，废也，精神不持，筋骨不用，非特邪气之扰，亦真气之衰也。麻黄、桂枝所以散邪，人参、当归所以养正，石膏合杏仁助散邪之力，甘草合干姜，为复气之虚，乃攻补兼行之法也。（《心典》）

【医案举例】

李某，男，53岁，半年前在讲课时突然昏倒，经某县医院诊断为脑溢血。中医辨为中风。经过半年多的治疗，有所好转。但因半身不遂，不能言语，再次入院治疗。初诊日期1983年8月16日。患者已住院3个月，其神志部分错乱，觉得病床边的窗外有一群人，时儿乱骂滚开，时儿啼哭。语言不利，只能勉强说"一"，能识人，左半身偏瘫，手不能抬动和屈曲，但偏瘫一侧知道疼痛，肌肤青而冷，舌质淡，舌苔白腻，胃纳不佳。此虽为中风病后遗症，但病属阳气衰弱，阴寒内盛，寒湿阻滞经络，血瘀痰阻，血脉不利所致。治当首先驱风散寒，温阳除湿，祛痰活血。用《古今录验》续命汤加减治疗。

麻黄、桂枝、当归、干姜、白术、羌活各20g，川芎、杏仁各15g，北细辛、甘草各10g，用水1200 ml，煎取400ml，连煎3次，平均分3次服用，每4小时服1次药。目的在于使之温经发汗、除湿活血、调畅营卫气血。服药后3小时即出现全身发热汗出，当天晚上8时服药1次，2小时后全身汗出，衬衣全被汗水湿透。次日，接着煎服第2剂，因汗已出，但还需保持微似汗出，通调表里营卫气血，故嘱其减量，1剂药分4次服用，变急为缓。2

剂药服完后，患者感觉疼痛明显减轻。此药已中病，上方加强除湿祛痰药。麻黄、桂枝、当归、干姜、羌活、白术各 20g，川芎、杏仁各 15g，北细辛、甘草、法半夏各 10g，薏苡仁、茯苓、白芥子各 30g，用水 1200ml，煎取 400ml，连煎 3 次，平均分 4 次服，每 4 小时 1 次。以本方为基础，加减出入 15 剂后，偏瘫一侧，肢体温和，疼痛消失，并能自己抬腿、屈伸运动。服药 20 天后，能依拐杖或依附阳台走动，语言亦有进步，能数 1～10 的数字，能说"谢谢你们"。[陈仁旭．经方新用治验的体会．中华中西医结合杂志　2003；(3)：88]

（五）外受风寒

【原文】

頭風^①摩散方

大附子一枚（炮）　　鹽等分

上二味爲散，沐了，以方寸匕，已摩^②疾上，令藥力行。

【词解】

①头风：发作性头眩、头痛之类的疾患。

②摩：涂搽外敷之意。

【释义】

本方见于《千金》头面风门及《外台》头风头痛门。头风病，是一种发作性头痛、头眩或头重之病，多是感受风寒所致。病在头部经络，故以头风摩散外治涂搽头部，用之便捷。方中附子大辛大热，温经散寒，祛风止痛；盐味咸微辛，能入血分去皮肤之风毒，引附子入经络而通血脉。

【按语】

本方由炮附子大者一枚，约为 20g，盐 20g 组成。将二味药共研细末备用。其用法是洗完头之后，取药末方寸匕，摩涂于痛处，并稍加按摩，使药力行而祛风通络，收效更捷。其用量；一方寸匕，大约为 3～5g，并根据搽摩部位的大小灵活掌握用量。

【临床应用与研究】

①治疗头痛：《三因极一病证方论》载，治沐头中风而出现恶风头痛名首风之附子摩头散，即是此方。《张氏医通》用本方治偏头风，遇寒即痛者，属寒伏于脑，一法用川芎末醋调涂痛处。②治疗肌肤顽麻或疼痛，症见肌肤局部或肢体麻木疼痛，刺痛，遇风寒加重。用本方加白芥子研末外用，涂搽前对局部加以反复热敷和按摩，则疗效更为卓著。③治疗皮神经炎，有报道用本方外用治疗股外侧皮神经炎收到良好效果。

药理研究证实，头风摩散中附子所含乌头碱有镇痛作用，对末梢神经有局麻作用，食盐能渗透络脉，祛皮肤风邪，对接触性乌头、附子中毒所引起的皮肤瘙痒有止痒，消肿作用。

【选注】

陈念祖：此言偏头风之治法也。附子辛热以劫之，盐之咸寒以清之。内服恐其助火，火劫而风愈乘其势矣。兹用外摩之法，法捷而无他弊，且躯壳之病，《内经》多用外治，如马膏桑钩及熨法皆是。（《浅注》）

【医案举例】

治疗肌肤顽麻疼痛：患者因中风后偏瘫 2 年余，右项颈侧头皮经常麻木，时有刺痛，曾服补气活血化痰通络类方无效，改以头风摩散。附子 15g，青盐 15g，共研极细末外用。3 次后头皮麻木、疼痛一直未再发。又例左肩部、左肘外方各有约掌大一块肌肤顽麻不仁，遇冷加重，反复调方又治近 1 个月，顽麻依然如故，乃配合头风摩散：炮附子 30g，青盐 30g，白芥子 15g，热敷局部后以药反复搓摩，每次半小时，36 次后顽麻消失。用药前必须热敷或热浴，使毛孔开张，利于药物渗透，药必研细。酌情加入细辛、白芥子等。此方能改善局部血液循环，蠲除搏于肌肤的风寒之邪和郁火，药简效宏。[侯恒太．头风摩散治疗肌肤顽麻疼痛．江西中医药　1988；(2)：2]

历 节 病

一、成因

（一）肝肾不足，水湿浸渍

【原文】

寸口脉沉而弱，沉即主骨，弱即主筋，沉即爲腎，弱即爲肝。汗出入水中，如水傷心①，歷節黄汗②出，故曰歷節。(四)

【词解】

①如水伤心：心主血脉，如水伤心，犹言水湿伤及血脉。

②黄汗：这里是指历节病中的并发症状，是关节痛处溢出黄汗，故曰"历节黄汗出"。此与黄汗病的汗出色黄，遍及全身者不同。

【释义】

本条论述肝肾不足，寒湿内浸的历节病机。寸口脉沉而弱，沉脉为病在里，弱脉主虚。肾藏精主骨，又主人身元气，肾气不足，阳气虚衰，故曰"沉即主骨"，"沉即为肾"；肝主筋而藏血，肝血不足，脉气不能充盈，筋脉失养，所以脉弱，故曰"弱即主筋"，"弱即为肝"；肝肾气血不足，筋骨失养，是为历节病的内因。肝肾气血不足，营卫空疏，汗出腠理开泄，更因汗出入于水中，或冒雨涉水，寒湿乘虚内浸，郁为湿热，伤及血脉，浸淫筋骨，留滞关节，气血运行不畅，关节渐致肿大疼痛，甚或溢出黄汗，则形成历节病。

【按语】

本条论述历节病机，肝肾气血先虚为病之本，寒湿内浸为病之标，说明肝肾气血不足，水湿浸淫，伤及血脉留滞关节，是形成历节病的主要病因病机。

【选注】

沈明宗：此肝肾虚而伤水，病历节黄汗之因也。经以两手寸关尺皆为寸口。此寸口者，即两手脉沉而弱也。沉为肾气不足而主骨，弱为肝血不足而主筋。然肝肾气血不足，则寸口脉沉而弱。肝肾虚而汗出入水，水湿伤而流于关节筋骨之间，为邪在表，则病历节而不病黄汗。或内入伤营，如人水伤心，则病黄汗矣，然伤邪虽一，病分表里不同。此总结为历节黄汗出，故又曰历节也。（《编注》）

（二）阴血不足，外受风邪

【原文】

少陰脉①浮而弱，弱则血不足，浮则爲風，風血相搏，即疼痛如掣。（六）

【词解】

①少阴脉：指手少阴神门脉，在掌后锐骨端陷中；足少阴太溪脉，在足内踝后五分陷中。

【释义】

本条论述血虚历节的病机证候。少阴脉分别主候心与肾，心主血脉，肾主藏精，少阴脉弱，表明心肾阴血不足，故云"弱则血不足"；脉浮为感受风邪，所以说"浮则为风"。由于阴血不足，风邪乘虚，侵及血脉，邪正相搏，经脉痹阻，筋骨失养，故关节疼痛如掣，不能屈伸。

【按语】

本证虽未提出治法，但根据其病因病机，当以养血为主，兼以祛风，治风先治血，血行风自灭。对少阴脉注家有不同认识，《直解》认为是肾脉，诊在太溪；《金鉴》认为是诊手少阴神门脉；《论注》认为是左手尺脉，主肾主阴。根据仲景三部诊法的脉学规律，李克光《金匮要略讲义》认为是手少阴神门脉与足少阴太溪脉，此说宜从。

【选注】

程林：少阴肾脉也，诊在太溪。若脉浮而弱，弱则血虚，虚则邪从之，故令浮弱，故知为风。风血相搏，而邪与正争于筋骨之间，则疼痛如掣。（《直解》）

（三）气虚饮酒，汗出当风

【原文】

盛人①脉濇小，短氣，自汗出，歷節疼，不可屈伸，此皆飲酒汗出當風所致。（七）

【词解】

①盛人：指身体虚弱，而形体丰盛的人。

【释义】

本条论述阳虚风湿历节的病机证候。身体肥胖的病人，由于本虚标实，形盛气虚，往往有余于外，不足于内，湿盛阳微，气血运行不畅，故其脉象多滞涩不利，涩小无力；阳气不振，中气不足，故动则气短；中湿而卫阳不固，故时有自汗出；汗出则腠理空虚，风湿之邪乘虚侵入，况且肥胖之人素多湿盛，加之反复饮酒过度，伤脾碍胃，湿从内生，或汗出当风，风与湿内外相搏，痹阻经络关节，阳气不通，血行不畅，因此形成历节疼痛，不可屈伸之病。

【按语】

对本条病机"此皆饮酒汗出当风所致"应当活看，虽然反复饮酒过多，可以损伤肝脾，助生内湿，影响脾胃健运功能，涉及四肢经脉关节，但非此一端，凡内因脾肾阳虚，胃有湿热，阴血亏虚，外因感受风寒湿邪，汗出入水，露天纳凉，冒雨涉水等，均可能导致历节病的发生，但内因是其主要因素。

【选注】

徐彬：若盛人，肥人也。肥人湿多，脉得涩小，此痹象也。于是气为湿所搏而短，因风作而使自汗，气血为邪所痹，而疼痛不可屈伸。然肥人固多湿，何以脉骤涩小，岂非酒湿困之乎？何以疼痛有加而汗出不已，岂非湿而挟风乎？脉证不同，因风则一，故曰：此皆饮酒汗出当风所致。(《论注》)

（四）胃有蕴热，外感风湿

【原文】

跗陽①脉浮而滑，滑則穀氣實，浮則汗自出。（五）

【词解】

①跗阳：为胃脉，在足背上五寸骨间动脉处，即足阳明经的冲阳穴。

【释义】

本条论述胃有蕴热，外感风湿的历节病病机。跗阳脉是主候胃气之脉，跗阳脉往来流利，轻取即得，故云跗阳脉"浮而滑"。因素积酒谷湿热而与外感风湿相搏，即谓谷气实，故曰"滑则谷气实"。跗阳脉浮，为里热外越而腠理开，津液外泄而为汗，故曰"浮则汗自出"。假如值此汗出腠理空疏之时，感受风邪或冒雨涉水，则内热与外邪相搏，亦能成为历节病。

【按语】

对本条原文有不同认识。李克光《金匮要略讲义》认为本条语气未完，疑有脱简，似"浮则汗自出"之下，当有汗出入水中，或汗出当风，历节痛，不可屈伸等语。陈纪藩《金匮要略》认为，"滑则谷气实"句，即示人有湿热食滞，浮则汗自出即为外感风邪之意，风邪与湿热之邪相搏，痹阻关节，即可成为历节病。高学山认为跗阳脉浮，为里热外越之象，胃热蕴蒸，津液外泄，故曰"浮则汗自出"。以陈氏、高氏所言与仲景之意相符，原文已经言简意赅地说明了胃热实盛，与外感风湿相搏的病因病机。

【选注】

沈明宗：此诊跗阳则知胃家内湿招风为病也。跗阳脉浮，浮为风邪入胃，滑属水谷为病，此显脉浮而滑者，乃素积酒谷湿热招风为谷气实，然内湿外风相蒸，风热外越，津液随之，故汗自出也。(《编注》)

（五）过食酸咸，内伤肝肾

【原文】

味酸则傷筋，筋傷则緩，名曰泄。醎则傷骨，骨傷则痿，名曰枯。枯泄相搏，名曰斷泄。榮氣不通，衛不獨行，榮衛俱微，三焦無所御①，四屬斷絶②，身體羸瘦，獨足腫大，黄汗出，脛冷。假令發熱，便爲歷節也。（九）

【词解】

①御：作"统驭"、"统治"讲。

②四属断绝：四肢得不到气血营养。

【释义】

本条论述偏嗜酸咸致历节的病机及其与黄汗病的鉴别。酸味适宜本能益肝，过食酸则反伤肝，肝藏血而主筋，肝伤则筋伤血泄，筋脉失养，弛缓不用，所以谓之"泄"；咸味适度本能益肾，过食咸则反伤肾，肾藏精而主骨生髓，肾伤则精髓不生，化育无源，骨失充养，则痿软不立，所以谓之"枯"。若恣食酸咸过度，致肝肾皆虚，两虚相搏，精竭血虚，则四肢及筋骨失养而痿软不用，此即"枯泄相搏，名曰断泄"。肝为藏血之脏，肾为元气之根，肝肾俱虚，精血衰少，久则累及营卫气血不足，营气虚则气血不能畅通司濡养之职，卫气虚则不能畅行温煦卫外而为固，营卫俱衰，则三焦功能失职，肢体失去营养，身体日渐消瘦，气血循行障碍，湿浊下注，所以两脚独肿大。假如胫冷，不发热，全身出黄汗，而无其他病处，是为黄汗病；若胫不冷，发热，关节痛，即使有黄汗，而局限于关节痛处，此为历节病。

【按语】

本条指出过食酸咸可损伤肝肾，肝肾两虚是形成历节病的主要病机。根据《素问》有关论述，肝的生理特性是肝欲酸，恶风，喜甘，不喜辛辣，并指出，酸走筋，筋病无多食酸。肾的生理特性是肾欲咸，恶燥，喜辛，不喜甘淡，又指出，咸走血，血病无多食咸。在《素问·五脏生成篇》又指出："是故多食咸，则脉凝泣（涩）"。既强调肝欲酸，又强调筋病勿多食酸，既强调"肾欲咸"的一面，又强调"多食咸，则脉凝泣"。说明五脏合五味的所宜、所喜、所恶，是根据脏腑阴阳变化和疾病的变化而有不同的喜恶，临证时，应根据五脏生理特性和病理特点，辨证论治，随其所得而治之，做到近其所喜，远其所恶，适当选用药味，恰当给予施治和护理，而仲景本条所论述食酸咸伤肝肾而致历节病，只是举例而已，学者当举一而反三。

【选注】

徐彬：此论饮食伤阴，致营卫俱痹，足肿胫冷，有类历节，但当以发热别之也。谓饮食既伤阴，然味各归其所喜攻。酸为肝之味，过酸则伤筋，筋所以束骨而利机关，伤则缓漫不收，肝气不敛，故名曰泄。咸为肾之味，过咸则伤肾，肾所以华发而充骨，伤则髓竭精虚，肾气痿惫，故名曰枯。肝肾者人之本也。肾不荣而肝不敛，根销源断，故曰断泄。饮食伤阴，荣先受之，乃荣气不通。荣卫本相依，荣伤卫不独治，因循既久，荣卫俱微，三焦所以统领内气而内贯四肢者也。失荣卫之养，而无所恃以为御，御者摄也，四属之气，不相统摄而断绝。四属者，四肢也。元气既急，身体羸瘦，足尤在下，阳气不及，肿大胫冷，荣中气郁则热而黄汗，然此皆阴分，病非历节。历节挟外之湿邪，而重且痛也。唯外邪必发热，故曰假令发热，是表分亦有邪，从肌肉而历关节，便为历节。（《论注》）

二、证治

（一）风湿历节

【原文】

諸肢節疼痛，身體魁羸①，脚腫如脫②，頭眩短氣，溫溫③欲吐，桂枝芍藥知母湯主之。（八）

桂枝芍藥知母湯方：

桂枝四兩　芍藥三兩　甘草二兩　麻黃二兩　生姜五兩　白术五兩　知母四兩　防風四兩　附子二枚（炮）

上九味，以水七升，煮取二升，溫服七合，日三服。

【词解】

①魁羸：是形容关节肿大。沈氏、尤氏、《金鉴》本俱作"尪羸（wāng léi 汪雷），是指身体瘦弱。

②脚肿如脱：形容两脚肿胀，且又麻木不仁，似乎和身体脱离一样。

③温温：作"蕴蕴"解，谓心中郁郁不舒。

【释义】

本条论述风湿历节的证治。历节之病，由于风湿外浸，痹阻筋脉关节，气血运行不畅，风湿相搏，故诸肢节疼痛而肿大；病久不解，正虚邪盛，营卫气血耗损，消灼肌肉，故身体逐渐消瘦；湿无出路，痹阻下焦，气血不通，两脚肿胀，麻木不仁，有如与身体相脱离的感觉；风湿上犯，干及阳位，则头昏目眩，湿阻中焦，脾失健运，清气不升，故中气虚而短气；浊邪干胃，胃失和降，故温温欲吐。病由风寒湿邪外浸，痹阻筋脉关节，日久不解，逐渐化热伤阴，筋脉骨节失养，浊邪干及脾胃所致。治当祛风除湿，温经散寒，佐以滋阴清热，桂枝芍药知母汤主之。方中桂枝、麻黄祛风通阳，附子温经散寒止痛，白术、防风除湿宣痹，知母、芍药养阴清热，柔筋缓急，生姜、甘草降逆止呕，和胃调中。

【按语】

本证属风湿相搏，郁遏日久化热伤阴，阳气为风湿痹阻不通，筋脉失养所致。非温不能通其痹，故以温经散寒，宣痹通阳为主，唯以知母一味属养阴清热药，但宜佐治之意。全方药性偏于温通，重在温散风湿，若病属肝肾阴虚，气血不足，或湿热两盛者，非本方所宜。

【临床应用与研究】

①治疗类风湿性关节炎，症见关节灼热疼痛或变形肿大，舌质淡，舌苔白腻微黄，脉濡缓，证属风寒湿邪痹阻筋脉，阳气不振，气血不畅，郁久化热者，均可用本方加减治疗。寒重者，加北细辛、羌活、当归、川芎；湿重者，加法半夏、苍术、白芥子；湿郁化热者，加

薏苡仁、黄柏、青蒿；化热伤阴者，加生地、丹参、粉葛根。②治疗坐骨神经痛，以一侧或双侧坐骨神经剧烈疼痛，放射致下肢酸痛、胀痛，不能高抬腿为特点，证属风寒湿流注关节，痹阻经络，治当祛风除湿，温经散寒，活血通络。寒湿重者，加北细辛、干姜、独活；风重加乌梢蛇、地龙、威灵仙；有瘀血者，加当归、川芎、乳香、没药、三七。

现代药理研究证实：附子、防风有类肾上腺皮质激素样作用，可以抗风湿性关节炎；麻黄、桂枝、防风有发汗解热作用；白芍、防风、附子有镇痛作用；白术强壮、利尿，与生姜合用有促进胃液分泌及促进血液循环作用。生姜还有抑制大鼠蛋白性关节炎作用。

【选注】

沈明宗：此久痹而出方也，肢节疼痛，邪气痹于骨节表里之间，而脾主肌肉，胃为表里，胃受痹邪，脾气亦不充于肌肉，故身体尪羸；风湿下流，脚肿如脱，上行则头眩短气；扰胃则温温欲吐，乃脾胃肝肾俱虚，足三阴表里皆痹，难拘一经主治，故用桂枝、芍药、甘、术调和营卫，充益五脏之元；麻黄、防风、生姜开泄行痹而驱风外出；知母保肺清金以使治节。经谓风寒湿三气合而为痹，以附子行阳燥湿除寒为佐也。（《编注》）

【医案举例】

张某，女，65岁。自述四肢关节游走疼痛，屈伸不利，反复发作已10多年。近日疼痛加剧，两手中指关节红肿热痛，食指关节变形，但皮色不变，按之不热，肩、踝、膝、趾等关节亦痛，微热，游走性痛，下肢沉重，难行，口干不欲饮，胃纳欠佳、无汗、恶风。舌淡红苔白腻，脉浮滑细。证属风寒湿邪，合而为痹，邪有化热之势。治宜祛风散寒除湿，兼清热养阴。桂枝芍药知母汤加减：桂枝、赤芍、知母、制附块、防风、白术、当归各9g，麻黄6g，忍冬藤15g，蕲蛇、露蜂房各5g。服14剂，每日1剂，药后两手中指关节红肿消退，各关节疼痛大减，饮食增。上方去忍冬藤、知母，加伸筋草、鸡血藤各15g，赤芍改为白芍。又14剂，疼痛已止，予前方7剂巩固疗效。[黄英俊.《金匮要略》谈历节病.浙江中医学院学报　1985；（6）：43]

（二）寒湿历节

【原文】

病歷節不可屈伸，疼痛，烏頭湯主之。（十）

烏頭湯方：治腳氣疼痛，不可屈伸。

麻黃　芍藥　黃芪各三兩　甘草二兩（炙）　川烏五枚（㕮咀，以蜜二升，煎取一升，即出烏頭）

上五味，㕮咀四味，以水三升，煮取一升，去滓，內蜜煎中，更煎之，服七合。不知，盡服之。

【校勘】

"甘草二两"，赵本缺剂量，据《医统》本补。徐、沈、尤氏注本，并作三两。

【释义】

本条论述寒湿历节的证治。以方测证，应有历节病，关节冷，剧烈疼痛，不可屈伸，舌质淡，苔白腻，脉弦迟等证。此为寒湿内盛，风邪外侵，痹阻筋脉关节，阳气不通所致。寒性收引凝滞，主痛，湿性重浊，寒湿俱盛，痹阻经脉，留滞关节，故剧烈疼痛而不能屈伸，治法当温经散寒，除湿止痛，方用乌头汤。方中乌头温经散寒，除湿止痛；麻黄祛风发汗，通阳宣痹，以逐寒湿；芍药、甘草酸甘柔筋，缓急止痛，黄芪益气固卫，助麻黄、乌头温经止痛，亦制麻黄过于发散之性，与散寒除湿药同用，具有扶正驱邪之效；蜂蜜甘缓，止疼痛而安脏气，减乌头之毒，并缓诸药之燥。诸药合用，能使风寒湿邪从微汗而解，亦仲景所云"若治风湿者，发其汗，但微微似欲出汗者，风湿俱去也"之义。

【按语】

本条与第八条同为历节病，病变重点都在关节，但在病机、症状和治法上均有所不同。桂枝芍药知母汤证是为风湿历节，有风湿痹阻，郁而化热伤阴的病机，症以关节肿痛，化热为主，故治法宜祛风除湿，温经散寒，佐以滋阴清热；乌头汤是为寒湿历节，以寒湿留于关节，经脉痹阻不通，寒湿痹阻为重，症以关节疼痛，遇寒则加剧，不可屈伸为主，故治法宜温经散寒，除湿止痛。

关于乌头的制法，原文指出"川乌五枚（㕮咀，以蜜二升，煎取一升，即出乌头）"。若是纯正蜂蜜浓度大，含水分极少，要将二升煎成一升较为困难，使用时，应灵活改进，一般可在蜂蜜中加入两倍以上的水，而后如法煎制。或改为取鲜生姜 50g，食盐 5g，加水 1000ml 同乌头先煎一小时，然后加入其他药，再加入适量的水，待药煎成后加适量蜂蜜，煮数沸亦可。乌头汤中乌头有毒，以使用制乌头较为安全。

【临床应用与研究】

①治疗慢性关节炎（含风湿性关节炎、类风湿性关节炎），症见寒湿痹痛，关节剧痛，不可屈伸，辨证为寒湿内盛，痹阻经脉关节，阳气不通者。痛剧寒甚者，加北细辛、干姜、威灵仙；湿甚者，加苍术、茯苓；关节肿痛灼热者，加苡仁、黄柏、桑枝；气血瘀滞者加当归、川芎。②治疗坐骨神经痛，症见坐骨神经剧烈疼痛，患肢对侧（健侧）不能高抬，放射致下肢，辨证为风寒湿邪阻滞经脉关节，经脉痹阻，气血凝滞。寒湿甚痛剧者，加制草乌、五加皮、川断、灵仙；阳虚寒甚者，加黄芪、当归、附子；拘急者，重用白芍、甘草，加木瓜；湿重者加羌活、苍术、白芥子；久病痼疾，顽痛不已者，加全蝎、蜈蚣。③治疗腰椎间盘突出症，症见腰腿剧烈疼痛，腰部发凉，患肢冷痛麻木，受寒冷则疼痛加剧。辨证为寒湿内盛，痹阻经脉关节，气血瘀滞，阳气不通者。寒重痛剧者，加制草乌、细辛；畏寒重，患处冷凉甚者，加干姜、熟附片；苔腻湿盛，肢体重着者，加苍术、羌活、茯苓；患处麻木刺痛者，加当归、红花、地龙；郁久化热，苔黄腻者，加地骨皮、黄柏、薏苡仁。此外，本方亦治寒湿性脚气病。

实验研究证实，乌头和附子其主要成分为乌头碱、乌头次碱，炮制时通过水泡和高温煎煮即能彻底解毒。煎煮愈久强心愈显著，毒性愈低。而生乌头的冷浸液或煎煮时间较短者强心作用不明显，继而出现心律紊乱的中毒反应。经化学分析，乌头、附子煎剂并不含强心苷，却含有较高浓度的钙，乌头为 0.2%，熟附片 1.41%。并发现煎煮的时间愈久，煎剂中的钙含量也相应增高，因此认为乌头、熟附片煎剂的强心作用与其中所含的钙有密切关系，在煎煮或炮制后，碱含量减少，毒性大大降低。动物实验证实，乌头汤有明显的镇痛作用和抗炎作用，给药后 1 小时镇痛效果最高。其抗炎作用明显而持久，其外用药效同地塞米松胶硅注射的药效相近。

【选注】

尤怡：此治寒湿历节之正法也。寒湿之邪，非麻黄、乌头不能去，而病在筋节，又非如皮毛之邪可一汗而散者。故以黄芪之补，白芍之收，甘草之缓，牵制二物，俾得深入而去留邪。（《心典》）

【医案举例】

萧某，女，42 岁，工人，从 1971 年春节开始患风湿性关节炎，反复发作，时已两年，髋膝关节疼痛，皮色不变。下肢膝关节特别怕冷，局部要加盖厚膝垫保暖，倘遇天冷阴雨，痛更难忍，步伐艰难，不能上班已四月，舌质淡红，苔薄白，脉弦细而紧。抗"O" 1:1600，血沉 30mm/h。此为寒痹，其主要特点是疼痛有定处，痛较剧。因寒为阴邪，其性凝滞，故痛有定处，局部怕冷。风寒湿邪相搏，阻滞经络骨节，不通则痛，变天则剧。治以散寒止痛为主，佐以祛风除湿，方以乌头汤（《金匮》方）加减。桂枝一两，川乌（制）三钱，黄芪五钱，白术四钱，麻黄二钱，白芍四钱，豹皮樟六钱，豆豉姜五钱。

服七剂，关节疼痛大减，膝关节自觉转暖，能慢步行走。复诊时，加猴骨五钱，蕲蛇二钱，再服十剂，抗"O"降至 1:300，血沉仅为 10mm/h。嘱病者服药二周，以巩固疗效，追查一年半无复发。（李克光，等．金匮要略讲义．第 1 版．上海科学技术出版社，1985；62）

三、附方

（一）矾石汤

【原文】

礬石湯：治脚氣冲心。

礬石二兩

上一味，以漿水一斗五升，煎三五沸，浸脚良。

【释义】

本条论脚气冲心的外治法。脚气病，乃由湿邪下注所致的腿脚肿胀重痛之病。以脚腿肿胀重痛，或软弱无力，麻木不仁为特点，严重者可发展为脚气冲心，即出现心悸、气喘急、胸中闷、呕吐等症。本病亦有实寒与实热之分；病机亦有心阳不振，肾气虚不能化气行水与脾虚不能运化水湿，以及湿浊内盛而上乘心阳之虚所致。无论哪种成因，只要是脚气冲心者，除辨证治疗给予内服方而外，皆可考虑用矾石汤配合洗脚从其外治。矾石即明矾，其味酸性寒，有除湿解毒之功；浆水煎煮，以增清热解毒、利湿止痒。故脚气上冲，用矾石汤温洗浸脚，以燥湿降浊，清热解毒，而助心肾之气。

【按语】

据《千金要方·卷第七》云："魏周之代，盖无此病。"可知脚气之病名，始于隋唐以后，故本方治脚气冲心，系后人所附。今人谓维生素 B_1 缺乏，会致脚气病。

【临床应用与研究】

①《千金方》治鼻中息肉，不闻香臭，烧矾石末，以面脂和，绵裹着鼻中，数日息肉随药消落。②治腋下狐臭，《本草纲目》取矾石研细粉，装于绢袋中，常粉腋下。③《兰室秘藏》独圣散治疗烫伤泡破，烧伤皮损，疮毒疼痛，取生白矾为细末，芝麻油调扫疮破处。④《经验良方》治脚汗不止，白矾一两，水煎洗脚。⑤用于烧伤控制创面绿脓杆菌感染，取枯矾 7.5g，冰片 2.5g，生理盐水 1000ml，充分摇匀，装瓶备用。对烧伤处按常规清创后，用浸渍药液的单层纱布平整地贴在创面上，保持创面干燥、通风。⑥本方早被后世医家移用于治疗脱肛、阴痒、漆疮等；并被现代报道扩用于治疗内痔、睾丸鞘膜水肿、肺结核咯血等疾病。

药理和实验研究发现，矾石汤有抗菌消炎，收敛防腐，抗阴道滴虫和止血作用。

【选注】

沈明宗：然脚气因风湿、寒湿、湿热所致。经云：伤于湿者，下先受之，阴病者，下行极而上。因上中二焦之气先虚，脾湿下流，相招外邪，互蒸成热，上冲于心，即地气加天之谓也。故用矾石味酸性温，煎汤沸洗，善收湿澄浊，清热解毒；然湿从下受，当使下渗而去，则不冲心矣。（《编注》）

（二）《千金》三黄汤

【原文】

《千金》三黄汤：治中風手足拘急，百節疼痛，煩熱心亂，惡寒，經日不欲飲食。

麻黄五分　獨活四分　細辛二分　黃芪二分　黃芩三分

上五味，以水六升，煮取二升，分溫三服，一服小汗，二服大汗。心熱①加大黄二分，腹滿加枳實一枚，氣逆加人參三分，悸加牡蠣三分，渴加栝樓根三分，先有寒加附子一枚。

【词解】

①心热：指胃肠实热积滞。

【释义】

本条论述卫虚感受风邪的证治。卫气不足，风邪外中，伤及肌表，营卫不和，则恶寒；痹阻经脉关节，气血不通，故手足拘急，百节疼痛；风为阳邪，最易化热，热扰心神，故烦热心乱；里热伤脾，脾失运化，故不欲饮食。治当祛风散寒，益气固表，兼以清热，用三黄汤。方中麻黄、独活、细辛祛风散寒，通络止痛；黄芪益气固表；黄芩清热降火。本方适用于素体表虚，感受风邪里热内郁之证，故恶寒、骨痛、心中烦热，汗出不畅，舌淡、苔白、食欲不佳为辨证要点。

【按语】

本方虽列于中风诸证之后，但不属于真中风之证，乃属治风湿发汗之剂，故方后指出，分温三服，一服小汗，二服大汗，说明服本方后应有汗出，使风邪得以外出。

【临床应用与研究】

①治疗中风后遗症，症见患者麻木冷痛，步履艰难，上肢无力持重，语言不利，口角流涎等，证属脾虚湿盛或痰瘀阻滞经络者，可随证加减。舌质淡胖，苔白滑者，加桂枝、干姜；痰湿重者加半夏、陈皮、白芥子；脾虚纳差者，加砂仁、茯苓、白术、山药；有瘀血者，加当归、桃仁、红花；舌质红、苔黄燥者，加丹参、粉葛根、鸡血藤、海风藤。②治疗风湿性关节炎，关节冷痛者，加威灵仙、乌梢蛇、熟附片、制川乌；湿热重者，加苍术、黄柏、赤芍、鸡血藤、海桐皮、银花藤；有瘀血肿痛者，加三七粉、地龙、乳香、没药、蜈蚣。

【选注】

魏荔彤：亦为中风正治而少为变通者也。以独活代桂枝，为风入之深者设也；以细辛代干姜，为邪入于经者设也；以黄芪补虚以熄风也；以黄芩代石膏清热，为湿郁于下热甚于上者设也。大汗心热加大黄，以泄热也；腹满加枳实，以开郁行气也；气逆加人参，以补中益胃也；悸加牡蛎，防水邪也；渴加栝楼根，以肃肺生津除热也……先有寒，即素有寒也，素有寒则无热可知，纵有热亦内真寒，外假热而已。云加附子，则凡大黄、枳实、栝楼根俱可不用，原方中之黄芩亦应斟酌矣，此又为虚而有寒者言治也。(《本义》)

【医案举例】

某男，52岁。患脑血管意外已有半年之久。左侧半身不全瘫，手足时时拘挛，并在夜间疼痛较重，经治不愈。

于1977年6月12日就诊。血压24/12kpa，心电图正常，心肺（-），左手尚能自举活动，走路蹒跚，自觉诸肢节疼痛，尤以患侧为重，其脉浮大，舌质淡暗，舌苔薄白。乃风中经络，湿留肢节，试投千金三黄汤加味：麻黄9g，独活12g，黄芪30g，细辛5g，黄芩9g，秦艽15g，当归15g，赤芍12g，甘草10g。服3剂，疼痛减轻，手足挛急亦有好转，但上肢进展缓慢，又以上方加桂枝、灵仙、姜黄、羌活，取蠲痹汤之义，连服6剂，疼痛已基本消失。后又以《千金》三黄汤合补阳还五汤，共服30余剂，基本恢复正常。(杨百茀，等．实用经方集成．第1版．人民卫生出版社，1996；330)

(三)《近效方》术附汤

【原文】

《近效方》术附湯：治風虛①頭重眩，苦極，不知食味，煖肌補中，益精氣。

白术二兩　甘草一兩（炙）　附子一枚半（炮去皮）

上三味，剉，每五錢匕，姜五片，棗一枚。水盞半，煎七分，去滓，温服。

【词解】

①风虚：指阳虚畏寒恶风。

【释义】

本方治疗阳虚挟风寒的头眩证。病因脾肾阳虚，水湿不化，清阳不升，浊阴不降，风寒内攻，清窍不利，头目失于温煦，故见畏风寒，头重着昏眩，痛苦之极；寒湿内盛，脾阳被困，运化失职，故饮食乏味。治宜温肾壮阳，健脾除湿，用术附汤。方中附子温肾阳，白术、甘草健脾除湿，补中益气；生姜、大枣温胃散寒，调和营卫。

【按语】

《伤寒论》之去桂加白术汤，《金匮要略》之白术附子汤，与本条《近效方》术附汤药味皆相同，只是药量有所不同，但主治证都有差别。前两方之方名异而主治证同，皆为表里阳气皆虚，寒湿内外皆盛，故见周身疼烦，不能自转侧，不呕不渴，脉浮虚而涩，伴有阴寒内结的大便硬，小便自利。本方证则为脾肾阳虚，水湿不化，清阳不升，头目失于温煦，又挟风寒的头重头晕，纳食无味之证，用温补脾肾的方法治疗，以达到温阳祛邪的目的，与平常外感风寒湿邪所致的头身痛的治法有所不同。

【临床应用与研究】

①《古今医统大全》：治疗湿温小便不利。治寒厥心痛，手足逆冷，通身冷汗，脉微气弱。②治疗脾肾阳虚头痛，症见头晕目眩，如坐舟车，反复发作，舌质淡，舌苔白滑，畏寒怕冷。寒重加羌活、北细辛，湿重加法半夏、陈皮、苍术。③本方治疗梅尼埃综合征，阳虚自汗，妇女寒湿性白带，胞宫不温，久不孕，凡证属阳虚寒湿者，都有很好疗效。

【选注】

徐彬：肾气空虚，风邪乘之，漫无出路，风挟肾中浊阴之气，厥逆上攻，致头中眩苦至极，兼以胃气亦虚，不知食味，此非轻扬风剂可愈，故用附子暖其水脏，白术甘草暖其土脏，水土一暖，犹之冬月井中，水土既暖，阳和之气可以立复，而浊阴之气不驱自下矣。（《论注》）

【医案举例】

兰某，女，34岁。1984年4月6日初诊。眩晕三日，视物则感天旋地转，卧床不能行动，畏寒。刻诊：恶心呕吐，饮食不进，口干欲饮，水入即吐，心悸，小便短少，四肢发冷，面色苍白，双目紧闭，不敢睁开，舌质淡白，脉沉微。处方：附片20g，白术15g，炙甘草5g，炮生姜15g，大枣10枚，泽泻15g。一剂已，眩晕减半；三剂诸症消失，续以香砂六君子汤加减，巩固疗效。［李国华.白术附子汤治疗阳虚眩晕.四川中医 1986；（9）：33］

（四）崔氏八味丸

【原文】

崔氏八味丸：治脚气上入，少腹不仁。

乾地黄八兩　山茱萸四兩　薯蕷四兩　澤瀉　茯苓　牡丹皮各三兩　桂枝一兩　附子一兩（炮）

上八味，末之，煉蜜和丸，梧子大。酒下十五丸，日再服。

【释义】

本条指出脚气病属肾气虚的治疗。肾主化气行水，其经脉起于足而入腹，属肾络膀胱。

肾气不足，气化失职，则水湿内停；湿浊下注，则腿脚肿胀，发为脚气。少腹部为肾脉所过之处，水湿内聚，循经上逆，故少腹不仁，拘急不舒。病虽为水湿不化，但实由肾气不足，气化无权所致。治宜温肾壮阳，化气行水，用八味丸主治。方中桂枝、附子温肾壮阳，以助气化；地黄、山茱萸、丹皮滋阴益血，以益肾阴；茯苓、山药、泽泻健脾益胃，淡渗泄湿。

【按语】

本方即金匮肾气丸，能温肾阳，亦能滋肾阴，取阴中求阳之法。正如张景岳所说，"善补阳者，必于阴中求阳，以阳得阴助，则生化无穷。"使阳生阴长，则肾气可复。

【临床应用与研究】

①治疗虚劳诸不足，《太平惠民和剂局方》用八味肾气丸治肾气虚乏，下元冷惫，脐腹疼痛，夜多漩溺，脚膝缓弱，肢体倦怠，面色黧黑，不思饮食。并认为久服壮元阳，益精髓，活血驻颜，强志轻身。②治疗慢性肾炎（包括肾病综合征），症见腰痛，小便不利，全身性水肿，长期尿蛋白阳性，头昏，血压偏高。如脉沉迟，舌质淡胖者，证属脾肾阳虚，寒湿内盛所致，治当温阳除湿，健脾利水，本方去丹皮，加白术、麻黄、细辛、干姜；舌红少津，脉数，小便涩少不利心烦不宁者，是阴虚有热，本方加花粉、葛根、丹参、滑石。

实验研究表明，肾阳虚实质表现为下丘脑－垂体－肾上腺皮质系统功能低下，垂体－甲状腺、垂体－性腺系统功能下降。温补肾阳中药具有肾上腺皮质激素作用，可以拮抗由外源性可的松造成的各种组织萎缩及功能低下。用八味肾气丸补阳可使血压下降，肾功能改善。温肾能够利尿，其消肿原理主要是温肾能够改善肾功能，影响垂体肾上腺皮质功能，利尿消肿；增加肾有效血容量，对慢性肾炎水肿患者，附子首先使肾小球滤过率增加，尿量与用药量有一定平行关系；因强心和扩张末梢血管改善瘀血状态，从而影响垂体－肾上腺皮质，减少抗利尿激素与醛固酮分泌。

【选注】

尤怡：肾之脉起于足而入于腹，肾气不治，湿寒之气随经上入，聚于少腹，为之不仁，是非驱湿散寒之剂可治者，须以肾气丸补肾中之气，以为生阳化湿之用也。（《心典》）

（五）《千金方》越婢加术汤

【原文】

《千金方》越婢加術湯：治肉極①，熱則身體津脫，腠理開，汗大泄，厲風氣，下焦腳弱。

麻黄六兩　石膏半斤　生姜三兩　甘草二兩　白术四兩　大棗十五枚

上六味，以水六升，先煮麻黄去沫，內諸藥，煮取三升，分溫三服。惡風加附子一枚，炮。

【词解】

①肉极：病名，指肌肉极度消瘦。

【释义】

本条指出肉极的治疗。脾虚不能运化水谷精微，反为风湿外侵，与内湿相合，湿郁化热，风胜则热胜，迫津外出，津伤液脱，久则肌肉消灼，形体消瘦，腠理不固而汗大泄，风邪疠气乘虚客于营血，营郁化热，营卫气血壅滞不利，则为疠风气；脾虚则不能化生营卫气血以充养四肢，故下肢软弱无力。治当疏风清热，调和营卫，用《千金》越婢加术汤。方中麻黄散风湿，白术健脾除湿，二者相伍，相得益彰，并行表里之湿；石膏清郁热；生姜、大枣、甘草调和营卫而益脾胃。

【按语】

关于"疠风气"，《素问·风论篇》云："疠者，有荣气热胕，其气不清，故使其鼻柱坏而色败，皮肤疡溃，风寒客于脉而不去，名曰疠风，或名曰寒热"。《黄帝内经素问校注语译》注：大风即疠风。患疠风病，周身骨节沉重，须眉脱落，这就叫做疠风病。治疗时应以针刺肌肉为原则，使之出汗，直到须眉从新生长为止。可知风邪入侵，化热伤津，日久则皮肤腐溃，是为疠风，治宜祛风除湿，解肌发汗，调和营卫。另有认为本病之"厉风"与麻风相关。

【临床应用与研究】

①治疗风湿性关节炎：症见关节红、肿、热、痛，伴有恶寒，疼痛波及肩、肘、腕、踝、趾、指等诸关节，舌质红，舌苔黄腻，证属风寒湿热痹阻所致，用越婢加术汤主治。风重者，加防风、薏苡仁、防己；湿重者，加茯苓、羌活、独活；湿热偏重者，加秦艽、黄柏、赤芍、银花藤；寒偏重者，去石膏，加桂枝、细辛、威灵仙。②治疗急性肾炎：症见发热恶寒，小便不利，全身浮肿，腰痛，尿血，蛋白尿等，证属外感风邪，水湿外侵，内有郁热，治当发越水气，兼清郁热，用越婢加术汤主治。偏风热者，加银花、连翘、薄荷；风寒重者，去石膏，加桂枝、苏叶、防风；小便不利、尿血者，加白茅根、大蓟、小蓟、赤芍。

超氧化物歧化酶（SOD）能清除氧化反应中生成对机体有害的活性氧。研究证实越婢加术汤与防己黄芪汤、桂枝加苓术汤相比，越婢加术汤的 SOD 样活性显著增高，仅次于桂枝二越婢一汤。研究表明，SOD 活性显著增高与方中含有麻黄有关。

【选注】

徐彬：此治风极变热之方也。谓风胜则热胜，以致内极热而汗多，将必津脱，津脱而表愈虚，则腠理不能复固，汗泄不已，将必大泄。风入荣为厉。《内经》曰：厉者有荣气热胕。今风入荣为热，即是厉风气矣。盖风胜气浮，下焦本虚，至厥阳独行而浊阴不降，无以养阴而阴愈虚，则下焦脚弱，故以麻黄通痹气，石膏清气分之热，姜枣以和营卫；甘草、白术以理脾家之正气。汗多而用麻黄，赖白术之扶正，石膏之养阴以制之，故曰越婢加术汤，所谓用人之勇，去其暴也。汗大泄而加恶风，即须防其亡阳，故加附。（《论注》）

研究概要

从病名而言，《灵枢》谓之"偏枯"，《金匮》始称"中风"，后世称为"内中风"或"真中风"。病因病机方面，《金匮》以"气血内虚，外邪诱发"为中风病总的病因病机。本病从元代以后多以内风立论。如刘河间主"心火暴甚，肾水虚衰"；李东垣主"本气自病"；朱丹溪主"湿土生痰，痰生热，热生风"；张景岳主"内伤积损，颓败而然"；清代尤在泾认为"无论贼风邪气从外来者，必先有肝风为之内应"；王清任主"气虚血瘀"。综合古今医家认识，中风病的发生，虽然多以风、火、湿、痰、瘀、虚、七情有关，但从理论与临床实践所知，中风病的各种致病因素，绝大多数都与瘀血有关，王清任的"气虚血瘀"学说作了全面概括，瘀血应当视为中风病的主要致病因素之一。对于邪气"入腑"或"入脏"的认识，沈明宗认为中风病与脑有关。当代医家多认为中风病与西医学的脑溢血、脑血栓形成、脑栓塞、蛛网膜下腔出血、周围性的神经麻痹等有相关性。无论何种因素，都有毛细血管损伤、血行障碍的共同特点，即都与中医理论所认识的瘀血有关，使用活血化瘀方药进行治疗，能使血栓溶解，血管软润，恢复正常血行。《金匮》根据中风病深浅不同程度分为中经，中络，入腑，入脏。后世在此基础上分为中经络与中脏腑两大类。病变只限于血脉经络，而无语言障碍和神志改变者为中经络；病变深入到相关脏腑，影响到语言和神志不清或不识人者为中脏腑。中经络病情较轻，类似于运动中枢受到影响；中脏腑病情较重，类似于语言中枢、视神经中枢和中枢神经受到影响。运用《金匮要略》有关理法方药对中风病进行辨证论治，能收到较好的疗效。如运用本篇所载侯氏黑散、风引汤、《古今录验》续命汤等治疗中风病、中风后遗症、高血压、癫痫等都收到较满意的治疗效果。后世在本篇分类的基础上进行辨证论治。邪中经络，脉络空虚，风痰阻络者，用大秦艽丸，以祛风化痰，养血通络；肝肾阴虚，风痰入络者，用镇肝熄风汤，以滋阴潜阳，熄风通络；邪中脏腑，肝阳暴亢，痰热壅盛者，用羚角钩藤汤，以平肝熄风，清热化痰；痰浊壅盛，内蒙心神者，用涤痰汤，以辛温开窍，除痰熄风；中风后遗症，气血两虚，络脉瘀阻者，用补阳还五汤；寒湿内盛，络脉瘀阻者，用麻黄附子细辛汤加当归、川芎、白术、茯苓、半夏，以温经散寒，活血通络。

关于历节病之名，后世称为"白虎历节"、"痛风"、"鹤膝风"等。在病因方面，后世医家在本篇的基础上，有所完善和补充，认为血脉瘀阻，痰瘀互结，久病失治，化热伤阴，亦为本病发生的重要因素，故历节病是以肝肾气血不足为内因，风、寒、湿、热、瘀为诱因。在辨证论治方面，后世医家认为风、寒、湿、热单独为历节病的较少见，故归纳为风湿热痹、风寒湿痹、久痹三类，有利于辨证论治。风湿热痹，即湿热阻滞经络关节型，本证多见于类风湿性关节炎早期。以肌肉关节红肿热痛，屈伸不利，晨起僵硬，舌红，苔黄腻，治疗当清热除湿，活血通络，方用桂枝芍药知母汤加苍术、黄柏、川牛膝、防己、地龙、土鳖虫、银花藤、苡仁、滑石。风寒湿痹，即寒湿阻滞经络关节型，本证多见于类风湿关节炎中期。以关节冷，剧烈疼痛，或变型肿大，遇寒加剧，得热则减，舌质淡，苔白腻或白滑；治法当温经散寒，宣痹除湿，活血化瘀，用乌头汤加细辛、熟附片、白术、茯苓、当归、川芎、蚂蚁、蜈蚣、乌梢蛇。久痹，亦称顽痹，即肝肾阴虚，痰瘀阻络型。本证病程日久失治，正虚邪恋，痰瘀互结，留滞经脉关节。多见于类风湿关节炎中、晚期。以关节疼痛，僵硬变型，屈伸不利，红肿不明显，舌脉正常。治当补气血，养肝肾，祛痰化瘀，宣痹通络，用《古今录验》续命汤加川芎、三七、红花、僵蚕、白花蛇、土鳖虫、蜈蚣、秦艽、杭巴戟、桑寄生、白芥子。从方药运用方面看，《金匮要略》在祛风、散寒、除湿、清热、温经通络等方面都已经奠定了坚实的基础。但后世的祛痰、化瘀，搜风通络方面重用活血化瘀的红花、桃仁、三七、丹参，驱风活血、通络止痛的虫类药，如蚂蚁、全蝎、蜈蚣、地龙、土鳖虫、露蜂房、白花蛇、乌梢蛇等尤为卓著；祛痰湿宣痹滞的法半夏、白芥子、白附子；滋养肝肾的枸杞、枣皮、桑寄生、杭巴戟、生首乌、淮牛膝等，丰富了对历节病的治疗。

小　结

　　本篇论述中风与历节的辨证论治。中风病的产生是由于脏腑衰弱，气血两虚，经脉痹阻，偶有外邪诱发所致。中风病是以突然昏倒，口眼㖞斜，半身不遂，昏不识人为主症。根据病情的轻重，有中经络与中脏腑的区别。如邪在于络，肌肤不仁；邪在于经，即重不胜；邪入于腑，即不识人；邪入于脏，舌即难言，口吐涎。对于中风病的治疗，当以养血熄风，通络祛痰，调理气血，平调阴阳为原则，并根据不同证型辨证论治。如里阳虚、气血不足、风入心脾者，治以扶正祛邪，方用侯氏黑散；热盛里实、肝风内动者，治当清热泻火、平肝熄风，方用风引汤；阴虚血热，感受风邪者，治当滋阴凉血，清热祛风，方用防己地黄汤；气血两虚，外感风寒者，治当祛风散寒，益气养血，方用《古今录验》续命汤。外受风寒的头风病，用头风摩散。

　　历节病的产生是内因心肝肾气血不足或阳气虚弱，外因风寒湿热之邪，如汗出入水中浴，饮酒汗出当风，风血相搏等，乘虚侵袭经络而留着关节所致。本病以关节剧烈疼痛为主症。其疼痛常从部分关节开始，逐渐发展遍历全身多个关节，其则骨关节变形肿大，疼痛不可屈伸，身体魁羸为特征。治疗本病应以祛邪通阳宣痹，佐以补气血，养肝肾为基本治法，并根据不同证型而随证施治。如风湿历节，因风寒湿久郁化热伤阴者，治当祛风除湿，行痹清热，方用桂枝芍药知母汤；寒湿历节，因风寒湿痹，阳气不得温通者，治当温阳逐寒，除湿宣痹，方用乌头汤；脚气冲心，因湿邪下注者，可用矾石汤配合外洗，以导湿下行，消肿解毒；表卫阳虚而感受风邪化热者，治当祛风散寒，益气固表，兼以清热，方用《千金》三黄汤；头眩，因脾肾阳虚，水湿不化者，治当温肾壮阳、健脾除湿，方用《近效方》术附汤；脚气病，因肾气不足，气化不行者，治当温肾壮阳，化气行水，方用崔氏八味丸；肉极，因风湿与内湿相合，湿郁化热者，治宜疏风清热除湿，调和营卫，方用《千金》越婢加术汤。

血痹虚劳病脉證并治第六

本篇论述血痹、虚劳两种疾病的证治，重点论述虚劳。由于这两种病皆属于虚证，故合为一篇论述。

关于血痹成因，《素问·五脏生成篇》说："卧出而风吹之，血凝于肤者为痹。"《诸病源候论·卷一·血痹候》说："血痹者，由体虚邪入于阴经故也。血为阴，邪入于血而痹，故为血痹也。"总之，血痹是因营卫虚弱，腠理不固，外受风邪，痹于肌肤血络所致。血痹与风寒湿三气杂至所引起的痹证不同，二者区别的要点是：血痹以周身或局部肌肤麻痹，甚则伴有酸痛为特点；痹证则以肢节疼痛为特点。

关于虚劳成因，由"积虚成损，积损成劳"。为多种原因引起的慢性衰弱性疾患的总称。《兰台轨范》："古人所谓'虚劳'，皆是纯虚无阳之症，与近日之阴虚火旺，吐血咳嗽者正相反，误治必毙。近日吐血咳嗽之病，乃是血证，有似虚劳，其实非虚劳也。"因此可知，本篇所述虚劳，主要是讨论五脏气血阴阳虚损的病证。虚劳病至中后期，往往是五脏俱虚，而以脾肾虚损为主，且偏于阳气虚。故本篇在治疗上着重补脾益肾、甘温扶阳，这种治则在临床上有广泛的指导意义。

血 痹 病

一、成因与轻证

【原文】

問曰：血痹病從何得之？師曰：夫尊榮人骨弱肌膚盛，重因疲勞汗出，卧不時動搖，加被微風，遂得之。但以脉自微澀，在寸口、關上小緊，宜鍼引陽氣，令脉和緊去則愈。（一）

【校勘】

因：赵本作"困"，据《医统》本改。摇：《诸病源候论·卷一·血痹候》"摇"下有"肤腠开"三字，当据补。但以：《病源》作"诊其"二字，为是。

【释义】

本条论述血痹的病因及轻证的治疗。凡养尊处优、好逸恶劳之人，肌肉虽丰盛，实则筋骨脆弱，腠理不固，因而抵抗病邪的能力薄弱，稍微活动，即体疲汗出，虽微风亦足以引起疾病。脉微主阳弱，涩主血滞，紧是外受风寒的反应，由于受邪较浅，所以紧脉只出现于寸口和关上。总之，血痹为体虚受风，血行不畅所致。但血行不畅之因，实则由于阳气不行。故用针刺法以导引阳气，气行则血行，气血调和则祛邪有力，邪去则脉和而不紧，血痹愈矣。

【按语】

"但以脉自微涩，在寸口、关上小紧"之句读还有两种：一作"但以脉自微，涩在寸口，关上小紧"；一作"但以脉自微涩在寸口，关上小紧"。读者师其大意可也。

【选注】

巢元方：血痹者……其状，形体如被微风所吹，此由忧乐之人，骨弱肌肤盛，因疲劳汗出，卧不时动摇，肤腠开，为风邪所侵也。诊其脉，自微涩在寸口，而关上小紧，血痹也。宜可针引阳气，令脉和紧去则愈。（《巢源》）

二、重证

【原文】

血痹陰陽俱微，寸口關上微，尺中小緊，外證身體不仁，如風痹狀，黃耆桂枝五物湯主之。（二）

黃耆桂枝五物湯方：

黃耆三兩　芍藥三兩　桂枝三兩　生薑六兩　大棗十二枚

上五味，以水六升，煮取二升，溫服七合，日三服。一方有人參。

【释义】

本条论述血痹重证的治疗。阴阳俱微，指皮肤络脉空虚，血气俱不足。寸口关上微为阳气不足之脉；尺中小紧为感受外邪之象。气虚血痹，肌肤失荣，故外证身体不仁，不仁者，肌肤不觉痛痒，甚则如风痹状，即不仁兼酸痛感。黄芪桂枝五物汤即桂枝汤倍生姜，去甘草，加黄芪而成。方中黄芪甘温，为纯阳之品，善于补助卫外之气；倍用生姜助桂枝以通阳行卫；取芍药和营以"除血痹"（《本经》）；生姜、大枣并用，调和营卫；因甘草性缓留中，故去之。全方共奏益气通阳、和营行滞之效。《心典》说："黄芪桂枝五物汤和营之滞，助卫之行，亦针引阳气之意。以脉阴阳俱微，故不可针而可药。"

【按语】

本方即《灵枢·邪气脏腑病形》篇所谓"阴阳形气俱不足，勿取以针，而调以甘药也"。《金鉴》发挥说："黄芪五物汤治因虚召风，中人经络而病半身不遂……此方屡试屡效者，其功力专于补外，所以不用人参补内、甘草补中也。"著名的补阳还五汤盖从此方化出。

【临床应用与研究】

本方主治血痹，亦可治风痹。适当加减，可辨证治疗肩周炎、末梢神经炎、坐骨神经痛、风湿与类风湿性关节炎、中风后遗症等病症。

方中黄芪有增强机体免疫功能，扩张血管等作用；本方由桂枝汤加减而成，桂枝汤有镇痛镇静等作用。桂枝油能使血管扩张，调整血液循环，使血流向体表，有利于发汗和散热。

【选注】

吴谦：此承上条互详脉证，以明其治也。……微者虚也，涩者滞也，小紧者邪也，故血痹应有如是之诊也。血痹外证，亦身体顽麻，不知痛痒，故曰如风痹状，但不似风痹历关节流走疼痛也。主黄芪桂枝五物汤者，调养营卫为本，祛风散邪为末也。（《金鉴》）

【医案举例】

刘某，男，44岁。有"末梢神经炎"病史三年余。初起四肢末端麻木不仁，甚则如针刺样。每遇受凉（如气候变冷，接触冷水）或劳累后症状加重。曾就诊于中西医，用独活寄生汤、小活络丹，以及维生素类药物，疗效欠佳。近一周因气候变冷诱发并加重，伴气短乏力，面色无华，四肢肌肤虽无明显变化，然触之欠温，舌质淡暗，边有瘀点，脉沉细无力。参合脉症，乃属阳气不足，气血不和，瘀滞脉络之血痹病，当用黄芪桂枝五物汤加味：黄芪45g，桂枝18g，赤白芍各30g，生姜10g，大枣10枚，当归20g，地龙12g，细辛6g。每日1剂，水煎取汁300ml，分3~4次服。服上方5剂后，麻木疼痛缓解。又于原方增减出入，先后共服药40余剂，诸症基本消失。尔后再发，仍以上方服之，即效。体会：本例用黄芪桂枝五物汤加当归、地龙、细辛益气温经，和营通痹。临床对麻木甚者可加乌梢蛇、木瓜舒筋通络，阳虚明显者加附片温经散寒，收效更好。[柯新桥．黄芪桂枝五物汤的临床应用．黑龙江中医药　1988；(5)：15]

虚劳病

一、脉象总纲

【原文】

夫男子平人，脉大爲勞，極虚亦爲勞。（三）

【释义】

本条概括了虚劳病的两大纲脉。肾为先天之本，主藏精，精的耗损，是构成虚劳的主因之一，故本篇有些条文多标明"男子"。"平人"是意味着从外形看来好像无病，实则内脏气血已经亏损，这从脉象上可以反映出来。如"脉大为劳"之大脉，为轻取脉大，重按无神无力无根，这种外似有余，内实不足之脉，易给人以假象，阴虚阳浮者多见此脉；"极虚亦为劳"之极虚脉，为轻取、重按皆极其虚弱无力，乃精气内损的本脉。脉大与极虚虽形态不同，但都是虚劳脉象，应认真辨别。

【按语】

此下诸条之脉都可以"大"与"极虚"归类：例如第四条之脉"浮"、第六条之"浮大"、第八条之"芤迟"、第十二条之"弦而大"，皆大脉之类也；第七条之"浮弱而涩"、第九条之"虚弱细微"、第十一条之"沉小迟"，皆极虚脉之类也。由于虚劳病之病机复杂，故临床常见复合之脉。诸家对大脉与极虚脉之病因病机的理解有所不同，师其大意可也。

【选注】

陈念祖：此以大、虚二脉提出虚劳之大纲。意在色欲过度，肾精损，则真水不能配火，故脉大；饥饱劳役过度，脾气损，则谷不能内充，故脉虚。二脉俱曰"为"者，言其势之将成也。《难经》云：损其脾者，调其饮食，适其寒温，损其肾者益其精，未雨绸缪，其在斯乎。（《浅注》）

二、辨证

（一）四诊合参

【原文】

男子面色薄①者，主渴及亡血，卒喘悸，脉浮者，裹虚也。（四）

【词解】

①面色薄：指面白无华。首篇云："色白者，亡血也。"可互参。

【释义】

本条四诊合参以诊断虚劳病。面白无华，为虚劳之色；气喘心悸，动则加重或突然发作，为虚劳之症；脉浮无力，为虚劳之脉。脉症合参，皆里虚所致也。里虚成因，或因消渴；或因亡血，应从病史中求之。

【选注】

曹家达：此节为望色审证及脉而知虚劳之病也。面色之厚薄，视其人之气血为转移，气血充，则颊辅丰腴，无论赭如渥丹为厚，即肤如凝脂亦为厚；气血不充，则枯白不华，无论面如削瓜为薄，即肥白如瓠者亦为薄，为其精亏而血少也。精亏则生内热而引水自救，故主渴；血少则色夭不泽，故主亡血，此一望而可知者也。肾不纳气则喘，此为精竭者所必有，心营虚耗则悸，此为亡血所必至，虽喘与悸皆有虚实之辨，要惟虚劳之喘，坐卧则略定，稍动则肩摇而息粗，是为卒然而喘，与汗出饮水之喘，痰饮之喘，静处不能暂停者，固不同也。虚劳之悸，略无惊恐，则坦坦如平人，若据梧沉思，勿闻对座高声，或凝神夜坐，忽见灯旁物影，不觉怦然大动，是为卒然而悸，与水气凌心之悸、烦热之悸，绝无间断者，又不同也。至谓脉浮为里虚，则为仲师失辞。原其意，殆指浮取则见，重按若无之芤脉，承上渴及亡血言之。否则，浮为在表，浮则为风，伤寒浮紧，中风浮缓，岂得概谓之里虚耶？（《发微》）

（二）同脉异病

【原文】

人年五六十，其病脉大者，痹侠背行①，若肠鸣、马刀侠瘿②者，皆为劳得之。（十）

【校勘】

若：赵本为"苦"，据《医统》本改。

【词解】

①痹侠背行："侠"与"夹"同。即夹背左右两侧有麻木感。

②马刀侠瘿："马刀侠瘿"语出《灵枢·经脉》等篇。其生于腋下，形如马刀的名为"马刀"；生于颈旁如贯珠的名为"侠瘿"。

【释义】

本条举出虚劳病的几种证候。人年五六十，其脉大而按之少力，为精气内衰，经脉失养，故脊背有麻木感；若患马刀、侠瘿，则为阴虚阳浮，虚火上炎，与痰相搏而致病。条文所述痹侠背行、马刀、侠瘿等，各是一证，而不是同时出现，从"皆"字可以理解。

【按语】

"若肠鸣"三字，疑原在第十一条"腹满"文下，后经传抄错简于此。《素问·至真要大论》谓"肠鸣飧泄"，《气交变大论》谓"肠鸣溏泄"，《灵枢·师传》谓"肠中寒则肠鸣飧泄"。"若肠鸣"与"痹侠背行"及"马刀侠瘿"似不相类，若移还"腹满"下，而"若肠鸣，甚则溏泄，食不消化"，便文从义顺也。

古人所谓的"马刀、侠瘿"是颈腋部淋巴结结核，还是癌瘤所致的颈、腋淋巴结肿大，有待研究。

【选注】

尤怡：人年五六十，精气衰矣；而病脉反大者，是其人当有风气也。痹侠背行，痹之侠脊者，由阳气不足而邪气从之也；若肠鸣、马刀侠瘿者，阳气以劳而外张，火热以劳而上逆，阳外张则寒动于中而为肠鸣，火上逆则与痰相搏而为马刀侠瘿。（《心典》）

（三）天人相应

【原文】

劳之爲病，其脉浮大，手足烦，春夏劇，秋冬瘥，陰寒精自出，酸削①不能②行。（六）

【校勘】

阴寒：与第八条相参，"阴寒"疑是"阴头寒"之省文。

【词解】

①酸削：即腰腿酸软。《吕氏春秋·观表》高注："削，弱也。"

②能：当读为"耐"。《词诠·卷二》："能，外动词，与'耐'同。"《素问》有"能冬不能夏"句。

【释义】

本条论述阴虚的虚劳脉症。真阴不足，不能敛阳，阳浮于外，故脉随之浮大；阴虚而生内热，故手足烦热。为什么这种病的减轻或增剧每与时令有关？因为春夏木升火炎，不利于阴，故病增剧；秋冬金水相生，阴得时令之助，可以敛藏虚阳，故病势减轻。肾藏精主骨，肾虚则精虚骨弱，故病人腰腿酸软，行动无力；阴阳互根，肾之阴精亏损而阳气不能固密，故阴寒精自出也。

【选注】

李彣：脉浮大者，里虚而气暴于外也。四肢者，诸阳之本，劳则阳耗，阴虚而生内热，故手足烦。凡劳伤多属阴虚，宜收敛而忌张散，春夏木火盛炎之际，气浮于外则里愈虚，故剧；秋冬金水相生之候，气敛于内则外不扰，故瘥也。阴寒者，命门火衰也；精自出者，肾水不藏也；肾主骨，故痠削而不能行也。《经》云：强力举重则伤肾。此虚劳之病在肾者也。（《广注》）

（四）阴阳两虚

【原文】

男子脉虚沉弦，無寒熱，短氣裏急①，小便不利，面色白，時目瞑②，兼衄，少腹滿，此爲勞使之然。（五）

【校勘】

时目瞑：据《脉经》卷八第六"时"下叠"时"字，"时时"有经常之意。兼衄：《脉经》作"此人喜衄"。

【词解】

①里急：谓腹中拘急不舒，似胀非胀，似痛非痛。《诸病源候论·卷三·虚劳里急候》："劳伤内损，故腹里拘急。"

②面色白，时目瞑：闭眼为"瞑"，虚劳之人精神不足故也。《灵枢·决气》篇："气脱者目不明，……血脱者色白，夭然不泽。"与本条所述的"面色白，时目瞑"证候相类。

【释义】

本条论述阴阳两虚的虚劳脉症。脉虚沉弦，阴阳俱不足之脉象也。劳而伤阳，阳气不足，在面则色白，在肺则呼吸短气，在腹则里急，在肾与膀胱则小便不利、少腹满；劳而伤阴，阴精不能滋养肝目则目瞑；兼衄者，阴虚阳浮或阳虚不固皆可致络破衄血也。凡此脉症，都属于虚劳的范围，又无外感寒热的症状，所以说"此为劳使之然"。

【选注】

吴谦：脉虚沉弦，阴阳俱不足也；无寒热，是阴阳虽不足而不相乘也；短气面白，时瞑兼衄，乃上焦虚而血不荣也；里急小便不利，少腹满，乃下焦虚而气不行也，凡此脉症，皆因劳而病也，故曰"此为劳使之然"。（《金鉴》）

（五）肾虚无子

【原文】

男子脉浮弱而澀，爲無子，精氣清冷。一作冷。（七）

【释义】

本条论述肾虚无子的脉症。真阳不足则脉浮弱无力，精亏血少则脉涩迟滞，阴阳并虚，精气清冷，不能授胎，故无子。此多为先天不足之体质。曹家达曰："此证用当归羊肉汤，冬令服二三剂，屡试而效。用生羊肉三斤，当归四两，生附子一枚，生姜四两。"

【按语】

从以上几条内容来看，每每脉症并举，以求达到辨证的准确性。《金匮》言脉，往往两脉或三脉并举，以形容脉象的形态。如第一条的脉微涩，是指涩而无力；第五条的脉虚沉弦，是指沉取带弦而乏力；第七条的脉浮弱而涩，是指浮取沉取皆细软涩滞；第六条的脉浮大，是指浮取波幅虽大而按之少力。

【选注】

沈明宗：此以脉断无子也。男精女血，盛而成胎；然精盛脉亦当盛，若浮弱而涩者，浮乃阴虚，弱为真阳不足，涩为精衰，阴阳精气皆不足，故为精气清冷，则知不能成胎，谓无子也。盖有生而不育者，亦是精气清冷所致，乏嗣者可不知之而守养精气者乎。（《编注》）

（六）体虚盗汗

【原文】

男子平人，脉虚弱细微者，喜盗汗也。（九）

【释义】

本条凭脉以诊盗汗。盗汗多因阴虚。若脉见虚弱细微，为阴阳气血皆虚之象，阳虚不固，阴虚不守，则易发生盗汗。

【按语】

本条所述之盗汗，治之可用桂枝加龙骨牡蛎汤，或二加龙骨汤。如属于阴虚火旺的盗汗，则应选用后世的当归六黄汤。

【选注】

曹家达：凡人醒时，则阳气外达，寐则阳气内守，卫所以夜行于阴也。卫气内守，则营气当夜行于阳之时不能外泄，故寐者无汗；惟卫气不守，营气从之，乃为盗汗。盗汗者，卫不与营和也。按《伤寒》之例，卫不与营和，先时以桂枝汤发汗则愈，更加龙骨以镇浮阳，牡蛎以抑上逆之水气，则盗汗当止。师虽不出方治，读者当观其通也。（《发微》）

（七）阳气虚衰

【原文】

脉沉小迟，名脱氣[①]，其人疾行则喘喝[②]，手足逆寒，腹满，甚则溏泄，食不消化也。（十一）

【词解】

①脱气：指病机，即阳气虚衰。徐彬曰："沉小迟三脉相并，是阳气全亏，故名'脱

气'。"

②喘喝（hè 贺）：有二义：一为气喘而有声，即后世所谓的"哮喘"；二为用尽气力而喘，即张口而喘，喘得换不过气来。结合上下文分析，以后者为是。

【释义】

本条论述阳气虚衰的脉症。脱气，即阳气虚衰。脉沉小迟，为阳气大虚之脉；其人疾行喘喝，为阳气大虚之症；阳虚则寒，寒盛于外，四末失其阳气的温煦，故手足逆冷；寒盛于中，"脏寒生满病"，故腹满肠鸣（参十条【按语】），甚则溏泄，食不消化也。

【按语】

喘证与肺、肾病变密切相关，以肺主出气，而肾主纳气，肺气不降则喘，肾气不纳亦喘。若无肺、肾之病史及现在症，"其人疾行则喘喝"者，何也？心阳虚衰（西医谓"心力衰竭"）亦可致喘，动则尤甚，并见心悸等症；心衰不能鼓动脉道则脉沉迟细小而无力。

【选注】

李彣：此脾、肺、肾三经俱病也。肺主气，气为阳，沉小迟皆阳气虚衰之脉，故为脱气，此肺病也。疾行则喘喝，以肺主出气，而肾主纳气，为生气之原，呼吸之门，若真元耗损，则虚气上逆而肾不纳气，故喘喝，此肾病也。又脾主四肢，四肢者，诸阳之本，逆寒者，阳虚不温四末也；腹满者，脾经入腹，气虚中满也。溏泄食不化者，此脾虚不能运磨水谷，多见鹜溏飧泄之症。严用和谓饮水不温，不能上蒸脾土，冲和失布，中州不运而然者也。（《广注》）

（八）精血亡失

【原文】

脉弦而大，弦则爲减，大则爲芤，减则爲寒，芤则爲虚，虚寒相搏，此名爲革。婦人则半産①漏下，男子则亡血失精。（十二）

【词解】

①半产：指妊娠三月以后，胎儿已成形，但未足月而自然殒堕，因流产而阴道下血不止，即《妊娠病》篇所谓"半产后因续下血都不绝者"。

【释义】

本条论述精血亡失的脉象。条文弦大两脉并举以释革脉。弦脉状如弓弦，按之不移，而革脉浮取似弦，按之力减，故曰"弦则为减"。大脉波幅洪大，按之有力，而革脉虽大，但外大中空，类似芤脉，故曰"大则为芤"。弦减大芤，如按鼓皮，则为革脉之象。革脉在妇人主半产漏下，在男子主亡血失精。精血亡失，阴损及阳，阳虚则寒，故条文提出"虚寒相搏"。

【按语】

验之临床，芤脉见于急性失血；革脉见于虚劳久病。大失血之后常见寒象，以气随血脱也。有的医家研究认为："本节'减'字读为'紧'，为一脉象名词，始与'芤'为对文。这

样，'弦则为紧'与'大则为芤'为一对偶句，'紧则为寒'与'芤则为虚'为一对偶句，文理始通。"（李今庸《古医书研究》）

【选注】

程林：人之所以有身者，精与血也。内填骨髓，外溉肌肤，充溢于百骸，流行于脏腑，乃天一所生之水，四大借此以成形，是先天之神气，必恃后天之精血以为运用，有无相成，阴阳相生，毋令戕害。若其人房室过伤，劳倦过度，七情暗损，六淫互侵，后天之真阴已亏，先天之神气并竭，在妇人则半产胞胎，或漏下赤白，在男子则吐衄亡血，或梦交泄精。诊其脉，必弦而大，弦为寒而大为虚，既虚且寒，则脉成革矣。革者如按鼓皮，中空之象，即芤大之脉。《内经》曰："浑浑革至如涌泉，病进而色弊。"故仲景一言集中，前后三致意焉。（《直解》）

三、证治

（一）虚劳失精

【原文】

夫失精家，少腹弦急，陰頭寒，目眩—作目眶痛，髮落，脈極虛芤遲，爲清穀、亡血、失精。脈得諸芤動微緊，男子失精，女子夢交，桂枝加龍骨牡蠣湯主之。（八）

桂枝加龍骨牡蠣湯方：《小品》云：虛弱浮熱汗出者，除桂，加白薇、附子各三分，故曰二加龍骨湯。

桂枝　芍藥　生姜各三兩　甘草二兩　大棗十二枚　龍骨　牡蠣各三兩

上七味，以水七升，煮取三升，分溫三服。

【释义】

本条论述失精家所致虚劳病的证治。素有遗精病之人，由于精液耗损太过，阴损及阳，故小腹弦急，外阴部寒冷；精亏血少，则目眩发落。脉极虚谓脉极虚弱无力，芤谓浮大中空，迟谓脉象迟缓，三者皆是虚脉，不只见于失精家，亦见于下利清谷，或亡血的患者。还有，虚劳病并可见芤动微紧之脉。若病情为男子梦遗，或女子梦中性交，此为心肾不交，精关不固的表现，以桂枝加龙骨牡蛎汤主之。桂枝汤能补虚调阴阳。加龙骨、牡蛎者，以失精梦交为神精间病，取其既能潜阳入阴以镇心神，又能收敛固涩以保肾精。

【临床应用与研究】

原方应用或适当加味，可治疗遗精、梦交、不射精症、遗尿、盗汗、脱发及神经衰弱等。

桂枝汤对体温、汗液分泌、肠道蠕动、免疫功能亢进或抑制等方面均有双向调节作用，体现了调和营卫功能；本方还有抗病毒、抗炎、镇痛、抑制迟发型超敏反应、增强应激能力等功能，能够调动机体战胜疾病。所加龙骨、牡蛎有镇静等功用。

【选注】

尤怡：脉极虚芤迟者，精失而虚及其气也，故少腹弦急，阴头寒而目眩。脉得诸芤动微紧者，阴阳并乖而伤及其神与精也，故男子失精，女子梦交。沈氏所谓劳动心气，火浮不敛，则为心肾不交，阳浮于上，精孤于下，火不摄水，不交自泄，故病失精；或精虚心相内浮，扰精而出，则成梦交者是也。徐氏曰：桂枝汤外证得之能解肌去邪气，内证得之能补虚调阴阳；加龙骨牡蛎者，以失精梦交为神精间病，非此不足以收敛其浮越也。（《心典》）

【医案举例】

唐某，女，29岁。已婚。因失眠，多梦，头晕，乏力3年余，住院治疗，诊断为重症神经衰弱。前医先用归脾汤加重镇安神之龙牡治疗月余，病无明显好转，后又改用逍遥散（汤）合养血安神之夜交藤、合欢皮之类，亦罔效。会诊详询患者，当问及梦中之所为时，避而不谈，再三追问，低头曰：梦中与人交已近两年，服中西药物不效；睡前身携弯刀、榔头、铁剪，与夫与母同床，均寐即与人交，不分昼夜。伴梦后翕翕发热，微汗。察舌淡红，苔薄白，脉芤。处方：桂枝12g，白芍12g，龙骨30g，牡蛎30g，甘草6g，生姜3片，大枣4枚。服6剂，自诉诸证均有减轻，再服6剂，梦交之症得除，病愈出院。[仲新山.仲景方临床验证2例.湖南中医学院学报　1991；11（3）：32]

【原文】

天雄散方：

天雄三兩（炮）　　白术八兩　　桂枝六兩　　龍骨三兩

上四味，杵爲散，酒服半錢匕，日三服，不知，稍增之。

【释义】

本方缺主治证候，据《方药考》云："此为补阳摄阴之方，治男子失精，腰膝冷痛。"可知天雄散主治肾阳虚证候。方中天雄壮肾阳以补先天之本，桂枝助之；白术健脾以培补精气之源；龙骨收敛以固摄肾精，全方共奏温肾健脾摄精之功。

【按语】

方中天雄为附子或草乌头之形长而细者。目前药房已不专备"天雄"。天雄与附子功用类同，故可以附子代之。临床按照本方用量比例作成蜜丸，治疗男子不育症、老年尿频有一定疗效。

本方孑然独立于此，未载明其所主病证，与本书他方之例不合。有的医家研究认为："第八条从'夫失精家'句起，至'为清谷、亡血、失精'为止，与'天雄散方……'之内容为一条；从'脉得诸芤动微紧'句起，至末尾'分温三服'句止为一条。"此说可从。

【选注】

曹家达：……男子亡血失精，独无方治，而补阳摄阴之法，要以天雄散为最胜。天雄以温下寒，龙骨以镇浮阳，白术、桂枝以扶中气，而坎离交济矣。（《发微》）

【医案举例】

刘某，男，42岁，汽车司机。头痛已一年多，时轻时重，最近疼痛增剧，痛时觉头部空虚不能动，动则痛甚，并影响吃饭睡眠。大便时溏，小便多。曾经西医检查为神经性头痛，治疗无效，转中医治疗，服药疼痛稍减，停药即痛，特由韶关来穗求医，经某院神经科门诊治疗一月多，亦未显效。初诊：舌质淡红，苔薄白而腻，脉沉弦细，重按无力，诊为血虚头痛，用加味八珍汤治疗。服药三剂，症状未减，并有遗精。自述过去亦有遗精，约 3 ~ 4 天一次，时有腰痛，夜尿多。后诊为肾虚头痛，改用天雄散治疗。处方：炮附子 18g，白术 24g，桂枝 18g，龙骨 18g。煎水至八分，与米酒 30g，同服 3 剂。复诊：头痛大减，喜甚，继服药 23 剂，头痛消失。〔毛云海．程祖培医案．广东医学　1964；（6）：40〕

（二）虚劳腹痛

【原文】

虚劳裏急，悸，衄，腹中痛，夢失精，四肢酸疼，手足煩熱，咽乾口燥，小建中湯主之。（十三）

小建中湯方：

桂枝三兩（去皮）　甘草三兩（炙）　大棗十二枚　芍藥六兩　生姜三兩　膠飴①一升

上六味，以水七升，煮取三升，去滓，内膠飴，更上微火消解，温服一升，日三服。嘔家不可用建中湯，以甜故也。《千金》療男女因積冷氣滯，或大病后不復常，苦四肢沉重，骨肉痠疼，吸吸少氣，行動喘乏，胸滿氣急，腰背强痛，心中虚悸，咽乾唇燥，面體少色，或飲食無味，脅肋腹脹，頭重不舉，多臥少起，甚者積年，輕者百日，漸致瘦弱，五藏氣竭，則難可復常，六脉俱不足，虚寒乏氣，少腹拘急，羸瘠百病，名曰黄耆建中湯，又有人参二兩。

【校勘】

"生姜三兩"，赵本作"生姜二兩"，据《医统》本改；"六味"：《千金》卷十七第二作"五味，㕮咀"，是胶饴不在其内。

【词解】

①胶饴（yí 移）：即饴糖。邹澍曰："如蜜而稀，色如胶，所谓胶饴者是也"（《本经疏证》）。《别录》："饴糖，味甘，微温，主补虚乏。"陶弘景注云："方家用饴糖，乃云胶饴。"

【释义】

本条论述阴阳两虚而脾虚为主的虚劳证治。人体阴阳是相互维系的，所以虚劳病的发展，往往阴虚及阳，或阳虚及阴，从而导致阴阳两虚之证。由于人体阴阳的偏盛偏衰，可以产生偏热偏寒的证候，所以当阴阳两虚时，就会出现寒热错杂之证。如阴虚生热，则衄血，手足烦热，咽干口燥；阳虚生寒，则里急，腹中痛；心营不足则心悸；肾虚阴不能内守，则梦遗失精；气血虚衰不能营养四肢，则四肢酸疼，这些都是阴阳失调的虚象。因此，治疗方法就不能简单地以热治寒，以寒治热，《心典》谓："欲求阴阳之和者，必于中气，求中气之立者，必以建中也。"故小建中汤用甘草、大枣、胶饴之甘以建中而缓急；生姜、桂枝之辛以通阳调卫气；芍药之酸以收敛和营气。目的在于建立中气，使中气得以四运，从阴引阳，从阳引阴，俾阴阳得以协调，则寒热错杂之证也随之消失。

【按语】

有学者认为，本条是论述虚劳病脾虚营弱的证治。《灵枢·本神》篇说："脾藏营，营舍意，脾气虚则四肢不用，五脏不安。"《灵枢·决气》篇说："中焦受气取汁，变化而赤，是谓血。"上述表明，脾气虚弱，不能消化水谷，精微不足，营血乏源，五脏失养则病矣。本条所述症状以里急、腹中痛等脾虚证为主，其他症状皆为或然症。此说可供参考。

此外，脾虚补之以甘很有临床指导意义，如十二指肠溃疡患者，多在空腹时腹痛或腹痛加重，进食饼干等甘甜食品，腹痛便能减轻或遂止。

【临床应用与研究】

小建中汤用于治疗消化系统疾病（消化性溃疡、胃下垂、胃癌早期心下部疼痛、慢性胃炎、慢性痢疾、慢性肝炎、消化不良）、血液系统疾病（再生障碍性贫血、溶血性黄疸、缺铁性贫血）、神经衰弱、发热、糖尿病合并低热、产后等病症，表现为脾虚证候为主者。

方中芍药能解除腹部牵急，其中所含的芍药苷具有良好的解痉作用，对豚鼠、大鼠的离体肠管和在位的胃运动有明显抑制作用，并具有镇痛、镇静、抗惊厥作用，特别是有抗炎及抗溃疡作用，对大白鼠应激性溃疡有预防作用。桂枝含的桂枝油可促进胃液分泌，帮助消化，并有解痉、镇痛及强心等作用。生姜可广泛用于腹部虚性疼痛的疾患。大枣有保护肝脏、增强肌力和增加体重的功效。饴糖则能提供人所需的能量，这可能是本方能治疗虚劳的机理。有人认为，经 X 线和生化检查，脾胃虚寒型的消化性溃疡胃张力较高，分泌功能较旺盛。而本方的药理实验证明有降低胃张力的效应。说明药理与临床效果是一致的。

【选注】

尤怡：此和阴阳调营卫之法也。夫人生之道，曰阴曰阳，阴阳和平，百疾不生。若阳病不能与阴和，则阴以其寒独行，为里急，为腹中痛，而实非阴之盛也；阴病不能与阳和，则阳以其热独行，为手足烦热，为咽干口燥，而实非阳之炽也。昧者以寒攻热，以热攻寒，寒热内贼，其病益甚。惟以甘酸辛药和合成剂，调之使和，则阳就于阴而寒以温，阴就于阳而热以和，医之所以贵识其大要也。岂徒云寒可治热、热可治寒而已哉！或问：和阴阳、调营卫是矣，而必以建中者何也？曰：中者，脾胃也，营卫生成于水谷，而水谷转输于脾胃，故中气立则营卫流行而不失其和。又，中者，四运之轴而阴阳之机也，故中气立则阴阳相循，如环无端，而不极于偏。是方甘与辛合而生阳，酸得甘助而生阴，阴阳相生，中气自立。是故求阴阳之和者，必求于中气，求中气之立者，必以建中也。（《心典》）

【医案举例】

陈某，女，42 岁。患腹痛已年余，经常脐周隐痛，用热水袋温按可止，大便镜检无异常，四肢酸痛，饮食无味，月经愆期，色淡量少，舌苔薄白，脉象沉弦，曾服理中汤无效，此里寒中虚，营卫不足，拟辛甘温阳，酸甘养阴，用小建中汤：桂枝去皮 10g，白芍 20g，炙草 6g，生姜 3 片，大枣 5 枚，饴糖 30g，服 5 剂，腹痛四肢酸痛均减。仍用原方加当归 10g，服 5 剂，月经正常。食欲转佳。（谭日强．金匮要略浅述．第 1 版．北京：人民卫生出版社，1981；104）

【原文】

虚劳里急，诸不足，黄耆建中汤主之。於小建中汤内加黄耆一两半，餘依上法。氣短胸

满者加生姜；腹满者去枣，加茯苓一两半；及疗肺虚损不足，补气加半夏三两。（十四）

【释义】

本条承上条，论述脾气虚衰的证治。虚劳里急，乃因劳伤内损而腹中拘急，甚则腹痛；诸不足，是指阴阳形气俱不足，即上条小建中汤证发展成脾气虚衰者，故于小建中汤内加甘温之黄芪，健脾补虚，扶助阳气。《心典》说："急者缓之必以甘，不足者补之必以温，而充虚塞空，则黄芪尤有专长也。"

【按语】

《本经疏证》说："黄芪，直入中土而行三焦，故能内补中气，则《本经》所谓补虚，《别录》所谓补丈夫虚损、五劳羸瘦，益气也。"《本草求真》说："黄芪，入肺补气，入表实卫，为补气诸药之最，是以耆者之称。与人参比较，则参气味甘平，阳兼有阴；芪则秉性纯阳，而阴气少……"上述可知，黄芪入脾、肺经，为纯阳之品，善补阳气。脾气虚弱，精微乏源，阳无以生，阴无以长，阴阳并虚"诸不足"者，建中益气，尽善尽美之法也。

【临床应用与研究】

前述小建中汤主治病证，阳气偏虚者选本方。

黄芪建中汤注入大白鼠皮下，可以防止幽门结扎所致胃溃疡的发生，抑制胃液分泌，减少游离酸和总酸度，使胃液 pH 值上升。黄芪建中汤能增强脾胃虚证患者的免疫功能，能使淋巴细胞转化比用药前平均增加 14.190，$P < 0.001$；能使免疫球蛋白比治疗前明显增加，$P < 0.05$，均具有统计学意义。说明本方对细胞免疫与体液免疫均有较好的促进作用。

【选注】

吴谦：所谓虚劳里急诸不足者，亦该上条诸不足证之谓也。黄芪建中汤，建立中外两虚，非单谓里急一证之治也。桂枝龙骨牡蛎汤，即桂枝汤加龙骨、牡蛎；小建中汤，即桂枝汤加胶饴；黄芪建中汤，即桂枝汤加胶饴、黄芪也。故尝因是而思仲景以一桂枝汤出入加减，无往不利如此。何后世一见桂枝，即认为伤寒发汗之剂，是但知仲景桂枝汤治伤寒，而不知仲景用桂枝汤治虚劳也。若知桂枝汤治虚劳之义，则得仲景心法矣。盖桂枝汤辛甘而温之品也，若啜粥温覆取汗，则发散营卫以逐外邪，即经曰辛甘发散为阳，是以辛为主也；若加龙骨、牡蛎、胶饴、黄芪，则补固中外以治虚劳，即经曰劳者温之，甘药调之，是以温以甘为主也。由此推之，诸药之性味功能加减出入，其妙无穷也。（《金鉴》）

【医案举例】

罗谦甫治真定路总管刘仲美，年逾六旬，宿有脾胃虚寒之证。至元辛巳闰八月初，天气阴寒，因官事劳役，渴而饮冷，夜半自利两行，平旦罗往诊视，其脉弦细而微，四肢冷，手足心寒，唇舌皆有褐色（青），腹中微痛，气短，不思饮食。罗曰：《内经》云，色青者，肝也，肝属木；唇者，脾也，脾属土，木来克土，故青色见于唇也。舌者心之官，水挟木势，制火凌脾，故色青见于舌也。《难经》云，见肝之病，则知肝当传之脾，故先实脾土。今脾已受肝之邪矣。洁古先师云，假令五脏胜，各刑己胜，补不胜而泻其胜，重实其不胜，微泻其胜。而以黄芪建中汤加芍药附子主之。芍药味酸，泻其肝木，微泻其胜；黄芪、甘草甘温补其脾土，是重实其不胜；桂附辛热，泻其寒水，又助阳退阴；饴糖甘温，补脾之不足，肝苦急，急食甘以缓之；生姜、大枣辛甘大温，生发脾胃升腾之气，行其营卫，又能缓其急。每服一两，依法水煎服，再服即愈。（明·江瓘·名医类案·卷二·内伤．第1版．北京：人民卫生出版社，1957；50）

（三）虚劳腰痛

【原文】

虚劳腰痛，少腹拘急，小便不利者，八味肾气丸主之。方见脚气中。（十五）

【校勘】

方见脚气中：即《中风历节病》篇治脚气的崔氏八味丸。

【释义】

本条论述肾阴阳两虚的证治。腰者，肾之外府，肾虚多表现腰部酸痛，劳累后加重。肾与膀胱相表里，"膀胱者，州都之官，津液藏焉，气化则能出矣"（《素问·灵兰秘典论》）。膀胱的气化，依赖三焦的通调，特别是肾的气化作用，肾虚而气化失常，故少腹拘急，小便不利。所谓"不利"，或癃闭，或淋沥不畅，或尿崩，皆肾虚使然。方用八味肾气丸，补阴之虚以生气，助阳之弱以化水，渗利水湿以护正，"乃补下治下之良剂也"（《心典》）。

【按语】

肾气丸是补肾祖方、主方。凡肾脏之虚，如肾阴虚、肾阴阳两虚及肾虚累及他脏证候，皆应以肾气丸方法为主变通治之。后世医家师本本法，结合临证经验，衍化出许多补肾良方。

【临床应用与研究】

西医学的多种疾病，如高血压病、肝硬化、慢性咳喘、肾炎水肿、尿崩症、尿潴留、淋证、腰痛、溃疡病、胃炎、糖尿病等；月经不调、不孕症、滑胎小产、白带增多、崩漏结扎术后腰痛等；阳痿早泄、遗精、性交不射精等；老年白内障、耳鸣耳聋、慢性中耳炎、牙周脓肿、牙痛、口舌生疮、喉痹、失音及黑变病前额及颞侧黑斑等。凡表现为肾阴阳两虚者皆可以肾气丸原方或适当加减治之。其他如强的松引起的肾上腺皮质功能低下，在服用激素的同时或撤减激素过程中服用肾气丸，可预防或治疗撤减激素综合征，等等。

肾气丸对整个机体具有综合效应。主要表现为：①调节神经中枢细胞代谢，降低副交感神经兴奋性；②改善肾功能，影响垂体–肾上腺皮质功能，利尿消肿；③降血脂、抗动脉硬化、降低血压；④改善糖代谢；⑤抑制血清脂质过氧化反应，从而具有抗衰老作用。此外，本方还有调节和增强机体免疫功能，改善性功能等多种作用。

【选注】

尤怡：下焦之分，少阴主之。少阴虽为阴脏，而中有元阳，所以温经脏，行阴阳，司开阖者也。虚劳之人，损伤少阴肾气，是以腰痛，少腹拘急，小便不利。程氏所谓"肾间动气已损"者是矣。（《心典》）

【医案举例】

葛某，女，45岁。眩晕10余年，体质发胖6年，二便不利两年，以"高血压病Ⅱ期，单纯性肥胖"收入院，现腰部酸痛，周身乏力，体型肥胖，头晕眼花，动则胸闷，气短，喘息，小便频数，淋漓不尽，甚则失禁，大便不固，黎明即泄，舌质淡黯，苔薄白而润，脉弦尺弱。分析病机，以肾虚为本，肾气丸主之。处方：生熟地各 15g，山萸肉 15g，山药 15g，丹皮 9g，泽泻 9g，茯苓 9g，炮附子 5g，桂枝 5g；加生龙骨 15g，生牡蛎 15g。服药 6 剂，二便好转，诸症改善，更可喜的是，血压下降，体重减轻。遂去西药（原经常服复方降压胶囊等），守方服药 1 个月，体重减轻 5kg，血压由 170/110mmHg 下降至 150/92mmHg。[吕志杰，等．经方治验析义．北京中医学院学报　1991；14（4）：25]

（四）虚劳风气

【原文】

虚勞諸不足，風氣百疾，薯蕷丸主之。（十六）

薯蕷丸方：

薯蕷三十分　當歸　桂枝　乾地黃　麴　豆黃卷各十分　甘草二十八分 芎藭　麥門冬　芍藥　白朮　杏仁各六分　人參七分　柴胡　桔梗　茯苓各五分　阿膠七分　乾姜三分　白斂二分　防風六分　大棗百枚爲膏

上二十一味，末之，煉蜜和丸，如彈子大，空腹酒服一丸，一百丸爲劑。

【释义】

本条论述正气不足，感受外邪的证治。所谓"虚劳诸不足"，概指多种虚损证候，如望之面白、神疲、体瘦；闻之喘息、声微；问之心悸、乏力、眩晕、纳呆；切脉虚弱细微或浮大无力等诸不足表现。"风气百疾"泛指感受外邪的证候，如恶寒、发热、咳嗽、肢体酸痛等外邪束表的表现或邪气内犯脏腑的疾患。如此正气不足，邪气留恋，形成正邪相持之势，"正不可独补其虚，亦不可着意去风气"（《心典》）。因为补虚则恋邪，攻邪则伤正。此时正确治法，应该是寓祛邪于补正之中，使邪气去而正气不伤，薯蕷丸即为此证而设。方中重用薯蕷专理脾胃为君，白术、人参、茯苓、干姜、豆黄卷、大枣、甘草、神曲益气调中，当归、芎藭、白芍、干地黄、麦门冬、阿胶养血滋阴，柴胡、桂枝、防风祛风散邪，杏仁、桔梗、白蔹理气开郁，合用以奏扶正祛邪之功。

【按语】

本条揭示了中医治病的两大原则：一是，"虚劳诸不足"而脾胃虚弱者，应以调补脾胃为主，因为脾胃为后天之本，气血生化之源，诸虚劳损，恢复不易，非药物所能补，但有赖药物调补脾胃，以资化源；二是，凡正虚邪恋之病情，皆应以扶正祛邪为大法。此外，后世许多补气、补血、气血双补之方如四君子汤、四物汤、八珍汤、十全大补汤、人参养荣汤等及扶正祛邪之方，皆从此方化出或师此方之法也。

【临床应用与研究】

本方可广泛用于脾胃虚弱，气血亏虚而兼外感者。并可辨证用于治疗心功能减退、肺结核、心肌炎等，均有确切疗效。

薯蕷丸能提高肾气虚患者红细胞 SOD 含量，有抗氧化、抗自由基的作用，可延缓衰老过程。薯蓣丸水煎液对家兔离体回肠有明显抑制作用，可使肠管的收缩幅度降低，频率减少，并可解除氯化钡引起的肠管痉挛，具有一定的解痉作用。

【选注】

徐彬：此不专言里急，是内外皆见不足证，非独里急诸不足也。然较黄芪建中证，前但云里急，故主建中，而此多风气百疾，即以薯蓣丸主之，岂非此丸似专为风气乎。不知虚劳证多有兼风气者，正不可着意治风气，故仲景以四君、四物养其气血，麦冬、阿胶、干姜、大枣补其肺胃，而以桔梗、杏仁开提肺气，桂枝行阳，防风运脾，神曲开郁，黄卷宣肾，柴胡升少阳之气，白敛化入荣之风。虽有风气，未尝专治之，谓正气运而风气自去也。然薯蓣最多，且以此为汤名者，取其不寒不热，不燥不滑，脾肾兼宜，故以为君，则诸药皆相助为理耳。(《论注》)

【医案举例】

冯某，女，36 岁，教师。患心悸、失眠、头晕、目眩数年，耳鸣，潮热盗汗，心神恍惚，多悲善感，健忘，食少纳呆，食不知味，食稍不适即肠鸣腹泻，有时大便燥结，精神倦怠，月经愆期，白带绵绵，且易外感，每感冒后即缠绵难愈。已经不能再坚持工作，病休在家。数年来治疗从未间断，经几处医院皆诊断为"神经官能症"。患者病势日见加重，当时面色㿠白少华，消瘦憔悴，脉缓无力，舌淡胖而光无苔。综合以上脉症，颇符合诸虚百损之虚劳证，投以薯蓣丸，治疗 3 个月之久，共服 200 丸，诸症消除而康复。(赵明锐．经方发挥．第 1 版．太原：山西人民出版社，1982；163)

(五) 虚劳失眠

【原文】

虚劳虚烦不得眠，酸枣仁汤主之。(十七)

酸枣仁汤方：

酸枣仁二升　甘草一两　知母二两　茯苓二两　芎䓖二两　《深师》有生姜二两

上五味，以水八升，煮酸枣仁，得六升，内诸药，煮取三升，分温三服。

【释义】

本条论述心肝血虚所致失眠的证治。肝血不足，血不养心，神魂不安，故不得眠；夜不得眠则易致心中烦扰，或心悸，眩晕，口干等。本方妙在重用枣仁之酸以补肝养血安神，川芎味辛以调肝气，茯苓、甘草味甘以健脾宁心，知母性寒以清虚热。

【按语】

《伤寒论》中栀子豉汤所治证候亦有"虚烦不得眠"，但病因病机及兼症皆与本方证不同，应注意鉴别。失眠为常见症状，临床辨证，一要分虚实，二要辨标本。因病痛而致失眠者，治其本病，自然安眠；因失眠而致诸症者，治其失眠，诸症自愈。

【临床应用与研究】

酸枣仁汤可辨证治疗失眠、神经衰弱、忧郁症、焦虑性神经症、精神分裂症妄想型、肝豆状核变性精神障碍、更年期综合征等。另外，在辨证论治的处方中加入酸枣仁治疗各种痛证（头痛、胁痛、胃痛、四肢痛、腰痛）有很好的镇痛作用，尤以虚证疼痛为优，用量15g以上效果才好。

酸枣仁汤具有镇静催眠，抗惊厥、镇痛、降温、降压等多种药理作用。本方对神经系统的镇静作用，尤其对大脑皮层兴奋性失调有良好的调节作用。

【选注】

尤怡：人寤则魂寓于目，寐则魂藏于肝。虚劳之人，肝气不荣，则魂不得藏，魂不藏，故不得眠。酸枣仁补肝敛气，宜以为君；而魂既不归容，必有浊痰燥火乘间而袭其舍者，烦之所由作也，故以知母、甘草清热滋燥，茯苓、川芎行气除痰，皆所以求肝之治而宅其魂也。（《心典》）

【医案举例】

李某，男，24岁，学生。患失眠多年，西医曾诊断为神经衰弱，服用安宁、利眠宁等镇静药，时有小效。近因毕业考试，思虑过度，劳伤阴血，病证加重，昼则头晕头疼，昏昏欲睡，神思恍惚；夜则清清不寐，往事联翩，思绪不断，痛苦非常，口苦，心烦，小便赤，舌红，苔薄黄，脉弦细而数。阴血不足，神魂不安本宅，治当养阴血以复本；清虚热以安神魂，方用酸枣仁汤加味：酸枣仁15g，茯苓18g，知母9g，川芎6g，生地15g，白芍9g，栀子6g，朱砂1.5g（冲服），竹叶4.5g，水煎服，每日1剂。服本方6剂，睡眠稍好，头晕痛亦减；又进9剂，睡眠已正常。后用天王补心丹，每晚2丸，调理善后。（杨医亚，等．中医自学丛书·金匮．第1版．河北：河北科学技术出版社，1985；153）

（六）虚劳干血

【原文】

五劳虚极羸瘦，腹满不能饮食，食伤，忧伤，饮伤，房室伤，饥伤，劳伤，经络营卫气伤[①]，内有乾血[②]，肌肤甲错，两目黯黑[③]。缓中补虚，大黄䗪虫丸主之。（十八）

大黄䗪虫丸方：

大黄十分（蒸） 黄芩二两 甘草三两 桃仁一升 杏仁一升 芍藥四两 乾地黄十两 乾漆一两 蝱蟲一升 水蛭百枚 蠐螬一升 䗪蟲半升

上十二味，末之，煉蜜和丸，小豆大，酒飲服五丸，日三服。

【词解】

①食伤，忧伤，饮伤，房室伤，饥伤，劳伤，经络营卫气伤：魏荔彤曰："仲景至此，又为追溯其致伤五脏之由，即前言之七伤也，曰食伤、曰忧伤、曰饮伤、曰房室伤、曰饥伤、曰劳伤、曰经络荣卫气伤。此乃不慎其起居，不制其嗜欲，不调其喜怒，不省其思虑，不节其饮食，不严其防御，不息其劳役，不戒其房帷，发于情而不能止以礼义，顺其习而不能制以惕惧，驯至劳而伤，伤而虚，虚而仍劳仍伤，遂病矣。"

②干血：指瘀血之日久者，多是因虚致瘀，与《伤寒论》之"蓄血"证不同。

③两目黯（àn暗）黑："黯黑"，同义复词。慧琳《音义》卷四十八："黯，深黑也。""两目黯黑"指白眼球呈青黯色而言，为瘀血特征之一。

【释义】

本条论述虚劳内有干血的证治。虚极羸瘦，是五劳七伤到了极点的结果。由于虚劳日久不愈，正气不能推动血脉正常运行，从而产生瘀血，瘀血日久者谓"干血"。瘀血内停，血瘀碍气，脾失健运，则腹满不能饮食。瘀血不去，新血不生，体表失其营养，故肌肤甲错；目睛失其营养，因虚致瘀，故两目黯黑。治宜缓中补虚的大黄䗪虫丸。方中用大黄、䗪虫、桃仁、虻虫、水蛭、蛴螬、干漆活血化瘀；芍药、地黄养血补虚；杏仁理气；黄芩清热；甘草，白蜜益气和中，为久病阴虚血瘀之方。《兰台轨范》："血干则结而不散，非草木之品所能下，必用食血之虫以化之。此方专治瘀血成劳之症。瘀不除则正气永无复理，故去病即所以补虚也。"

【按语】

本条方证列于全篇之末，寓有虚劳病久病入血、久病入络之义。条文所谓"缓中补虚"的治法比较费解，故历代注家有不同认识。依据大黄䗪虫丸的方药组成及剂量、用法可知，本方实为峻药缓攻，补益阴血之剂，即以攻瘀通络为主，以甘润补虚为辅，目的在于渐消瘀血，恢复正气。通过攻补兼施，中焦脾胃的功能恢复，自然腹满消除，饮食能进，气血生化有源，则"内有干血"的外部表现如羸瘦、肌肤甲错、两目黯黑等症状会逐渐缓解。

【临床应用与研究】

本方可治疗多种疾病，如消化系统疾病（肝脾肿大、阑尾脓肿、手术后引起的肠粘连、活动性肝炎、慢性胆囊炎、胃肠神经官能症）、神经系统疾病、造血系统疾病（病毒性脑炎后遗症、原发性血小板减少性紫癜、血栓闭塞性脉管炎）、妇科疾病（子宫肌瘤、葡萄胎、宫颈癌、慢性盆腔炎继发不孕）以及肾炎、颜面黑斑、银屑病、鱼鳞病、奇痒等，凡属瘀血内结者，均可应用。

本丸连续灌胃3～7天，可以促进大鼠腹腔内血块的吸收。一次灌胃使大鼠体外血栓形成重量明显减少，但对血栓形成的速度无明显影响。本方灌胃还可使小鼠或实验犬在体肠蠕动呈缓和持久的增强作用，说明本方的治疗作用与促进血块吸收与增强肠蠕动有关。

【选注】

尤怡：虚劳症有挟外邪者，如上所谓风气百疾是也；有挟瘀郁者，则此所谓五劳诸伤内有干血者是也。夫风气不去，则足以贼正气而生长不荣；干血不去，则足以留新血而渗灌不周，故去之不可不早也。此方润以濡其干，虫以动其瘀，通以去其闭，而仍以地黄、芍药、甘草和养其虚，攻血而不专主于血，一如薯蓣丸之去风而不着意于风也。喻氏曰："此世俗所称干血劳之良治也。血瘀于内，手足脉相失者宜之。兼入琼玉膏补润之剂同用尤妙。"（《心典》）

【医案举例】

陈镜湖，万县人，半业医，半开药铺，有女年十七，患干血痨。经停逾年，潮热，盗汗，咳逆，不安寐，皮肉消脱，肌肤甲错，腹皮急，唇舌过赤，津少，自医无效，住医院亦无效，抬至我处，困疲不能下轿，因就轿诊视。脉躁急不宁，虚弦虚数，予曰：脉数、身热、不寐，为痨病大忌，今三者俱全，又加皮脱肉瘪，几如风消，精华消磨殆尽，殊难着手。……究之死血不去，好血无由营周，干血不除，新血无由灌溉，观大黄䗪虫丸，多攻破逐瘀之品，自注缓中补虚，主虚劳百不足，乃拟方：白芍 18g，当归 12g，生地 12g，鳖甲 15g，白薇 9g，紫菀、百部各 9g，甘草 3g，大黄䗪虫丸 10 粒，煎剂分 2 次服。丸药即 2 次用药汁吞下。10 日后复诊，咳逆略缓，潮热盗汗渐减，原方去紫菀、百部，加藏红花、琥珀末各 2.5g，丸药米酒送下。又十日复诊，腹皮急日渐宽舒，潮热盗汗止，能安寐，食思渐佳，改复脉汤嘱守方久服。越三月……已面有色泽，体态丰腴，不似以前羸瘦……。（冉雪峰．冉雪峰医案．第 1 版．北京：人民卫生出版社，1962；60）

（七）虚劳心悸

【原文】

附方

《千金翼》炙甘草汤—云復脉湯：治虚勞不足，汗出而悶，脉結、悸，行動如常，不出百日，危急者十一日死。

甘草四兩（炙）　桂枝　生姜各三兩　麥門冬半升　麻仁半升　人參　阿膠各二兩　大棗三十枚　生地黃一斤

上九味，以酒七升，水八升，先煮八味，取三升，去滓，內膠消盡，溫服一升，日三服。

【释义】

本条论述虚劳不足所致心病的脉症及治疗。所谓"治虚劳不足"，是首先明确炙甘草汤主治之病的病机为虚证，而病位在心；"汗出而闷，脉结、悸"为心病发作之脉症；"行动如常"，是说上述脉症时发时止，时急时缓，缓解期如常人；"不出百日，危急者十一日死"，是对此类病人预后之判断。炙甘草汤功能滋阴养血，通阳复脉。主治阴阳气血俱不足之虚证。方中炙甘草补中益气，使气血生化有源，以复脉之本，为方中主药；生地、麦冬、阿胶、麻仁益阴养血；人参、大枣补气滋液；桂枝振奋心阳，配生姜更能温通血脉；药用清酒煎煮，可增强疏通经络，利血脉的作用。本方补中益心，扶化源以复脉之本，滋心阴以充脉之体，使心血充盈，脉道畅行，则"脉结代，心动悸"自然消失，故一云复脉汤。

【按语】

《千金翼》炙甘草汤，实为仲景方，首载于《伤寒论》第 177 条，曰："伤寒，脉结代，心动悸，炙甘草汤主之。"喻嘉言说："此仲景伤寒门，治邪少虚多，脉结代之圣方也。"孙思邈用以"治虚劳"，为善师仲景心法，变通用之，扩大用之，真良医也。

【临床应用与研究】

本方主要用于脉结代、心动悸之病症，如室性早搏、心房纤颤、冠心病、风心病、病毒性心肌炎、克山病、病态窦房结综合征等有心律失常表现者。由于本方气血双补、阴阳并调，还用于治疗萎缩性胃炎、红斑性肢痛、大动脉炎、脑外伤后遗症、肩凝症、功能性子宫出血、更年期综合征、胎漏、恶露不绝等多种病证。另有报道可用本方治疗青盲、内障、视惑、瞳神干缺、翳陷、目妄见、云雾移睛、视力疲劳症等眼科疾患。

实验研究表明，炙甘草汤对垂体后叶素所致的大鼠实验性心肌缺血及心律失常，有显著的抑制作用，对急性心肌缺血有一定保护作用。本方抗心律失常对心阴虚大鼠效佳，而对脾虚大鼠则差。本方能增强高级神经活动，旺盛新陈代谢，可改善呼吸、循环、消化、造血等系统的功能。

【选注】

丹波元坚：按此方，仲景滋阴之正方，而《千金翼》文，出于仲景，必有其征，故宋人取附于此也。《医学入门》称一切滋补之剂，皆自此方而变化之者，其言为当。盖此方，炙甘草为君，生姜、大枣为臣，地黄、麻仁、阿胶、麦冬为佐，专以滋阴润燥为务，然惧其黏腻凉湿，不利中土，故人参、桂枝为使，更用清酒，并以扶护元阳，旁宣达诸药之力，与肾气丸之桂附救肾中之阳，其趣似异而实同。如后世滋阴诸方，徒衰合群队凉润之品，诚非知制方之旨者矣。（《述义》）

【医案举例】

高某，女，24 岁，学生。1989 年 10 月 7 日诊。患者感冒发烧五天后感觉心悸、胸闷、气短、乏力等，心电图检查：频发室性早搏呈短阵二联律。以"病毒性心肌炎"收住某院。住院采用中西药治疗一个多月，虽有好转，但心悸时发时止，病情时轻时重。自动出院，转由笔者治疗。症见心悸，胸闷，气短，乏力，头晕，少寐，食少，脉缓无力时结时代，舌淡红嫩少苔。治以炙甘草汤加减，处方：炙甘草 15g，党参 18g，桂枝 12g，生地 50g，麦门冬 15g，阿胶（烊化）9g，生姜 12g，大枣 15 枚，桑寄生 24g，炒枣仁 15g。服药 3 剂后心悸等症状减轻；守方服用 15 剂，心悸等症状明显好转，脉和缓偶有结象，舌淡红苔薄白，查心电图：窦性心律，偶发室性早搏。前方略加减化裁，服药近一个月，病情缓解，症状消除。复查心电图正常。随访半年，在学业劳心过度或感冒时偶发心悸。（吕志杰，等．国际中医心病学术会议论文集．1992；189）

（八）冷劳、鬼疰

【原文】

附方

《肘後》獭肝散：治冷勞①，又主鬼疰一門相染②。

獭肝一具　炙乾末之，水服方寸匕，日三服。

【词解】

①冷劳：属寒性虚劳证。

②鬼疰一门相染：即传染性疾患。"疰"同注，病邪交相染易，一人病死，一人复得，因此病隐匿难见，似鬼神作祟，故名"鬼疰"。

【释义】

獭肝散，主治寒性虚劳证，又治传染性疾患。獭肝，《名医别录》谓"止久嗽"；《药性论》谓治"上气咳嗽，劳损疾"；《本草纲目》谓"杀虫"；苏颂说治传尸劳劳极，虚汗客热。从古人记载，该药多用于治疗痨瘵（瘵，病也）。痨瘵颇似今人所谓肺结核之类，故曰"主鬼疰一门相染"。

【按语】

此方主治病证，与本篇所论之虚劳不同。本篇所论虚劳，并不传染，而本方所治病证有传染。关于獭肝之性味，古书记载不一，如《别录》曰"味甘，平，有毒"；《玉楸药解》谓"味甘，微寒"；《辑义》说"甘温有毒"。其功效，能抗痨杀虫，对结核病有特殊功用。肺痨属于阴虚者，与养阴润肺之药同伍。《医学心悟·第三卷·虚劳》主"滋阴降火……杀尸虫"之月华丸即用獭肝。

【医案举例】

柳某，女，33岁，江油县百货门市部。于1975年1月26日初诊：1974年5月开始食欲下降，精神不振，逐渐消瘦，体重下降，当年6月疑为肺结核。经某医院照片确诊为：右肺空洞性肺结核，右肺三四肋间有胡豆大小空洞。痰中常带血。1974年9月曾住院治疗，住院期间有时痰中带血，曾用止血、抗痨治疗，但病情未得到改善。现形体消瘦，体重96斤，咳嗽痰少，痰中带血，咳时胸痛，眠差多梦，潮热以子午尤甚，两颧潮红，手足心烦热，夜间潮热盗汗，舌质红无苔少津，脉象细数。此为肺胃阴虚，痨热扰乱心神之肺痨。拟以甘寒养阴，润肺填肺，彻热抗痨之法治之。药方：川明参15g，知母12g，百合30g，白及30g，百部15g，生地榆30g，鱼腥草30g，瓜壳9g，白薇15g，地骨皮30g，阿胶12g（烊化冲服）。嘱停西药，服2~15剂。

3月18日复诊，病人服3剂后，痰中带血已止，咳嗽逐渐减轻；服10剂后，潮热盗汗亦减轻，饮食增加，精神好转，仅睡眠欠佳。舌脉同上。仍宗前法，用丸药以缓图之。用抗痨丸药方：川明参60g，知母60g，百合120g，百部60g，白及120g，地榆120g，丹皮60g，夜交藤120g，柏子仁120g，炒枣仁60g，青蒿梗60g，白薇60g，地骨皮120g，鱼腥草120g，獭肝90g。共为细末，加白糖1000g，拌匀，日服3次，每次9g，连服半年后，照片复查。

1978年4月信访：病人服上方3剂后，照片结果：右肺空洞未发现。现精神好，食量佳，睡眠好，体重增加到110斤左右，能坚持工作。（王廷富.金匮要略指难.第1版.成都：四川科学技术出版社，1986；136）

研究概要

本篇虽论述血痹与虚劳两病，但重点是论述虚劳病的脉证并治。所述虚劳病的治疗方法，为历代医家论治虚劳的经典大法。简要概述如下：

调和阴阳法：为何桂枝加龙骨牡蛎汤可治疗遗精、遗尿、自汗、盗汗等病证呢？《素问·

阴阳应象大论》说："阴阳者，万物之能始也。"若阴阳失调，则百病丛生，如精关不固则遗精；膀胱失约则遗尿；营卫失和则自汗或盗汗。上述病症不同而病机相类，故异病同治而取效。

补脾大法主方：小建中汤、黄芪建中汤不仅主治脾虚腹痛证（消化性溃疡），并可用于治疗脾气虚弱所致的多种疾病。研究表明，黄芪对免疫系统有广泛作用。一是超敏反应性疾病，如过敏性鼻炎、支气管哮喘、慢性非特异性大动脉炎（无脉症）、慢性肾炎等。二是自身免疫性疾病，如系统性红斑狼疮、慢性活动性肝炎、银屑病等。三是继发性免疫缺陷病，如病毒性感冒、病毒性心肌炎、慢性宫颈炎以及肺结核、血吸虫病等。以黄芪为主的水煎剂或注射液对上述免疫性疾病的治疗都有一定效果，它既可预防超敏反应性疾病的发生，终止超敏反应的发展，又可增强自身免疫病患者的免疫功能，使受损的脏器得以恢复，还可以对抗生物因素所致的免疫缺陷，提高机体的免疫功能。可见黄芪对免疫系统具有广泛的影响及双向调节作用，对许多免疫性疾病具有"扶正祛邪"的双重作用。

补肾大法主方：唐、宋以降，金、元、明、清诸家，在临床广泛应用肾气丸的同时，匠心化裁，创制了许多补肾的著名方剂，历代医家对肾气丸的衍化和发展有五：一是用肾气丸加味，如《济生》肾气丸、十补丸等；二是以肾气丸去桂、附之温燥，如钱乙之六味地黄丸；三是以肾气丸去丹皮、泽泻之清利，再酌情加补益药，如朱丹溪之滋阴大补丸，张景岳的左、右归丸，左、右归饮；四是以六味地黄丸为主方再加味，如高鼓峰创制的七味都气丸（六味加五味子）等诸方；五是对肾气丸、六味地黄丸治疗范围的扩大应用，如薛己、赵献可等。以上的变通应用，都是以肾气丸的补肾大法为宗旨，针对具体病情，以补肾阴为主，或肾阴肾阳并补，或补肾为主并酌情调补其他四脏。张仲景在创制肾气丸的同时也确立了补肾学说，这就奠定了补肾的治疗方法及理论基础。经历代医家的衍化变通、创新发展，不断丰富和完善了补肾学说，使肾气丸法的临床应用越来越广泛。

补心大法主方：炙甘草汤为治疗心病的大法主方之一。关于炙甘草汤的应用范围，《伤寒论》原文于"脉结代，心动悸"之前冠以"伤寒"，可知与感受外邪有关，如病毒性心肌炎。孙思邈等医家扩大了炙甘草汤的应用范围，不论有无外感因素，凡因虚所致的心脏病心律失常均以炙甘草汤加减治之。本方以炙甘草命名，取其味至甘以补中，中气充足，则能变化水谷之精气而为血，心血充盈，脉道自然通利，故《别录》谓其能"通经脉，利血气"。方中重用生地黄，取其峻补真阴，补养充足，自然流动洋溢，痹着自行，此即《本经》所谓"逐血痹"和《别录》所谓"通血脉"之义。总之，本方以阴润药为主，温通药为助，共同起到滋阴补血，通阳复脉之功效，故又名"复脉汤"。

扶正祛邪方法：薯蓣丸与大黄䗪虫丸都是针对正虚邪实而确立的扶正祛邪方法，而不同的是，一为补虚并祛外邪，一为补虚且攻内瘀。法虽不同而理则一，即正虚不得不补，病邪不可不除；正虚与祛邪夹杂，治当扶正与祛邪兼顾。

上述治疗虚劳病的大法主方，对目前慢性病及老年病的治疗具有指导意义。

小　结

　　本篇论述血痹虚劳病脉证并治。篇中论治血痹只有两条，根据病情轻重，分为针引阳气与服用黄芪桂枝五物汤通阳宣痹两种治法，临床时可以针药并用，以提高疗效。

　　本篇论治虚劳是以五脏气血虚损的病机为立论根据，在治法上特别注重补益脾肾，甘温扶阳。因为，肾为先天之本，是真阴真阳之所寄；脾胃为后天之本，是气血生化之源泉，虚劳病至中、后期，往往以脾肾虚衰证候为主，故补脾补肾是虚劳病的根本治法。在虚劳病过程中，可分为阴虚、阳虚、阴阳两虚，但病至后期或严重时，阴阳两虚的证候比较多见，且阳虚证候更比较突出，故本篇所载治疗虚劳的9首方中有6首方剂（桂枝加龙骨牡蛎汤调补阴阳、小建中汤建中补虚、黄芪建中汤甘温建中、八味肾气丸补肾助阳、天雄散补阳摄阴、炙甘草汤养心复脉）为调补阴阳，侧重甘温扶阳之剂。其他如薯蓣丸之扶正祛邪；酸枣仁汤之养肝宁心；大黄䗪虫丸之化瘀生新等，无不是以扶助正气、建立中气为根本治则。至于《肘后》獭肝散治冷劳、杀瘵虫，亦可供临床选用。

　　本篇创制的方剂多为后世治虚劳病之祖方。如补脾之建中汤、补肾之肾气丸、扶正祛邪之薯蓣丸、化瘀补虚之大黄䗪虫丸、养心止悸之炙甘草汤等，皆为治疗虚劳病的大经大法。

肺痿肺癰咳嗽上氣病脉證治第七

本篇论述了肺痿、肺痈、咳嗽上气三种疾病的证治。因其病变部位均属于肺，都有咳嗽症状，病因病理上又都存在着相互联系和相互转化的关系，故合为一篇讨论。

肺痿是肺气痿弱不振，以咳嗽、多唾浊沫和短气为主证。分虚热和虚寒两种证型。

肺痈是感受风邪热毒，致使肺生痈脓，以咳嗽、胸痛、吐腥臭脓痰为主证。本篇论述了肺痈三个病理阶段的证治。

咳嗽上气，即是咳嗽气喘。有虚实之分，本篇所论多是外寒内饮，肺失宣降，咳嗽气逆、吐痰或喉中痰鸣、甚则不能平卧的咳喘病证。

肺　痿

一、病因、脉证与鉴别

【原文】

問曰：熱在上焦者，因欬爲肺痿。肺痿之病，何從得之？師曰：或從汗出，或從嘔吐，或從消渴，小便利數，或從便難，又被快藥下利，重亡津液，故得之。

曰：寸口脉數，其人欬，口中反有濁唾涎沫者何？師曰：爲肺痿之病。若口中辟辟燥，欬即胸中隱隱痛，脉反滑數，此爲肺癰，欬唾膿血。

脉數虚者，爲肺痿；數實者，爲肺癰。（一）

【释义】

本条论述肺痿的成因、肺痿和肺痈的主证及鉴别。条文从开始到"故得之"一段，论述了肺痿的成因；自"寸口脉数"至"咳唾脓血"一段，指出肺痿和肺痈的主证；最后两句，从脉象上对肺痿和肺痈进行了鉴别诊断。

肺为娇脏，喜润恶燥。若上焦有热，肺为热灼则咳，咳久不已，肺气受损，痿弱不振，而形成肺痿。导致上焦有热的原因很多，或因发汗过多，或因呕吐频作，或因消渴小便频数量多，或因大便燥结而使用了泻下峻猛的药物，攻下太过。以上种种因素，反复损伤津液，阴津亏虚则生内热，故而形成本病。

寸口脉数，为上焦有热之证，热在上焦，虚热灼肺，肺气上逆，必然咳嗽。但虚热肺痿之咳，应干咳少痰，为何反吐浊唾涎沫？此因肺气痿弱，津液不能正常输布反停聚于肺，受热煎熬，遂成痰浊，或久之致肺气虚寒而吐涎沫，浊唾涎沫随肺气上逆而吐出，此乃肺痿之特点。

若口中干燥，咳则胸中隐隐作痛，脉象滑数，咳唾脓血者，则为肺痈。肺痈是实热蕴肺，与肺痿之虚热显然有别。肺痿、肺痈虽都属肺部病变，性质均属热，但肺痿是虚热，故脉数而虚，肺痈是实热，故脉数而实。

【按语】

"咳唾脓血"一证，一种认为是肺痈所独有；一种认为是肺痿、肺痈的共有症状；验之临床，肺痿病咳吐脓血者少见，应以前一种看法为是。

【选注】

尤怡：……其人咳，咽燥不渴，多唾浊沫，则肺痿肺痈二证多同，惟胸中痛、脉滑数、唾脓血，则肺痈所独也。比而论之，痿者萎也，如草木之萎而不荣，为津灼而肺焦也；痈者壅也，如土之壅而不通，为热聚而肺溃也。故其脉有虚实不同，而其数则一也。（《心典》）

二、证治

（一）虚热肺痿

大逆上氣，咽喉不利，止逆下氣者，麥門冬湯主之。（十）
麥門冬湯方：
麥門冬七升　半夏一升　人參三兩　甘草二兩　粳米三合　大棗十二枚
上六味，以水一斗二升，煮取六升，溫服一升，日三夜一服。

【校勘】

"大逆"，《论注》、《悬解》等均作"火逆"。

【释义】

本条论述虚热肺痿的证治。由于津液耗伤，导致肺胃阴虚，阴虚则火旺，虚火上炎，肺气上逆则喘咳，热灼津伤故咽喉干燥不清爽，痰黏难咳。此外还可有口干欲得凉润，舌红少苔，脉象虚数等症。治疗当滋阴清热，止火逆，降肺气。以麦门冬汤为主方。

方中重用麦门冬养阴润肺，清虚热。半夏下气化痰。半夏虽性温，但与大量麦冬相配伍则润而不燥。人参、甘草、粳米、大枣养胃益气，气能生津，津液充沛，虚火自敛。

【按语】

本条原载于咳嗽上气条文中，故有医家认为属虚热咳喘证治，然而大多数医家认为属虚热肺痿之证治。《肘后备急方》即用本方"治肺痿咳唾涎沫不止，咽喉燥而渴"。《编注》说："余窃拟为肺痿之主方也。"

【临床应用与研究】

本方主治虚热肺痿。此外，劳嗽不愈，胃虚呕吐，津枯噎膈，大病差后咽燥虚喘等证，用之亦有良效。西医学的慢性咽炎、慢性支气管炎、百日咳、肺结核、矽肺等表现肺阴亏虚，虚火上炎者，均可用此方治疗。此方也可以养胃阴，慢性胃炎、胃及十二指肠溃疡，表现胃阴虚者用之有良好效果。使用本方的关键是麦门冬用量要大，一般用 30g 以上为好。

此外临床还有报道用此方治疗糖尿病、妊娠咳逆者，尤其对鼻咽癌、肺癌、喉癌、食管癌放射治疗后出现的口干、咽干、舌红少津等毒副反应，也能获得良好效果。实验结果表明，加味麦门冬汤对早期矽肺有消除之效，而对晚期矽肺结节的影响则尚难预料。

【选注】

沈明宗：此阴火上逆也。真阴之虚，阴火上逆刑金，为火逆上气，咽喉不利，惟当壮水之主，以镇阳光，曰止逆下气，故用麦冬、人参、甘、米、大枣滋培后天胃气，以生肺金，即生阴水而降火邪，惟以半夏涤痰下逆，余窃拟为肺痿之主方也。（《编注》）

【医案举例】

吕某，男，35 岁。患肺结核已多年，经常有咳嗽，喉间有痰阻滞，吐咯不爽，动易气逆心悸，肌肤消瘦，面色不荣，肢体乏力，食欲锐减，舌苔薄而不润，脉象微数带有弦象。处方：党参 12g，麦冬 9g，法夏 6g，粳米 15g，茯神 9g，大枣 3 枚，白蜜一杯，炙甘草 3g，服本方二剂后，咳逆显减，咯痰亦较畅，守原方加减连服十多剂，诸羔均除，食欲改善，体力亦见好转。此为麦门冬汤、琼玉膏二方复合而成，可增强疗效。[许国华 . 麦门冬汤的运用 . 浙江中医杂志　1960；（2）：77]

（二）虚寒肺痿

【原文】

肺痿吐涎沫而不咳者，其人不渴，必遗尿，小便数，所以然者，以上虚不能制下故也。此爲肺中冷，必眩，多涎唾，甘草乾姜湯以温之。若服湯已渴者，屬消渴。（五）

甘草乾姜湯方：

甘草四兩（炙）　乾姜二兩（炮）

上㕮咀，以水三升，煮取一升五合，去滓，分温再服。

【校勘】

"以温之"《脉经》作"温其脏"，无"若服汤已渴者，属消渴"九字。

【释义】

本条论述虚寒肺痿的证治。肺痿有虚热和虚寒之分，虚热证是言其常，虚寒证系言其变。形成虚寒肺痿的成因，一是虚热肺痿失治，久则阴损及阳；二是素体阳虚，肺中虚冷。上焦阳虚，肺气虚衰，痿弱不振，不能摄纳和输布津液，故频吐涎沫。病属上焦虚寒，故无咳嗽和口渴之症。肺主治节，肺气虚寒不能制约下焦，故遗尿小便数。上焦阳虚，清阳不升，故头眩。治用甘草干姜汤温肺复气，温阳散寒。

炙甘草甘温补中益气，干姜辛温温复脾肺之阳。二药辛甘合化，重在温中焦之阳以暖肺，因肺为气之主，胃为气之本，中阳振，肺可温，寒可消，实乃培土生金之意。

"若服汤已渴者，属消渴"九字，文义难明，存疑。

【按语】

甘草干姜汤也见于《伤寒论》，但《伤寒论》中所用干姜性较猛，主治伤寒误服桂枝汤后而致阳虚的四肢厥逆证；此处用炮干姜性较缓，主治病势较缓的虚寒肺痿证。

【临床应用与研究】

本方除治疗虚寒肺痿外，还常用于眩晕、咳喘、胸痛、胃痛、腹痛、呕吐、吐酸、泄泻、痛经、遗尿、劳淋、过敏性鼻炎等属于虚寒者。

【选注】

曹家达：……本条吐涎沫而不渴之肺痿，与上条燥热之肺痿，要自不同。所谓不渴必遗尿小便数者，上无气而不能摄水也。气有余即是火，气不摄水，则肺中无热可知，然则仲师所谓肺中冷，实为肺寒，眩为水气上冒，多涎唾，则寒湿在上也，故宜甘草干姜汤以温之。（《发微》）

【医案举例】

何某，男，80岁，农民。素患慢支炎，年老体弱，卧床已半年，最近出现头晕耳鸣，如坐舟车之中，感觉房子、桌椅旋转，耳鸣如潮水，不能起床，不敢张目，同时伴咳嗽气急，咳唾涎沫和胸闷不适感，听诊右中下肺野有散在中小水泡音，曾用四环素、磺胺嘧啶、TMP、麻杏止咳糖浆、咳必清等消炎止咳药，无效。又用天麻钩藤饮、百合固金汤等加减方，治疗亦无效。眩晕日见加重，咳唾涎沫不止，思热饮，不欲食，请余诊治，症如上述，面色萎黄，舌苔薄白，脉沉细。自思《金匮要略·肺痿肺痈》篇中有"肺痿吐涎沫而不咳者……，此为肺中冷，必眩，多涎唾，甘草干姜汤以温之"。此病虽然以眩晕突出，然年老体弱，又常用消炎润肺之品，肺中阳气不足已无疑，加之咳唾涎沫，胸闷不舒。拟诊眩晕病，肺中虚冷，水气不化，清阳不升，浊阴不降。处方：炙甘草15g，炮姜12g，三剂。服一剂后，眩晕锐减，咳唾涎沫也好转，服完二剂，能起床活动，服完三剂后，眩晕消失，已不吐涎沫，饮食好转，精神大振。此病延绵近一月之久，用多方无效，转用此方，药到病除，可见经方之捷效，辨证之重要也。[何崇湘．甘草干姜汤治疗眩晕病．新中医　1983；（10）：20]

三、附方

（一）《外臺》炙甘草湯

治肺痿涎唾多，心中温温液液[①]者。方見虚勞中。

【校勘】

本方出《外台》第十七卷肺痿门。引仲景《伤寒论》，次于甘草干姜汤之后，其方桂枝作桂心二两，大麻子仁半升，阿胶三两炙，大枣四十枚。余同《伤寒》。

【词解】

①温温液液：即泛泛欲吐之意。

【释义】

本方即桂枝汤去芍药加人参、生地、阿胶、麻仁、麦冬而成。以生津润燥为主，故可治虚热肺痿。方中桂枝乃热药，不嫌其燥者，在大队滋润中稍佐以辛温之品，是取其阳生阴长之意。

(二)《千金》甘草湯

甘草

上一味，以水三升，煮减半，分温三服。

【校勘】

《千金》肺痿门，主疗与《外台》炙甘草汤同，惟"唾多"下有"出血"二字，甘草用二两。《外台》同，《千金翼》名温液汤，用三两。

【释义】

此方原出《肘后备急方·卷三》云："治肺痿……，又方，甘草二两，以水三升，煮取一升半，分再服。"甘草清热、平喘、止渴、下气，药虽一味，但能滋养，合乎治疗肺痿原则，可用于治疗肺痿轻症。

(三)《千金》生姜甘草湯

治肺痿，欬唾涎沫不止，咽燥而渴。

生姜五两　人参三两　甘草四两　大枣十五枚

上四味，以水七升，煮取三升，分温三服。

【校勘】

《千金》肺痿门，在本方后注云："仲景《伤寒论》、《备急》、范汪、《千金》、《经心录》同"，可见此方原系仲景之方。

【释义】

虚寒肺痿得之于"肺中冷"。由于肺气虚寒既不能敷布津液，又不能摄纳津液，故致咳唾涎沫不止，咽喉干燥但不口渴引饮。治以生姜甘草汤温复肺气，培土生金。方中人参、甘草、大枣补脾益气，化生津液，生姜温化寒饮。

(四)《千金》桂枝去芍藥加皂莢湯

治肺痿吐涎沫。

桂枝三两　生姜三两　甘草二两　大枣十枚　皂荚二枚（去皮子，炙焦）

上五味，以水七升，微微火煮取三升，分温三服。

【释义】

本方为平喘攻痰之峻剂。《编注》："用桂枝汤嫌芍药敛收，故去之，加皂荚利涎通窍，不令涎沫壅遏肺气而致喘痿，桂枝和调营卫，俾营卫宣行，则肺气振，而涎沫止矣。"

【医案举例】

米某，女，29 岁，美籍墨西哥裔，住美国加利福尼亚州但维约市。

1993 年 4 月 2 日初诊，近三年来体重进行性剧增，现体重达 504 磅（约合 229kg，身高为 1.66 米），行动不便，胸中痞闷，动辄汗出，纳可便干，查血脂、心电图正常，舌质红，苔白滑，脉沉缓，乃痰浊为患，方予桂枝去芍药加皂荚汤加减：桂枝、甘草、大枣、皂荚、枳实各 30g，山楂 60g，大黄 20g，取浓缩中药粉剂，制胶囊，一日三次，每次 5 粒，温水送服。5 月 2 日二诊：药后无不适，体重减轻 14 磅（约合 6.8kg），余症缓，苔脉如前，原方倍量，如前配制服用。笔者回国后，7 月初美国华人医师来电话告之，病人已减体重 30 磅（约合 13.6kg），欲求方再制胶囊，因考虑天热，故嘱以葛根易桂枝，如前服用。（张笑平 . 金匮要略临床新解 . 安徽：安徽科学技术出版社，2001；171）

肺　痈

一、病因病理、脉证及预后

【原文】

问曰：病欬逆，脉之何以知此爲肺癰？当有膿血，吐之則死，其脉何類？師曰：寸口脉微而數，微則爲風，數則爲熱；微則汗出，數則惡寒。風中于衞，呼氣不入；熱過於榮，吸而不出。風傷皮毛，熱傷血脉。風舍于肺，其人則欬，口乾喘滿，咽燥不渴，時唾濁沫，時時振寒。熱之所過，血爲之凝滯，畜結癰膿，吐如米粥。始萌可救，膿成則死。（二）

【校勘】

《金鉴》云：脉微之三"微"字，当是三"浮"字。可从。"血脉"之"脉"，赵本作"肺"，据《医统》本改。"风舍"之"舍"，赵本作"含"，据《医统》本改。"救"，赵本作"捄"，乃异体字，据《脉经》改。"脓成则死"，《千金》作"脓已成则难治"。

【释义】

本条指出肺痈的病因病理、脉证和预后。病人咳嗽气逆，在诊断时，怎样知其是患肺痈呢？肺痈病人应有咳吐脓血的症状，到吐脓血时则比较难治，甚则导致死亡，其脉象如何？

肺痈病因是外感风邪热毒。初起风热袭于肌表，可表现寸口脉浮数，自汗出，发热恶寒，咳嗽等症。此为"风中于卫"、"风伤皮毛"阶段，亦即表证期。此时风邪只侵袭卫表，尚未侵入营血，有时邪气可随呼气而排出，不致进一步深入。

风热邪毒如随呼吸而深入，到达营分，伤及血脉，邪毒留滞在肺，开始生痈，可表现咳嗽、喘满、口干咽燥，时唾浊沫，或咳痰腥臭，时时振寒发热，脉象滑数或数实。此为成痈期。也即"风舍于肺"阶段。

热毒炽盛，血液凝滞而败，热盛肉腐，蓄结痈脓。痈脓溃破，可吐出大量米粥样的脓血痰，腥臭异常。此为痈溃期。

肺痈病开始时治疗较容易，化脓后治疗较难，甚或死亡。"死"字不可拘泥，应活看。

【按语】

"振寒脉数"，多为痈疡酿脓现象，肺痈见此，不但说明肺脏已在酿脓，也是病势发展的主要标志，等到脓液排出后，这一现象可逐渐消失。如病势较重者，吐脓之后，"振寒脉数"症候仍会存在；有时经过治疗，其他症候虽然减轻，而"振寒脉数"可依然存在，说明病情未彻底痊愈，必须继续进行治疗，否则有复发的可能。

【临床应用与研究】

以上关于肺痈病因病机的论述，已经具备了卫、气、营、血辨证的雏形，叶天士卫气营血辨证就是受此启发而形成，温病学中的卫气营血辨证实际是创始于《内经》，发展于张仲景，完善于叶天士。

【选注】

喻昌：肺痈之脉，既云滑数，此复云微数者，非脉之有不同也。滑数者，已成之脉，微数者，初起之因也，初起以左右三部脉微，知其卫中于风而自汗；左右三部脉数，知为营吸其热而畏寒。然风初入卫，尚随呼气而出，不能深入，所伤者不过在于皮毛。皮毛者肺之合也，风由所合，以渐舍肺俞，而咳唾振寒，兹时从外入者，从外出之易易也。若夫热过于营，即随吸气深入不出，而伤其血脉矣。卫中之风，得营中之热，留恋固结于肺叶之间，乃致血为凝滞，以渐积为痈脓，是则有形之败浊必从泻肺之法而下驱之，若得其毒随驱下移入胃入腹入肠，再一驱即尽去不留矣，安在始萌不救，听其脓成而致肺叶腐败耶。(《医门法律》)

二、证治

(一) 邪实气闭

【原文】

肺癰，喘不得卧，葶藶大棗瀉肺湯主之。(十一)

葶藶大棗瀉肺湯方：

葶藶(熬令黃色，搗丸如彈丸大)　大棗十二枚

上先以水三升，煮棗取二升，去棗，內葶藶，煮取一升，頓服。

肺癰胸滿脹，一身面目浮腫，鼻塞清涕出，不聞香臭酸辛，欬逆上氣，喘鳴迫塞，葶藶大棗瀉肺湯主之。方見上，三日一劑，可至三四劑，此先服小青龍湯一劑乃進。小青龍方，見欬嗽門中。(十五)

【校勘】

本方药量，《千金》作"葶苈三两末之　大枣二十枚"。

【释义】

以上二条论述肺痈邪实喘甚的证治。邪犯于肺，肺气壅滞，故胸部胀满而不能平卧；肺

失通调，不能输布津液，水气停留则一身面目浮肿。肺窍不利，故鼻塞流清涕，嗅觉失灵，不闻香臭酸辛；肺气失于宣降，故咳嗽上气，喘鸣迫塞。治疗当开泻肺气，行水祛饮。方用葶苈大枣泻肺汤。葶苈子辛苦寒，能开泻肺气，清热利水。恐其药猛而伤正气。故配以大枣甘温安中并缓和药性。

后条原文小注中"先服小青龙汤一剂，乃进"葶苈大枣泻肺汤，这是因为后者兼有表证，先服小青龙汤表证解除后，再宣肺除饮。

【按语】

葶苈大枣泻肺汤为泻肺峻剂，适用于肺痈初起，表证已解，而脓尚未成，或脓已成，而肺气壅滞特甚，属于形气俱实者。

有认为此处肺痈，当是壅塞之壅，实为外邪内饮之肺胀病。可参。

【临床应用与研究】

葶苈大枣泻肺汤为临床常用方剂，多配合其他适当药物用以治疗渗出性胸膜炎、喘息性支气管炎、肺源性心脏病心力衰竭、风湿性心脏病心力衰竭等属实邪壅肺、气机阻滞，喘息不得平卧者。

还有报道用此方治疗肺内含液性肿块、中毒性肺水肿、心包积液、百日咳、大叶性肺炎等病。动物实验证实，葶苈子的醇提取物均有强心作用，使在位兔猫心收缩增强，心率减慢，对心衰的心脏可增加输出量，降低静脉压，但均需较大剂量才能引起以上强心苷样作用。

【选注】

吴谦：肺痈者，谓口中辟辟干燥，胸中隐隐作痛，脉数实也，而更加喘不得卧，是邪壅肺甚急，故以葶苈大枣泻肺汤，大苦大寒，峻泻肺邪，恐稍迁延，脓成则死矣。(《金鉴》)

程林：痈在肺，则胸胀满；肺朝百脉而主皮毛，肺病，则一身面目浮肿也；肺开窍于鼻，肺气壅滞，则畜门不开，但清涕渗出，而浊脓犹塞于鼻肺之间，故不闻香臭酸辛也。以其气逆于上焦，则有喘鸣迫肺之证，与葶苈大枣汤以泻肺。(《直解》)

【医案举例】

邹某，男，50岁。发热恶寒，咳逆吐脓痰，烦满不得卧，面目浮肿，鼻塞不通，脉数而实，此为肺痈之候。因患者平日嗜酒，并过食辛热之物，肺有积热，又挟外邪而发。拟疏表清热排脓。处方：薄荷4.5g，荆芥4.5g，甘草4.5g，黄芩9g，桔梗6g，枳壳6g。服药后，外感已解，余证尚在，改与葶苈大枣泻肺汤。处方：葶苈子18g，大枣10枚。连服四剂，诸证渐平，改用麦冬、苡米、甘草、川贝、百合、枇杷叶、瓜蒌仁等组成。调至半月痊愈。(曹其旭，等．金匮要略选释．北京：中国科学技术出版社，1995；61)

（二）瘀热蕴肺

【原文】

附方

《千金》苇茎汤：治欬有微熱，煩滿，胸中甲錯，是爲肺癰。

苇茎二升　薏苡仁半升　桃仁五十枚　瓜瓣半升

上四味，以水一斗，先煮苇茎，得五升，去滓，内诸药，煮取二升，服一升，再服，当吐如脓。

【释义】

痈脓已成，痰热瘀血蓄结肺中，故咳嗽、微热、烦满，吐腥臭黄痰脓血。气滞血凝，肌肤失养，故心胸部皮肤粗糙如鳞甲状。治用《千金》苇茎汤。本方具有清肺化痰，活血排脓的作用。方中以苇茎为君清肺泄热，《本经逢原》说："苇茎中空，专于利窍，善治肺痈，吐脓血臭痰。"薏苡仁、瓜瓣下气排脓，善消内痈；桃仁活血祛瘀。本方为治疗肺痈常用方剂，无论肺痈将成或已成，均可服用。肺痈将成，宜加入蒲公英、紫花地丁、银花、连翘等以增强清热解毒之力，促其消散。若脓已成者，可加桔梗、甘草、贝母等以增强化痰排脓之效。

【按语】

此方名为《千金要方》方，但根据《外台秘要》肺痈门，引《古今录验》疗肺痈苇茎汤，作"锉苇一升"，方后注："仲景《伤寒论》云：苇叶切二升，《千金要方》范汪同"；可见本方应是仲景原方。

【临床应用与研究】

《千金》苇茎汤除治疗肺痈外，还可治疗支气管炎、大叶性肺炎、渗出性胸膜炎、支气管扩张等。支气管炎、肺炎或百日咳等属肺热咳嗽者，可用本方加麻杏甘石汤或白虎汤治疗。支气管扩张咳血者，可加青黛、山栀、诃子、瓜蒌仁等。有医家认为，苇茎汤方内诸药作用于肺胃二经，凡肺胃积热而引起的各种疾病均可应用，故用此方治疗因火逆而引起的各种眼疾如天行赤眼、白珠俱青、花翳白陷等。

【医案举例】

龚某，女，6岁，1969年7月5日初诊。

1969年夏，随父往梧州探亲，因发热恶寒，咳嗽胸痛，咯吐臭痰10余天而往某医院门诊。体检：体温38.7℃，右上肺呼吸音减弱，可闻及湿性罗音及空瓮音。血检：白细胞10900，中性85%，淋巴15%。胸透：右上肺第一、二前肋间有片状阴影，边缘清楚，密度均匀，有液平面一处。诊断：右上肺脓肿。诊见：患儿咳嗽痰黏，身热汗出，咳引右胸疼痛，咯黄脓腥臭痰，苔薄黄，脉细数。辨为暑邪外受，湿热内蕴，热壅血瘀，蕴酿于肺而成痈。即拟加味《千金》苇茎汤：苇茎30g，桃仁6g，苡仁20g，冬瓜仁20g，银花15g，黄芩6g，鱼腥草15g，桔梗10g，每日一剂，排痰量逐渐增加，三日后体温下降至38℃，7日后脓痰渐排尽，体温恢复正常，半月后胸透复查，右上肺脓肿痊愈。[甘均权.《千金》苇茎汤加减的临床应用.广西中医药 1982；5：25]

（三）血腐脓溃

【原文】

欬而胸满，振寒脉数，咽干不渴，时出浊唾腥臭，久久吐脓如米粥者，为肺痈，桔梗汤主之。（十二）

桔梗汤方：亦治血痹。

桔梗一两　甘草二两

上二味，以水三升，煮取一升，分温再服。则吐脓血也。

【校勘】

《脉经》、《千金》"米粥"上有"梗"字。《千金》"桔梗"作"三两"，《外台》引《集验》作"二两"。

【释义】

本条指出肺痈脓溃的症状和治法。由于热毒壅肺，肺气不利，故咳嗽胸满；肺主皮毛，邪热壅肺，正邪相争，故振寒脉数；热邪在血分，故口咽干燥而不甚渴。热盛肉腐成脓，痈溃外泄，故时出浊唾腥臭，久久吐脓如米粥。治当排脓解毒，方用桔梗汤。桔梗功善宣肺祛痰排脓；生甘草清热解毒。方后说："分温再服，则吐脓血也"，是服药后促使脓血痰排出，治疗有效的征兆。

【按语】

"振寒脉数"是肺痈成脓的特征之一，也是病势发展的主要标志。所以第二条在肺痈成脓时也提到"时时振寒"，这与一般表证的恶寒发热不同，故不用解表剂而用桔梗汤排脓解毒。

【临床应用与研究】

桔梗汤为肺痈脓溃之主治方，但因药少力弱，临床上常合用《千金》苇茎汤。如再加鱼腥草、败酱草、金银花、蒲公英等清热解毒排脓药物，疗效更好。现临床常用本方加味治疗急慢性咽喉炎、猩红热、肺脓疡、肺炎等痰多者。

《外台》就本方加地黄、当归、白术、败酱草、桑白皮、薏苡仁，亦名桔梗汤，治肺痈成脓后，经久不愈，气血衰弱者，可以取法。

麻醉犬口服（桔梗）煎剂 1g/kg 后，呼吸道黏液分泌量显著增加，作用强度可与氯化铵相比。桔梗祛痰作用主要由于其中所含的皂苷所引起。有人对桔梗汤"亦治血痹"进行了理论探讨和临床验证，从而论证了桔梗汤具有宣补心肺之气，通利血脉之瘀的作用，是治疗血痹证的通方。

【选注】

吴谦：咳而胸满，振寒脉数，咽干不渴，时出浊唾腥臭，久久吐脓如米粥者，此为肺痈证也。肺痈尚未成脓，实邪也，故以葶苈之剂泻之；今已溃后，虚邪也，故以桔梗之苦，甘草之甘，解肺毒排痈脓也，此治已成肺痈，轻而不死者之法也。（《金鉴》）

【医案举例】

施某，男，17岁。病史摘要：患者憎寒发热一周，咳嗽胸闷不畅，吐少量白色黏痰。查血：白细胞 24500，中性 85%，X 光胸透并摄片报告为：左下肺脓疡。经住院治疗 8 天，使用大量抗生素，发热不退，遂邀中医诊治，用桔梗 60g，生甘草 30g。服药一帖，咳嗽增剧，翌晨吐出大量脓痰，夹有腥臭，原方继进两帖，排除多量脓痰，发热下降，减桔梗为 20g，生甘草 10g，加南沙参、银花、鱼腥草、生苡仁、瓜蒌皮等，服至 10 余帖，脓尽热退，精神佳，饮食增，胸透复查，脓疡已消散吸收，血象亦正常。[吴传铎．桔梗汤治疗肺痈的

临床体会 . 江苏中医杂志 1981；(3)：35]

三、附方

《外臺》桔梗白散 治欬而胸滿，振寒脉數，咽乾不渴，時出濁唾腥臭，久久吐膿如米粥者，爲肺癰。

桔梗 貝母各三分 巴豆一分（去皮，熬，研如脂）

上三味，爲散，强人飲服半錢匕，羸者減之。病在膈上者，吐膿血，膈下者，瀉出，若下多不止，飲冷水一杯則定。

【校勘】

《外台》肺痈门，引仲景《伤寒论》"米粥"上有"粳"字，"巴豆去皮"下有"心"字，"吐脓血"作"必吐"，余同。

【释义】

本条与前桔梗汤条，证同而方异，可能是所传之本不同。桔梗汤是治肺痈轻证；本方即《伤寒论》太阳病篇三物白散，是治肺痈重证。方中以桔梗宣肺排脓，贝母清热化痰，巴豆泻脓，治肺痈有捷效，适用于肺痈已成而正不虚者，巴豆用量以 0.1～0.3g 为宜。

【临床应用与研究】

本方证为寒痰内结，临床以胸满疼痛，喘咳、咽干不渴，痰涎壅塞，大便秘结，或咳痰腥臭如脓，胸背挛疼为主要见证。使用于肺痈、肺炎、白喉、流行性出血热等。

【医案举例】

吴某，男，17 岁。患者于一星期前，突然寒战，旋发热，伴有咳嗽，右胸部痛，吐粉红色痰，经注射青霉素无效，第四日吐臭痰，乃来诊。患者体温 39.8℃，咳嗽，右胸部痛，寒热，有汗不解，呼吸短促，痰臭令人掩鼻，花红色，量不多，食入呕吐，舌苔不厚，大便不畅，脉数滑，予断为肺痈，用巴豆 0.18g（去油），桔梗 1.5g，贝母 1.5g，为末 1 次服，约 4 小时，呕吐花红脓碗许，大便泻下十数次之多，患者顿觉轻爽，翌日清晨索饮米汤，下午复诊，体温已恢复正常，善后用山药 4.5g，天麦冬各 9g，白及 9g，甘草 1.5g，阿胶 9g（烊化和服），玉竹 9g。4 剂痊愈，一星期后，已能参加劳动。[徐则先 . 外台桔梗白散治愈肺痈的介绍 . 江苏中医 1956；(2)：36]

咳嗽上气

一、辨证及预后

【原文】

上氣面浮腫，肩息，其脉浮大，不治；又加利尤甚。(三)

上氣喘而躁者，屬肺脹，欲作風水，發汗則愈。（四）

【釋義】

以上两条论述上气证有虚实两种病情。

前条言上气属正虚气脱的症状和预后。上气而颜面浮肿，呼吸困难以致张口抬肩，脉象浮大无力，按之无根，这是肾气衰竭，不能摄纳之象，病情危急，故曰"不治"。若再见下利，此乃气脱于上，阴竭于下，脾肾两败，阴阳离决，病情尤为险恶。文中"不治"二字意即难治，并非绝对"不治"，如抢救及时得当，也能转危为安。

后条言上气属邪实气闭的症状和治法。上气喘逆，烦躁不安，属于肺胀。肺胀即肺气胀满，多由风邪外袭，水饮内停，邪实气闭，肺失宣降所致。肺气壅滞，不能通调水道，水气蓄积体内，泛溢肌表，则转化为风水浮肿证。治当发汗宣肺，使外邪与水气从汗而解，则喘躁浮肿自愈，故曰"发汗则愈"。

【按语】

证之临床，实喘多起于暂，邪实脉实，气粗声高，惟以呼出为快；虚喘多起于渐，倦怠脉虚，喘而气怯，声低息短，但得长引一息为快。

"肺胀"二字，是病机的概括，也意味着是实证。文中所说"欲作风水"，是已具有面浮现象。后条未曾言脉，但从上气诸条来看，也应是脉浮或浮大，然而前条是浮大而空，为虚证；后条是浮大有力，为实证。一虚一实，截然不同。

【选注】

尤怡：上气面浮肿，肩息，气但升而不降矣，脉复浮大，则阳有上越之机，脉偏盛者，偏绝也，又加下利，是阴复从下脱矣。阴阳离决，故当不治。肩息，息摇肩也。上气喘而躁者，水性润下，风性上行，水为风激，气凑于肺，所谓激而行之，可使在山者也，故曰欲作风水。发汗令风去，则水复其润下之性矣，故愈。（《心典》）

二、证治

（一）寒饮郁肺

欬而上氣，喉中水鷄聲，射干麻黄湯主之。（六）

射干麻黄湯方：

射干十三枚—云三兩　麻黄四兩　生姜四兩　細辛　紫菀　款冬花各三兩　五味子半升　大棗七枚　半夏（大者，洗）八枚—法半升

上九味，以水一斗二升，先煮麻黄兩沸，去上沫，内諸藥，煮取三升，分溫三服。

【釋義】

本条论述寒饮郁肺的咳嗽上气证治。由于寒饮郁肺，肺气失宣，故咳嗽气喘；痰涎阻塞，气道不利，痰气相击，故喉中痰鸣似水鸡叫声。治疗用射干麻黄汤散寒宣肺，降逆化痰。方中射干消痰开结；麻黄宣肺平喘；半夏、生姜、细辛温散寒饮；款冬花、紫菀温肺止

咳；五味子收敛肺气，并制约麻、辛、姜、夏之过散；大枣安中扶正，调和诸药。诸药合用散中有收，开中有合，共奏止咳化痰、平喘散寒之功，是治疗寒性哮喘的常用有效方剂。

【按语】

《诸病源候论》："肺病令人上气，兼胸膈痰满，气机壅滞，喘息不调，致咽喉有声，如水鸡之鸣也。"这段记载，可作为本条症候的补充。临证时如见舌苔白滑，脉象浮紧等症，则更为贴切。此方对控制哮喘发作效果好，却难以根治之。要根治哮喘或控制其发作，还要根据辨证，遵循"发时治上，平时治下"的原则，调补肺、脾、肾，扶助正气或扶正祛邪并用。

射干麻黄汤与小青龙汤同用麻黄、细辛、半夏、五味子；都有温肺散寒、止咳平喘之功；同治寒饮咳喘。但驱风散寒解表之力后者胜于前者，而化痰止咳之力前者胜于后者。

【临床应用与研究】

本方对哮喘、喘息性支气管炎、支气管肺炎、百日咳等病以咳喘喉中痰鸣，咳痰色白为特征者，不论老幼，均有较好疗效。

射干麻黄冲剂的动物实验研究表明，此方有镇咳、祛痰、平喘作用。由于射干麻黄冲剂能促进酚红分泌入支气管，因而其祛痰作用可能是由于增加呼吸道的分泌与稀释痰液所致，其平喘作用是由于射干麻黄冲剂具有松弛平滑肌的作用，并可对抗乙酰胆碱引起的平滑肌收缩作用。因此本实验为临床应用提供了药理学依据。

【选注】

尤怡：咳而上气，肺有邪，则气不降而反逆也。肺中寒饮，上入喉间，为呼吸之气所激，则作声如水鸡。射干、紫菀、款冬降逆气，麻黄、细辛、生姜发邪气，半夏消饮气，而以大枣安中，五味敛肺，恐劫散之药，并伤及其正气也。（《心典》）

【医案举例】

冯某，7月21日，自去年初冬始病咳逆，倚息，吐涎沫，自以为痰饮。今诊得两脉浮弦而大，舌苔腻，喘息时胸部间作水鸡之声。肺气不得疏畅，当无可疑。昔人以麻黄为定喘要药，今拟用射干麻黄汤。射干12g，净麻黄9g，款冬花9g，紫菀9g，北细辛6g，制半夏9g，五味子6g，生姜3片，红枣7枚，生远志12g，桔梗15g。拙巢注：愈。（曹颖甫．经方实验录．上海：上海科学技术出版社，1979；37）

（二）痰浊壅肺

欬逆上氣，時時吐濁，但坐不得眠，皂莢丸主之。（七）
皂莢丸方：
皂莢八兩（刮去皮，用酥炙）
上一味，末之，蜜丸梧子大，以棗膏和湯服三丸，日三夜一服。

【释义】

本条论述痰浊壅肺的咳喘证治。痰浊壅滞于肺，肺失清肃，故咳嗽气喘；黏稠痰液，随咳嗽而吐出，故时时吐浊；卧则痰浊阻塞气道，呼吸更加困难，故但坐不得眠。因痰浊较盛，喘咳气急，用涤痰除浊之峻剂皂荚丸主治。皂荚辛咸，宣壅导滞，利窍涤痰之力较强；酥为牛羊乳所制之油，皂荚经酥炙，做成蜜丸，是调其燥烈之性；用枣膏调服，可顾护脾胃，以免损伤中气；每次服三丸，日三夜一，是取其峻剂缓攻之意。

【按语】

上条主症为喉中水鸡声，可知其痰清稀，本条痰浊壅盛咳喘不得平卧，病势较上条严重，故用皂荚丸涤痰利窍。此即徐灵胎所谓："稠痰黏肺，不能清涤，非此不可。"

【临床应用与研究】

本方常用于急性支气管炎、顽固性哮喘、喉风、肺心病、肺痈、中风等证属痰涎壅塞，形气俱实者。其适应证是：咳喘痰多，稠黏如胶，但坐不得眠，咯吐不爽，胸满或痛连胸胁，大便难，脉滑苔黏等。

有报道以皂荚丸为主治疗肺泡蛋白沉着症18例，结果12例临床痊愈。还有医家用皂荚丸（大皂荚一条去皮炙酥，大枣30g，加水500ml煎至300ml，入白砂糖50g，分四次服），治疗胃癌术后腹痛及眩晕症2例，取得较好效果。

现代药理研究，皂荚含皂苷，能刺激胃黏膜而反射性地促进呼吸道黏膜的分泌，产生祛痰作用。在试管中，皂荚对某些革兰阴性肠内致病菌有抑制作用。

【选注】

吴谦：咳逆上气，喉中有水鸡声者，是寒饮冲肺，射干麻黄汤证也；咳逆上气，咽喉不利者，是火气冲肺，麦门冬汤证也。今咳逆上气，惟时时唾浊，痰涎多也；但坐不得卧，气逆甚也；此痰气为病，非寒饮亦非火气，主之以皂荚丸者，宣导其痰，通达其气也；佐枣膏之甘，以药性慓悍，缓其势也。（《金鉴》）

【医案举例】

薛某，女，50岁，患支气管哮喘40余年，入冬即发。诊为肺气肿、早期肺源性心脏病。现咳嗽气急，咯痰频作，痰白而黏稠，脉细滑，苔白腻。辨证属痰浊阻肺，治以宣肺化痰。取大红枣500g，蒸熟去皮，捣烂成泥加入炙皂荚90g（研细末），泛水为丸，日服3次，每次3克，温开水送服。一周后哮喘渐平，咯痰均减。治疗3个月，共服2料，诸症皆除，随访二年未复发。[姚玉兰．金匮皂荚丸治愈顽固性哮喘．浙江中医杂志 1985；(1)：18]

（三）饮热郁肺

欬而上氣，此爲肺脹，其人喘，目如脫狀①，脈浮大者，越婢加半夏湯主之。（十三）

越婢加半夏湯方：

麻黃六兩　石膏半斤　生薑三兩　大棗十五枚　甘草二兩　半夏半升

上六味，以水六升，先煮麻黃，去上沫，內諸藥，煮取三升，分溫三服。

【词解】

①目如脱状：是形容两目胀突，有如脱出之状。

【释义】

本条论述饮热郁肺的肺胀证治。肺胀多为素有伏饮，复加外感，内外合邪而为病。外感风热之邪与内在水饮相合，饮热交阻，壅塞于肺，致肺气胀满，逆而不降，故上气喘咳，甚则憋胀，胸满气促，两目胀突如脱；浮脉主表，亦主在上，大脉主热，亦主邪实，风热挟饮上逆，故脉浮大有力。治当宣肺泄热，化饮降逆。方用越婢加半夏汤。麻黄宣肺平喘，石膏清泻肺热，二者相配，辛凉清解，宣降肺气；生姜、半夏散饮降逆；甘草、大枣安中补脾。

【临床应用与研究】

本方对支气管哮喘、支气管炎、百日咳、肺气肿等病急性发作而见饮热迫肺证时最为有效。痰热内盛，胶黏不易咯出者，加鱼腥草、瓜蒌皮、海蛤粉、海浮石等；痰鸣喘息，不得平卧，加射干、葶苈子等；痰热壅结，腹满便秘者，加大黄、芒硝等；热邪伤津，口舌干燥者，加花粉、知母、芦根等。

【选注】

尤怡：外邪内饮，填塞肺中，为胀，为喘，为咳而上气。越婢汤散邪之力多，而蠲饮之力少，故以半夏辅其未逮，不用小青龙者，以脉浮且大，病属于阳热，故利辛寒、不利辛热也。目如脱状者，目睛胀突，如欲脱落之状，壅气使然也。（《心典》）

【医案举例】

刘某之母，72 岁，患哮喘病二十余年，经年发作不能动作，于 1958 年 12 月 10 日，来诊治疗，此方连服两剂病愈。症状：咳嗽、气短、喘促、心悸、吐黏痰色时黄时黑、咽喉如烟燎状而痒，一旦生气上火感冒，病势就更加严重，烟呛亦重，每年夏天轻冬天重。处方：麻黄 21g，石膏 150g，生姜 30g，大枣 30g 去核，甘草 21g，半夏 30g。用水五碗，先煎麻黄、石膏约半小时许，吹去上沫再入诸药同煎，煎成三茶碗，晚饭后温服一碗，至半夜温服一茶碗，至早饭前再服一碗。该患者连服此方两剂而哮喘痊愈。[李洪金 . 越婢加半夏汤治哮喘病疗效介绍 . 辽宁医学杂志 1960；(4)：41]

（四）寒饮挟热

欬而脉浮者，厚朴麻黄湯主之。（八）

厚朴麻黄湯方：

厚朴五兩　麻黄四兩　石膏如鷄子大　杏仁半升　半夏半升　乾姜二兩　細辛二兩　小麥一升　五味子半升

上九味，以水一斗二升，先煮小麥熟，去滓，内諸藥，煮取三升，温服一升，日三服。

脉沉者，澤漆湯主之。（九）

澤漆湯方：

半夏半升　紫參五兩一作紫菀　澤漆三斤（以東流水五斗，煮取一斗五升）
生姜五兩　白前五兩　甘草　黄芩　人參　桂枝各三兩

上九味，㕮咀，内泽漆汁中，煮取五升，温服五合，至夜尽。

【校勘】

"脉沉者"，《衍义》、《论注》等在此句之前，均有"咳而"两字。"温服五合，至夜尽"，《千金要方》作"一服五合，日三夜一"。

【释义】

以上两条论述寒饮挟热咳喘偏表与偏里的不同证治。条文中仅用一"咳"字，乃省文法，当是咳嗽上气。"浮"字，既指脉象，同时也是对病位病机的概括。脉浮一般主表证，而病邪在上其脉亦浮。可知前条病机是邪盛于上而近于表，以方测证，本证当为寒饮挟热，上迫于肺的咳喘证。其症状除咳喘外，还当有胸满、烦躁、口渴、倚息不能平卧、脉浮数或浮紧等症。治疗用厚朴麻黄汤散饮除热，止咳平喘。方中厚朴降气除满；麻黄、杏仁宣肺平喘；石膏清热除烦；半夏、干姜、细辛温化寒饮；五味子收敛肺气；小麦养心护胃安中。

沉脉主里、主水，如咳而脉沉，说明水饮停于胸肺。此证类似悬饮，除咳嗽、脉沉症状外，还可有咳唾引胸胁痛，或水气外溢肌表出现浮肿，或小便不利等症。治疗用泽漆汤通阳逐水，消饮止咳。方中泽漆泻水逐饮为主药；紫参清热去湿，治咳喘；桂枝、生姜、半夏、白前温阳化饮，止咳平喘；人参、甘草健脾益气扶助正气；饮邪内结，阳气郁久可化热，故用黄芩苦寒以清泄肺热。

【按语】

《脉经·卷二》云："寸口脉沉，胸中引胁痛，胸中有水气，宜服泽漆汤。"《千金要方·咳嗽门》："咳而大逆上气，胸满，喉中不利，如水鸡声，其脉浮者，厚朴麻黄汤方。"可作《金匮》条文之补充。

厚朴麻黄汤实乃小青龙加石膏汤的变方，以厚朴、杏仁、小麦易桂枝、芍药、甘草。小青龙加石膏汤用麻黄配桂枝在于发汗，配石膏在于清郁热除烦；厚朴麻黄汤用麻黄在于宣肺平喘，配石膏以清郁热，可知其脉浮不一定是表证，而是饮邪挟热上迫，病势倾向于表所致。

此两条均有扶正药物，前者病情较急，只用小麦顾护心气，用五味子收敛肺气。后者病情较缓，耗气亦较重，故用人参、桂枝养心健脾，标本并治。

紫参有谓蓼科植物拳参之根茎；有谓唇形科植物紫参之全草（又名石见穿），二者性味皆苦寒，皆能清热解毒，可酌情选用。

【临床应用与研究】

厚朴麻黄汤常用于急性支气管炎、支气管哮喘、上部呼吸道感染等而见本方证者。泽漆汤多用于肺气肿、肺心病、细菌性胸膜炎、结核性胸膜炎、胸腔积液及肺部癌肿等。

研究证明，泽漆有效成分泽漆苷及金丝桃苷，临床观察有较好的镇咳作用。药理研究泽漆在很高浓度时（1:50～1:100），能抑制结核杆菌的生长。临床报道，能治疗淋巴结结核、结核性瘘管、细菌性痢疾、食管癌、腮腺炎等。

【选注】

尤怡：此不详见证，而但以脉之浮沉为辨而异其治。按：厚朴麻黄汤与小青龙加石膏汤大同，则散邪蠲饮之力居多，而厚朴辛温，亦能助表；小麦甘平，则同五味敛安正气者也。泽漆汤以泽漆为主，而以白前、黄芩、半夏佐之，则下驱之力较猛，虽生姜、桂枝之辛，亦只为下气降逆之用而已，不能发表也。仲景之意，盖以咳皆肺邪，而脉浮者气多居表，故驱之使从外出为易，脉沉者气多居里，故驱之使从下出为易，亦因势利导之法也。（《心典》）

【医案举例】

例1：李某，男，13岁。患支气管哮喘，发作时胸满烦躁，咳痰黄稠，呼吸不利，喉间有哮鸣音，口渴苔黄，脉象浮数。此饮郁化热，寒迫气道，宜宣肺利气，清热化痰，曾用定喘汤，咳痰转轻，哮喘仍发。后用厚朴麻黄汤：厚朴10g，麻黄3g，杏仁10g，生石膏10g，法半夏10g，干姜3g，细辛1.5g，五味子1.5g，小麦10g，服三剂，咳喘均止。（谭日强．金匮要略浅述．北京：人民卫生出版社，1981；122）

例2：张某，女，72岁。患慢性支气管炎伴肺气肿10年，素日气短，劳则气喘。旬日前，贪食肥厚，复勉强作劳，遂扰动宿疾，咳痰肿满，气急息迫，某医院诊为肺原性心脏病，以西药治疗一周罔效。刻诊：面晦紫虚肿，咳逆气促，鼻张抬肩，膈膨胀，不能平卧，痰涎壅盛，咯吐不爽，心慌不宁，颈静脉怒张，肝肋缘下3cm，伴明显压痛，剑突下上腹部动悸可见，下肢呈凹陷性水肿，小便不利，大便数日未行。唇青紫，口干不欲饮，舌质紫暗，苔白厚，脉沉有结象。辨属痰饮潴留，胸阳阻遏，气滞血瘀，肺病累心。治宜开结降逆，决壅逐水。拟泽漆汤原方：泽漆30g，紫菀、白前、生姜各15g，半夏、党参、桂枝、黄芩、炙甘草各10g。5剂，日1剂，水煎服。二诊，药后诸证明显好转，泻下黏浊物甚多，脉转缓，续予原方5剂。三诊：咳平喘宁，肿消痰却，肝大缩回，小便通利，纳谷馨，改拟金水六君煎调理，连进月余，病情稳定。经询访，年内未再反复。[海崇熙．泽漆汤治疗肺系急重病验案三则．国医论坛 1991；（3）：14]

【原文】

肺胀，欬而上氣，煩躁而喘，脉浮者，心下有水，小青龍加石膏湯主之。（十四）

小青龍加石膏湯方：《千金》證治同，外更加脅下痛引缺盆。

麻黃　芍藥　桂枝　細辛　甘草　乾姜各三兩　五味子　半夏各半升　石膏二兩

上九味，以水一斗，先煮麻黃去沫，内諸藥，煮取三升。強人服一升，羸者減之，日三服，小兒服四合。

【释义】

本条论述外寒内饮而挟热的咳喘证治。素有水饮内伏，复感风寒而诱发肺胀。水饮犯肺，肺气失于宣降，故喘咳上气，胸胁胀满；饮邪郁而化热，热扰心神，故烦躁；风寒袭表，故脉浮；本证病机为外寒内饮挟热，治当解表化饮，清热除烦。方用小青龙加石膏汤。方中麻黄、桂枝解表散寒；干姜、细辛、半夏温肺化饮，芍药、五味子收敛逆气，以防宣散太过；甘草调和诸药；加石膏清热除烦。

【按语】

本方与射干麻黄汤、厚朴麻黄汤、越婢加半夏汤四方证，均是水饮为患，但其病因、证候、治则、用药等互有差异。射干麻黄汤是寒饮郁肺，以咳喘，喉中痰鸣为主症，治则是散寒宣肺，化饮降逆。小青龙加石膏汤为寒饮挟热，以咳喘，烦躁为主症，治则是解表化饮，清热除烦。厚朴麻黄汤是饮热迫肺在上而偏表，以咳喘胸满为主症，治则是化饮除热，止咳平喘，行气除满。越婢加半夏汤是饮热壅滞于肺，以喘咳气急，目如脱状为主症，治则为宣肺泻热平喘，化饮降逆。

【临床应用与研究】

本方常用于支气管哮喘、慢性支气管炎、肺气肿等病属寒饮素盛，因气候变化而诱发者。实验研究，本方对豚鼠离体气管的气管平滑肌有松弛作用。并有抗组胺、抗乙酰胆碱和抗氯化钡作用。而去除麻黄和半夏后的醇提取液，也显示了很强的抗组胺、抗乙酰胆碱与抗氯化钡作用，对豚鼠药物性哮喘也有明显的保护作用。说明小青龙汤的平喘作用，并非主要靠麻黄和半夏，其他几种组成药可能起着更大的作用。此外，小青龙汤醇提取液较水煎剂效果好。

【选注】

尤怡：此亦外邪内饮相搏之证，而兼烦躁，则挟有热邪。麻、桂药中必用石膏，如大青龙之例也。又此条见证与上条颇同，而心下寒饮，则非温药不能开而去之，故不用越婢加半夏，而用小青龙加石膏，寒温并进，水热俱捐，于法尤为密矣。(《心典》)

【医案举例】

李某，女，38岁。患"喘息性支气管炎"已10余年，近两年发作频繁，曾服中药以及有关成药无显效。现面唇略呈青紫，喘息甚剧，胸中烦闷不适，舌苔白滑，舌质红，脉浮滑有力。窃思患者素有痰饮之人，常为外邪引发，其治是在消炎止咳平喘，而忽视宣肺解表。今观此候，显属内饮兼外感，饮邪挟热之证。遂拟小青龙加石膏汤一剂，嘱服后以观进退。处方：桂枝10g，麻黄10g，白芍12g，甘草3g，干姜10g，五味子5g，细辛5g，半夏10g，石膏30g。3日后，患者谓服一剂后，无不良反应，遂连服两剂，喘咳大减，痰较前易咯出，胸中不烦闷。诊其舌苔渐退，脉滑而有力。于前方去麻黄、石膏，加鱼腥草、紫菀、杏仁。服两剂后，诸恙悉平。[陈治恒.运用《伤寒》《金匮》方治疗典型病例.成都中医学院学报 1982；(3)：36]

研究概要

本篇所论属肺系疾病，也即相当于现代呼吸道疾病。

肺痿病名始见于本书。唐代以前，肺痿多作为一个独立疾病论述，唐以后多列入咳嗽门中。在病因方面，隋代巢元方在《诸病源候论》中明确提出外邪犯肺、劳役过度，或大汗大下后，亡津液，肺气壅塞，不能宣通诸脏之气，因成肺痿。明代，戴原礼《证治要诀·诸嗽门》所说的"劳嗽",与肺痿有相似之处。现代《实用中医内科学》指出:"本病所指范围较广,举凡各种原因所致的慢性咳嗽,如西医的慢性支气管炎、支气管扩张症、慢性肺脓疡后期、肺纤维化、肺不张、肺硬变、矽肺等,经久不愈,咳唾稠痰、脓痰或涎沫,或痰中带血丝,咯血者,均可参照本病辨证论治。"在治疗方面,清代张璐在《张氏医通》中提出"缓而图之,生胃津,润肺燥,下逆气,开积痰,止浊唾,补真气"等治法。对肺痿辨证论治,除虚热、虚寒外,《实用中医内科学》还补充了"寒热夹杂"型,治疗可用《伤寒论》的麻黄升麻汤。篇中麦门冬汤的临床应用研究报道较多,主要用其治疗肺胃气阴亏虚所致的虚羸少气、咳逆上气,并伴有痰涎凝聚而致的咽喉不利和呕恶等症。

《内经》中有关于"痈疽"的论述,但未明确提出"肺痈"病名,本书不但首先提出"肺痈"病名,还作了专门论述,对后世诊治肺痈病奠定了基础。根据肺痈的临床表现特点,西医的多种原因引起的肺组织化脓症,如肺脓肿、化脓性肺炎、肺坏疽以及支气管扩张继发感染等疾病,均可参照本病辨证论治,其中肺脓肿一病与肺痈更为近似。在病理认识上,除《金匮》所讲的表证期、成痈期和脓溃期三期外,现代还补充了恢复期。在治疗上提出,以清热解毒、化瘀排脓为基本治则。一般初期宜疏风清热、宣肺化痰,可用银翘散加清肺之品治疗;成痈期宜清热解毒、肃肺化瘀,当用《千金》苇茎汤加清热解毒活血之品治疗;脓溃期宜清热解毒、化瘀排脓,可用桔梗汤合《千金》苇茎汤治疗;恢复期宜益气养阴,扶正托邪,用沙参清肺汤(北沙参、生黄芪、太子参、合欢皮、白及、冬瓜子、苡仁、桔梗、生甘草)加味治疗。清热解毒用黄芩、黄连、金银花、苇茎等,苇茎要用到100g左右。消痈排脓用薏苡仁、桃仁、冬瓜仁、桔梗、鱼腥草、败酱草、桑白皮、贝母等。养阴清肺用沙参、麦冬、百合等。临床上对葶苈大枣泻肺汤的应用报道较多,如用此方加味治疗肺心病心衰、渗出性胸膜炎、心包积液、中毒性肺水肿等。

咳嗽上气涉及了现代中医内科学的咳嗽、哮证、喘证和肺胀等内容。咳嗽又分为外感咳嗽和内伤咳嗽。外感咳嗽主要是风、寒、暑、湿、燥、火六淫之邪犯肺所致;内伤咳嗽主要是脾虚生痰,肝火犯肺,肾气虚衰所致。哮证是突然发作,呼吸喘促,喉间哮鸣有声为特征,临床辨证治疗又分发作期和缓解期,发作期有冷哮、热哮之别,缓解期又有肺、脾、肾虚之异。喘证是以喘息、气息迫促为特征,有实喘和虚喘之分。实喘为邪气壅肺,包括外来之邪风寒燥热和内生之邪痰浊或水饮;虚喘为正气虚,主要以肺脾肾气虚为主。肺胀病,《中医内科学》与《金匮》概念有别,《中医内科学》认为肺胀是因咳嗽、哮喘等证日久不愈,致使肺脾肾虚损,气道壅塞不利,出现胸中胀满,痰涎壅盛,喘咳上气,动则加重,甚至面色晦暗,唇舌发绀,颜面四肢浮肿,病程缠绵,经久难愈为特征的疾病,而《金匮》肺胀主要是指咳喘实证。以上病证其病位均在肺,包括了西医的呼吸道感染如急慢性支气管炎、支气管哮喘、肺炎、肺气肿,甚至肺部肿瘤等。由上可知,咳嗽上气有虚有实,而《金匮》所论主要是实证咳喘,治疗以宣肺平喘,化饮止咳为主。后世对虚证的咳嗽上气进行了深入研究,提出治疗以培补肺、脾、肾为主。本篇中小青龙加石膏汤、射干麻黄汤等方,实验研究和临床报道较多。

小 结

　　肺痿是肺气痿弱不振，分虚热肺痿与虚寒肺痿，临床以虚热者多见，本篇首条即论述了虚热肺痿的成因是过伤津液；病机为津伤阴虚，内热熏肺，气逆而咳，久之导致肺气痿弱；其主证为咳吐浊唾涎沫，脉数虚。虚热肺痿治疗用麦门冬汤，养阴益气清虚热。附方《外台》炙甘草汤也可应用，虚热肺痿轻证，亦可用《千金》甘草汤。虚寒肺痿病机为上焦阳虚，肺中虚冷，气不布津，临床表现为频吐涎沫，遗尿或小便频数，头眩，无口渴，咳嗽不重，治疗用甘草干姜汤温肺复气，咳吐痰涎量多者，可选用《千金》桂枝去芍药加皂荚汤或《千金》生姜甘草汤。

　　肺痈为外感风邪热毒，肺生痈脓。其病理演变可分为三期，即表证期、成痈期和脓溃期。表证期即肺痈初期，表现为发热恶寒，汗出，咳嗽，脉浮数等。成痈期也称酿脓期，表现为咳嗽喘满，口干咽燥不渴，胸痛，咳吐稠痰或腥臭，时时振寒，脉象滑数等。脓溃期，表现咳吐大量脓血痰，形如米粥，腥臭异常等。肺痈初期以疏风清热解毒为主。肺气壅滞，喘不得卧者，可用葶苈大枣泻肺汤泻肺清热；成痈期用《千金》苇茎汤，清热解毒，活血消痈；脓溃期以桔梗汤为主，排脓解毒，证重而体实者，可用《外台》桔梗白散，收效较捷，但用时宜慎。

　　咳嗽上气是以上气为主证，上气有虚实之分，虚者多属肾不纳气；实者多为痰饮阻肺。痰浊阻肺，以咳逆上气，时时吐浊，但坐不得眠为主症者，治用皂荚丸涤痰祛浊；寒饮阻肺，以咳而上气，喉中水鸡声为主症者，治用射干麻黄汤化饮散寒，止咳平喘；寒饮挟热，以咳喘胸满，脉浮为主症者，治用厚朴麻黄汤散寒化饮，行气除满，兼清郁热；寒饮挟热，饮停胸胁，以咳喘，脉沉，胸胁引痛为主症者，治用泽漆汤逐饮通阳，兼以扶正清郁热；以饮热迫肺引起的肺气胀满，咳嗽上气，喘急，目如脱状，脉浮大者，治用越婢加半夏汤，宣肺泄热平喘，化饮降逆；以外有风寒，内有停饮兼郁热引起的肺气胀满，咳嗽上气，烦躁而喘，脉浮，心下有水饮者，治用小青龙加石膏汤，解表散寒，化饮清热。

　　从咳嗽上气诸方，可以看出仲景一些用药规律，咳嗽上气多用麻黄；温化水饮多用半夏、干姜、细辛；郁热烦躁用石膏；痰浊黏稠用皂荚等。在药物配伍方面，麻黄配桂枝，意在发汗解表；麻黄配石膏，意在平喘，辛凉清郁热；麻黄配射干，意在开痰散结；麻黄配厚朴、杏仁，意在宣肺理气除满。

奔豚氣病脉證治第八

本篇专论奔豚气病的辨证治疗。豕（shǐ 史），猪也。豚（tún 屯），小猪也。本病一般以气"从少腹起上冲咽喉，发作欲死，复还止。"为特征，表现在冲脉，其病多关乎肝、肾、心，故有肝气奔豚、肾气奔豚及欲作奔豚之谓。本病受示于《灵枢·邪气藏府病形》"肾脉……微急为沉厥奔豚，足不收，不得前后"及《难经·五十六难》"肾之积名曰贲豚，发于少腹，上至心下，若豚状，或上或下无时。久不已，令人喘逆，骨痿少气。"等论，但有所不同。《灵枢》所言为邪中肾脏，下肢沉重厥冷，不便活动；《难经》所论系五积之一，病在血。而《金匮》所论重在气，多属情志疾病。但三者均关乎肾则一。

一、主症、病因

【原文】

师曰：病有奔豚，有吐膿，有驚怖，有火邪，此四部病，皆從驚發得之。师曰：奔豚病，從少腹起，上衝咽喉，發作欲死，復還還止，皆從驚恐得之。（一）

【释义】

本条论述奔豚气病的病因和主症。奔豚气、吐脓、惊怖、火邪四部病，都可与受惊有关。惊则气乱，血无所帅，且子（肺）病累母（胃），血腐成脓，故吐脓；惊怖，重在怖，是因惊而怖；惊亦伤心，故第十六篇有"动即为惊"即心惊之论。心惊日久，可致心火亢盛。而奔豚气病，不独与受惊伤心有关，而且与受恐吓伤肾也有关。故言皆从"惊发"、"惊恐"得之。冲脉起于胞中，下出会阴后，从气街部起与足少阴经相并，挟脐上行，散布于胸中，再向上行，经喉，环绕口唇，到目眶下，其分支之一与足少阴之大络同起于肾，向下从气街部浅出体表，沿大腿内侧进入腘窝，再沿胫骨内缘，下行到足底；又有支脉从内踝分出，向前斜入足背，进入大足趾；其分支之二从胞中出，向后与督脉相通，上行于脊柱内。其循经部位决定了肝、肾、心在情志不遂，或惊恐刺激下易于干及冲脉，引动冲气而发病。故气从少腹（气冲穴附近）循经上冲胸咽，发作时病人无可奈何，时间或长或短，后冲气即平复。

【按语】

无论江豚、海豚、河豚，皆豚也。本病发作，如豚之奔突，多系生理功能异常之症，而非西医学器质性病变也。

【选注】

尤怡：前云惊发，此兼言恐者，肾伤于恐，而奔豚为肾病也。豚，水畜也；肾，水脏

也。肾气内动，上冲胸喉，如豕之突，故名奔豚。亦有从肝病得者，以肾肝同处下焦，而其气并善上逆也。(《心典》)

二、分证治疗

(一) 肝气奔豚

【原文】

奔豚氣上衝胸，腹痛，往來寒熱，奔豚湯主之。(二)

奔豚湯方：

甘草　芎藭　當歸各二兩　半夏四兩　黃芩二兩　生葛五兩　芍藥二兩　生姜四兩　甘李根白皮一升

上九味，以水二斗，煮取五升，溫服一升，日三夜一服。

【释义】

本条论述肝气奔豚的证治。气上冲胸，为奔豚气病之共性，从方剂的作用测知，系肝郁化火，乘克脾胃，气机失常而引发冲气；腹痛，往来寒热，则为本条之个性，属肝病及胆，热郁少阳，疏泄紊乱。以方测症，尚可伴有呕吐、心烦、口苦、咽干、二便异常及脉弦数、舌红、苔黄等。治以奔豚汤，以清泄肝胆，养血和胃。方中李根白皮性寒，归肝经以清肝热，降逆气。用其甘味，是本《素问·藏气法时论》"肝苦急，急食甘以缓之"之论；黄芩清胆热；葛根升清降逆；芍药、当归、川芎养血调肝；半夏、生姜、甘草和胃降逆，体现肝病实脾之旨。

【按语】

张锡纯治冲气上冲兼奔豚及胃气不降，均善用舒散肝气而不过于升提的生麦芽，多受示于仲景奔豚汤中用葛根以升为降，扶土达木，这是因势利导治法又一种形式。

【临床应用与研究】

本方清肝泄热，降逆下气，对热性奔豚确有疗效。若奔豚反复发作，肝热伤阴，形体消瘦，舌红少苔少津者，方中生姜、川芎、半夏等辛温之品须慎用，可重用李根白皮。本方亦可治疗肝胃不和、气逆上攻之胁痛，胸膈胀闷，噫逆呕呃，或往来寒热，或口苦咽干，舌苔白微黄，脉弦者。若无李根白皮，可用川楝子代替，亦有用桑根白皮代者。若胁肋脘腹痛甚者，可加川楝子、元胡；呕吐较重者，加代赭石、竹茹；胸胁胀痛者，可加枳实、木香。

【选注】

尤怡：此奔豚气之发于肝邪者。往来寒热，肝脏有邪，而气通于少阳也。肝欲散，以姜、夏、生葛散之；肝苦急，以甘草缓之；芎、归、芍药理其血；黄芩、李根下其气，桂、苓为奔豚主药而不用者，病不由肾发也。(《心典》)

【医案举例】

某，女，48岁，教师。反复发作性胸痛胸闷2年，加重1日。每次发作约5分钟，发作时自感有气从少腹上冲至心胸，痛苦难以名状，情绪激动时易诱发，伴心悸、头晕、恶心、口干而苦。舌苔白微黄，脉弦涩。

中医诊断：奔豚气。治宜宣痹宽胸，平冲降逆，给予奔豚汤加减：李根白皮、黄芩、白芍、法半夏各 10g，葛根、川芎、当归、薤白各 15g，甘草 6g，生姜 3g。服药 5 剂，症状明显减轻，但仍有心悸、失眠等症。上方去当归，加枣仁 15g，丹参 30g。又服 10 剂症状消失。[耿平，等．奔豚气治验 2 则．河北中西医结合杂志　1998；(9)：1408]

（二）肾气奔豚

【原文】

發汗後，燒針令其汗，針處被寒，核起而赤者，必發奔豚，氣從小腹上至心，灸其核上各一壯，與桂枝加桂湯主之。(三)

桂枝加桂湯方：

桂枝五兩　芍藥三兩　甘草二兩（炙）　生姜三兩　大棗十二枚

上五味，以水七升，微火煮取三升，去滓，溫服一升。

【释义】

本条论述肾气奔豚的证治。某病发汗后，复用烧针令其汗，由心阴受伤导致心阳受损，外寒乘虚从针孔而入，不仅针孔处核起而赤，而且由于心火不能下济肾水，导致肾的寒水之气内盛，引动冲气上逆至心。治疗当内外兼施，灸药结合。既灸其核上各一壮，以温经散寒；又内服桂枝加桂汤以调和阴阳，平冲降逆。

【按语】

加桂，也有理解为加肉桂者。观治胸痹病的枳实薤白桂枝汤、治心痛病的桂枝生姜枳实汤、治痰饮病冲气上逆的桂苓味甘汤三方中皆以桂枝降逆气，故不应是加肉桂。但证之临床，确有用肉桂者。因肉桂气厚，温而守，肾阳虚而寒盛者方宜。而桂枝气薄，温而散，肾阳虚兼水饮者则可。若病情需要，也可以桂枝、肉桂并用；本条再次证明，即令是奔豚气病，也可关乎外邪；本条即《伤寒论》117 条之再现。此方测知，可见舌淡，苔白滑，脉缓或紧等。

【临床应用与研究】

本方常用于神经官能症、膈肌痉挛、外感以及某些心脏病有奔豚气之症状者。亦有报道，用本方加减可治疗硬皮病、雷诺氏病、冻疮等。

【选注】

尤怡：此肾气乘外寒而动，发为奔豚者。发汗后烧针复汗，阳气重伤，于是外寒从针孔而入，通于肾。肾气乘外寒而上冲心，故须灸其核上，以杜再入之邪，而以桂枝汤外解寒邪，加桂内泄肾气也。（《心典》）

【医案举例】

王某，女性，32 岁。于 1996 年 12 月 6 日来诊。自诉近 3 天因感冒后出现腹部窜痛，起包，从少腹直冲心胸，有排便感。痛极时出现意识丧失，面色苍白，头出冷汗，摔倒在地

35分钟后意识恢复。有时排便后渐好转。自感乏力，不思饮食。曾去市内医院急诊科，检查心电图正常。患者面白身瘦，舌质淡苔薄白，脉象浮缓。辨证属素体阳虚，或受风寒之邪，客于胃肠之间而发奔豚。给予桂枝加桂汤加减治疗。桂枝25g，白芍20g，生姜3片，大枣4枚，当归20g，干姜15g，水煎内服。3天后症状消失。后将桂枝减量，加人参15g，内服1周，病情未发作。停药后随访一年无复发。并自感体力较以前增强。[杨学贞.桂枝加桂汤加减治疗奔豚气.牡丹江医学院学报　1999，（3）：55]

（三）欲作奔豚

【原文】

發汗後，臍下悸者，欲作賁豚，茯苓桂枝甘草大棗湯主之。（四）

茯苓桂枝甘草大棗湯方：

茯苓半斤　甘草二兩（炙）　　大棗十五枚　桂枝四兩

上四味，以甘瀾水一斗，先煮茯苓，減二升，內諸藥，煮取三升，去滓，温服一升，日三服。甘瀾水法：取水二斗，置大盆内，以杓揚之，水上有珠子五六千顆相逐，取用之。

【释义】

本条论述阳虚饮停欲作奔豚的证治。某病不当汗而汗之，或当汗而过汗之，像肾气奔豚之成一样，皆可由心阴虚导致心阳虚。上虚不能制下，心火无以下济肾水，水动于下，无有出路，不仅造成脐下悸，而且将引动冲气上逆。故治以苓桂草枣汤，通阳降逆，培土制水，以防奔豚之作。方中桂枝、茯苓通阳化水，以防冲逆；大枣、甘草培土制水。桂枝、茯苓尚能交通心肾，以瘥脐下悸。

【按语】

欲作防作，这是《金匮》治未病理论的重要组成部分，故第二篇欲作刚痉治以葛根汤，本篇欲作奔豚治以苓桂草枣汤，皆系防本病之作。而第七篇肺胀欲作风水则是防本病欲作它病，即防病种之变。本条即《伤寒论》65条。

【临床应用与研究】

茯苓桂枝甘草大枣汤所治"脐下悸者，欲作奔豚"证，见于西医学所说的神经官能症、癔病、更年期综合征等疾病中。本方还可用于神经衰弱、慢性胃炎、胃酸过多等病。

【选注】

吴谦：发汗后，心下悸者，心阳虚，本经自病也。脐下悸者，肾邪乘虚上干心病也。奔豚者，脐下气动而上冲也。欲作奔豚者，有似奔豚之状而将作未作也。茯苓桂枝甘草大枣汤，所以补火土而伐水邪也。上条发明外感寒邪，能病奔豚，此条更申明内有水气，亦能病奔豚也。（《金鉴》）

【医案举例】

郭某，男，56岁。患奔豚气证，发作时气从少腹往上冲逆，至心胸则悸烦不安、胸满憋气，呼吸不利、头身出汗。每日发作两三次。切其脉沉弦无力，视其舌质淡而苔水滑，问其小便则称甚少，而又有排尿不尽之感。治以茯苓 30g，桂枝 12g，大枣 12 枚，炙甘草 6g。嘱患者以大盆贮水，以杓扬水，水面有珠子五六千颗相逐，用以煮药。患者服两剂，小便通畅而"奔豚"不作。转方又用桂枝 10g，炙甘草 6g。以扶心阳，其病得愈。（刘渡舟．伤寒论十四讲．天津：天津科学技术出版社，1985）

研究概要

综观奔豚气病的临床研究，其病因多为惊恐、忧思、焦虑、悲伤、暴怒、委屈、失望等情志因素，还有误治及气功偏差等；其临床表现除逆气上冲胸咽外，尚可伴见头晕、目眩、心悸、心烦、胸闷、气短、疲乏、喘气、呕吐、嗳气、嘈杂、肠鸣、脘痛、往来寒热、周身灼热、腰膝酸痛、脐下悸、冷汗、四肢不温甚至厥逆、抽搐、昏厥等症状。多数患者的逆气起自少腹，但也有起自足底、内踝、大腿内侧、前阴、会阴及小腹者。刘渡舟生前即曾治愈一冲气起自内踝者。冲气除主要上冲胸咽外，也有上冲至颈、肩、鼻及巅顶者，还有下窜至肛门、尿道及下肢者。这基本上都是冲脉布散之处，或是与冲脉贯通的经脉。其发作情况，有数日一发者，也有一日二三发者；持续时间，短则三五分钟，长则半小时或一小时，甚或更长。其中不少为定时发作，如每天酉时等。其治疗除《金匮》所载三方外，尚有用：奔豚汤合旋覆代赭汤或合桂枝加龙牡汤者；桂枝加桂汤合暖肝煎或合真武汤者；苓桂草枣汤合甘麦大枣汤者；导痰汤者；当归四逆汤合吴茱萸汤者；小柴胡合桂枝加龙牡汤者；加减龙胆泻肝汤者；乌梅丸者；小柴胡汤者；柴胡龙骨牡蛎汤者；加减逍遥散者；少腹逐瘀汤者；苓桂术甘汤合张锡纯降胃镇冲汤（生赭石、生杭芍、柏子仁、生怀山药、天冬、怀牛膝、当归、生麦芽、茵陈、甘草）者；六味地黄汤者；香砂六君子汤加味者；一贯煎者，等等。显然，绝大多数都着眼于肝，其次是肾、脾胃乃至心肺，且祛邪者多，扶正者少，尤其尚有活血化瘀者。此外，针刺也被广泛用于奔豚气病治疗。常用穴位有：足厥阴肝经的太冲，足少阳胆经的阳陵泉，足少阴肾经的照海，足太阳膀胱经的肝俞、肾俞，足太阴脾经的公孙、三阴交，足阳明胃经的足三里，手阳明大肠经的合谷，手厥阴心包经的内关，任脉的膻中、气海、关元及督脉的百会等。研究发现：百合病、水肿、脏躁等病可并发奔豚气病；奔豚气病也可引发崩漏等。

此外，西医学的神经官能症（胃、肠）、神经衰弱、植物神经功能紊乱、胃炎、胃肠痉挛、胃肠型感冒、冠心病、神经性心悸、腹主动脉异常搏动、哮喘、高脂血症等疾病，均可疑似、引发、并发奔豚气病，皆可按奔豚气病辨治，万不可被西医的病名诊断所迷惑。

也有极个别研究奔豚气病的源流者。

小　结

奔豚气病虽已见于《伤寒论》太阳病篇，但在《金匮》中又设专篇论述，说明本病无论在伤寒病中，还是在杂病中都属于常见多发疾病。同时说明外感、内伤、误治均可导致本病。无论何种原因所导致，但多以气从少腹上冲胸咽、发作欲死、复还止为临床特征。属于肝气郁结，化火上冲所致者，用奔豚汤清泄肝胆，养血和胃；属于一汗再汗，外寒入中，火不济水者，用桂枝加桂汤调和阴阳，平冲降逆；属于误汗伤津，阴虚及阳，土不制水者，用苓桂甘枣汤通阳降逆，培土制水。

必须指出的是，由于生活节奏的加快，本病的发病率有上升的趋势，故《金匮》论治奔豚气病理论对临床有很高的实用价值，应引起人们的高度重视。

至于受惊导致吐脓、惊怖及火邪，尚须作进一步深入探讨。

胸痹心痛短氣病脉證治第九

　　本篇虽有胸痹、心痛、短气三病，但实则论述胸痹与心痛两病的病因、病机和证治，其中又以胸痹为主。胸痹是以病位和病机命名，"胸"指胸膺部，"痹"是闭塞不通之意，不通则痛，故胸痹是以胸膺部满闷窒塞，甚则疼痛为主症；心痛是以病位和症状命名，病情比较复杂。本篇所述之心痛，主要是指心窝部的疼痛证。短气是指呼吸迫促，在本篇中仅作为胸痹的一种症状来叙述。

　　胸痹和心痛两病，均有疼痛症状，发病部位相邻近；病因病机亦有所相同，且可相互影响，合并发生，故合为一篇讨论。

一、胸痹、心痛病机

【原文】

　　師曰：夫脉當取太過不及①，陽微陰弦②，即胸痹而痛，所以然者，責其極虚也。今陽虚知在上焦，所以胸痹、心痛者，以其陰弦故也。（一）

【词解】

　　①太过不及：指脉象改变，盛过于正常的为太过，不足于正常的为不及。太过主邪盛，不及主正虚。

　　②阳微阴弦：关前为阳，关后为阴。阳微，指寸脉微；阴弦，指尺脉弦。

【释义】

　　本条以阳微阴弦的脉理阐发胸痹、心痛的病因病机。太过与不及，皆为病脉，脉之太过知其邪盛，脉之不及知其正虚。"阳微"即不及，为上焦阳气不足，胸阳不振之象；"阴弦"即太过，阴寒太盛，水饮内停之征。"阳微"与"阴弦"同时并见，说明胸痹、心痛的病机。《论注》云："最虚之处，即是容邪之处也。"由于上焦阳虚，水气痰饮等阴邪乘虚上乘阳位，邪正相搏，胸阳闭阻，不通则痛，故云"所以然者，责其极虚也"。

　　原文"今阳虚知在上焦，所以胸痹、心痛者，以其阴弦故也"，进一步指出仅有胸阳之虚，而无阴邪之盛，或仅有阴邪之盛，而无胸阳之虚，都不致发生本病。可知，"阳微"与"阴弦"两者不可缺一。

【按语】

　　关于阳微阴弦之"阴阳"的认识，一种认为是脉浮为阳，脉沉为阴；一种认为是左脉为阳，右脉为阴；一种认为寸脉为阳，尺脉为阴。第三条虽视寸口为阳，但将关上作阴，故本篇之阴多指脾胃。

【选注】

陈念祖：师曰病有最虚之处，即为容邪之处，当辨之于脉。夫欲知脉，当先取其太过之与不及。如关前之阳脉微是阳气虚也；关后之阴脉弦是阴邪实也，阴邪乘于阳位，即胸痹而心痛。所以然者，责其上焦阳气极虚也，极虚则无以为胜邪之本矣。然单虚不为痛，今阳脉微则为虚，知其病在上焦，究其所以胸痹心痛者，以其阴中之弦，乃阴中之寒邪，乘上焦之虚而为痹为痛，是虚为致邪之因，而弦则露其袭虚之本象故也。此言胸痹心痛之病，皆由虚处容邪，从其脉象而探其病源。（《浅注》）

【原文】

平人無寒熱，短氣不足以息者，實也。（二）

【释义】

本条承上条进一步阐明胸痹、心痛的病机。某些胸痹、心痛的病人，当其未发作时，如同正常人一样，故曰"平人"。但可在不感受外邪的情况下，突然出现胸膈痞塞气短，甚至呼吸困难的现象，此乃阴邪壅滞胸中，阻碍气机升降之故。上条"责其极虚"，强调本虚；本条"实也"，强调标实，故胸痹、心痛是以本虚标实、虚实夹杂为病机特点，因而临床表现有偏虚、偏实之异。

【按语】

以上两条说明胸痹、心痛既有胸阳不振而正虚的一面，又有阴邪阻滞邪实的一面，证属本虚标实，阳虚阴盛。"阳微阴弦"是胸痹、心痛病机的高度概括。此病未发作时，一般重在从缓治本，以扶阳气之虚；发作之后，则重在从急治标，以祛阴邪之盛。

有注家认为本条是论述短气属实的病情，其病机乃痰食中阻，影响呼吸升降所致。因与胸痹的阳虚邪闭短气症状相类似，故列于此，以示医者当分辨虚实，审因察病，此说亦颇有参考价值。

目前国内对胸痹病因病机的认识，强调心肾亏损是病之本，痰浊、瘀血、肝郁气滞是病之标，标实痹阻而发病，可看作是在本条基础上的发展。

【选注】

尤怡：平人，平素无疾之人也；无寒热，无新邪也；而乃短气不足以息，当是里气暴实，或痰、或食、或饮，碍其升降之气而然。盖短气有从素虚宿疾而来者，有从新邪暴遏而得者，二端并否，其为里实无疑，此审因察病之法也。（《心典》）

二、证治

（一）胸痹证治

1. 主症主方

【原文】

胸痹之病，喘息欬唾，胸背痛，短氣，寸口脉沉而遲，關上小緊數。栝樓

薤白白酒湯主之。（三）

　　栝樓薤白白酒湯方：

　　栝樓實一枚（搗）　薤白半升　白酒七升

　　上三味，同煮，取二升，分溫再服。

【释义】

　　本条论述胸痹病的典型证治。"喘息咳唾，胸背痛，短气"是胸痹病的主症，其中"胸背痛，短气"是辨证关键。这些症状均由"阳微阴弦"，阳虚邪闭所致。胸阳不振，阴邪阻滞，胸背之气痹而不通，故胸痛引背；邪阻气滞，故呼吸短气；阴邪上乘，肺失宣降，故喘息咳唾。寸口脉沉迟，是上焦阳虚，胸阳不振之象；关上出现小紧数，是中焦有停饮，阳虚阴盛之征。本条脉象是"阳微阴弦"的具体体现。宣痹通阳、豁痰利气的栝楼薤白白酒汤，是胸痹的主治方剂。方中栝楼苦寒滑利，豁痰下气，宽畅胸膈；薤白辛温，通阳散结以止痹痛，《灵枢·五味》篇有"心病宜食薤"之说；白酒通阳，可助药势。诸药配伍，使痹阻得通，胸阳得宣，则诸症可解。

【按语】

　　本条脉象中"迟"、"数"二字不能作脉率的快慢理解，此处之"迟"是迟滞不前之象，"数"是躁动不宁之象，王叔和曾云"数脉去来促急"，故"数"可理解为短促的形容词，"关上小紧数"为前条"阴弦"脉的具体化，今阴寒水气循中焦上乘阳位，见关上之脉细小紧急而躁动不宁，是胃脘有痰浊水饮积聚之征，实质上指的即是弦脉，观《腹满寒疝宿食病篇》二十条有"其脉数而紧乃弦，状如弓弦，按之不移"之文，说明紧数相合，则为弦脉。"寸口脉沉而迟"则为首条"阳微"脉的具体化。

　　关于其中的白酒，《金匮要略语译》（中医研究院编）谓："米酒初熟的，称为白酒。"但临证可不必拘于米酒、高粱酒、绍兴酒，酒皆有温通上焦阳气的作用，可因人、因证酌情用之。如能饮酒者，用白酒兑药服或同煎；不饮酒者，用浓度低之白酒或米醋与水各半同煎亦可。

【临床应用与研究】

　　栝楼薤白白酒汤为辛温通阳的代表方。不仅治疗心、肺疾病有良效，而且以本方为主治疗冠心病心绞痛、支气管哮喘、肋间神经痛、胸部软组织损伤、非化脓性肋软骨炎属痰气阻塞，胸阳不宣者，加入丹参、川芎等活血化瘀药或姜半夏等化痰药，可提高疗效。

　　据报道栝楼薤白白酒汤具有扩张冠状动脉、增加冠脉血流量、减慢心律、提高动物耐缺氧能力，抑制血小板凝聚等作用。对治疗冠心病心绞痛，栝楼与薤白的药理作用有差异，两药合用主要表现为栝楼的作用。但在抑制血小板聚集，促进血小板聚体的解聚和提高动物耐缺氧能力等方面两药有一定的协同作用。研究结果认为，栝楼薤白白酒汤的组方是合理的。

【选注】

　　尤怡：胸中，阳也，而反痹，则阳不用矣；阳不用，则气之上下不相顺接，前后不能贯通，而喘息、咳唾、胸背痛、短气等症见矣。更审其脉，寸口亦阳也，而沉迟，则等于微矣；关上小紧，亦阴弦之意。而反数者，阳气失位，阴反得而主之，《易》所谓阴凝于阳，

《书》所谓牝鸡司晨也，是当以通胸中之阳为主，薤白，白酒，辛以开痹，温以行阳；栝楼实者，以阳痹之处，必有痰浊阻其间耳。(《心典》)

【医案举例】

病者但言胸背痛，脉之沉而涩，尺至关上紧，虽无喘息咳吐，其为胸痹则确然无疑。问其业，则为缝工；问其病因，则为寒夜伛偻制裘，裘成稍觉胸闷，久乃作痛。予即书栝楼薤白白酒汤授之。方用栝楼15g，薤白9g，高粱酒1小杯，2剂而痛止。(曹颖甫.曹氏伤寒金匮发微合刊.上海：上海科技出版社，1959；79)

2. 痰饮壅盛

【原文】

胸痹不得卧，心痛彻背者，栝楼薤白半夏汤主之。(四)

栝楼薤白半夏汤方：

栝楼实一枚（捣）　薤白三两　半夏半升　白酒一斗

上四味，同煮，取四升，温服一升，日三服。

【释义】

本条论述痰饮壅盛的胸痹证治。本条首冠"胸痹"，则上条胸背痛、短气、喘息咳唾等症俱备。由于痰饮壅塞胸中，阻滞气机，故咳喘不能平卧，胸背阳气不通，故心痛彻背。今喘息咳唾不能平卧，由胸背痛而至心痛彻背，其痹阻之甚可知，而痹阻之因，在于痰饮壅盛。此证较前证为重，故于前方加半夏，以增加降逆逐饮之功效。

【按语】

本条胸痹较栝楼薤白白酒汤为重，故用药有相应的变化，在前方基础上加半夏逐饮降逆，同时白酒用至一斗，从日二服至日三服，均为适应病情的需要。

【临床应用与研究】

栝楼薤白半夏汤是治疗痰饮壅盛，痹阻胸阳的有效方剂，主症是喘息不能平卧，心痛彻背。据方测证，当有苔腻等。西医学的冠心病心绞痛、气管炎、慢性阻塞性肺病、肋间神经痛、乳房胀痛、慢性胆囊炎、慢性胃炎、心包炎等，凡符合本方证病机者，用之皆效；临证将本方与苓桂术甘汤合用，再加入干姜、陈皮、白蔻等温中通阳、豁痰理气之品，则取效更捷。又痰饮阻滞气机往往可引起气滞血瘀，故于本方中加入香附、郁金、三七、川芎、丹参、赤芍、红花等活血化瘀理气之品，对冠心病属痰浊证者，疗效更好。实验研究证明，本方加红花、赤芍、牛膝、川芎等活血化瘀药，有较明显抗家兔实验性主动脉粥样硬化，以及抗氧化，减慢心率，扩张冠状动脉等作用。

【选注】

尤怡：胸痹不得卧，是肺气上而不下也；心痛彻背，是心气塞而不和也，其痹为尤甚矣。所以然者，有痰饮以为之援也，故于胸痹药中加半夏以逐痰饮。(《心典》)

【医案举例】

王某，女，35岁。胸中满闷，心痛彻背，上气喘急，呼吸困难，大便不利，脉象沉滑，舌苔白腻。诊断：浊阴逆行，气壅上焦，胸阳阻滞，升降不利。主以通阳泄浊法，以瓜蒌薤白半夏汤加味治之，4剂而愈。瓜蒌实9g，薤白6g，法半夏6g，枳实4.5g，杏仁泥6g，桂枝4.5g，橘皮5g。水煎服。（赖良蒲．蒲园医案．南昌：江西人民出版社，1965；84）

3.气机郁滞

【原文】

　胸痹心中痞①，留气结在胸，胸满，胁下逆抢心②，枳实薤白桂枝汤主之；人参汤亦主之。（五）

　枳实薤白桂枝汤方：

　枳实四枚　厚朴四两　薤白半斤　桂枝一两　栝楼一枚（捣）

　上五味，以水五升，先煮枳实、厚朴，取二升，去滓，内诸药，煮数沸，分温三服。

　人参汤方：

　人参　甘草　干姜　白术各三两

　上四味，以水八升，煮取三升，温服一升，日三服。

【词解】

①心中痞：指胃脘部位有痞塞不通之感。

②胁下逆抢心：指胁下气逆上冲心胸。

【释义】

本条论述胸痹虚实不同的证治。胸痹为阳虚阴盛的虚实夹杂证，故临床应分辨偏实或偏虚的差异进行治疗。本条所论除喘息咳唾、胸背痛、短气外，尚有心中痞闷、胸满、胁下之气上逆冲心证候，说明病势不但由胸膺部向下扩展到胃脘两胁之间，且胁下之气逆而上冲，形成胸胃同病证候。如证偏实者，兼腹胀、大便不畅、舌苔厚腻、脉弦紧，乃阴寒邪气偏盛，停痰蓄饮为患，当急治救其标实，法宜宣痹通阳，泄满降逆，方用枳实薤白桂枝汤。该方以栝楼薤白白酒汤为基础方，去白酒之升散，加桂枝通阳化气，平冲降逆；枳、朴同用理气散结，消痞泄满。诸药合用，则痞结开、痰饮可去，胸胃之阳得复。证偏虚者，兼见四肢不温、倦怠少气、语气低微、大便溏泻、舌淡、脉迟无力，乃中焦阳气衰减、寒凝气滞，法宜补中助阳，振奋阳气，以消阴霾，方用人参汤。方中人参、白术、甘草补中益气，干姜温中助阳，诸药同用，诸证可除。

【按语】

本条为同病异治之例。同为胸痹，因其有偏实、偏虚之不同，故立通、补两法，前者多由停痰蓄饮为患，故当用枳实薤白桂枝汤以荡涤之，是为"实者泻之"之法，属"急者治其标"；后者多由无形之气痞为患，故用人参汤以温补之，是为"塞因塞用"之法，属"缓者治其本"。

【临床应用与研究】

枳实薤白桂枝汤证，若兼左胸刺痛，舌质晦暗有瘀点，属心脉瘀阻者，加失笑散、丹参、桃仁、红花；寒痛者，加良姜、荜拨；痰黄、舌苔黄腻、脉滑数者，乃痰浊化热之象，去桂枝、薤白，酌加竹茹、胆南星、黄芩、黄连、天竺黄。渗出性胸膜炎，症见咳痰清稀量多、咳时牵引胸背疼痛、气短肠鸣、纳差、苔白滑、脉沉，证属饮停胸胁，可以本方加葶苈、茯苓、半夏、椒目以温阳逐饮。本方可以治疗冠心病心绞痛，肺源性心脏病，风湿性心脏病，心律不齐，心音低弱等病证而见上述证机者。

据实验研究，枳实薤白桂枝汤具有强心作用，增加冠状动脉及脑血流量，抑制血栓形成等作用。

人参汤用于治疗胸痹病人心中痞气，闷而不通之虚证。气虚甚者，人参改用人参粉冲服，重用黄芪；胸痛甚者，加肉桂、丹参、三七粉、元胡；兼有阴虚之象者，酌加玉竹、麦冬；挟痰浊盛者，加瓜蒌、薤白、半夏、菖蒲；若脘腹痞胀，气结难消，可加砂仁、煨木香、制香附；如胸脘气滞，痞硬阻结，可加枳实；如胸胁胀甚，可加青皮、橘皮。

人参汤对缺血处死的大白兔心、脑、肺等组织匀浆液中的脂质过氧化物含量有明显的降低作用，提示人参汤有抗氧化，抑制脂质过氧化反应，从而保护细胞免受损伤的作用。这一作用与其临床治疗冠心病有相关性。

【选注】

唐宗海：用药之法，全凭乎证，添一证则添一药，易一证则易一药，观仲景此节用药，便知义例严密，不得含糊也。……故但解胸痛，则用栝楼薤白白酒；下节添出不得卧，是添出水饮上冲也，则添用半夏一味以降水饮；再下一节又添出胸痹满，则加枳实以泄胸中之气，胁下之气亦逆抢心，则加厚朴以泄胁下之气，仲景凡胸满，均加枳实；凡腹满，均加厚朴。此条有胸满，胁下逆抢心证，故加此二味，与上二方又不同矣。其人参汤又与此方一攻一补，为塞因塞用之变法。……读者细心考求，则仲景用药之通例，乃可识矣。（《补正》）

【医案举例】

例1：某男，52岁，四川省五金总站干部。左胸痞闷不适3年，于1981年12月2日求诊。1978年春节期间，突感左胸憋闷不适，心中难受，经陆军总医院诊断为病毒性心肌炎，住院治疗3月，好转出院。出院后心中难受好转，左胸仍憋闷不适，间断服药，至1978年9月勉强上班。1980年5月20日在成都市某医院作心电图：室性心动过速，左束支传导阻滞。1981年多次出差，病情增剧求治。现证：左胸压闷或憋闷不适，心中时而痞塞不适或胀满。血压正常。舌淡胖苔白微腻，脉弦涩。此为气滞血瘀心阳不足之胸痹证，拟以理气活血通阳开痹之枳实薤白桂枝汤加味主治：瓜蒌10g，薤白10g，枳实10g，桂枝10g，厚朴6g，桃仁12g，红花6g，苏木10g，柏子仁20g，鱼腥草30g。

1982年1月11日复诊：病人服上方6剂后，自觉症状消失，因出差停药，近几天左胸压闷不适，但比前减轻，舌淡苔少而润，脉涩。仍宗前法：瓜蒌60g，薤白60g，桂枝60g，枳实30g，厚朴30g，桃仁30g，红花30g，鱼腥草60g，柏子仁40g，鸡血藤30g。上药共研细末，蜜和为丸，每丸重10g，每日服3次，每次1丸。

6月8日诊：病人服上丸剂一月，情况良好，近几天又感心中痞闷而胀，极不舒适，舌淡胖苔少而润，脉沉细有力（76次/分）。上方加丹参30g，蜜丸连服2剂，至今未复发。（王廷富.金匮要略指难.成都：四川科学技术出版社，1986；176）

例 2：宋某，患胸膺痛数年，延余诊治。六脉沉弱，两尺尤甚，余曰：此为虚痛……治此病，宜摆脱气病套方，破气之药，固在所禁，顺导之品，亦非所宜。盖导气始服似效，久服愈导愈虚，多服一剂，即多加虚痛。……此证六脉沉弱，无阴邪盛之弦脉，胸膺作痛即非气上撞心胸中痛之剧烈，与寻常膺痛迥别，病在上焦，病源在下焦，治法宜求之中焦。盖执中可以运两头，且得谷者为后天之谷气充，斯先天之精气足，而化源有所资生。拟理中汤加附子，一启下焦生气；加吴茱萸，一振东土颓阳。服十剂后，脉渐敦厚，痛渐止，去吴萸，减附子，又服二十余剂全愈，数月不发。（冉雪峰．冉雪峰医案．第 1 版，北京：人民卫生出版社，1962；30）

4. 轻证

【原文】

胸痹，胸中氣塞，短氣，茯苓杏仁甘草湯主之；橘枳姜湯亦主之。（六）

茯苓杏仁甘草湯方：

茯苓三兩　杏仁五十個　甘草一兩

上三味，以水一斗，煮取五升，溫服一升，日三服。不差，更服。

橘枳姜湯方：

橘皮一斤　枳實三兩　生姜半斤

以三味，以水五升，煮取二升，分溫再服。《肘後》、《千金》云："治胸痹，胸中愊愊如滿，噎塞，習習如癢，喉中澀，唾燥沫。"

【释义】

本条论述饮阻气滞胸痹轻证的不同治疗。胸痹本有胸痛、短气症，而本条仅提出"气塞、短气"，可知本条所述之胸痹的胸痛症状极轻，或者不痛，而以胸中气塞或短气症状为主。气塞或短气虽同由饮阻气滞所致，但在病情上却有区别。证属饮邪偏盛者，兼见咳逆，吐涎沫，小便不利，乃痰饮内阻，上乘于肺，治宜宣肺利气化饮，方用茯苓杏仁甘草汤。方中茯苓利水除饮，杏仁宣肺降逆，甘草缓中健脾，使水饮去而肺气利，其证可除；证属气滞偏盛者，兼见心下痞满、呕吐气逆，乃水饮停蓄，胃气不降，治宜温胃理气散结，方用橘枳姜汤。方中橘皮理气和胃止呕，枳实泄满散结，生姜温胃化饮，使气行饮除，诸症自消。

【按语】

病同证异则当同病异治。本条胸痹均伴有胸闷短气，但证候却有偏于饮阻和偏于气滞之不同，故偏于饮阻的用茯苓杏仁甘草汤，偏于气滞的则用橘枳姜汤。本条从病机而言，一属水饮，一属气滞，但水饮与气滞互为因果，很难截然分开，故临证这两首方剂可分可合，合时可根据证情在药量上有所偏重，亦可与栝楼、薤白配伍运用。

【临床应用与研究】

胸痹呼吸短促、咳唾涎沫量多、痰液稀淡者，用茯苓杏仁甘草汤。水饮重者可与葶苈大枣泻肺汤合用，兼胸中闷痛者，酌加栝楼实、半夏。据临床报道，冠心病、肺心病、风湿性心脏病、支气管炎、支气管哮喘、肋间神经痛、膀胱炎等病证而见上述证机者，均可用茯苓杏仁甘草汤加减治疗。"气塞"证，胸中痞塞、郁结胀满者，治用橘枳姜汤。若呕逆较重，酌加半夏、旋覆花。据临床报道，冠心病心绞痛、风湿性心脏病、肺心病、支气管哮喘、慢性支气管炎、慢性肠胃炎等病证而见上述病机者，均可用橘枳姜汤加减治疗。

【选注】

周扬俊：胸痹既有虚实，又有轻重，故痹之重者，必彻背彻心者也。轻者不然，然而何以言痹？以其气塞而不舒，短而弗畅也。然一属手太阴肺，肺有饮则气每壅而不利，故以茯苓逐水，杏仁散结，用之当矣。又何取于甘草？盖以短气则中土不足，土为金之母也。一属足阳明胃，胃中实，故君橘皮以理气，枳实以消满，且使积滞去而机窍通，更加生姜之辛，无处不宣，靡有遏抑，庶邪去而正自快。此同一实证中，又有藏府之别也。（《二注》）

【医案举例】

例1：何某，男，34岁。咳嗽五年，经中西医久治未愈……细询咳虽久而并不剧，痰亦不多；其主要证候为入夜胸中似有气上冲至咽喉，呼呼作声，短气，胃脘胸胁及背部隐隐作痛，畏寒，纳减。脉迟而细，苔薄白……乃以橘枳生姜汤加味治之。橘皮四钱，麸枳实四钱，生姜五钱，姜半夏四钱，茯苓四钱。二诊：服药三剂后，诸症消退，胁背部痛亦止，惟胃脘尚有隐痛，再拟原方出入。橘皮四钱，麸枳实三钱，生姜四钱，桂枝二钱，陈薤白三钱，全瓜蒌四钱。三诊：五年宿疾，基本痊愈，痛亦缓解，再拟上方去薤、蒌、桂枝，加半夏、茯苓、甘草以善其后。［姚国鑫，等．橘枳生姜汤治疗胸痹的体会．中医杂志　1964；(6)：22］

例2：赵某，男，56岁。西医确诊冠心病已3年，但病状轻，偶有心悸，胸闷痞塞，仍坚持办公室工作。两个月来又患支气管炎，咳嗽时作，咯吐白沫痰，胸中痞塞较前加重，纳略减，大便尚调，下肢轻微浮肿，小便量减，舌质淡苔薄白，脉滑小数。证属心阳不振，痰饮内结之胸痹，治用茯苓杏仁甘草汤合二陈汤，宣肺化饮：茯苓30g，陈皮10g，制半夏10g，杏仁10g，甘草5g，红枣5枚，生姜3片。5剂，水煎服，每日1剂。药后下肢浮肿消净，胸闷痞塞大减，小便量增。上方加全瓜蒌15g，桂枝8g，再进7剂。咳偶作，咯吐白痰少许。上方10倍量制水丸，每日2次，每次6g。服丸剂期间正常工作。（李文瑞．金匮要略汤证论治．北京：中国科技出版社，1993；291）

5. 急证

【原文】

胸痹缓急[①]者，薏苡附子散主之。（七）

薏苡附子散方：

薏苡仁十五两　大附子十枚（炮）

上二味，杵爲散，服方寸匕，日三服。

【词解】

①缓急：按《史记·游侠列传序》曰："且缓急人之所时有也。"说明"缓急"一词的古义是困危、情势急迫之意。

【释义】

本条论述胸痹急重证的治疗。本条叙证简略，既云胸痹，可知应有喘息咳唾，胸前疼痛，或心痛彻背等症，其胸痛剧烈，还伴有筋脉拘挛证候，乃由阴寒之邪壅盛，胸阳被遏所致。故用薏苡附子散以温经散寒、除湿止痛。方中之附子温经止痛，薏苡仁除湿宣痹，据《本经》记载，本品有缓解筋脉拘挛之效，与附子合用，共奏缓解疼痛之功。因病势急迫，故用散剂，取其药力厚而收效速。

【按语】

历代注家对本条"缓急"之义，约有四种看法：①指胸痹疼痛症状的时缓时急，缓急者，或缓而痛暂止，或急而痛复作，表示胸痹疼痛病呈发作性。②指胸痹病波及筋脉拘挛的或缓或急，今人李今庸从此说，谓"缓急，指筋脉拘急不伸或缓纵不收"。③指口目有急处有缓处，且偏痛一侧。此说出自邹澍《本经疏证》，认为缓急是邪气上冲胸膈，偏着一处，着于左侧左急右缓，着于右侧右急左缓，以左右之疼痛缓急交作而谓。④指胸痹的危急证。

仲景对附子的用法有生用和炮用之别。凡亡阳急证，需回阳救逆的，多用生附子，如四逆汤、四逆加人参汤。凡因风寒湿痹着于肌表筋骨，需温经散寒，助阳止痛的，则用炮附子，如桂枝附子汤、甘草附子汤。证属沉寒痼冷的，则多用乌头，其止痛作用更强。此外，临床中用附子当注意剂量。用于引经药者，5g 左右；温经止痛者，10g 左右；回阳救逆者，15g 左右；或据病情之轻重增减用量。

【临床应用与研究】

本方用于治疗胸痹病突见左侧胸部心前区剧烈绞痛如刺，此为"胸痹缓急"证的辨证要点，亦是应用薏苡附子散的主要指征。此外尚可见面色苍白，唇舌青紫，身冷肢厥，脉沉伏或涩，或微细而迟之象。另外，本方还可以治疗冠心病心绞痛、肋间神经痛、心肌梗死、心律不齐、心肌缺血等病症而见上述证机者。

实验研究证明，薏苡附子散具有抗心肌缺血、抗缺氧及降血脂等作用，并对垂体－肾上腺皮质系统有兴奋作用。

【选注】

周扬俊：胸痹缓急者，痹之急证也。寒饮上聚心膈，使阳气不达，危急为何如乎？故取薏苡逐水为君，附子之辛热为佐，驱除寒结，席卷而下，又焉能不胜任而愉快耶？（《二注》）

【医案举例】

吴某，女，49 岁，干部。患冠心病心绞痛已近 2 年，常感胸膺痞闷，憋气，甚则不能平卧，服栝楼薤白半夏汤加丹参、鸡血藤、降香等多剂，证情已趋和缓，但今日突然心胸疼痛，痛连脊背，呻吟不已，口唇青紫，手足冰冷，额汗如珠，家属急来邀诊，舌暗水滑，脉弦迟极沉。询其原因系刚洗头劳累受凉所致。此属寒甚而阳衰，痹甚而血阻，或疼痛不解，阳将脱散，生命难保，故急以大剂薏苡附子散合独参汤救治：薏苡仁 90g，熟附子 30g，人参 30g，参三七 24g。先煎参、附，后纳苡仁、三七，浓煎频呷。只 2 剂，疼痛即缓解，厥回肢温，额汗顿止。（杨医亚，等．中医自学丛书·金匮．石家庄：河北科学技术出版社，1985；207）

（二）心痛证治

1. 寒饮气逆

【原文】

心中痞，諸逆①心懸痛②，桂枝生姜枳實湯主之。（八）

桂枝生姜枳實湯方：

桂枝　生姜各三兩　枳實五枚

上三味，以水六升，煮取三升，分温三服。

【词解】

①诸逆：谓停留于心下的水饮或寒邪向上冲逆。

②心悬痛：悬，《说文》释为"系也"，又曰"系"，"一曰维"。故"悬"之本义，指用线绳维系以束缚之。故心悬痛，即形容心中如有物维系束缚之窒痛感，现代所谓"压榨性"、"窒息状"心痛的感觉。

【释义】

本条论述寒饮气逆的心痛证治。由于寒饮停聚于胃，阳气不宣，故胃脘部痞闷不舒；胃气与心下之寒饮俱逆，故曰"诸逆"。在症状上当见气逆抢心，干呕气塞，心胸憋闷而窒痛。本证的病机为痰饮内停，逆客心脉。故治宜通阳化饮，下气降逆，方用桂枝生姜枳实汤。方中枳实消痞除满，桂枝通阳平冲降逆，生姜和胃降逆，散寒除饮，诸药相互配伍，则痞开逆平，悬痛自止。

【按语】

后世注本对条文中的"心悬痛"、"诸逆"及其证候归类均存歧见，"心悬痛"的关键乃在于"悬"字，此一字的本义，无疑当以《说文解字》作"维"、"系"解之为是。"心悬痛"并非指如同悬物之摇摆或牵引疼痛，而是犹如有物之束缚疼痛，此乃阴寒水饮之邪凝阻心脉所致。"诸逆"主要是指阴寒水饮之邪自脘胁上逆于心胸，其病理主要在心而非在胸，其证候当属心痛而非胸痹。

桂枝生姜枳实汤与橘枳姜汤均有枳实、生姜两味药物，但橘枳姜汤是以橘皮相配，专于理气散结；桂枝生姜枳实汤以桂枝相配，功能通阳降逆，桂枝与姜、枳配伍，辛开苦降，平冲止痛之力尤佳。可知橘枳姜汤是以胸中气塞为甚；桂枝生姜枳实汤是以气逆心痛较著。

【临床应用与研究】

桂枝生姜枳实汤用于心胸部气塞疼痛，或胃脘痞闷，气逆上攻作痛，呕恶噫气，畏寒喜热者。若呕吐者，加半夏；痛甚者加香附、木香；眩晕者加白术、茯苓。

本方可以治疗冠心病心绞痛、高血脂、心律不齐、慢性胃炎等病症而见上述证机者。

【选注】

徐彬：此已下不言胸痹，是不必有胸痹的证矣。但心中痞，是阴邪凝结之象也，非因初时气逆不至此，然至心痛如悬，是前因逆而邪痞心中，后乃邪结心中而下反如空矣，故以桂

枝去邪，生姜枳实宣散而下其气也。（《论注》）

【医案举例】

吴某，男，45岁。近年来自觉胸中郁闷，常欲太息，胃中嘈杂，时有涎唾。最近胸前压痛感，心悬如摆，短气不足以息，闻声则惊，稍动则悸，心烦失眠，精神困倦，食纳尚可，口干不欲饮，小便频而短，体质肥胖，素贪甘脂。舌胖苔白，脉弦而数。此属脾失健运，痰饮上凌，以致心阳被遏，肺气郁滞而病胸痹。治宜驱逐痰饮为主，兼运脾胃，主用桂枝生姜枳实汤加味：嫩桂枝5g，淡生姜5g，炒枳实6g，法半夏9g，鲜竹茹10g，云茯苓10g，广橘皮6g，全栝楼9g，薤白头6g，炙甘草5g。服5剂后数脉转缓，苔呈薄腻，胸满略舒，心痛已止，但惊悸仍影响睡眠。仍宗上方去生姜、竹茹，加白术9g，九节菖蒲3g，服至20余剂，诸症若失。［李聪甫．试论胸痹与脾胃辨证的关系．中医杂志 1983；（1）：13］

2. 阴寒痼结

【原文】

心痛彻背，背痛彻心，乌头赤石脂丸主之。（九）

乌头赤石脂丸方：

蜀椒一两－法二分　乌头一分（炮）　附子半两（炮）－法一分　乾姜一两－法一分　赤石脂一两－法二分

上五味，末之，蜜丸如桐子大，先食服一丸，日三服。不知，稍加服。

【释义】

本条论述阴寒痼结的心痛证治。阴寒之邪，上逆阳位，阻碍气血运行，形成心窝部疼痛牵引背部，背部疼痛又牵引到心窝，心背相互牵引的剧烈疼痛症，以方测证，当见四肢厥冷，脉象沉紧等。对此阴寒痼结、寒气攻冲之心痛重证，治宜温阳散寒，峻逐阴邪，方用乌头赤石脂丸。方中乌、附、椒、姜均为大辛大热，协同配伍，逐寒止痛力极强；赤石脂温涩调中，收敛阳气，以免辛热之品，散而无制，使寒去而正不伤，如此则阴邪散，攻冲平，心痛得止。

【按语】

本方附子与乌头同用，两者虽属同类，但其功用略有不同。乌头长于起沉寒痼冷，并可使在经的风寒得以疏散；附子长于治在脏的寒湿，能使之得以温化。由于本证阴寒邪气病及心背内外脏腑经络，故仲景将乌附同用，以达振奋阳气，驱散寒邪的目的。

本证与第四条"胸痹不得卧，心痛彻背"之栝楼薤白半夏汤比较，证候更重，两者发病部位相似，但病因病势不同，前条是痰饮壅盛，胸阳痹阻，故宜宣痹通阳，降逆逐饮法；本证是阴寒极盛，寒气攻冲所致，故治用温阳散寒，峻逐阴邪。

【临床应用与研究】

乌头赤石脂丸的适应症为：剧烈的心胸后背相互牵引疼痛。或胃脘疼痛，痛无休止，兼见四肢厥冷，冷汗出，气促面白唇青，舌质淡，苔白滑，脉沉伏而紧或微细欲绝等证。本方可以治疗冠心病心绞痛、心肌梗死、风湿性心脏病、心律不齐以及心力衰竭、休克等病证而见上述证机者。

用高速液相色谱法（HPLC）对乌头、炮附子及加工附子粉末中乌头碱类生物碱的分析表明，乌头中主要含有 A 类生物碱即乌头碱等；炮附子和附子粉末中主要含有 B 类生物碱即脂乌头碱等。动物试验证实，同时口服乌头与附子粉末可使乌头中乌头碱的急性毒性显著降低（p < .05）。附子与乌头并用可增强止痛效果。

【选注】

尤怡：心痛彻背，阴寒之气遍满阳位，故前后牵引作痛，沈氏云：邪感心包，气应外俞，则心痛彻背；邪袭背俞，气从内走，则背痛彻心；俞脏相通，内外之气相引，则心痛彻背，背痛彻心，即经所谓寒气客于背俞之脉，其俞注于心，故相引而痛是也。乌附椒姜同力协济，以振阳气而逐阴邪，取赤石脂所以安心气也。（《心典》）

【医案举例】

吕某，女，62 岁，1983 年 12 月 15 日就诊。间发左胸疼 2 年，近日天气寒冷，自觉胸闷不适，今晨突发心绞痛不休，急用硝酸甘油片含舌下无效，求余诊治。症见心痛彻背，有时昏厥，汗出肢冷，唇舌青紫，脉细欲绝。心电图检查示：急性下壁心肌梗死。证属寒凝痹阻，阳虚欲脱之候。治法：回阳救逆固脱。急用乌头赤石脂丸加味：乌头 10g，乌附片 30g，干姜 10g，川椒 8g，赤石脂 15g，桂枝 15g，红参 15g。水煎。一昼夜急服 2 剂，心痛大减，汗止肢温，昏厥随之而除。共服 5 剂，心痛消失，唯有胸闷不适，舌质淡红苔白，脉象沉细。心电图复查提示：窦性心动过缓；冠状动脉供血不足。危证已去，改用枳实薤白桂枝汤加丹参 20g，栝楼 10g，黄芪 20g，红花 4g，调治一月而愈。随访一年未见复发。[李济民 . 经方治疗急证二则 . 国医论坛　1989；（2）：14]

三、附方

【原文】

九痛丸：治九種心痛。

附子三兩（炮）　生狼牙一兩（炙香）　巴豆一兩（去皮心，熬，研如脂）
人參　乾姜　吳茱萸各一兩

上六味，末之，煉蜜丸如桐子大，酒下，強人初服三丸，日三服；弱者二丸。兼治卒中惡[①]，腹脹痛，口不能言；又治連年積冷，流注心胸痛[②]，并冷衝上氣，落馬墜車血疾等皆主之。忌口如常法。

【校勘】

《备急千金要方·卷十三·心脏·心腹痛》谓"九痛丸"，治疗九种心痛，"一虫心痛，二注心痛，三风心痛，四悸心痛，五食心痛，六饮心痛，七冷心痛，八热心痛，九去来心痛。此方悉主之。并疗冷冲上气、落马堕车等。"其方用生狼毒四两，无生狼牙，附子、干姜各二两，余与本方同。末之，下作"蜜和空腹服如梧子一丸，卒中恶，腹胀痛，口不能言者二丸，日一服；连年积冷流注心胸者亦服之，好好将息神验"。

程林曰本方"非仲景方"。

【词解】

①卒中恶：指突然感受外来邪气，见心腹刺痛、闷乱欲死的疾病。

②流注心胸痛：流者流散移动，注者专注集中。此指心胸部疼痛，或较散漫面积大，或集中一点而痛。

【释义】

本条论九痛丸之组成、服法及其适应病症。所谓九种心痛，是泛指心胸胃脘由多种原因引起的疼痛病症而言。胸痹心痛证型各异，九痛丸当是针对阳虚阴盛的病机特点，所制治疗心胸、胃腹疼痛的验方，源出孙思邈。其疼痛之因，不外寒冷、痰饮、虫注、血结、积聚而成，治当破阴逐寒、温通杀虫、扶正祛邪以定痛。虽方名九痛丸，然对心脾虚弱之悸心痛，邪热内闭之热心痛，恐不甚宜。

九痛丸中之附子、干姜、吴茱萸温中开郁，通阳止痛，善祛沉寒积冷；生狼牙，《千金方》用狼毒，重在杀虫破积聚，除寒热水气；巴豆温通，以攻破食、饮、痰、水、寒邪之结聚；人参补脾胃、扶正气，寓祛邪而不伤正之意，全方重用大辛大热之品，为攻逐寒实积滞之剂。

【按语】

历代注家对本方之用狼牙或狼毒有不同看法。①邹澍认为狼牙能通中，专治阴中之疾，清热化湿杀虫，九痛丸杂狼牙于附子、吴萸、巴豆、人参中以攻其积冷，是"诸辛热者必借兹苦寒为之导"（《本经疏证》），即佐此一味苦寒之品，有开通闭结之效。②陆渊雷认为狼毒与狼牙，俱能杀虫，"而狼毒独主咳逆上气，胸下积癖"，提出九痛丸所用，"当是狼毒，非狼牙也"。盖狼牙一物，今已少用，孙思邈用狼毒，可从。

【临床应用与研究】

寒实结滞型肠梗阻或跌伤后的瘀血痛，蛔虫腹痛，临床表现见素有不能吃冷性饮食史，突然脘腹部剧痛，包括起伏拒按，得温痛减，恶寒喜暖，口和不渴，或喜热饮，或呕吐，四肢发冷，大便秘结，舌苔白或黄白而润，脉沉紧或沉细者，治当温中攻下，或杀虫攻积，方用九痛丸。

【选注】

程林：九痛者……虽分九种，不外积聚、痰饮、结血、虫蛀、寒冷而成。附子、巴豆，散寒冷而破坚积；狼牙、茱萸杀蛀虫，而除痰饮；干姜、人参，理中气而和胃脘；相将治九种心痛，巴豆除邪杀鬼，故治中恶腹胀痛，口不能言，连年积冷，流注心胸痛，皆宜于辛热，辛热能行血破血，落马堕车、血凝血积者，故并宜之。（《直解》）

【医案举例】

戴某，女，42岁。胃脘痛已十多年，每于秋冬风寒之际加剧，近日来又发作，坐卧不安，面色苍白无华，不欲进食，但食后痛缓，时时泛酸，畏寒肢冷，形体消瘦，小便清长，大便色黑而秘结，三四日一解，舌淡红，苔薄白，脉沉弦无力。大便检查潜血阳性。此系阴寒痼冷积于中焦，脾胃失和。治宜温通散寒，健脾止痛，令痛甚时随服九痛丸一丸（配制法参研究概要），服后十多分钟即慢慢缓解。当天计服 15 丸，次日痛大减，但时有隐隐然感觉，改为每日服 3 次，每次 1 丸。共服 100 丸，痼痛除，大便检查潜血阴性，随访十年，未见复发。[袁呈云．九痛丸治疗胃脘顽痛．浙江中医杂志　1984；(2)：58]

<h1 style="text-align:center">研究概要</h1>

　　文献资料表明，本篇所述方药治疗心、肺、胃疾患，只要方证相对，就可收到疗效。特别是对于冠心病心绞痛的治疗，本篇方法为经典大法，后世不但继承下来，而且有所发展、创新。目前对冠心病心绞痛的治疗大致分为治标和治本两个方面。治标主要在发作期应用，以通为主，具体方法有宣痹通阳、芳香温通、活血化瘀。治本即扶正培本，主要在缓解期应用，具体方法有益气、温阳、滋阴、养血等。国内名老中医积累了不少的宝贵经验，归纳他们的治疗经验，主要在于如何运用好通、补两法。冉雪峰治疗心痛，主张先通后补，常用利膈通络消癥散结法（全栝楼、京半夏、枳实、黄连、制乳没、归须、石菖蒲、川郁金、琥珀末、制鳖甲），后期好转时加丹参、当归益血。蒲辅周治疗心痛重在活血顺气，反对破血攻气，推崇两和汤（人参、丹参、没药、琥珀粉、石菖蒲、鸡血藤膏、远志、血竭或藏红花、香附、茯苓），通补兼施。岳美中治疗心痛主张用阳药及通药廓清阴邪，不可掺杂阴柔滋敛之品，因证选方，如枳实薤白桂枝汤，变通血府逐瘀汤（归尾、川芎、桂心、栝楼、薤白、桔梗、枳壳、红花、桃仁、怀牛膝、柴胡），苏合香丸等。赵锡武治疗心痛以补为通，以通为补，通补兼施，补而不助其阻塞，通而不损其正气，治疗多用宣痹通阳，心胃同治，扶阳抑阴，补气益血，活血利水为法，宗栝楼薤白半夏汤为主方随证加减。郭士魁治疗心痛主通法，常用补阳还五汤、失笑散、丹参饮、活血通瘀膏、人参汤、炙甘草汤、栝楼薤白半夏汤等合方化裁；当补虚者，分别温阳或滋阴，务求温而不燥，滋而不腻。任应秋治疗心痛以"益气扶阳，养血和营，宣痹涤饮，通窍宁神"来概括其治疗大法，具体运用：心气不足证用黄芪五物汤加味；阳虚阴厥用乌头赤石脂丸加减；营阴失养证用人参养营汤加减；心悸脉数者用酸枣汤加减；阴虚阳亢证知柏地黄汤化裁；痰饮阻塞证栝楼薤白半夏汤、苓桂术甘汤、二陈汤合方。张伯臾认为急性心肌梗死应包括在"胸痹"、"真心痛"这两个病证之中，在治疗方面有三条经验：一是处理好补和通的关系，认为通法是治疗本病的基本法则；二是要注意防脱防厥，提出从神、气息、汗、疼痛、四末及素髎的温度、舌苔、脉象等方面的细微变化，及时采取措施；三是要注意及时通便，但必须根据阴结、阳结的不同，采取不同的通便方法。邓铁涛治疗心痛重视补肾除痰。具体运用：心阳虚者用温胆汤加党参；心脉虚以生脉散为主加减化裁；阴阳两虚温胆汤合生脉散加减；痰瘀闭阻以瘀为主者，失笑散加冰片，以痰为主者，温胆汤加倍用量。李斯炽治疗心痛的原则是：以扶正为主，强调整体治疗，组方原则是："补阴顾阳，补阳护阴"，"补中兼通，通而勿耗"。

　　目前有足够证据表明某些急性心肌梗死的直接原因是冠状动脉痉挛，而未必是动脉粥样硬化冠状动脉闭塞。且有报道，痉挛不仅可能发生于冠脉正常或轻度狭窄中，也可能发生于较明显的动脉粥样硬化性狭窄中。变异型的心绞痛更是应予考虑的。由于血管痉挛是可逆的，因此参考疼痛特点，诱发因素，研究防治措施，探讨芳香温通类药物治疗冠心病心绞痛，有重要意义。

近年来，在冠心病辨证论治客观化及其方法学的研究，中药缩小心肌梗死范围的研究，中药防治急性心肌梗死休克的研究，活血化瘀方药抗血小板聚集性的研究等各方面，均取得可喜的成果。

实验研究证明，防治冠心病心绞痛常用中药的药理特点可归纳为：①凡属用之有效药物多具有调节血液动力学，特别是扩张冠状动脉，增加血流量或心肌营养血流量等作用，并对垂体后叶素诱发的心肌缺血具有保护作用。②凡在增加冠脉血流量能降低心肌耗氧量及减慢心率者，作用更为显著，有利于心肌氧代谢平衡。目前已知葛根、参三七、羊红膻、盐肤木、四季青等药具有这类作用。③凡是调节血流动力学的同时，还影响血液物理化学性状，具有抗血小板聚集、抗凝等作用者，也往往可以加强治疗作用，如川芎、赤芍、红花、丹参等，多属于活血化瘀类中草药。④有些药物并未发现增加冠脉血流量或心肌营养血流量等作用，但可以减少心脏做功、减慢心率，从而降低心肌耗氧量，对冠心病也有一定益处。目前对这些药物研究较少，如人参、党参或其他补肾养心药可能具有这类作用。⑤多数作用明显的药物其有效成分为黄酮类化合物（这类化合物多具有扩张冠状动脉，调节心血管活动的作用），如葛根、参三七、菊花、毛冬青、红花等。其次为香豆精类化合物（这类化合物常有扩张冠状动脉、抗凝、镇静等作用）如羊红膻、茵陈蒿等。而一些速效止痛、扩张冠脉血管的药物其有效成分多为挥发油，如麝香、细辛等。在研究工作中如能注意分离提取或合成这些有效成分，重点加以研究，并对具体结构进行必要的改造，将可能找到更多高效、速效的药物。

关于如何发掘防治冠心病的有效方药，各地积累了不少经验，概括起来：①从古人经验中找线索，作为寻找有效方药的基础；②根据中医理论体系结合现代医学进展，对用之有效的方药进行深入研究，阐明作用原理，分离有效成分；③以已知有效成分为线索寻找新药；④改造结构制新药，对已知有效方药或成分根据作用特点加以改造，或是重新组方，或是改造化学结构，都是寻求有效新药的重要途径。

此外，本篇附方九痛丸，亦有学者报道用本方治疗 20 余例胃脘部顽痛，均收显效。用法如下：取巴豆 30g，炙香，研如脂（或去油）；另取炮附 90g，生狼毒、干姜、吴茱萸各 30g，党参 60g，共研末，然后加入巴豆，炼蜜和丸如梧桐子大（约 0.5g）。每次用酒或温开水送服，或嚼服 1～2 丸，日 3 次。

小　　结

本篇主要讨论胸痹、心痛的病因病机和证治，共 9 条原文，其中论胸痹者 7 条，论心痛者 2 条，故本篇以论胸痹为重点。

胸痹与心痛，在病因上皆为上焦阳虚，阴乘阳位所致。其区别在于，病变部位略有差异，如阳虚邪痹于胸者，为胸痹；寒饮乘于心下者，为心痛。胸痹以胸膺部症状为主，如"胸背痛，喘息咳唾"或"心痛彻背、背痛彻心"等。但胸痹与心痛，有时可以同时发作，难以截然分开。

胸痹、心痛总的病机为"阳微阴弦"，本虚标实，故在治疗上，应以扶正祛邪，"急则治标，缓则治本"为原则。由于病邪有兼挟，病情有轻重，体质有差异，病位有在胸、在胃之别，故具体治法亦当有所不同。充分体现了仲景依证立法，证变治变，随证治之的辨证论治思想。如胸痹典型证，治以宣痹通阳，豁痰利气，栝楼薤白白酒汤为主方；若寒饮内乘，心痛彻背，不得卧者，于本方中再加半夏以降逆逐饮；若胸痹，心中痞，留气结在胸，胸满，胁下逆抢心，审其阴盛邪实，气滞不通者，用枳实薤白桂枝汤宣痹通阳，泄满降逆；若阳虚正衰，大气不运者，用人参汤补中助阳，振奋阳气；若胸痹心中气塞短气，偏于水饮在肺，治用茯苓杏仁甘草汤宣肺利气而化饮；偏于寒气在胃，治用橘枳姜汤温胃理气而散结；如胸痹急证，治以薏苡附子散温经止痛，散寒除湿。心痛轻证，由于寒阻气逆，心中痞，心悬痛者，用桂枝生姜枳实汤通阳化饮，下气降逆。心痛重证，由于阴盛阳衰，心痛彻背，背痛彻心者，用乌头赤石脂丸，温阳散寒，峻逐阴邪。寒湿结滞之多种疼痛，可用九痛丸温通止痛。

短气，多为胸痹兼见之症，一般以虚证为多，但也有平人无寒热，短气不足以息的实证，应予鉴别。

腹满寒疝宿食病脉證治第十

本篇论述腹满、寒疝、宿食病的病因病机、辨证要点和具体证治。由于这三种病证在临床表现上皆有腹部胀满或疼痛，在病因病机上也有着一定的联系，其所出方治又多可互用，故合篇论述。

腹满是以腹部胀满为主、常伴有腹部疼痛的一种病证。腹满又可出现于其他多种不同的病变过程中，病机也比较复杂。《素问·太阴阳明论》中有"阳道实，阴道虚"之说，《伤寒论》中腹满多见于阳明病和太阴病，故可以用"实则阳明，虚则太阴"对腹满的病机加以概括。即属于实热证的，责之于腑，多以阳明胃肠为主，或涉及少阳之胆，或兼及太阳之表；属于虚寒证的，责之于脏，多以太阴脾为主，兼及厥阴之肝或少阴之肾。在治疗上，对实热证用攻下泄热，对虚寒证用温中补虚，这也是临床上最常用的基本治法。另外，篇中也有针对寒实内积的温下法。

寒疝即寒性腹痛，寒言其因，疝言其症。《说文》："疝，腹痛也。"《诸病源候论》："疝者痛也，此由阴气积于内，寒气搏结而不散，脏腑虚弱，风冷邪气相击，则腹痛里急，故云寒疝腹痛也。"可知寒疝是由寒邪凝滞所导致，以急性腹痛为主要表现的一种病证。本篇所论的寒疝，在病情上有虚有实，在病位上有里寒和表里皆寒之别，治疗以散寒止痛为主。

宿食即伤食，亦称食积。本病由饮食过多，食物经宿不消，停积于胃肠，脾胃运化失常所致。根据宿食停留的部位，治法也有吐下之不同。

腹　　满

一、辨证与治则

（一）虚寒性腹满

【原文】

趺阳脉微弦，法当腹满，不满者必便难，两胠①疼痛，此虚寒从下上也，当以温药服之。（一）

【词解】

①胠：《说文》：亦（古腋字）下也。即胸胁两旁当臂之处。

【释义】

本条论述虚寒性腹满的成因、辨证和治则。趺阳脉候脾胃，主中焦。脉微提示中阳不足，脾胃虚寒。弦脉属肝，主寒主痛。"趺阳脉微弦"一句贯穿本条原文，总的强调了不论腹满、便难或两胠疼痛，都有可能与虚寒相关。即脾胃虚寒，厥阴肝气上逆，可以造成腹满，同样也可以导致便难和两胠疼痛。"此虚寒从下上也"一句与"趺阳脉微弦"呼应，再次强调病因为下焦寒气乘虚上逆。病情既属虚寒，故治疗无疑当用温药。

【按语】

也有认为本条是论述腹满寒疝总病机的。下焦寒气上逆，既可导致腹满，也可发生寒疝，前者以满为主，后者以痛为主。寒疝也可见到"便难"和"两胠疼痛"的症状，由于阴寒凝聚于肠胃，故大便难，寒气循经上逆，故两胠疼痛。在治疗上，原文仅提出用温药，临床施治时，对虚寒者当温补，对寒实者当温下。

【选注】

喻昌：趺阳，脾胃之脉，而见微弦，为厥阴肝木所侵侮。其阴气横聚于腹，法当胀满有加。设其不满，阴邪必转攻而上，决无轻散之理，盖阴邪既聚，不温必不散。阴邪不散，其阴窍必不通，故知其便必难，势必逆攻其两胠而致疼痛，较腹满更进一步也。虚寒之气，从下而上，由腹而胠，才见一斑，亟以温药服之，俾阴气仍从阴窍走散，而不致上攻则善矣。仲景所谓此虚寒从下上也，当以温药服之，包举阴病证治，了无剩义。盖虚寒从下上，正地气上天之始，用温则上者下，聚者散。（《医门法律》）

【原文】

腹満時減，復如故，此爲寒，當與温藥。（三）

【释义】

本条论述虚寒性腹满的证治。虚寒性腹满的特点为时而减轻，时而胀满如故，这是由于腹中寒气得阳则暂时消散，得阴则又复凝聚。《素问·异法方宜论》所谓"脏寒生满病"，指的正是这种情况，此与持续不减的实热性腹满形成鲜明的对照。虚寒性腹满既然是由脾胃运化功能减退、中焦虚寒所致，治疗也就当用温药散寒补虚，可以理中汤或附子理中汤加减。

【选注】

沈明宗：此虚寒腹满之辨也。阳气或运如常，满则时减，而阳虚终无恒期胜阴，阴复胜阳，则满复如故，不似实热常满，减不足言之比，是属虚寒，当以温药，补阳散寒乃为定法。（《编注》）

（二）表里皆寒腹痛

【原文】

寸口脉弦者，即脅下拘急而痛，其人嗇嗇惡寒也。（五）

【释义】

本条论述表里皆寒的腹痛脉证。寸口主表，弦脉主寒主痛，亦属肝。寸口脉弦，为既有寒邪在表，又有肝气夹寒邪为病，所以啬啬恶寒和胁下拘急疼痛并见。对这样的内外皆寒之证，可考虑用柴胡桂枝汤加减（去黄芩，增芍药）治疗。

【按语】

也有把本条看作是寒疝脉症的，因为寒疝常常也有遇寒而发，进而成为内外皆寒之证的，此说可参。另外，本条当和第一条互相对照。趺阳脉微弦，强调脾胃虚寒，重点在里寒。寸口脉弦，强调内外皆寒。病机相异，治法亦当有所不同。

【选注】

徐彬：若寒疝，则邪之所起不止于脾胃，故脉专责之寸口。脉既得弦，则是卫气为寒邪所结而不行，风寒与肝相得。胁者，肝之府，故胁下拘急而痛，邪从表来，故啬啬恶寒。（《论注》）

（三）同因异证辨

【原文】

夫中寒家，喜欠。其人清涕出，發熱色和者，善嚏。（六）

【释义】

本条论述里阳不虚的感寒证。感受寒邪以后，尽管表阳被遏，但里阳未虚，故阳气仍有伸展之机，阴阳上下相引而呵欠，正气抗邪而发热，且喷嚏连连，寒邪滞表，闭塞鼻窍则清涕出，面色如常提示虽有表证而里阳不虚。

【选注】

周扬俊：恶寒数欠，卫气虚也。卫既不固，则寒易乘而中气自馁，故喜欠。然则肺主皮毛，外受邪而肺气有不伤者乎？清涕之出，势所必至也。若夫阳气稍复，则寒邪自衰，而阴凝之色，亦自此而解，邪之出亦从肺开，故经曰已而嚏。（《二注》）

【原文】

中寒，其人下利，以裏虚也，欲嚏不能，此人肚中寒。一云痛。（七）

【释义】

本条论述里阳素虚的感寒证。素体里阳虚甚者，一旦感受风寒，外邪容易直犯脾胃，造成胃肠升降失司而出现下利，同时也可伴有腹部的胀满疼痛等症，欲嚏不能，则进一步证明了里虚而无力驱邪外出。"里虚"和"肚中寒"都是对阳虚阴盛的强调。

【按语】

将以上二条原文互相参照，说明了同样因为感受了寒邪，但体质不同，表现也有差别。里阳不虚者，风寒仅留肌表，而里阳虚者，外邪常可长驱直入，造成下利（腹满）等，此也可看作腹满病证的常见原因之一。

【选注】

周扬俊：寒之所中，不外阴阳两经。然寒即中阴，亦曰经耳。何以即利？以阴经循乎里也。然寒何以即中阴经？以阳气大衰，邪即中里，故云里虚也。里虚下利，阳气不能上升，

故欲嚏而未能，乃知阴寒内凝，阳气未复。不若前条之所伤者，在皮毛间也。（《二注》）

（四）寒实可下证

【原文】

其脉數而緊乃弦，狀如弓弦，按之不移。脉數弦者，當下其寒；脉緊大而遲者，必心下堅；脉大而緊者，陽中有陰，可下之。（二十）

【释义】

本条论述寒实可下的脉证和治法。本条以脉论病，以脉论治。寒实证的主要脉象为紧脉或弦脉，紧脉和弦脉相类，均主寒主痛，故临床上常相兼并见。"脉数而紧乃弦"，这里的数含有来势急迫之意。脉来绷急而紧束，则为弦紧之脉。弦紧之脉，按之挺直不移，状如弓弦。数弦之脉，主阴寒之邪盛而内结于肠胃，寒当温，而邪盛于里则可下，故治疗以温下驱逐阴寒。"脉紧大而迟"，指大而有力的迟脉，因寒实之邪凝聚肠胃，痼结更甚，则心下痞硬，故脉来迟紧。"大而紧"，指大而有力之脉，可见于阳为阴遏的寒实之证，治疗以温下之法祛其寒实，可参考大黄附子汤。

【选注】

徐彬：此言弦紧，为寒疝主脉，然有数而紧与大而紧，俱是阳中有阴，皆当下其寒，故以此总结寒疝之脉之变。谓紧，本寒脉，数而紧，紧不离于弦，但如弓弦按之不移，因其紧而有绷急之状也。如弓弦七字，注紧脉甚切，故下即言数弦，不复言紧，谓弦即紧也。然虽数，阴在阳中，故曰当下其寒。若紧大而迟，大为阳脉，挟紧且迟，则中寒为甚而痞结，故曰必心下坚，即所谓心下坚大如盘之类。若单大而紧，此弦系阳包阴，故曰阳中有阴。可下之，即前大黄附子细辛汤下之是也。（《论注》）

（五）实热性腹满

【原文】

病者腹滿，按之不痛爲虚，痛者爲實，可下之。舌黄未下者，下之黄自去。（二）

【释义】

本条论述腹满的虚实辨证与实热腹满证治。一般说来，腹满之属于实证者，多由宿食停滞于胃，或燥屎积于肠道所致，故按之腹痛加剧，且胀满持续不减。而腹满之属虚者，多为脾脏运化不健，并非有形之积阻塞，故按之疼痛不加重，且时有减轻。

实证腹满，除胀满拒按的见症外，还必须结合舌诊。苔黄是积滞化热的征象，至此则可下之证已具，下之热随积去，黄苔自退。但必须指出，苔黄未经攻下，才能使用下法，如果已经攻下，而苔黄依旧，就必须考虑下法是否恰当，或有无并发病证等问题。所以说"舌黄未下者，下之黄自去"。这二句是辨证论治的关键。

【按语】

必须明确，苔黄固然是可下条件之一，但是如果已经攻下，而苔黄仍在，就应从以下多方面来考虑：一是湿温病，舌苔虽黄，但尚未化燥成实；或实证转虚，苔黄仍在，这些都不能简单地用苦寒攻下；另一种是病重药轻，未达到泻下作用，或下后余邪未尽，所以苔黄未去，则当再下，以尽祛其邪。此外，如属阳明热结津枯，燥屎不行者，当"增水行舟"，邪正兼顾，若单用寒下，则大便难通，苔黄亦难去。

【选注】

沈明宗：此以手按辨腹满虚实也。按之不痛，内无痰食燥屎壅滞，即知虚寒而满，当以温药；若按之痛，乃以外手而就内结食痰燥屎，则知内实，是可下之。而又以舌黄验定虚实，若舌有黄苔，即是湿热内蒸为实，未经下过，必须下之，则黄自去而胀满自除；舌无黄苔，是近虚寒，又非下法矣。(《编注》)

二、证治

(一)里实兼太阳表证

【原文】

病腹滿，發熱十日，脉浮而數，飲食如故，厚朴七物湯主之。(九)

厚朴七物湯方：

厚朴半斤　甘草三兩　大黄三兩　大棗十枚　枳實五枚　桂枝二兩　生姜五兩

上七味，以水一斗，煮取四升，温服八合，日三服。嘔者，加半夏五合，下利，去大黄，寒多者，加生姜至半斤。

【释义】

本条论述里实兼太阳表证的腹满证治。腹满与发热，孰先孰后，应予注意。按照六经传变的一般规律，太阳在先，阳明在后，故感受外邪，发热十日以后，又见腹满。脉浮而数，提示表证尚在，但外邪已入里化热，且里证重于表证。饮食如故，一说病变重心在肠而胃气未伤。此在临证时当注意观察，不必拘泥。本条所述，乃阳明腑实而兼太阳表证，治疗用厚朴七物汤两解表里。本方由桂枝汤去芍药合厚朴三物汤组成。方中桂枝、生姜、大枣调营卫而解外邪，因其腹满不痛，故去酸敛之芍药。厚朴行气除满，用量较重，与枳实相配，其效更捷，大黄通便以除积滞。诸药相合，既能通腑行气除满，又能解肌调和营卫。

【按语】

一般而言，表里同病属实证的，应先解表，后攻里；属虚证的，应先温里，后发表。但临证时又当注意变通，如本条所提出的表里双解法，对于里实偏重者，亦为常用。但是如果症见恶寒而脉象浮紧，表寒重而腹满里证为轻时，仍当循先表后里之方法。

【临床应用与研究】

厚朴七物汤常用于治疗胃肠型感冒、急性肠炎、痢疾初起、肠梗阻等疾病，症见发热，微恶寒，脘腹胀满或痛，拒按，大便秘结，舌边尖红，苔薄黄，脉浮数等，辨证为阳明里实兼有太阳表证者。临证时可根据原文提出的加减法随症化裁。本方也可用于治疗寒湿内结与寒热错杂性腹满，前者倍桂枝，后者或加黄芩。

【选注】

徐彬：此有表复有里，但里挟燥邪，故小承气汤为主，而合桂、甘、姜、枣，以和其表。盖腹之满，初虽因微寒，乃胃素强，故表寒不入，而饮食如故，但腹满、发热，且脉浮数，相持十日，此表里两病，故两解之耳。若寒多，加生姜至半斤，谓表寒多也。若呕，则停饮上逆矣，故加半夏。若下利，则表里气本虚，故去大黄。(《论注》)

【医案举例】

潘某，男，43岁。先因劳动汗出受凉，又以晚餐过饱伤食，致发热恶寒，头痛身痛，脘闷恶心。单位卫生科给以藿香正气丸3包，不应，又给保和丸3包，亦无效。仍发热头痛，汗出恶风，腹满而痛，大便3日未解。舌苔黄腻，脉浮而滑，此表邪未尽，里实已成，治以表里双解为法，用厚朴七物汤：厚朴10g，枳实6g，大黄10g，桂枝10g，甘草3g，大枣3枚，白芍10g，生姜3片，嘱服2剂。得畅下后即止后服，糜粥自养，上证悉除。(谭日强．金匮要略浅述．北京：人民卫生出版社，1981；159)

（二）里实兼少阳证

【原文】

按之心下满痛者，此爲實也，當下之，宜大柴胡湯。(十二)

大柴胡湯方：

柴胡半斤　黃芩三兩　芍藥三兩　半夏半升（洗）　枳實四枚（炙）　大黄二兩　大棗十二枚　生薑五兩

上八味，以水一斗二升，煮取六升，去滓，再煎，溫服一升，日三服。

【释义】

本条论述里实兼少阳证的腹满证治。关于大柴胡汤证，《伤寒论》中有"呕不止，心下急，郁郁微烦者"，"伤寒十余日，热结在里，复往来寒热者"等记载。而本条则抓住主症"按之心下满痛"，指出大柴胡汤证既满且痛，部位在上腹部，多连及两胁，按之痛甚或拒按，表明内有实邪停滞。实者当下，但病位较高，邪在阳明之里又连及于表，故治法不能单纯通腑攻下，而应和表攻里。本方以柴胡、黄芩、芍药、半夏、生姜以解少阳之邪，大黄、枳实下阳明之热，两解少阳阳明之邪。

【临床应用与研究】

大柴胡汤广泛用于治疗内、外、妇、儿、眼、皮肤等诸科疾病，尤以消化系统疾患为多，如胆囊炎、胆石症、急性胰腺炎、胃及十二指肠穿孔第二期、病毒性肝炎、麻痹性肠梗阻、脂肪肝、胆汁返流性胃炎等，其证多见发热或往来寒热，汗出而热不解；心下痞闷硬满疼痛，兼及两胁，或胁下硬痛，或腹痛偏于一侧；郁郁心烦，呕吐较剧；大便秘结不下，或下利臭秽，色黄赤而不爽；伴见口苦，舌赤苔黄腻或兼微燥，脉沉弦有力等，辨证为少阳枢机不利，兼里气壅实。若连日不大便，热盛烦躁，舌焦口渴，渴欲饮水，面赤，脉洪实者，加芒硝；心下实痛连及两胁，大便秘结者，加郁金、瓜蒌、青皮；有黄疸者，加茵陈、栀子、黄柏；呕不止者，加左金丸、竹茹；有胆囊结石者，加金钱草、海金沙、鸡内金；狂症兼胸胁苦满、心下硬塞、膻中动悸者，加铁粉。

实验研究，发现本方有诸多作用：①保肝作用：本方可降低肝胶原量，抑制脾指数增加和 SGPT 升高，还可抑制纤维化的进展。②利胆和降低括约肌张力：本方能显著增加胆汁流量，降低胆道括约肌张力，但对胰腺量、胆囊及十二指肠运动无显著影响。③对肠道平滑肌的影响：本方所具备的显著的松弛平滑肌紧张之解痉作用，可能是解除"胸胁苦满"、"心下急"、"心下痞硬"及止痛的基础。④抗炎作用：本方对急、慢性炎症模型均具有显著的抑制炎性水肿作用，而且对免疫性炎症的作用较对非特异性炎症为强。⑤降低血脂：本方具有降低血脂的作用，从而防止动脉硬化的发生。

【选注】

沈明宗：此验上实治法也。心下即胃之上脘，若按之心下满痛，乃胃中邪热食壅，则当下之；但邪居上脘，稍连于表，表里两持，攻发难施，故用大柴胡汤，使上邪还从表出，内邪从下而出，轻圆活泼之妙耳。（《编注》）

【医案举例】

赵某，男，36 岁。胃脘反复疼痛 3 年。2 天前饱食后脘痛发作，状如刀割，窜走腰背，往来寒热，恶心呕吐，大便如常，小便短黄，舌质红，苔黄腻，脉弦数。外院以半夏泻心汤合保和丸治之无效，于 1988 年 9 月 20 日送来我处就诊。查体温 38.5℃，白睛略黄，胃脘硬满，轻按即痛，白细胞总数 14000/mm³，中性 80%，血尿淀粉酶 > 500 苏氏单位，B 超见胰腺增大增厚，回声增强。辨证属湿热中阻、肝气犯胃。因拒绝西药治疗，遂投中药：柴胡12g，大黄 5g，半夏、川楝子各 10g，枳实、黄芩、延胡、生姜、大枣、甘草各 15g，虎杖、白芍各 30g。每日 1 剂，水煎服。药进 3 剂，寒热除，呕恶止，痛满大减。又予原方去生姜、大枣续服 5 剂，诸证悉平。重复病初各项检查，均在正常范围。[夏斌．大柴胡汤治胰腺炎．新疆中医药 1989；(4)：46]

（三）里实胀重于积

【原文】

痛而闭①者，厚朴三物汤主之。（十一）

厚朴三物汤方：

厚朴八两 大黄四两 枳实五枚

上三味，以水一斗二升，先煮二味，取五升，内大黄，煮取三升，温服一升。以利为度。

【词解】

①闭：指大便闭结不通。

【释义】

本条论述胀重于积的腹满证治。本条以"痛而闭"强调了病人腹部胀满疼痛，大便秘结的证情。以方测证，可知本方证的病机为实热内结、气滞不行，且气滞重于积滞，故用小承气汤而变通其意,方中以厚朴为主,行气除满,并更名为厚朴三物汤,以示区别。

【按语】

厚朴三物汤与小承气汤药味相同而用量不一,其主治也有区别。厚朴三物意在行气,故君厚朴,小承气汤意在荡实,故君大黄。方后言明后内大黄,"以利为度",可知本方的攻下之力亦不逊于承气。临证时当注意"中病即止",防止利下太过反伤正气。厚朴三物汤与厚朴七物汤都重用厚朴行气,但厚朴七物汤证情较复杂,属表里双解之治。

【临床应用与研究】

厚朴三物汤常用于治疗肠梗阻、肠麻痹、胃扭转、十二指肠壅积症、急性肠炎等,症见腹部胀满疼痛,以胀痛为特点,拒按,恶心呕吐,大便秘结,舌红苔黄,脉弦有力等,辨证为胀重于积的腹满胀痛者。临证治疗肠梗阻尤有显著效果,但应用时剂量宜偏大。肠腑气滞加莱菔子;气滞血瘀加桃仁、丹参、赤芍;热结阳明加芒硝;寒凝肠腑加附片、细辛;蛔虫梗阻肠道加槟榔、川楝子、花椒;食滞肠胃加山楂、麦芽、莱菔子。

动物实验表明,厚朴三物汤水煎液对家兔的离体肠管,在小量时呈明显的兴奋作用,随着剂量的增大逐渐出现抑制作用。还有研究认为,厚朴三物汤、厚朴大黄汤、小承气汤三方的药理作用与煎熬过程中金属元素的析出率有一定的关系。三方虽然用药相同,但由于三药物的配伍比例不同,在煎熬过程中金属元素的析出率不同。锌、锰在厚朴三物汤中提取率明显高于其他两方;钙、镁、铁的三方水提取率变化不大;铜在厚朴大黄汤中的提取率高于其他两方。药理分析表明,三方的通便、消胀、止痛功能与元素钙镁有关,行气除满作用还与锌元素有关,而三方中以厚朴三物汤的锌元素含量最高。

【选注】

周扬俊:此又言痛之实证也。闭者,气已滞也,塞也。经曰:通因塞用,此之谓也。于是以小承气汤通之,乃易其名为三物汤者,盖小承君大黄以一倍,三物汤君厚朴以一倍者,知承气之行,行在中下也。三物之行,因其闭在中上也。以此可启悟于无穷矣。(《二注》)

【医案举例】

张某,女,20天。1987年6月12日就诊。口吐泡沫10天,腹胀呕吐3天,当地医院给青霉素、庆大霉素治疗7天,并用肛管排气、腹部热敷等方法辅助,病情不见好转,转来我院就诊。诊见呼吸急促,口唇中度发绀,心脏无特殊,双肺呼吸音粗糙,腹膨隆,叩诊鼓音,肠鸣音消失。X线检查:可见大量肠胀气和7~8个不典型液平面。诊为新生儿肺炎、中毒性肠麻痹。遂用先锋霉素V、丁胺卡那霉素抗感染,并用厚朴三物汤加味治疗肠麻痹。药用厚朴、枳实、生大黄(后入)、红花、桃仁各3g,丹参4g,黄芪6g。水煎至50ml,5次分服。1剂服毕,大便2次,肠鸣音及矢气出现,腹胀大减。次日原方续进1剂,呕吐腹胀平息。续进人参健脾丸,每天2次,每次1/6丸,连服5天,痊愈出院。[李德启.厚朴三物汤加味治疗小儿中毒性肠麻痹28例.浙江中医杂志 1988;(10):446]

(四)里实积胀俱重

【原文】

腹满不减,减不足言,当须下之,宜大承氣湯。(十三)

大承氣湯方：見前痉病中

【校勘】

赵本原有药物及煎服法，现据《医统》本改。

【释义】

本条论述积胀俱重的腹满证治。本条可以和第三条"腹满时减，复如故"互相参照。虚寒腹满，内无积滞，其胀满时有轻减，而本条腹满为实热与燥屎内结。有形之邪积滞于内，故胀满疼痛持续不减。"减不足言"一句，意为"虽减而不足云减"（《心典》），即强调了满痛持续状态。大承气汤为阳明腑实证的代表方治。本条原文抓住主症，叙证简略，当注意参阅《伤寒论》中相关的原文。

【按语】

以上所出四方，均为实热性腹满胀痛的证治，以泄热攻下取效。仔细分析，大承气汤证最为典型，其证属积胀俱重，满痛多绕脐而作；厚朴三物汤证则属胀重于积，其满痛多偏于中脘。厚朴七物汤证和大柴胡汤证，阳明里实同而相兼之证异，故治疗上有兼用发散太阳及和解少阳之不同。学习时当注意对以上四方证的具体表现加以补充。

【选注】

朱光被："减不足言四字，极见痞满燥实坚兼至之象，以见即用小承气汤减之不足言减也，不得不用芒硝之咸润，助将军以成功耳。"（《正义》）

【医案举例】

徐某，女，38岁。平素健康，近日疲劳过度，于1987年4月16日突然寒战高热，腹痛阵阵，呕恶频作，邀余诊之。血检白细胞 $14 \times 10^9/L$，中性82％。体温39.8℃。神志清楚，痛苦面容，巩膜轻度黄疸。右上腹压痛，墨菲征阳性。B超示胆囊收缩功能差。舌红苔黄腻，脉滑数。诊为急性胆囊炎，辨证为湿热蕴阻。急投大黄15g，芒硝15g，厚朴15g，枳实10g，蒲公英30g，金钱草20g，田七10g，栀子9g，茵陈20g，1日2剂，每6小时服药1次，每次250ml。药后10小时大便通，腹痛减。次日续服2剂，热退痛止，复查血象恢复正常。原方减量再治3天。B超检查胆囊收缩功能正常，病愈，随访3个月，未见复发。[曾亚庆．大承气汤加味治疗急性胆囊炎75例．福建中医药 1992；（1）：31]

（五）寒饮逆满

【原文】

腹中寒氣，雷鳴切痛，胸脅逆滿，嘔吐，附子粳米湯主之。（十）

附子粳米湯方：

附子一枚（炮）　半夏半升　甘草一兩　大棗十枚　粳米半升

上五味，以水八升，煮米熟，湯成，去滓，溫服一升，日三服。

【释义】

本条论述中焦虚寒、水饮内停的腹满痛证治。本条的主症为腹满肠鸣，呕吐逆满。由于脾胃阳虚，不能运化水湿，水饮奔迫于肠胃之间，故见肠鸣亢进，腹痛如切。寒邪上逆，阳气痹阻，则胸胁逆满。胃失和降，则呕吐频作。对本证的治疗当温中散寒，化饮降逆，方用附子粳米汤。方中附子温阳散寒以止痛，半夏化饮降逆以止呕，粳米、大枣、甘草补益脾胃以缓急。

【临床应用与研究】

附子粳米汤常用于治疗消化系统疾病，如胃痉挛、肠疝痛、幽门狭窄、消化性溃疡、胆石症、胰腺炎、腹膜炎等，症见腹满冷痛，痛势较甚，喜温喜按，雷鸣切痛，胸胁逆满，呕吐痰涎或不消化食物，四肢厥冷，小便清长，脉细而迟，舌苔白滑等，病机为脾胃阳虚，水湿内停，寒饮上逆者。如寒盛痛甚者加干姜、肉桂、蜀椒等；呕甚者加吴萸、竹茹等；若夹食滞者，加神曲、鸡内金等。若腹痛延及心胸，宜与大建中汤合用，若服药后仍呕者，可再加砂仁、丁香。本方还可用于属脾肾阳虚的产后腹痛、妊娠呕吐、习惯性流产、经行腹泻、带下，以及霍乱四肢厥逆、泄泻、久痢等。

有实验表明，附子粳米汤的水煎液，对家兔的离体肠管有明显的兴奋作用，阿托品对这种兴奋作用无明显影响，其兴奋作用可能与 M 受体无关。本方水煎液量少时对离体蛙心有明显的兴奋作用，加大剂量后，使整个心脏抑制，停止跳动。

【选注】

喻昌：腹中阴寒奔迫，上攻胸胁，以及于胃，而增呕逆。顷之胃气空虚，邪无所隔，彻入阳位则殆矣。是其除患之机，所重全在胃气。乘其邪初犯胃，尚自能食，而用附子粳米之法，温饱其胃，胃气温饱，则土厚而邪难上越，胸胁逆满之浊阴，得温无敢留恋，必还从下窍而出，旷然无余，此持危扶颠之手眼耳。（《医门法律》）

【医案举例】

周某，男，54 岁。1985 年 5 月 15 日就诊，十余年来，患者胃痛频发，近则腹痛加剧，腹中雷鸣，胸闷气逆，腹满呕吐，喜平卧，起坐则自觉胃部下坠，疼痛较剧，平卧持续小痛，纳差，仅吃少量粉汤，舌苔薄白，脉来细软。此胃阳虚弱，下焦阴寒上逆，脾虚无力抵御寒邪。拟助阳散阴，降逆止呕，附子粳米汤加味：炮附子 6g，半夏、粳米各 10g，甘草 3g，大枣 10 枚，煅瓦楞子 12g。服药二剂，腹痛减轻，呕吐肠鸣亦止。能起坐或下床活动，饮食略增，精神转佳。以后用炮附子 6g，姜半夏、陈皮各 5g，生姜 3 片，粳米 10g，连服 20 余剂，腹痛止而饮食正常。二月后随访，已能上班工作。〔陈树人．厚朴三物汤、附子粳米汤治腹痛．四川中医 1989；(6)：32〕

【原文】

寒氣厥逆，赤丸主之。（十六）

赤丸方：

茯苓四兩　烏頭二兩（炮）　半夏四兩（洗）一方用桂　細辛一兩《千金》作人參

上四味，末之，内真朱爲色，煉蜜丸如麻子大，先食酒飮下三丸，日再夜一服；不知，稍增之，以知爲度。

【释义】

本条论述寒饮厥逆的腹满痛证治。以方测证，赤丸散寒止痛，化饮降逆，方中以乌头辛热散寒止痛，配温散之细辛，治沉寒痼冷所引起的腹痛肢冷，重用茯苓，配以半夏，治饮阻气滞之呕逆，朱砂色赤为衣，重镇安神而定悸。从药物推断，"寒气厥逆"四字，寒气强调阴寒内盛的病因病机，厥逆强调肢冷呕吐等见症，乌头之用，必有腹痛，故本方证当以腹痛、肢冷、呕吐为主，亦可伴有眩悸，舌淡苔白滑，脉沉细而迟等症。

【按语】

本方证与附子粳米汤证，同属阳虚寒甚且有饮停为患。在表现上都有腹痛而呕，但在治疗用药上却有微妙变化，即同样是散寒止痛，药有附子、乌头之别。用乌头者一般疼痛较甚。本方与四逆汤均治厥，四逆汤之厥，手足冷而全身阳虚见证明显，故治疗以附子、干姜回阳以救逆；而赤丸之厥，手足冷而腹痛甚，故治疗以乌头、细辛直驱阴寒以止痛。本方丸药之制，以备急需，服用时当注意少量递增，以知为度，中病即止，以防过用伤正。

【临床应用与研究】

本方加减常用于治疗胃或肠痉挛，肠梗阻、胃肠炎及痛经、阴缩等病证，症见腹痛剧烈，少腹拘急，手足厥冷，恶心呕吐，心悸头眩，舌淡苔白滑，脉沉滑或沉弦等，病机属脾肾阳虚，阴寒内盛，水饮上逆者。本方还可用于寒气厥逆所致的关节疾病、末梢神经疾病以及痰浊蒙蔽、肝风内动之神昏抽搐、癫痫等。

现代药理研究提示：茯苓有利尿，镇静，抗菌，松弛肠管，降低胃酸，降低血糖，加强心肌收缩作用。半夏有止呕，镇咳，祛痰作用。乌头与细辛均具抗炎，镇痛，局麻，抗寒冷作用。而细辛还有镇静，解热，抗组胺，抗变态反应，及提高机体新陈代谢功能等作用。朱砂主要含硫化汞，能降低大脑皮层的兴奋性，起镇静和催眠作用，蜜可解乌头毒。

另，本方中半夏与乌头相反，但有研究提示：二药生用有毒，经过炮制后，药性虽烈，互用功大，临证颇有奇效，已应用上千例而未见毒性反应。此可供参考。

【选注】

曹家达：寒气厥逆，此四逆汤证也。然则仲师何以不用四逆汤而用赤丸，知其意者，方可与论赤丸功用。盖汤剂过而不留，可治新病，不可以治痼疾。且同一厥逆，四逆汤证脉必微细。赤丸证脉必沉弦。所以然者，伤寒太阴少阴，不必有水气，而寒气厥逆，即从水气得知。肾虚于下，寒水迫于上。因病腹满，阳气不达四肢，乃一变而为厥逆。方用炮乌头二两，茯苓四两，细辛一两，生半夏四两，朱砂为色。取其多，炼蜜为丸，取其不滑肠，无分量者，但取其足用也。方治重在利水降逆，便可知厥逆由于水寒，即乌头、细辛有回阳功用，实亦足以行水而下痰，朱砂含有铁质，足以补血镇心，使水气不得上僭。丸之分量不可知，如麻子大则甚小，每服三丸，日再服，夜一服者，欲其缓以留中，使得渐拔病根也，此则用丸之旨也。（《发微》）

【医案举例】

殷某，女，23岁。1987年3月14日初诊。患者素有痛经病史，近一年来经行腹痛加剧，剧痛之时不得仰卧，需多种止痛药物，疼痛才能得到暂时缓解。曾因此而收入住院治疗，出院后，每次经行仍然疼痛，但尚能忍受，服用一些理气活血止痛的中成药及汤剂，效果不显。其证兼见经来量少清稀，少腹弦急作痛，手足冷，心悸气短，恶心，饮食不佳，二便尚可，平素带下清稀且量多。舌暗淡而体胖大，脉弦而滑数。证属阴盛阳虚，寒湿内阻胞门，经行不畅所致。治当温散寒湿，通络止痛，赤丸加味主之。药方：姜半夏 12g，制川、草乌各 9g，细辛 6g，茯苓 30g，干姜 9g，朱砂 1g（分冲），桂枝 10g，红花 9g。3 付，水煎服。药后腹痛消除，并自觉少腹部位松弛而有热感。嘱其每次经来前五天开始服用本方，每日一付，至经停。患者依上法连服本方四个月中，每次经行未见腹痛。现已停药一年余，月经正常，诸症亦解。[庞鹤.《金匮》赤丸注释与临床运用举隅.北京中医学院学报　1989；(5)：13]

（六）脾胃虚寒

【原文】

　　心胸中大寒痛，嘔不能飲食，腹中寒，上衝皮起，出見有頭足①，上下痛而不可觸近，大建中湯主之。（十四）

　　大建中湯方：

　　蜀椒二合（去汗）　乾姜四兩　人參二兩

　　上三味，以水四升，煮取二升，去滓，內膠飴一升，微火煎取一升半，分溫再服；如一炊頃，可飲粥二升，後更服，當一日食糜，溫覆之。

【词解】

　　①上冲皮起,出见有头足:形容腹中寒气攻冲,腹皮突起有如头足样的块状物上下冲动。

【释义】

　　本条论述脾胃虚寒的腹满痛证治。本条的病因病机由"腹中寒"点明。"心胸中大寒痛"，言其痛势剧烈，部位广泛。从上下来说，由腹部到心胸；从内外来说，由脏腑到经络，均为寒气所充斥，而发生剧烈的疼痛。当寒气冲逆时，则腹壁局部隆起，似有头足的块状物。疼痛上下攻冲，且不可以手触近，又因寒气上冲，故呕吐不能饮食。病由脾胃阳衰，中焦寒甚所引起，故用大建中汤温补建中，散寒止痛。方中蜀椒、干姜温中散寒，与人参、饴糖之温补脾胃合用，使中阳运，阴寒散，则诸症悉除。

【按语】

　　本篇第二条云："病者腹满，按之不痛为虚，痛者为实"，本条是"痛而不可触近"，从表面看，似乎实证，其实是严重的虚寒证。尽管"痛而不可触近"，但痛处上下移动不定，其满痛时增时减，这些与实证痛而不移，满而不减，按之反剧是完全不同的，以此为辨，则虚实大体可以判明。

　　附子粳米汤证与大建中汤证同属脾胃虚寒，但前者偏于水湿内停，故重用半夏以化水湿；后者偏于寒甚，故重用干姜以温中散寒。由此可以理解，两者虽同有腹痛，但前者主证在于腹中雷鸣；后者则攻冲之势较甚。同时，大建中汤用人参、饴糖，可知其虚的程度又较附子粳米汤证为重。从药物性能看，治虚寒性腹痛，附子不如干姜，虚寒性呕吐，半夏不如蜀椒；温养脾胃，甘草、粳米、大枣不如人参、饴糖。

【临床应用与研究】

大建中汤常用于治疗虚寒性吐利、疝瘕以及慢性胃炎、胃肠痉挛、消化性溃疡、内脏下垂等病证。也可用于蛔虫引起的肠梗阻等疾病。其证常见心胸中大寒痛而不可触近，腹部见有肠形，呕吐剧烈，不能饮食，手足逆冷，舌淡苔白滑，脉沉伏而迟等，病机属脾胃阳虚，阴寒内盛。如为胆道蛔虫病，可予本方加乌梅、苦楝皮、槟榔、黄连；若寒中夹热，当佐以通利之品，如承气类；寒甚可加吴茱萸、细辛；寒夹气滞者，当合理气散寒之品，如良附丸、檀香等。

实验证明，大建中汤能显著增强胆汁分泌，保护胃黏膜，其水煎液，在小量时对家兔离体肠管有明显的兴奋作用，这种兴奋作用可被阿托品所阻断，其兴奋作用可能与 M 受体有关。当用量大时则出现抑制作用，表明大建中汤水煎液对家兔离体肠管的活动呈双向作用。

【选注】

唐宗海：上节方言腹满者当下，此节便举腹满者当温，一是大热，一是大寒，对举以为衡，而后能于同中辨异也。谨按此篇，节节皆是对勘之文。故必有风冷一节方言不可下，而厚朴七物汤一节，即以当下者较之，才用七物汤下之，旋即出附子粳米汤证又以为当温。盖同是腹满，而饮食如故则当下，饮食呕吐则又当温；痛而雷鸣呕吐则当温，痛而闭实则又当下。故下文又出三物、大柴胡、大承气证以比较之。数方主下者，皆以其腹满，然而腹满又有大寒之证，其满更甚，似乎可下，而痛呕不食，与闭实能食者有别，又当大温，宜用大建中。节节对勘，层层驳辨，学者如此，乃可以读仲景之书。(《补正》)

【医案举例】

王某，女，14 岁，1983 年 4 月 25 日初诊。患者素体欠佳，又喜零食。三天前突感腹痛，其母以为蛔虫，自购宝塔糖 5 粒，服后病情加剧，遂来急诊。症见形体消瘦，腹痛如绞，剧烈时腹内肠鸣，偶见突起包块蠕动，呕吐频作，吐出蛔虫，饮食未进，大便数日未下，矢气全无，面青肢厥，烦躁不安，脉沉迟而细，苔白厚腻。经 X 线检查，可见 5~6 个阶梯样液平面，确诊为"急性机械性肠梗阻"，建议手术治疗。其父母因对手术有顾虑，故请中医治疗。患者体质娇嫩，服宝塔糖不足剂量，致蛔虫内扰，搏结成团，阻于肠道，法当行气泄满，温中散寒，大建中气。俟中州脾阳一旺，气机通畅，则虫体自去。拟大建中汤加减。处方：西党参 15g，川椒 7g，干姜 3g，槟榔 15g，水煎温服。服后 2 小时，自觉肠中辘辘作响，泻下蛔虫 60 余条，即肢温厥回，腹痛顿减。以后 2 小时内，又陆续排出蛔虫 20 余条，乃用香砂六君子汤调理 5 天而愈。[吴协兵．大建中汤加减治疗急性肠梗阻．中医杂志 1987；(5)：51]

(七) 寒实内结

【原文】

胁下偏痛，发热，其脉紧弦，此寒也，以温药下之，宜大黄附子汤。(十

五）

大黄附子汤方：

大黄三两　附子三枚（炮）　　细辛二两

上三味，以水五升，煮取二升，分温三服；若强人煮取二升半，分温三服。服后如人行四五里，进一服。

【释义】

本条论述寒实内结的腹满痛证治。所谓"胁下"，指两胁并连及腹部。偏痛，谓或左或右，胁腹的一侧胀满作痛。紧弦脉主寒主痛，主寒实内结之证，此多由嗜食生冷，内损阳气，或阳运不济，停滞成寒成实。本条所说的"发热"，既非太阳表证，也非阳明里证。因表证发热，其脉当浮，阳明实热，其脉滑数。本证发热而脉象紧弦，乃由于寒实内结，阳气郁滞，营卫失和所致。但这种发热，并非寒实内结者所必见。胁腹疼痛，大便不通，脉象紧弦，是寒实内结之证。此外，临床尚可伴有恶寒、肢冷、舌苔黏腻等症，治宜大黄附子汤温下。方中大黄泻下通便，附子、细辛温经散寒，并能止痛。

【按语】

《千金要方》的温脾汤（大黄、附子、干姜、人参、甘草）和《本事方》的温脾汤（厚朴、干姜、附子、大黄、桂心、甘草）即从本方裁减而成，在药物配伍方面，对于虚寒较甚而积滞内停者，更为周到，临证时可作为参考。

仲景方中往往以细辛与附子同用，治疗寒邪伏于阴分之证。在此基础上，配大黄，则治寒实积聚于里，属温阳通便法，即大黄附子汤；配麻黄，则温散寒邪，使从表而解，属温经解表法，如麻黄附子细辛汤。两方仅一味药的出入，而主表主里就相去甚远，这也充分体现了仲景组方用药的灵动多变。

【临床应用与研究】

大黄附子汤常用于治疗各种腹痛病证，如消化系统疾病肠梗阻、胆囊炎、胆石症、消化道溃疡、慢性溃疡性结肠炎等，见脘腹及两胁疼痛，拒按，大便不通，发热，恶寒肢冷，舌苔白黏腻，脉紧弦等，辨证为寒实内结之腹满痛者。本方还可用于病机属寒实内结的慢性肾衰、尿路结石、睾丸肿痛、梅尼埃综合征、坐骨神经痛等。

现代研究发现，大黄附子汤有诸多作用：①抗缺氧作用：大黄附子汤水醇法提取液对急性缺氧的各种动物模型有不同程度的拮抗作用，这一作用，可能是通过降低肾上腺素能系统的功能，减少动物整体耗氧量，增加心肌组织细胞耐缺氧能力，提高脑组织对缺氧的耐受力或（和）降低脑组织的耗氧量等药理作用来实现的，从而使急性缺氧的动物存活时间延长。②对氮质血症的作用：如大黄的泻下作用，可减轻内源性（如感染、胃肠道出血）的尿素负荷，排泄肠道滞留的氮质代谢产物。③显著推进肠运动。

【选注】

唐宗海：当温者不可下，当下者不可温，上数方一寒一热，反观互证，所以明其有别也。然又有当温复当下，当下复当温者，是又宜温下并行，不可执着，故特出大黄附子细辛汤之证治，以见温之与下，或分或合，总随证为转移，而不可拘泥也。此是总结上文，皆论腹满之证，自是以下，乃单论寒疝，须知仲景书，皆是比较法，腹满、寒疝、宿食，其腹皆能为痛，恐人误认，故合为一篇，使人比较而辨其毫厘也。至三证之中，又各有别，节节互较，又各分三段，使人区别而知其门类也。（《补正》）

【医案举例】

沈某，男，58 岁。去年胃切除术后，运化尚弱，今午饭时饮食较多，脘腹即觉不适，逐渐发生痛胀，傍晚出现呕吐，大便三日未解。经检查诊断为急性肠梗阻。面色苍白，手足厥冷，舌淡胖，苔腻，脉沉紧弦。证属寒实内结，腑实不通，大黄附子汤加减以通下寒积：生大黄 12g，炮附子、干姜、姜半夏各 10g，服后大便得通，痛呕遂止。本方在《金匮》中为三药同煎，临床用于急腹症，一般以大黄后下为佳。本例因饮冷所致，且有呕吐，故去细辛之温散，加入干姜、半夏以温中降逆。[俞凡先．运用仲景泻下方治疗急腹症体会．浙江中医杂志　1983；（4）：171]

三、预后

【原文】

病者痿黄，躁而不渴，胸中寒實，而利不止者，死。（四）

【释义】

本条论述寒实内结，里阳衰竭的危候。痿黄为脾气衰败而其色外泛。口不渴者里无热，无热而烦躁，属阴躁，为阳微阴盛，胸中寒实内结所致。若再见下利不止，则属中阳败绝者无疑，邪盛正衰，正不敌邪，故属死证。

【选注】

喻昌：痿黄乃中州土败之象，躁而不渴，乃阴盛阳微之象，胸中寒实，乃坚冰凝冱之象。加以下利不止，此时即极力温之，无能济矣。盖坚在胸而痕在腹，坚处拒药不纳，势必转趋其痕，而奔迫无度，徒促其藏气之绝耳。孰谓虚寒下利，可不乘其胸中阳气未漓，阴寒未实，亟为温之也乎！（《医门法律》）

寒　　疝

一、证治

（一）阳虚寒盛

【原文】

腹痛，脉弦而緊，弦則衛氣不行，即惡寒。緊則不欲食，邪正相搏，即爲寒疝。遶臍痛，若發則白汗①出，手足厥冷，其脉沉緊者，大烏頭煎主之。（十七）

乌头煎方：

乌头大者五枚（熬，去皮，不咬咀）

上以水三升，煮取一升，去滓，内蜜二升，煎令水气尽，取二升，强人服七合，弱人服五合。不差，明日更服，不可日再服。

【校勘】

"沉紧"，赵本作"沉弦"，据《医统》本改。

【词解】

①白汗：指因痛剧而出的冷汗。

【释义】

本条论述寒疝的病机与证治。上段论寒疝的病机，腹痛而见脉象弦紧，弦与紧皆为阴脉，主寒盛。弦脉之寒，自内而生，里寒证而见恶寒，是由阳虚不能外达，表卫失于温煦所致，所以说"弦则卫气不行，即恶寒"。紧脉之寒，自外而来，寒邪入内，影响脾胃运化功能，所以说"紧则不欲食"。卫阳与胃阳并衰，外寒与内寒俱盛，寒邪与阳气相搏，因而发为寒疝。

下段叙述寒疝发作时的证治。寒疝的腹痛，一般绕脐而作，由于剧烈疼痛而冷汗自出，四肢厥逆，此时脉象也由弦紧转为沉紧，且常伴有唇青面白，舌淡苔白滑等，皆为一派阴寒内盛之象。故用大乌头煎破积散寒、温通止痛。乌头性大热，临床常用以治沉寒痼冷。用蜜煎煮，令水尽而成膏状，乌头气味尽入蜜中，变辛为甘，变急为缓，既能减轻药毒，又可延长药效。方后云："强人服七合，弱人服五合，不差，明日更服，不可一日再服"，可知药性峻烈，用时宜慎。

【按语】

《素问·长刺节论》："病在少腹，腹痛不得大小便，病名曰疝，得之寒。"乌头一味，力专效宏，为治疗疝痛主药。但药力峻猛有毒，初学不易掌握。《外台秘要》载有解急蜀椒汤（蜀椒、附子、干姜、半夏、粳米、甘草、大枣），主治与大乌头煎同，而药性较平和，可参考运用。

【临床应用与研究】

大乌头煎可用于治疗消化系统疾病所致的腹痛（如胃肠神经官能症、胃肠痉挛、消化道肿瘤等），症见腹部胀满，绕脐疼痛，发作有时，痛有休止，恶寒，不能饮食，剧时出冷汗，手足厥冷，甚或唇青面白，脉紧或沉紧等，辨证为阳虚而阴寒内盛之证。本方还可用于治疗与痛痹有关的风湿性关节炎、类风湿性关节炎、大骨节病、创伤性关节炎等免疫系统疾病，以及脑血管意外、脑震荡后遗症疾病。

现代药理研究证明，乌头具有抗炎，抗肿瘤作用及镇痛，镇静，局麻，抗寒冷作用。还有强心，一过性降压作用。其煎剂与总碱的降压作用与肌肉血管，特别是四肢血管扩张有较大关系，所以可治疗"四肢厥逆"。它对电刺激副交感神经引起的收缩起明显抑制作用。蜂蜜有降低乌头类毒性的作用。

【选注】

徐彬：此寒疝之总脉证也。其初亦止腹满，而脉独弦紧，弦则表中之卫气不行而恶寒，紧则寒气痹胃而不欲食，因而风冷注脐，邪正相搏而绕脐痛。是卫外之阳，胃中之阳，下焦之阳，皆为寒所痹。因寒脐痛，故曰疝。至发而白津出，寒重故冷涩也。手足厥冷，厥逆也。其脉沉紧，是寒已直入于内也，故以乌头一味，合蜜顿服之。此攻寒峻烈之剂，即后人所谓霹雳散也。（《论注》）

【医案举例】

沈某，50余岁，1973年6月间初诊。有多年宿恙，为阵发性腹痛，因旧病复发，自外地来京住院。1959年曾在我院作阑尾炎手术，术后并无异常。此次诊为"胃肠神经官能症"。自述每发皆与寒凉疲劳有关。其症：腹痛频作，痛无定位，惟多在绕脐周围一圈，喜温可按，痛甚以致大汗出。查舌质淡，苔薄腻而滑，脉沉弦，诊系寒气内结，阳气不运，寒则凝注，热则流通。寒者热之，是为正治。曾投理中汤，药力尚轻，药不胜病，非大乌头煎不可，故先用小其量以消息之。乌头用4.5g，以药房煎不便，盖蜜煎者缓其毒也，权以黑豆、甘草代之。3剂后，腹痛未作，汗亦未出，知药证相符，乌头加至9g。四剂后复诊，腹痛已止，只腹部微有不适而已。第见腻苔已化，舌转嫩红，弦脉缓和，知沉寒痼冷，得乌头大热之品，涣然冰释矣。病者月余痊愈出院。［魏龙骧．续医案四则．新医药学杂志 1978；（12）：14］

（二）内外俱寒

【原文】

寒疝腹中痛，逆冷，手足不仁，若身疼痛，灸刺諸藥不能治，抵當烏頭桂枝湯主之。（十九）

烏頭桂枝湯方：

烏頭

上一味，以蜜二斤，煎減半，去滓，以桂枝湯五合解之，得一升後，初服二合，不知，即服三合；又不知，復加至五合。其知者，如醉狀，得吐者，爲中病。

桂枝湯方：

桂枝三兩（去皮）　芍藥三兩　甘草二兩（炙）　生薑三兩　大棗十二枚

上五味，剉，以水七升，微火煮取三升，去滓。

【校勘】

"乌头"，诸本缺枚数。《千金》云："秋干乌头实中者五枚，除去角。"可从。

【释义】

本条论述内外俱寒的寒疝证治。前条大乌头煎证是里寒，本条是里寒为主因，外寒为诱因。腹痛是寒疝的主症，由阴寒内盛所致。阴寒盛而阳气不能达于四肢，故手足逆冷。寒冷至极则手足麻痹而不仁。身体疼痛是寒邪痹阻肌表，营卫不和之故。病属内外皆寒，表里兼病，故非单纯的解表或温里以及针刺等法所能奏效，所以用乌头桂枝汤两解表里寒邪。方中乌头祛寒止痛，桂枝汤调和营卫以散表寒。药后如醉状或呕吐，是药已中病的"瞑眩"反应，但并非谁都如此。如有上述现象，而无其他不良反应者，可不必服药。如发现中毒现象，应速加处理，以免延误病机。

【临床应用与研究】

乌头桂枝汤常用于治疗骨关节疾病（包括痛风、坐骨神经痛、风湿及类风湿性关节炎等），症见腹中疼痛，手足逆冷，冷甚则手足麻痹不仁，身体疼痛，或恶寒，头痛，舌淡，苔白润，脉沉细等，病机属于风寒湿邪外侵，且以寒邪为甚。其中以上肢痛为主者，加羌活、白芷、威灵仙、姜黄、川芎等；以下肢关节痛为主者，加独活、牛膝、防己、萆薢等；以腰腿痛为主者，加杜仲、桑寄生、狗脊、川断、淫羊藿等；血瘀甚者，加穿山甲、五灵脂等。此外，还常用其加味方治疗腹股沟斜疝，其中痛引睾丸、少腹者，加橘核、荔枝核、小茴香等；腹中攻痛不解者，加吴茱萸、川椒、乌药等。有人还用本方合人参养荣汤治疗血栓闭塞性脉管炎属寒凝血滞、经脉壅滞之证；用本方加活血通脉之苏木、桃仁、红花、归尾、鸡血藤等治疗阳虚寒凝、脉络瘀阻之"无脉证"。

【选注】

徐彬：起于寒疝腹痛而至逆冷，手足不仁，则阳气大痹，加以身疼痛，荣卫俱不和，更灸刺诸药不能治，是或攻其内，或攻其外，邪气牵制不服，故以乌头攻寒为主，而合桂枝全汤以和营卫，所谓七分治里，三分治表也。如醉状，则荣卫得温而气胜，故曰知。得吐则阴邪不为阳所容，故上出而为中病。（《论注》）

【医案举例】

袁某，青年农妇，体甚健，经期准。一日，少腹大痛，筋脉拘急而未少安，虽按亦不住，服行经调气药不止，迁延十余日，病益增剧，迎余治之。其脉沉紧，头身痛，肢厥冷，有时汗出，舌润，口不渴，吐清水，不发热而恶寒，脐以下痛，痛剧冷汗出，常觉有冷气向阴户冲去，痛处喜热敷。此由阴气积于内，寒气搏结而不散，脏腑衰弱，风冷邪气相击，则腹痛里急，而成纯阴无阳之寒疝。窃思该妇经期如常，不属于血凝气滞，亦非伤冷食积，从其脉紧肢厥而知为表里俱寒，而有类于《金匮》之寒疝。其谓："腹痛，脉弦而紧，弦则卫气不行，即恶寒；紧则不欲食，邪正相搏，即为寒疝。"……本病证状虽与上引《金匮》原文略出入，而阴寒积痛则属一致。处以乌头桂枝汤：制乌头 12g，桂枝 18g，芍药 12g，甘草 6g，大枣 6 枚，生姜 3 片。水煎，兑蜜服。上药连进两剂，痛减厥回，汗止人安。换方当归四逆加吴茱萸生姜汤，以温通经络，清除余寒，病竟愈。（赵守真.治验回忆录.北京：人民卫生出版社，1962：76）

（三）血虚寒滞

【原文】

寒疝腹中痛，及胁痛里急者，当归生姜羊肉汤主之。（十八）

当归生姜羊肉汤方：

当归三两　生姜五两　羊肉一斤

上三味，以水八升，煮取三升，温服七合，日三服。若寒多者，加生姜成一斤；痛多而呕者，加橘皮二两、白术一两。加生姜者，亦加水五升，煮取三升二合，服之。

【释义】

本条论述血虚内寒的寒疝证治。寒疝多由寒盛而起，一般痛势较剧，本条所述则属于血虚引起胁腹疼痛。两胁属肝，肝主藏血，血不足则气亦虚，气虚则寒自内生。胁腹部分失去气的温煦和血的濡养，因而筋脉拘急，发生"腹中痛及胁痛里急。"这种疼痛，多为痛轻势缓，得按得熨则减，脉弦带涩，或微紧无力，故用当归生姜羊肉汤养血散寒。方中当归、生姜活血养血散寒、羊肉温补填精。《素问·阴阳应象大论》谓："形不足者，温之以气；精不足者，补之以味。"本方之治即为临床用例之一端。

【按语】

大乌头煎与当归生姜羊肉汤同治寒疝。前者阴寒痼结，为疝之偏于寒，痛势较剧者；后者血虚有寒，为疝之偏于虚，痛势较缓者。故一以散寒止痛为主，用峻烈之乌头煎；一以温补养血为要，用和缓之当归生姜羊肉汤。《金鉴》认为本方为"治寒疝之和剂也，服乌头煎病势退者，亦当与之"，可用于寒疝发作后的调理。

【临床应用与研究】

当归生姜羊肉汤常用作食疗强身，尤其是产后及失血后的调养（如血虚内寒性产褥热、产后恶露不尽等）、十二指肠球部溃疡、慢性胃炎，以及久泻、冻疮、男性不育、低血压性眩晕、血小板减少性紫癜等，其证多见腹及两胁作痛、拘急，痛势较缓，以及产后腹中拘急，绵绵作痛，喜温喜按，舌淡，苔润，脉虚缓或沉细等，病机为血虚有寒，筋脉失养。

现代药理研究证实，当归对于子宫具有"双向性"作用。其挥发性成分对子宫呈抑制作用，使子宫节律性收缩减少，子宫肌弛缓。非挥发性成分对子宫有兴奋作用，使子宫收缩加强。本品还具有抗炎镇痛，抗贫血，抗维生素 E 缺乏等作用。生姜亦具抗炎镇痛作用，对血管运动中枢有兴奋作用。羊肉含蛋白质、脂肪、钙、磷、铁、核黄素等多种成分，皆为人体所需。不仅可以治病，而且可以强身保健。复方研究表明，当归生姜羊肉汤能显著延长小白鼠在 -15℃寒冷中的生存时间；显著延长小白鼠在缺氧情况下的生存时间；显著提高大白鼠在寒冷刺激后肾上腺内胆固醇的含量。从而推论，本方可能通过激活动物棕色脂肪组织，增加非寒战性产热，避免了过强的应激反应，使阴精不致过早耗竭，从而起到了调节作用和保护作用，因此能提高动物的耐寒能力并延长存活时间。

【选注】

吴谦：寒疝腹中痛及胁痛里急，脉见沉紧，较之绕脐苦痛轻矣。且无恶寒汗出，手足厥冷，故不用乌头煎之大温大散，而用当归生姜羊肉汤，养正为本，散寒为次，此治寒疝之和剂也。（《金鉴》）

【医案举例】

李某，男，35 岁，1988 年 2 月 12 日诊。胃脘疼痛 4 年，遇寒或空腹加重，得温得食则减，痛甚时口吐清涎，自觉胃脘部发凉如有一团冷气结聚不散，曾在某医院检查确诊为十二指肠球部溃疡。久服西药及中药理中、建中之剂，进药则缓，停药则发，终未得除。西医曾劝其手术治疗，因其畏惧而未从。舌质胖嫩，边有齿痕，脉细弱。辨证为中阳不足，气血虚寒。因观温胃散寒之品前医皆用，遂书当归生姜羊肉汤原方：当归 10g，生姜 60g，羊肉 60g。一剂进，患者自觉腹中温暖舒适，服至 10 剂，胃部冷感基本消除。后改方中生姜为 30g，又续服 40 余剂，诸症得平，停药至今，未见复发。[宋付荣．当归生姜羊肉汤治验．实用中医内科杂志 1991；(3)：31]

二、误治变证

【原文】

夫瘦人绕脐痛，必有风冷，谷气不行，而反下之，其气必衝，不衝者，心下则痞也。(八)

【释义】

本条论述寒疝误下的变证。体质瘦弱而又正气不足的人，发生"绕脐痛"和"谷气不行"，多为里有沉寒，又感受风冷所致，临床上常伴见畏寒怕冷，短气乏力，小便清长，舌淡胖，有齿痕，脉沉细或沉迟等。此时的"谷气不行"，是由于肠道传导功能为阴寒所抑，属于寒结，应用温散或温通治疗，不可苦寒攻下。如医者不察，误用寒下，不仅风冷不去，更伤中焦之阳。如误下后其气上冲，可知正气较强，犹能抗拒下药之力，不致成为坏病；如无上冲现象，说明正气无此反应能力，邪气势必陷于心下，聚而成痞。

【选注】

魏荔彤：脐以上，腹也。脐以下，少腹也。腹满之寒气自下逆上，未有不根于少腹者，故卫阳弱则责在腹。肾阳弱，则又责在少腹矣。如瘦人绕脐痛者，此虚寒从下而上之明据也。瘦人血虚多热，本不易致寒冷之邪下积，然瘦人肌肉单薄，风冷之寒气，易于侵袭而入。今绕脐见痛，必有风冷之气乘之，而谷气乃不行也，谷气胃气，胃阳若旺，何至为风冷迫处，其气不行。肾阳若旺，何至为风冷袭入，舍而不去。则其人阳虚气弱，寒邪不惟合内外交侵，且欲联上下为一体矣。温药服之，尚恐迟误，况反下之乎？下之而阴寒之凝聚于下者，必更冲动而逆上。经所谓厥气在下，寒气逆上也。即有不冲者，亦必寒药复结，塞于心下作痞矣，在下绕脐，既有风冷之寒，在上心间，复有作痞之寒。一身上下皆阴寒踞处。阳令正气全不能宣布流通矣，焉得不胀满乎？焉得不下坠而为寒疝，停留而有宿食哉？总由少阴阳明二阳衰弱，故诸阴骇盛也。主治者可不以扶阳抑阴为义，神否泰转移之术乎？(《本义》)

三、附方

(一)《外台》乌头汤：治寒疝腹中绞痛，贼风入攻五脏，拘急不得转侧，發作有時，使人陰縮，手足厥逆。方見上。

【释义】

本方证治属寒疝重证。其具体表现为腹中绞痛，拘急难以转侧，发作有时，手足厥冷，并见阴囊内缩，为一派阴寒内盛之象，故治疗以乌头汤温阳散寒止痛。本方见于《外台·卷十四》，实际出自《千金·卷八》，所用药物为乌头十五枚、芍药四两、甘草二两、大枣十枚、老姜一斤、桂心六两。可知本方为仲景的乌头桂枝汤化裁而成。症见腹痛、肢冷等与乌头桂枝汤证同，但由于阴寒更甚于内，故乌头的用量亦增。

【选注】

徐彬：此即前大乌头煎方也，《外台》亦用之，取其多验耳。但治症相仿，而注云贼风入攻五脏，则知此为外邪内犯至急，然未是邪藏肾中，但刻欲犯肾，故肾不为其所犯则不发，稍一犯之即发，发则阴缩，寒气敛切故也。肾阳不发，诸阳皆微，故手足厥逆。（《论注》）

（二）《外臺》柴胡桂枝汤方：治心腹卒中痛者。

柴胡四兩　黄芩　人参　芍藥　桂枝　生姜各一兩半　甘草一兩　半夏二合半　大棗六枚

上九味，以水六升，煮取三升，温服一升，日三服。

【释义】

本方治疗"心腹卒中痛"。《外台·卷十七》作"疗寒疝腹中痛"。以方测证，本方证由感受风寒而起，邪传少阳，气血不得通畅，肝胆失于疏泄，气郁化热。《伤寒论》所记柴胡桂枝汤的主治为"伤寒六七日，发热微恶寒，肢节烦疼，微呕，心下支结，外证未去者"。本方由小柴胡汤和桂枝汤二方各半而成，以小柴胡汤清热开郁、和解少阳，以桂枝汤调和营卫、解散风寒。二方合用，和解表里，缓急止痛，用治外感兼胸腹两胁疼痛之证。

【选注】

沈明宗：心腹卒中痛者，由风邪乘侮脾胃者多，而风气通于肝，故用柴胡、桂枝，提肝木之气，驱邪外出；白芍以疏土中之木，甘草、人参调养脾胃之气，以半夏消痰，黄芩能清风化之热，姜、枣宣通营卫，俾微汗出而病即愈。予与此方每于四时加减，治胃脘心腹疼痛，功效如神。（《编注》）

【医案举例】

李某，女，8岁。3月前开始阵发性腹痛，恶心呕吐，泄泻，每日2～3次，曾2诊"急性肠胃炎"，服药后好转。1周后又出现脐周腹痛，诊为"蛔虫病"，给服驱虫剂，未见虫下。以后腹痛断续发生，时在上腹部，或脐下，或两胁，但以脐周为主，诊为"胆道蛔虫病"、"胆囊炎"、"胰腺炎"等，屡治无效。后经某儿童医院脑电图检查，2次发现癫痫波型，乃确诊为"腹型癫痫"。经用鲁米那等抗惊厥药物治疗，仍有时腹痛阵作，迁延2月余，遂改服中药。症见阵发性脐周腹痛，持续半小时，自行缓解，发作时神志迷糊，中止后肢软乏力，嗜睡，1小时后即如常人，舌苔薄，脉细弦。初以平肝熄风、化痰定痛法，药用全蝎、蜈蚣、石菖蒲、钩藤、白芍、甘草、制半夏、陈皮、远志、白蒺藜等，连服14剂，病无进退，腹痛仍2～3日一作。遂用柴胡桂枝汤加减，药用柴胡、制半夏、黄芩、党参、香附各9g，桂枝4.5g，白芍15g，甘草6g，生姜2片，大枣5枚。14剂后诊：2周来腹痛仅作2次，症状也较前轻缓，继服上方，白芍改20g。原方续进计32剂，1个月来未见腹痛，食欲增加，智力如同龄儿童。为巩固疗效，嘱上方每2日服1剂。2个月后每3日服1剂。如此持续半年余而停药。复查脑电图已恢复正常，随访2年，腹痛未发。［王庆其．柴胡桂枝汤治愈腹型癫痫1例．浙江中医杂志 1986；(3)：127］

（三）《外臺》走馬①湯：治中惡心痛腹脹，大便不通。

　杏仁二枚　巴豆二枚（去皮心，熬）

　上二味，以綿纏搥令碎，熱湯二合，捻取白汁，飲之，當下。老小量之。通治飛尸②鬼擊③病。

【词解】

①走马：形容病情或药效急速，捷如奔马，故名。

②飞尸：发病急疾，症见心腹刺痛，喘急胀满，上冲心胸。

③鬼击：指鬼厉之气突袭人体，症见胸胁腹内绞急切痛，或伴吐血、衄血、下血等。

【释义】

本方为腹痛便秘者所设。中恶、飞尸、鬼击均为感受臭秽恶毒之气，邪从口鼻而直入心胸，致使胃肠气机壅滞，寒实内结，其发病急而疼痛剧，故治疗以峻药开通闭塞，攻破坚积。如犯寒而发之寒疝，阴寒闭塞于内，阳气不行而见腹痛、便秘时，亦可用本方治解一时之急。本方名曰走马，言其奏效迅捷。方中以巴豆峻烈温通为主，杏仁苦温宣利为助，二者相合，既可泻腹中之寒结，又可通壅塞之腑气。以此治疗感受秽浊寒邪、腑气闭塞不通所致的腹部胀痛和便秘。

【医案举例】

蕉窗杂话引摄州原村云：有农女入山采艾，见岩石间多好艾，鼓勇攀登。中一人，直至岩背尤高处，失足颠坠，遍体鳞伤，呼吸闷绝，急促招家兄诊之。六脉似有若无，按其胸腹，有自下部上冲胸中者。此物上冲，必烦闷而脉伏。当其上冲时，按之使下，则腹中雷鸣。家兄因谓之曰：凡大扑损伤之证，多主瘀血。今此证所主，皆水气也。乃作走马汤饮之，视其所吐下，果水多而血少。每吐下一次，上冲稍平，烦躁亦静。至翌朝，上冲悉止，惟腹底邪水未尽，更服残药。越日而精神了了，乃用调理剂经日而全愈。自后益信水气之变动不居，知打扑伤损之证，非苏木、桃仁辈所能悉治也。（陆渊雷．金匮要略今释．北京：人民卫生出版社，1955；120）

【选注】

沈明宗：中恶之证，俗为绞肠乌痧，即臭秽恶毒之气，直从口鼻入于心胸，肠胃脏腑壅塞，正气不行，故心痛腹胀，大便不通，是为实证，非似六淫侵入，而有表里虚实清浊之分，故用巴豆极热大毒峻猛之剂，急攻其邪，佐杏仁以利肺与大肠之气，使邪从后阴一扫尽

除，则病得愈，若缓须臾，正气不通,营卫阴阳机息则死,是取其通则不痛之义也。(《编注》)

<h1 align="center">宿　食</h1>

一、宿食脉象

【原文】

脉緊如轉索無常者，有宿食也。(二十五)

脉緊，頭痛風寒，腹中有宿食不化也。一云寸口脉緊。(二十六)

【释义】

以上二条主要论述宿食病的脉象。紧脉主寒，亦主痰涎内壅，宿食停滞。如《伤寒论》355条所言："病人手足厥冷，脉乍紧者，邪结在胸中，……当须吐之，宜瓜蒂散。"此处对宿食紧脉的描述，强调其脉并非始终紧弦若绷，而是时紧时松，疏密不匀，犹若转动而变幻不定的绳索。临床上常呈紧疏并见之象，且以右手为甚。紧脉亦为外感风寒者常见。故应注意二者的鉴别。宿食的脉紧，为食滞气壅，紧迫脉道，则见脉象乍紧乍疏，一般新停者多兼滑，而久病者多兼涩。除了脉象，当伴有吞酸、嗳腐、食臭，以及痞满腹痛等证。外感的脉紧，为感受寒邪，寒性收引，脉道亦挛缩拘急，其紧象较恒定，多与浮脉相兼。临证多伴有头痛恶寒发热等证。

【选注】

魏荔彤：宿食以下吐二法为治矣，尽矣乎？未也，师既为明分上下之法，又为明兼表里之法，如脉紧如转索无常者，有宿食也。脉紧，外感风寒之邪也。紧而如转索，内伤宿食也。何以知之，盖必浮取得紧，知其外感，中取得如转索，即滑大之别名也，所以知其有宿食也，又必有表里兼治之道矣。(《本义》)

尤怡：脉紧头痛风寒者，非既有宿食，而又感风寒也，谓宿食不化，郁滞之气，上为头痛，有如风寒之状，而实为食积类伤寒也。仲景恐人误以为外感而发其汗，故举以示人曰："腹中有宿食不化也"。意亦远矣。(《心典》)

二、宿食在下证治

【原文】

問曰：人病有宿食，何以別之？師曰：寸口脉浮而大，按之反濇，尺中亦微而濇，故知有宿食，大承氣湯主之。(二十一)

脉數而滑者，實也，此有宿食，下之愈，宜大承氣湯。(二十二)

下利不欲食者，有宿食也，當下之，宜大承氣湯。(二十三)

大承氣湯方：見前痙病中

【释义】

以上三条论述宿食在下的脉证和治法。前两条描述脉象，后一条强调主症，三者均以大承气汤下其积滞。

宿食由食积不化，停滞中焦，影响脾胃运化所致。宿食见涩脉，往往提示宿食停滞较久。宿食停滞，阻碍了局部的气血运行，故寸口脉重按滞涩欠畅，甚者尺部脉象也有涩滞之象，宿食内结，气壅于上，寸口脉可见浮大而有力。

宿食新停，胃肠气机壅滞不甚，正气犹可起而抗击，并易化热，故脉象数而且滑。临床上除了脉象之外，当注意问诊。

下利不欲食，为宿食用承气的主要见证。积滞壅遏胃肠气机，正气欲抗邪外出则下利，利虽出，但积滞仍在。临床上此类病人多有脘腹胀闷或胀痛拒按，嗳腐吞酸，食欲不振，大便燥结或下利不爽，苔腐而腻等。用大承气汤治疗宿食下利，为通因通用之义。

宿食停于下，且属实证者，均可考虑用泄热攻下之剂荡涤之，特别是宿食停留时间长而造成所谓热结旁流者，更应早投承气以下里实。

【按语】

本篇有关宿食脉象叙述较详，有紧脉，有滑脉，有涩脉，也有浮大之脉。这些脉象同见于一病之中，提示了即使像宿食这样简单的病证，由于其病程的久暂、积滞的多少、脾胃功能受影响的程度，以及机体的不同反应状态等诸多因素的影响，可以导致脉象的不同表现。当然，在宿食病的诊断中，脉象仅作参考，更重要的应结合当前的证候及病史，方能准确无误。

【选注】

周扬俊：寸口，即气口也，宿食停滞，关与寸浮大有力，是不待言。若按之反涩，知中有所伤，阻抑中气，不得宣越，遂令尺中亦微涩，所滞之物，原已深重，设不大下，所伤不亦多乎？然余观伤寒下例，用大承气，非试不敢漫投，甚以不可轻攻为戒，何至宿食更无顾忌耶，盖即无外感，则不致有结胸否痛之变证可知也。且有恶食，不大便或实满之里证可知也，又何惮而不为此。（《二注》）

陈念祖：上言微涩为宿食，兹何以又言数滑为宿食乎。而不知因宿食而受伤，则为微涩；若宿食之本脉，则为滑数。新旧虽殊，病源则一，故亦宜承气。（《浅注》）

周扬俊：不欲食，言伤食恶食也。脾土受伤，不能健运，岂能去故而新是谋乎？盖言受病未几，而利数旁流，虽下利而积聚未消也。苟久利之后，中州败坏，致不能食者，即欲温补，尚恐难救，岂可反用承气？读者当于下利不欲食句着眼，始知下利为宿食，不欲食亦止因宿食也。（《二注》）

【医案举例】

陈姓，年十六，幼龄丧父，惟母是依，终岁勤劳，尚难一饱。适值新年，贩卖花爆，冀博微利。饮食失时，饥餐冷饭，更受风寒，遂病腹痛拒按，时时下利，色纯黑，身不热，脉滑大而口渴。家清寒，无力延医。经十余日，始来求诊。察其证状，知为积滞下利，遂疏大承气汤方，怜其贫也，并去厚朴。计大黄四钱，枳实四钱，芒硝三钱。书竟，谓其母曰：倘服后暴下更甚于前，厥疾可瘳。其母异曰：不止其利，反速其利，何也？余曰：服后自知。果一剂后，大下三次，均黑粪，干湿相杂，利止而愈。此《金匮》所谓宿食下利，当有所去，下之乃愈，宜大承气汤之例也。（曹颖甫．经方实验录．上海：上海科技出版社，1979；36）

三、宿食在上证治

【原文】

宿食在上脘，当吐之，宜瓜蒂散。（二十四）

瓜蒂散方：

瓜蒂一分（熬黄）　　赤小豆一分（煮）

上二味，杵爲散，以香豉七合煮取汁，和散一钱匕，温服之，不吐者，少加之，以快吐爲度而止。亡血及虚者不可與之。

【释义】

本条论述宿食在上的证治。宿食新停，积滞在上，其症见胸膈满闷，且有泛泛欲吐之势，此正气欲抗邪外出之征。其治疗当因势利导，用涌吐之剂迅速排除积滞，所谓"其高者，因而越之"（《素问·阴阳应象大论》）。瓜蒂散由瓜蒂、赤小豆、香豉组成。方中瓜蒂气味苦寒，赤小豆味酸行水解毒，酸苦合用，成涌吐之剂，香豉开郁结，和胃气，载药上行。吐法之用，以"快吐为度"，一般适宜于体证俱实者，对于年老体弱久病或孕妇等则应慎用或忌用。

【按语】

本篇对宿食之治，出吐、下二法，此为仲景因势利导治疗原则的体现。临床吐下之用，绝非仅限于宿食，凡局部有水饮痰食瘀滞者，有可吐可下之证者，均可斟酌使用。惟吐法之用，仓卒之际，药不及办，可以用盐汤催吐或刺激咽部探吐法。

另：吐下之后要恢复胃肠机能，当与补养和胃之剂。如若临证时没有明确可以吐下之证，而确有食滞在中者，当用后世消食导滞法，如保和丸、香砂枳术丸等。

【临床应用与研究】

瓜蒂散可用于治疗醉酒、误食毒物而症见胸膈满闷，痞塞不通，泛恶欲吐，甚者上腹部胀满疼痛等，辨证为宿食新停在胃的上脘者。本方还可用于与痰涎壅盛相关的喘息、狂证、乳房肿块，以及湿毒所致的急性黄疸型肝炎等。

对单味瓜蒂的药理研究提示：实验动物内服瓜蒂的主要成分甜瓜素后，有呕吐及下利的症状，但皮下注射或静脉注射则无此反应。甜瓜素刺激胃感觉神经后，反射性地兴奋呕吐中枢而引起呕吐和下利。甜瓜素 $0.02g/kg$ 以上的剂量给犬喂服，引起强烈呕吐，终至呼吸中枢麻痹而死亡。以 $2.5mg/kg$ 注射于家兔静脉，亦可致死。

【选注】

黄树曾：胃主纳食，食入于胃，积而不化，则为宿食之疾病。考胃有三脘，如宿食在下脘，腹必满痛而便秘，故当下之，前三节所示者是也。若腹不满痛而膈间满痛，则为宿食在

上脘，病在上焦，自以吐去之为宜，慎不可用下剂伤其无病之下脘也。(《释义》)

【医案举例】

张某，男，38 岁。1975 年 8 月 14 日初诊。多饮烈酒，过食生冷，又卧于湿地，以致水湿结胸，两胁剧痛，烦闷欲死，医用寒凉泻下药物，下利数次，其病不减。由于四肢厥冷，又误为阳虚，投温燥之剂，病更增剧。症见形体消瘦，精神不振，呼吸有力，口出臭气，以手扪胸，时发躁扰，不能言语，四肢厥冷，小便短赤，大便未解，舌红苔黄，脉滑有力，两寸独盛。此痰湿热郁于上脘（酒湿停聚），治宜涌吐痰热。方用瓜蒂、赤小豆、白矾各 9g。研细末，分 3 次服。服后少顷，吐出痰涎和腐物三碗余，当即语言能出，大便随之下泄，身微汗出，四肢转温。中病即止，停服上药，以饮食调养而愈。[唐祖宣 . 瓜蒂散的临床运用 . 浙江中医杂志　1980；11 (12)：556]

研究概要

本篇所论病名有三，而主要表现相似处为均有腹部的胀满疼痛，且为急性发作者多，故可以认为，从现代医学的眼光看，本篇所述的病证多指临床上的急腹症。具体病证如急性肠梗阻、急性胰腺炎、急性胆囊炎、胆石症、急性胃肠炎等，临床上用本篇所出的方剂加减治疗，有相当疗效。关于急腹症的中医中药非手术治疗研究资料，在 20 世纪七八十年代临床上曾经有过相当的积累，遵循"六腑以通为顺"的原则，以本篇中治疗实热性腹满的大承气汤和大柴胡汤为基础变化加减，衍生出不少新的方剂，临证有一定的疗效，但应注意适应范围。篇中腹满与寒疝如何区别，不少学者予以了注意。从病名上考虑，寒疝指寒性腹痛，但是否腹痛属寒者皆为寒疝？好像未必尽然。原文明确称寒疝者有三，一般以此为据，故寒疝的涉及面相对狭窄。有认为教材中给寒疝下的定义不甚确切，与虚寒性腹痛难以区别，提出当重视《诸病源候论》中所论寒疝必有感受外寒的诱发因素，应当定义为"因感受外寒所诱发的以寒性腹痛为主症的疾病"。有认为寒疝的阳虚寒凝证与急性肠梗阻的表现颇相近，因而可以领悟到，对肠梗阻的治疗也并非一味苦寒攻下，间或也有用温下，甚至用温阳散寒以通闭止痛者。篇中具体治法方药的研究，以寒下和温下的大承气汤、大柴胡汤、大黄附子汤及温补建中的大建中汤等内容较多，请参阅相关资料。

历代注家对"白汗"颇多争议。《巢源》谓"自汗"；《医统》本作"白津"；《悬解》释为"白液"或"白淫"；《金匮方歌括》指"泄精漏精"、"大便下如白痰若猪脂状"、"白带"；《心典》指"淡而不咸之虚汗"；《论注》曰"冷涎"，《发微》称"舌底流涎"；《今释》谓"魄汗"；有学者释为"明显出汗"。因《素问·经脉别论》、《脉经·卷四》、《肘后方·卷三》、《千金方·卷十三》、《外台》等均有"白汗"一词，故各版教材未加〔校勘〕，统作"冷汗"释之。上述诸说，对临床颇有参考价值，学者当择善而从之。

小　　结

　　腹满是一个病证，也是一个常见于多种疾病过程中的症状，临床上以腹中胀满或疼痛为主要表现。在病机上有寒热虚实的不同，寒证虚证，多与脾肾虚衰有关，热证实证，多由胃肠热结所致。

　　关于腹满的辨证，属于实热的，胀满多持续不减，按之疼痛，舌红苔黄，脉多沉实，多由阳明实热，燥屎积于肠道所致。属于虚寒的，胀满时轻时重，按之不痛，舌淡苔白，脉象微弦，多为太阴虚寒，脾失温运所致。在治法上，属于实热内结的宜攻下，属于阳虚内寒的宜温补。亦有阳气不运，积滞内停所致的腹满，治疗则当温下寒实。故对于腹满病证，既要仔细诊察腹部的症状，又要整体把握全身的证候，才能正确判断病情，决定有效的治疗方法。

　　实热性腹满，由于病机和病位之不同，而有厚朴七物汤、大柴胡汤、厚朴三物汤、大承气汤等方治。其中泄热攻下的大承气汤，是治疗实热腹满的代表方，其症见满痛在于腹中，由燥屎结滞于肠道所致。以此为基础而临证变化，如厚朴三物汤行气除满，其证以实热内积，气机壅滞为甚；厚朴七物汤表里双解，证属表邪未解而病入阳明，积滞壅阻肠道；大柴胡汤和表攻里，证属病在里而连及少阳，满痛偏于心下与两胁。以上所述的实热腹满，尽管邪气盛而证情剧，但正气未衰，故治疗较易取效，预后一般良好。

　　对于虚寒性腹满胀痛者，篇中有附子粳米汤、大建中汤之设。如脾胃虚寒而水湿内停，以雷鸣切痛为主的腹满，用附子粳米汤化湿降逆，散寒止痛。如脾胃阳微，中焦寒盛，出现腹痛攻冲，上下痛不可触近者，用大建中汤温中补虚，散寒止痛。篇中大黄附子汤温下寒实，其证属邪实正虚，由阳气不运，积滞内停所致。

　　寒疝的主症是腹痛，由寒盛阳虚而引起，以发作性绕脐剧痛、汗出肢冷、脉沉紧为典型证候，用大乌头煎破积散寒以缓解疼痛。如既有腹中剧痛，又出现手足不仁，身体疼痛的，是内外皆寒，可用乌头桂枝汤内外兼治。如腹痛拘急，得按得熨则减，是血虚内寒所致，宜用当归生姜羊肉汤温养散寒。

　　至于附方《外台》乌头汤、《外台》柴胡桂枝汤及《外台》走马汤，亦可随证选用。

　　宿食即伤食。如食物新停于上，泛泛欲吐者，可用吐法，宜瓜蒂散；宿食停滞在下而腹满下利者，可用下法，宜大承气汤。这些都是因势利导的治法。后世医家对宿食补出消导一法，具体方药如保和丸、平胃散等，也为临床所常用。

五臟風寒積聚病脈證并治第十一

本篇论述五脏风寒和真脏脉象、三焦各部病证及脏腑积聚脉证；所著以五脏为纲，分类论述，充分体现了脏腑经络辨证的精神，故合为一篇讨论。但五脏风寒部分似有脱简；三焦各部病证亦略而不详，脏腑积聚在于指出积、聚、槃气三者之鉴别；惟对肝着、脾约、肾着三种病证的治疗，论述较为具体；故在学习时当与其他篇章相关内容互参。

一、五脏病证

（一）肺病

1. 肺中风

【原文】

肺中風者，口燥而喘，身運①而重，冒而腫脹。（一）

【词解】

①身运：运，《广雅·释诂四》："运，转也。"这里有站立不稳之意。

【释义】

本条论述肺中风的证候。肺主气，司呼吸，主宣发肃降和通调水道。若正气不足，风邪入中，气不化津，风阳化燥，肺气不能布津和清肃下降，则口燥、气喘；浊气不出，清气不入，宗气不行，气机壅滞，治节失常，故"身运而重"；肺失通调，水道不利，清阳不升，浊阴不降而上蒙，输化无权，水湿浸渍，故见头昏如蒙，肌肤肿胀。

【选注】

尤怡：肺中风者，津结而气壅，津结则不上潮而口燥，气壅则不下行而喘也，身运而重者，肺居上焦，治节一身，肺受风邪，大气则伤，故身欲动而弥觉其重也。冒者，清肃失降，浊气反上为蒙冒也，肿胀者，输化无权，水聚而气停也。（《心典》）

2. 肺中寒

【原文】

肺中寒，吐濁涕。（二）

【释义】

本条论述肺中寒的症状。肺之液为涕，肺中于寒则胸阳不布，津液凝聚不行而变生浊涕，肺气不宣，鼻窍不通，故浊涕从口而出。

【按语】

前条的肺中风，是因风为阳邪，故见阳性症状；本条的肺中寒，是因寒为阴邪，故见阴性症状；以下各脏的中风、中寒，均是其意。

"吐浊涕"，尤怡认为浊涕从口出也；赵以德谓之浊饮唾出于口，浊涕流出于鼻；吴谦认为"吐浊涎如涕也"。结合临床，若寒闭肺窍，鼻塞不通，浊涕不经鼻而从口唾出者有之，似以尤氏之说较切。

【选注】

尤怡：肺中寒，吐浊涕者，五液在肺为涕，寒气闭肺窍而蓄脏热，则浊涕从口出也。（《心典》）

3. 肺死脏脉

【原文】

肺死藏①，浮之虚，按之弱如葱葉，下無根者，死。（三）

【词解】

①死脏：为脏气将绝而出现的一种脉象。因此脉出现多为死证，故称"死脏"，即所谓无胃神根的"真脏脉"。下同。

【释义】

本条论述肺死脏的脉象。肺之平脉，如《素问·平人气象论》载："平肺脉来，厌厌聂聂，如落榆荚，曰肺平。"今脉见浮取虚微无力，按之如葱叶，外薄中空，沉取无根，肺气已绝；故见此脉，病属死证。

【按语】

对原文"下无根"的理解，李彣曰："若下无根，则不唯中间无，而沉之亦无矣。"黄树曾认为："下无根，谓尺脉无根，重按空豁也。"高学山谓："关上寸下，又无上引之机，是无根也。"至于本条脉象主死的机理，赵以德责之于阴亡，徐忠可归咎于元气虚脱，李彣认为是气血俱脱。临证时四诊合参，方能确切诊断。

【选注】

程林：《内经》曰，真肺脉至，如以羽毛中人肤，非浮之虚乎？葱叶中空者也，若按之弱如葱叶之中空，下又无根，则浮毛虚弱无胃气，此真脏已见故死。（《直解》）

（二）肝病

1. 肝中风

【原文】

肝中風者，頭目瞤①，兩脅痛，行常傴②，令人嗜甘。（四）

【词解】

①瞤（shùn 顺）：指眼皮跳动，《说文》："瞤，目动也"；亦指肌肉掣动。

②行常傴（yǔ 宇）：傴，驼背。行走时经常曲背垂肩。

【释义】

本条论述肝中风的证候。肝为风木之脏，其经脉布胁肋，上连目系，出额至巅顶。肝中于风，风胜则动，故头目瞤。肝主筋，风胜化燥，精血消灼，筋脉失濡，则拘急不舒，故见两胁痛，行常伛。《素问·脏气法时论》载："肝苦急，急食甘以缓之"，甘入脾，土气冲和，则肝气条达，故"令人嗜甘"。

【按语】

历代医家对本条见解不一。曹家达认为血虚生风；高学山认为肝脏阴阳自虚而中风；黄坤载认为"经气壅塞"、"木郁风动"；但风胜血燥的观点基本一致。

【选注】

高学山：肝为木脏，与东方风气相通，……脏中阴阳自虚，则肝因而中风矣。……头目俱瞤者，肝中风，则脏真之气自结而失其疏畅之用，故不能上贯头目，而气虚瞤动矣。……肝惟多血。故能养其筋脉，使之调达。肝络内布于胁，风淫血燥，则胁络拘而痛。……三句一意，盖两胁痛句为主，而以"行伛"，外诊其形，以"嗜甘"，内诊其性也。（《高注》）

2. 肝中寒

【原文】

肝中寒者，两臂不举，舌本燥，喜太息，胸中痛，不得转侧，食则吐而汗出也。《脈經》、《千金》云：時盜汗，欬，食已吐其汁。（五）

【释义】

本条论述肝中寒的证候。肝主筋而司运动，"肝中寒"者，寒邪留滞肝经，阳失温煦柔和之用，则厥阴筋脉收引拘急而两臂不举。肝脉循喉咙之后，络于舌本，肝寒火弱，不能暖血生津上润于舌，故舌本干燥。肝寒气结，失其条达疏泄之性，故善太息以舒畅郁滞。肝脉上贯胸膈，寒邪闭郁肝气，胸阳不振，脉络凝塞，则见胸中痛，不得转侧。肝寒犯胃，胃失和降，不能受食，故食则吐；胃气被伤，卫外之气亦虚，津不得摄，故食则吐而汗出。

【按语】

此条注家亦有分歧。如"舌本燥"，魏荔彤认为"寒郁而内热生也"；尤怡认为"中寒者逼热于上"；李彣认为"寒则津液闭而不流"；对"汗出"的认识也有不同，魏荔彤云"胃之津液为肝所乘，侵逼外越也"；徐忠可谓"吐逆则热客之，乃少阳之气郁而汗出矣"；高学山注"吐则胃中之悍气愈虚，而不能摄其津液，故汗出也"。吴谦认为"两臂不举，舌本燥"二句，"而汗出"三字，文义不属，必是错简；曹颖甫将此三句列于"肝中风"条内。可参。

【选注】

尤怡：肝中寒两臂不举者，肝受寒而筋脉拘急也。……肝脉循喉咙之后，中寒者逼热于上，故舌本燥；肝喜疏泄，中寒则气被郁，故喜太息；太息，长息也，肝脉上行者，挟胃贯膈，故胸痛不能转侧，食则吐而汗出也。（《心典》）

3. 肝死脏脉

【原文】

肝死藏，浮之弱，按之如索不來，或曲如蛇行者，死。（六）

【释义】

本条论述肝死脏的脉象。肝之平脉当有胃气，如《素问·平人气象论》："平肝脉来，奂弱招招，如揭长竿末梢，曰肝平。"今浮取无力，轻按软弱而无神，重按如绳索弦紧，毫无平肝脉来之象，或曲如蛇行，曲折逶迤而无畅达柔和之征，这是无胃气的真脏脉，肝之精血亏耗，真气已绝，故曰死。

【按语】

本条"如索不来"或"曲如蛇行"的脉象，注家描述略有不同。"如索不来"，尤怡认为"伏而不起，劲而不柔"；曹家达云"如绳索之弦急，忽然中止。"如代脉之不来；周扬俊："今日不来但去，是直上下无胃气"。所谓"劲而不柔"、"如绳索之弦急"、"无胃气"，均为失从容和缓之象。亦有学者考"不来"为切音字"摆"，可参。对"曲如蛇行"，尤怡说"左右牵引，而不能夭矫上行，亦伏而劲之意"；曹家达云"其脉如蛇之证，盖筋脉以燥而强急也"；周扬俊云"出入勉强，有委而不前，屈且难伸之状"。尤氏言左右，曹氏言弯曲，周氏言出入即上下，当合参为是。

【选注】

高学山：肝为多血少气之脏，故真阳最贵，真阳内固，则气温而脉体自和，真阳补充，则神完而脉机自满，今以木脉而浮之见弱，是枝叶之不能上荣者，知神去而机将息矣。索者，紧短之状，按之如索，是根株之已经下结者。知气削而质欲枯矣，此肝死脏之正脉。下文不来，及曲如蛇行两句，又承按之二字，而言死脉中之渐变者也。（按，非重按至骨，但比浮而轻取者，略略沉按之之谓。不来者，不特按时断绝，即再浮之，而亦不能乍还，残阳不胜六菽九菽之重也。）曲如蛇行者，伏而不鼓，但左右弯曲，如蛇之行走，即俗称屋漏痕者是。真气之有去而不复返之象也，故皆主死。然断期之法，大概浮弱而按之如索者，以月计，浮弱而按之不来者，以日计，浮弱而按之曲如蛇行者，惟以时计而已矣。（《高注》）

4. 肝着证治

【原文】

肝着①，其人常欲蹈其胸上②，先未苦时，但欲饮热，旋覆花汤主之。臣億等校諸本旋覆花湯方，皆同。（七）

旋覆花湯方：

旋覆花三兩　葱十四莖　新絳少許

上三味，以水三升，煮取一升，頓服之。

【校勘】

旋覆花汤方药物及服法，乃据赵刻本《妇人杂病篇》所载增补。

【词解】

①着：有中于物而不散，附于物而不去之意。

②蹈其胸上：蹈，原为足踏之意，此处可理解为用手推揉按压，甚则捶打胸部。

【释义】

本条论述肝着病的证治。肝着，是肝经受邪而疏泄失常，其经脉气血郁滞，着而运行不畅的病证。因肝脉布胁络胸，故其证可见胸胁痞闷不舒，甚或胀痛、刺痛，若以手按揉或捶打其胸部，可使气机舒展，气血运行暂得通畅，病症可暂得减轻，故其人常欲蹈其胸上。本病初起，病在气分，病变尚轻，热饮能助阳散寒，可使气机通利，脉络暂得宣通畅行，胸中痞结等症可暂得缓减，所以但欲热饮；肝着既成，气郁及血，经脉凝瘀，虽热饮亦不得缓解，故治以旋覆花汤，行气活血，通阳散结。方中旋覆花微咸性温，舒郁宽胸，善通肝络而行气散结降逆，助以葱十四茎，芳香宣浊开痹，辛温通阳散结，更以少许新绛行血而散瘀。气行血畅，阳通瘀化则肝着可愈。"顿服之"，药力集中，以收速效。

【按语】

本方之新绛，《本经》未载，医家认识不一，有作绯帛，将已染成大红色丝织品作新绛；但对所用染料，有谓茜草汁、有谓猩猩血、有谓红花汁等所染的不同说法。而陶弘景则称绛为茜草，新绛则为新刈之茜草，用治肝着及妇人半产漏下属于瘀血者，确有实效。临床可以茜草、红花、苏木、郁金等代新绛。可供参考。

旋覆花汤为治络瘀肝着要方。王清任用血府逐瘀汤治愈"胸任重物"、陶葆荪用通窍活血汤治愈"常欲人足蹈其胸"的验案，叶天士治胁痛擅用辛温通络、温柔（润）通补、辛泄通瘀等法取效，都是在本方用法基础上的进一步发展。

【临床应用与研究】

本方可用于胸胁疼痛、肋间神经痛、肋软骨炎、慢性胃炎、慢性肝胆疾患、冠心病、梅核气、产后瘀血漏下、瘀血性咳嗽等有较好疗效。

现代研究发现，本方主药旋覆花中所含绿原酸对人有致敏作用，吸入含有绿原酸的植物尘埃后，可致气喘、皮炎等，但食入后经小肠分泌物的作用，变为无致敏性物质。有将150%旋覆花煎剂0.1ml给小鼠进行腹腔注射，于1小时后有显著的镇咳作用。旋覆花中的有效成分旋覆花黄酮对组胺引起的豚鼠支气管痉挛性哮喘有明显保护作用，对组胺所致的豚鼠离体气管痉挛也有对抗作用，但较氨茶碱慢而弱。100%旋覆花煎剂对金黄色葡萄球菌、炭疽杆菌和福氏痢疾杆菌Ⅱa株等有明显抑菌作用，用于急性、慢性支气管炎有抗菌、止咳和平喘作用，疗效较好。

葱白含挥发油，为大蒜辣素，有较强的杀菌作用，特别是对痢疾杆菌及皮肤真菌抑制作用比较明显，此药还能刺激汗腺，有发汗作用，并能促进消化液的分泌，有健胃功效。

【选注】

周扬俊：肝主疏泄，言其用也，倘郁抑不舒，势必下乘中土，土必弱而时满，气必结而不开，故喜人之按之揉之也。（《二注》）

【医案举例】

卢某，男，50岁，干部。主诉：顽固性胃痛十八年。西医诊断慢性胃炎。因身瘦体弱，食欲减少而来求治。初诊：胸胁作痛，喜按，喜热饮，肝着之候也。处方：旋覆花（布包）30g，茜草6g，火葱14茎整用（四川葱子较小者名火葱），初次煎好，分二次服之。二诊：服上方胸痛喜按之症轻减，仍喜热饮，大便曾畅解数次，肾囊微觉冷湿，照前方加味治之。处方：旋覆花（布包）18g，茜草4.5g，干姜12g，云苓12g，炒枳实（打）6g，火葱7茎整用，服二剂。以后据病情始终以旋覆花汤为主，或配合枳术丸、瓜蒌薤白剂、《外台》茯苓饮、六君子汤等，计十一诊，药十九剂，肝着痊愈。［吴棹仙．医案二则．中医杂志　1964；（6）：29］

（三）心病

1. 心中风

【原文】

心中風者，翕翕發熱，不能起，心中飢，食即嘔吐。（八）

【释义】

本条论述心中风的证候。心为君主之官，不受邪；"诸邪之在于心者，皆在于心包络"（《灵枢·邪客》）。故心中风者，实为风邪干于心包络。心属火，风为阳邪，心中于风，两阳相得，故翕翕发热；壮火食气，气津耗伤，精神疲困，故不能起；胃之大络上通心包，火动于中，化燥伤津，故心中饥；心胃相通，热扰于胃，胃失和降，故食即呕吐。

【按语】

本条程林认为"风热壅于上"；尤怡认为"火乱于中，而热格于上"；周扬俊认为"蕴热于内"与"痰饮蓄聚上脘"所致；曹家达认为"风热袭肺，吸动心阳……胃底胆汁，为风阳吸而上逆"。当互参。验之临床，心病及胃，胃病及心，心病而以胃症著者，不乏其例，临证时尤当注意。

【选注】

周扬俊：心为君主，胞络卫焉，邪岂得以干之乎。然则心中风者，殆胞络受邪也，风为阳邪，善行数变，而所伤在君火之地。两热相合，势必外蒸，《伤寒》言翕翕，为温热而不至于大热也。夫君火之官受困，则四肢自不能起而蕴热于内，悬悬如饥状，乃痰饮畜聚上脘，初非胃虚也，食又何能下乎？是不呕吐不止也。（《二注》）

2. 心中寒

【原文】

心中寒者，其人苦病心如噉蒜狀①，劇者心痛徹背，背痛徹心，譬如蠱注②。其脉浮者，自吐乃愈。（九）

【词解】

①心如噉（dàn旦）蒜状：噉，同啖，吃的意思。此句形容心中辛热之感，犹如吃了生蒜一样。

②蛊注：一是形容其疼痛如虫咬之状；二是形容其痛犹虫之流窜走注。

【释义】

本条论述心中寒的证候及其预后。心中寒，寒邪凝滞，郁遏心阳，心阳不宣，郁热闭敛于中，轻者胸中似痛非痛，似热非热，如食生蒜后的辛辣感觉；甚者心阳闭阻，气血不通，心痛彻背，背痛彻心，犹如蛊虫食咬之状。其脉浮者，心阳渐复，邪人未深，病邪有上越外出之机，故自吐乃愈。

【按语】

本条曹家达认为"乌头赤石脂丸证"；陆渊雷认为"胃中寒"。临证互参，方不致误。

【选注】

周扬俊：心主散，寒入而火郁矣，郁则气既不舒，而津液聚为浊饮，故其苦病如噉蒜者，正形容心中懊恼不得舒坦，若为辛浊所伤也，至甚者，正以阴凝之邪，袭于阳部，阻其升降，前后不通，亦犹胸痹之痛，彻背彻心，比如虫之蛊注，其状更有甚于噉蒜者矣。其脉浮者，邪在上也，因高越之，使所结之饮上涌，则所受之邪亦外出矣，盖吐中自有发散之义也。（《二注》）

3. 心伤

【原文】

心傷者，其人勞倦，即頭面赤而下重，心中痛而自煩，發熱，當臍跳，其脉弦，此爲心藏傷所致也。（十）

【释义】

本条论述心伤的证候。心主血脉而藏神，劳心过度，心血损伤，心血不足，气无所附，神无所藏，故一经劳倦，则阳浮于上而头面赤、发热；上盛下虚，中气不足则下肢沉重无力。心虚失养，热扰于中，故心中痛而自烦。心气虚于上而肾气动于下，心肾不交，浊阴无制，故脐处跳动不适。心之平脉，累累如贯珠，今血虚不能濡养经脉，气虚而阳气外张，故脉来长直劲急，无圆润滑利之象，说明心之气阴两伤所致。

【按语】

对于"心伤"成因，有认为"七情所伤"，有认为"劳倦致伤"，亦有认为"客邪内伤"。其病机，有主心虚，有主营虚，有主心之气血两伤。当合参。

【选注】

高学山：此条当与虚劳及惊悸门参看。心伤者，指心气、心血两伤而言也。劳倦，因劳而倦，凡外而劳形，内而劳神者皆是，头面赤者，劳则生热，心血虚而不足以胜之，故浮其热于头面也。下重者，因劳而心气愈馁，不能上提，而有下脱之机致也。气削则不能自温，故心中塞痛，血虚则不能内润，故干烦也。发热者，即头面赤之理，而外发为表热也。当脐跳者，心气虚于阳位，将下招浊阴之上乘，而当脐之气自动也。脉指左寸而言，弦者，气虚脉削（以横处而言其减瘦），气寒脉急（从直处而言其拘紧）之应。夫症则阴阳两亏，脉则神气顿减，岂非心脏受伤所致乎？细按此条，俱系活症，其不出方者，或以虚劳中已详之也，今援虚劳之例，拟之以小建中，而加参芪归麦，其庶几耶。（《高注》）

4. 心死脏脉

【原文】

心死藏，浮之實如麻豆①，按之益躁疾者，死。（十一）

【词解】

①如麻豆：一将麻豆作实物解，即麻与豆，但"麻"有"芝麻"与"麻子仁"之争，而

形容脉来的形态如麻豆，全无柔和之象的机理是一致的。二是"如麻豆"解作"动乱如豆粒滚动"，将"麻"作形容词解。结合下句"按之益躁疾者"，以前说较胜。

【释义】

本条论述心死脏的脉象。心之平脉"累累如连珠，如循琅玕"；心的真脏脉，其状浮取坚实如麻豆弹指，毫无柔和圆润滑利之象；重按益见躁疾不宁，失从容和缓之感；此为心血枯竭，心气涣散，故主死。

【选注】

曹家达：心脉之绝，《内经》云：但钩无胃。谓如带钩之坚实数急而不见柔和也。此云浮之实，如麻豆，即以坚实言之。按之益躁疾，即以数急不见柔和言之也。(《发微》)

5. 心虚邪哭癫狂证

【原文】

邪哭使魂魄不安者，血氣少也；血氣少者，屬于心，心氣虛者，其人則畏，合目欲眠，夢遠行而精神離散，魂魄妄行。陰氣衰者爲癲，陽氣衰者爲狂。(十二)

【释义】

本条论述心之血气虚少而致精神错乱的病证。病人无故悲伤哭泣，好像鬼邪作祟而使魂魄不安，实为"血气少"也。血虚则肝无所藏，不能随神往来而魂不安；气虚则肺不敛，不能并精而出入故魄不藏，所以导致神气不宁的精神病变。肝藏血，肺主气，而血气之主宰，皆归于心，故曰"血气少者属于心"。心藏神，心虚则神怯，胆气亦不足，故其人畏惧恐怖；神气虚弱，不能统摄肝魂，精气不能上注于目，则合目欲眠而不能熟睡。心神不敛，精气涣散则魂魄失统，魂不入舍，魄不安宅，故神魂魄浮荡无依，出现"梦远行而精神离散，魂魄妄行"等精神错乱症状。如果病势进一步发展，阴气虚者可以转变为癫证，阳气虚者可以转变为狂证。

【按语】

有关"阴气衰者为癫，阳气衰者为狂"历代注家歧义甚多，有的学者把"衰"训为"蓑"，作重叠解；也有认为"衰"乃"裒(póu 剖)"字之误，训为聚集而与"重"义相通；这些皆顺《难经》之理而训解。考《难经·二十难》谓"重阳者狂，重阴者癫"，其"阴"与"阳"是通过脉象而论病邪，阴邪太盛则为癫，阳邪太盛则为狂。本条"阴气衰者为癫，阳气衰者为狂"，其"阴气"、"阳气"指正气而言，人体阴气不足，则邪易入阴而为癫，阳气不足，则邪易入阳而为狂。故《难经》之癫狂从实而论，本条之癫狂从虚而论，各有所指，当予区分。

【临床应用与研究】

现代医家运用本条理论指导癫狂病证的治疗，取得较满意疗效。如张某，男，45 岁，情志失常，骂詈不讳，断续发作，逾时年余，曾多处求治，均以清火涤痰而无效；然证由肾阳不振，气不化津，痰浊上蒙，扰乱神明所致；宗《金匮》"阳气衰者为狂"的理论，法以助阳益肾，佐以豁痰宁心，方用《金匮》肾气丸合半贝丸加减而获效。又如李某，女，30岁。癫狂日久，时好时作，纳少神疲，时而烦躁，咽干，口中有少量黏稠痰，形瘦面赤，舌质红，脉细数；脉证合参乃《金匮》"阴气衰者为癫"，即病狂日久，耗气伤阴，阴气衰而虚火上浮，痰火上升，扰乱神明所致，法以滋阴降火、化痰定志而愈。

【选注】

徐彬：前心伤一段，言心因客邪而致伤，伤则证脉不同于初中也。此又就人之血气虚，因心气不足而感邪者，别言之；谓邪入于身，当形体为病，何遂魂魄不安，乃有邪一入，便使魂魄不安，此因血气少，其少之故，又属于心之虚，欲人遇此证者，当以安神补心为主也。合目梦远，魂魄妄行，乃状其不安之象，精神离散，则又注妄行之本也。心为君主之官，一失其统摄，而阴虚者，邪先乘阴则癫，阳虚者，邪先乘阳则狂，癫狂虽不同，心失主宰则一也。（《论注》）

黄树曾：……颠（今作癫）狂，皆病名，各有二种，一为阴盛之颠，……《难经》所谓重阴者颠指此，治宜用风引汤加减；一为心阴气衰之颠，其状先不乐，头重痛，目赤，心烦，语言错乱，神志不宁，脉来细弱者是，此节之颠，即属之，治宜养心血、安神志，如酸枣仁、生地黄、当归身、红枣肉、小麦、茯神、甘草、远志、菖蒲、牡蛎、菊花、莲子心、灯心、竹茹之类，一为阳盛之狂，……《难经·二十难》所谓重阳者狂，即指此，治宜重用生铁落、胡黄连、洋芦荟、灵磁石、龙胆草等，大苦大寒之品，折其上盛之威。一为阳气衰之狂，目妄见，耳妄闻，善呼，或多食，善见鬼神，善笑而不发于外者是。此节之狂，属于后者，治宜用桂枝、甘草、高丽参、五味子、白茯苓、龙眼肉、龙骨、牡蛎等味，振其心阳，补其心气。（《释义》）

（四）脾病

1. 脾中风

【原文】

脾中風者，翕翕發熱，形如醉人，腹中煩重，皮目瞤瞤而短氣。（十三）

【释义】

本条论述脾中风的证候。脾主四肢肌肉，风为阳邪，脾中于风，脾阳奋而抗争，不能输精于四肢，故见翕翕发热，四肢不用，形如醉人；脾居腹中而主湿，上下眼胞属脾，风邪侵袭，风湿相搏，气郁湿滞，故腹中烦重；风胜则动，故皮目瞤动。脾不运湿，气机阻滞，升降失常，呼吸不利，故短气。

【选注】

程林：风为阳邪，故中风必翕翕发热，脾主肌肉四肢，风行于肌肉四肢之间，则身体懈惰四肢不收，故形如醉人。腹为阴，阴中之至阴脾也，故腹中烦重。《内经》曰，肌肉蠕动，命曰微风，以风入于中，摇动于外，故皮目为之瞤动，腹中烦重，隔其息道不能达于肾肝，故短气也。（《直解》）

2. 脾死脏脉

【原文】

脾死藏，浮之大堅，按之如覆杯潔潔，狀如搖者，死。臣億等詳五藏各有中風中

寒，今脾只载中風，腎中風中寒俱不載者，以古文簡亂極多，去古既遠，無文可以補綴也。（十四）

【释义】

本条论述脾死脏的脉象。脾脉应当从容和缓而有神，今浮取则大而坚，毫无柔和之象；重按之如覆杯，外表坚硬而中空无物，其状摇荡不定，乍疏乍数，或左或右，或忽然上出鱼际，忽然下入尺部，或突然中止，不成至数，躁急无根，脉律不整，为脾气败散，脾之真脏脉见，故主死。

【按语】

《金匮要略校注语译》认为：漐漐《脉经》《千金》并作"絜絜"，二字同。"絜"正字，"漐"俗字。《说文·系部》："絜，麻，一耑也。"段注："絜"，束也。"束者，俗言之捆绑。"絜絜状，如摇者死"，犹言捆紧的一束麻象在摇动，此喻言坚紧欲脱之脉象，无和缓之胃气，故死。其说可参。

【选注】

曹家达：脾脉之绝，《内经》言但代无胃，而不举其形状。此言浮之坚，按之如覆杯洁洁，即但代无胃之的解也。浮取似实，重按绝无。或如杯中酒空，覆之绝无涓滴。或忽然上出鱼际，忽然下入尺部，初如摇荡不宁，继乃卒然中绝。后人所谓雀啄脉也。（《发微》）

3. 脾约证治

【原文】

趺陽脉浮而濇，浮則胃氣强，濇則小便數，浮濇相搏，大便則堅，其脾爲約，麻子仁丸主之。（十五）

麻子仁丸方：

麻子仁二升　芍藥半斤　枳實一斤　大黄一斤（去皮）　厚朴一尺（去皮）杏仁一升（去皮尖，熬，別作脂）

上六味，末之，煉蜜和丸梧子大，飲服十丸，日三服，漸加，以知爲度。

【校勘】

麻子仁丸方药物炮制及服法，据《伤寒论》补。三"仁"字，赵本作"人"，据《医统》本改。

【释义】

本条从趺阳脉象论述脾约的病机与证治。趺阳脉候脾胃之气，其脉浮而涩，浮是举之有余，属阳脉，主胃热气盛；涩是按之滞涩而不流利，为阴脉，主脾脏津液不足，脾阴不足，则不能为胃行其津液而肠道失润；胃热气盛，则胃阴为其所伤，膀胱为其所迫，故有大便干结，小便频数之症。此即胃强脾弱的脾约病；治宜泄热润燥、缓通大便之麻子仁丸。方中以麻子仁、杏仁润燥滑肠；芍药敛阴和脾；大黄、枳实、厚朴泄热导滞，攻下通便；以蜜为丸，意在甘缓润下，阳明燥热得泄，太阴津液得滋，脾约可愈。

【按语】

本条亦见于《伤寒论》阳明病篇。脾约病证与胃家实，均有大便硬等阳明病的症状，但脾约无潮热、谵语、腹满、硬痛，而是以大便燥结、小便频数为主。当予以鉴别。

脾阴虚证，与脾约二者虽有津液不足的大便干硬之症，但脾约有胃热亢盛，脾阴虚则纯属脾阴不足，故二者不可混淆。

麻子仁丸攻下之中寓有滋润之意，对后世温病学家启发甚大。如吴鞠通治阴虚便秘的增液汤，以补药之体作泻药之用，实从本方脱胎而来。

【临床应用与研究】

麻子仁丸用于燥结、微痞、微满、腹不痛、饮食正常的习惯性和药物性便秘，以及痔疮便秘而偏于实证者；肛肠外科手术后大便干燥者；热性病后期大便干结或大便多日不通引起头痛眩晕、食欲不振者，均有较好的疗效，且无腹痛等副作用。但高年津枯、阳虚体弱者仍宜斟酌使用。也有用于治疗噎膈、咳喘、糖尿病、尿频症以及月经不调等获得疗效。

现代研究发现麻子仁丸具有对燥结型便秘模型小鼠有通便作用，能增加小鼠排便量；促进大肠、小肠运动；促进豚鼠回肠平滑肌运动；能显著增加蟾蜍肠内容物重量，增加肠管容积。取25%麻子仁丸液4滴作用于离体家兔肠管，发现肠管蠕动波波幅大于正常，频率较大而规律。

【选注】

周扬俊：趺阳脉，土也，浮为阳，涩为阴，故浮之见阳，沉之见阴也。夫阳有余，则胃气强；阴不足，则太阴不固，故小便数。然则脾正为胃行津液者也，脏涩而不能约束水津，则留于胃者甚少，而胃自失所润。然则胃之不润，脾为之也，故曰为约。于是以大黄、枳实去实，先以麻仁润燥，芍药养阴，且用厚朴佐杏仁以利肺气，兼补益阴气之用，斯得之矣。（《二注》）

【医案举例】

刘某，男，28岁。患大便燥结，五六日排解一次，每次大便时，往往因努责用力而汗出湿衣，但腹中无所苦。口唇发干，用舌津舐之则起厚皮如痂，撕之则唇破血出。脉沉滑，舌苔黄。此是胃强脾弱的脾约证。疏以麻子仁丸一料，服尽而愈。（刘渡舟．刘渡舟医学全集．台北市：启业书局，1998；927）

（五）肾病

1. 肾死脏脉

【原文】

肾死藏，浮之坚，按之乱如转丸，益下入尺中者，死。（十七）

【释义】

本条论述肾死脏的脉象。《素问·平人气象论》"平肾脉来，喘喘累累如钩，按之而坚曰肾平"，故肾之常脉当沉而有力，今轻取即坚而不柔，重按乱如转丸，躁动不宁，尺部更加明显，乃真阴不固，真阳欲脱，阴阳即将离绝，预后不良，故曰"死"。

【按语】

对此条病机尤怡认为脉至尺泽犹大动，乃真气不固而将外越者；高学山认为肾为水寒之脏，阳气尤为贵重，肾死脏脉为阳绝，是水无阳而冰冻之象；赵以德等认为真阴出于阳，真阳将脱，阴阳离绝之兆。

【选注】

赵良仁：《内经》谓死肾脉来，发如夺索，辟辟如弹石。又谓搏而绝，如指弹石，辟辟然。是皆无胃气而天真之阳已亡，惟真脏之残阴，随呼吸而动，以形本脏所禀之象耳。今之所谓者亦然。浮以候外，外，阳也，坚者，犹弹石、夺索，不轻虚，辟辟状同义，乃真阴出之阳也。按以候里，里，阴也，动则为阳，乱动如转丸，乃真阳将去，动无伦序，不能去来，惟悬系见于其中，若益入下乃去中也，此际阴阳离绝，死兆彰矣。（《衍义》）

2. 肾着证治

【原文】

肾着①之病，其人身體重，腰中冷，如坐水中，形如水狀，反不渴，小便自利，飲食如故，病屬下焦。身勞汗出，衣一作表裏冷濕，久久得之，腰以下冷痛，腹重如帶五千錢，甘姜苓术湯主之。（十六）

甘草乾姜茯苓白术湯方：

甘草　白术各二兩　乾姜　茯苓各四兩

上四味，以水五升，煮取三升，分溫三服，腰中即溫。

【词解】

①著：此处音义同"着"（zhuó），留滞附着。

【释义】

本条论述肾着病的成因和证治。肾着，乃寒湿痹着于腰部，因腰为肾之外府，故名肾着。本病多起于身劳汗出之后，冷汗久渍腰部，以致寒湿痹着，阳气不行，所以腰部冷痛而沉重；"如坐水中"、"形如水状"、"腹重如带五千钱"，都是形容腰部四周既冷且重之词。由于病在躯体下部，邪着肾之外府，留着于经脉肌肉，尚未病及肾之本脏，故口不渴，小便自利，饮食如常，所以在治法上，不必温肾，当燠土以制水，去除在经之寒湿，则肾着可愈。甘姜苓术汤重用干姜配甘草以温中散寒，茯苓配白术以健脾除湿，寒去湿除，阳气温行，"腰中即温"，肾着遂愈。

【按语】

历代医家对肾着的病因病机有不同看法。尤怡等认为病在肾之外府，不在肾之中脏；周扬俊等认为肾着之病，肾气本衰，故水火俱虚，而后湿气得以着之；黄树曾等认为带脉为病，带脉系于腰肾而又属脾，而人以胃气为本，故治以顾脾胃为主。亦有学者认为肾阳不振，水湿泛滥；脾阳不运，寒湿停留等。结合方药，尤氏、黄氏之说合参于理较切。

【临床应用与研究】

本方亦称肾着汤，用治胃炎呕吐腹泻、老年人小便失禁、阳痿、男女遗尿、闭塞性静脉炎、妊娠下肢浮肿、妇女腰冷带下、坐骨神经痛等属寒湿的病证。

【选注】

尤怡：肾受冷湿，着而不去，则为肾着。身重，腰中冷，如坐水中。腰下冷痛，腹重如带五千钱，皆冷湿着肾，而阳气不化之征也。不渴，上无热也；小便自利，寒在下也；饮食如故，胃无病也；故曰病属下焦，身劳汗出，衣里冷湿，久久得之。盖所谓清湿袭虚，病起于下者也。然其病不在肾之中脏，而在肾之外府。故其治疗，不在温肾以散寒，而在煖土以胜水。甘、姜、苓、术，辛温甘淡，本非肾药，名肾著者，原其病也。（《心典》）

【医案举例】

刘氏之妻，37 岁。患腰部酸楚疼痛，白带淋漓，味臭难闻，脉沉缓无力，尺部脉更弱，舌体胖大而嫩。其人形体虽肥但气怯乏力。此乃寒湿下困肾阳，即《金匮要略》所谓的"肾着"病。干姜 12g，茯苓 18g，白术 12g，炙甘草 6g，杜仲 10g，续断 10g。三剂而愈。（刘渡舟．刘渡舟医学全集．台北市：启业书局，1998；944）

二、三焦病证

（一）三焦竭部

【原文】

问曰：三焦竭部①，上焦竭善噫②，何谓也？师曰：上焦受中焦氣未和，不能消穀，故能噫耳。下焦竭，即遺溺失便，其氣不和，不能自禁制，不須治，久則愈。（十八）

【词解】

①三焦竭部：三焦各部所属脏腑的机能衰退。

②噫：嗳气。

【释义】

本条论述三焦各部脏腑机能衰退，互相影响而发生的不同病变。脾胃为水谷之海，气血生化之源；上焦受气于中焦脾胃，如脾胃机能衰退，不能消磨水谷，则上焦所受不足，宣降失常，机能衰退；所以常嗳出食气者，说明中焦之气失和，是导致"上焦竭"的根本原因。下焦脏腑的机能衰退，肝失疏泄，肾失封固，二便失约，可见遗溺或大便失禁等现象，病属下焦，而与中上二焦相关联。三焦各有分部，功能相互为用、互相制约和协调，又相互影响，但关键在于中焦脾胃；土为万物之本，故仲景发问"上焦竭善噫，何谓也"。"不须治，久则愈"强调三焦病证，治以中焦为本，不要拘泥于上下症状，中焦气和，升降有序，上下之证自愈，如虚寒肺痿的甘草干姜汤，寒湿着于肾府的甘姜苓术汤是其具体应用。

【按语】

程林等认为"不须治，久则愈"是不须治疗，久则正气复而自愈；徐彬认为当治其下焦；魏荔彤等认为不须治其下焦或上焦，"但理其中焦可也"。似以后说意长。

【选注】

陈念祖：三焦之气虚竭而不各归其部，固也。但噫为脾病，今云上焦竭，善噫，何谓也？师曰：中气实统乎三焦，上焦受中焦气，中焦未和，不能消谷，谷气郁而不宣，故能噫耳。且中焦不和，而下焦亦因而虚竭，即见前则遗溺，后则失便，盖下焦听命于中焦，其中焦之气不和，下焦无以受中之荫，则肾气日虚。经云：北方黑色，开窍于二阴，肾虚则前后不能自禁制，此下焦虽病，却不须治，止以补脾健胃，治其中焦，久则自愈。此言三焦虚竭，统以中焦为主治也。（《浅注》）

（二）热在三焦及大小肠寒热病变

【原文】

師曰：熱在上焦者，因欬爲肺痿；熱在中焦者，即爲堅①；熱在下焦者，則尿血，亦令淋秘②不通，大腸有寒者，多鶩溏③；有熱者，便腸垢④。小腸有寒者，其人下重便血，有熱者，必痔。（十九）

【词解】

①坚：指大便坚硬。

②淋秘：淋是指小便淋沥涩痛，秘作闭字解，指小便癃闭不通。

③鶩溏：鶩即鸭。鶩溏，指如鸭的大便，水粪杂下。

④肠垢：指黏液垢腻的粪便。

【释义】

本条论述三焦热证及大、小肠寒热病变。肺居上焦，热在上焦者，肺失清肃则气逆而咳，咳久气津俱伤，肺叶萎弱，可形成肺痿。脾胃同居中焦，热在中焦者，消灼脾胃之阴津，肠道失润，大便燥结坚硬。肾与膀胱同居下焦，热在下焦者，灼伤肾与膀胱络脉则尿血，热结气分，气化不行，则小便淋涩，尿道刺痛或癃闭不通。大肠为传导之官，其病则为传导功能失常，但在辨证上有寒热之分，寒则水粪杂下而为鶩溏；热则粪便黏滞垢腻不爽。小肠为受盛之官，其病则为受盛化物功能失职，有寒则阳虚气陷而不能统摄阴血，故下重便血；有热则热移广肠，结于肛门，经脉郁滞，而生痔疮。

【按语】

本条所论热在三焦及大小肠寒热的症状，验之于临床，肺痿、大便坚及尿血、癃闭等证也有属寒者；下重便血也有属热者。不可拘泥。

结合其他篇章，仲景对三焦病证的详细论述，可谓创三焦辨证之先河，为后世三焦辨证的深入发展奠定了良好的基础。

【选注】

尤怡：热在上焦者，肺受之，肺喜清肃而恶烦热，肺热则咳，咳久则肺伤而痿也。热在中焦者，脾胃受之，脾胃者，所以化水谷而行阴阳者也。胃热则实而鞕，脾热则燥而闷，皆为坚也。下焦有热者，大小肠膀胱受之，小肠为心之府，热则尿血，膀胱为肾之府，热则癃闭不通也。鶩溏，如鶩之后，水粪杂下，大肠有寒，故泌别不职，其有热者，则肠中之垢，被迫而下也。下重谓腹中重而下坠，小肠有寒者，能腐而不能化，故下重，阳不化则阴下溜，故便血。其有热者，则下注广肠而为痔；痔，热疾也。（《心典》）

三、积聚、榖气的鉴别和积病主脉

【原文】

问曰：病有積、有聚、有榖氣①，何謂也？師曰：積者，藏病也，終不移；聚者，府病也，發作有時，展轉痛移，爲可治。榖氣者，脅下痛，按之則愈，復發爲榖氣。諸積②大法，脉來細而附骨者，乃積也。寸口，積在胸中；微出寸口，積在喉中；關上，積在臍傍；上關上③，積在心下；微下關④，積在少腹；尺中，積在氣衝⑤。脉出左，積在左；脉出右，積在右；脉兩出，積在中央。各以其部處之。（二十）

【校勘】

"脉出右"，赵本为"脉在右"，现从《医统》本改。

【词解】

①榖气：榖同榖；榖气，即水谷之气停积留滞之病。

②诸积：包括《难经·五十六难》所称五脏之积，即心积曰伏梁；肝积曰肥气；脾积曰痞气；肺积曰息贲；肾积曰奔豚。其病多由气、血、食、痰、虫等的积滞所引起。

③上关上：关上即是关部，上关上，指关脉的上部。

④下关：指关脉的下部。

⑤气冲：即气街，穴名，在脐下5寸，任脉曲骨穴旁开2寸。此处代表气冲穴所在的部位。

【释义】

本条论述积、聚、榖气三者的区别和诊脉以辨积病的部位。积和聚，每常连称，积多在脏，痛有定处，推之不移，多病于血分，为阴凝所结，病位深，病情重，病程长，治疗难；聚病在腑，痛无定处，发作有时，推之能移，时聚时散，为气滞所聚，故病在气分，病位浅，病情轻，病程短，治疗易。榖气为谷气壅塞脾胃，升降受阻，肝失条达，气机郁结，故胁下痛，按摩疏利，气机暂得通畅，胁痛可暂得缓解，但并非真愈，不久气复结而痛再作，须消其谷气，病根得拔，痛方得除，病方真愈。

积病属阴，故"脉来细而附骨"，即重按至骨方能触及，这种细而沉伏的脉象，可诊断为积病。犹言积病脏深病重。如寸部脉沉细，积在胸中心肺，如胸痹"阳微"之脉；寸部近鱼际处沉细，积在喉中，如梅核气之类；关部脉沉细，积在脐旁，如疟母之类；寸关交界处沉细者，积在心下，如心下痞之类；关尺交界处沉细者，积在少腹，如寒疝之类；尺部脉沉细，积在气冲，如妇人癥瘕之类。左手脉沉细者，积在身体左侧，右手脉沉细者，积在身体右侧；沉细脉左右俱见者，说明脉气不能分布于左右，故积在中央。因脉出部位与积病的部位是相应的，故曰"各以其部处之"。

【按语】

本条有关积、聚病的鉴别诊断与《难经·五十五难》的精神一致。由于积与聚在病机和治疗上有一定的联系，气滞则血瘀，治血当理气，故常积聚并提。至于积聚的具体治法，可与本书鳖甲煎丸、大黄䗪虫丸等有关条文互参，这些方剂体现了行气、活血、化瘀、通络、祛痰、利水、攻补兼施等方法，说明积聚又有气、血、痰、瘀、水之不同类别，这对后世治疗积聚病证有很大启发。本条积聚与癥气虽都有疼痛症状，但病因、病位、病机都有不同，故提出以资鉴别。至于癥气虽与饮食有关，但和宿食病也有差异，前者重在谷气为患，按之痛减，治宜消食之中偏重理气；后者重在宿食蓄积，按之痛甚，治宜消食之中偏重化积，二者当予区分。

本条举积病为例，强调了诊脉的重要性，黄树曾《释义》谓："此节示诸积之脉法，然可作诸病之脉法观，其所分前后左右三部位，即《内经》上附上，下附下之定例，以此推之，则表病应浮，里病应沉，实见实象，虚应虚形，皆一定之理，有诸内，形诸外，后人拘于二十七脉，而脉法反蔽，通观《内经》《难经》《伤寒论》《金匮》之脉法，全是活法，却是定法，只将上下左右表里阴阳虚实之理，一一洞悉，则脉法自精矣。"

【选注】

任应秋：朱震亨云：凡阴寒凝结，由渐而成者，俱谓之积，故曰诸积，非有一例之证象也，但有一定沉细之脉象，故知其为积也。病气深沉，不可不分上中下三焦以处之，脉亦从寸关尺三部以候之。如寸口主上焦，脉细而附骨，知其积在胸中，如胸痹之类是也。出寸口，上竟上也，主积在喉中，如痰气相搏，咽中如有炙脔（指妇人杂病篇半夏厚朴汤证）等是也。关上主中焦，关脉细沉，主积在脐旁，如绕脐腹痛之类是也。微上关上，积在心下，如胃寒脘痛之类是也。微下关，积在少腹，如少腹寒痛之类是也。尺候下焦，尺脉细沉，积在气冲（穴名，在脐腹下横骨两端），如阴寒疝证之类是也。（《语译》）

研究概要

肝着病，就其临床特征，现代研究认为，与冠心病、肋间神经痛、癔病等有相似之处，是涉及循环系统、消化系统、神经系统、精神系统等多种疾病的表现。所设旋覆花汤，行气活血，通阳散结；叶天士承此法，而提出了"辛润通络"等法的应用。后世医家对旋覆花汤的应用远不止肝着一病。有用于治疗冠心病、急慢性咽炎、漏下、宫内残余物、肋间神经痛、咳血、呕血、胸胁痛而属于"肝经气血郁滞"者等多种病证。对于旋覆花汤作用机理的实验研究报道较少。但有关于接触本方主药旋覆花而过敏的临床报道。该方的使用，后人亦有变通：如暴怒而致肝著者，用旋覆花汤加味炒热，敷于两侧期门穴，如此内服外敷，效果更佳。咽炎患者，除内服外，有用含漱法，频频含漱，使药力直达病所，以消痰行气，活血散结而利咽。

脾约病，多认为胃中有热而脾阴不足，脾不能为胃行其津液，使津渗膀胱而肠燥便秘。也有认为胃脾热盛津伤，肺受热灼，阴伤而失治节所致。也有释为脾气不展；或气馁不用；或脾气不足，转输失调，津液偏渗。有认为麻子仁丸寓有"益气通下"之意。在临床应用上，多用于治疗各种便秘，如外感热病恢复期、慢性消耗性疾病、痔疮久发、妇女产后、糖尿病、冠心病、高血压病、长期卧床病人便秘等；也有推广用于产后类血嘌呤病、中风、腰痛、发斑、水肿、鼻衄、口腔溃疡、久咳、呃逆、失眠、消渴、胃痛、皮肤瘙痒、化脓性脑膜炎、精神分裂症、急性支气管炎等多种疾病。有不拘于蜜丸，初用汤剂，煎时加适量蜂蜜以增强润下，后以丸剂巩固疗效，可谓应用灵活。而这些研究多限于临床观察，说明其配伍精妙，疗效可靠，但其作用机理，尚缺乏实验室的深入研究。

肾着病，乃寒湿为患，与寒痹、湿痹的症状有相似之处，尚需鉴别。其病机有强调外湿者，有强调内湿者；而多数认为内外合邪，即脾阳不足，寒湿外侵，阻滞经络，所以燠土以制水湿。提示腰痛、腰冷之治，不可只责之于肾，临床实践应详细辨证，以求其本。据现代研究报道，有用肾着汤治疗腰背疼痛、下肢肿胀、鞘膜积液、腰椎间盘突出症、身半汗出、腰臀冷症（臀上皮神经炎）、双足不温、女子带下、寒湿所致的肌肉或诸关节痹痛或重着或冷痛之证、痰饮、久泻、头晕、流涎、咳嗽、鼻衄、腹痛、尿频症、阳痿、闭塞性静脉炎、两目内眦奇痒、肠功能紊乱、产后恶寒等。但对甘姜苓术汤的实验研究报道较少。

此外，有不少学者从临床角度研究原文第十二条"阴气衰者为癫，阳气衰者为狂"，对一些久病疑难的癫狂证，经常法治疗无效者，予以补益阴阳之气的方法治疗，收到满意效果。说明此条对心脏血气虚少发生精神错乱病证的治疗有着重要的指导意义。

总之，本篇内容，多数医家认为有脱简，所以从训诂、考辨等角度对条文和字句加以分析、探讨的多，但认识不一，难以定论；对五脏中风、中寒，五脏死证等病证的实质研究较少。有完整方证记载的脾约、肝着、肾着三病的临床报道较多，可能由于符合中医"病证"特点的动物模型难以建立的缘故，故这三方作用机理的实验室研究较少，有待我们进一步研究。

小　结

本篇论述了五脏风寒和真脏脉象、三焦各部病证及脏腑积聚脉证。

风与寒两种不同性质的病邪直中五脏，会出现各脏不同的病理变化。五脏中风，多属阳证，五脏中寒，多属阴证；既可由外界的风邪、寒邪所引起，也可由五脏本身机能失调，阴虚、阳虚所导致。它既是五脏证候归类的一种方法，也是脏腑经络辨证和八纲辨证的具体运用。本篇虽有脱简，但对肝着、肾着、脾约三种病证的理法方药论述则较为完整。肝着，为肝经气郁血滞，阳气痹结所致，故用旋覆花汤行气活血，通阳散结，后世通络逐瘀的许多治法即源出本方；脾约，为胃气强，脾阴弱，燥热伤津所致，故用麻子仁丸泄胃热，滋脾阴。肾着，为寒湿留着腰府，以致阳气不行，故用甘姜苓术汤温中散寒，健脾除湿；仲景列举五脏之风寒以及三病的辨证论治和五脏死脉，说明在脏腑经络辨证的过程中，一要辨准疾病的部位，二要辨清疾病的性质，三要辨明疾病的程度；而且临证实践，不仅要掌握辨证论治的一般规律，还要注意从脏从府、在经在络、治本治标等灵活运用。

本篇对五脏死脉的描述，与《内经》所说"脉无胃气亦死"的精神是一致的，且更加具体形象，为五脏真气将绝的脉象研究提供了丰富的、极有研究价值的资料。是中医脉学体系中的重要内容。

　　由于五脏六腑分属于三焦，因此三焦各部病证，均离不开相关脏腑。如热在上焦则肺之气阴两伤而为痿；热在中焦则脾胃阴伤，肠道失濡而为痞满燥结；热在下焦则肾与膀胱受到影响而为尿血或小便癃闭。而五脏六腑既相互为用，又彼此制约，以平衡协调，在病理上则相互影响，相互传变；所以临证实践要着眼于整体。

　　本篇还概要指出了积、聚、𥼯气三病的特点，重点论述了积病的主脉及其脉出之处，以定积之部位，均是在《内经》、《难经》理论基础上的进一步发展与运用，对临床具有重要的指导意义。

痰飲咳嗽病脉證并治第十二

本篇专论痰饮病的成因、分类、脉证、治疗及预后，篇中所论咳嗽，只是痰饮病的一个常见症状，并不包括其他原因引起的咳嗽。

痰饮病见症多端，其证候与水饮流行部位有关，常见咳、喘、呕、痞、满、悸、眩、痛、肿、小便不利等。本篇"痰饮"有广义、狭义之分。代表病名，泛指水聚成饮，流行于体内某一局部而引起的疾病，属广义痰饮。代表某一类型，仅指水饮流行于肠胃的病变，属狭义痰饮。原文将痰饮病分为痰饮（狭义）、悬饮、溢饮、支饮四类。

篇中除四饮外，尚有留饮和伏饮之名。留饮是指水饮留而不去者，伏饮是指水饮潜伏不出者。留和伏寓示着饮病的久与深，并非四饮之外，另有所分。篇中还有微饮之称，是指饮邪轻微者。这些均属广义痰饮范围。

"痰饮"作为病名，始于张仲景。本篇全面系统地论述了痰饮病的辨证论治，为后世痰饮学说奠定了坚实的理论基础，有重要临床价值。

一、成因、脉证、分类与预后

（一）成因与脉证

【原文】

夫病人飲水多，必暴喘滿。凡食少飲多，水停心下。甚者則悸，微者短氣。脉雙弦者，寒也，皆大下后善虚。脉偏弦者，飲也。（十二）

脉浮而細滑，傷飲。（十九）

【释义】

原文十二条论述痰饮病的成因与脉症。病人指体质虚弱之辈，若饮水过多，脾气一时转输不及，水津聚集于胃，上泛胸膈，肺失肃降，必然会突发气喘胸满。倘其脾运尚健，水津渐被转输于身体各处，喘满遂消，此属暂时性停水，与《伤寒论》75条"发汗后，饮水多必喘"之状相似。但脾胃素虚而食少之人则不然，由于脾胃虚弱，纳运失职，则食少，又饮水过多，脾运更加无力，水谷不化为精微，反停蓄心下成饮。"水停心下"，有轻重之分，饮邪轻微，仅妨碍气机的升降故短气；重则饮邪凌心而心下悸动。

痰饮病多见弦脉，但与虚寒性的弦脉不同。由于大下后里虚阳微，为全身虚寒，故两手俱见弦脉且无力，揭示了正虚；痰饮病乃饮邪偏注于体内某一局部，故左手或右手脉弦而有力，反映了邪实。

原文十九条论饮病初期饮邪轻浅之脉象。脉来轻取即得，其形如线，来去流利，即脉浮而细滑。脉浮不沉，为病未深；细滑并见，是水初聚为饮，饮邪不甚之征。此曰"伤饮"，不言有饮，实为外饮所骤伤而非停积日久之水。

【按语】

脾失健运，水精不能四布，停聚成饮，是痰饮病的成因之一。此外，肺失宣降、肾失蒸化，亦可影响津液的代谢，形成痰饮病。从本条可知，脾失健运尤为常见。

弦脉虽为痰饮病常见之脉，却非痰饮病唯一的脉象。根据饮邪的轻重与深浅，以及病情的兼夹，还可以呈现其他脉象，如十九条脉浮而细滑等。

关于双弦，徐彬谓："又有一手两条脉，亦曰双弦。此乃元气不壮之人，往往多见此脉，亦属虚边。愚概温补中气，兼化痰，应手而愈。"其说可参。

【选注】

尤怡：饮水过多，水溢入肺者，则为喘满。水停心下者，甚则水气凌心而悸，微则气被饮抑而短也。双弦者，两手皆弦，寒气周体也。偏弦者，一手独弦，饮气偏注也。…… 伤饮，饮过多也；气资于饮，饮多反伤气，故脉浮而细滑，则饮之微也。（《心典》）

（二）四饮的脉证

【原文】

問曰：夫飲有四，何謂也？師曰，有痰飲，有懸飲，有溢飲，有支飲。（一）

問曰：四飲何以爲異？師曰：其人素盛今瘦，水走腸間，瀝瀝有聲，謂之痰飲。飲後水流在脅下，欬唾引痛，謂之懸飲。飲水流行，歸于四肢，當汗出而不汗出，身體疼重，謂之溢飲。欬逆倚息，短氣不得臥，其形如腫，謂之支飲。（二）

【释义】

以上两条总论痰饮的分类及其主症。根据饮停的部位及主症不同，痰饮病可分为痰饮（狭义）、悬饮、溢饮、支饮四类。凡水饮流走胃肠者，属狭义痰饮。未患痰饮病前，脾运正常，饮食入胃后，变化精微充养全身，则形体丰满；既病之后，脾运失常，饮食不能化生精微充养形体，反停聚为饮，所以形体消瘦。饮流肠间，与气相击，故沥沥有声。水饮流注胁下者，属悬饮。两胁为肝肺气机升降之道路，饮流胁下，妨碍肝肺气机，致肝气不畅，肺气不降，故咳唾并牵引胸胁疼痛。水饮流行于四肢肌肤者，属溢饮。肺合皮毛，司汗孔开阖，脾主肌肉四肢，若肺气失宣，脾气不运，水饮归于四肢，渗溢皮肤肌肉之间，阻遏卫阳，汗孔开阖失常，则当汗出而不汗出，身体疼痛而沉重。水饮贮于胸膈者，属支饮。饮聚胸中，凌心射肺，致肺失宣降，心阳不展，则咳逆倚息，短气不得卧；肺合皮毛，水饮犯肺并外走皮肤，故其形如肿。

【按语】

本条对悬饮、溢饮、支饮的主症概括较全，对狭义痰饮的主症则略举其要，故应与后面有关条文合参。

本篇"痰饮"一名，在《脉经·卷八·第十五》、《千金翼方·卷十九》俱作"淡饮"，唐·惠琳《一切经音义》："淡阴，谓胸上液也，医方多作淡饮。"由此可见，汉晋唐时期，"痰饮"亦作"淡饮"。《金匮要略》痰饮病的实质就是饮病。

仲景主要依据水饮停聚的部位和主症，将痰饮病分为四饮。不过，四饮虽可分，亦可相兼为患，有时甚至难于截然划分，此外，四饮的病情还有饮邪轻重、正气强弱、是否兼夹外邪之别，故临床宜根据主症，结合脏腑经络病机及八纲辨证，确定饮停的部位、受累的脏腑以及邪正的盛衰，进行辨证论治。

【选注】

高学山：夫水走肠间而不下渗，故沥沥有声，而所谓痰饮者如此。四句当着眼"肠间"两字。饮后，犹言痰饮之后，非指饮汤饮水也。痰饮不行，后必由肠而浸淫于胃，由胃而横鼓于胁。……胁下为少阳、厥阴之部，肝胆善逆，故咳唾；胁络得水而作胀，故咳唾则振而引痛也。……四句当着眼"胁下"两字。饮水与饮后同义，言悬饮之水，久而不去，则从经络而流于四肢。夫经络之水，阳气运动，可从汗解。今阳虚而当汗不汗，于是身体中，水热则疼，水坠则重，而谓之溢饮者如此。五句当着眼"四肢"两字。若夫咳而气逆，但可坐倚而息，且水饮屯心下，抬高膈气，以致吸不能入而短气，所以不得卧倒。又水浮则气迫而鼓于外，故其形如肿，而所谓支饮者又如此。五句当着眼在"倚息短气"四字。是则饮虽四名，理同一辙，先由痰饮悬饮，终归溢饮支饮。而四者之传变，亦视其胸胁经络之虚实，以为偏全迟速耳。（《高注》）

【原文】

肺飲不弦，但苦喘短氣。（十三）

【释义】

本条论述肺饮的脉症。肺饮即"心肺间之支饮也"（《本义》）。肺主呼吸之气，水饮在肺，妨碍肺气的肃降，故仅以喘逆短气为苦。结合原文第十二条"微则短气"，可知本条属于支饮的轻证，水饮尚未积结，还不至于"咳逆倚息，短气不得卧"，所以其脉不弦。

【选注】

赵良仁：脉弦为水、为饮。今肺饮而曰不弦，何也？水积则弦，未积则不弦，非谓肺饮尽不弦也。此言饮水未积，犹得害其阳，虽不为他病，亦适成其苦喘短气也。（《二注》）

【原文】

支飲亦喘而不能臥，加短氣，其脉平也。（十四）

【释义】

本条再论支饮的脉症。支饮为饮邪停聚胸膈，肺气宣降受阻，其气上逆，所以喘急而不能平卧，并见短气，此时可见脉平不弦。

【按语】

对"脉平"及出现的机理，多数注家认为是指脉不弦（或浮取、中取不弦），表明饮邪

尚未留伏、积结，病势不甚。至于其具体脉象则有谓或浮、或涩、或短、或沉紧、或沉微或·
沉取弦紧等不同。

将上两条中提到的脉象，与十二条的"偏弦者，饮也"对勘，再次说明痰饮病不一定都
表现为弦脉，故不能将脉弦与否作为痰饮病的诊断依据，而应脉症合参。

【选注】

朱光被：支饮邪结膈间，妨碍气分，亦必为喘，为不能卧，为短气，且脉亦不弦而平。
平者，如后条所云沉紧或沉微之象，非果六脉调和也。仲景特两举之，欲人认证辨脉参互而
施治也。（《正义》）

（三）留饮与伏饮

【原文】

夫心下有留飲，其人背寒冷如手大。（八）

留飲者，脅下痛引缺盆，咳嗽則輒已。一作轉甚。（九）

胸中有留飲，其人短氣而渴；四肢歷節痛。脉沉者，有留飲。（十）

【释义】

此三条论述留饮的证候。留饮，即水饮久蓄而不去者。心下有留饮，即饮邪久留于胸
膈、胃脘而不去，由此必然阻遏胸膈、胃脘等处阳气的通达。诸阳皆受气于胸中而转行于
背，今心、胃的阳气不能通达于背，饮邪便乘机流注于心、胃在背部的腧穴，督脉上升之阳
受阻，故出现背冷如手大。

肝胆位居胁下，缺盆为胆经所过之处，肝的支脉又上注于肺。饮留胁下而不去，不仅肝
肺气机不利，而且肝胆经络失和，故胁下疼痛并牵及缺盆。咳嗽时振动病所，则痛加剧。

饮留胸中而不去，致胸中气机升降受阻则短气，气不布津故渴。若饮留四肢关节，痹阻
阳气，又可见四肢历节痛。无论饮邪留于何处，总属阴邪为患，久留不去，必然阻遏阳气，
故均见沉脉。

【按语】

第八条"心下"所指部位，似以胃脘为主，涉及胸膈。"背寒冷"非饮病独见，凡是外
邪郁闭阳气，或气虚阳弱不达，都可致背失温煦而觉寒冷。但心下有留饮的背寒冷，则以范
围局限"如手大"为特点。

对第九条"咳嗽则辄已"，注家有不同理解：①胁下痛因咳而加剧。如《直解》"咳嗽则
痛引胁下而转甚"。②因惧痛而忍咳。如《发微》"咳则痛不可忍，故欲咳而辄已"。③胁下
痛因咳嗽而暂减。如《易解》认为临床中也有因咳嗽冲开了留饮，唾出了稀涎，饮移气泄，
闭塞暂通，其胁下痛大减的。诸说可参。

第十条留饮"四肢历节痛"与历节病之"历节痛"、痹证的肢体关节痛有相似之处，应
加区别。历节、痹证都由风寒湿侵袭所致，其疼痛与气候变化密切相关。留饮"四肢历节
痛"属"经络痰饮"，与气候变化关系不大，多见肢体局部顽麻疼痛，痛处固定。

【临床应用与研究】

对第八条"背寒冷如手大"的治疗，有主张用苓桂术甘汤、小半夏汤、小青龙汤者，亦有用控涎丹获效者，还有用指迷茯苓丸治"其人背恶寒，冷如冰"、王隐君滚痰丸疗"有脊上一条如线之寒起证"等类似证者。总之，宜辨证论治。

【选注】

尤怡：留饮，即痰饮之留而不去者也。背寒冷如掌大者，饮留之处，阳气所不入也。魏氏曰：背为太阳，在《易》为艮止之象，一身皆动，背独常静，静处阴邪常客之，所以风寒自外入，多中于背，而阴寒自内生，亦多踞于背也。胁下痛引缺盆者，饮留于肝，而气连于肺也，咳嗽则辄已者，饮被气击而欲移故辄已。一作咳嗽则转甚，亦通。盖即水流胁下，咳唾引痛之谓。气为饮滞故短；饮结者津液不周，故渴。四肢历节痛，为风寒湿在关节。若脉不浮而沉，而又短气而渴，则知是留饮为病，而非外入之邪矣。（《心典》）

【原文】

膈上病痰，满喘欬吐，發則寒熱，背痛腰疼，目泣自出，其人振振身瞤劇，必有伏飲。（十一）

【释义】

本条论述膈上伏饮及其发作时的证候。伏饮，是指痰饮之邪藏匿于体内深久，难于根除，发作有时的病情。饮伏膈上，抑遏心阳，阻碍肺气，常有胸满气喘、咳吐痰涎等症。若逢气候变化，感受风寒外邪，便可引动内饮，导致伏饮发作。风寒外袭太阳经脉，经俞不利，正邪相争，则恶寒发热，背痛腰疼。风寒外束，饮邪内伏，内外合邪，郁遏肺气，不得宣降，其气上迫，致使满喘咳吐加剧，并见眼泪不能控制而自出。外寒内饮，妨碍阳气宣通，经脉失于温养，故肌肉掣动剧烈，以至全身都摇动起来不能自主。

【按语】

对"振振身瞤剧"产生的机理有几种看法：①阳虚不能温煦筋脉，如《述义》；②水饮走窜于筋脉肌肉之间，如《心典》；③水谷不化精微而变为痰饮，使得营血不足，筋肉失养，如《论注》。

四饮之分着眼于饮停部位，反映了饮邪致病病位广泛的特点，留饮、伏饮之名，意味着饮邪的深藏久留，体现了痰饮病病势缠绵与病情深痼的特点。综观全篇内容，痰饮的分类是以四饮为纲，留饮、伏饮可据饮邪伏留的部位归入四饮之中，如饮留心下，属狭义痰饮或兼支饮，饮留胁下属悬饮，饮留胸中、饮伏膈间属支饮，饮留四肢关节属溢饮。

【临床应用与研究】

关于伏饮的治疗，有注家主张发作时表里并治，如小青龙汤及木防己汤去石膏加茯苓芒硝汤可辨证选用。外邪解后，再以温阳化饮为法，偏脾胃阳虚者，可用苓桂术甘汤；偏肾气虚者，可用肾气丸；偏脾肾俱虚者，可用真武汤。

【选注】

尤怡：伏饮亦即痰饮之伏而不觉者，发则始见也。身热背痛腰疼有似外感，而兼见喘满咳唾，则是《活人》所谓痰之为病，能令人憎寒发热，状类伤寒者也。目泣自出，振振身瞤动者，饮发而上逼液道，外攻经隧也。（《心典》）

（四）水在五脏症状

【原文】

水在心，心下坚筑①，短气，恶水不欲饮。（三）

水在肺，吐涎沫，欲饮水。（四）

水在脾，少气身重。（五）

水在肝，胁下支满，嚏而痛。（六）

水在肾，心下悸。（七）

【校勘】

心下悸：《金鉴》谓"心下悸之'心'字，当是'脐'字"。

【词解】

①心下坚筑：心下，约相当于上脘部位。坚，坚实凝结之意。筑，《说文》"捣也"，此处引申为动悸不宁。心下坚筑，即上脘处感觉坚实不舒、动悸不宁。

【释义】

以上五条论述水饮在五脏的症状。此由四饮而言及五脏，意寓水饮为害，不仅流行于肠间、胁下、胸膈、四肢，还可波及五脏。水在某脏，即饮邪随某脏之虚而侵扰之，使其气机紊乱，功能失常。五脏中并非真能蓄有形之水，不过饮气侵之而已。

饮邪凌心，与心阳交争，故心下坚实不舒、悸动不宁。饮邪侵扰胸中，气机升降受阻，则短气。心胃相通，饮伤心阳，亦遏胃阳，故恶水不欲饮。

水饮射肺，肺失宣降，气不布津，津聚饮蓄，随气上逆，则吐涎沫；津不上承，故欲饮水。

水饮困脾，脾运不健，精气不生，则少气；水饮浸渍肌肉，遂身重。

水饮侵肝，肝气抑遏，故胁下支满，饮随肝脉上扰及肺，肝肺失和，故嚏而胁下痛。

水饮犯肾，气化失常，水饮无制，下焦饮邪内扰，故脐下悸。

【按语】

水在五脏与四饮之间，有着密切的联系。如水在心、肾之与痰饮，水在肺之与支饮，水在脾之与痰饮、溢饮，水在肝之与悬饮，其证治均有内在联系。只不过四饮突出的是饮停部位，水在五脏强调的是受累之脏。二者着眼点不同，应合参之。

【选注】

尤怡：水即饮也。坚筑，悸动有力，筑筑然也。短气者，心属火而畏水，水气上逼，则火气不伸也。吐涎者，气水相激而从气泛也；欲饮水者，水独聚肺而诸经失溉也。脾为水困，故少气，水淫肌肉，故身重，土本制水，而水盛反能制土也。肝脉布胁肋，水在肝，故胁下支满，支满犹偏满也。嚏出于肺，而肝脉上注肺，故嚏则相引而痛也。心下悸者，肾水

盛而上凌心火也。(《心典》)

(五)饮病预后

【原文】

脉弦數，有寒飲，冬夏難治。(二十)

【释义】

本条论述饮病的预后与时令气候有关。饮病脉弦为其常，若脉弦数，多为寒饮夹热。冬寒有利于热却不利于饮，若用温法又恐增热化燥；夏热有利于饮却不利于热，欲用清法则虑伤阳碍饮，故曰"冬夏难治"。

【选注】

赵良仁：此言其脉、邪之不相应也。寒饮反见数脉，脉数是热。《内经》有用热远热，用寒远寒之戒。在夏用热药治饮，则数脉愈增；在冬用寒药治热，则寒饮愈盛。皆伐天和，所以在冬夏难也。在春秋或可适其寒温而消息之。(《二注》)

二、治则

【原文】

病痰飲者，當以溫藥和之。(十五)

【释义】

本条论述痰饮病的治则。痰饮所成，阳气不运为其本。饮为水津所聚，其性属阴，遇寒则凝，得温则行。既成之后，最易伤阳。若阳能运化，饮亦自消，故病痰饮者，当用温药和之。温药有振奋阳气、开发腠理、通行水道之功。"和之"即调和、调理。"温药和之"表示温之不可太过，亦非专于温补，而应温药调和。此乃痰饮病治本的法则。若饮邪壅盛属实，则当根据病情，采取发汗、攻逐、分利等法施治。

【按语】

"温药和之"实为痰饮病治本的原则，但非痰饮病唯一的治法。临证时应根据病情的轻重缓急、邪正的盛衰，以及是否兼有外邪与郁热，确立具体的治法。观本篇诸方，既有温药和之治本者，也有发汗、行气、消饮、攻下逐饮、清热等治标者。

【选注】

赵良仁：痰饮由水停也，得温则行，得寒则聚；况水行从乎气，温药能发越阳气、开腠理、通水道也。(《二注》)

三、证治

（一）痰饮

1. 饮停心下

【原文】

心下有痰饮，胸胁支满，目眩，苓桂术甘汤主之。（十六）

苓桂术甘汤方：

茯苓四两　桂枝　白术各三两　甘草二两

上四味，以水六升，煮取三升，分温三服，小便则利。

【释义】

本条论述饮停心下的证治。心下，相当于胃脘之处。饮停于胃，上溢胸中，旁及两胁，阻碍气机，清阳不升，浊阴不降，故胸胁支满，头目眩晕。此属脾胃阳虚、饮停心下的狭义痰饮。治用苓桂术甘汤温阳蠲饮，健脾利水。方中茯苓淡渗利水，桂枝辛温通阳，二者相合，以温阳消饮；白术健脾燥湿，甘草和中益气，两药相配，能补土制水。

【按语】

对于"支满"的"支"字，有几种解释：①撑定不去，如痞状（《论注》）；②支系，即指胸胁，有别于主要病位——胃（《本义》）；③支撑（《易解》）。结合本方证临床所见，①③说较恰当。

【临床应用与研究】

本方的临床应用非常广泛。凡属脾阳不足，痰饮内停，以头目眩晕，或心悸、短气、胸闷，或咳嗽气喘、咯吐清稀涎沫、胸胁支满，或脘腹逆满、呕恶，或背寒冷如手大等为主症，舌质淡嫩，或淡胖，或边有齿痕，苔白润，甚至水滑，脉沉弦，或沉滑，或沉紧，或细滑，或濡为特点的多种病证，如梅尼埃病、高血压、脑震荡后遗症之眩晕、颈性眩晕、冠心病、风心病、肺心病、心肌炎、充血性心衰、心包积液、结核性胸腔积液、急慢性支气管炎、支气管哮喘、百日咳重症痉咳、慢性病毒性肝炎、胃潴留、慢性结肠炎、肾病综合征、有机磷农药迟发性神经中毒综合征、妊娠中期急性羊水过多、产后尿潴留、小儿秋季腹泻、小儿狐疝、儿童舌舔皮炎、中心性浆液性视网膜病变、病毒性角膜炎、黄褐斑等，都可用本方随证加味。如治眩晕，常加泽泻、法夏、石菖蒲；治心悸、短气、胸闷，可加黄芪、栝楼实、党参（或太子参或红参）、丹参；治咳喘咯涎，可加陈皮、法夏、厚朴、杏仁；治脘腹逆满、呕恶，可加砂仁、厚朴、陈皮、法夏等。

本方的药理作用有：①能明显延长缺氧条件下小鼠的存活时间；②可抑制急性缺氧所致的心钠素和抗利尿激素的释放；③本方加泽泻、水蛭的水煎剂可降低高脂血症大鼠血清总胆固醇、甘油三酯、低密度脂蛋白胆固醇、载脂蛋白 B_{100} 的含量；明显升高高密度脂蛋白胆固醇和载脂蛋白 A_1 的含量。

【选注】

徐彬：若心下有痰饮，心下非即胃也，乃胃之上，心之下，上焦所主，唯其气挟寒湿，阴邪冲胸及胁而为支满，支者，撑定不去，如痞状也。阴邪抑遏上升之阳，而目见玄色，故眩。苓桂术甘汤，正所谓温药也，桂、甘之温化气，术之温健脾，苓之平而走下，以消饮气。茯苓独多，任以为君也。（《论注》）

【医案举例】

李某，女，35岁。1981年7月12日就诊。因天气炎热，过食瓜果冷饮，发作头目眩晕，胸闷不畅，泛泛作恶，舌苔白腻，脉象濡滑。证属脾阳不振，痰饮内停，上蒙清阳，给予温阳化饮。处方：茯苓15g，桂枝、炒白术、法半夏各10g，炙甘草6g。二剂，药后眩晕消失，诸证悉平。[任达然．苓桂术甘汤的临床运用．江苏中医 1984；(4)：37]

2. 微饮短气

【原文】

夫短氣有微飲，當從小便去之，苓桂术甘湯主之；方见上。腎氣丸亦主之。方見脚氣中。（十七）

【释义】

本条论述微饮的证治。微饮，指水饮之轻微者，即前十二条"水停心下。……微则短气"之症。仅言"短气"，意在突出饮邪轻微，与饮盛实证不同。微饮可见于痰饮病初期或治疗后的缓解期，此时饮邪虽微，但阳气已虚，温化无力。水饮为病，必然阻遏阳气，常妨碍三焦气化功能，多见小便不利。欲消除微饮，必赖阳气振奋，能运能化，小便通利，以导饮外出，故曰"当从小便去之"。若微饮短气属脾阳不足，失于健运者，当用苓桂术甘汤温阳健脾利水，使饮邪从小便而去，所以其方后注云"分温三服，小便则利"。若微饮短气属肾气不足，不能化气行水者，当用肾气丸温肾化气，使气化水行，饮邪由小便而出。

【按语】

对于本条短气产生的机理，注家都认为是饮邪阻碍呼吸之气的升降所致。但一症出两方，显然病情不同。如何区别使用，注家有两种观点：①苓桂术甘汤主饮在阳，呼气之短，肾气丸主饮在阴，吸气之短。如《衍义》、《本义》等。②中土失权而有饮者，当用苓桂术甘汤，下焦阳衰而有饮者，宜用肾气丸。如《正义》、《辑义》等。均可供参考。

苓桂术甘汤、肾气丸都有温而不燥、补而兼消的配伍特点，同为"温药和之"的代表方，所不同者，苓桂术甘汤重在治脾，肾气丸重在治肾。

《论注》、《本义》等根据本条有"短气"一症，将本证归属支饮。可见本篇诸方的应用不宜拘泥于四饮之名，关键是以脏腑病机为根据。

【选注】

李彣：水饮停积有二因，一因脾土衰不能制水，一为肾主水为胃之关，肾虚，关门不利，故积饮于中。此利小便，为行饮要法，苓桂术甘汤内有白术、茯苓补土，以利小便，脾土旺，则饮自行，此治脾虚饮停之剂也。肾气丸内有茯苓、泽泻补肾，以利小便，关门通则饮自去，此治肾虚停饮之剂也。然肺主气，短气有微饮，是肺气虚滞，不能通调水道、下输膀胱也。今补脾制水以利小便，则土旺生金，而小便利矣（脾属土，肺属金）。补肾壮水以利小便，则子能令母实，而肺气亦利矣（肾属水，是肺之子）。夫脾肾两补，肺气旋通，有

何微饮之不去乎？此制方之妙义也。(《广注》)

【医案举例】

肾气丸治哮喘：黄某，男，39岁。1986年10月15日诊。哮喘三载，入冬易发，平时形寒，痰多清稀，脑转耳鸣，腰膝酸软，不耐操劳，动则气短难续。脉象细软，舌淡苔薄。证属肾虚不能温脾，脾弱停湿成痰，肺气不得宣肃所致。际兹秋令未发之前，宜从本治。拟温肾健脾，渗湿化痰。用金匮肾气丸加减：熟地、白术各12g，山茱萸、熟附子、桂枝、茯苓、苏梗、泽泻各10g，山药30g，冬瓜子15g，陈皮、甘草各6g，每日1剂。连服7剂，诸症好转。后嘱患者续服金匮肾气丸，每次10g，1日2次，连服1个月。去冬未见复发。[陆柱尊．金匮肾气丸临床运用举隅．江苏中医 1988；(4)：20]

3. 脾虚痰滞（附方）

【原文】

《外臺》茯苓飲：治心胸中有停痰宿水，自吐出水後，心胸間虚，氣滿，不能食，消痰氣，令能食。

　　茯苓　人參　白术各三兩　枳實二兩　橘皮二兩半　生姜四兩

　　上六味，水六升，煮取一升八合，分溫三服，如人行八九里進之。

【校勘】

据《外台秘要·卷八·痰饮食不消及呕逆不食门》载，名延年茯苓饮。方后注云："仲景《伤寒论》同。"可见，该方实为仲景方。

【释义】

本条论述饮在心胸吐后的证治。"心胸中有停痰宿水"概括了本证的病机。此"心"所指，相当于胃脘部位。痰饮停聚胸膈胃脘，妨碍胃气和降，饮随气逆，故呕吐。呕吐虽可去少许水饮，却不能使饮邪尽除，况且呕吐之后，胃气必然受损，故"心胸间虚"。脾胃气虚，纳运失常，所以脘腹胀满，不能食。本证为饮滞胸胃，脾胃气虚。故治宜消饮理气，益气健脾，用《外台》茯苓饮。俾痰化饮消，脾胃健运，自然病愈能食。方中人参、茯苓、白术益气健脾，以绝痰饮生成之源；橘皮、枳实行滞化痰，茯苓配生姜能消饮邪，橘皮协生姜可和胃气。诸药合用，消补兼施，诚为痰饮病脾胃气虚，饮邪未尽的调理方。方后注云"分温三服，如人行八九里进之"，寓示每次服药间隔时间不宜太长，约一小时左右为宜。

【按语】

本方"为治痰饮善后最稳当之方"(《论注》)，适宜于邪少虚多者。苓桂术甘汤、肾气丸也可治疗痰饮病饮邪轻微者，故宜加区别。茯苓饮长于消饮益气，主治饮停气滞兼脾气弱者；苓桂术甘汤、肾气丸则偏于温阳化饮，主治饮停兼脾肾阳虚者。

【临床应用与研究】

本方可治疗由于中虚不运，痰饮停滞胸胃引起的多种胃病，如慢性胃炎、胃下垂、胃弛缓、厌食症等，常以胃脘部痞满或伴疼痛，纳少，乏力，或呕吐清稀痰涎，叩击胃脘部位，可闻及振水声为主症。妊娠恶阻初期，体力衰弱，脘部不适，恶心呕吐，胃内有停水者，亦可用本方。

【选注】

沈明宗：脾虚不与胃行津液，水蓄为饮，贮于胸膈之间，满而上溢，故自吐出水后，邪去正虚，虚气上逆，满而不能食也。所以参、术大健脾气，使新饮不聚；姜、橘、枳实以驱胃家未尽之饮，曰消痰气，令能食耳。（《编注》）

【医案举例】

魏某，女，33岁，1991年11月16日来诊。患者呕吐痰沫两月余。前医皆予豁痰止吐类方药，服药期间症状稍好转，停药后，病复如故，遂求治于中医。症见：胃脘痞满，时时呕吐清稀痰涎，畏寒肢冷，纳谷欠佳，头晕。舌淡苔白，脉缓滑。细察病机，方知病属痰饮，证由脾虚痰滞，气机受阻所致。治当补脾祛痰，理气散饮。方用茯苓饮合小半夏加茯苓汤：枳实6g，党参、白术、茯苓各12g，陈皮10g，半夏15g，生姜9g。水煎服，日一剂。4剂。二诊（11月20日）：服药4剂后，胃痛减，痰沫少，呕吐止。守方继服4剂，药后诸证全部消失而愈。[高正星.茯苓饮治疗脾胃病举隅.湖北中医杂志 1995；(3)：51]

4. 下焦饮逆

【原文】

假令瘦人脐下有悸，吐涎沫而癫眩，此水也，五苓散主之。（三十一）

五苓散方：

澤瀉一兩一分　猪苓三分（去皮）　茯苓三分　白术三分　桂二分（去皮）

上五味，爲末，白飲服方寸匕，日三服，多飲煖水，汗出愈。

【校勘】

泽泻一两一分：《述义》："按小岛尚质曰：'泽泻一两一分，当作五分，始合古义。此方，《伤寒论》一以铢两称，却是后人所改。'此说确。又按《外台》黄疸，引《伤寒论》，作泽泻五分。益足以征矣。"《浅注》所载五苓散方同《伤寒论》，当是。

【释义】

本条论述下焦饮逆的证治。一般而言，瘦人阳常有余，少有病水，本证则不然，故曰"假令"，以启示医者常中有变。即脾运不健，饮食不化精微，反变生水饮，肌肤不充，亦可见瘦人，实与"其人素盛今瘦"义同。脐下有悸，为饮积下焦，膀胱气化不利，水无去路，扰动于下之征。饮泛中焦，胃气上逆，则吐涎沫；水饮中阻，妨碍清阳上达清空，故癫眩。病属饮积下焦，泛逆于上，故曰"此水也"。饮停下焦，必使下出为顺，故以五苓散化气利水，导饮从小便而去。方中泽泻、猪苓、茯苓利水祛饮，白术健脾制水，桂枝温阳化气，诸药合用，共成化气利水之专剂。方后注以白饮送服药物，意在借白饮之谷气，充养胃气以培土，"多饮暖水"，既可补充水津，增益汗源，又能温助胃阳，鼓舞卫气，冀阳气内外宣通。由此可见，五苓散重在化气利水，兼有发汗之用，能使饮邪内外分消。

【按语】

对原文的"瘦人"，多数注家认为是因病（水饮）致瘦；赵良仁认为"非必病瘦，乃禀形也"；吴谦认为"瘦人之'瘦'字，当是'病'字"。关于"癫"字，注家有三种看法：①《金鉴》："癫眩之'癫'，当是'巅'字；巅者头也"；②《辑义》："作颠为是，此乃颠倒眩晕之谓"；③《广义》："神明浊乱"。皆可供参考。

【临床应用与研究】

凡是病机符合水饮、湿浊停蓄或上逆，气化不利，以小便不利，甚至小便不通，或水肿，或头晕目眩，或泄泻，或呕吐清涎，或身体某一局部积液，舌淡红，苔白腻，或白滑为主症的多种疾病，常用本方。如梅尼埃病、过敏性鼻炎、视网膜水肿、中心性脉络膜视网膜炎、睾丸鞘膜积液、急性肾小球肾炎、肾病综合征、化疗性肾衰、肾功能衰竭、肾积水、泌尿系结石、尿潴留、脑积水、结核性胸水、关节腔积液、肝硬化腹水、慢性充血性心力衰竭、血管扩张性头痛、原发性三叉神经痛、水痫、婴幼儿秋季腹泻、幼儿轮状病毒肠炎、特发性水肿等。运用时如水肿兼有肺卫症状的，可合麻杏石甘汤；水肿夹湿热者，可合麻黄连翘赤小豆汤；恶心呕吐者，常加生姜、半夏；治胸水可加商陆、党参、赤芍。

药学研究发现，五苓散采取不同的煎制法，药效有差别。本方按茯苓、猪苓、泽泻、白术各10g，桂枝6g的剂量，分别予以水煎、渍药绞汁、分煎的方法，对雄性健康家兔的利尿作用进行观察，结果：水煎组利水作用最强（尿量为39.6ml），其次为渍药绞汁组（尿量为35.2ml），分煎组又次之（尿量为33.2ml），对照组（给予等量生理盐水）的尿量为12ml。

本方的药理作用有：①降压作用：五苓散对大鼠实验性急性肾型高血压有明显的降压作用，与西药可乐定比较，可乐定的降压作用更显著，但五苓散的降压作用时间明显长于可乐定；②利尿作用：比较五苓散与呋喃苯胺酸（即速尿）的利尿作用，速尿利尿作用快速而强，但维持时间短，集中排尿时间仅为20分钟左右。五苓散作用和缓，维持时间长，排尿时间为70分钟，平均排尿量大于速尿组。此外，速尿可导致低钾血症，大剂量可致听力减退，五苓散则没有这些不良反应。③对酒精性肝损伤的保护作用：本方对长期应用酒精导致的体内 Na、K、Ca、Mg、Zn 等降低倾向有改善。五苓散还能显著降低小鼠喂饲酒精——高脂饲料后引起的肝脏脂质过氧化物、总胆固醇、甘油三酯明显升高，并能对抗酒精所致的肝、肾、脑中还原型谷胱甘肽和氧化型谷胱甘肽的降低。④对血或心肌细胞中心房性钠利尿因子（ANF）量的影响作用：五苓散能增加正常大鼠的心房肌细胞 ANF 颗粒数。肌体在正常情况下不往血液里释放 ANF，当肌体出现浮肿和腹水时，血液中的 ANF 增加，能够排除水分和钠。这大概就是五苓散的卓越功效。

【选注】

尤怡：瘦人不应有水，而脐下悸，则水动于下矣，吐涎沫则水逆于中矣，甚而颠眩，则水且犯于上矣。形体虽瘦，而病变为水，乃病机之变也。颠眩，即头眩。苓、术、猪、泽甘淡渗泄，使肠间之水从便出；用桂者，下焦水气非阳不化也。曰多服暖水汗出者，盖欲使表里分消其水，非挟有表邪而欲两解之谓。（《心典》）

【医案举例】

王某，女，39岁，社员，1975年5月就诊。患者素有气管炎史，近日来，突然头晕眼花，视物有天旋地转之感，遂赴某医院求治，诊为"内耳眩晕"证，服药无效，乃邀余诊治。查：体质较瘦，闭目卧床仍觉旋转不已，头重如裹，耳鸣如蝉，呕吐涎沫，时而大吐，脉弦，苔白腻，此中阳不振，气化失常，不能运化精微，致使痰浊中阻之故也。根据《金匮要略·痰饮咳嗽篇》"假令瘦人，脐下有悸，吐涎沫而癫眩，此水也，五苓散主之"之义，投五苓散加味：猪苓6g，泽泻9g，白术6g，云苓6g，桂枝5g，半夏15g，陈皮10g，甘草10g，赭石25g，四剂。上方服完后，病势大减，视物已不旋转，能下床料理家务，效不更方，又进四剂，竟获痊愈。嘱用补中益气汤调理半月，一年后随访，未再复发。[王殿威.五苓散的临床应用.中医药学报　1986；(5)：42]

5. 痰饮呕吐

【原文】

先渴后嘔，爲水停心下，此屬飲家，小半夏茯苓湯主之。方見上。（四十一）

【释义】

本条论述饮停心下作呕的证治。此"先渴"，由心下素有水饮，妨碍脾运，津不上承引起。"后呕"，为渴而饮水过多，加重心下停饮，饮盛上逆，胃失和降所致，故曰"此属饮家"。治以小半夏茯苓汤利水蠲饮，和胃降逆。原方组成见三十条。方中半夏、生姜蠲饮开结，和胃降逆，茯苓利水导饮下出。

【按语】

饮停致渴与津伤致渴应加以区别。前者口渴常喜热饮，虽饮却不多，多则必呕，常伴心下痞、口淡、舌质淡或边有齿印，苔白滑或白腻。后者往往有津伤病史，口渴饮水量多，舌质多红或舌体瘦小，少苔或无苔，舌面乏津。

【临床应用与研究】

本方常用于水饮内停引起的呕吐（如妊娠恶阻、肾炎尿毒症、急慢性胃炎、贲门痉挛、幽门不全梗阻、恶性肿瘤放疗或化疗后、晕车晕船等），眩晕或伴头胀痛（如前庭神经元炎、高血压病等），心下痞、心悸（如病毒性心肌炎、肺心病心衰）等疾病。如脾胃虚弱者，可加党参、白术、甘草；兼气阴两虚者，可加人参、麦冬、乌梅、山药；水饮较盛者，可合泽泻汤；夹瘀血者，可加丹参、川芎。

本方对大鼠经β线照射胃区后引起的胃运动抑制有改善作用，提示该方可减轻消化道的放射反应。在对小半夏加茯苓汤的止吐机制研究中发现：①本方对灌服硫酸铜引起的家鸽呕吐不仅有预防作用，而且有治疗作用；②给小鼠灌服小半夏加茯苓汤后，其小肠蠕动作用减慢，而中枢镇静作用加强；③本方还能对抗'DDP（顺氨氯铂）兴奋猫胃肠平滑肌的作用，使胃肠平滑肌运动频率减慢、强度减弱，使肠平滑肌强直收缩次数及呕吐次数明显减少，使肠平滑肌电活动频率、峰电位数和峰电位强度明显降低。

【选注】

魏荔彤：水停心下，阻隔正气，不化生津液上于胸咽，故渴也；渴必饮水，水得水而愈恣其冲逆，所以先渴而后必呕吐也。此属饮家，当治其饮，不可以为渴家治其渴也。治饮则用辛燥，治渴必用寒润，大相径庭，可不明其属于何家，而妄治之乎？（《本义》）

【医案举例】

刘某，女，42岁，1982年1月10日初诊。头眩心悸，咽部不适，不时呕吐清水与食物，每天少则三五次，多达十余次，已历半载，近半月加剧，以致精神恍惚，疲惫不堪。某医院诊为"胃神经官能症"。刻诊：头眩心悸，咽中不适，恶心，心下痞，因惧吐，不敢进食，有时只服葡萄糖水，服后两小时许又吐出。全身软弱无力，舌淡、苔白腻，脉虚弱。证属脾胃虚弱，痰饮内阻。治宜健脾温胃，散饮止呕。方用小半夏加茯苓汤化裁：半夏10g，生姜10g，茯苓12g，灶心黄土250g煎汤代水，上药一剂。翌日，来人告曰：服药后上午未吐。即给原方二剂，已能进食，两天中只吐了一次，且量不多。又以上方加党参12g，三剂。服后已不吐，能食。随访半年未发。［武秀金．小半夏加茯苓汤治疗呕吐三则．中医杂志 1982；（12）：16］

6. 留饮欲去

【原文】

病者脉伏，其人欲自利，利反快，雖利，心下續堅滿，此爲留飲欲去故也，甘遂半夏湯主之。（十八）

甘遂半夏湯方：

甘遂大者三枚　半夏十二枚　以水一升，煮取半升，去滓　芍藥五枚　甘草如指大一枚（炙）一本作無。

上四味，以水二升，煮取半升，去滓，以蜜半升，和藥汁煎取八合，頓服之。

【释义】

本条论述饮留心下欲去未尽的证治。饮邪久留心下，郁遏阳气，阻抑血脉，所以脉伏。病人既无外感或伤食，亦非药误，却出现下利，这是体内留积之饮，随大便而下所致。饮减则人爽，故利后反觉身体畅快。然下利虽排除了部分饮邪，但饮留既久，终难尽去，加之新饮复积，所以不久心下续坚满。本证为饮留成实，正气未虚，邪欲下趋。治宜因势利导，攻逐水饮，以绝病根。方用甘遂半夏汤。方中甘遂攻逐留饮，驱邪从大小便而去，配以半夏散结化饮，降浊下行，芍药开血痹兼顾脾阴，又用甘草和中护液，白蜜缓急解毒。诸药同用，攻逐饮邪，又不伤正气。"取八合顿服之"，寓示本方为攻破之剂，不可过服，中病宜止。

【按语】

本证的下利为大便溏泄，或夹有黏液，伴心下坚满，尤其在下利后，反觉身体爽快，脉沉伏有力；脾肾阳虚的下利是下利清谷，泻后必然神疲体倦，脉多沉迟或沉细而无力。

原文"心下续坚满"的"续"字，有两层含义：一是提示未利前，即有心下坚满之症；二是说明饮虽随"利"而去，却未得尽去，并有新饮复结于心下。

对"留饮欲去"句，多数认为是留饮有自去之势，如徐彬、魏荔彤等；然黄树曾则认为，留饮是指病证名称，欲去是言治法，意谓当去其留饮也，即用攻药去之。联系上下文，似以前说更合原意。但后说也有一定的启发意义。

对本条饮留的部位及四饮的归属，有两种意见：①认为饮留于中焦、肠胃之间，属痰饮，如赵良仁、魏荔彤等；②认为饮留在胸胁、胃、肠，为痰饮兼支饮，如高学山、李彦师等。分歧的关键是对"心下"所指范围理解不同。二说皆可参考。

甘遂与甘草属于后世十八反之列，在原方甘草之下，亦有小字"一本作无"。可见，对二药同用还是有一些疑虑的。注家对方中甘遂配甘草的作用，一认为是藉二药相反之性以加强攻逐留饮之力，如李玮西谓："甘遂与甘草性相反，今并用之，反则使二药自相攻击，水饮自排荡而去矣"（《广注》）。一认为是为了缓解甘遂之性急，如高学山指出："甘遂性急，甘草性缓。相反者，言其缓急之性也。俗解谓二药自相攻击，谬甚。"据本方证的病情特点，第一种看法更宜。

【临床应用与研究】

甘遂半夏汤可治疗水饮（或痰湿）留阻胃肠或胸膈，但正气不虚，或虽虚而未至大虚，以下利，胸腹痞塞或坚满、或兼疼痛，或身体局部有积液，小便不利，苔厚腻，脉沉弦有力为特征的多种顽疾或重证，如顽固性腹泻、咳喘、闭经、胃痛、肝硬化腹水、肺心病腹水、心包积液、肾积水、尿毒症水肿等。但用该方时应注意甘遂与甘草的剂量比例以及本方的煎煮法。原文所载甘遂与甘草的计量方法，与《金匮》其他含有甘遂或甘草的方剂不同。对临床报道的分析发现，若甘遂、甘草都作煎剂或散剂时，二药多取等量，或甘草小于甘遂；若甘草水煎，甘遂用散剂冲服，则既有取二药等量者，也有甘草大于甘遂者。而动物实验发现，甘草与甘遂配伍应用并取同一种剂型时，若甘草量大于甘遂，则有相反作用，甘草愈多，毒性亦愈大，故使用本方应加留意。此外，本方的煎煮法，宜从《千金要方·卷十八·痰饮第六》记载，即甘遂与半夏同煮，芍药与甘草同煮，然后将二药汁加蜜合煎，顿服之。其关键之处，一是甘遂不与甘草以同一种剂型同煎；二是最后合煎时，一定要加白蜜。现代临床医家也有将甘遂研末，冲服或入余药药汁加蜜再煎。

用甘遂半夏汤的水提取液（浓度为100%）进行家兔利尿实验，以每公斤体重给药1ml，然后在不同时段观察其用药前后5分钟内的尿量变化。结果：在药后30分钟，尿量无明显增加；但在1小时后，尿量显著增加。提示本方对家兔有显著的利尿作用。

【选注】

徐彬：欲自利者，不由外感内伤，亦非药误也。利反快，饮减人爽也。然病根未拔，外饮加之，仍复坚满，故曰续坚满，虽坚满而去者自去，续者自续，其势已动，故曰欲去。甘遂能达水所而去水，半夏燥水，兼下逆气，故以为君，乘其欲去而攻之也。甘草反甘遂而加之，取其战克之力也。蜜能通三焦，调脾胃，又制其不和之毒，故加之。利则伤脾，故以芍药协甘草以补脾阴，固其本气也。（《论注》）

【医案举例】

高某，女，32岁。1968年5月，因产后体弱缺乳，自用民间方红糖、蜂蜜、猪油各四两，合温顿服，由于三物过腻，勉强服下2/3，其后即患腹泻。医院诊为神经性腹泻，中西医多方治疗未效。1971年3月4日初诊。面色苍白无华，消瘦羸弱，轻度浮肿，体倦神怠，晨起即泻，日三五行。腹泻时无痛感。心下满痛，辘辘有声，短气，口干不饮，恶心不吐，身半以上自汗，头部尤著。脉沉伏，右脉似有似无，微细已极，左脉略兼细滑之象，苔白滑。当时误以为此证久泻脱阴伤阳，即用六君子汤加减，重用人参，以为中气复健，证或可挽，不料服后转甚。复诊：药后心下满痛益增，腹泻加剧，达日十余行。衣老诊之，分析为留饮致泻，其根据有五：一是其正虽虚，然必有留饮未去，故补其正，反助其邪，所谓虚不受补也；二则心下满痛拒按，是留饮结聚属实；三则口虽干不欲饮，属饮阻气化，津不上潮；四则身半以上自汗，属蓄饮阻隔，阳不下通，徒蒸于上；五则脉沉伏而左兼细滑，是伏为饮阻，滑为有余，里当有所除。细询患者，泻后反觉轻松，心下满痛亦得略减，继则腹满如故。如此反复作痛，痛苦非常。乃根据《金匮·痰饮咳嗽病篇》中"病者脉伏，其人欲自利，利反快，虽利，心下续坚满，此为留饮欲去故也，甘遂半夏汤主之"，定峻下留饮一法，用甘遂半夏汤：甘草 10g，半夏 10g，白芍 15g，甘遂 3.5g，蜂蜜 150g，1 剂。先煎甘草、半夏、白芍，取汤 100ml 合蜜，将甘遂研末兑入，再微火煎沸，空腹顿服。三诊：药后腹微痛，心下鸣响加剧，两小时后连泻 7~8 次。排出脓水样便，泻后痛楚悉去，自觉三年来从未如此轻松。后竟不泻，调养一月康复。[衣宸寰．久泻、急痧及瘀血发狂等治验．上海中医药杂志　1980；(3)：17]

7. 肠间饮热成实

【原文】

腹滿，口舌乾燥，此腸間有水氣，己椒藶黄丸主之。(二十九)

己椒藶黄丸方：

防己　椒目　葶藶（熬）　大黄各一兩

上四味，末之，蜜丸如梧子大，先食飲服一丸，日三服，稍增，口中有津液。渴者加芒硝半兩。

【释义】

本条论述肠间饮热成实的证治。水饮在肠间，阻遏气机，故腹满。饮阻气结，津不上承，则口舌干燥。此外，饮走肠间，必见"沥沥有声"。证属肠间饮结郁热，气机壅滞的实证。治宜涤饮泻热，前后分消，用己椒苈黄丸。方中防己、椒目、葶苈子皆味苦能泄，俱能利水导饮于前，大黄泻热荡实，推饮热于后。诸药合用，使饮消热去，气机通畅，津液上达，故"口中有津液"是病解之征。相反，若口舌干燥加重而至"渴"者，则为饮热互结较重，故加芒硝软坚破结，以助大黄荡涤饮热。以蜜为丸，可缓和本方利导之性，使祛邪不伤正。先食饮服，有利于药物直达肠间，导邪下出。"稍增"，意在逐渐加量，不可过量，以免寒凉伤其阳气。

【按语】

己椒苈黄丸与甘遂半夏汤皆为攻下之剂，所疗之证都属实，但有区别。甘遂半夏汤证是饮留胃肠，兼及膈间，饮邪有下行欲去之势，以脉伏，欲自利，心下续坚满为主症，其病情较深痼，故因势利导，攻下逐饮。己椒苈黄丸证为饮热互结于肠，气机壅滞，以腹满，口舌干燥为主，多见大便秘结，或大便不畅，故涤饮泻热，前后分消。

【临床应用与研究】

己椒苈黄丸对以胸腹胀满明显，脘腹中辘辘有声，小便不利，大便秘结，苔黄腻，脉弦数或沉弦有力为主症，属于痰饮（水湿）郁热互结肠间的标实急重证，有较好疗效，如肝硬化腹水、肾炎水肿、胸腔积液、心包积液、肺心病心衰、不全性幽门梗阻、小儿咳喘、肠功能紊乱、肺性脑病等。如治腹水，可加泽兰、大腹皮、生黄芪、苍白术；治水肿，可加黄芪、桂枝、白术、茯苓、泽泻；治咳喘可加杏仁、瓜蒌仁、麻黄、苏子。脾虚饮停则非本方所宜。

实验研究发现，己椒苈黄丸的水煎液对家兔离体肠管有兴奋作用，此作用不被 M 受体阻断剂阿托品所抑制。由此认为，己椒苈黄丸对离体肠管的兴奋作用可能与 M 受体无关。此外，己椒苈黄丸水煎液对麻醉家兔有轻微的利尿作用。

【选注】

程林：痰饮留于中，则腹满；水谷入于胃，但为痰饮而不为津液，故口舌干燥也。上证曰：水走肠间，沥沥有声，故谓之痰饮。此肠间有水气，亦与痰饮不殊，故用此汤以分消水饮。此水气在小肠也，防己、椒目导饮于前，清者得从小便而出；大黄、葶苈推饮于后，浊者得从大便而下也。此前后分消，则腹满减而水饮行，脾气转而津液生矣。若渴，则甚于口舌干燥，加芒硝佐诸药，以下腹满而救脾土。（《直解》）

【医案举例】

薛某，女，41岁。1978年6月初诊。患者于1968年盛夏劳动后，一次吃数支冰棍，随后出现胃脘疼痛。继而腹部胀大，身体消瘦，不能坚持正常工作。先后两次以肠功能紊乱收住院治疗，服疏肝健脾方药数百剂，效果不显。延余诊治，症见：腹大如臌，腹胀，口渴而不欲饮，每日进食200g左右，食后肠鸣，沥沥有声。大便每日2～3次，呈细条状，难以解出。半年经行一次，量少色淡。舌质淡，苔白滑，两脉弦缓。此乃饮邪内结，中阳被遏，饮留肠间，拟己椒苈黄汤用其苦辛宣降，前后分消。处方：防己、椒目各10g，葶苈子9g，大黄6g。服3剂后，矢气频频，大便通畅而量多，腹胀稍减轻。守原方再进3剂，腹胀大减，未闻腹鸣，饮食渐增，口渴欲饮，病有向愈之势。停药注意饮食，调理月余，病渐愈。［孙德华．经方治验两则．辽宁中医杂志 1987；（2）：34］

（二）悬饮

【原文】

脉沉而弦者，懸飲內痛①。（二十一）

病懸飲者，十棗湯主之。（二十二）

十棗湯方：

芫花（熬）② 甘遂 大戟各等分

上三味，搗篩，以水一升五合，先煮肥大棗十枚，取九合，去滓，內藥末，強人服一錢匕，羸人服半錢，平旦溫服之；不下者，明日更加半錢。得快下後，糜粥自養。

【词解】

①内痛：指咳唾时牵引胸胁内作痛。

②熬：《说文》"干煎也"。此指文火干煎药物的炮制方法。

【释义】

以上两条合论悬饮邪实重证的脉症与治疗。脉沉主病在里，脉弦主饮、主痛，故脉沉而弦为水饮积结之悬饮。水饮内结胸胁，阻遏肝肺气机升降，故咳唾并牵引胸胁作痛。对此水饮内结，邪盛体实的悬饮，当用十枣汤破积逐饮。方中芫花辛苦而温，能破水饮窠囊，消胸中痰水；甘遂苦寒，能泄经隧水湿，其性更迅速直达；大戟苦辛寒，能泻脏腑水湿。诸药相配，逐水泄湿，能直达水饮窠囊隐僻之处。三者皆药性峻猛，恐伤正气，故佐以肥大枣十枚，一则补脾和胃，顾护正气；二则缓解三药之峻毒。然本方毕竟属于攻逐峻剂，所以在方后注中明确指出了使用本方的几点注意事项：①制剂：是以十枚肥大枣煮汤，调服芫花、甘遂、大戟药末。②服药量要因人而异：体质强壮者每次服一钱匕，约合今 1.5～1.8g；体质偏弱者，药量减半。③服药时间宜在平旦。④若服药后未得泻下者，次日可酌情将药量加大 0.7～0.9g。⑤若得泻下，需食糜粥以调养胃气。

【按语】

以上两条原文叙证简略，故当参考本篇第二、三十二、三十三条及《伤寒论》152 条有关内容。方后注特别要求于平旦时服药，这是因为悬饮由饮流胁下所致，病位主要在肝，而平旦乃木旺之时，故《素问·脏气法时论篇》谓："肝病者，平旦慧，下晡甚，夜半静"，即平旦之时肝病患者精神清爽，病情最轻。此时服药，既能得肝气的相助，有利于驱除饮邪，而病人对药物引起的不良反应耐受力又最强，所以选择此时服药。糜粥自养，有两个目的：一使谷气内充，调养胃气；二可协助大枣培土，使邪不复作。又，该方以"十枣汤"为名，体现了张仲景治疗痰饮病注意顾护脾胃的精神，与本书重视脾脏在痰饮病形成中的作用相吻合。

【临床应用与研究】

据临床观察，悬饮病人常见胸闷，脘腹痞满，咳唾并引胸胁疼痛，短气，苔白，脉沉弦（或弦滑）有力。十枣汤可用于辨证为水饮壅盛，并具有上述见症的结核性胸膜炎、恶性胸水、肝硬化腹水等。急性肾炎、流行性出血热少尿期肾功能衰竭、胃酸过多症、小儿肺炎、胸部跌仆损伤内瘀血证等，只要符合十枣汤证的病机，亦可酌情使用本方。如悬饮初起，兼有表证时，须先解表。表证解后，若水饮内结，里气未和，方可用十枣汤攻里。服十枣汤后，出现脘腹鸣响，大便稀溏或水泻，为药已中病的反应。在水饮消减后，应及时予以健脾益气之剂调养。

据临床报道，一般服用本方（散剂或丸剂）后 1～3 小时引起腹泻腹痛，还可见恶心、呕吐、头晕、无力、食欲不振等不良反应。若改汤剂，则腹痛、恶心、呕吐均较散剂或丸剂加重。如饮邪盛而兼虚象，可用陈无择《三因方》的十枣丸（即芫花、甘遂、大戟三味等量为末，枣肉为丸），体弱者每次服 3g，强者服 4.5g，每日清晨空腹服一次。

药理研究发现，组成本方的单味药具有以下作用：①泻下作用：芫花、甘遂、大戟均属刺激性泻下药，具有强烈的泻下作用。芫花能兴奋肠道，使蠕动增加，张力提高，引起强烈水泻和腹痛，并可增加肝胆汁流量。甘遂的泻下作用以生者为强，但毒性也较大。甘遂能增强其肠内的推进及推净速度。②利尿作用：芫花有显著的利尿作用，可使大鼠尿量及排钠率显著增加，加大剂量时排钾也增加。无论灌服或静脉注射，也无论对正常动物或对盐水负荷动物，其利尿作用均很明显。大戟对盐水负荷动物也有显著的利尿作用，但甘遂利尿作用则不显著，提示同为逐水药，但各自的作用特点和机理是不同的，合为全方后可能起到相辅相成的效果。③其他作用：芫花有显著的镇咳、祛痰作用，其乙醇提取物还有镇痛、镇静、抗士的宁和咖啡因惊厥等作用。此外，大戟、甘遂、芫花均有轻度的抗菌活性。

【选注】

徐彬：脉沉为有水，故曰悬饮，弦则气结，故痛。主十枣汤者，甘遂性苦寒，能泻经隧水湿，而性更迅速直达；大戟性苦辛寒，能泻脏腑之水湿，而为控涎之主；芫花性苦温，能破水饮窠囊，故曰破癖须用芫花；合大枣用者，大戟得枣，即不损脾也。盖悬饮原为骤得之证，故攻之不嫌峻而骤；若稍缓而为水气喘急肿，《三因方》以十枣汤药为末，枣肉和丸以治之，可谓善于变通者矣。(《论注》)

【医案举例】

王某，男，18岁，工人，1985年5月初诊。患者曾因发热咳嗽胸痛而治疗2周（用药不详），发热虽退，余症不减而来求治。诊见面色不华，精神萎靡，胸闷心悸，短气似喘，咳咯稀白涎沫，咳时左胸疼痛，中脘痞满，干呕食少，舌质淡苔白，脉沉弦有力。察左侧胸廓下部饱满明显，肋间隙消失，听诊：心音搏动及呼吸音明显减弱，语颤音较对侧减弱；患侧叩诊呈实音。检查：血沉68；X线透视：左侧胸廓除肺尖外呈均匀浓密阴影，纵隔及心脏向右侧移位，提示为渗出性胸膜炎。证属悬饮，表解里不和，水饮内停胸胁。处方：大戟、甘遂、芫花各45g，面煨，研面；另取肥大红枣若干。用法：将药面5g以枣肉包裹，另取米粥空腹送下，每日1次。并嘱患者斟酌用量，以昼夜大便3~4次为宜。服药后约4时许，脘腹鸣响，小腹剧痛，继而大便倾泻而下，状为肉沫黏冻，遂得全身溱溱汗出，恬然入睡。尔后又以上药连服5日，大便一日2~3次，其状间而稀溏，间有黏冻，但便量不多，渐觉诸症消失。X线透视：左侧胸水消失，胸膜略增厚。以橘枳姜汤加白芥子、山甲珠、蜈蚣、丝瓜络善后。[梅建国，等.胸腔积液治验集录.浙江中医杂志　1989；(9)：419]

（三）溢饮

【原文】

病溢饮者，当发其汗，大青龙汤主之；小青龙汤亦主之。(二十三)

大青龙汤方：

麻黄六两（去节）　　桂枝二两（去皮）　　甘草二两（炙）　　杏仁四十个（去皮尖）　　生姜三两（切）　　大枣十二枚　　石膏如鸡子大（碎）

上七味，以水九升，先煮麻黄，减二升，去上沫，内诸药，煮取三升，去滓，温服一升，取微似汗，汗多者，温粉粉之。

小青龙汤方：

麻黄三两（去節）　　芍藥三两　　五味子半升　　乾姜三两　　甘草三两（炙）
細辛三两　　桂枝三两（去皮）　　半夏半升（洗）

上八味，以水一斗，先煮麻黄，減二升，去上沫，内諸藥，煮取三升，去滓，温服一升。

【释义】

本条论述溢饮的治法与主方。溢饮是水饮溢于四肢，多由外感风寒，肺卫郁闭，当汗出而不汗出所致。以身体疼重、无汗为主症。饮溢四肢肌肤，为病位近于表，"当汗出"而未汗，是病势趋于表，治宜因势利导，当发其汗，使饮邪随汗而解。然溢饮一类，虽外感风寒相同，但在里之病情却有不同，故宜分而治之。若外感风寒偏重内兼郁热者，常见发热恶寒，身体疼重，不汗出而烦躁，脉浮紧，宜大青龙汤发汗散寒，兼清郁热。本方重用麻黄六两，配以桂枝、杏仁、生姜发汗解表，宣肺散饮；石膏清泄郁热，炙甘草、大枣和中实脾，以资汗源。因内有郁热，故桂枝只用二两，以免助阳增热。本证虽"当发其汗"。但只可"取微似汗，汗多者，温粉粉之"，否则汗多伤阳，不利于祛饮。

若外感风寒里饮偏重者，多见咳嗽喘逆，痰稀白多泡沫，恶寒发热，无汗，身体疼重，脉弦紧，宜小青龙汤发汗宣肺，温化寒饮。方中取麻黄三两配桂枝发汗解表，宣肺散饮；细辛、干姜、半夏温化寒饮，降逆止咳；为防麻黄、细辛、干姜等辛温发散太过，耗伤肺气，配伍了酸收的芍药、五味子；炙甘草协芍药酸甘化阴，避免方中辛温之品温燥伤津。

【按语】

溢饮和湿病都与外感风寒有关，均可出现恶寒发热，身疼重。但其病因病机及主症各有侧重，应加以区别。溢饮始于外感风寒，致肺卫郁闭，水停成饮，溢于四肢肌肤，以四肢疼重为主症，与气候无密切关系。湿病系外感湿邪为主，兼风夹寒，浸淫肌肉关节，致阳气痹阻，以骨节疼烦为主，每与阴雨气候有关。

【临床应用与研究】

大青龙汤可用于外寒郁热、肺卫郁闭导致的外感高热无汗、夏季暑热无汗、杂病无汗、急性肾小球肾炎、过敏性鼻炎、慢性喘息性气管炎急性发作、慢性支气管炎合并肺部感染等病证。如治外感高热，方中麻、桂与石膏的用量，可随寒热的轻重、汗之有无、口渴与否适当调整；治急性肾炎，可加蝉蜕、地龙、白茅根、益母草、车前草等；治过敏性鼻炎，可加紫草、石榴皮、乌梅、五味子等。

小青龙汤常用于以恶寒重，发热轻，或不发热，咳吐白色泡沫痰或大量清稀痰，胸闷喘促，舌质淡红，苔白滑甚或水滑，脉弦或浮紧为特点，属于外寒里饮的咳、喘、哮，如急性支气管炎、老年慢性支气管炎急性发作、肺炎、支气管哮喘、结核性渗出性胸膜炎、小儿支气管肺炎、肺心病心衰等疾病。此外，本方用于过敏性鼻炎、药物过敏、病窦综合征，也有较好疗效。如表证重用生麻黄，喘症重用炙麻黄；久咳、剧咳、痰少清稀可加罂粟壳；肾阳不足以肉桂易桂枝，加制附子；结核性渗出性胸膜炎可加葶苈子；病窦综合征可加人参、丹参。小青龙汤不宜久服，一旦病情缓解，即可改用苓桂剂温化寒饮。至于阴虚咳喘或痰热喘咳则非本方所宜。临床研究发现，小青龙汤在改善哮喘患儿症状的同时，还能影响其肾上腺皮质功能，使血浆皮质醇浓度增加。本方还能使慢性肺心病急性发作期瘀血证患者的血浆比黏度、血浆纤维蛋白原下降，红细胞电泳率升高，从而降低血流阻力，有利于血液循环。

实验发现，大青龙汤能使静脉注射霍乱菌苗引起体温升高的发热兔肛温在 2 小时后平均降低 0.96℃，与西药安替比林相比，降温幅度较小，但与对照组相比，则有显著差别，提示本方有一定的退热作用。

小青龙汤具有以下药理作用：①平喘作用：能上调哮喘大鼠糖皮质激素受体和 β 受体水平，间接发挥平喘作用；能够明显升高致敏小鼠中脑 AD（去甲肾上腺素）和 DA（多巴胺）的分泌量，显著降低 5 - HT（五羟色胺）和 His（组胺）分泌量，为该方的平喘作用提供了较为充分的依据。②抗过敏作用：能够明显稳定肥大细胞膜，并抑制其脱颗粒，从而抑制了过敏介质的释放，从根本上消除了哮喘发作的因素。小青龙汤还有显著对抗组胺的作用，且具有良好的量效关系。

【选注】

徐彬：溢饮者，水已流行归四肢，以不汗而致身体疼重。盖表为寒气所侵而疼，肌体着湿而重，全乎是表，但水寒相杂，犹之风寒两伤，内有水气，故以大青龙、小青龙主之。（《论注》）

【医案举例】

例 1：吕某，男，46 岁。四肢肿胀酸痛已 10 余日。仰手诊脉为之吃力。曾注射维生素，无效。视其身体魁梧，面色鲜泽。舌红而苔腻，脉浮且大。按其手足有凹陷。自称身上经常出汗，惟手足不出。辨证：脉浮为表，大为阳郁，《金匮要略》云："饮水流行，归于四肢，当汗出而不汗出，身体疼重，谓之溢饮。"又说："病溢饮者，当发其汗，大青龙汤主之。"此证四肢肿胀，脉又浮大，为溢饮无疑。遂用大青龙汤加薏米、茯苓皮，服 2 剂而瘳。（刘渡舟，等．金匮要略诠解．第 1 版．天津：科学技术出版社，1984；123）

例 2：罗某，女，36 岁。下腹部及下肢水肿 2 月余。曾在某医科大学诊为"特发性水肿"，经中西药治疗，水肿未能减轻，反有加重之势。就诊时：微恶风寒，咳嗽，气喘，吐泡沫痰涎，腹胀，纳差，下肢沉重。查：下腹部膨隆光亮，无腹水征，下肢浮肿明显。证属表寒内饮之候。采用解表涤饮之法。予小青龙汤：麻黄 60g，细辛 3g，白芍 10g，干姜 10g，甘草 10g，桂枝 10g，五味子 10g，半夏 10g。每日 1 剂，水煎服。连服 3 剂后复诊：诉每次服药后，大汗淋漓，湿透衣衫，小便频数而量多。水肿全消，表证已除，唯精神疲乏，小腿时有转筋。予芍药甘草附子汤加味调理而愈。随访 1 年，未见复发。[张超群．经方新用三则．国医论坛　1995；(2)：13]

（四）支饮

1. 膈间支饮
【原文】

膈間支飲，其人喘滿，心下痞堅，面色黧黑①，其脉沉緊，得之數十日，醫吐下之不愈，木防己湯主之。虛者即愈，實者三日復發，復與不愈者，宜木防

己湯去石膏加茯苓芒硝湯主之。(二十四)

　　木防己湯方：

　　木防己三兩　石膏十二枚雞子大　桂枝二兩　人參四兩

　　上四味，以水六升，煮取二升，分溫再服。

　　木防己去石膏加茯苓芒硝湯方：

　　木防己二兩　桂枝二兩　人參四兩　芒硝三合　茯苓四兩

　　上五味，以水六升，煮取二升，去滓，內芒硝，再微煎，分溫再服，微利则愈。

　　【校勘】

　　十二枚：《述义》："旧本作'十二枚'，今从《外台》改（编者注：《外台》作"石膏鸡子大，三枚"）。又按，'三枚'三字，盖衍文也。"

　　【词解】

　　①黧（lí厘）黑：唐·慧琳《一切经音义》卷十三引《韵诠》云："黧，色黑而黄也。"黧黑，谓面色黑而晦黄。

　　【释义】

　　本条论述膈间支饮的证治。膈间有支饮，肺气受阻，心阳不布，故其人喘满，亦即"咳逆倚息，短气不得卧"的互辞。水饮内结，则见心下痞坚；饮聚于膈，营卫运行不利，故面色黧黑；寒饮内结，脉乃沉紧。上述病证得之数十日之久，"邪愈缠绵则正益耗伤"（《正义》），又经呕吐或攻下，病仍不愈，这是饮热互结膈间正气已虚的支饮重证。治当通阳利水、清热补虚，用木防己汤。方中木防己擅行膈间水饮，桂枝通阳化气，二药合之以消除饮邪；石膏辛凉清泄，能清解郁热，人参益气补虚。诸药共用，饮去热除，气机畅行，其病将愈。

　　服木防己汤之后，心下痞坚变为虚软，表明饮消热清，气机畅行，病即可愈；若心下痞坚结实仍在，此为水饮重又聚结，故曰："实者三日复发。"再用此方试探，病依然未愈，推知其饮盛痼结难解，治当通阳利水，软坚补虚，故于原方去石膏之辛凉重坠，加茯苓利水导饮下行，芒硝寒咸软坚破结。其中木防己、茯苓利水消饮从小便而去，芒硝破结逐饮随大便而出，使复聚之饮邪，前后分消，故方后注云"微利则愈"。

　　【按语】

　　"膈间支饮"意谓饮邪主要在胸膈，并波及胃脘，受累脏腑有心肺胃。"面色黧黑"产生的原因：①水饮阴湿之邪阻遏阳气，不能上达，如《本义》、《金鉴》等；②营卫不行，血凝不畅，如《衍义》、《心典》等；③阴凝之邪上浮，郁热之气上蒸，故面色不荣而暗黄，如《金匮要略指难》。诸说宜合参。

　　本条的"心下痞坚"与甘遂半夏汤证的"心下续坚满"及十枣汤证的"心下痞硬满"相似，宜加区别。本条系饮热互结胸膈兼正气虚，必见喘满、面色黧黑、脉沉紧及正虚不足等表现。甘遂半夏汤证为饮留胃肠，欲去未尽，正气未虚，其心下续坚满与下利、利反快、脉伏并见。十枣汤证属饮积胸胁，阻滞肝肺气机，邪实正未虚的悬饮，以咳唾引痛为主，兼心下痞硬满，其脉沉弦有力。

原文"虚者即愈，实者三日复发"，是从邪气的微盛之间判断疾病的预后，体现了仲景辨证的精细。"复与不愈者，宜木防己汤去石膏加茯苓芒硝汤主之"则是同（饮热郁阻胸膈兼正虚不足）中求异（饮邪的微盛与饮结的轻重），反映了证因病机而异，药随病机而变的辨证思路。

木防己汤去石膏，注家认为是防其寒凉凝滞，与饮邪深结不利。加芒硝，意在攻除有形且痼结的饮邪，与己椒苈黄丸证"渴者，加芒硝"同理，实则为《脏腑经络先后病》篇十七条"诸病在脏，欲攻之，当随其所得而攻之"的具体应用。

木防己汤药虽四味，却集温凉、消补于一方，颇合寒饮夹热、虚实互见的复杂病情，根据本证的病机推测，木防己汤证除原文所述脉证外，尚可兼见上气而渴，小便不利，其形如肿等。

【临床应用与研究】

木防己汤常用于治疗慢性充血性心力衰竭（包括慢性肺心病、风湿性心脏病、扩张型心肌病等），症见咳嗽气喘，咯泡沫痰或黏稠痰，胸闷脘痞，全身浮肿，唇舌青紫等，辨证为痰饮夹热、心肺气虚，兼心血瘀阻者。若心衰严重，属于饮结成实者，可用木防己汤去石膏加茯苓芒硝汤。应注意的是，以上两方中的木防己利水消饮之力虽强，但味苦特甚，故两方必须用于符合饮热互结病机者。如气血瘀滞严重者，可加丹参、红花、陈皮、平地木；喘甚者，可加葶苈子、黄芪；浮肿明显者，可加车前仁、泽泻；心动过缓者，可加细辛；心衰轻者，用党参代人参；心衰重者，用新开河参或别直参。本方还可用于病机与湿热蕴阻有关的痹证、鹤膝风，以及饮热郁阻胸膈的咳喘（如慢性支气管炎、肺气肿等）。日本学者矢数道明谓"木防己汤证即是对急慢性心脏功能不全的各重要症状所作的简明扼要的概括"，故日本汉方医常将本方用于心脏瓣膜病及其所致的代偿机能障碍（宜加茯苓）、水肿性诸疾、心脏性喘息及其类似症、脚气病、支气管喘息症（宜加桑白皮、苏子和生姜）等。

木防己汤有诸多药理作用：①抗组胺作用：本方浸膏剂对盐酸组胺引起的支气管及肠道收缩有明显的抑制作用。②抗乙酰胆碱作用：本方浸膏剂只对支气管、输精管有极轻微的抗乙酰胆碱作用，对其他器官则无抗乙酰胆碱作用。③抗钡作用：氯化钡 10^{-4}M 浓度对所有实验器官均引起收缩，而本方浸膏剂则仅在肺有抗钡作用，其他器官均无作用。日本学者指出：麻杏石甘散及木防己散虽然都可用于咳嗽、口渴、尿少等症，皆有驱出压迫在胸部或心下部的水邪，轻度抑制因组胺所引起的支气管平滑肌的痉挛。但麻杏石甘散主治由支气管疾病所引起的咳嗽，而木防己散则主治由肺气肿、肺瘀血等所引起的咳嗽。

【选注】

赵良仁：论曰：心肺在膈上，肺主气，心主血；今支饮在膈间，于是气血皆不通利。气为阳，主动；血为阴，主静，故气不利，则与水同逆于肺，而为喘满；血不利，则与水杂揉，结于心下，而为痞坚。肾气上应水饮，肾气之色黑，血凝之色亦黑，故黧黑之色见于面也。脉沉为水，紧为寒，非别有寒邪，即水之寒也。医虽以吐下之法治，然药不切于病，故不愈。是以用木防己者，味辛温，能散留饮、结气，又主肺气肿满，所以用其主治。石膏味辛甘，微寒，主心下逆气，清肺定喘；人参味甘，温，治喘，破坚积，消痰饮，补心肺气不足，皆为防己之佐。桂枝味辛，热，通血脉，开结气，且支饮得温则行，又宣导诸药，用之为使。

若邪之浅，在气分多而虚者，服之即愈；若邪客之深，在血分多而实者，则愈后必再发。故石膏是阳中之治气者，则去之；加芒硝，味咸寒，阴分药也，治痰实结，赖之去坚消血癖；茯苓伐肾邪，治心下坚满，佐芒硝，则行水之力益倍。（《二注》）

【医案举例】

杜某，男，50岁，农民，咳嗽气喘，心下痞坚，病已数月，某医院诊断为"风湿性心脏病"，西药治疗14天未效。现症全身浮肿，面色黧黑，喘息不得卧，咯痰黏稠，口渴不欲饮，小便短赤，大便秘结，舌质淡红边有齿痕，苔白而厚，脉浮弦而数，此属内宿痰饮兼有郁热之证，治宜利水清热，益气散结，方拟木防己汤加味。处方：木防己、桂枝、党参、莱菔子、枳壳、半夏各10g，石膏（杵、先煎）、瓜蒌各30g，一日一剂，连服两天。复诊：咳嗽减轻，浮肿消退，但大便仍燥结。照上方，另加茯苓10g，芒硝（另冲）18g，二剂。三诊：大便通畅，浮肿消退，咳喘已平，舌淡红苔少，边有齿痕，脉细数。原方加元参、麦冬各12g，二剂。四诊：上症基本好转，唯疲乏无力，动则气短而喘，心中动悸，食欲不振，舌淡少苔，脉细数，此乃气阴两伤，治宜益气养阴，调治七天而愈。[郑伟达．汪其浩老中医应用经方验案选介．福建中医药　1988；19（5）：22]

2. 支饮冒眩

【原文】

心下有支飲，其人苦冒眩，澤瀉湯主之。（二十五）

澤瀉湯方：

澤瀉五兩　白术二兩

上二味，以水二升，煮取一升，分温再服。

【释义】

本条论述支饮冒眩的证治。此处心下，泛指胸膈胃脘。饮停心下，妨碍气机升降，致清阳不能上达头目，故其人苦冒眩。一个"苦"字，突出了本证"冒眩"之重。此属心下饮盛上泛，蒙蔽清阳的支饮轻证，法当利水祛饮，健脾制水，用泽泻汤。方中重用泽泻利水祛饮，导浊阴下行为主，用白术健脾燥湿，崇土以制水饮上泛。

【按语】

泽泻汤主治的"苦冒眩"，当以头昏晕旋，双目欲闭，头不敢转侧，视物或转侧则昏晕加重，时时泛恶欲呕，甚者呕吐，头目沉重，精神不爽，舌体胖大或边有齿印，苔白滑或白腻，脉弦或滑或濡为特点。

有学者据"心下"部位，将本方证归入狭义痰饮，认为此处"支饮"是概指饮邪壅塞支撑于"心下"。可参。

【临床应用与研究】

泽泻汤常用于水饮上泛引起的多种眩晕证，病种涉及梅尼埃病、前庭神经元炎、高血压病、脑椎－基底动脉供血不足以及脑外伤后遗症等。如呕吐甚者，可合小半夏汤；兼脾阳不足者，可合苓桂术甘汤；兼肝阳上扰者，可加菊花、钩藤、天麻；兼肝阴不足者，可加白芍、枸杞；兼气血两虚者，可加党参、黄芪、当归；情志不畅诱发者，可加柴胡、郁金、合欢皮；兼耳鸣者，可加龙骨、牡蛎；兼耳聋者，可加石菖蒲。本方还可用于高脂血症、脂肪肝、中耳炎、中耳积液、急性肾炎、水肿等属于水饮（或痰湿）内盛者。

实验观察了泽泻汤对内淋巴积水的作用，泽泻汤给药组动物耳蜗积水程度较积水组动物明显减轻；积水动物服药后，听力丧失得到明显改善；给药组动物的 SP（总合电位）输入－输出曲线向下位移的幅度明显低于积水组，说明积水程度得到明显减轻。

【选注】

程林：《内经》曰：清阳出上窍。支饮留于心膈，则上焦之气，浊而不清，清阳不能走于头目，故其人苦冒眩也。白术之甘苦以补脾，则痰不生，泽泻之甘咸以入肾，则水不蓄，小剂以治支饮之轻者。（《直解》）

【医案举例】

朱某，男，50岁。退休后患头目冒眩，终日昏昏沉沉，如云雾之中，且两眼懒睁，两手发颤，不能握笔写字，颇以为苦，切脉弦而软，视其舌肥大异常，苔呈白滑而根部略腻。辨证为泽泻汤的冒眩证。因心下有支饮，则心阳被遏，不能上煦于头，故见头冒证；正虚有饮，阳不充于筋脉，则两手发颤；阳气被遏，饮邪上冒，所以精神不振，懒于睁眼。至于舌大脉弦，无非是支饮之象。治法：渗利饮邪，兼崇脾气。方药：泽泻 24g，白术 12g。服第一煎，因未见任何反应，患者乃语其家属曰：此方药仅两味，吾早已虑其无效，今果然矣。孰料第二煎服后，覆杯未久，顿觉周身与前胸后背絷絷汗出，以手拭而有黏感，此时身体变爽，如释重负，头清目亮，冒眩立减。又服两剂，继续又出小汗，其病人从此而告愈。[刘渡舟．谈谈《金匮》泽泻汤证．中医杂志　1980；21（9）：17]

3. 支饮胸满

【原文】

支飲胸滿者，厚朴大黄湯主之。（二十六）

厚朴大黃湯方：

厚朴一尺　大黃六兩　枳實四枚

上三味，以水五升，煮取二升，分温再服。

【释义】

本条论述支饮胸满累及肠腑的证治。支饮饮聚胸膈，郁阻气机，常见胸满。若饮邪夹热交结胸中，壅遏肺气，并累及其合——肠腑，致腑气不通，则可伴腹满，大便不通。此为支饮兼腑实，治宜涤饮荡热，行气开郁，用厚朴大黄汤。方中厚朴消饮下气除满为主，辅以大黄荡热通腑，佐以枳实破结逐饮。

【按语】

根据以方测证，本证病机为饮热蕴阻于肺，并壅滞肠腑。其证除腹满外，尚应见咳喘，咯吐痰涎，胸部满闷，大便秘结，苔黄腻，脉弦滑有力等表现。

【临床应用与研究】

本方主要用于饮邪夹热，壅阻于肺，兼腑气不通的咳喘胸腹胀满证，病如急性支气管炎、慢性支气管炎并感染、胸膜炎、心包炎等。该方也可治疗久饮过度的酒客咳，宿食与实热互结引起的胃痛、腹痛。

厚朴三物汤、厚朴大黄汤、小承气汤三方是通过锌－锌酶－二氧化碳来降低肠内二氧化碳的浓度，减轻或排除肠膨胀和肠刺激，而达到"行气除满"的作用。从厚朴大黄汤的测试结果可看到，镁浓度高于钙浓度，其他两方则相反。是否可以认为本方是通过高镁低钙而达到开胸泄饮的。

【选注】

高学山：此条支饮，另有来路，与诸条不同，故其治法，亦与温药和之之例自别，其所以致饮者，胃实胸满之故，则攻胃之大黄，开胸满之枳朴，其可缓乎？此开壅水之地，以治水之道也。（《高注》）

【医案举例】

何某，男，71岁，农民。初诊：1988年5月22日下午3时。反复咳喘二十七年，十天前因逢气候变冷而受凉，初起咳嗽，吐痰清稀量多，继则气喘，胸部满闷如窒，不能平卧，全身浮肿，心悸，小便短少，纳差乏力，在当地卫生院经中西药物治疗罔效，遂转诊于我院。诊见：端坐呼吸，张口抬肩，喘息气粗，精神疲惫，面目浮肿，面色青紫，口唇发绀，颈脉怒张，虚里搏动应手急促，双下肢按之没指，舌淡红、舌苔白，脉弦数，病系支饮，证属痰饮壅迫肺胸，治予宣通肺气，逐饮祛痰。投厚朴大黄汤：厚朴30g，生大黄16g，枳实4枚。1剂。次日复诊，患者诉昨日下午6时煎服中药一次（量约150ml），前半夜胸满渐止，喘促大减，并解水样大便五次，量约三痰盂，余症减轻，后半夜能平卧入睡。诊见：面转喜色，精神欠佳，面目微浮，呼吸平稳，双下肢按之稍没指，舌淡红苔薄白，脉缓微弦。此饮去大半，肺气已通，已非原方所宜，乃转住院部改服六君子汤加减以健脾和胃，杜绝痰饮之源，调治二周，症状消失出院。［刘伟.《金匮要略》厚朴大黄汤辨识.北京中医学院学报1989；12（1）：23］

4. 支饮不得息

【原文】

支飲不得息，葶藶大棗瀉肺湯主之。方見肺癰中。（二十七）

【释义】

本条论述支饮壅肺的证治。饮聚胸中，壅阻于肺，肺气不利，故呼吸迫促困难。此属饮阻气闭的急证，当用葶苈大枣泻肺汤利水逐饮，泄肺下气。

【按语】

对于本方证的病机，有两种解释：①认为是饮停气结化热，如赵良仁、张璐；②认为是水饮犯肺，壅闭肺气，属于急证，如沈明宗、尤怡、吴谦等。后说为宜。

原文仅突出了"不得息"，但既言"支饮"，又为饮阻气闭的急证，故当伴咳唾，胸满，短气不得卧等。本书中葶苈大枣泻肺汤既可治疗肺痈初期，"喘不得卧"者，也可治疗支饮

"不得息"者。因二者都属于痰涎壅肺，邪实气闭的实证，故异病同治。

【临床应用与研究】

本方常用于以咳喘气急、呼吸困难、胸闷为主，辨证为水饮犯肺凌心或痰浊壅肺的急证。若夹有瘀血，可加丹参、归尾、红花、桃仁；伴阳虚者，可加附片、桂枝等；兼脾气虚者，可加黄芪、党参；若偏于寒痰者，可与苓桂术甘、栝楼薤白半夏汤合用；若偏于热痰者，可加黄芩、黄连、桑白皮、知母、川贝母。

【选注】

赵良仁：支饮留结，气塞胸中，故不得息。葶苈能破结、利饮，大枣通肺气、补中。此虽与肺痈异，而方相通者，盖支饮之与气未尝相离，支饮以津液所聚，气行则液行，气停则液聚，而气亦结。气，阳也，结亦化热，所以与肺痈热结者同治。(《二注》)

【医案举例】

张某，女，56岁，1992年11月22日诊。1个多月前，因心悸，胸痛，呼吸困难，全身水肿而入院，西医诊断为心包积液。患者病情日趋恶化，医嘱病危，求中医治疗。诊见患者面晦，呼吸急促，动辄气息欲绝，兼有全身水肿，胸闷憋气，咳吐白痰，心前区痛，并向左肩、臂及颈部放射，便干尿少，口干不欲饮水，舌苔白厚，脉滑数。辨为支饮停于膈间，犯肺凌心之危证。亟以葶苈大枣泻肺汤合小半夏加茯苓汤加味治之。处方：葶苈子20g，大枣3枚，半夏15g，茯苓50g，生姜4片，厚朴、苏子、甘草各10g。服7剂，心悸、气短、咳逆、喘息等症顿减，唯水肿未消。原方加杏仁、枳壳、泽泻各10g。继服10余剂，12月16日患者自行来诊，云：刻下除左胸时痛外，余症均告痊愈。西医检查：心包积液基本吸收。[任志东.葶苈大枣泻肺汤合小半夏加茯苓汤治验举隅.国医论坛 1996；(4)：11]

5. 支饮呕吐

【原文】

呕家本渴，渴者爲欲解，今反不渴，心下有支飲故也，小半夏湯主之。《千金》云小半夏加茯苓湯。(二十八)

小半夏湯方：

半夏一升　生姜半斤

上二味，以水七升，煮取一升半，分温再服。

【释义】

本条论述支饮呕吐的预后及治疗。饮病呕吐，若饮随呕去，阳气渐复，应见口渴，此为饮去病解之征；如果呕后不渴，这是心下停聚的水饮未能尽除的缘故。故以小半夏汤蠲饮降逆，和胃止呕治之。方中半夏、生姜既能蠲饮散结，开宣上中二焦阳气，又能降逆止呕，安和胃气。原方"用水七升，煮取一升半"，意在久煎浓取，以减轻生半夏的毒性。

【按语】

对"呕家"，多数注家都泛指呕吐的病人。结合下文，似以尤怡、赵良仁解作因饮而呕者为宜。本方蠲饮降逆止呕之力专一、显著，故清·莫枚士称："此为治呕之专方，亦主方也，为诸半夏、生姜同用之祖。"体现了仲景组方用药精炼的特点。有认为本方证当属狭义痰饮者，其依据同前二十五条。可参。

【临床应用与研究】

小半夏汤为降逆止呕之主方、专方，主要用于痰饮导致的呕吐，其病种涉及梅尼埃病、急慢性胃炎、神经性呕吐、肝炎、胰腺炎、胆囊炎、尿毒症、妊娠呕吐、胃手术后功能性排空障碍、外科术后及肿瘤化疗引起的呕吐等。如呕吐剧烈者，可加生姜汁或旋覆花；兼脾胃虚弱者，可加党参、白术；中焦有寒者，可加干姜、丁香；兼有胆火犯胃者，可加柴胡、黄芩；夹有胃热者，可加竹茹、黄连。

【选注】

尤怡：此为饮多而呕者言。渴者饮从呕去，故欲解，若不渴，则知其支饮仍在，而呕亦未止。半夏味辛性燥，辛可散结，燥能蠲饮，生姜制半夏之悍，且可散结止呕也。(《心典》)

【医案举例】

王某，女，53岁，退休工人，1963年5月10日初诊。眩晕3天，呕吐频繁，呕吐物俱是清水涎沫，量多盈盆，合目卧床，稍转动便感觉天旋地转。自述每年要发数次，每次发作长达月余，痛苦不堪，西医诊断为"内耳眩晕症"。刻诊见形体肥胖，苔薄白而腻，脉沉软滑。此水饮停胃，浊邪僭上，清空不清。法当和胃化饮，饮化浊降则诸症自除。处方：制半夏12g，生姜10g。2剂。5月13日复诊：眩晕、呕吐均止。原方加茯苓12g。续服二剂。并予丸方(二陈汤加白术、姜汁泛丸)常服，以求巩固，追访2年，未发作。[姚立丹，等．眩晕十则．中医杂志　1980；(7)：16]

【原文】

卒呕吐，心下痞，膈间有水，眩悸者，小半夏加茯苓汤主之。(三十)

小半夏加茯苓汤方：

半夏一升，生姜半斤，茯苓三两_{一法四两}

上三味，以水七升，煮取一升五合，分温再服。

【释义】

本条论述支饮呕吐兼痞眩悸的治疗。饮停膈间，常扰及心胃。若饮邪犯胃，其气上逆，可突然呕吐；饮阻气滞，则心下痞塞；水饮郁遏膈间，妨碍清阳上达，故目眩；饮气凌心，乃心悸。法当蠲饮降逆，宣阳制水，用小半夏加茯苓汤。该方于小半夏汤中加茯苓利水祛饮，宁心定悸。

【按语】

苓桂术甘汤、五苓散、泽泻汤、小半夏加茯苓汤均可用于饮邪阻遏清阳导致的眩症，但病情各有侧重。苓桂术甘汤证是饮停心下胃脘，波及胸胁，部位偏于中焦、上焦，伴胸胁支满、短气等，其治重在温阳健脾蠲饮；五苓散证是饮停下焦，泛逆于中焦，病位偏于下焦，伴脐下悸、吐涎沫等，其治重在化气利水；泽泻汤证是饮停心下胸膈，波及胃脘，病位偏于上、中二焦，头昏晕旋最重，并感觉头部如有物蒙蔽，其治重在利水祛饮，导浊阴下行。小半夏加茯苓汤证亦是饮停心下胸膈胃脘，其部位仍偏于中、上二焦，尚伴呕吐、心下痞、心下悸等，其治重在蠲饮和胃降逆。

【选注】

尤怡：饮气逆于胃则呕吐，滞于心则心下痞，凌于心则悸，蔽于阳则眩，半夏、生姜止呕降逆，加茯苓去其水也。（《心典》）

6. 支饮实证及预后

【原文】

欬家其脉弦，為有水，十棗湯主之。方見上。（三十二）

【释义】

本条论述支饮实证咳嗽的证治。"咳家"意指久咳之人。"其脉弦，为有水"，亦即脉偏弦主饮病之意。此乃水饮射肺，气逆上冲的支饮咳嗽，用十枣汤峻逐水饮以止咳。

【按语】

条首称"咳家"，故有注家认为此论痰饮（水饮）咳嗽的证治，如《本义》、《正义》等。此与本篇篇名恰相呼应，可参。

无论本证是悬饮还是支饮，由于十枣汤属于峻猛攻邪之剂，故临证"凡遇是证、是脉，必察色、闻声、问所苦"（《二注》），确诊为水饮犯肺的实证，才可用此方。"独据脉，恐难凭也"（《二注》）。

【选注】

魏荔彤：仲景命之曰咳家，专为痰饮在内，逆气上冲之咳嗽言也。故其脉必弦，无外感家之浮，无虚劳家之数，但见弦者，知有水饮在中为患也。主之以十枣汤，使水邪有所折制，斯下注而免于上厥也。（《本义》）

【原文】

夫有支飲家，欬煩胸中痛者，不卒死，至一百日、一歲，宜十棗湯。方見上。（三十三）

【释义】

本条论述支饮邪实咳烦胸痛的证治。"有支饮家"，谓素有水饮停于胸膈。水饮犯肺，肺气上逆则咳；饮遏心阳，阳郁故烦；饮停胸中，营卫运行不利，气血不畅，所以胸中痛。此为阴寒水饮，盘踞胸中，凌心射肺，较一般支饮病情更重。若未在短期内死亡，延及百日或一年左右，表明其正气尚能与水饮阴邪对峙，此时急驱其邪，犹可护其正气。故宜酌情选用十枣汤攻逐水饮。

【按语】

上条与本条皆提出用十枣汤治疗咳嗽，但上条云"主之"，本条云"宜"，其意有别。前者以咳嗽、脉弦为特点，突出了水饮射肺之实，则攻邪不嫌峻，故言"主之"。后者以"咳烦胸中痛"为主症，可知其病情重于前者，但毕竟病程已一百日或一岁，又需提防其正气受损，故曰"宜"，寓有斟酌、审慎之意。

【选注】

李彣：水流于肺为支饮。咳烦，肺病也。前支饮胸满，此胸中痛，则水饮内窒，气道更自不通，百日，或一岁，饮蓄已深，非十枣汤不除。（《广注》）

【原文】

久欬數歲，其脉弱者，可治；實大數者，死；其脉虚者，必苦冒。其人本有支飲在胸中故也，治屬飲家。（三十四）

【释义】

本条论支饮久咳的脉证与预后。"久咳"由后文"其人本有支饮在胸中故也"可知，是指饮聚胸中，肺气上逆引起的支饮咳嗽。久咳数岁，正气必伤，诊得脉弱，寓示正虚邪不盛，故可治；若脉见实大数，表示正虚而邪盛，攻补两难，预后不良，故曰"死"。久咳脉虚者，因正气已虚，清阳不升，水饮浊阴上扰清空，必见头昏冒如物所蒙蔽。故仍当以饮病论治。

【选注】

赵良仁：《内经》曰：久病脉弱者生；实大者死。又：脉大则病进。盖弱脉乃邪气衰；实大乃邪气盛。久病者正气已虚，邪气亦衰，虽重可治。若邪盛加之脉数，火复刑金，岂不死乎？其脉虚，苦冒者，盖胸中乃发越阳气之地，支饮停积，阻其阳气不得升于上，又不得充于下与阴接，惟从支饮浮泛，眩乱头目清道，故苦冒也。治其饮，则阳气行而可愈矣。（《二注》）

7. 支饮病案举例

【原文】

欬逆倚息不得卧，小青龍湯主之。方见上。（三十五）

【释义】

本条论述支饮兼外寒的证治。咳逆倚息不得卧为支饮的主症，由胸膈素有停饮，复感风寒，内外合邪，郁阻肺气所致。故用小青龙汤辛散风寒，温化里饮。

【按语】

前第二十三条溢饮用小青龙汤主之，此论支饮兼外寒也用小青龙汤；小半夏加茯苓汤亦是既治"水停心下"的痰饮（狭义），又治"膈间有水"的支饮；十枣汤能治悬饮"咳唾引痛"，也可疗支饮"咳烦胸中痛"，由此可见，仲景虽然将痰饮病划分为四饮，但并未将四饮作为选方用药的唯一依据，而是根据脏腑经络辨证与八纲辨证，求得病机，进行施治。病机不同，即使属于同一类饮病，方治可以不同；病机相同，虽然不是同一类饮病，方治可以相同。

【临床应用与研究】

运用小青龙汤治疗"水咳症"（即水饮咳喘），一要辨气色，即患者面部可呈现黧黑色（即"水色"），或两目周围出现黑圈，互相对称（即"水环"），或在头额、鼻柱、两颊、颏下的皮里肉外显现黑斑，如同妇女妊娠斑（即"水斑"）。二要辨脉，其脉多弦，或浮紧，或沉，如果尺脉迟，或尺脉微，或两寸濡弱无力者，不可滥用小青龙汤。三要辨舌，其舌苔多见水滑，舌质一般变化不大。若见舌质淡嫩，运用本方必须加减化裁。四要辨痰涎，其痰清稀不稠，形如泡沫，落地顷刻化水；或明亮晶彻，形如蛋清状，痰冷如凉粉，触舌觉凉。五要辨兼证，除咳喘外，尚可兼噎、呕、少腹满而小便不利，以及发热、头痛等症。

【选注】

徐彬：咳逆倚息不得卧，即前支饮之证也。不用十枣汤而用小青龙汤，必以其挟表也。然此必病发未久而不得卧，则势已孔亟，故暂以麻桂治表，姜夏治饮耳。（《论注》）

【原文】

青龍湯下已，多唾口燥，寸脉沉，尺脉微，手足厥逆，氣從小腹上衝胸咽，手足痹，其面翕熱如醉狀，因復下流陰股，小便難，時復冒者，與茯苓桂枝五味甘草湯治其氣衝。（三十六）

桂苓五味甘草湯方：

茯苓四兩　桂枝四兩（去皮）　甘草三兩（炙）　五味子半升

上四味，以水八升，煮取三升，去滓，分溫三服。

【释义】

自此以下五条以案例的形式论述体虚支饮者服小青龙汤后的变证及其治疗。本条承上条论述服小青龙汤后发生冲气的证治。小青龙汤可主治支饮体实兼外寒的咳喘证，若体虚支饮者用之，因发散太过，更伤阳气，则饮邪难消，津不上承，故多唾口燥；上焦阳虚饮停，则寸脉沉。下焦肾阳不足，失于温煦，故尺脉微，手足厥逆；体虚过汗，气血亦伤，手足筋脉肌肉失于濡养，则麻木不仁。肾阳素虚，复用辛散，以致肾气不得固守下焦，冲气遂挟虚阳上逆，故自觉气从小腹上冲胸咽，伴面翕热如醉状；冲气旋又下降，于是大腿内侧便有热感；肾阳虚不能化气行水，乃小便难；饮邪阻遏清阳上达，所以时觉头昏冒。上述脉证，为阳虚饮停，兼冲气上逆。当此之时，宜急予治标为主，兼顾其本。故用桂苓五味甘草汤敛气平冲，通阳蠲饮。方中桂枝能辛温通阳，平冲降逆，茯苓淡渗利水，导饮下行；炙甘草甘温益气，合桂枝则辛甘化阳以平冲气，协茯苓可补土制水；五味子酸温，收敛浮阳以归元。诸药合用，使冲气得平，阳气得助，水饮下走。

【按语】

本方症见"气从小腹上冲胸咽"与奔豚气病气"从少腹起，上冲胸咽"颇为相似，应加以区别。本证为阳虚饮停兼冲气上逆，伴多唾口燥，面翕热如醉状，手足厥逆且麻痹不仁，小便难等。奔豚气病是以冲气上逆为主，以发作时痛苦异常，气复还则诸症消失为特点。

桂苓五味甘草汤与苓桂草枣汤均有桂枝、茯苓、甘草，两方主治证都有汗后伤阳，饮逆气冲的病机以及小便不利的见症，但其中茯苓、甘草的剂量以及配伍不同，故两方主治、功效均有别。前者主治痰饮病阳虚饮停兼冲气上逆证，重在平冲降逆，敛气归元。故方中桂枝四两，炙甘草三两，并配以五味子。后者主治奔豚气病阳虚水饮内动欲作奔豚证，重在利水消饮，培土制水，故方中重用茯苓达半斤，并伍以大枣十五枚。

【临床应用与研究】

桂苓五味甘草汤可用于低血压（眩晕心悸）、植物神经功能紊乱（气厥）、肺不张、肺气肿、肺心病、慢性支气管炎（咳嗽气喘）等辨证属阳虚夹饮，冲气上逆的病证。

据药理研究，桂枝有强心、增加心输出量的作用；茯苓的乙醇提取物有使心收缩加强的作用；五味子具有"适应原样"作用，能够调节血压中枢，使低者升，高者降，并能增强肾上腺皮质的功能；甘草具有肾上腺皮质激素样作用，可使患者体重增加，体力增强，食欲增进，血压增高。上述四味药合用可强心补肾、升高血压，故治疗低血压有良效。

【选注】

尤怡：服青龙汤已，设其人下实不虚，则邪解而病除，若虚，则麻黄、细辛辛甘温散之品，虽能发越外邪，亦易动人冲气。冲气，冲脉之气也。冲脉起于下焦，挟肾脉上行至喉咙，多唾口燥，气冲胸咽，面热如醉，皆冲气上入之候也。寸沉尺微，手足厥而痹者，厥气上行而阳气不治也。下流阴股，小便难，时复冒者，冲气不归而仍上逆也。茯苓、桂枝能抑冲气，使之下行，然逆气非敛不降，故以五味之酸敛其气，土厚则阴火伏，故以甘草之甘补其中也。（《心典》）

【医案举例】

何某，素患痰饮，复感寒邪，遂尔咳嗽气喘，肢肿如脱，倚息不得卧者十余日，服以小青龙汤及真武汤加姜、细、味，治不效。旋请四医会诊，拟济生肾气丸，亦无效，金以为不起矣。一日，其侄邀余决逝期之迟早，余窥其容颜，尚有生机，治之得法，犹可永年。余思此病，系水饮夹冲气上逆，遂与桂苓五味甘草汤加赭石、苏子。4剂后，竟得安卧，肿亦渐消。后以苓桂术甘汤加五味子以收全功。（湖南省中医药研究所．湖南中医医案选辑·第一集．第1版．长沙：湖南人民出版社，1960；56）

【原文】

衝氣即低，而反更欬、胸滿者，用桂苓五味甘草湯去桂加乾姜、細辛，以治其欬滿。（三十七）

苓甘五味姜辛湯方：

茯苓四兩　甘草　乾姜　細辛各三兩　五味子半升

上五味，以水八升，煮取三升，去滓，溫服半升，日三（服）。

【释义】

本条承前论述冲气已平而支饮复动的证治。服桂苓五味甘草汤后，冲气即下行而不上逆，但咳嗽胸满却加剧，这是停聚于胸膈的寒饮复动，阻遏胸阳，肺气上逆所致，故当温肺散寒、蠲饮止咳，方用苓甘五味姜辛汤。因本证由桂苓五味甘草汤证变化而来，所以在该方基础上作相应调整，冲气已平，遂去平冲降逆的桂枝；寒饮在肺，故加温肺散寒、化饮止咳的干姜、细辛，仍用茯苓利水消饮，合甘草以培土制水；五味子酸收以敛肺止咳。如此配伍，使寒饮得蠲，胸阳舒展，肺气肃降，则咳、满自除。

【按语】

本方的配伍颇具特色，化饮而无麻黄、桂枝的辛散，祛邪却无伤正之弊，较小青龙汤缓和得宜，是治疗体虚支饮的基础方。

苓甘五味姜辛汤与小青龙汤皆能温肺化饮，方中都有干姜、细辛、五味子、甘草，用量也相同，但其配伍不同，主治有别。苓甘五味姜辛汤主治寒饮在肺之体虚者，故配以茯苓利水祛饮，兼培土制水。小青龙汤主治外寒里饮之体实者，故伍以麻黄、桂枝、半夏、白芍，兼能发散、降逆。

【临床应用与研究】

苓甘五味姜辛汤可用于体虚寒饮蕴肺引起的久咳不愈者，诸如慢性支气管炎、肺气肿、哮喘等。如恶风、鼻塞、咽痒，可加苏叶、防风、杏仁；咳甚似喘，可加少许麻黄；痰多清稀，可加半夏。

据实验研究，本方有祛痰、止咳、平喘等作用。

【选注】

尤怡：服前汤已，冲气即低，而反更咳胸满者，下焦冲逆之气既伏，而肺中伏匿之寒饮续出也。故去桂枝之辛而导气，加干姜、细辛而入肺者，合茯苓、五味、甘草消饮驱寒，以泄满止咳也。(《心典》)

【原文】

欬满即止，而更復渴，衝氣復發者，以細辛、乾姜爲熱藥也。服之當遂渴，而渴反止者，爲支飲也。支飲者，法當冒，冒者必嘔，嘔者，復内半夏以去其水。(三十八)

桂苓五味甘草去桂加姜辛夏湯方：

茯苓四兩　甘草　細辛　乾姜各二兩　五味子　半夏各半升

上六味，以水八升，煮取三升，去滓，温服半升，日三（服）。

【释义】

本条承前论述服苓甘五味姜辛汤的两种转归及其治疗。服苓甘五味姜辛汤后，咳满消除，为肺中寒饮渐化之征。若又见口渴及冲气复发，是因干姜、细辛温热太过，化燥伤津，辛散耗伤阳气，以致引发冲气上逆，此时宜再用桂苓五味甘草汤敛气平冲。若口不渴，表明支饮尚未治愈，因为苓甘五味姜辛汤是温肺化饮之剂，服后饮化阳复，按理应当口渴。由于饮邪仍在，浊阴上逆，还会出现昏冒、呕吐，这是胸膈水饮未尽，又扰及胃，故于苓甘五味姜辛汤中加半夏化饮降逆，和胃止呕。

【按语】

本方在苓甘五味姜辛汤的基础上，减少了干姜、细辛、甘草的用量，目的有二：一是防止干姜、细辛温燥伤正，引发冲气；二是避免甘草甘缓滞中，于呕吐不利。不过本方祛饮之力并不亚于苓甘五味姜辛汤，因为方中加了一味半夏，既化饮又降逆。

【临床应用与研究】

桂苓五味甘草去桂加姜辛夏汤可治疗慢性支气管炎、哮喘、肺气肿、肺心病心衰等辨证属于体虚寒饮蕴肺而无外感者。如肺卫气虚，可加桂枝、芍药、黄芪；饮盛作喘，可加葶苈子、厚朴；阴盛阳微，可加人参、附片。

【选注】

唐宗海：此言咳满止而作渴者，为冲气，非饮也，不得仍用姜辛，若不作满，而咳渴不止者，为支饮，非冲气也，仍当用姜辛矣，细玩而渴反止者，下当有咳满不止意在，故断以为支饮。通观支饮皆言咳满，则知此处有咳满不止之意在。仲景文如旋螺，此承上咳满而言，故不再重其词，而咳满之意已见。古人文法简奥，皆如是也。修园未能体会，不知支饮仍当用姜辛原方，不得误作冲气治之，惟冲气有时复冒证，而支饮者法宜当冒，此不可以不辨。冲气之冒不呕，支饮之冒是饮犯胃，必兼呕证，仍当用姜辛原方，加半夏以去胃中之水则愈，勿误认为冲气也。（《补正》）

【医案举例】

屠某，男，54岁。1981年2月18日诊。患肺心病已十年，近日又感寒复发。症见恶寒喘咳痰鸣，面色灰暗，白睛布满血丝，唇舌青紫，双下肢水肿，胸腹痞满，痰稀量多，舌苔滑腻，脉弦数。此为阳虚饮停，气滞血瘀。治宜温阳化饮，宣肺平喘。处方：附片（先煎）、杏仁各15g，茯苓25g，炙甘草、干姜、细辛各10g，五味子6g，法半夏12g，葶苈（包煎）、厚朴各10g。服1剂后，恶寒去，喘咳减轻。上方去葶苈，加人参10g，车前仁30g（包煎）。服4剂后，水肿全消，唇舌暗红，但动则心悸，咳吐白稠痰，食欲欠佳，脉弦缓，苔白腻。治以益气健脾化痰，用六君子汤加三子养亲汤，服2剂后，食量增进，喘咳已除。乃用金水六君煎加红花、赤芍、人参蛤蚧精和金匮肾气丸善后。两年后随访，身体健康无复发。[张汇泉.苓甘五味姜辛半夏汤治疗肺心病.四川中医　1985；(12)：24]

【原文】

水去呕止，其人形腫者，加杏仁主之。其證應内麻黄，以其人遂痹，故不内之。若逆而内之者，必厥，所以然者，以其人血虚，麻黄發其陽故也。（三十九）

苓甘五味加姜辛半夏杏仁湯方：

茯苓四兩　甘草三兩　五味半升　乾姜三兩　細辛三兩　半夏半升　杏仁半升（去皮尖）

上七味，以水一斗，煮取三升，去滓，温服半升，日三（服）。

【释义】

本条承前论述体虚支饮兼形肿的治疗。服苓甘五味姜辛半夏汤后，胃中寒饮得化，呕即停止。但支饮未愈，胸膈水饮未除，若影响肺气宣降，通调失职，饮泛肌肤，就会身形浮肿。这时可于前方中加杏仁，宣降肺气，俾水道通调，形肿自消。一般而言，肺卫郁滞，饮泛肌表，多首选麻黄发汗宣肺以散饮消肿，但是患者已有气血虚手足痹的现象，故不能用麻黄。若不顾体虚而用之，定会引起厥逆之变，因为原本血虚气少，又用麻黄发散开泄，必然耗阳伤阴。

【按语】

本方在苓甘五味姜辛半夏汤的基础上，除加了一味杏仁以宣肺利气外，又将干姜、细辛的用量增至三两，意在加强本方温化寒饮之力。从上方的减量与本方的加量，可见仲景用药加减灵活，不仅针对药味，而且包括药量。

【临床应用与研究】

本方可用于阳虚寒饮蕴肺引起的喘咳，如慢性支气管炎、支气管哮喘、肺气肿、肺心病、风心病、渗出性胸膜炎等。亦可与五苓散合用，治疗阳虚水气内停的腹水、胸水。慢性肾炎急性发作，症见面色苍白、咳吐清稀痰、浮肿、少尿等，也可用本方治疗，若伴有血尿，应与四物汤合用。本方与香苏散合用，对鱼虾等过敏所致的外源性哮喘亦有效。

【选注】

徐彬：形肿谓身肿也，肺气已虚，不能遍布，则滞而肿，故以杏仁利之，气不滞则肿自消也。其证应内麻黄者，《水肿篇》云：无水虚肿（胀）者，谓之气。水，发其汗则自已。发汗宜麻黄也。以其人遂痹，即前手足痹也，咳不应痹而痹，故曰逆。逆而内之，谓误用麻黄，则阴阳俱虚而厥。然必厥之意尚未明，故曰所以必厥者，以其人因血虚不能附气，故气行涩而痹，更以麻黄阳药发泄其阳气，则亡血复汗，温气去而寒气多，焉得不厥。正如新产亡血复汗，血虚而厥也。（《论注》）

【医案举例】

赵某，男，70 岁。1979 年 11 月 26 日初诊。主症：咳嗽喘累，痰白色不爽，反复发作。临冬加重 15 年。现有头昏眩晕，胸部紧胀，纳食不佳，活动之后，喘累加重，时冷时热，苔薄白质红，脉浮数。辨证为阳虚痰饮，法当温阳化饮，方用苓甘五味加姜辛半夏杏仁汤方。处方：茯苓 15g，甘草 3g，五味子 9g，炮姜 9g，细辛 3g，半夏 9g，杏仁 12g，加北沙参 24g，苏梗 12g，苏子 15g。服 3 剂，诸症减轻。后以六君子汤加炮姜、五味子，调理善后。两年中观察，间有外邪复发，仍宗上方化裁治之收效。[刘立新. 学习《金匮》用小青龙汤及其变方治喘咳的体会. 成都中医学院学报 1982；（2）：39]

【原文】

若面熱如醉，此爲胃熱上衝熏其面，加大黃以利之。（四十）

苓甘五味加姜辛半杏大黃湯方：

茯苓四兩　甘草三兩　五味半升　乾姜三兩　細辛三兩　半夏半升　杏仁半升　大黃三兩

上八味，以水一斗，煮取三升，去滓，温服半升，日三服。

【校勘】

"苓甘五味加姜辛半杏大黃湯方"，赵本作"茯甘姜味辛夏仁黃湯方"，据《医统》本改。

【释义】

本条承前论述支饮兼胃热上冲的证治。"若"字是承上文而言，意即咳嗽、胸满、冒眩、呕吐、形肿诸症未除，又见面热如醉。这是水饮未去，兼胃热上冲所致。故于温肺化饮、利气降逆的苓甘五味加姜辛半夏杏仁汤中加一味大黄，以清泄胃热。

【按语】

本条的"面热如醉"与三十六条的"面翕热如醉状"形似而实异。"面热如醉"由胃热上冲所致，病性属实，故面红赤呈持续性，并有胃热的其他表现，如大便秘结、口臭、腹胀、舌红或苔黄；"面翕热如醉状"由冲气挟虚阳上逆引起，病性属虚，故面微红乍热，时有时无，必有冲气挟虚阳时上时下的其他表现，如气从小腹上冲胸咽，手足厥逆而痹，阴股有热感，小便难等。

从三十六条至四十条，可看成是一份详细记载体虚支饮用小青龙汤治疗后，证治变化的医案。诸条紧扣体虚支饮之本，逐一列举了冲气上逆、胃热上冲以及寒饮作祟引起咳满、冒呕、形肿等病情变化及相应的治疗方法，充分体现了本书法随证变，药随证转的辨证论治精神，昭示了仲景辨证的精细与全面，施治的周到与灵活，值得后学细心体会。

【临床应用与研究】

本方可治疗慢性支气管炎急性发作、过敏性哮喘、过敏性鼻炎、肺气肿等，属于寒饮蕴肺，兼夹胃热而体虚者。以本方为主随症加味还可治疗癫痫大发作，如苔白腻者，加苍术、厚朴、制南星各10g；苔黄腻者，加青礞石、天竺黄各10g，胆南星8g。

上述五方中，茯苓有利尿作用，其所含多糖具有提高机体免疫力、改善炎症的作用。五味子、杏仁、半夏、细辛、甘草皆具有镇咳祛痰之效。其中，五味子能改善糖蛋白在气管内的分布，消除自由基，缓解支气管平滑肌痉挛；半夏能抑制腺体分泌，减少痰液的产生，纠正心律失常，镇咳祛痰；杏仁所含苦杏仁苷在体内分解产生微量氢氰酸，轻度抑制呼吸中枢，达到镇咳平喘之效；甘草具有类皮质激素样作用；细辛能缓解支气管平滑肌痉挛，对肺部常见致病菌均有一定的抑制作用，还有一定的强心作用。大黄亦有抑菌之效。

【选注】

尤怡：水饮有挟阴之寒者，亦有挟阳之热者，若面热如醉，则为胃热随经上冲之证，胃之脉上行于面故也，即于消饮药中加大黄以下其热，与冲气上逆其面翕热如醉者不同。冲气上行者，病属下焦阴中之阳，故以酸温止之，此属中焦阳明之热，故以苦寒下之。（《心典》）

【医案举例】

王某，女，55岁。营业员。1977年5月初诊。主症：咳嗽喘累，临冬复发至加重，惊蛰减轻，如此反复发作十余年。曾于市属某医院多次住院治疗，诊为：①慢性支气管炎；②阻塞性肺气肿；③肺心病。经西医治疗，当时好转，如遇外邪，病又复发，家人为之苦恼。此次复发，除上述症状外，面热如醉，大便三日未解，即有解者，大便亦如羊矢状。每解便之后，喘累加重，脉细数，舌苔白薄，质红津乏。据此脉症，系水饮犯肺，通调失司，故大便秘。以苓甘五味姜辛半杏大黄汤泄热消饮治之。药用：茯苓15g，甘草3g，五味子9g，干姜9g，细辛3g，半夏9g，杏仁12g，大黄12g（泡开水送服），加全瓜蒌18g。服一剂后，大便已解，面热如醉消失。前方去大黄，加北沙参24g。再服二剂，各证均减。后以生脉地黄丸善后而愈。[刘立新.学习《金匮》用小青龙汤及其变方治喘咳的体会.成都中医学院学报 1982；（2）：39]

研究概要

对于本篇所论内容，大多数医家都认为属于后世的饮病。从本篇论述的证候涉及部位广泛、症状表现多样来看，痰饮病的病变几乎涉及全身的内脏、组织和器官。根据《金匮要略》以饮邪停留部位及相关证候划分四饮的精神，结合本篇方剂的临床应用规律，目前多认为：悬饮与胸腔积液，支饮与慢性支气管炎、支气管哮喘、慢性肺心病、慢性充血性心力衰竭，狭义痰饮与胃潴留，支饮和狭义痰饮与心包积液、梅尼埃病等有较密切的相关性。就现代医学而言，痰饮可能与黏膜和浆膜的炎症分泌物、组织与器官之间的渗出液和漏出液有关，涉及到消化系统、呼吸系统、循环系统、神经系统、泌尿系统的多种疾病，运用《金匮要略》的有关理法方药指导这些疾病的辨证论治，确能取得较好的疗效。纵观古今医家对痰饮病的研究，有"两多"、"三少"的特点。"两多"一是运用本篇方药的临床报道多，显示了本篇的方剂具有配伍精当、疗效确切的优势；二是对本篇的辨证论治规律进行理论研究的较多，体现了《金匮要略》有关痰饮病的理论对临床有较大的指导意义和实用价值。"三少"一是对痰饮的实质和涵义、痰与饮究竟应如何区别等内容的探讨少；二是对痰饮病篇的方剂进行配伍规律研究的少；三是对痰饮病常见证型研究少。究其原因，可能是痰与饮既有联系，又难以截然划分，加之痰饮见症多端，病情复杂，涉及疾病范围广，选择和建立相应的动物模型有很大的难度，而时至今日又未能找到一个公认的病种进行观察研究，这就给利用现代科学手段和方法，深入研究痰饮带来了较大的困难。从目前的理论研究和临床研究看，痰与饮确又有不同之处。而且素来医家都是论痰者多，论饮者少。有关痰的理法方药历代都有发挥，至于饮的理法方药则多宗《金匮要略》。为进一步规范和完善中医的痰饮学说，使痰饮病的研究有所突破和创新，以便更有效地指导临床，有必要运用传统和现代的方法对痰饮的涵义和实质进行深入研究，同时，应该加强对本篇临床常用方剂和常见证型的研究，尤其应该对一些常用而有效的复方进行临床研究和药理、药效研究，深入探讨其配伍原则和规律的意义。

小　结

痰饮病是津液代谢失常，水液停聚于身体某一局部的一种病变。其常见症状有咳、喘、呕、痞、满、悸、眩、痛、肿、小便不利等。痰饮病的形成主要与脾虚失运有关。根据水饮停聚的部位不同，有痰饮（狭义）、悬饮、溢饮、支饮之分。留饮、伏饮、微饮、水在五脏是从饮邪停留时间的长短、部位的深浅，水饮的轻重、侵扰的脏腑来命名的，其实，根据其停聚的部位，都可分别归入四饮之中。

痰饮病总属阳虚阴盛，故温药和之为痰饮治本之法，发汗散水、利水消饮、攻下逐饮、行气导滞、清泄郁热则为治标之法。分言之，脾胃阳虚，饮停心下，宜苓桂术甘汤温阳蠲饮，健脾利水；肾气不足兼有微饮，宜肾气丸温肾化气消饮；脾虚痰滞，宜《外台》茯苓饮消痰理气，益气健脾；饮留心下，欲去未尽，宜甘遂半夏汤因势利导，攻逐水饮；肠间饮聚成实，宜己椒苈黄丸涤饮泻热，前后分消；饮积中下焦者，宜五苓散化气利水，导饮下出；饮停心下作呕，宜小半夏汤蠲饮降逆，和胃止呕；若饮邪较重，宜小半夏加茯苓汤利水化饮，和胃降逆；水饮内结，邪盛体实，宜十枣汤破积逐饮；饮溢四肢，若为风寒兼郁热，宜大青龙汤发汗散饮，兼清郁热；若为风寒夹里饮，宜小青龙汤发汗宣肺，温化寒饮；饮邪夹热郁阻胸膈兼气虚，宜木防己汤通阳利水，补虚清热，若饮盛内结难解，宜木防己汤去石膏加茯苓芒硝汤通阳利水，软坚补虚；饮停心下致冒眩，宜泽泻汤利水祛饮，健脾制水；饮聚胸膈兼腑实，宜厚朴大黄汤涤饮荡热，行气开郁；饮邪壅肺，宜葶苈大枣泻肺汤利水逐饮，泄肺下气；体虚而饮聚胸膈，兼冲气上逆，宜桂苓五味甘草汤敛气平冲，通阳蠲饮；体虚而寒饮郁肺，宜苓甘五味姜辛汤温肺散寒，利水消饮；若兼呕冒，则加半夏；兼形肿，加杏仁；兼胃热上冲，加大黄。而饮病的预后，与邪正盛衰及时令气候都有关。

消渴小便不利淋病脉證并治第十三

原本篇名之"小便利"，《衍义》、《心典》等注本均根据篇中内容改作"小便不利"，宜从。本篇论述消渴、小便不利、淋病三种病证的脉证和治疗。由于这些疾病大都涉及到口渴和小便的变化，而且主要病变亦在肾与膀胱，所出方治，有的可以互相通用，故合为一篇讨论。

消渴病名始见于《素问·奇病论篇》，消渴者，其本义是善消而渴。消渴是一个广义的病名，其中有消渴病与消渴证之分。消渴病是指病人有渴而多饮、消谷善饥，小便频多，久则形体消瘦为临床特征的疾病。由于本病在证候和病理变化上有所不同，故分为上消、中消、下消。上消主肺，其特点是渴而多饮，其病机多为肺胃津伤，《素问·气厥论篇》所谓"心移热于肺，传为鬲消"，即是上消。中消主胃，其特点是消谷善饥，其病机多为胃热气盛，《灵枢·师传》篇所谓"胃中热则消谷，令人悬心善饥"，即是中消。下消主肾，其特点是渴而多饮，小便数而尿量多，以饮一斗，小便一斗，《素问·刺热篇》所谓"肾热病，……苦渴，数饮身热"和《灵枢·邪气脏腑病形》篇所说"肾脉……微小为消瘅"即是下消的病变。而消渴证是指外感热病过程中的一组证候，以渴而欲饮为特点，病人没有多食、多尿和形体消瘦的表现，其病证多为外感热病所致的肺胃热盛津伤，或肾阳虚衰，气化不行所致的口渴证。

小便不利是一个临床症状，可表现在许多疾病的过程中。从本篇内容看，涉及的面很广，时病和杂病中一些小便不利为主的病证，均包括在内。

淋病是指病人小便不畅，尿时淋沥涩痛为主的病证。从证候和病理的变化，又可分为五淋，即石淋、血淋、膏淋、气淋、劳淋，本病多与肾和膀胱有关。本篇主要论述了五淋中的石淋和血淋，为后世治疗淋病奠定了基础。

消 渴

一、厥阴病消渴症

【原文】

厥陰之爲病，消渴，氣上衝心，心中疼熱，飢而不欲食，食即吐，下之不肯止。（一）

【校勘】

冲心:《伤寒论·厥阴篇》作"撞心";"食即吐"后有"蛔"字;"不肯止"作"利不止"。

【释义】

本条论述厥阴病的消渴不可使用下法。厥阴肝经为风木之脏,内寄相火,木能疏土,参与消化。病入厥阴大多表现为两种类型,一是厥和热相互胜复,一为寒热错杂。本条是属于寒热错杂中的上热下寒证,故曰厥阴病。肝热燔炽,津液被耗,肝胃阴伤,所以消渴;足厥阴肝经抵小腹挟胃,故肝气上逆,则气上冲心;厥阴经脉挟胃贯膈,肝经气火循经上扰,则心中疼热;肝木乘脾,脾虚不能运化,胃寒不能消化饮食,则饥而不欲食;如果肠中素有蛔虫,脾虚肠寒则蛔不安而上,若强以进食,则肝胃气逆而呕吐,蛔虫可随食气而吐出,故云食即吐蛔;若误用下法重伤脾胃,则上热未去,而必致中气更伤,下寒更甚,故发生下利不止。

【按语】

注家对本条有两种不同见解。以喻昌为代表的注家认为,本条是《伤寒论》厥阴篇条文错简在此。以黄树曾为代表的注家则认为本条属杂病消渴,即《内经》中的风消,此病发生的原因是"风郁火燔,则病消渴",总属厥阴。多数医家认为以喻昌之说较为合理。本条中的消渴是厥阴病热胜时的一个症状,与杂病中的消渴病不同。热病过程中的消渴证,势急而暴渴多饮,如治疗得当,预后良好;杂病中的消渴病,势缓乃渐积而成,且有消谷善饥,多饮多尿等特征,治疗较难。故列于此有利于两者的比较。本条有论证但无方治,有的注家主张用乌梅丸治疗,可供临床参考。

【选注】

喻昌:消渴之患……《内经》有其论无其治,《金匮》有论有治矣。而集书者,采《伤寒论》厥阴经消渴之文凑入。后人不能抉择。斯亦不适于用也。盖伤寒传经热邪至厥阴而尽,热势入深,故渴而消水。及热解则不渴,且不消矣,岂杂证积渐为患之比乎?(《医门法律》)

二、病机与主症

【原文】

寸口脉浮而迟,浮即爲虚,迟即爲劳;虚则卫气不足,劳则荣气竭。

趺阳脉浮而数,浮即爲气,数即爲消谷而大坚—作紧;气盛则溲数,溲数即坚,坚数相搏,即爲消渴。(二)

【校勘】

"而大"之下,《金鉴》云当有"便"字。

【释义】

本条论述消渴的病机及主证。消渴病由积渐而成。寸口脉候心肺,心主血属营,肺主气属卫,今之脉象浮迟并见,故其浮并非外邪在表,浮为阳虚气浮,卫气不足之象;其迟亦非里寒,是劳伤阴血所致,故迟为血脉不充,营血虚少之征,所以原文说:"浮即为虚,迟即为劳"。今浮迟并见,是为营卫气血俱不足,卫虚气浮不敛,营气不足,燥热内生,心移热于肺,于是形成上消证,所以原文说"虚则卫气不足,劳则营气竭。"

跌阳脉主候胃气。跌阳脉浮而数,浮为胃中阳气有余,气盛而外达则脉浮,故"浮即为气";数脉主热,为胃热亢盛。即《灵枢·师传》篇所说"胃中热,则消谷",谷消则饥,水消则渴,胃热气盛,则消谷善饥,渴欲饮水;气有余便是火,水为火迫而偏渗膀胱,故小便频数而量多,热盛津伤,加之津液偏渗,肠道失濡,故大便坚硬难解。胃热便坚,气盛溲数,二者相互影响,故形成消渴,此即后世所说的中消证。

【按语】

本条重点论述了中消的机理,未提出治法和方药,后世有认为以调胃承气汤为主方;唐宗海认为上消证,心火亢盛,移热于肺,为膈消者,用竹叶石膏汤去半夏加栝楼根之类,或不去半夏;喻嘉言认为,心火不足,移寒于肺为肺消者,用炙甘草汤,或柴胡桂姜汤加人参、五味子、麦门冬之类。程钟龄提出,治中消者,宜清其胃,兼滋其肾。诸家所言,对治疗本病确有指导意义。

【选注】

尤怡:诊寸口而知荣卫之并虚,诊跌阳而知胃气之独盛。合而观之,知为虚劳内热而成消渴也。夫所谓气盛者,非胃气盛也,胃中之火盛也。火盛则水谷去而胃乃坚,如土被火烧而坚硬如石也,故曰数即消谷而大坚。胃既坚硬,水入不能浸润,但从旁下转,而又为火气所迫而不留,故曰气盛则溲数,溲数则坚。愈数愈坚,愈坚愈数,是以饮水多而渴不解也。(《心典》)

【原文】

跌阳脉數,胃中有熱,即消穀引食,大便必堅,小便即數。(八)

【校勘】

"引食"徐、尤、陈、黄诸本均作"引饮"。

【释义】

本条继续论述中消的病机及脉证。跌阳脉候胃气,数则为热,胃中有热故消谷善饥,渴欲饮水。胃热盛者津伤,津液不润肠道而偏渗膀胱,故大便坚。饮水虽多,脾失转输,水液直趋于下,故小便频数。由此使阴液愈耗,而虚热愈盛,热愈盛而消谷引饮更甚。本条与第二条皆是胃热气盛所使然,亦即后世所论之中消证。

【选注】

尤怡:胃中有热,消谷引饮,即后世所谓消谷善饥,为中消者是也。胃热则液干,故大便坚;便坚则水液独走前阴,故小便数;亦即前条消谷便坚之症,而列于淋病之下,疑错简也。(《心典》)

三、证治

（一）肺胃热盛，津气两伤

【原文】

渴欲饮水，口乾舌燥者，白虎加人参汤主之。方见中喝中。（十二）

【释义】

本条论述肺胃热盛、津气两伤的消渴证治。消渴患者，必渴欲饮水，若饮水后仍有口干舌燥，是肺胃热盛，津气两伤之候。因热能伤津，亦易耗气，气虚不能化津，津亏无以上承，口舌失于滋润，所以渴欲饮水，口干舌燥。因燥渴而饮水，自救水入虽能暂缓其渴，但终不能除热，热邪不除，则津气不复，故渴欲饮水，水入则消，消后仍渴。本病热在肺胃，壮火食气，伤及津气，病属阳明经热，尚未入腑，类似后世所说的上消，治当益气生津，清热止渴，方用白虎加人参汤。方中石膏甘寒清热为主药，知母苦寒质润，可助石膏清阳明经热，又可滋阴润燥，味苦而不化燥伤津，为本方辅药，人参益气生津，粳米、炙草甘润养胃，益脾生津，使寒凉之品不伤脾胃。

【按语】

痰饮病篇第十九条说："腹满，口舌干燥，此肠间有水气，己椒苈黄丸主之"，本条"渴欲饮水，口干舌燥者，白虎加人参汤主之"同样是口干舌燥，前者是水气结于肠间不化，津液不布，本条是肺胃热盛，气阴两伤，无津可化。又如本条渴欲饮水，也见于五苓散证，但五苓散的渴欲饮水证是由于水寒互结膀胱所致，并不是津伤，应注意区别。本方既可治阳明热盛伤津的消渴症，亦可治疗肺胃热盛，津气两伤的上消或中消病。以脉数有力，舌红少津，大热烦渴，无小便数，则为消渴症；如病程较长，渴欲饮水不解，消谷善饥，小便频数量多，脉数，无大热者，即为上消。

【临床应用与研究】

本方常用于治疗消渴证和消渴病。①治疗消渴证，多与外感热病的发病进程相关，以烦渴而多饮为特点，无多食、多尿和消瘦，辨证为阳明病热盛津伤者，可用本方去人参，加生地、麦冬、天花粉。②治疗消渴病（包括糖尿病合并周围神经炎、高血压、冠心病），本病以多饮、多食、多尿为主症。症见口燥，唇干，咽干，口渴多饮喜冷饮，消谷善饥，大便干燥，舌红少苔或黄燥苔，脉洪数或滑数等，化验检查血糖增高，尿糖测定阳性。辨证为肺胃热盛，气阴两伤者，用白虎加人参汤加减治疗。热盛津伤者，去人参，加北沙参、生地、麦冬、玉竹、玄参、黄柏、银花藤；肺胃热盛，气阴两伤者，本方加黄芪、山药、五味子；有瘀血者，加当归、川芎、丹皮、丹参。脾虚兼湿者，加山药、白术、茯苓。

临床研究证明，加味白虎加人参汤，不仅有显著的降血糖作用，而且对胃热型糖尿病患者的尿糖亦有明显的降低作用，并且与优降糖的治疗效果同样显著。在服用优降糖30天以上，均不能控制血糖尿糖，临床症状明显存在的前提下，经服用加味白虎加人参汤治疗后，"三多"症状明显改善。现代药理研究证实，白虎加人参汤具有解热、抗炎、镇静、降血糖等作用，并通过实验证明，本方中知母是降血糖的主药，甘草、粳米能辅其发挥作用，它药与人参相合，有拮抗作用，配与石膏能使之相互协调。

【选注】

吴谦：消渴则渴欲饮水，水入即消，而仍口干舌燥者，是热邪盛也，故以白虎加人参汤，清热生津也。（《金鉴》）

【医案举例】

赵某，男，56岁，石油职工。于1981年2月26日来诊，口干、烦渴引饮2月有余，日饮水量约8000ml，每日进食约4斤左右，尿频，尿量甚多，经某医院确诊为糖尿病。服中西药无效，遂来诊。诊见：神清，形体消瘦，舌质暗红，苔白兼黄燥，脉弦数，空腹血糖240mg%，尿糖（卌），诊为消渴（糖尿病）。治用：生石膏50g、知母15g、白参10g、大米10g、甘草15g、石斛15g、丹参25g，水煎服。连进八剂。二诊（3月6日）：三多症已减（尿量仍多），舌质暗红已退，苔白微干，脉弦。查空腹血糖160mg%，尿糖（＋）。依前方减石斛，加覆盆子15g，继进八剂。三诊3月19日：自觉症均减，舌质红，苔白，脉缓。复查空腹血糖110mg%，尿糖（－），继服上方三剂，以巩固疗效。嘱服六味地黄丸，每次2丸，日二次，以善其后，追访至今，未见复发。（张家礼 . 金匮要略选读 . 第1版 . 北京：中国中医药出版社，1999；280）

（二）肾气亏虚

【原文】

男子消渴，小便反多，以饮一斗，小便一斗，肾氣丸主之。方見脚氣中。（三）

【释义】

本条论述肾气虚衰的下消证治。消渴病惟下消在肾，肾为水火之脏，内寓真阴真阳，阴虚则热，阳虚则寒，故下消证有寒热不同，所以肾阳虚症和肾阴虚或肾的阴阳两虚均可导致本病。男子以肾气为本，多有酒色过度，易致肾气虚，所以说男子消渴。本证因肾气虚弱，命门火衰，既不能化气行水，蒸腾津液以上润，又不能摄水和制约偏渗之津液，故渴欲饮水，小便反多，以饮一斗，小便一斗，形成渴饮无度的下消病。由于肾之阴阳不可分离，故治疗本病，宜用肾气丸，使之阴生阳长，以恢复其蒸津化气之功。全方阴阳并补，脾肾同治，补泄兼施，滋而不腻，温而不燥，既可助阳以化水，又可滋阴以生气。使水火相济，阴阳平复，则消渴自愈。

【按语】

中医学中所论的消渴病，包括西医学的糖尿病、尿崩症等，临床上辨证为肾气亏虚者，均可用肾气丸加减治疗。后世医家对本方应用有很大发展，如六味地黄丸，知柏地黄丸，杞菊地黄丸，左归饮，右归饮，左归丸，右归丸，补肾丸，《济生方》肾气丸等，均是由本方加减而成。

【临床应用与研究】

①主治下消病，包括西医学的糖尿病。辨证为肾阳虚衰，气阴两亏，治法当滋补肾阴，

温养肾阳，脾肾同治，佐以活血化瘀，用肾气丸主治。阳虚甚者，本方重用附子，桂枝改用肉桂，加人参、鹿角胶、益智仁、巴戟天、当归、川芎；脾虚兼湿者，加白术、苍术、法夏、粉葛根、苡仁、山药；阴虚甚者，本方加人参、麦冬、五味子、玉竹、天花粉、枸杞；瘀血重者，加丹参、当归、三七、红花、忍冬藤。②治疗肺心病心衰，症见面目及全身浮肿，肝肿大，肺部啰音，咳喘气紧，以金匮肾气丸主治，阳虚畏寒者加干姜、细辛、麻黄；阴虚燥咳者加瓜壳、桔梗、胆南星、鱼腥草、岩白菜；脾虚痰多者加白术、法夏、厚朴、枳壳、陈皮；杏仁、紫菀、冬花、矮茶风，均可随证选用。③治疗不育症，症见手足不温，阳事不举，腰酸膝软，舌质淡胖者，本方加鹿角片、紫河车、仙茅、淫羊藿、益智仁、菟丝子；手足烦热，舌红少津，咽干燥，阳痿滑精者，本方加白人参、五味子、枸杞、续断、杭巴戟、黄精、益智仁、金樱子。

近年来的研究表明金匮肾气丸还有以下一些治疗作用：①抗衰老作用，通过对中老年人肾阳虚，命门火衰，肾不纳气者，连续服用金匮肾气丸三个月后，经采血测定红细胞超氧化物歧化酶活性等测定的结果表明，用药后反映衰老分子水平的各项指针均有显著改善，表明金匮肾气丸确能使老年人的生理年龄年轻化，因而具有一定程度的抗衰老作用。②温肾壮阳，凡辨证为肾阳虚患者，大多有肾上腺皮质功能不全，经服金匮肾气丸10天，大部分病人阳虚症状改善，服药20天，全部病人的肾阳虚症状消失，说明肾气丸的温肾壮阳作用是明确的。③治疗阳痿，用金匮肾气丸对阳痿属精神因素性、性感缺乏性的疗效显著，但对肥胖性原方无效。④治疗精子缺乏症，金匮肾气丸对轻度、中度少精症与精子活动力低下症有显著疗效，但对无精症治疗无效。⑤降血糖，金匮肾气丸方有明显降低血糖、胆固醇、甘油三酯的作用，因此不仅能控制和治疗糖尿病，而且有使胰岛素分泌上升的作用。

【选注】

吴谦：饮水多而小便少者，水消于上，故名上消也。食谷多而大便坚者，食消于中，故名中消也。饮水多而小便反多者，水消于下，故名下消也。上中二消属热，惟下消寒热兼之，以肾为水火之脏也。饮一溲一，其中无热消耗可知矣。故与肾气丸从阴中温养其阳，使肾阴摄水则不直趋下源，肾气上蒸则能化生津液，何消渴之有耶？（《金鉴》）

【医案举例】

欧某，女，31岁，人民银行干部，1962年8月9日门诊。

病历摘要：头晕目眩，肢体消瘦，精神倦怠，四肢无力，多食善饥，口渴热饮，日夜无度，多饮多尿，有时溺如米泔，下肢关节酸痛，腓肠肌胀痛，舌苔白，脉沉细。经化验尿酸（＋＋＋），尿糖（＋＋＋＋），西医诊断为糖尿病，中医辨证消渴病。

处方：生地八钱，熟地八钱，附子三钱，肉桂一钱，淮山药三钱，云苓三钱，山萸肉三钱，丹皮二钱，泽泻三钱。

服五剂，多饮多尿各症见减，续服五剂痊愈。（李克光，等．金匮要略讲义．第1版．上海：上海科学技术出版社，1985；151）

(三）肾热津伤

【原文】

渴欲饮水不止者，文蛤散主之。（六）

文蛤散方：

文蛤五两

上一味，杵为散，以沸汤五合，和服方寸匕。

【释义】

本条论述阴虚燥热渴欲饮水的证治。"渴欲饮水不止者"，是为热邪深入下焦，肾阴被劫，不能制约盛火之上炎，心移热于肺，则肺燥阴伤，故渴欲饮水。然水入不能消其热，制其燥，而反为燥热所消，所以虽饮水而仍口渴不止。但本证没有停水呕逆和小便不利的证候，故不属停水所致，而是肾热熏灼，燥热伤津的消渴证。根据《内经》"热淫于内，治以咸寒"之旨，用文蛤散主治。文蛤散咸凉润下，能清热润燥，生津止渴。

【按语】

对本方文蛤的认识有所不同，如宋代《开宝本草》在论述"五倍子"时说，其异名称"文蛤，百虫仓"，故后世《三因方》误把五倍子当作文蛤入药。五倍子者，应为《本草拾遗》所载为正，为蚜虫寄生在盐肤木叶上的虫瘿。性味苦酸、平、无毒，功用敛肺、涩肠、止血解毒。文蛤者，应是《本经》所载为正。异名称花蛤。其基原为帘蛤科动物文蛤的贝壳，生于海水中，性味咸平、微寒、无毒，功用清热、利湿、化痰、软坚，主治口渴烦热等。从临床应用而言，五倍子、文蛤，都有清热、生津、润燥止渴、软坚散结之功，但五倍子与文蛤各是一药。

【临床应用与研究】

①治疗消渴症，辨证为阴虚燥热，渴欲饮水不止者，用文蛤 30g 研细为散，可配伍百合 30g，麦冬 30g，五味子 10g 煎汤服用。②治疗热痰咳嗽，取文蛤 50g，烧成性，研细末，配伍姜制半夏、厚朴、陈皮、白芥子、枳实各 15g，俱同麸皮炒微黄，共研细末，早晚饭后用白汤冲服 3~5g（《方脉正宗》）。③消痰核，治瘿瘤，用于结节性甲状腺肿等病，常配伍昆布、海藻、海螵蛸、龙骨、牡蛎、夏枯草、贝母等。④本方可以治疗皮肤对潮湿氤氲空气过敏症，淋浴后肌肤凸起症，过敏性风团疹，以及皮肤结核、结疖、胃炎等病证而见上述证机者。实验研究有抗炎作用，祛痰作用。

【选注】

赵良仁：尝考本草，文蛤、海蛤，治浮肿，利膀胱，下小便，则知内外之水，皆可用之。其味咸冷，咸冷本于水，则可益水；其性润下，润下则可行水。合咸冷润下则可退火，治热证之渴饮不止，由肾水衰少，不能制盛火之炎燥而渴。今益水治火，一味两得之。《内经》曰：心移热于肺，传为膈消者，尤宜以咸味，切于入心也。（《二注》）

小便不利　淋病

一、小便不利证治

（一）膀胱气化不行

【原文】

脉浮，小便不利，微熱消渴者，宜利小便發汗，五苓散主之。方见上。（四）

渴欲飲水，水入則吐者，名曰水逆，五苓散主之。方见上。（五）

【释义】

以上两条指出气不化津的小便不利证治。两条虽均由停水引起，但在证候表现上略有不同。第四条论述表邪不解，水寒互结于膀胱致小便不利的证治。由于风寒外束，表邪未解，郁而不宣，卫气抗邪于表，故脉浮而微有发热。外邪随经入里，膀胱气化受阻，水与寒结，气不化津，津液不能上承，故小便不利而消渴。治宜表里分消，利小便发汗，使表邪解则热无所依，水邪去则气化行。第五条是论述水逆的证治。由于风寒之邪，循经入腑，膀胱气化失职，不仅下焦蓄水，进而胃中亦停水，致胃失和降，脾不散津，津气不能布于口，故产生口渴，虽然渴欲饮水，因胃有停饮，则拒而不纳，水入则吐。虽然证候表现各有不同，由于两者的病机在根本上是一致的，故皆用五苓散治疗，以化气行水利小便，水去则诸症自解。

【按语】

注家对第四条病机的解释有不同看法。魏荔彤认为是外感风邪，内有湿热；尤怡指出是水与热结，而热浮水外，均从水热互结作解。李克光《金匮要略译释》认为本证之微热，属风寒束表，卫阳郁闭所致，自与外感风热不同。原文中提出"发汗"治疗，可见本证是无汗的。故其病机解释为"寒水相结，膀胱气化受阻"，以与第六条猪苓汤证相区别。这种解释更符合原文之意。本方是通过健脾除湿、化气行水的途径治疗水气内停之证。说明本证不是杂病中的消渴病，而是水停不化的消渴证。

【临床应用与研究】

五苓散为温阳化气、利水渗湿的首选方剂。凡太阳病邪里未解，水湿内停，气化不行者，均可以本方为基础加减治疗。①治疗慢性肾炎，辨证为脾肾阳虚，水湿内停证，本方加麻黄、熟附片、益智仁、菟丝子、枸杞、苡仁、白茅根、生姜。②治疗尿崩证，辨证为肾阳亏虚，气化失职者，以烦渴多饮，小便数而量多为特点，本方加肉桂、熟附片、益智仁、五味子、粉葛根、升麻。③治疗心包积液，辨证为心肾阳虚者，本方加麻黄、附子、细辛、椒目、法夏。

研究表明，五苓散中去桂枝可使排尿量明显减少，其组成生药中，桂枝可使排尿量增加，说明桂枝在五苓散中有着重要意义。

【选注】

吴谦：是方也，乃太阳邪热入府，水气不化，膀胱表里药也。一治水逆，水入则吐；一治消渴，水入则消。夫膀胱者，津液之府，气化则能出矣。邪热入之，若水盛，则水壅不化而水蓄于上，膀胱之气化不行，致小便不利也。若热盛则水为热耗，而水消于上，膀胱之津液告竭，致小便不利。水入吐者，是水盛于热也；水入消者，是热盛于水也。二证皆小便不利，故均得而主之。然小便利者，不可用，恐重伤津液也，由此可知五苓散非治水热之专剂，乃治水热小便不利之主方也。君泽泻之咸寒，咸走水府，寒胜热邪。佐二苓之淡渗，通调水道，下输膀胱，并泻水热也。用白术之燥湿，健脾助土，为之堤防以制水也。用桂之辛温，宣通阳气，蒸化三焦以行水也。泽泻得二苓下降，利水之功倍，小便利，而水不蓄矣。白术须桂上升，通阳之效捷，气腾津化，渴自止也。若发热表不解，以桂易桂枝，服后多服暖水，令汗出愈。是此方不止治停水小便不利之里，而犹解停水发热之表也。（《金鉴·卷三十一》）

【医案举例】

刘某，男，53岁，乡村医生，1988年1月20日诊，患者习惯性尿失禁1年余，伴有心悸气短，腰膝酸软，有不同程度性功能减退，夜间及劳累后加重，曾多方医治效果不佳，特求治于中医。今诊：症如前述，舌质淡，苔白，脉沉缓，脉症合参，属肾阳素亏导致膀胱气化无能，开阖失度而不约，致水液直下行而发本病。本方五苓散加味，处方：桂枝15g，猪苓15g，白术10g，泽泻18g，芡实15g，仙茅15g，茯苓15g，1日1剂，水煎服。3剂后小便次数明显减少，他症均减。药中病机，效不更方，嘱上方再进10剂，诸症悉除。随访3年未见复发。[王文甲．五苓散验案．山西临床医学　1997；6（4）：254]

（二）上燥下寒水停

【原文】

小便不利者，有水氣，其人若渴，栝樓瞿麥丸主之。（十）

栝樓瞿麥丸方：

栝樓根二兩　茯苓三兩　薯蕷三兩　附子一枚（炮）　瞿麥一兩

上五味，末之，煉蜜丸梧子大，飲服三丸，日三服；不知，增至七八丸，以小便利，腹中溫爲知。

【校勘】

"若渴"：《医统》本作"苦渴"，宜从。

【释义】

本条论述下寒上燥的小便不利证治。肾主水而司气化，肾与膀胱相表里，《素问·灵兰秘典论》云："膀胱者，州都之官，津液藏焉，气化则能出矣。"膀胱气化之源，由肾所主，肾阳不足，膀胱气化失职，故小便不利，水气内停。真阳不足，亦不能蒸化津液上承，而致上焦燥热，以渴为所苦。本证上浮之焰，非滋不熄，下积之阴，非温不消，故治宜温肾化气与润燥生津并行，方用栝楼瞿麦丸。方中栝楼根、薯蕷生津润燥，以治其渴；瞿麦、茯苓渗泄行水，以利小便；炮附子一味，能振奋肾阳，温阳化气，使津液上蒸，水气下行，亦肾气丸之变制。方后注云："以小便利，腹中温为知。"说明本证当有少腹冷，或腰以下肿等阳虚水停下焦的常见证候。服上方后，病人小便通利，少腹温暖，水肿消退，则是气化复常，阳气通畅，寒去水行的象征，其病则愈。

【按语】

注家对本证病机的认识有不同见解。赵以德认为是阴寒留积，肺与膀胱气化不利；徐忠可提出脾肾虚弱，肺与膀胱俱热；尤在泾等认为是下焦阳弱气冷，水气不行，则水寒偏结于下，而燥火独聚于上；后世注家多从尤说。本方的配伍特点是寒润辛温并用，渗泄补益兼施，寒凉滋润而不伤阳气，温肾助阳而不伤阴津，阴阳并调，补利兼施，蜜丸递进，各达病所。

【临床应用与研究】

本方是肾气丸的变制法，故既可治消渴证，亦可治消渴病。以小便不利，腰以下肿，少腹冷，口渴，脉沉等为辨证要点。①治疗慢性肾炎，症见全身浮肿，尿频而尿量减少，腰痛，唇干口渴，纳食不佳，脉沉细，辨证为脾肾阳虚，水气内停者，本方加补骨脂、白术、桂枝。②治疗糖尿病，症见口渴欲饮，小便频数而量多，舌质淡，心中畏寒怕冷，辨证为肾阳虚衰，气化不行，脾失运化者，本方加肉桂、益智仁、桑螵蛸、淫羊藿、白术、陈皮。③治疗喘满浮肿，症见病人上有喘咳气逆，中有腹中胀满，下有小便癃闭不通，肢体浮肿，脉迟弱，舌质淡等，辨证为脾肾阳虚，水停不行，用本方加椒目、沉香、车前子、淮牛膝，名为"瞿附通阳汤"，用于治疗慢性肾炎、尿毒症、心源性水肿等均有较好疗效。

实验研究表明，瓜蒌根含皂苷和蛋白质及多种氨基酸成分，有致流产及抗早孕作用。瞿麦煎剂有显著的利尿作用，对绿脓杆菌等有抑制作用。茯苓有明显的利尿作用，能增加 Na^+、K^+ 等离子的排出。山药有明显持久的利尿作用，能促进 Na^+ 排出，并有降血糖、保肝作用。

【选注】

尤怡：此下焦阳弱气冷，而水气不行之证，故以附子益阳气，茯苓、瞿麦行水气。观方后云，腹中温为知，可以推矣。其人苦渴，则是水寒偏结于下，而燥火独聚于上，故更以薯蓣、栝楼根除热生津液也。夫上浮之焰，非滋不息，下积之阴，非暖不消；而寒润辛温，并行不悖，此方为良法矣。欲求变通者，须于此三复焉。(《心典》)

【医案举例】

刘某，女，40 岁，重庆某银行职工，1964 年 12 月 20 日初诊：水肿，小便不利一年许，口渴增剧，水肿加重两月左右。

现证：全身水肿，口渴引饮（工作和就诊，自带大型瓷缸子一个，每天要喝 24 缸子水，至少约 24 磅），腰冷腿软，精神萎靡不振，纳差，每餐约一两米饭，小便不利，短少而淡黄，尿无热感，大便 2~3 天一次，不结燥，面色浮白，唇淡，舌质淡，无苔乏津，脉沉细。某省级医院诊断为慢性肾小球肾炎，经服中西药，治疗一年左右疗效不显，近两月来，病情加剧，其人苦于渴饮，水肿愈增，小便淡黄短少，于是前来重庆市第二中医院就诊。当时诊断为水肿，此系肾阳不足，气化紊乱，形成上燥下寒之渴肿小便不利证，拟以润燥生津、温阳利水主治，方用栝楼瞿麦汤（丸剂改用汤剂）加鹿胶以填补精血。

方药：栝楼根30g、淮山药30g、茯苓15g、瞿麦15g、制附片15g（另包先煎两小时）、鹿胶12g（另包蒸化兑服）。

1964年12月23日二诊：上方服2剂，口渴大减，饮水量减少一半，每天饮水约12磅，水肿亦大减，小便量增多而畅利，饮食增加，每餐吃二两，其余舌脉同上。效不更方，将原方再进2剂。

1964年12月26日三诊：上方又服2剂，口渴更减，饮水量每天约4磅左右，小便畅利，水肿基本消失，饮食接近正常，每天8~9两左右，大便正常，每天一次，腰冷消失。现觉腰酸腿软，精神仍疲倦，夜尿3~4次，舌质淡，无苔微润，脉沉细。此肾阳渐复，气化功能逐渐趋向正常之象，而病理稍有变化，在治法上原则不变，拟以温阳（肾阳）利水为主，辅以生津润燥，佐以填补精血，于原方中将栝楼根改用15g，其余药物和剂量不变，嘱进2剂。

1964年12月29日四诊：上方服2剂，渴饮、水肿消失，饮食正常，精神比原来大有好转，时而仍感疲乏，尿色淡黄无热感，夜尿2~3次，腰酸腿软，面色接近正常，唇淡红，舌质淡，无苔津润，脉沉细。效不更方，仍宗前法，继服第三诊方，因余回蓉，嘱服2~10剂，以巩固疗效。……（王廷富.金匮要略指难.第1版.成都：四川科学技术出版社，1986；289）

（三）湿热挟瘀与脾肾亏虚

【原文】

小便不利，蒲灰散主之；滑石白鱼散、茯苓戎盐汤并主之。（十一）

蒲灰散方：

蒲灰七分　滑石三分

上二味，杵爲散，飮服方寸匕，日三服。

滑石白鱼散方：

滑石二分　亂髪二分（燒）　白鱼二分

上三味，杵爲散，飮服方寸匕，日三服。

茯苓戎盐汤方：

茯苓半斤　白术二两　戎盐弹丸大一枚

上三味。

【校勘】

《四部备要》本"上三味"后，有"先将茯苓、白术煎成，入戎盐再煎，分温三服"，宜从。

【释义】

本条论述小便不利的三种治法。因原文叙证简略，可以方药测证，便于理解和运用。

蒲灰散，由蒲灰、滑石两味组成。蒲灰（生用）功能凉血、化瘀、消肿，滑石善于清热利湿，两药合而成方，具有化瘀利窍泄热之功。所治小便不利，是由湿热瘀结，膀胱气化不行所致。从方药功用主治可知，本证应有小便不利，或短赤，或有尿血，溲时尿道有灼热刺痛，少腹拘急等表现。故本方适用于湿热兼瘀血的小便不利，主治热淋。

滑石白鱼散，由滑石、乱发、白鱼三味组成。滑石利水通淋，利窍渗湿热，《本经》说："主身热泄澼，女子乳难，癃闭，利小便，荡胃中积聚寒热。"白鱼即衣帛、书纸、谷物中所生长的蠹虫，《本经》称衣鱼"主妇人疝瘕，小便不利"。《别录》谓"能开胃下气，利水气，疗淋堕胎"。可见本品具有化瘀行血，清热利尿之功。乱发又称血余，烧灰成性，名为血余炭，《别录》谓其"主五淋，大小便不通"，说明血余有消瘀止血，利尿通淋的作用。三药相伍，可凉血消瘀，清热利湿，对于湿热瘀结膀胱血分，膀胱气化受阻，所引起小便不利，尿血，小便时尿道灼热作痛，后世所称血淋者尤为适宜。

茯苓戎盐汤由茯苓、白术、戎盐三药组成。方中茯苓利水渗湿，《本草求真》谓茯苓"最为利水除湿要药，书曰健脾，即水去而脾自健之谓"；白术甘温健脾，苦温除湿；"戎盐即青盐，性味咸寒，疗溺血，吐血，助水脏，益精气"（《本草纲目》）。可知是中焦脾虚，下焦湿甚的小便不利之证，三药相伍为方，体现了补益脾肾，渗湿利水之法，是治疗劳淋或膏淋之主方。

【按语】

以上三方，都以利小便为主，又能兼治淋病和溺血，可知三者病机大多是因肾与膀胱有热所致。但三方主治，亦有轻重虚实之异。蒲灰散和滑石白鱼散化瘀利窍泄热，通尿作用甚强；茯苓戎盐汤健脾渗湿益肾，是通中兼补之剂。对蒲灰散中之蒲灰有不同认识。《本草纲目》说是蒲席烧灰，《医学纲目》认为是蒲黄，曹颖甫认为是菖蒲灰。从《千金要方》载蒲黄、滑石二味组方治"小便不利、茎中疼痛、小腹急痛"来看，本方中蒲灰当以生蒲黄为是。所以称名蒲灰者，正如《本经疏证》所说"蒲黄之质因有似于灰也"。蒲黄在临床上有生用或炒用不同，《大明本草》说"破血消肿者生用，补血止血者须炒用"，本方目的在于凉血消瘀，清利湿热，故以用生蒲黄为宜。

【临床应用与研究】

在临床运用时，可根据病情需要，将三方结合使用。常用于治疗泌尿系统疾病。①治疗急性肾盂肾炎，小便灼热刺痛，尿血，少腹拘急，发热，舌黄，脉滑数，尿检有红细胞、白细胞。方用蒲黄、滑石、茯苓、白术、血余炭，加车前子、生地、银花、小蓟、栀子、甘草。②治疗淋菌性尿道炎，症见尿道发痒，轻微刺痛，有黏液溢出，两天后分泌物变稠，尿道口溢脓，尿痛，尿道口红肿，化验检查有淋病双球菌，或白色念珠菌，辨证为湿浊蕴结下焦，化热成毒者，用蒲灰散加黄连、黄柏、土茯苓、车前草、茯苓、蒲公英。③治疗淋症（包括石淋、血淋、膏淋），症见尿频、尿急、尿痛、尿血，或尿如脂膏，辨证为湿热瘀结，热伤脉络者，用蒲灰散加味主治。石淋（包括膀胱结石、肾结石）加金钱草、海金沙、鸡内金、戎盐、茯苓、硼砂、地龙、淮牛膝、乱发（用猪油高温溶化兑服）、车前草；膏淋加苍术、白术、黄柏、苡仁、茯苓、扁豆、山药、藿香、炒山楂、炒莱菔子；血淋加大蓟、小蓟、血余炭、藕节、白茅根、生地、赤芍、麦冬、银花、甘草。

【选注】

吴谦：无表里他证，小便不利而渴者，消渴水邪病也；小便不利不渴者，小便癃闭病也。主蒲灰散、滑石白鱼散者，蒲灰、乱发血分药也，滑石、白鱼利水药也；然必是水郁于血分，故并主是方也。观东垣以通关丸治热郁血分之小便不利，则可知在血分多不渴也。主茯苓戎盐汤者，茯苓淡渗，白术燥湿，戎盐润下，亦必是水湿郁于下也。盐为渴者之大戒，观用戎盐则不渴可知也。（《金鉴》）

【医案举例】

文某，男，49岁，业农。于1958年7月前来就诊。自诉从三月份起，小便微涩，点滴而出，至四月上旬溺时疼痛，痛引脐中，前医投以五淋散连服，五帖无效。诊其脉缓，独尺部细数，饮食正常，余踌躇良久，忽忆及《金匮要略》淋病篇有云淋之为病，小便如粟状，痛引脐中等语，但有症状未立治法，又第二节云苦渴者栝楼瞿麦丸主之。但此病不渴，小便频数，经查阅余无言《金匮新义》不渴者茯苓戎盐汤主之，滑石白鱼散并主之。遂将二方加减变通，处方如下：茯苓八钱 白术二钱 戎盐二钱 化滑石六钱 去发灰、白鱼，易鸡肫皮二钱 冬葵子三钱 嘱患者连服八剂，日服一剂，每剂二煎，每次放青盐一钱，煎成一小碗，每碗二次分服，忌鱼腥腻滞辛辣之物。……据患者自述吃完八剂后，中午时忽觉小便解至中途突有气由尿道中冲射而出，尿如涌泉，遂痛止神爽，病即若失。再诊其脉已缓和，尺部仍有弦数，此系阴亏之象，继以猪苓散（汤）合芍药甘草汤育阴利小便而愈。（李克光，等.金匮要略讲义.第1版.上海：上海科学技术出版社，1985；156）

（四）水热互结伤阴

【原文】

脉浮發熱，渴欲飲水，小便不利者，豬苓湯主之。（十三）

豬苓湯方：

豬苓（去皮） 茯苓 阿膠 滑石 澤瀉各一兩

上五味，以水四升，先煮四味，取二升，去滓，內膠烊消，溫服七合，日三服。

【释义】

本条论述水热互结，郁热伤阴的小便不利证治。脉浮发热，不是病邪在表，而是郁热在里，扰及肺卫，肺热郁蒸于皮毛，故见脉浮而发热，因与外邪无关，所以虽有发热而不恶寒。这里的渴欲饮水亦不是阳明热盛津伤之口渴，而是由于水热互结，郁热伤阴，津气不能濡润，故渴欲饮水。水与热结，既有水停膀胱气化不行，又有郁热伤阴，故有小便不利。用猪苓汤主治，以清热利尿，滋阴生津。方中猪苓、茯苓、泽泻淡渗利水，滑石甘寒清热，阿胶甘咸入肾，滋阴润燥，五药相伍，渗利与清热养阴并举，使水去则热无所附，津复则口渴亦止。共达育阴利水而不伤阴的目的。

【按语】

本条与前五苓散证皆有小便不利、渴欲饮水、脉浮发热的证候，但其病机则不相同，五苓散证是热初入与水结而阴未伤，多为水与寒结，症状上先有小便不利，次见口渴，治疗上以温阳化气利水为主，使气化水行，则小便通而热渴亦解；本条是热入已久，水热互结而郁热伤阴，在治疗上是以滋阴清热利水为主，使郁热清，阴津恢复，则发热口渴自解而小便亦通。

【临床应用与研究】

本方常用于治疗泌尿系统疾病（包括急慢性肾炎，尿路感染，肾结石，尿血等），辨证为水热互结，郁热伤阴，膀胱气化不行者，均可用猪苓汤加减主治。①治疗肾积水（B超提示），主要症状为腰痛，腹痛，下肢浮肿，小便短少或涩痛，辨证为水热内结，肾气不化而成积水者，用猪苓汤加木香、乌药、车前子、冬葵子、怀牛膝、金钱草、甘草；舌体胖大而淡，偏于水与寒结，肾气不化者，用猪苓汤加麻黄、桂枝、细辛、白术。②治疗泌尿系结石，猪苓汤加金钱草、海金沙、石韦、王不留行、琥珀、鸡内金；尿急、尿痛加木通、扁蓄；大便干燥加生大黄、麻仁。③治疗尿血，对尿路结石所致的尿血，炎症性尿血，或肾出血等尿血，辨证为肾虚膀胱郁热，热伤血络者，用猪苓汤加生地、黄连、地榆、麦冬、白茅根、旱莲草、藕节、三七粉、侧柏叶。

实验研究发现，方中猪苓具有利尿、降压、抗菌作用。滑石主要含硅酸镁和氧化铝、氧化钙等，有利尿解暑功效。泽泻具有利尿、降压、降血糖、降血脂及抗脂肪肝等作用。阿胶水解可得多种氨基酸，具有补血、抗休克及促进淋巴细胞转移的作用。猪苓汤对实验性动物肾功能不全有治疗作用；对实验性动物尿路结石研究结果发现，本药可显著抑制结石的形成，并使肾组织中草酸的含量及尿中草酸盐显著降低。

【选注】

唐宗海：……五苓散证，发于膀胱，膀胱之阳不能化水，故先小便不利，此乃随太阳经而见于表为热，水既停则津不升，故最后乃见消渴之证。是先病膀胱之水，而后见热渴，但当温膀胱之寒水为主，故用桂枝也。此节猪苓汤证，是证发于肺经，肺主皮毛，而先病发热，是肺有热也。肺热津不布，故渴欲饮水也。外热上渴，肺既受伤，不能通调水道，因而水道不利，是先病肺之虚热也。但当滋肺经之虚热为主，故用胶与滑石。二证之发现，先后不同，脏腑遂异，独其脉皆浮何哉？盖五苓散之浮，应太阳主表之义也；猪苓汤之浮，应肺主皮毛之义也。脉虽同而见证有先后，遂大异焉。（《补正》）

【医案举例】

张某，女，32岁，1980年1月21日诊。晨起小便淋涩，尿道刺痛，少腹坠胀，身寒颤栗，舌红苔薄，脉浮弦；小便检查：蛋白（＋＋＋），红细胞（＋＋）。乃湿热蕴蓄下焦，膀胱气化不利，宜清热通淋，凉血止血，投猪苓汤加桔梗6g，茜草10g，白茅根15g。2剂后症状缓解，少腹仍胀；续服2剂痊愈。（李克光，等.金匮要略讲义.第1版.上海：上海科学技术出版社，1985；157）

二、淋病

（一）主症

【原文】

淋之爲病，小便如粟狀①，小腹弦急②，痛引臍中。（七）

【词解】

①小便如粟状：小便排出粟状之物，即砂石。粟，谓结石细小如粟米。

②弦急：即坚急。"弦，坚正也。《庄子·外物》'谋稽乎諴'释文"（《经籍籑诂》）。或谓"弦急，即牵掣挛急"亦通（李今庸《金匮要略讲解》）。

【释义】

本条论述石淋的症状。淋病以小便淋沥不爽，尿道疼痛为主症，后世医家根据不同的发病机理，分为五淋。本条所说小便如粟状，多指石淋而言。由于膀胱热盛，尿液为热所灼，结成固体物质，形如粟状，梗阻于中，以致热郁气滞，小便涩而难出，所以小腹坚硬紧急，痛引脐中。石淋尿痛较之于其他淋症为尤甚。

【按语】

本条多数注家作石淋论述，而徐彬、陆渊雷等则认为是诸淋通有之证。因本条原文所说，小便是解出如粟米大小的固体物，即是排出砂石，如是其他淋病，虽有小便不利，尿道灼热疼痛见证，但无砂石排出，或无砂石或结石的诊断是其主要区别，故本条作石淋解为妥。石淋的形成，注家均从邪热立论，但各有发挥，尤怡提出乃膀胱为火热燔灼，水热结为滓质所致，此属阴虚热结；赵良仁认为是脾虚肝郁，湿热下注；魏荔彤指出是肾阳亏而膀胱气化不足，肾水亏而火不能藏，致邪热煎熬而成。诸说宜互参而从。

【选注】

尤怡：淋病有数证，云小便如粟状者，即后世所谓石淋是也。乃膀胱为火热燔灼，水液结为滓质，犹海水煎熬而成咸碱也。小腹弦急，痛引脐中者，病在肾与膀胱也。按巢氏云：淋之为病，由肾虚而膀胱热也。肾气通于阴，阴，水液下流之道也。膀胱为津液之府，肾虚则小便数，膀胱热则水下涩，数而且涩，淋沥不宣，故谓之淋。其状小便出少起多，小腹弦急，痛引于脐。又有石淋、劳淋、血淋、气淋、膏淋之异，详见本论，其言颇为明晰，可补仲景之未备。（《心典》）

（二）治禁

【原文】

淋家不可發汗，發汗則必便血。（九）

【释义】

本条指出淋家禁用汗法。平素患淋病久不愈者，谓之淋家。淋病多因肾虚膀胱蓄热，淋病日久不愈，导致肾阴渐亏，阴液不足，膀胱蓄热不除，素有淋病宿疾，即使有恶寒发热的外感症候，也不可轻易发汗。若妄用辛温之品发汗，必然助热伤阴，阴伤则邪热更甚，热盛伤及阴络，动其营血，迫血妄行，故可导致尿血变症。

【按语】

本条亦见于《伤寒论》第84条，当互参。淋家忌用发汗之理，综合注家之论，不外发汗则可助热、伤阴、动血，故提示在临床上凡阴血不足，内蕴伏热，或素体阴虚有出血史者，均当慎用辛温发汗。原文所说淋家不可发汗，实寓养阴生津，清热通淋，兼以辛凉解表之意。本篇论淋病仅两条，未出其方治，故本篇小便不利诸方，《妇人妊娠病篇》的葵子茯苓散，均可随证化裁，用以治疗本病。

【选注】

吴谦：淋家，湿热蓄于膀胱之病也。若发其汗，湿从汗去，热则独留，水府告匮，热迫阴血，从小便出，即今之所谓血淋也。(《金鉴》)

研究概要

消渴的范围，近年来多数医家认为消渴病与西医学的糖尿病、甲状腺功能亢进症、尿崩症，以及糖尿病肾病等病证有相关性。

对病因病机的认识，《素问·奇病论》说："此肥美之所发也，此人必数食甘美而多肥也，肥者令人内热，甘者令人中满，故其气上溢，转为消渴"。认识到饮食不节，过食肥甜，导致内热是发生消渴的重要原因。《金匮要略》提出了胃热、肾虚、肺胃热盛津伤及营气虚竭的病因病机，并创立了治法和方药；《济生方》指出："肾水枯竭，心火燔炽，三焦猛热，五脏干燥，由是渴利生焉"，说明肾阴亏虚为其根本；李东垣《脾胃论》指出"阳精所降，谓脾胃不和，谷气下流"；林珮琴《类证治裁》明确提出"小水不臭反甜，此脾气下脱症最重"，均认识到脾的运化失职是发生消渴病的重要机理；巢元方《诸病源候论·消渴病诸候》指出："小便利则津液竭，津液竭则经络涩，经络涩则营卫不行，营卫不行则由热气留滞，故成痈疽"，深刻阐明了瘀血与消渴病及并发痈疽的机理。综上所述，肺热津伤、胃火炽盛、肾气亏虚、脾失健运、瘀血阻滞等是导致消渴的主要病因病机。故在消渴病的发生发展过程中，无论是热盛津伤、阴虚内热，还是脾虚痰湿等，均可影响到气血运行不畅而致瘀血的产生，因此在消渴病变过程中，始终存在着瘀血的病理机制，这些认识为治疗消渴病使用活血化瘀法提供了理论基础。

对于消渴的治疗，仲景所立白虎加人参汤治上消，肾气丸治下消，开治疗消渴病之先河，从理论认识和临床实践奠定了基础，至今亦是治疗本病的主要方剂，后世在此基础上有很大的丰富和发展，综合历代医家所长和近代研究成果，最具代表性和最常用的治法有以下几个方面。

益气生津，养阴清热：症见烦渴多饮，口干舌燥，尿频量多，舌红苔黄、脉洪数，辨证为肺热津伤，阴虚热盛证，相当于上消，用白虎加人参汤加减主治，方药：知母、石膏、甘草、粳米、人参、生地、麦冬、天花粉，肺热甚者加薄荷，尿赤便秘者加滑石、生大黄。

清热泻火、益胃生津：症见消谷善饥，形体消瘦，大便干燥，舌红苔黄，脉数有力，辨证为胃热炽盛，津伤燥热证，相当于中消证，用白虎汤加味主治，方药：石膏、知母、粳米、甘草、黄连、栀子、玄参、生地、麦冬，大便秘结，腑气不通者，加生大黄。

养阴润燥，生津止渴：症见尿频量多，渴欲饮水不止，"以饮一斗，小便一斗"，小便混浊有甜气，口干舌燥，舌红少津，心烦失眠，倦怠乏力，脉细数，辨证为肾阴亏虚，气阴两伤证，相当于下消偏阴虚证，用六味地黄丸加味主治，方药：生地、山药、茯苓、丹皮、泽泻、山茱萸、麦冬、五味子、沙参、黄芪、丹参。

滋补肾阴，温养肾阳：症见形寒畏冷，消渴引饮，小便清长而量多，甚者饮一溲一，腰膝酸软，阳痿不举，舌淡苔白，脉细无力，辨证为肾气亏虚，阴阳两虚证，相当于下消偏阳虚证，用金匮肾气丸加减主治，方药：桂枝、附子、山萸肉、山药、茯苓、人参、黄芪、杜仲、菟丝子、鹿角胶、益智仁、仙茅。

健脾益气，升清降浊：症见渴喜热饮，小便不利，尿液混浊或有甜气，食少便溏，面色萎黄，舌淡苔白，四肢不温，脉细无力，皮肤瘙痒，辨证为脾胃阳虚，水湿郁滞证，用参苓白术散加减主治，方药：人参、茯苓、苍术、山药、扁豆、砂仁、苡仁、桂枝、陈皮、法夏、甘草。偏阳虚寒湿者，加附子，干姜；偏阴虚挟湿者，去人参、桂枝、砂仁，加粉葛根、麦冬、沙参、生地；偏湿热者，本方去桂枝、砂仁，加知母、黄连、黄柏、滑石；痰湿重者，本方去人参，加桔梗、白芥子、胆南星。

活血化瘀，祛痰除湿：消渴病经久失治，多发展成为下消，形成气阴两伤，而致气虚血瘀，或脾失健运，水湿内郁，谷气下流，形成湿痰，而痰阻经络，脉络瘀阻，痰瘀互结，故在治疗上既要活血化瘀，又要祛痰除湿。其常见证为面色晦黯，消瘦乏力，胸中闷痛，肢体麻木或刺痛，或夜间加重，口唇紫，舌黯或有瘀斑，苔薄白或少苔，辨证为痰瘀互结，血瘀气滞者，用桃红四物汤合苓桂术甘汤加减主治，方药：桃仁、红花、当归、川芎、茯苓、桂枝、白术、甘草；肺胃热盛者，加石膏、知母、天花粉；气阴两虚者，加人参、黄芪、麦冬；湿热互结者，加苍术、黄柏、栀子、滑石；脾肾阳虚者，加附子、干姜、红参；脾肾阳虚，水湿内停或浮肿者，加附子、细辛、麻黄、木防己；肝郁气滞者，加柴胡、郁金、佛手。

由此可知，目前对消渴病的基本治法是益气、养阴、清热、调补肾气、健脾除湿，而活血化瘀法在消渴病的各种证型中均可配合使用。

小　　结

本篇论述了消渴、小便不利、淋病三种病证的辨证论治。

消渴病的发生，本篇指出了胃中热盛，肾气不足和肺胃热盛，津气两伤，都为临床所常见。临床表现以"渴欲饮水，口干舌燥"为主证者，称为上消病，治宜益气生津，清热止渴，方用白虎加人参汤；以大便坚，小便数，消谷善饥，渴欲饮水为主证者，称为中消病，篇中未指出治法，后世医家多主张用调胃承气汤类，以通腑泄热；以消渴饮水，小便反多，饮一溲一为主证者，称为下消病，方用肾气丸，温肾化气，蒸津摄水。以渴欲饮水不止为主证，无小便多表现者，是为热性病过程中肾热津伤的消渴症，治宜咸寒清热，生津止渴，方用文蛤散。本篇对消渴病病机和治法的论述，寒热阴阳，上中下三焦俱备，为后世治疗本病奠定了基础。

小便不利病，其病机总属膀胱气化不行，因其病因和证型不同，故其治法各异。若属寒水互结的太阳蓄水证，则用五苓散通阳解表，化气行水；若属水热互结，郁热伤阴的，则当滋阴润燥，利水清热，方用猪苓汤；若属肾阳不足，上燥下寒者，则当温阳化气，蒸津利水，润燥止渴，方用栝楼瞿麦丸；若因湿热瘀结下焦，膀胱气化不利者，可与凉血化瘀，清热利湿，可分别选择蒲灰散、滑石白鱼散。前者利尿通淋为主，后者凉血止血见优。若中焦脾虚，湿热挟瘀，下焦肾虚有热，阻碍膀胱气化不行者，可益肾清热，健脾利湿，方用茯苓戎盐汤。

另外，篇中还论述了石淋的典型证候，并指出了淋家禁汗的原则，至于淋病的治疗，只要病机相同，可借用上述小便不利诸方，此即中医之异病同治。

水氣病脉證并治第十四

本篇论述水气病的病因病机、辨证治疗及预后等。

水气病即以身体浮肿而重为主证的病。水气病的机理与肺脾肾关系最为密切，三脏中某一脏的功能失职，不能化水制水，即能导致水湿泛溢肌肤，发展为水肿。故水气指病机而言，水肿指症状而言。

水气病根据病因病理和症状分为风水、皮水、正水、石水及黄汗。黄汗以汗出色黄如柏汁为主证，因其可同时出现水肿，故合并一起讨论。同时又根据水气病产生的内脏根源，分为五脏水，五脏水与四水有表里上下的关系。治疗法则有发汗、利小便、峻下逐水三法。篇中还根据水、气、血三者关系，提出水分、气分、血分等名称及其辨治。

这些辨证方法及治法为后世治疗水肿病奠定了良好基础，至今对临床仍有指导意义。

一、成因、脉证

（一）风气相击

【原文】

脉浮而洪，浮则爲風，洪则爲氣，風氣相搏，風强则爲隱疹①，身體爲癢，癢爲泄風②，久爲痂癩③；氣强④则爲水，難以俛⑤仰。風氣相擊，身體洪腫，汗出乃愈。惡風则虚，此爲風水；不惡風者，小便通利，上焦有寒，其口多涎，此爲黄汗。（二）

【词解】

①隐疹：即瘾疹，因外受风邪而诱发，以皮肤出现小丘疹和瘙痒为主症，类似"风疹"病。

②泄风：指风疹身痒的病机，是卫气排泄风邪外出的象征，故曰"泄风"。

③痂癩：瘾疹经久不愈，可化脓结痂，有如癞疾之象。

④气强：指气分偏实偏盛。

⑤俛（fǔ 府）：同俯。

【释义】

本条从脉象上论述风气相击的水气病病机，并兼及同因异病的变化。浮脉属阳主表，风为阳邪，风邪伤于表，卫气抗争，其脉多浮，故曰浮则为风；洪是水湿之气与风邪相合，水气盛于外，气分偏实的反映。脉浮而洪，是风邪与水湿之邪相互搏结于肌表之征，故曰风气相搏，此时易产生浮肿，故曰风气相击、身体洪肿。风邪与水湿之邪的偏盛，其表现的病证有所不同：一为风强，即风邪偏盛，风毒湿热入于血分，轻则发为隐疹而身体皮肤发痒，这是风邪外泄之征，故曰痒为泄风。如持久不愈，瘾疹逐渐融合结痂如癞疾之象。二为气强，即水湿之气较强，水湿之气泛溢肌表而成风水，身体肿甚，则俯仰困难。此条说明风水的形成是水为风激，水气充斥肌表。故治宜发汗祛风，使风水从汗而解。风水证有表虚、表实之分，如恶风则虚，即表阳虚。若不恶风而小便通利，其口多涎则当考虑黄汗证初期，上焦有寒湿，营卫阻滞，津液停聚，故见口多涎沫；病未影响膀胱气化，故小便通利。此时患者虽身浮肿，应与风水作鉴别。

【按语】

有医家认为"不恶风者……此为黄汗"当为衍文。

【选注】

吴谦：六脉俱浮而洪，浮则为风，洪则为气，风气相搏之病，若风强于气，相搏为病，则偏于营，故为瘾疹，身体为痒，痒则肌虚，为风邪外搏故也。名曰泄风，即今之风燥疮是也。故日久不愈，则成痂癞。痂癞，疥癣、疠癞之类是也。若气强于风，相搏为病，则偏于卫，故为水气，难以俯仰，即今之支饮喘满不得卧也。若风气两相强击为病，则为风水，故通身浮肿也。以上诸证，皆属肌表，故当发汗，汗出乃愈也。风水无汗，当以越婢汤发汗，若汗出恶风，则为表阳虚，故加附子也。（《金鉴》）

（二）脾虚不运，水热互结

【原文】

趺陽脉當伏，今反緊，本自有寒，疝瘕①，腹中痛，醫反下之，下之即胸滿短氣。（六）

趺陽脉當伏，今反數，本自有熱，消穀，小便數，今反不利，此欲作水。（七）

【词解】

①疝瘕：疝，指寒疝腹痛；瘕是腹中积块或聚或散，游走无定处。

【释义】

此二条从趺阳脉的变化，论述水气病的病机。趺阳脉为足阳明胃脉，其常脉当伏，今反见紧，紧脉主寒，寒气内聚则见寒疝腹痛，或时聚时散的瘕证。此疝瘕属于阴寒内盛之病，治当用温法，若误用苦寒攻下，则更伤中阳，导致阴寒上逆，而见胸满短气等证。因误治损伤阳气，脾虚不运，气不化水，则有可能发展为水肿病。相反，趺阳脉当伏而反数，数主有热。胃热则消谷善饥，膀胱有热则小便频数。今趺阳脉数而小便反而不利，是水与热结于膀胱而影响气化所致，水气有泛溢肌肤形成水肿病的趋势。

【按语】

此欲作水是概括这两条而言，说明阳气衰弱，不能化水，可以引起水肿病，若阳盛太过，水热互结，同样可以导致水肿病。

【选注】

徐彬：此二条言水病人别有宿病，人各不同，当从趺阳脉与其旧疾见证别之。谓人有水病，水寒相搏，趺阳脉当伏，今犯水病，趺阳脉反紧，此因本自有寒，疝瘕腹中痛病，故脉加紧。治当兼顾其寒，而医反下之，则元气受伤，水病未除，寒邪上乘，胸中之宗气弱，不能御之，为胸满，为短气矣。或趺阳脉当伏，今反数，此因本自有热，应消谷小便数，今反不利，是有热而健运之人，因水而气反不化，知其邪结三阴矣，故曰此欲作水。（《论注》）

【原文】

寸口脉浮而迟，浮脉则热，迟脉则潜①，热潜相搏②，名曰沉③。趺阳脉浮而数，浮脉即热，数脉即止④，热止相搏，名曰伏。沉伏相搏，名曰水。沉则络脉虚，伏则小便难，虚难相搏，水走皮肤，即为水矣。（八）

【词解】

①潜：潜藏。

②搏：相合之意。

③沉：邪气内伏而不外达之意。

④止：伏止不行。

【释义】

本条论述水热互结的水气病机理。本条借脉象言病机。通过寸口脉浮而迟的脉象，来论述上焦客热内潜的机理；浮脉为阳主热，故浮脉则热；迟脉为阴而主潜藏，故迟脉则潜；热潜相搏为热邪内伏而不能外达，故名曰沉；通过趺阳脉浮而数的脉象，说明中焦有热之机；趺阳脉主脾胃，脉浮而数指热邪留滞于内而不外达，故曰热止相搏名曰伏，伏为热邪沉伏；沉伏相搏，名曰水，上中二焦之热相合，热盛损伤肺脾，水液的通调、运化失职，水热互结，停蓄于内，泛溢肌肤，形成水肿病；通过虚难相搏进一步阐述水热互结水肿病机的演化；因上焦热邪内伏，气不外行故络脉空虚，热邪伏止于中，阳气不化而小便难，此时水不循常道运行，浸溢于皮肤肌肉之间，而成水肿。

【按语】

本条从脉象论述水气病的病机不易理解，但对水气病成因即络脉虚，小便难，水走皮肤的论述颇精辟。

【选注】

尤怡：热而潜，则热有内伏之势，而无外发之机矣，故曰沉。热而止，则热有留滞之象，而无运行之道矣，故曰伏。热留于内而不行，则水气因之而蓄，故曰沉伏相搏，名曰水。热留于内，则气不外行，而络脉虚，热止于中，则阳不下化，而小便难，以不化之水，而当不行之气，则惟有浸淫躯壳而已，故曰虚难相搏，水走皮肤，即为水矣。此亦所谓阴气伤者，水为热蓄不下者也。（《心典》）

（三）肺失通调，肾虚水泛

【原文】

寸口脉弦而紧，弦则衛氣不行，即惡寒，水不沾流^①，走于腸間。

少陰脉緊而沉，緊則爲痛，沉則爲水，小便即難。（九）

【词解】

①沾流：沾者，潰也、濡也，即濡润滋养之意；流者，水液流布膀胱即为尿。沾流指人体正常水液代谢过程。

【释义】

本条论述水气病的形成与肺、肾密切相关。寸口指寸部，候肺主表。弦紧脉属阴主寒。寸口脉弦而紧是寒邪外束于肺卫，卫气不行，故而恶寒。肺主宣发，通调水道。寒邪外束，肺气失宣，通调失职，水液不能正常敷布濡养脏腑形骸，亦不能下输膀胱气化为尿液，反而流注于肠道，蓄积而成水气病。少阴脉属肾，紧脉主寒主痛，沉脉主里主水。少阴脉紧而沉，是肾阳不足，阴寒水饮内盛之象。寒胜则痛，或腹痛，或骨节痛；肾阳不足，膀胱气化不行，则小便短少困难，则水蓄于内而为水肿。

【按语】

本条前部分因感邪而病水与肺有关，后部分因内伤而病水与肾阳不足有关。

【选注】

喻昌：弦为水，紧为寒，水寒在肺，则营卫不温分肉而恶寒，肺之治节不行，不能通调水道，故水不沾流而但走大肠之合也，即肺水者，其身肿，小便难，时时鸭溏之互辞也。（《医门法律》）

沈明宗：此肾脏独受寒邪内郁，而为正水也，少阴肾脉，紧则寒邪凝滞正气于内，曰紧则为痛；沉则卫气郁而不宣，三焦壅闭，水即泛滥，曰沉则为水，决渎无权，小便即难。（《编注》）

【原文】

問曰：病下利^①后，渴飲水，小便不利，腹滿因腫者，何也？答曰：此法當病水，若小便自利及汗出者，自當愈。（十二）

【校勘】

“因肿”《脉经》作“阴肿”，即前阴肿，宜从。

【词解】

①下利：指泄泻或痢疾。

【释义】

本条论述病下利后脾肾阳虚是水气病发生的机理之一。下利日久，津气两伤，津伤则口渴；脾肾阳虚，脾虚水湿内困，故腹满。肾阳虚，气不化水，故小便不利，水无出路，故阴肿而形成水肿病，故曰此法当病水。若小便自利及汗出，则脾肾气化功能恢复，营卫调和，水湿之邪可从小便、汗孔外泄，水有出路，则水肿当愈。

【选注】

程林：病下利则脾土衰而津液枯竭，故渴引饮；而土又不能制水，故小便不利也；脾恶湿，是以腹满；肾主水，是以阴肿，此为病水无疑。若小便利则水行，汗出则水散，虽不药而自愈矣。（《直解》）

（四）血病及水，水病及血

【原文】

师曰：寸口脉沉而迟，沉则爲水，迟则爲寒，寒水相搏。趺陽脉伏，水穀不化，脾氣衰则鶩溏，胃氣衰则身腫。少陽脉卑，少陰脉細，男子则小便不利，婦人则經水不通；經爲血，血不利则爲水，名曰血分。（十九）

【释义】

本条从寸口、趺阳、少阳、少阴等脉的变化，论述水气病形成的机理。寸口脉为阳主肺，寸口脉迟为肺气虚弱，血脉运行不畅；脉沉为肺失通调，水气凝聚，寒水内盛；沉而迟为阳虚阴盛，治节失常，水湿溢于肌表，故形成水肿。脾胃阳气衰弱，不能鼓动脉气，则趺阳脉沉伏不起；脾胃俱虚，不能腐熟运化水谷，不能分清泌浊，水粪杂下，则大便鸭溏；若水湿外溢肌肤，即可产生水肿。少阳脉候三焦之气，三焦气弱血少，故少阳脉卑；少阴脉候肾气，肾阳虚，故少阴脉细；三焦气弱，决渎功能失常，加以肾虚膀胱气化不利，故男子则小便不利。冲为血海，从《灵枢·动腧》"冲脉者，十二经之海也，与少阴之大络，起于肾下"。可知肾虚可使冲脉虚衰，阳气不足，寒凝血瘀，故在妇女则经闭。月经来源于血，血行不利，则水亦不利而为水肿，可见月经不调亦可形成水肿，故曰"血分"。

【临床应用与研究】

临床根据"血不利则为水"之旨，立活血化瘀法，治疗因血行不畅或血瘀而致水湿停聚之疾。如眼科水肿病、渗出性胸膜炎、血栓性静脉炎等。

【选注】

程林：沉为水，迟为寒，水寒相搏，则土败矣，是以胃之趺阳脉则伏，脾之水谷则不磨，脾衰则寒内着而为鶩溏，胃衰则水外溢而为身肿也。少阳者三焦也，《内经》曰：三焦者，决渎之官，水道出焉。今少阳脉卑，则不能决渎矣，在男子则小便不利。少阴者肾也，《中藏经》曰：肾者女子以包血，以其与冲脉并行，今少阴脉细，则寒气客于胞门矣。在妇人则经水不通，经虽为血，其体则水，况水病而血不行，其血亦化为水，故曰血分。（《直解》）

【原文】

問曰：病有血分、水分，何也？師曰：經水前斷，後病水，名曰血分，此病難治；先病水，後經水斷，名曰水分，此病易治。何以故？去水，其經自下。（二十）

【校勘】

本条原本缺，据《脉经》和尤、魏、陈等注本补入。

【释义】

本条论述妇人病水，有血分、水分之分。所谓血分，是指月经先闭，而后病水肿。经水先断的原因有二：一为血脉壅塞不通；二为冲任亏损，气虚血少。因血先病而后形成水气病，故曰血分。属瘀血者难化，属血虚者难补，血分深而难通，血不通则水不行，故曰此病难治。所谓水分，是指先病水肿，水湿壅闭，经脉不畅，而后经水断绝。因水分病浅而易行，治宜行水散湿，水去则经水自通，其病可愈，故曰此病易治。

【选注】

魏荔彤：血分经水前断，正气虚也。水分先病水，邪气盛也，邪气盛者驱邪可为，正气虚者，养正不足，故治有难易，去水其经自下，因先病水，致经断，此澄源以清其流也。（《本义》）

（五）气分病成因

【原文】

師曰：寸口脉遲而澀，遲則爲寒，澀爲血不足。趺陽脉微而遲，微則爲氣，遲則爲寒。寒氣不足①，則手足逆冷；手足逆冷，則榮衛不利；榮衛不利，則腹滿脅鳴相逐②；氣轉膀胱，榮衛俱勞；陽氣不通即身冷，陰氣不通即骨疼，陽前通③則惡寒，陰前通則痹不仁；陰陽相得，其氣乃行，大氣④一轉，其氣乃散；實則失氣⑤，虛則遺尿，名曰氣分。（三十）

【校勘】

胁鸣：程、魏注本及《金鉴》均作"肠鸣"。

【词解】

①寒气不足：指脾胃虚寒，气血不足。

②胁鸣相逐：此指肠鸣连绵不断出现。

③前通：前，《说文解字》云："前，齐断也……"。前，古假借作剪，作断绝、不通解。前通，即不通。

④大气：即宗气。

⑤失气：此指矢气。

【释义】

本条论述气分病的病机、脉证和治则。寸口脉候心肺，趺阳脉候脾胃。从寸口与趺阳之脉象说明气分的病机为阳气虚弱，气血不足，寒气凝滞。症状可见手足逆冷、腹满、肠鸣、身冷、骨痛、肌肤麻木不仁等。阳气不通，肌表失其温煦则身冷、恶寒；阴气不行，精血不滋润于骨则骨痛，不濡养于肌肉则麻痹不仁。原文"阳气不通"与"阴气不通"，"阳前通"与"阴前通"四句属互文见义笔法，宜前后互参。病属阴阳失调，治宜调其阴阳，温运阳气，即文中所说大气一转，其气乃散，意在恢复人体阳气的气化功能，使气行津布，水气消散。实则失气，虚则遗溺，系指气分病有气虚、气实之分，若阳气衰微，肾气不固摄，见遗溺，属气虚；若寒气郁结，泄于后阴，则见矢气，属气实，但二者均为气分病变。

【按语】

对"阳前通"、"阴前通"的解释：①据《广韵》"前，先也"。"前"作"先"解，即阳气先通，阴气先通，则营卫失调不能谐行，《心典》、《浅注》持此说；②"前"作"断绝"、"不通"解，以李克光主编《金匮要略讲义》为代表；③"前"古假借作剪，应作"减"字，"部分"或"不完全"解，即阳气或阴气部分通，以陈纪藩《中医药学高级丛书·金匮要略》为代表，第二说可供参考。

【临床应用与研究】

本条所述气分病阴阳相得，调和营卫，转运大气的治法，不仅适用于水肿病，其他如血痹、虚劳、胸痹等病，亦常采取这种治法，"五脏元真通畅，人即安和"为其理论依据。

【选注】

尤怡：微则为气者，为气不足也。寒气不足，该寸口、趺阳为言，寒而气血复不足也。寒气不足，则手足无气而逆冷，荣卫无源而不利，由是脏腑之中，真气不充，而客寒独盛，则腹满肠鸣相逐，气转膀胱，即后所谓失气、遗溺之端也。荣卫俱劳者，荣卫俱乏竭也。阳气温于表，故不通则身冷；阴气荣于里，故不通则骨疼；不通者，虚极而不能行，与有余而壅者不同。阳前通则恶寒，阴前通则痹不仁者，阳先行而阴不与俱行，则阴失阳而恶寒，阴先行而阳不与俱行，则阳独滞而痹不仁。盖阴与阳常相须也，不可失，失则气机不续而邪乃着，不失则上下交通而邪不容，故曰："阴阳相得，其气乃行，大气一转，其气乃散。"失气、遗溺，皆相失之征。曰气分者，谓寒气乘阳之虚，而病于气也。（《心典》）

二、分类与辨证

（一）四水与黄汗

【原文】

師曰：病有風水、有皮水、有正水、有石水、有黄汗。風水其脉自浮，外證骨節疼痛，惡風；皮水其脉亦浮，外證胕腫①，按之没指，不惡風，其腹如鼓，不渴，當發其汗。正水其脉沉遲，外證自喘；石水其脉自沉，外證腹滿不喘。黄汗其脉沉遲，身發熱，胸滿，四肢頭面腫，久不愈，必致癰膿。（一）

【校勘】

"胕"《千金》作"浮"。"其腹如鼓不渴"《巢源》作"腹如故而不满亦不渴。"可从。

【词解】

①胕肿：胕（fú 符）义与"肤"通，胕肿即皮肤浮肿。正如《素问·水热穴论篇》："上下溢于皮肤，故为胕肿，胕肿者，聚水而生病也。"宜从此义。又，胕（fū 肤）亦通"跗""趺"，指足背，可参。

【释义】

本条论述水气病五种类型的脉证，指出风水与皮水的治则，黄汗证的转归。

风水是由于外邪侵袭，肺气不宣，通调失职，水气逆行而肿。其病在表，风邪在表故脉自浮，恶风；风与水湿之邪阻滞肌表，使关节肌表之气痹阻不通，故骨节疼痛。其症尚有头面浮肿兼发热。此处属省略文法。

皮水是水气停留于皮肤之中，由里水外溢所致，病位尚在表，故脉亦浮；水气尚未入里化热，腹部不至于胀满，"腹如故而不满亦不渴"。水湿溢于皮肤，故皮肤浮肿，按之没指；其症涉及脾、肺二脏，非外邪侵袭所致，故不恶风。风水与皮水，病位均在表，治当因势利导，发其汗，使水湿外出。

正水是由于脾肾阳虚，水气失于温化，聚而成肿。里阳不足，寒水内盛，故其脉沉迟。水停于里，上射于肺，肺失肃降而喘；脾肾阳虚，水蓄于内，当有腹满。

石水与肾、肝关系密切。阴寒水气凝结于下焦，故其脉自沉；寒水沉积，结于少腹，肝气郁结，故见少腹胀满如石；病在下焦，未及于上，故不喘。

黄汗为水湿郁于肌腠，营气被阻，故脉沉迟。水湿郁而化热，湿热蕴蒸，初在气分，故见四肢头面肿，发热，胸中烦闷，汗出色黄等症，日久则伤及营血，气血腐败，可以发生痈肿。

【按语】

本条论及四水与黄汗，说明了水气病的形成不外肺失宣降，通调失职，脾失健运，转输不能，肾失开合，蒸化失职，当然与三焦亦有密切的关系。

水气病临证时应辨别水在上、下、表、里。风水、皮水为水湿停滞肌表，为病在表，为阳水，风水有表证，为表中之表，皮水无表证，为表中之里；正水、石水病属虚实夹杂，为病在里，为阴水；正水有腹满而喘，为病在上下；石水有少腹满（硬），为病在下，为里中之里。

石水的治法《金匮》未载，有人提出可用海蛤丸（赤茯苓、桑皮、葶苈、海蛤、防己、郁李仁、橘红、蜂蜜、米汤）（罗天益《卫生宝鉴》），或真武汤加川楝子、佛手、乌药以温阳利水、疏肝理气。

【临床应用与研究】

正水病仲景用麻黄附子汤，也可根据病情用济生肾气汤。

有人认为黄汗是汗腺炎症，是由一类带黄色或产生黄色素的细菌侵入汗腺所致。

【选注】

尤怡：风水，水为风激，因风而病水也。风伤皮毛，而湿流关节，故脉浮恶风而骨节疼痛也。皮水，水行皮中，内合肺气，故其脉亦浮，不兼风，故不恶风也。其腹如鼓，即《内经》"䩅䩅然不坚"之意，以其病在皮肤，而不及肠脏，故外有胀形，而内无满喘也。水在皮者，宜从汗解，故曰当发其汗。正水，肾脏之水自盛也。石水，水之聚而不行者也。正水乘阳虚而侵及上焦，故脉沉迟而喘；石水因阴之盛而结于少腹，故脉沉腹满而不喘也。黄汗，汗出沾衣如柏汁，得之湿热交病，而湿居热外，其盛于上而阳不行，则身热胸满，四肢

头面肿，久则侵及于里而营不通，则逆于肉理而为痈脓也。（《心典》）

【原文】

寸口脉沉滑者，中有水氣，面目腫大，有熱，名曰風水；視人之目窠上微擁①，如蚕新臥起狀②，其頸脉③動，時時欬，按其手足上，陷而不起者，風水。（三）

【校勘】

"目窠"原赵本为"目裹"，据《衍义》及徐彬、尤怡注本改。

【词解】

①目窠上微拥：目窠指眼胞；拥，通"壅"，义同"肿"。指两眼胞微肿。

②如蚕新卧起状：形容水气病人眼胞微肿，像睡眠后刚起来的样子。

③颈脉：人迎脉。

【释义】

本条论述风水水气盛兼热的脉证。第一条说："风水其脉自浮"，是风水初起，卫气与水气抗争于表，故脉浮；本条"寸口脉沉滑者"，沉主水，滑主气盛，沉滑并见于寸部，说明水气盛而兼有风邪。头面属阳，风为阳邪，风与水上犯，潴留于胸颈以上，渍于肺，故见面目肿大，眼胞浮肿，时时咳，人迎、四肢为脾所主，水气及脾故颈脉动。若风水泛溢肌肤，则更见四肢浮肿，按之凹陷不起。水遏卫郁，可见发热。

【按语】

文中虽两处提"风水"，但风水正向脾水或皮水转化，从反面告诫已病防变。

【选注】

尤怡：风水其脉自浮，此云沉滑者，乃水脉，非风脉也。至面目肿大有热则水得风而外浮，其脉亦必变而为浮矣，仲景不言者，以风水该之也。目窠上微拥，如蚕新卧起状者，《内经》曰：所谓水为阴，而目下亦阴，聚水者必微肿，先见于目下是也。颈脉动者，颈间人迎脉动甚，风水上凑故也。时时咳者，水渍入肺也。按其手足上陷而不起，与《内经》以手按其腹，随手而起，如裹水之状者不同。然腹中气大，而肢间气细，气大则按之随手而起，气细则按之窅（yǎo舀。深陷）而不起，而其浮肿则一也。（《心典》）

【原文】

太陽病，脉浮而緊，法當骨節疼痛，反不疼，身體反重而酸，其人不渴，汗出即愈，此爲風水。惡寒者，此爲極虚發汗得之。

渴而不惡寒者，此爲皮水。

身腫而冷，狀如周痹①，胸中窒，不能食，反聚痛，暮躁不得眠，此爲黄汗。痛在骨節。

欬而喘，不渴者，此爲脾脹，其狀如腫，發汗即愈。

然諸病此者，渴而下利，小便數者，皆不可發汗。（四）

【校勘】

脾胀：吴谦曰："脾字，当是肺字，是传写之讹。"宜从。

【词解】

①周痹：病名（《灵枢》）。病在血脉分肉之中，周身上下游走疼痛。

【释义】

本条继论水肿病的辨证及治疗原则。

第一段：论述风水的脉证及其与太阳病的鉴别和风水的治则。太阳伤寒病是感受风寒邪气所引起，脉象应为浮紧，骨节也必然疼痛；如果身体不疼痛，反沉重酸软，口不渴，则虽见浮紧之脉，不得认为伤寒，这是由于内有水湿，潴留于肌表之间，而为风水，应该用发汗的方法治疗，即可痊愈。水气病其人阳气素虚，汗不得法，重伤阳气，卫阳益虚，故见恶寒症状。

第二段说明皮水症状。皮水之为病，或因脾失运化，或因肺失通调，水湿内停，里水外溢而致，水湿内停，津液不能上承，故口渴；病在肺脾，外无表证，故不恶寒。

第三段说明黄汗的症状。身体肿而冷，症状像周痹一样，全身重着疼痛不舒，此乃寒湿郁于肌腠，卫阳被遏，上下畅行不通之故；胸阳不畅，气机不行，故胸中窒；中焦被寒湿郁阻，胃阳被遏，消谷不能则不能食；寒、冷、气结积聚胸中，使其胸膈痹阻不通则聚痛；暮属阴，此时阳气被遏，引起阳郁心烦，不能安卧，故暮躁不得眠。出现上述症状为黄汗病，其病机为寒湿久郁化热，湿热郁蒸肌腠而致；由于邪流关节，故见痛在骨节。

第四段说明风水与肺胀的区别。肺胀，即指肺气胀满而言，是由于邪束于外，水气在肺所致。寒水内闭肺气，肺失宣降，故咳而喘促；寒水内停，故口不渴；水湿郁于肌表，故其形如肿。本证与风水相似，用发汗法治疗即可痊愈。

以上诸病，太阳病、风水、皮水、黄汗、肺胀，症状虽有不同，但病位均在肌表，均可使用汗法治疗。然若见到口渴、下利、小便频数等兼症者，此为体内津液已伤，此时若再发汗，必有津枯液竭之危，故曰"皆不可发汗"。

【按语】

此处的黄汗"痛在骨节"，与中风历节篇的"历节黄汗出"不同，前者以全身出黄汗为主兼关节痛；后者以多个关节肿痛为主，而在关节处可有少量出黄汗，应加以区别。此条所论黄汗与第一条黄汗病相比，较之为重。此处肺胀可以与《肺痿肺痈咳嗽上气》篇中"上气喘而躁者，属肺胀，欲作风水，发汗则愈"结合起来学习。

【选注】

尤怡：太阳有寒，则脉紧骨疼；有湿则脉濡身重；有风则脉浮体酸，此明辨也。今得伤寒脉而骨节不疼，身体反重而酸，即非伤寒，乃风水外胜也。风水在表而非里，故不渴。风固当汗，水在表者亦宜汗，故曰汗出即愈；然必气盛而实者，汗之乃愈。不然则其表益虚，风水虽解，而恶寒转增矣。故曰恶寒者，此为极虚发汗得之。若其渴而不恶寒者，则非病风，而独病水，不在皮外，而在皮中，视风水为较深矣。其证身肿而冷，状如周痹，周痹为寒湿痹其阳，皮水为水气淫于肤也。胸中窒，不能食者，寒袭于外，而气窒于中也。反聚痛，暮躁不得眠者，热为寒郁，而寒甚于暮也。寒湿外淫，必流关节，故曰此为黄汗，痛在骨节也。其咳而喘不渴者，水寒伤肺，气攻于表，有如肿病，而实同皮水，故曰发汗则愈。然此诸病，若其人渴而下利，小便数者，则不可以水气当汗而概发之也。仲景叮咛之意，岂非虑人之津气先亡耶。（《心典》）

（二）五脏水

【原文】

心水者，其身重而少氣，不得臥，煩而躁，其人陰腫。（十三）

【校勘】

"身重"，《千金》作"身肿"。"躁"，疑为"悸"字之误。

【释义】

本条起连续五条，讨论五脏水肿的证候。本条论述心水。心水是由于心阳不足，水气凌心所致。心阳亏虚，阳用不足，则少气乏力；阳虚不能制水，停水泛溢肌肤，故身体浮肿沉重；水气凌心，心阳被遏，则烦躁、心悸、不得卧；前阴为肝肾经脉所过，肾为水脏，若心阳虚不能下交于肾，肾水不得制约，溢于前阴，故肿。

【临床应用与研究】

心水与先天性心脏病、风心病等引起的慢性充血性心力衰竭发生的水肿相似，见有双下肢浮肿明显，甚则腹水，前阴浮肿、心悸少气、不能平卧，双侧人迎部位青筋暴露，胁下痞块，面色无华，舌淡红夹紫，苔厚色白，脉结或代，治以参附汤合五苓散，补气强心，温阳利水。

【选注】

尤怡：心，阳脏也，而水困之，其阳则弱，故身重而少气也。阴肿者，水气随心交于肾也。（《心典》）

【原文】

肝水者，其腹大，不能自轉側，脅下腹痛，時時津液微生①，小便續通②。（十四）

【词解】

① 时时津液微生：是指口中时时微微有津液。

②小便续通：指小便时通时不通。

【释义】

本条论述肝水。肝水是因肝失疏泄，水道不通而成。肝失疏泄，肝病及脾，脾失健运，停水泛溢，则腹部肿胀，不能转侧；肝脉抵少腹而布胁肋，水阻肝络，则胁下腹痛；肝气稍舒，气机通畅，则时时津液微生，小便通；若肝气不舒，气机不畅，则小便不通。

【按语】

有学者认为，本条"时时津液微生，小便续通"是肝脏疏泄功能紊乱，正邪相争的反映，肝脾不升，肺胃失降，津液不生而小便不通；当肝气稍舒时，水津随之上升，口中津润；肝气条达而三焦通畅，则小便时通，对肝水的诊断具有重要意义，可从。另有学者认为，津液微生，小便续通是因为肝失疏泄，肝气冲逆，水液随之上下所致。可作参考。

【临床应用与研究】

肝水类似于肝硬化腹水及肝内巨大囊肿。症见腹大如囊裹水，伴双下肢肿，转侧困难，胁下痞块痛，尿少时通时不通，治以实脾饮合五苓散理气活血、健脾利水。

【选注】

黄元御：肝水者，水乘木也，木郁贼土，是以腹大，肝脉自少腹而循胁肋，行身之侧，脾胀肝郁，经脉迫急，故不能转侧，而胁腹时痛也。风木疏泄，故时时津液微生于上，小便续通于下也。（《悬解》）

【原文】

肺水者，其身腫，小便難，時時鴨溏。（十五）

【释义】

本条论述肺水。肺水是由于肺失通调，停水泛溢而致。肺失宣通，水溢肌表，则其人身体浮肿；肺失通调，水不下输膀胱，则小便不利；肺与大肠相表里，肺气不行则大肠传导失司，水液直趋大肠，则见大便稀薄粪水相杂而下。

【临床应用与研究】

肺水常见于慢性肺心病引起的水肿或急性肾炎或慢性肾炎急性发作，分别以五苓散合生脉散加减，补阴益气，温阳利水，或麻杏石甘汤解表利水。

【选注】

徐彬：肺主气，以运于周身，病则正气不布，故身肿；小便必因气化而出，气不化故小便难；肺气病，则不能受脾气之上输，肺脾交困而鸭溏，鸭溏者，如鸭粪之清而不实也。（《论注》）

【原文】

脾水者，其腹大，四肢苦重，津液不生，但苦少氣，小便難。（十六）

【释义】

本条论述脾水。脾水系脾虚失运，停水泛溢而成。脾阳虚不能运化水湿故见腹大；脾主四肢，四肢为诸阳之本，脾阳虚水湿溢于四肢，所以四肢沉重；津液为水谷之精微，皆由脾胃所生，脾阳虚则津液不生而少气，脾虚不能散精于肺，肺不通调水道下输膀胱，故小便难。

【临床应用与研究】

脾水与老年性消化道溃疡病、慢性萎缩性胃炎、慢性肾炎发作期、胃大部切除后、营养不良等引起的水肿相似，治以香砂六君合五苓散健脾益气、温阳行水。

【选注】

尤怡：脾主腹而气行四肢，脾受水气，则腹大四肢重。津气生于谷，谷气运于脾，脾湿

不运，则津液不生而少气。小便难者，湿不行也。(《心典》)

【原文】

肾水者，其腹大，脐腫腰痛，不得溺，陰下濕如牛鼻上汗，其足逆冷，面反瘦。(十七)

【释义】

本条论述肾水。肾水是因肾阳不足，气不化水所致。肾阳衰弱，不能为胃司关门的作用，故水聚而腹大脐肿；腰为肾之外府，肾阳虚弱，则腰痛；肾与膀胱相表里，肾阳虚不能化气，所以不得小便；水留于前阴，故湿润如牛鼻上汗；肾脉起于两足，肾虚阳气不能下达，故两足逆冷；五脏以肾为本，肾病则五脏之气血不能营养面部，故面反瘦。

【按语】

五脏水与水在五脏既有区别又有联系，它们皆可因肺、脾、肾的通调、转输、蒸化功能异常引起津液运行障碍而形成水湿或饮邪而得，前者分别是因心、肺、脾、肝、肾等脏的损伤，功能异常而引起的五种水肿病；后者为饮邪波及心、肺、脾、肝、肾而形成的五种饮病。前者是以肿、溲少为主症；后者一般无肿，可见小便量少，据饮犯何脏而症有所别。但二者可以相互转化，有时亦不能截然分开，临床有先病痰饮而后变生水肿，亦有先病水肿而后渐生饮病。

五脏水其治法在《金匮要略》未列方药，但五脏功能失常是产生水气之根本，故治疗五脏水必须从审察证的表里寒热虚实着手。

【临床应用与研究】

肾水类似慢性尿毒症、肾病综合征，治疗用真武汤合五苓散加减，温暖肾阳、化气行水。

【选注】

程林：肾者胃之关也，关门不利，故令聚水而生病，是有腹大脐肿之证也。腰者肾之外候，故令腰痛。膀胱者肾之府，故令不得溺也。以其不得溺则水气不得泄，浸渍于睾囊而为阴汗，流注于下焦而为足冷。夫肾为水脏，又被水邪，则上焦之气血，随水性而下趋，故其人面反瘦，非若风水里水之面目洪肿也。(《直解》)

三、治法

(一) 利小便、发汗

【原文】

師曰：諸有水者，腰以下腫，當利小便；腰以上腫，當發汗乃愈。(十八)

【释义】

本条论述水气病的一般治疗原则。诸有水者，泛指一切水气病。水气病出现腰以下肿甚，说明水邪聚结在里在下，"在下者，引而竭之"，故当利其小便，使水湿从下而去；若出现腰以上肿甚，说明水邪在上在表，"其在皮者，汗而发之"，故当发汗为主，使水气从汗而泄。此条说明治疗水肿病应采取因势利导的方法。

【按语】

本条即《素问·汤液醪醴论》所提出的"开鬼门、洁净府"的治法。本条为治疗水气病提出了一般原则，广泛应用于临床。但发汗和利小便往往不能截然分开，因为人体的脏腑经络、表里上下常相互影响。临证治疗时尚须注意方药配伍，若汗之不显效，宜配适量分利之品；若分利法效不著时，可配伍适量发散或宣通肺气之品，常可速效。

发汗、利小便之法久用容易伤阴损阳，故不宜单独久用，若治虚证或虚实夹杂之证当随证顾及阴阳。发汗、利小便法适用于水气病的阳证、实证。若水气病属阴证、寒证则宜用温补之法。

【选注】

吴谦：诸有水者，谓诸水病也。治诸水之病，当知表里上下分消之法。腰以上肿者水在外，当发其汗乃愈，越婢、青龙等汤证也；腰以下肿者水在下，当利小便乃愈，五苓、猪苓等汤证也。（《金鉴》）

（二）攻下逐水

【原文】

夫水病人，目下有卧蚕，面目鲜泽，脉伏，其人消渴。病水腹大，小便不利，其脉沉绝者，有水，可下之。（十一）

【释义】

本条论述水气病可下之脉症。下眼胞为胃脉所至，脾所主，水气病者水湿困于脾胃，泛溢于目胞，故目下如卧蚕。水湿之气太盛，壅积于肌腠，气郁化热，故面目皮色肿而润泽发亮。脉伏说明水势极盛。水湿之气太甚，阳气被遏，气不化津上润于口，故其人消渴。膀胱气化不利则小便不利，水湿蓄积于内，壅而不行则腹大有水。其脉沉绝谓脉潜伏很深，难以切取，说明水势过重，证属水气壅实，可以考虑用下法。

【按语】

本条从证脉色方面诊断阳水实证。水肿病人，见腹水胀大，小便短少，面目浮肿鲜泽，口渴引饮，脉沉伏欲绝，是水气蓄积于里的阳证实证，若形气未衰，虽经利尿药乏效者，可予攻下逐水法。

【临床应用与研究】

水气病"可下之"的具体方药：如素体不虚，起病急骤，小便不利，见证如上者，可选己椒苈黄丸、十枣汤攻逐其水；脉伏者，用甘遂半夏汤开破利导，甚者用刘河间神佑丸（十枣汤加黑丑牛、大黄、轻粉、枣肉为丸）；舟车丸（神佑丸加青皮、橘红、木香、槟榔）；或用何报之《医碥》浚川散（甘遂、丑牛、大黄、芒硝、木香、郁李仁）。上方均用于阳水实证。

【选注】

徐彬：此为正水言之，谓凡水病人，脾胃为水气所犯，故目之下包曰窠，胃脉之所至，脾胃之所主，病水则有形如卧蚕。水气主润，故面目鲜华而润泽，不同于风燥也。脉伏即沉也，其人消渴，水在皮肤，内之真气耗，耗则渴；然非骤至之热，故直消渴，不若偶渴。病水也，在下必腹大，小便不利；盖非痞塞，则不能成水耳。至于脉沉绝，则沉之甚也。水病不尽可下，沉甚则水甚，故可下之，以去其标。（《论注》）

（三）误治后的变证治则

【原文】

问曰：病者苦水，面目身體四肢皆腫，小便不利，脉之，不言水，反言胸中痛，氣上衝咽，狀如炙肉，當微欬喘，審如師言，其脉何類？

師曰：寸口脉沉而緊，沉爲水，緊爲寒，沉緊相搏，結在關元，始時當微，年盛不覺，陽衰之後，榮衛相干，陽損陰盛，結寒微動，腎氣上衝，喉咽塞噎，脅下急痛。醫以爲留飲而大下之，氣擊不去，其病不除。後重吐之，胃家虛煩，咽燥欲飲水，小便不利，水穀不化，面目手足浮腫。又與葶藶丸下水，當時如小差，食飲過度，腫復如前，胸脅苦痛，象若奔独，其水揚溢，則浮欬喘逆。當先攻擊衝氣，令止，乃治欬；欬止，其喘自差。先治新病，病當在後。（二十一）

【释义】

本条以病案形式论述水气病形成经过和误治后变化，以及水气与冲气并发的先后治法，用以启发后人治疗水气病必须分清先后缓急的原则。

从原文"寸口脉沉而紧，沉为水，紧为寒，沉紧相搏，结在关元"分析，说明本证在年轻之时水寒之气已结聚于下焦，由于当时病邪尚轻，体壮阳盛，故未即时发病。时至中年，阳气渐衰，阴寒渐盛，此时潜伏在下焦的水气逐渐扩展，挟肾气上冲，因而形成喉咽塞噎，胁下急痛等症。此时宜用温肾祛寒法治疗即可治愈。

若医者误认为胁下急痛为悬饮而大下其水，正气更伤而冲气不去，所以其病不除。其后又误认为病变在于上焦而用吐法，这时不仅冲气不去，反而导致脾胃阴阳两伤。胃阴耗伤，则生胃中虚烦和咽中干燥，渴欲饮水等症；既经误下，又复误吐，下焦阳损更盛，膀胱气化失司，则小便不利；脾胃阳气益虚，以致水饮不化，水气泛溢，乃致面目手足浮肿。

见浮肿又用葶苈丸逐水，但治其标，未能治本，故"当时如小差"，其后由于脾胃阳气未复，饮食不节，运化不及，浮肿如故；并且冲气更严重，所以胸胁疼痛，好像奔豚病一样。此时水气射肺，则出现咳嗽气喘等症。

总的说来，本病先有积水，继挟冲气，复因误用吐下而浮肿咳喘。因此，治疗之时必须辨清先后缓急。本证冲气、咳喘皆是新病，而由于冲气势急，故先治其冲气；待冲气平后，再治其咳；咳止，喘息自减；最后治疗水气本病。此即第一篇先治新病、后治痼疾之意。

【按语】

本条与痰饮篇的支饮服小青龙汤以后所发冲气的治法大体相同，应结合研究。本条可用苓桂味甘汤之类治其冲气。

【选注】

尤怡：此水气先得，而冲气后发之证。面目肢体俱肿，咽喉塞噎，胸胁满痛，有似留饮，而实挟冲气也。冲气宜温降，不宜攻下，下之亦未必去，故曰气击不去，其病不除。医乃不知而复吐之，胃气重伤，胃液因尽，故咽燥欲饮水，而小便不利，水谷不化，且聚水而成病也。是当养胃气以行水，不宜径下其水，水虽下，终必复聚，故暂差而寻复如前也。水聚于中，气冲于下，其水扬溢，上及肺位，则咳且喘逆，是不可攻其水，当先止其冲气，冲气既止，然后水气可去，水去则咳与喘逆俱去矣。先治新病，病当在后者，谓先治其冲气，而后治其水气也。（《心典》）

四、证治

（一）风水

1. 风水表虚

【原文】

風水，脉浮身重，汗出惡風者，防己黃耆湯主之。腹痛加芍藥。（二十二）

防己黃耆湯方：方見濕病中

【释义】

本条论述风水表气虚证治。既言风水，当有面目肿，或手足浮肿等证。脉浮身重，汗出恶风，为风水在表而卫气不固。治当益气固表，利水除湿。用防己黄芪汤。若因水阻血痹而腹痛，可加芍药以通血痹，缓急止痛。

【校勘】

赵本此条之"防己黄芪汤"中除"白术三分"外，余同湿病篇。"方见湿病中"，据《医统》本补。

【按语】

本条与《痓湿暍病》篇第二十二条的原文仅"湿"和"水"字之异，均用防己黄芪汤，二者各有特点，前者论风湿在表，以骨节疼痛为主症；后者论风水在表，以面目肿，四肢肿为特征。但同属表虚，病虽不同，病机则一，故同用一方，为异病同治之例。辨证时须注意汗出多而恶风不减、反加重者方为表虚恶风。

【临床应用与研究】

本方常用于治疗急、慢性肾炎偏于气虚者。利水退肿者用汉防己，祛风止痛者用木防己。还可用治血栓性静脉炎属风水表虚者。

研究表明本方药理作用有：抗炎、镇痛、利尿、降血脂、抗凝血、抗动脉硬化、减肥、抗辐射、抗急性肾功能损伤等作用。无明显毒副作用。

【选注】

吴谦：风水之病，外风内水也。脉浮恶风者风也，身重肿者水也。汗出表虚，故用防己

黄芪汤，固表以散风水也。若腹痛加芍药、甘草以调中也。(《金鉴》)

【医案举例】

钱某，女，37岁。于1月前患急性化脓性扁桃体炎。经治愈后，渐觉面目、四肢浮肿，腰酸纳呆。经化验检查，诊断为急性肾小球肾炎，并住院治疗。刻下病已一月，面黄虚浮，身重体倦，汗出恶风，苔白腻，质淡，脉浮缓。辨证为风水相结，表虚不固，肾亏于下。治宜祛风行水，益气固表，并稍佐温肾之品，取防己黄芪汤加味：防己10g、黄芪12g、白术10g、甘草4g、生姜6g、大枣10枚、菟丝子12g、仙灵脾10g。服药8剂后，尿检蛋白少许，面浮身重、汗出恶风俱减。原方继服8剂后，诸症悉除，尿检正常，康复出院。[王伯群.防己黄芪汤的临床运用.江苏中医杂志　1984，(6)：40]

【原文】

附方

《外臺》防己黃耆湯：治風水，脉浮爲在表，其人或頭汗出，表無他病，病者但下重，從腰以上爲和，腰以下當腫及陰，難以屈伸。方見風濕中。

【校勘】

《外台秘要》卷二十风水门，载有深师木防己汤，主治与此相同，其方药味与本书前《痉湿暍病》篇所载防己黄芪汤相同，惟分量稍异，作"生姜三两，大枣十二枚擘，白术四两，木防己四两，甘草二两炙，黄芪五两"；方后细注云："此本仲景《伤寒论》方"。

【释义】

本条论述风水表虚，水湿盛于风邪证治。风水为风邪犯肺，失其通调，以致津液运行障碍，水湿停聚，泛溢肌表所致。其脉浮，为水溢肌表，故曰"脉浮为在表"。风为阳邪，其性轻扬，浮于上故其人头汗出，表无他病，又因水为阴邪，其性下趋，故曰腰以下当肿，甚者及外阴部，由于下肢肿盛，则难以屈伸。故在防己黄芪汤原方加重药量，以白术健脾胜湿，姜枣草调和营卫以和中。防己、黄芪同用，不仅善驱肌表水湿、益气固表，还能使水湿下走。诸药配伍，可益气健脾、除湿利水。

【选注】

魏荔彤：再附《外台》防己黄芪汤，其方仲景已列于篇中，后人复注明而续入者，重在腰以下有水湿之邪也。言脉浮在表，其人或头汗出，却表无他病，腰以上和，知病在腰以下，正为清湿之邪，下受之故也，故腰以下肿及阴，难以屈伸。主以此方，见不惟治风邪之上受，且治湿邪之下受也云尔。(《本义》)

2. 风水挟热

【原文】

風水惡風，一身悉腫，脉浮不渴，續自汗出，無大熱，越婢湯主之。(二十三)

越婢湯方：

麻黄六兩　石膏半斤　生姜三兩　大棗十五枚　甘草二兩

上五味，以水六升，先煮麻黄，去上沫，内諸藥，煮取三升，分温三服。恶風者加附子一枚炮。風水，加术四兩。古今録驗

【校勘】

"脉浮不渴"，《心典》作"脉浮而渴"。"分温三服"之下，《千金》有"复取汗"三字。

【释义】

本条论述风水挟有郁热的证治。风水在表则恶风、脉浮，水为风激，水气泛溢则一身悉肿。风水郁而化热，热蒸汗出不彻，热随汗稍外泄，故无大热。郁热伤津，故口渴。证乃风水挟热，宜越婢汤发越水气，清透郁热。方中麻黄配生姜发汗散水，重用石膏之辛凉，清透肺胃之郁热；大枣、甘草调中和药。方后云，恶风者，为汗出多伤及卫阳，卫阳不固，加附子以固护卫阳。若是水湿太盛，方中加用白术以健脾除湿，同时麻黄伍白术，并能行表里之湿而不致发散太过。

【按语】

本条与防己黄芪汤证均治风水相搏，都可见肿、恶风、自汗出、脉浮。越婢汤证兼有郁热，故汗出为续自汗出，汗出后恶风可减轻，身有热，肿势较甚；治疗宜用越婢汤兼清郁热。防己黄芪汤证兼卫表气虚，故全身自汗出，恶风随汗出而加重，恶寒不发热，肿势较轻；治宜用防己黄芪汤益气固表。

【临床应用与研究】

本方加减常用于急性肾炎见颜面肢体浮肿，恶寒发热，舌质红脉浮者。可考虑与麻杏苡甘汤、麻黄连翘赤小豆汤等加减应用。

【选注】

徐彬：前证身重则湿多，此独一身悉肿，则风多气强矣。风为阳邪，脉浮为热，又汗非骤出，续自汗出，若有气蒸之者然；又外无大热，则外表少而内热多，故以越婢汤主之。麻黄发越其阳，石膏清其热，甘草和其中，姜、枣以通营卫而宣阳气也。此方剂独重，盖比前风多气多热多，且属急风，故欲一剂铲之。若恶寒知内虚，故加附子。《古今录验》加术，并驱湿矣。(《论注》)

【医案举例】

傅某，男，72岁。1962年4月4日初诊。1月前，继感冒高热数日后，全身出现浮肿。经某医院诊为急性肾小球肾炎。服西药治疗半月余不效。症见四肢高度浮肿，眼睑肿势尤甚，形如卧蚕，发热汗出，恶风口渴，咳嗽气短，心烦溲赤，舌质红，苔薄黄，脉浮数，体温39.5℃。证属风水泛滥，壅遏肌肤。治宜宣肺解表，通调水道，方用越婢汤加味：麻黄10g，生石膏20g，炙甘草6g，生姜4片，大枣4枚，杏仁10g，水煎服。7日二诊：浮肿见消，咳嗽大减，仍汗出恶风，体温38.5℃，舌苔转白，脉浮缓，效不更方，原方加苍术8g，3剂。药后热退肿消，诸症悉除，尿检正常。［王明玉，等. 经方治疗风水. 北京中医 1985；(5)：20］

（二）皮水

1. 皮水挟热

【原文】

裹水①者，一身面目黄腫，其脉沉，小便不利，故令病水。假如小便自利，此亡津液，故令渴也。越婢加术汤主之。方见下。（五）

【词解】

①里水：即指皮水，据《脉经》。

【释义】

本条论述皮水挟热的证治。皮水是脾虚不运，肺气不宣，通调失职，水气停留于皮肤之中所致。水气太盛，所以一身面目洪肿，脉亦见沉。水阻气滞，通调失职，则小便不利。小便不利，水无去路，又能增加水肿，所以说"故令病水"。治当发汗清热，健脾除湿，可用越婢加术汤。方中重用麻黄、石膏发越水气，佐以姜、枣、草调和营卫，白术健脾除湿，与麻黄合用，并能行表里之湿。又水肿病多小便不利，假如小便自利，与口渴同见，则为气虚津伤，此时，虽见水肿，即不能使用越婢加术汤，当另作考虑。

【按语】

本条之渴而小便自利，为津液已伤，正是第四条所谓"渴而下利，小便数者，皆不可发汗"之禁例。

里水即是皮水，第一条云"其脉亦浮"，本条云"其脉沉"，前言浮者，指病邪在表，发病之初，轻取即得，此言沉者，指水气已盛，四肢俱肿，按之始得，所以曰沉。临床应根据全面情况，进行综合分析。

【临床应用与研究】

本方对慢性肾炎急性发作性水肿，颜面浮肿明显，伴恶寒发热，或不恶寒发热，咳喘胸闷，咽燥口渴，纳呆腹胀便溏，尿少色黄，苔薄白或白黄而润，脉浮数或弦滑，脾虚水肿盛兼有热象者，有较好疗效。

【选注】

程林：里有水则脉沉，小便不利，溢于表则一身面目黄肿，故与越婢加术汤，以散其水。若小便自利，此亡津液而渴，非里水之证，不用越婢汤也。越婢加术汤，当在"故令病水"之下。（《直解》）

【医案举例】

李某，男，54岁。10天前突然恶寒发热，继而全身肿胀，当地医院诊断为急性肾小球肾炎，经中西药治疗肿势不减。刻诊：微恶寒，全身面目皆肿，下肢肿势较重，小便尚利而较前少，大便正常，饮食如故。脉沉有力，舌红润苔少。此乃外感风邪，肺失宣降，脾失健运，三焦气化不利，水液泛滥肌腠之间而为水肿，治以散风清热，健脾宣肺，疏利三焦，拟用越婢加术汤。服1剂尿量增加，2剂而肿消大半，又以前方加茯苓10g，陈皮10g以健脾理气。服 2 剂肿势消尽。改用金匮肾气丸以善其后，10 天后病愈。三月后随访未再复发。[杨培生．越婢加术汤的临床应用．河南中医　1984；（4）：25]

2. 皮水表实

【原文】

裏水，越婢加术湯主之；甘草麻黃湯亦主之。（二十五）

越婢加术湯：見上。於内加白术四兩，又見脚氣中。

甘草麻黃湯方：

甘草二兩　麻黃四兩

上二味，以水五升，先煮麻黃，去上沫，内甘草，煮取三升，温服一升，重覆汗出。不汗，再服。慎風寒。

【释义】

本条论述皮水发汗的两种治疗。里水即皮水，据条文第五条，当属皮水表实，肿势严重，挟有郁热，故以越婢加术汤发汗清热，健脾除湿。风寒束表，肺失宣通，停水外溢，但无郁热，无汗者，可用甘草麻黄汤，辛甘相伍，发汗宣肺，散水和中，治皮水腰以上浮肿较显著。

【临床应用与研究】

甘草麻黄汤用于水肿病，一身面目浮肿，小便不利，无汗，口不渴，脉浮者。对肾小球肾炎初期，慢性肾盂肾炎属外有风寒，肺气郁滞之水气病证等有效，但脾胃虚寒者禁用。

本方煎煮方法是先煎麻黄，后下甘草，有人通过实验比较了先煎后下法和混合煎法的差异，发现无论是单味还是复方，采用先煎后下法者，其麻黄生物碱的煎出量或煎出率均高于混合煎法；头煎与二煎的功效，头煎均高于二煎，似可说明麻黄先煎，事出有因。

【按语】

本篇载方十首，用麻黄者六首。黄竹斋云："麻黄能上宣肺气，下伐肾邪，外发皮毛之汗，内祛脏腑之湿，故仲景于水气病用之为主药"（《金匮要略方论集注》）。其说可参。本条一证两方，应加以比较。据《中风》篇附方《千金》越婢加术汤主证中有"腠理开，汗大泄"。可知越婢加术汤证是有汗的，而且汗很多，为内热所迫而致。本条甘草麻黄汤后服法曰："温服一升，重覆汗出，不汗，再服。"故甘草麻黄汤证是无汗的，为表实所致。

【选注】

魏荔彤：里水之治，仲景主之以越婢加术汤，又主之以甘草麻黄汤。用越婢加术之义，亦为湿热相杂于内而言治也，阳虚者，加附子可知矣，余谓气虚者加术，更加参芪，又可推矣。用甘草麻黄汤者，益中气、散风湿也，为水气在内，无热可挟，而风寒之邪亦郁于表者出治也。且其人但见邪盛，不见正虚，故以此治邪，而甘草即为补正也。服法义在汗出必谨风寒。可见甘草麻黄汤一方，非专为里有水而无风寒外感者言也。即越婢汤一方，内用麻黄，亦微有此意。虽云水气病当发汗而愈，然全无外证，则固有利小便一法矣，何用发汗

乎？此等处俱宜于仲景所曾言者参错而师其法，方可有得于语言文字之外耳。（《本义》）

【医案举例】

本人曾用此方治愈过一例重症风水（急性肾炎）。患者王某，男 3 岁，1983 年 10 月 27 日由儿童医院转来本院。患儿一周前发热，咽痛，经治热退，因汗出过多，其母用凉毛巾揩之，次日下午，患儿脸、睑部出现浮肿，到某院确诊为急性肾炎。用西药效微，转本院中医诊治。症见睑如卧蚕，全身浮肿，头面、下肢尤甚，其睾丸肿大如小杯，尿二日来几闭，不欲饮食，呼呼作喘，症属《金匮》所云"气强则为水"、"风气相击"，治以：麻黄 15 g，甘草 15g。水煎，频频而少喂。患儿家长每十几分钟喂一匙，半剂尽，尿道口淋滴尿液，半小时后，第一次排尿（300ml），又隔 45 分钟，第二次排尿（700 ml），此时喘促减，余嘱尽剂，夜间服 5～6 次，次日清晨，其肿大消，身渍渍汗出，改培土利湿剂善后。案为风邪伤表，服退热剂汗大出，突遭凉遇，以"启上闸而开下流"法，气行则水去矣。[顾兆农．提壶揭盖法治疗风水关格．中医药研究杂志　1984；创刊号：22]

3. 皮水阳郁

【原文】

皮水爲病，四肢腫，水氣在皮膚中，四肢聶聶動[①]者，防己茯苓湯主之。（二十四）

防己茯苓湯方：

防己三兩　黄耆三兩　桂枝三兩　茯苓六兩　甘草二兩

上五味，以水六升，煮取二升，分溫三服。

【词解】

①聶（zhé 哲）聶動：《集韵》："聶，木叶动貌。"《难经·十五难》有"脉来厌厌聶聶，如循榆叶曰平"一语，此处形容肌肤轻微颤动。

【释义】

本条论述脾虚阳郁、水气不行的皮水证治。皮水与脾关系密切。脾主四肢，脾阳虚而不运化水湿，水气潴留四肢皮下，肿胀明显，说明脾虚阳郁较甚。"四末为诸阳之本"，卫阳郁于四肢，阳气欲通不通，故肿处时有轻微跳动之感。证属水气过盛，阳郁不宣，治以防己茯苓汤通阳化气，分消水湿。方中防己、黄芪走表祛湿，使皮下之水从表而散，桂枝、茯苓通阳化水，使水气从小便而去。桂枝与黄芪相协，又能通阳行痹，鼓舞卫阳；甘草调和诸药，协黄芪以健脾，脾旺以制水。

【按语】

防己茯苓汤，即防己黄芪汤去白术、姜枣加桂枝、茯苓而成。比较两方中药物的分量，防己黄芪汤中防己一两，黄芪一两一分；而防己茯苓汤的防己、黄芪各三两，显然本方证水势较甚，故驱除皮水的作用特强。

【临床应用与研究】

凡慢性肾功能不全、肝硬化腹水、关节炎、营养不良性浮肿、肺心病伴心功能不全等属阳气不宣，水气泛滥者，可以本方加减取效。

药理发现汉防己利尿作用明显，可使尿量增加 47% 左右；汉防己甲素用治高血压病有显著疗效。

【选注】

尤怡：皮中水气，浸淫四末，而壅卫气，气水相逐，则四肢聂聂动也。防己、茯苓善驱水气，桂枝得茯苓，则不发表而反行水，且合黄芪、甘草，助表中之气，以行防己、茯苓之力也。（《心典》）

【医案举例】

陈某，男，60 岁。患冠心病 8 年，曾 4 次住院。患者动则气喘，夜不能平卧，心悸，颜面四肢浮肿，舌淡白，苔薄白，脉细软数。西医诊断为冠心病合并心衰。辨证：肺脾气虚，水气上泛。立法：益气健脾利水。处方：防己茯苓汤合茯苓杏仁甘草汤：防己 20g，黄芪 30g，茯苓 30g，白术 10g，杏仁 10g，甘草 3g，党参 20g。服药 10 剂尿增，喘减，夜能平卧。继按上方加用红参继服，药后悸宁寐安，喘平息匀，冬令平安度过，证情平稳，2 年未再住院治疗。[徐克明，等．应用防己茯苓汤的经验体会．江西中医药　1981；(4)：42]

4. 皮水湿热内壅

【原文】

厥而皮水者，蒲灰散主之。方见消渴中。（二十七）

【释义】

本条论述皮水湿热内壅的证治。水气盛于外，湿热壅于内，阳气被郁，不能达于四末，故四肢厥冷而肿。此厥冷非阳虚所致，故以蒲灰散清湿热、利小便以通阳，如叶天士所言："通阳不在温，而在利小便。"

【按语】

阳水偏于热证实证，治当疏风宣肺，清热利水，本篇越婢汤、蒲灰散为其治法奠定了基础，是有感而发，因有学者撰文谓仲景只治阴水而不能治阳水，盖未细读《金匮》本篇故也。临证时此蒲灰散之厥只是手足轻度发凉，同时无阳虚恶寒自汗等证。"厥而"二字《金鉴》认为是衍文，并说蒲灰散为外治方。"水在皮肤，浸淫日久，必然腐溃而出水也，当以蒲灰散敷之，以燥水也"，可供参考。

【临床应用与研究】

本方证除身体浮肿，不恶风寒外，应有小便短少，舌苔黄腻等症状。临床较少单独使用本方，常配于其他方中以治疗泌尿系疾病、血精、急性黄疸型肝炎等属湿热夹瘀者。

【选注】

尤怡：厥而皮水者，水邪外盛，隔其身中之阳，不行于四肢也。此厥之成于水者，去其水则厥自愈，不必以附子、桂枝之属，助其内伏之阳也。（《心典》）

（三）正水与风水

【原文】

水之爲病，其脉沉小，屬少陰；浮者爲風，無水虛脹者，爲氣。水，發其汗即已。脉沉者，宜麻黃附子湯；浮者，宜杏子湯。（二十六）

麻黃附子湯方：

麻黃三兩　甘草二草　附子一枚（炮）

上三味，以水七升，先煮麻黃，去上沫，内諸藥，煮取二升半，温服八分，日三服。

杏子湯方：未見，恐是麻黃杏仁甘草石膏湯。

【释义】

本条论述正水与风水的不同治法，及水肿与气肿的鉴别。"水之为病"包括正水和风水。正水与少阴肾有关，脉沉小；风水与肺有关，脉为浮。正水兼表有水气者，亦可用汗法，但须兼顾肾阳，治以温经助阳，发汗散邪，予麻黄附子汤。风水以杏子汤宣肺利气。杏子汤未见，若风水兼肺有郁热者，可予麻杏甘石汤。"无水虚胀者，为气"说明水肿病与气肿的鉴别要点。所谓气肿，即肺气郁滞脾阳不运、按之随手而起的虚胀，并无身肿及水湿内聚之症。

【按语】

对本条看法历代医家众说纷纭：赵以德认为此条讨论气水："浮者为风无水，虚胀者为气水"，他解释道"但因其从风出于表，而水不内积，故曰无水。若不因于风，只是肾脉上入于肺而虚胀者，则名气水"；陆渊雷认为此条有衍文："愚意'无水虚胀者为气水'一句直是衍文，当删之"；陈念祖认为此条是论石水、风水、气肿，他说："此为石水证出其方也，而并言及风水与气肿，从反面指出正旨"；尤怡认为此条是讨论风水与气病及其治法，详见[选注]；张璐认为"虚胀者，手太阴气郁不行而为虚胀也"；孟如主编《金匮要略选读》认为，"无水虚胀者，为气"，多指中气虚弱、脾阳不运的虚气作胀。治当补脾运脾，佐以行气消胀，可用厚朴生姜半夏甘草人参汤治之。诸说可参。

【临床应用与研究】

本方常用于急慢性肾炎水肿、冠心病心律失常等属阳虚而四肢肿者。凡腰以上及眼睑浮肿，兼有恶寒、四肢不温、小便不利或清白、喘、腹满脐平、腰痛、脉沉细属正水者，多因肾阳虚不能化气行水，水寒干肺所致，宜投麻黄附子汤温通升散。

吴瑭有用麻黄附子汤治愈水肿一案，其药物用量颇堪玩味：陈，32岁，经谓病始于下而盛于上者，先治其下，后治其上；病始于上而盛于下，先治其上，后治其下。此证始于上肿，当发其汗，与《金匮》麻黄附子甘草汤。麻黄二两，熟附子一两六钱，炙甘草一两二钱，煮成五饭碗，先服半碗，得汗止后服，不汗再服，以得汗为度。此方前医曾用过，无效，吴曰："前医恐麻黄发阳，用八分；附子护阳，用一钱以监制麻黄；又恐麻黄附子皆剽悍药也，甘草平，遂用一钱二分，又监制麻黄附子，如何能效？吴则将附子少于麻黄四钱，让麻黄出头；甘草又少于附子四钱，让麻黄附子出头，甘草但坐镇中州而已。用之果效。

【选注】

尤怡：水气脉沉小者属少阴，言肾水也。脉浮者为风，即风水也。其无水而虚胀者，则为气病而非水病矣；气病不可发汗，水病发其汗则已。然而发汗之法，亦自不同，少阴则当温其经，风水即当通其肺。故曰脉沉者，宜麻黄附子汤；脉浮者，宜杏子汤。沉谓少阴，浮谓风也。（《心典》）

【医案举例】

覃某，女性，年约 50 余。三月前，初起眼睑浮肿，继即全身肿胀，按之凹陷，体重由 80 余市斤增至 140 余斤，行动困难，食欲不振，大便软，小便少。素无心悸气促及两脚浮肿史，经化验诊断为肾脏性水肿，脉象沉小。初拟五苓散、济生肾气丸之类，连服多剂，毫无作用。筹思再三，患者先从颜面肿起，正符合《金匮要略》所谓"腰以上肿当发其汗"之旨，同时忆及吴鞠通肿胀一案，因仿其法，用麻黄附子甘草汤，连服三剂，汗出至腿以下，顿觉全身舒适，但肿消失不著。继用五苓散及济生肾气丸多剂，功效大著，关门大开，小便清长，日夜十余次。二周后，全身肿胀消失，体重减至 80 余市斤，痊愈出院。（湖南省中医药研究所．湖南省老中医医案选·第一辑．长沙：湖南科学技术出版社，1980；58）

（四）黄汗

1. 卫郁营热，表虚湿遏

【原文】

問曰：黃汗之爲病，身體腫—作重，發熱汗出而渴，狀如風水，汗沾衣，色正黃如柏汁，脉自沉，何從得之？師曰：以汗出入水中浴，水從汗孔入得之，宜耆芍桂酒湯主之。（二十八）

黃耆芍桂苦酒湯方：

黃耆五兩　芍藥三兩　桂枝三兩

上三味，以苦酒一升，水七升，相和，煮取三升，温服一升，當心煩，服至六七日乃解。若心煩不止者，以苦酒阻故也。—方用美酒醯代苦酒。

【释义】

本条论述黄汗的病机和证治。黄汗为汗出入水中浴，水湿之邪侵犯肌腠，阻碍营卫的运行，卫阳被遏，湿热交蒸于肌肤，表现为全身水肿，发热口渴，汗出沾衣色黄如柏汁。因发热汗出浮肿等似乎风水，但风水脉浮而黄汗脉沉，风水恶风而黄汗不恶风，风水汗出色不黄等。黄汗治以芪芍桂酒汤调和营卫，固表祛湿，兼泄营热。方中桂枝、芍药调和营卫，配苦酒以泄营中郁热，黄芪固表祛湿，如是营卫调和，气血畅通，水湿得祛，则黄汗之证可愈。

【按语】

对黄汗的成因不必拘泥于"以汗出入水中浴，水从汗孔入得之"一语，因只要水湿外袭，阻郁营卫化热，湿热交蒸，迫津外溢即成黄汗。

黄汗病以汗出如黄柏汁色为其特点，结合本篇第四条所言可知本病由于病程的长短，证情的轻重有别，其临床表现亦不尽同。

【临床应用与研究】

本方常用于偏于表虚的多汗症，浮肿病，如慢性肾炎、内分泌紊乱等不明原因的浮肿有一定疗效。

【选注】

尤怡：黄汗之病，与风水相似，但风水脉浮，而黄汗脉沉，风水恶风，而黄汗不恶风为异，其汗沾衣色正黄如蘗汁，则黄汗之所独也。风水为风气外合水气，黄汗为水气内遏热气，热被水遏，水与热得，交蒸互郁，汗液则黄。黄芪、桂枝、芍药行阳益阴，得酒则气血和而行愈周，盖欲使营卫大行，而邪气毕达耳。云苦酒阻者，欲行而未得遽行，久积药力，乃自行耳，故曰服至六七日乃解。(《心典》)

【医案举例】

周某，女，48 岁，1979 年 6 月初诊。去年深秋，劳动结束后在小河中洗澡，受凉后引起全身发黄浮肿，为凹陷性，四肢无力，两小腿发凉怕冷，上身出汗，汗色发黄，内衣汗浸后呈淡黄色，下身无汗，腰部经常串痛，烦躁，午后低热，小便不利，脉沉紧，舌苔薄白。服芪芍桂酒汤：黄芪 30g，桂枝 18g，白芍 18g，水 2 茶杯，米醋半茶杯，头煎煮 1 杯，二煎时加水 2 杯，煮取 1 杯，头煎液合在一起，分为 2 份，早晚各 1 份，共服 6 剂，全身浮肿消退，皮肤颜色转正常，纳增。[刘景棋 . 黄汗三例 . 山东中医学院学报，1980；(2)：55]

2. 气虚湿盛阳郁

【原文】

黄汗之病，兩脛自冷；假令發熱，此屬歷節。食已汗出，又身常暮盜汗出者，此勞氣也。若汗出已反發熱者，久久其身必甲錯；發熱不止者，必生惡瘡。

若身重，汗出已輒輕者，久久必身瞤，瞤即胸中痛，又從腰以上必汗出，下無汗，腰髖弛痛，如有物在皮中狀，劇者不能食，身疼重，煩躁，小便不利，此爲黄汗，桂枝加黄耆湯主之。(二十九)

桂枝加黄耆湯方：

桂枝三兩　芍藥三兩　甘草二兩　生姜三兩　大棗十二枚　黄耆二兩

上六味，以水八升，煮取三升，溫服一升，須臾飲熱稀粥一升餘，以助藥力，溫服取微汗，若不汗，更服。

【释义】

本条论述黄汗与历节、劳气的鉴别，进一步论述黄汗的证治。由于黄汗是湿热壅滞肌表及上焦，阳气被郁，不能下达，所以黄汗病身体虽发热而两胫反冷，历节则是湿热流入关节注于下焦，故两胫发热。气虚不固，卫气外泄，营气亏虚故食后汗出；营阴不足，阳气不固，津液外泄，出现夜卧盗汗；皆属虚劳的症状，与黄汗的湿热熏蒸随时汗出者不同。因为湿热之汗出，每当出汗后，发热及其他症状减轻。但亦有汗出以后，湿热并不因此减轻，而仍然发热的，若日久不愈，必耗损营血，肌肤失其营养，可致皮肤甲错；若长期发热不退，热壅肌肤，必致营气不通，正气日衰，一旦外感邪毒，可肌肤溃烂而发生痈疮。

黄汗为湿郁于肌肤，湿胜故身重。若汗出湿随汗泄，虽觉身重减轻，但阳随汗泄，津气两伤，筋失所养，必出现肌肉跳动；胸阳不足，气机不利，则胸痛。由于上焦阳虚，故腰以上汗出；下焦湿胜，则下无汗，腰髋弛痛，如有物在皮中。若病势转剧，内伤于心脾、膀胱，则烦躁、不能饮食、小便不利；湿伤于肌肉，则见身体疼痛。治以桂枝加黄芪汤调和营卫，宣阳散湿。

【按语】

本方与芪芍桂酒汤均主治黄汗，皆有调和营卫、祛散水湿、补益卫表之气的功效，但本方重用桂枝汤散邪和营之力较强，轻用黄芪，其益气固表之力偏弱，主治邪多虚少之证，见汗出不透，腰以上有汗，腰以下无汗者。后者方中重用黄芪意在益气固表为主，轻用桂芍调和营卫，兼以驱邪，主治虚多邪少之证，见周身汗出。

结合临床黄汗与历节的主要区别在于前者周身汗出，色如黄柏汁且沾衣；历节，黄汗出于肿痛关节的周围。关于黄汗胫冷、历节胫发热，临床并非必有之证，更不能以此来区分，故可不必拘泥。

【临床应用与研究】

本方常用于治疗黄汗证，黄疸病，以及植物神经功能紊乱等属于卫阳虚弱，水湿外侵，营卫不和者。

对于黄汗的治疗，后世除选用上述两方之黄芪、芍药、甘草外，常根据病情适当配伍茵陈、山栀子、黄柏、白鲜皮、防己、赤茯苓、木通、淡竹叶等品，以增强除湿清热的作用。可供临床参考。

有学者认为本方中桂枝、白芍、大枣能调和营卫，扩张体表血管，轻度发汗，保护体液，另加黄芪益气固表，兴奋中枢神经，抑制发汗中枢，全方具有改善皮肤循环和营养状态，调整汗腺机能，增强免疫的作用。

【选注】

张璐：黄汗皆由营气不和，水气乘虚袭入，所以有发热汗出，身体重痛，皮肤甲错，肌肉瞤动等证。至于胫冷髋弛，腰下无汗，《内经》所谓身半以下，湿中之也。脉沉迟者，水湿之气渗于经脉，而显迟滞不行之状，证虽多歧，观其所治，咸以桂芍和营散邪，即兼黄芪司开合之权，杜邪气复入之路也。按仲景于瘀热壅滞之候，每云甲错，即肌若鱼鳞之状，故发热不止，则瘀热溃腐而为恶疮。每言身瞤，乃经脉动惕之兆，故发汗不已，则营气内乏，而胸中痛也。（《医通》）

【医案举例】

希某，女，19岁，学生。夏日，因搬迁新居，劳累过甚，汗出亦多，遂去江中游泳，归途中又雨淋湿身。次日，始觉周身不适，身疼重，全身浮肿，头昏，烦躁不眠，小便不利，不恶风，胃纳差，口流涎水，其汗出先以腋下为多，继而腰以上均汗出，腰以下无汗，汗色微黄沾衣，洗之不褪色。症见：全身发黄、头面胸腹四肢浮肿，压之凹陷，腰髋弛痛，如有物在皮中，两胫冷凉，胸中烦痛。舌质淡红，苔白腻，脉沉细，血尿便常规和肝功能均属正常，黄疸指数 6u。合参脉症，诊为黄汗，治宜宣通阳气，排除水湿。方用《金匮》桂枝加黄芪汤主之。处方：桂枝 15g、白芍 15g、黄芪 20g、甘草 10g、生姜 3 片，大枣 4 枚，嘱其温服，药后食粥，以助药力，取微汗为度，共服 7 剂，肿消黄退，黄汗止，全身皮色复常，饮食增进，诸症悉除，病愈。[秦书礼，等．黄汗治案四则．仲景学说研究与临床 1987；（2）：26]

（五）气分病

1. 阳虚阴凝

【原文】

氣分，心下堅，大如盤，邊如旋杯①，水飲所作，桂枝去芍藥加麻辛附子湯主之。（三十一）

桂枝去芍藥加麻黄細辛附子湯方：

桂枝三兩　生姜三兩　甘草二兩　大棗十二枚　麻黄二兩　細辛二兩　附子一枚（炮）

上七味，以水七升，煮麻黄，去上沫，内諸藥，煮取二升，分溫三服，當汗出，如蟲行皮中，即愈。

【校勘】

赵刻本"桂姜草枣黄辛附子汤方"，今据《医统》本改为"桂枝去芍药加麻黄细辛附子汤方"。

【词解】

① 旋杯：形容心下"水饮凝聚之状"。（《直解》）

【释义】

本条论述气分病的治法。气分病是由于阳虚阴凝气滞，水饮不消，积留于心下，所以痞结而坚，如盘如杯，治以桂枝去芍药加麻辛附子汤温阳散寒，通利气机，宣行水饮。方中桂枝汤去芍药之阴柔以振奋阳气，麻辛附子汤温发里阳，如是可通彻表里，阳气通行，阴凝解散，水饮自消。

【按语】

本方是"阴阳相得，其气乃行，大气一转，其气乃散"的具体运用。因其病本是寒饮乘阳虚而积结气分，故不直接用破气药，而用辛甘发散、温阳化气之药根治，实乃治疗胀病的关键，可谓"审因论治"之范例。

方后云"当汗出，如虫行皮中，即愈"，是服药以后，阳气周行于身，推动阴凝之邪解散的现象。

【临床应用与研究】

本方用于治疗阳虚寒凝，水饮不消，积留于心下，致使心下痞坚如盘如杯，或恶寒，肢体厥冷，胸满，脉沉之气分病，临床常用于因此而致的水肿、痰饮、臌胀、胃痛、痹证、喘证、感冒等病证。

【选注】

黄元御：气分清阳之位，而浊气痞塞，心下坚大如盘，边如旋杯，此下焦阴邪逆填阳位，必缘土败而水侮也。桂甘姜枣麻附细辛汤，甘草培其土虚，附子温其水寒，麻黄泄其滞气，姜桂细辛降其浊阴也。（《悬解》）

【医案举例】

董某，女，49岁。周身皮肤肿胀，随按随起无凹陷，腹部胀满尤为明显。肚脐周围出现如栗子大小包块十余个，按之软，随按而没，抬手又起。腹部皮肤发凉，间或嗳气上逆，面色黧黑不泽。脉沉无力，舌苔白。该证病属"气分病"，为寒邪内搏气机所致。处方：桂枝 9g，生姜 15g，大枣 10g，炙甘草 6g，麻黄 6g，细辛 4.5g，附子 9g，川椒 3g。服 3 剂后腹中气动有声，矢气甚频，腹胀随之消减，脐周之包块亦消。但腹中胀满尚未尽愈，改用李东垣寒胀中满分消汤 3 剂而愈。［刘渡舟．经方临证指南．天津：天津科学技术出版社，1992；124］

2. 脾虚气滞

【原文】

心下坚，大如盤，邊如旋盤①，水飲所作，枳术湯主之。（三十二）

枳术湯方：

枳實七枚　白术二兩

上二味，以水五升，煮取三升，分温三服，腹中軟即當散也。

【词解】

①旋盘：形容心下"水饮散漫之状"。（《直解》）

【释义】

本条论述气分病的另一种治法。本证因于脾弱气滞，失于转输，水气痞结于胃脘部，故见心下坚大，边如旋盘。治以枳实行气散结，白术健脾利水。

【校勘】

"腹中软"，赵本作"腹中奭"，据《医统》本改。

【按语】

条文（三十一、三十二）同论心下坚之气分病，但前者为脾肾阳虚，阴寒凝结所致；后者系因脾胃虚弱，气滞水凝而成。在症状方面，两者均有"心下坚，大如盘"等症状，但前者边如旋杯，系指痞结较厚，说明症状较重，可兼有手足逆冷，或身冷，或骨痛恶寒，或痹不仁等，；后者边如旋盘，系指痞结较薄，而多见食少、便溏等证，说明症状较轻。

水、气本为同类，故"治水者当兼理气，盖气化水自化也；治气者亦当兼行水，以水行气亦行也"（《景岳全书》），此即"水气同治法"，为本条行气利水法的进一步发展。

【临床应用与研究】

本方常用于治疗胃下垂、慢性胃炎、消化不良等消化系统疾病。本方治疗胃下垂，应重用枳实消痞，以白术为辅；治疗一般消化不良引起的腹胀等症，则应重用白术健脾，以枳实为辅。临床较少单独使用本方，常配于其他方中以治疗痰饮、胃痛、胁痛、眩晕、腹胀等病证。

药理实验表明枳实有使胃肠节律性蠕动增强的作用，故在治疗胆石症、胃下垂、子宫脱垂及胃肠功能失调时，为必用之主要药物。枳实煎剂能增强胃肠节律性蠕动。一方面有利于肠内气体及粪便的排除，则"行气"；另一方面，对治疗小肠疝气和脱肛亦有一定作用。枳实煎剂对子宫有显著的兴奋作用，使子宫收缩有力，肌张力增强，故用治子宫脱垂。药理研究，白术有利尿作用，可能是由抑制肾小管对电解质和水分重吸收的结果，同时证明白术有轻度降低血糖的作用。

【选注】

赵良仁：心下，胃上脘也。胃气弱则所饮之水入而不消，痞结而坚，必强其胃，乃可消痞。白术健脾强胃，枳实善消心下痞、逐停水、散滞血。（《衍义》）

【病案举例】

冯某，女，50岁。心下坚满如盘已4年。视其局部皮色不变，而略高于四周腹壁，触之聂聂而动，面无病色，月经尚正常。脉沉滑。据脉症拟用《金匮》枳术汤行气散结，健脾消水。处方：炒枳实12g，白术12g。4剂。药后复诊，已觉心下舒软，与四周腹壁平。继服上方4剂，病瘥。［李鲤．学用仲景方治验四则．河南中医　1982；(1)：43］

五、主症主脉及预后

【原文】

脉得诸沉，当责有水，身體腫重。水病脉出①者，死。（十）

【词解】

① 脉出：水气病人沉脉暴出而无根，上有而下绝无。

【释义】

本条论述水气病的一般脉症和预后。皮肤中有水，脉络受压，营卫被阻，故水肿病人脉象多沉。"身体肿重"为水液之邪充斥皮肤的表现。脉沉，身体肿重，是水气病人的一般脉证，两者并见，则"当责有水"。脉暴出，多为阴盛格阳，阳气涣散不敛的危象，水肿病如此，它病亦然。

【按语】

关于水气病的预后，后世医家有不少补充。如《千金要方》曰："水有十种，不可治者有五：第一唇黑伤肝，第二缺盆平伤心，第三脐出伤脾，第四背平伤肺，第五足下平满伤肾。此五伤必不可治。"应属水气病重证，治之必难速效。本条原文指出，诊断水气病要脉证结合，不能单凭脉象。

【选注】

黄元御：脉得诸沉，阴旺水寒不能化气，当责有水。水溢皮肤，身体肿重，是其证也。水病脉沉，若脉出者，阳根下断，升浮无归，法当死矣。（《悬解》）

研究概要

本篇所论内容较多，包括风水、皮水、正水、石水、黄汗、五脏水及气分、血分、水分。古今医家很少从水气病这一病证研究，多从本病与西医学的某些病相联系去研究，这可能是因水气病所包含的现代病名较多的缘故。其中研究风水、皮水较多。结合现代医学研究，目前多认为：风水与急慢性肾炎；皮水与慢性肾功能不全、肝硬化腹水、营养不良性浮肿、心衰水肿；正水与慢性肾炎、肾病综合征、心源性水肿；石水与肝硬化腹水、结核性腹水、肝癌腹水密切相关。有认为五脏水多属于正水，由各脏腑功能失常所引起。如心水与心衰水肿、肺水与肺源性水肿、脾水与营养不良性水肿、肝水与肝硬化腹水、肾水与肾性水肿等。黄汗病的研究多从理论探讨及少量病例报告，而对其产生原因研究较少。关于气分、血分的研究很少报道。总的说来，水气病涉及西医学呼吸、泌尿、消化、循环、内分泌等系统的疾病。治疗水气病的三大法则仍广泛而有效地应用于临床。从对本篇方药的研究看，方剂的临床应用报道多，实验研究较少。显示本篇方剂配伍精当，确能指导临床。其中研究较深入者如防己黄芪汤、越婢汤等，而部分方剂如麻黄附子汤等，研究不多。实验研究方面，因本篇包含内容太多，很难从水气病这个大方面着手。现在多是从侧面研究本篇方剂疗效，如防己黄芪汤用于脾虚、肥胖模型疗效观察，很少是在建立风水、皮水模型的基础上进行研究的。

现代有关水气病研究多着重于肾性水肿和心性水肿，肾性水肿多由急慢性肾炎所致，心性水肿多由心力衰竭所致。

一、肾性水肿

1. 辨病施治

（1）关于蛋白尿的治疗　中医认为蛋白质形成是由于肾气不固，藏精外泄，脾不统摄和清气下泄所致。临床多用健脾益气、温补脾肾或补肾固摄、活血化瘀等法。健脾益气可选用四君子汤、参苓白术散、补中益气汤等；温补脾肾可选用金匮肾气丸、济生肾气丸、真武汤、实脾饮等；补肾固精可选用水陆二仙丹、金锁固精丸、右归丸、桑螵蛸散等。

（2）关于血尿的治疗　根据肾炎血尿的病因病机和辨证用药，可用以下三种方法治疗：①以热伤血络，迫血妄行，或热盛为主者，用清热凉血法，方用水牛角、生地黄、牡丹皮、赤芍、石韦、白茅根、紫花地丁、荠菜、知母、黄柏等。②以脾肾两虚为主者，用健脾固肾法，方用归脾汤、补中益气汤加减。③血瘀气滞者，用活血化瘀法，方用四物汤、桃红四物汤、少腹逐瘀汤、小蓟饮子、益肾汤（当归、赤芍、川芎、红花、桃仁、益母草、板蓝根、银花、白茅根、紫花地丁）等。

（3）关于水肿的治疗　常用药物：茯苓、车前子、泽泻、猪苓、大腹皮、附子、防己、生姜皮、白术、冬瓜皮等。治疗上用：①温阳利水法　真武汤加味：熟附子、茯苓、白术、白芍、生姜、陈皮、泽泻、猪苓；②清热利水法　方用：冬瓜皮、西瓜皮、桑白皮、大腹皮、茯苓皮、石韦、萹蓄、泽泻；③攻下逐水　方用十枣汤或甘遂末。

2. 辨证分型　对肾炎的辨证分型，应根据临床症状、体征、舌苔、脉象、病程长短、病情缓急及水肿的发展顺序、部位等来分型。目前尚未有统一的分型标准，各家分法繁杂，约有数十种。

有人将急性肾炎分为风水型、湿热型、脾虚型。有人将慢性肾炎分为湿热内蕴型、湿热犯中型、水热内停型、瘀血内阻型。也有人将慢性肾炎分为脾肾两虚型、肾阴虚火旺型、肾虚湿毒型。

二、心性水肿

1. 初起阶段　相当于临床上的无症状性心功能不全阶段，此期患者主要表现为疲乏无力，动则尤甚，易出汗，眼睑或见浮肿。治疗重点在脾、肾，盖脾能运化水湿，肾主水。脾肾气虚或脾肾阳虚，水无所主，潴留于体内，则出现上述诸症。西医学研究亦认为：心功能不全代偿期，体内代偿性激活肾素－血管紧张素系统，从而增加水钠潴留，产生隐性水肿。此阶段主要从健脾益肾利水论治，方用实脾饮加减。

2. 心衰水肿症形成阶段　此阶段患者出现劳力性呼吸困难、阵发性夜间性呼吸困难，甚至下肢浮肿，畏寒肢冷，舌质淡白，两尺脉弱。治疗重点在肾，因人体水液的气化、输布，主要由肾阳的蒸腾、推动来完成。若肾阳虚衰则水液的气化失常，则见下肢浮肿；肾虚肾不纳气则出现劳力性呼吸困难及夜间呼吸困难。治疗当宜温肾行水，方用济生肾气丸和真武汤加减。

3. 左心衰竭肺水肿阶段　此阶段患者主要表现为气急不能平卧，咯血性泡沫状痰，甚至出现端坐呼吸、紫绀、低血压等。此乃肾水上犯，窘迫心君，寒水射肺，肺气不降，失其通调水道之职所致。治当肺肾同治，方用济生肾气丸、防己黄芪汤、葶苈大枣泻肺汤三方化裁。

4. 最终阶段　此阶段患者体力活动严重受限，并可出现尿少、周身浮肿、胸腹水等，甚则大汗淋漓、四肢逆冷、脉微欲绝等心阳外脱、阴阳之气不相顺接之危候。此阶段心阳极度衰弱，当急则治其标，以温通心阳、化气行水、回阳救逆为法，方用桂枝甘草龙骨牡蛎汤合参附汤加味。

小　结

本篇论水气病的病机、辨证、治则、方药及预后。水气病的形成主要与肺脾肾三脏的关系密切。此外与三焦、膀胱也有关。水气病的分类，根据水停原因、症状分为风水、皮水、正水、石水、黄汗；根据与五脏的关系可分为心水、肺水、肝水、脾水、肾水；五种水与五脏水之间有密切联系，临床上应互相参考。根据水与气、血关系，分为气分、血分、水分。水气病的治则有发汗、利小便及峻下逐水法。

水气病可分为五种类型进行辨证治疗。

风水：卫表气虚，症见脉浮，身重（肿），汗出恶风，当益气固表，利水除湿，方用防己黄芪汤；若属风水相搏，郁而化热，症见恶风，一身悉肿，脉浮而渴，续自汗出，无大热者，当发越水气，清透郁热，方用越婢汤；若肺气不宣，水湿在表者，症见头面肿，咳嗽，当宣肺利气，发汗散水，方用杏子汤。

皮水：皮水表实夹郁热，症见一身面目洪肿，脉沉，小便不利，当发汗清热，健脾利湿，方用越婢加术汤；若属风寒束表，肺气不宣者，症见面目肿，咳嗽无汗，恶寒，当发汗宣肺，利水祛湿，方用甘草麻黄汤；若属脾虚阳郁，水湿内停者，症见四肢肿，聂聂动，当通阳化气，分消水湿，方用防己茯苓汤；若属水湿内停，里有瘀热，阳气受阻者，症见厥而浮肿，尿少尿痛，当清利湿热祛瘀，方用蒲灰散。

正水：水湿在表，肾阳不足者，症见肢体浮肿，畏寒怕冷，腰痛，当发汗利水，温补肾阳，方用麻黄附子汤。

石水：多因肾阳大衰，肝气郁结所致，仲景未出具体方药，但可考虑用温肾化气、疏肝化瘀法治之。

黄汗：营卫不和，卫表气虚，湿热交蒸者，症见黄汗出，身肿，发热而渴，汗多者，当调和营卫，益气固表，泄热除湿，方用芪芍桂酒汤；若营卫不和，卫表气虚，湿郁阳遏者，症见黄汗，身重且痛，或肌肉瞤动，汗出则舒，胸中痛，腰以上汗出，下无汗，腰髋弛痛，剧者不能食，烦躁，小便不利，当调和营卫，益气固表，宣散水湿，方用桂枝加黄芪汤。

仲景根据水、气、血的关系，概括出"气分"、"血分"、"水分"的不同类别。因大气不转、阳虚气滞、营卫俱虚、气血不足而致心下痞坚为主症的病，称为"气分"。其具体治疗，若阳虚阴凝，寒水互结，表里同病，症见心下坚，大如盘，边如旋杯，喘，肿，手足逆冷，骨疼，痹不仁，腹满肠鸣，治以温阳散寒、通利气机、宣发水饮，方用桂枝去芍药加麻辛附子汤；若脾虚气滞，水饮痞结心下，病在中焦为主，症见心下坚，大如盘，边如旋盘者，治以行气消痞、健脾利水的枳术汤。凡"经水前断，后病水"者，名曰"血分"，治当通经佐以利水；凡"先病水，后经水断"者，名曰"水分"，治当利水佐以通经。

黄疸病脉證并治第十五

本篇专论黄疸病,但内容相当广泛。《说文》曰:"疸,黄病也。"可见黄疸是以症状表现来命名的。关于黄疸,《内经》中已有记载。如《素问·平人气象论》:"溺黄赤安卧者,黄疸。……目黄者,曰黄疸。"《灵枢·论疾诊尺》:"寒热身痛而色微黄,齿垢黄,爪甲上黄,黄疸也。"但较为系统的临床证治由《金匮》始。

本篇将黄疸从病因角度分为谷疸、酒疸、女劳疸三类。从病机上看,篇中所述的黄疸有湿热发黄、寒湿发黄、火劫发黄、燥结发黄、女劳发黄以及虚黄等。黄疸病经久不愈,又有黑疸之转归。由于病因病机的复杂,故黄疸的治疗方法也丰富多样,如解表发汗、清利湿热、攻下瘀热、和解少阳、润下逐瘀、调补脾胃等在篇中皆有体现。

本篇所论,以湿热所致的谷疸、酒疸为重点。

一、病因病机与分类

(一)湿热发黄

【原文】

寸口脉浮而緩,浮則爲風,緩則爲痹。痹非中風。四肢苦煩,脾色必黄,瘀熱以行。(一)

【释义】

本条论述湿热黄疸的病因病机。"寸口脉浮而缓",浮主风,缓主湿,脉象提示既有外感风邪,又有湿郁于里的征象。湿邪久郁而化热,湿热熏蒸于外而发黄。"痹非中风"一句是插笔,强调虽然脉见浮缓,与伤寒太阳中风相似,但实际并非太阳中风证。痹有闭阻郁滞之意,湿热瘀滞于脾胃是发黄的原因之一。脾主四肢、肌肉,脾为湿热所困,故四肢重滞不舒;脾属土,其色黄,如脾将瘀积的湿热转输于体表,就必然发生黄疸,故云"脾色必黄,瘀热以行"。

【按语】

"脾色必黄,瘀热以行"一句,为本条重点,一者强调黄疸的病位主要在脾胃,二者提示黄疸的发病与血分有关。唐宗海指出:"一个瘀字,便见黄皆发于血分。凡气分之热不得称瘀,小便黄赤短涩而不发黄者多矣。脾为太阴湿土,土统血,热陷血分,脾湿郁遏,乃发为黄。"近代医家治疗湿热黄疸,常注意适当配伍凉血活血之品,以提高疗效。

【选注】

徐彬:此总言黄疸,初时由风,兼挟寒湿,后则变热也。其先辨之寸口脉,若浮而缓,浮缓亦专主风；然浮，风也，自黄者言之，缓则挟湿，故曰痹，湿热相蒸而肌痹也。《内经》曰：风寒湿合而为痹，则不足以概病，故曰痹非中风。然热为病情，风为病因，风热乃阳邪，阳邪入阳，四肢为诸阳之本，邪入而苦烦，烦者风热也。四肢又属脾，脾属土，土色黄，故曰脾色必黄。见疸病所因虽不同，必内伤于脾也，然至于黄，则热反不坚结于内，故曰瘀热已行。此言黄疸之病，概由热郁而外蒸也。(《论注》)

【原文】

師曰：病黃疸，發熱煩喘，胸滿口燥者，以病發時火劫其汗①，兩熱所得②。然黃家所得，從濕得之。一身盡發熱而黃，肚熱，熱在里，當下之。(八)

【词解】

① 火劫其汗：指用艾灸，温针或熏法，强迫出汗。

② 两热所得：谓火与热相互搏结。

【释义】

本条论述黄疸病误用火劫的证候与治则。黄疸病伴发热烦喘，胸满口燥，属热盛之证，究其原因是在病初起时误用火劫取汗，以致在里之热不得外解，反与火邪互相搏结，其热愈增，故云"两热所得"。其症见一身尽发热而黄、肚热等，故当先用攻下法通腑泄热。原文中插入"然黄家所得，从湿得之"一句，提醒里热炽盛，固当通腑泄热，但在泄热之时，亦当勿忘其湿，应充分注意湿热黄疸的基本病机。

【按语】

本条"然黄家所得，从湿得之"，说明黄疸的形成多与脾湿有关，为"诸病黄家，但利其小便"的治则及后世"无湿不作疸"之说奠定了基础。上条言"脾色必黄，瘀热以行"，重点在"瘀热"。本条言"然黄家所得，从湿得之"突出其湿，两条互参，其理益彰。本条治疗里热盛而未成实者，可用栀子大黄汤；已成实者，可用大黄硝石汤，亦有主张用后世凉膈散者，均可资临证参考。

【选注】

尤怡：烦满燥渴，病发于热，而复以火劫之，以热遇热，相得不解，则发黄疸；然非内兼湿邪，则热与热相攻，而反相散矣，何疸病之有哉，故曰黄家所得，从湿得之，明其病之不独因于热也。而治此病者，必先审其在表在里，而施或汗或下之法。若一身尽热，而腹热尤甚，则其热为在里，里不可从表散，故曰当下。(《心典》)

(二) 寒湿发黄

【原文】

陽明病，脉遲者，食難用飽，飽則發煩頭眩，小便必難。此欲作穀疸。雖下之，腹滿如故，所以然者，脉遲故也。(三)

【释义】

本条论述谷疸寒化的病机。阳明病腹满，脉迟有力，证属里实热证者，用寒下之剂必定奏效。今腹满下之如故，其脉迟而无力，证属太阴虚寒。脾胃虚寒，水谷难消，故不能饱食；饱食后，脾失运化，故胀满烦闷；湿浊上逆，清阳不升则见头眩；湿浊下注，气化失司，故小便必难。寒湿中阻，无以外泄，可能发为身黄，故云"欲作谷疸"。对于太阴寒湿所致的腹满，治疗当以温运，而不应寒下；若误用寒下，更伤脾阳，必致腹满不愈，故云"虽下之，腹满如故"。

【按语】

本条的辨证要点强调"脉迟"，但临证时不可过分拘泥，而应该注意属寒湿者常见的身黄而晦，精神困倦，腹满时减，纳呆便溏，小便不利，舌淡苔白等证，治疗当用温阳化湿退黄法，如茵陈理中汤、茵陈四逆汤之类。

【选注】

喻昌：此因外感阳明，胃中之余热未除，故食难用饱，饱则复生热，两热相合，而发烦头眩，小便难，腹满，势所必至。在阳明证本当下，阳明而至腹满，尤当急下，独此一证，下之腹满必如故，非但无益，反增困耳。以其脉迟，而胃气空虚，津液不充，其满不过虚热内壅，非结热当下之证。《金匮》重出此条，原有深意，见脉迟胃虚，下之既无益，而开鬼门、洁净府之法，用之无益，不待言矣。……必用和法，先和其中，后乃下之，何以知之？仲景云脉迟尚未可攻。味尚字，其当攻下之旨跃然。《金匮》又云：诸黄腹痛而呕者，用小柴胡汤，观此仍是治伤寒，邪高痛下，故使呕也，小柴胡汤主之之法，是以知之耳。（《医门法律》）

（三）分类

【原文】

跌陽脉緊而數，數則爲熱，熱則消穀，緊則爲寒，食即爲滿。尺脉浮爲傷腎，跌陽脉緊爲傷脾。風寒相搏，食穀即眩，穀氣不消，胃中苦濁①，濁氣下流，小便不通，陰被其寒，熱流膀胱，身體盡黄，名曰穀疸。

額上黑，微汗出，手足中熱，薄暮即發，膀胱急，小便自利，名曰女勞疸，腹如水狀不治。

心中懊憹而熱，不能食，時欲吐，名曰酒疸。（二）

【词解】

①苦浊："苦"作"病"解，"浊"指湿热。下"浊气"亦为湿热。

【释义】

本条主要论述黄疸病的分类、主症及相关病机。

跌阳脉候脾胃，数主热，胃热盛则消谷善饥；紧主寒，脾寒则运化不健，食即为满。脾湿胃热，互相郁蒸，则发为黄疸。"尺脉浮为伤肾，跌阳脉紧为伤脾"是插笔，说明女劳疸之脉象与谷疸不同。女劳疸与肾虚相关，肾虚有热，故尺脉见浮；谷疸由脾湿所致，脾寒不运，湿浊内停，故跌阳脉紧。"风寒相搏"，此处是指湿热相搏。脾胃湿热内蕴，消化机能减退，故"谷气不消"，若勉强进食，反会助湿增热，湿热上冲则头眩，流于下焦，影响膀胱气化，则小便不利。"阴被其寒"的"阴"指太阴脾脏，谓脾寒，不能运湿，与胃热搏结，"流注膀胱"，则小便不利，以致湿热无从排泄，郁蒸而成黄疸。因为发病的原因与饮食有关，故称之为谷疸。

女劳疸与肾虚有关，肾虚而其色外现，故其人额上黑；肾虚生热，故见微汗出、手足中热、薄暮而发等症；因病非单纯的湿热内蕴之证，故小便自利。如病至后期，出现腹如水状，是脾肾两败之候，故曰不治。

酒疸由嗜酒过度，湿热内蕴所致，故名为酒疸。湿热中阻，胃失和降，则时欲吐，不能食，湿热上扰则心中郁闷、烦热不安，湿热下注则足下热，膀胱气化不行，则小便不利。

【选注】

尤怡：趺阳脉数为热者，其热在胃，故消谷；脉紧为寒者，其寒在脾，故满。满者必生湿。胃热而脾湿，乃黄病之源也。尺脉浮为伤肾者，风伤肾也，趺阳脉紧为伤脾者，寒伤脾也。肾得风而生热，脾得寒而生湿，又黄病之源也。湿热相合，其气必归脾胃。脾胃者，仓廪之官也，谷入而助其热则眩，谷不消而气以瘀，则胃中苦浊，浊气当出下窍。若小便通，则浊随溺去，今不通，则浊虽下流而不外出，于是阴受其湿，阳受其热，转相流被而身体尽黄矣。曰谷疸者，病虽始于风寒，而实成于谷气耳。

肾劳而热，黑色上出，独脾病而黄外见也。额于部为庭，《灵枢》云：庭者，颜也。又云：肾病者，颧与颜黑。微汗出者，肾热上行而气通于心也。手足心热，薄暮即发者，病在里在阴也。膀胱急者，肾热所逼也。小便自利，病不在腑也。此得之房劳过度，热从肾出，故名曰女劳疸。若腹如水状，则不特阴伤，阳亦伤矣，故曰不治。

懊侬，郁闷不宁之意。热内蓄则不能食，热上冲则时欲吐，酒气熏心而味归脾胃也。此得之饮酒过多所致，故曰酒疸。（《心典》）

【原文】

夫病酒黄疸，必小便不利，其候心中热，足下热，是其證也。（四）

【释义】

本条再论酒疸的主症。酒疸之成，缘于湿热，故"必小便不利"。湿热上蒸则心中热，湿热下行则足下热。足下热当与女劳疸的见症相鉴别。

【选注】

徐彬：酒性热，属阳，上焦先受之，故前注酒疸，以懊侬而热，不能食，时欲吐为的证；然其相因为病者，不止于上也。水出高原，岂有上焦湿热既甚，而小便反利者，故曰必小便不利。心中固热，而足下者，肾之部也，湿热下溜，则肾受之，亦足下热，故曰是其证也，但从心中热来，是不得等于谷疸之小便不通，女劳疸之足下热耳。（《论注》）

二、辨证

（一）湿热与寒湿发黄

【原文】

脉沉，渴欲飲水，小便不利者，皆發黄。（九）

腹滿，舌痿黄①，燥不得睡，屬黄家。舌痿疑作身痿。（十）

【校勘】

"燥"，《医统》本作"躁"。小注"舌"作"身"，可从。

【词解】

①痿黄：即萎黄，谓身黄而不润泽。

【释义】

以上两条论述湿热发黄与寒湿发黄的鉴别。脉沉主里，脉沉而渴欲饮水，说明里热壅盛，渴饮而小便不利，必水湿内停无从外泄；湿热相合，发为黄疸。

腹满与身萎黄并见，属脾有寒湿，此与阳明燥结或湿热发黄之腹满不同。湿郁中焦，胃气不和，故夜寐不安。寒湿萎黄，正虚邪盛多迁延难愈，故曰"此属黄家"。

【按语】

以上两条，从病机而论，前条是湿热熏蒸，后条是寒湿伤阳，虽皆属发黄的范畴，但有虚实寒热的不同，如根据后世黄疸的分类，似可以分属于阳黄和阴黄，但第十条的病机，后世注家不少认为是湿热发黄的。由于原文叙述较简略，故此处宜从大处着眼，临证时应结合后世的有关论述，才比较全面。

【选注】

尤怡：脉沉者，热难外泄，小便不利者，热不下出，而渴饮之水，与热相得，适足以蒸郁成黄而已。

脾之脉连舌本，散舌下，腹满舌痿，脾不行矣。脾不行者有湿，躁不得睡者有热，热湿相搏，则黄疸之候也。（《心典》）

（二）黑疸（湿热挟瘀）

【原文】

酒疸下之，久久爲黑疸，目青面黑，心中如噉蒜薤状①，大便正黑，皮膚爪之不仁②，其脉浮弱，雖黑微黄，故知之。（七）

【词解】

①心中如噉蒜薤状：薤（jì济），指捣碎的姜、蒜、韭菜等末。此言病人如吃了辛辣之物一样，胃中灼热不适。

②爪之不仁：谓肌肤麻木，搔之不知痛痒。

【释义】

本条论述黑疸的原因与证候。原文首先强调黑疸源于酒疸。酒疸本有可下之证，但必须下之得当。若屡屡误用下法，不但徒伤正气，脉见浮弱，还可导致湿热内陷，深入血分，湿热郁阻，营血停滞。这种情况持续日久，即可变为黑疸。黑疸之证，血瘀于内，不荣于外，故目青面黑，皮肤爪之不仁；瘀热内积，流滞于肠腑，则"大便正黑"；血滞脉络，瘀热上蒸于心则"心中如噉蒜齑状"。患者面目虽黑而犹带黄色，可知由酒疸误下转变而来。

【按语】

黑疸的形成，可以由酒疸误治而来，但也并非都由误治所致。《巢源》说："夫黄疸、酒疸、女劳疸，久久多变为黑疸。"可见黑疸可以看作是黄疸病日久不愈的一种转归。

【选注】

唐宗海：仲景言酒疸久为黑疸，女劳疸亦云作黑疸；酒疸大便正黑，女劳疸亦云大便必黑；酒疸足下热，女劳疸亦云足下热；盖酒入于胃，味厚归血，酒味熏灼，心包络受之，醉则心神先乱，多饮则醉成死血。凡酒疸者，皆病在血分。瘀血入大便则化为黑色；瘀血在经络壅热，则为足下热；瘀血发出心血焦灼之色，则为黑疸，憔悴黑瘦，皆是血分瘀热之故。女劳欲火结于血室，病亦在血分之中，故与酒疸见证皆同；其不同者，酒疸以心中热，小便不利为别。盖酒先入心包，遗热于小肠，故见心中热，小便不利也。若女劳疸又以膀胱急，小便自利为别，盖瘀热在胞室，逼窄其膀胱故急。然膀胱之中实无瘀，故小便自利，此所以异也。故治酒疸以心胃为主，治女劳疸以三焦胞室为主。（《补正》）

三、证治

（一）谷疸

【原文】

穀疸之爲病，寒熱不食，食即頭眩，心胸不安，久久發黄爲穀疸，茵陳蒿湯主之。（十三）

茵陳蒿湯方：

茵陳蒿六兩　栀子十四枚　大黄二兩

上三味，以水一斗，先煮茵陳，減六升，内二味，煮取三升，去滓，分温三服。小便當利，尿如皂角汁狀，色正赤，一宿腹減，黄從小便去也。

【释义】

本条论述谷疸湿热俱盛的证治。谷疸多由外感邪毒，内伤饮食，脾胃运化失常，湿热内蕴无从外泄而成。原文所谓的"寒热"，由湿热郁蒸，荣卫之源壅塞不利所致，而非一般的表证。湿热内蕴，脾胃运化之机失常，故食欲减退。若勉强进食，反足以助湿热而增逆满。湿热上冲，则头眩，心胸不安。"久久发黄为谷疸"一句，强调了湿热内蕴，淫于肌肤，发为黄疸，往往有一个过程。据方后云"小便当利……色正赤，一宿腹减"，可知尚有腹满，小便黄赤而不利等症。由于湿热蕴结是谷疸发病的原因，故治疗用清泄湿热的茵陈蒿汤。方中茵陈蒿清热利湿，辅以栀子清心胃而利小便，大黄泄热逐瘀、通利大便，三药相合，可令湿热出而身黄退。

【按语】

本方证当注意与《伤寒论》的相关原文对照。对谷疸的描述，本条有"食即头眩"，第二条有"食即为满"，第三条有"饱则发烦头眩"，将原文互相参照，即可抓住其临床表现的特点。

【临床应用与研究】

茵陈蒿汤主要用于治疗肝胆疾患（包括急性传染性黄疸型肝炎、无黄疸型传染性肝炎、慢性肝炎、亚急性黄色肝萎缩及重症肝炎、胆汁性肝硬化、肝昏迷、肝脓肿、原发性肝癌栓塞化疗后发热、胆道蛔虫症及胆系感染、胆石症及胆石症术后、妊娠合并肝内胆汁瘀积症等），症见身目俱黄，身黄鲜明如橘子色，口渴欲饮，小便短赤而黄，发热无汗或但头汗出，心胸不安，食即头眩，或恶心呕吐，腹微满，大便不畅或秘结，舌红苔黄腻，脉弦滑数而有力等，辨证为湿热两盛，邪结脾胃，波及肝胆与三焦，又兼阳明里实之证者。用本方治疗急性黄疸型肝炎，可随证选用龙胆草、泽泻、茯苓、大青叶、板蓝根、虎杖等，或合用五苓散、栀子柏皮汤、小陷胸汤；用治亚急性黄色肝萎缩，多合用黄连解毒汤。若出现肝昏迷，可随证选用安宫牛黄丸、至宝丹、苏合香丸等，并采用中西医结合疗法抢救。本方还可用于湿热交蒸所致的皮肤病（包括牛皮癣、痤疮、荨麻疹、带状疱疹、脂溢性皮炎、难治性婴幼儿湿疹、血液透析患者皮肤瘙痒症等）、新生儿溶血症、预防新生儿高胆红素血症、母婴ABO血型不合性先兆流产、复发性口疮、消化性溃疡、肥胖、阑尾炎、蚕豆病、植物神经功能紊乱等。关于本方的临床加减，可参阅《东垣十书·兼证用茵陈蒿汤加减例》："小便不利，烦躁而渴，加茯苓、猪苓、滑石、当归、官桂；烦躁喘呕不渴，加陈皮、白术、半夏、生姜、茯苓；四肢身偏冷者，加附子、甘草；肢体逆冷，腰上自汗，加附子、干姜、甘草；身冷汗不止者，加附子、干姜；前药服已，脉尚伏，加吴萸、附子、干姜、木通、当归。"

药理研究证实，组成本方的三药均有保肝退黄作用，三药合用，不仅可促进胆汁分泌、扩张胆管，收缩胆囊促进胆汁排泄，同时还有抗毒消炎、治疗肝胆炎症、防止肝细胞坏死、并促进肝细胞再生，解除肠胃道平滑肌痉挛，增强肠胃道的推进功能等作用。复方研究表明，茵陈蒿汤具有抑制乙型肝炎抗原及抗菌、泻下、解毒、镇静、利尿、止血等多种作用，还有降低血清胆固醇及 β 脂蛋白的功效，其中尤以下列作用显著：①利胆：主要是方中的茵陈蒿中含有 6，7 - 二甲氧基香豆素、绿原酸、咖啡酸及挥发油等，能促进动物胆汁分泌和胆汁中胆酸及胆红素的排出量，对四氯化碳引起肝损伤的大白鼠，也有增加胆汁分泌的作用。②防止肝损伤：本方可使大鼠肝细胞的肿胀、气球样变和坏死等方面均有不同程度的减轻；本方可使肝细胞内蓄积的糖原料与核糖核酸含量有所恢复、或接近正常，血清谷丙转氨酶活力显著下降。③能间接地促进体内多余的胆红素及其他有害物质的排泄：本方在实验中可以分离出 β - 葡糖糖醛酸苷酶的抑制物质，它可以抑制肝病时升高的 β - 葡糖糖醛酸苷酶的活性，使肝脏的解毒作用少受影响。

【选注】

徐彬：谷疸之名，似乎谷为病也，然其原仍由外感，故前首章，虽不言发热，特揭风寒相搏四字，而寒热者亦有之。不食，食即头眩，是言头眩为谷疸第一的据也。谷疸虽为胃病，心胸在胃口上，浊气上熏，则心胸不安矣。但病未甚，则热亦不甚，郁久则热甚，而遍于肌表，故曰久久发黄为谷疸。药用茵陈、栀子、大黄，乃以开郁解热为主，非发表，亦非攻里也。盖茵陈性苦辛寒，善开肌肉之郁；栀子轻浮性凉，能解内郁，而降屈曲之火；大黄虽为攻下之品，然从栀子、茵陈，则取其相佐以开郁解热，所以茵陈最多而大黄少也。（《论注》）

【医案举例】

陆某，男，23岁。因头昏乏力，恶心呕吐，食欲不振，目黄，尿黄入院。诊断：亚急性黄色肝萎缩。经西药治疗效果不显。中医诊察：目肤黄色如金，神情恍惚，烦躁不安，鼻衄时作。中脘痞满拒按，便秘，溲短，色深黄如酱。苔虽不腻，但根部粗糙。舌质深红，脉弦滑有力。证属湿热毒邪，盘踞脾胃，弥漫三焦。拟以清热解毒、苦泄通利法。仿茵陈蒿汤合黄连解毒汤加减：西茵陈60g，生山栀12g，生大黄30g，黄连3g，黄芩9g，枳壳9g，黄柏9g，滑石18g，青黛3g，生草5g。2剂。服后腑行一次，质硬成形，色黄而褐，挟有蛔虫，烦躁已减，能安静入睡。黄疸仍深，精神萎顿，脘腹痞满，溲赤而短，溺时不爽。灰黄腻苔满部，脉濡滑而数。仍宜苦辛通降、泄热化浊，兼以清热解毒，防其昏迷。处方：西茵陈60g，生军18g，元明粉9g，生山栀9g，藿梗9g，炒枳实9g，全瓜蒌24g，龙葵30g，木通6g，甘草6g。2剂。药后神烦已安，腹胀大减，然困乏异常。苔厚腻，中心焦黄，舌尖殷红，脉数未清。原方加减再进3剂。病情续见稳定。后以王孟英苦甘合化法，重点用黄连配石斛、茵陈、花粉等。终以疏肝和脾，调益气阴善后。［陈继明．急黄和暑温治验．上海中医药杂志 1982；（7）：11］

（二）酒疸

1. 治法

【原文】

酒黄疸者，或無熱，靖言了了[①]，腹滿欲吐，鼻燥，其脉浮者，先吐之，沉弦者，先下之。（五）

酒疸，心中熱，欲嘔者，吐之愈。（六）

【校勘】

"靖言了了"，赵本作"靖言"，据《脉经》补。赵本"腹满"上有"小"字。

【词解】

①靖言了了：指神情安静，语言不乱。

【释义】

以上2条论述酒疸的主症与治法。酒疸起于饮酒过度，湿热蕴阻。湿热内蕴胃肠，则腹部胀满，湿热上犯，则鼻燥，欲吐。邪在于中，若无热，则神情安静，语言清晰。欲吐为病势趋向于上，当用吐法。腹满者则病势趋向于下，当用下法。今病者既腹满而又欲吐，则应脉证合参以定其治法。脉浮者病近于上，脉沉者病近于里故也。故云："脉浮者先吐之，沉弦者先下之。"此为"因势利导",顺应机体抗邪之势而采取的治疗措施,文中"先吐之"、"先下之"的"先"字,说明吐下仅为权宜之计,吐下之后,仍须随证调治。

另外,当须注意酒疸吐法现已少用,而下法相对用之较多。酒疸无论湿从热化,胃肠燥结,或酒食内积,腑气壅滞,均可用下法治疗。但不可过剂,以免损伤正气,引邪深入,第七条"酒疸下之,久久为黑疸"便为下法之诫。

【选注】

吴谦:酒体湿而性热,过饮之人,必生湿热为疸病也。无热,外无热也;谵语鼻燥,有内热也;小腹满,湿热蓄于膀胱也;欲吐,湿热酿于胃中也。其脉浮者,酒热在经,先吐之以解外也;沉弦者,酒饮在里,先下之以解内也。(《金鉴》)

沈明宗:此邪机上向之治也。邪热弥满于胃,上冲胸膈之间,则心中热;偏于风多食少,其机上行,故欲吐也,则当乘其上行之势,以从高而越之,则邪去,所以吐之愈。(《编注》)

2. 证治

【原文】

酒黄疸,心中懊憹,或热痛,栀子大黄汤主之。(十五)

栀子大黄汤方:

栀子十四枚 大黄一两 枳实五枚 豉一升

上四味,以水六升,煮取二升,分温三服。

【释义】

本条论述酒疸热盛的证治。酒疸为湿热积于中焦,上蒸于心,故心中郁闷烦乱;湿热中阻,气机不利,故心中热痛。前第二条言"心中懊憹而热",本条则言"心中懊憹或热痛",说明其热势较重,治用栀子大黄汤清心除烦。方中栀子、豆豉清心除烦;大黄、枳实除积泄热。

【按语】

本方与茵陈蒿汤同治湿热黄疸,且两方均用大黄、栀子,临证之际当注意二者的鉴别。栀子大黄汤证的病位在心中、心下,主症为心中懊憹或热痛,其治疗重在泄热除烦,故以栀子、大黄配豆豉、枳实,大黄用量仅茵陈蒿汤的一半;而茵陈蒿汤证的病位在腹中,主症为心胸不安、腹满,其功效重在通利湿热,故以茵陈为主,配栀子、大黄。

【临床应用与研究】

栀子大黄汤主要用于治疗热重湿轻之肝胆疾患或心经郁热者。如湿热黄疸重证、传染性肝炎、无黄疸型肝炎等,症见身黄如橘色,心中懊憹而热痛,身热口渴,心烦不宁,口苦,不思饮食,时欲呕吐,大便难,小便黄赤,舌质红,舌苔黄或黄腻,脉沉或兼数等,辨证为热结胃腑,上干心胸,病位多在心中、心下的湿热内蕴之黄疸。临床使用本方,可酌加茯苓、猪苓、滑石等渗湿之品;黄疸明显可加茵陈;若腹胀满,加郁金、大腹皮、香附、川楝子;若恶心呕吐,加橘皮、竹茹;若热甚,苔黄厚者,加黄柏、黄芩;若兼心烦失眠,衄血者,酌加赤芍、丹皮。本方亦可用于热扰胸膈兼有腑气不通的神经官能症,外用可治疗痛证、软组织损伤、关节扭伤等。

药理研究发现，栀子有降低血中胆红素和广谱抑菌及解热作用。大黄能松弛奥狄氏括约肌，收缩胆囊而促进胆汁的排泄。

【选注】

徐彬：前酒疸正条，尚有不能食，欲吐后各变证，如小便不利，足下热，腹满不一，此独举心中懊侬为酒疸第一的据也。热而至痛，更甚也，药用栀子大黄汤。盖酒热气血两伤，欲速逐之，故以枳实佐大黄，气下而血分之热解；以豆豉佐栀子，清膈而使气分之热散；酒必挟湿，因其阴大伤，故不用燥药以耗其津，亦不用渗药以竭其液。谓热散则湿不能留也，则凡治病之湿热而兼燥者，于此可悟矣。（《论注》）

【医案举例】

左某，男，39岁，木匠。1967年12月11日初诊：嗜酒成癖，每晚几乎半醉而睡，昨夜酒后烦躁不安，难以入睡，晨起发现身黄如橘子色，欲呕，心中懊恼，莫名难受，急延余诊治，舌质红，苔黄腻，脉弦滑，此乃酒疸也，治用栀子大黄汤加味：栀子、茵陈、赤小豆、炒枳实各10g，豆豉6g，生大黄（后下）4g，5剂，水煎服，日二次，嘱戒酒，忌油；药尽黄疸及余症著减，原方去豆豉，加六一散（包煎）18g，7剂，如前煎服，药尽病愈。按：本例为典型酒疸之病，只因湿热较盛，故处以栀子大黄汤加茵陈、赤小豆及六一散，邪盛正未衰，从而收效甚捷，为时在乡下，未作肝功能检测，且病人自认病愈而不肯再续治。（张笑平.金匮要略临床新解.合肥：安徽科技出版社，2001；357）

（三）女劳疸

【原文】

黄家日晡所發熱，而反惡寒，此爲女勞得之；膀胱急，少腹滿，身盡黃，額上黑，足下熱，因作黑疸。其腹脹如水狀，大便必黑，時溏，此女勞之病，非水也。腹滿者難治。硝石礬石散主之。（十四）

硝石礬石散方：

硝石　礬石（燒）等分

上二味，爲散，以大麥粥汁和服方寸匕，日三服。病隨大小便去，小便正黃，大便正黑，是候也。

【校勘】

"硝石礬石散主之"，赵本作"用消礬散主之"，据《医统》本改。

【释义】

本条论述女劳疸（转为黑疸）的证治。黄疸以湿热郁于阳明所致者多见，故日晡所发热而不恶寒。若反见恶寒，则非阳明热证，而是女劳疸的见症。女劳疸病机比较复杂，除肾虚外也有内蕴之湿热，湿热阻遏，阳气不能外达可见恶寒，故云"此为女劳得之"。膀胱急，少腹满，大便必黑等，为瘀热内着所致；身尽黄为湿热熏蒸，额上黑为肾虚其色外泛，足下热由肾虚内热所致。女劳疸日久不愈可发展为黑疸，故言"因作黑疸"。既为黑疸，当有瘀血，病机更趋复杂。女劳疸由肾及脾，脾不健运，则时见大便稀溏。脾虚生湿，湿浊与瘀血内阻，虽腹胀满如水状，但与水肿病无关，故云"非水也"。如病至后期脾肾两败，其病难治。"硝石矾石散主之"一句是倒装笔法，其意实为"此女劳之病，非水也，硝石矾石散主之"。硝石矾石散有消瘀化湿的功能，方中硝石即火硝，味苦性咸寒，能入血分消瘀除热；矾石能入气分化湿利水；因石药碍胃，故以大麦粥汁调服以保养胃气。

【按语】

女劳疸若不兼瘀血，而以肾虚诸症为主要表现者，应用补肾法治疗。

酒疸、谷疸和女劳疸经久不愈，皆有可能变为黑疸。本篇强调酒疸误下，久久为黑疸，此处女劳疸亦"因作黑疸"。二者所伴随的症状不同，治疗重点亦当有所偏重，临床上除了活血化瘀之外，还当注意选择清利湿热或补益脾肾之品。

【临床应用与研究】

硝石矾石散常用于治疗急性黄疸型肝炎、慢性肝炎、肝硬化腹水、胆结石、肝豆状核变性等，症见黄疸反复不退，腹胀满，手足心发热，傍晚尤甚，畏寒怕冷，面额暗黑，巩膜黄染，小腹拘急，肝脾肿大，小便不利，大便色黑，时作溏泄，脉沉细涩，舌质紫斑，牙龈出血，苔白腻等，辨证为脾肾亏虚，瘀血与湿热互结日久所形成的女劳疸。临证时应辨证论治，若肾阴不足者应配入六味地黄丸或左归丸、左归饮；若肾阳不足者当配入肾气丸、右归丸或右归饮。本方还可用于病机与湿热内蕴有关的囊虫病、钩虫病、蛔虫病、血吸虫病等病证。

据报道，硝石矾石散具有良好的保肝降酶作用，改善肝脏功能，促进肝糖原及蛋白质合成，促进脂肪代谢，调整肝脏的物质代谢趋于正常。同时具有免疫调节作用，通过调节非特异自然杀伤细胞、细胞因子网络机制，减少免疫反应，对抗损伤效应，拮抗自由基及其引发的脂质过氧化造成的肝损害。

【选注】

喻昌：此治女劳疸之要法也。从来不解用硝石之义，方书俱改为滑石矾石散，且并改大黄硝石汤为大黄滑石汤，医学之陋，一至此乎！夫男子血化为精，精动则一身之血俱动，以女劳而倾其精，血必继之，故因女劳而溺血者，其血尚行，犹易治也；因女劳而成疸者，血瘀不行，为难治矣；甚者血瘀之久，大腹尽满，而成血蛊，尤为极重而难治矣。味仲景之文，及制方之意，女劳疸非亟去膀胱少腹之瘀血，万无生路，在伤寒热瘀膀胱之证，其人下血乃愈，血不下者，用抵当汤下之，亦因其血之暂结，可峻攻也，此女劳疸蓄积之血，必匪朝夕，峻攻无益，但用石药之悍，得之疾趋而下达病所。硝石咸寒走血，可消逐其热瘀之血，故以为君；矾石，本草谓其能除痼热在骨髓，用以清肾及膀胱及脏腑之热，并建消瘀逐浊之功，此方之极妙者也。(《医门法律》)

【医案举例】

杨某，男，5 岁。发热，恶心，呕吐，腹胀腹痛，不思食，小便色黄，肝功检查：SGPT710u，黄疸指数 30u，麝浊 20u，麝絮（＋＋＋），诊为急性传染性肝炎，经中西医治疗延续至 5 个月，疗效不佳。来我小组就诊。面容消瘦，巩膜及皮肤黄染，周身发痒，腹胀纳差，小便色黄，肝于肋下 3cm。确诊后，停服一切药物，改服硝石矾石丸（硝石 3 份，矾石 10 份，以山药代大麦，炼蜜为丸，每重 1.5g，每日服 1 丸，日 3 次，饭后服）。7 天后，临床症状消失，饮食增加，肝脾未触及，亦无压痛。连服 15 天后，再次肝功复查，SGPT100u 以下。黄疸指数 7u，麝浊 8u，麝絮 + 。随访两年余，身体健康，发育良好。[襄汾县医院．加减硝石矾石散（丸）治疗急性传染性肝炎．山西医药杂志　1978；（4）；47]

（四）热盛里实黄疸

【原文】

黄疸腹滿，小便不利而赤，自汗出，此爲表和裏實，當下之，宜大黄硝石湯。（十九）

大黄硝石湯方：

大黄　黄蘗　硝石各四兩　栀子十五枚

上四味，以水六升，煮取二升，去滓，内硝，更煮取一升，頓服。

【释义】

本条论述黄疸病热盛里实的证治。黄疸腹满，小便不利而赤，为湿热内蕴，热势偏盛之证。里热壅盛，迫津外泄，则自汗出，"此为表和里实"一句点明病机，既然表和无病，里热成实，故治疗当以大黄硝石汤通腑泄热。方中大黄、硝石攻下瘀热，黄柏、栀子清泄湿热，全方共奏清热通便、利湿退黄之效。

【临床应用与研究】

大黄硝石汤所治病证，为里热成实之黄疸重证，患者除身黄、溲赤之外，尚可见腹部满胀疼痛、大便干结、苔黄脉实等症，可用于治疗病毒性肝炎、胆囊炎、胆石症、胰腺炎、急性胃炎等。如症见胁痛胀满者，加郁金、川楝子、青皮等；恶心呕吐重者，加陈皮、竹茹等；小便短赤而少者，宜加滑石、冬葵子等。

【选注】

喻昌：湿热郁蒸之发黄，其当从下夺，亦须仿治伤寒之法，里热者始可用之，重则用大黄硝石汤荡涤其湿热，如大承气汤之例；稍轻则用栀子大黄汤清解而兼下夺，如三黄汤之例；更轻则用茵陈蒿汤清解为君，微加大黄为使，如栀豉汤中加大黄如博棋子大之例。是则汗法固不敢轻用，下法亦在所慎施，以疸证多夹内伤，不得不回护之耳。（《医门法律》）

【医案举例】

郭某，男，48 岁。患者开始发热，恶寒，头眩恶心，继而但热不寒，惟头汗出，心下烦闷，口干渴欲饮，下腹胀满，两胁下胀拒按，大便四日未解，一身面目尽黄，光亮有泽，小便短少，如栀子汁，脉滑数有力。肝功能：黄疸指数 52u，硫酸锌浊度 22u，谷丙转氨酶 480u，脉证合参，系热瘀于内，湿热熏蒸，热胜于湿之"阳黄"。遂投大黄硝石汤合茵陈蒿汤，清泄胆胃湿热更佐茯苓、扁豆淡渗利湿健脾：茵陈 18g，栀子 18g，大黄 9g，黄柏 9g，芒硝 9g，茯苓 18g，扁豆 18g。服五剂后，大便通利，小便转淡黄，腹部微胀，其他证情亦有好转。肝功化验检查：黄疸指数 7u，硫酸锌浊度 15u，谷丙转氨酶 185u。上方微事增损，去芒硝、大黄。加柴胡 6g，胆草 5g，以平肝泄热，勿使乘土，续服 17 剂。三诊，诸症已愈，以栀子柏皮汤合参苓白术散，清余邪而调脾胃，续服 5 剂善后，半月后访，已上班工作。[李哲夫．黄疸湿热辨．湖北中医杂志　1981；(6)：27]

（五）湿重于热黄疸

【原文】

黄疸病，茵陈五苓散主之。—本云茵陈汤及五苓散并主之。（十八）

茵陈五苓散方：

茵陈蒿末十分　五苓散五分方見痰飲中

上二物和，先食飲方寸匕，日三服。

【释义】

本条提出湿重于热的黄疸证治。所谓黄疸病，以方测知，当属湿热黄疸中湿偏盛者。湿多热少之黄疸病可用茵陈五苓散治疗，方中茵陈蒿苦寒清热，利湿退黄；五苓散通阳利水，渗利小便。

【按语】

原文提黄疸而未明言谷疸、酒疸，但本方与茵陈蒿汤、栀子大黄汤、大黄硝石汤均常用于湿热黄疸的治疗。一般病位偏上，热重于湿者，宜用栀子大黄汤；湿热俱盛，病在中焦者，宜用茵陈蒿汤；病情急重，里热成实，病位偏于中下者，宜用大黄硝石汤；湿偏盛者，宜用茵陈五苓散。以上四方的临床应用，主要在辨证，不必拘于原文中所说的谷疸、酒疸、黄疸。

【临床应用与研究】

茵陈五苓散常用于治疗急性黄疸型传染性肝炎、梗阻性黄疸等疾病，症见身黄，目黄，小便黄少，色泽鲜明如橘子色，形寒发热，肢体困倦，腹满，食欲不振，小便短少或不利，便溏，苔腻不渴，脉浮缓或沉迟等，辨证为湿热内蕴，且湿重于热的阳黄证。如湿重难化者，可加藿香、佩兰、蔻仁等；若湿热交蒸较甚，可加栀子柏皮汤；若兼呕逆者，宜酌加半夏、陈皮；若兼食滞不化，而大便尚通者，加枳实、神曲等；若腹胀较甚，加大腹皮、香附、木香。

实验研究证实，茵陈有利胆护肝，抗菌抗病毒，降血压，镇痛消炎和解热作用。五苓散对人和兔的利尿作用显著，可使健康人尿量及排钠量增加；对慢性乙醇中毒动物体内的代谢异常，可使之恢复正常；对慢性肾功能不全的大鼠能促进各器官电解质的排泄，对电解质的平衡有调节作用。泽泻有明显的利尿作用，可使健康人的尿量增加 63%，尿中排钠、排尿素量也增加；还有降血脂和抗脂肪肝的作用，其降胆固醇作用与安妥明相似，优于山楂及地骨皮。

【选注】

沈明宗：此黄疸小便闭塞、气分实证通治之方也。胃中湿热相蒸则一，但有气血风寒之分，故后人有阴黄阳黄之别。盖胃为水谷之海，营卫之源，风入胃家气分，风湿相蒸是为阳黄，湿热流于膀胱，气郁不化，则小便不利，当用五苓散，宣通表里之邪。茵陈开郁而清湿热，则黄自退矣。（《编注》）

【医案举例】

何某，女，45岁。身目俱黄，但色不甚鲜明，腹部胀满，食少纳呆，心中烦，有时恶心，呕吐，口腻不和，渴不多饮，四肢乏力，溺黄。舌质稍淡，苔黄厚腻，诊脉弦缓尚有力。肝功能：黄疸指数23u，硫酸锌浊度25u，谷丙转氨酶550u。脉证合参，乃湿重于热之"阳黄"。投以茵陈五苓散加味：茵陈20g，桂枝4g，猪苓12g，白术12g，泽泻12g，茯苓18g，栀子9g，黄柏6g，半夏9g，藿香6g，佩兰6g，枳壳6g，厚朴6g。本方在茵陈五苓散的基础上加黄柏、栀子之苦寒以清泄火热，藿、佩、夏、朴辛通苦降，辟秽化浊。复诊：自诉服上药八剂，证情大有好转，惟大便稍结，口干苦。复查肝功：黄疸指数8u，硫酸锌浊度18u，谷丙转氨酶195u。原方去厚朴、桂枝之辛温，加滑石15g，取其甘寒，利尿清热，续服八剂，半月后询访，病告痊愈。［李哲夫．黄疸湿热辨．湖北中医杂志　1981；(6)：27］

（六）黄疸兼证

1. 兼表虚证

【原文】

諸病黄家，但利其小便；假令脉浮，當以汗解之，宜桂枝加黄耆湯主之。方見水氣病中。（十六）

【释义】

本条论述湿热黄疸的基本治则及身黄表虚的证治。黄疸病的发病原因，多由于湿热内蕴，气化失职，小便不利，导致湿热无从排泄，日久发为黄疸，当利小便以排除湿邪，使热无所依，则黄疸自除，故云"诸病黄家，但利其小便"。

若身黄兼发热恶寒，脉浮自汗等表虚证者，此邪气在表，治当固表除湿，调和营卫，宜选桂枝加黄芪汤。方中桂枝汤调和营卫，以黄芪固表除湿，使营卫调和，汗出湿去，则身黄可愈。

【按语】

黄疸病初期，常见有表证，本方可用于寒湿发黄或湿重于热兼表虚发黄之证，若表实无汗者，可用麻黄连翘赤小豆汤治疗。桂枝加黄芪汤，在水气病篇用治黄汗，本条用治黄疸表虚，属异病同治。

【临床应用与研究】

桂枝加黄芪汤可用于治疗表虚发黄证。用于黄疸病，其证必须兼见表虚恶风，发热恶寒，自汗，脉浮等，辨证为卫阳虚弱，水湿外侵，营卫不和者，如《柳选四家医案·静香楼医案》载："面目身体悉黄而中无痞闷，小便自利，此仲景所谓虚黄也，即以仲景法治之。桂枝、黄芪、白芍、茯苓、生姜、炙草、大枣。"可供参考。另有报告，在急性黄疸型肝炎治疗中，黄芪加于清热利湿药中，能托毒外出，增强利湿作用，有利于提高疗效，缩短病程。本方还可用于神经痛兼出汗、黄汗、盗汗、外感表虚证、植物神经功能紊乱、湿疹、中耳炎、蓄脓症、痔瘘、脐炎、化脓症、放化疗后以及原因不明之白细胞减少者等。

有研究认为，本方的水提液对离体蛙心在小量时有明显兴奋作用，能使心肌收缩幅度增大。大量应用时可使整个心脏抑制，心跳停止。其水煎液对家兔离体肠管无明显的兴奋和抑制作用，即使加大剂量也无明显变化，说明本方对肠道平滑肌无明显影响。

【选注】

赵良仁：黄家大率从湿得之，经虽有谓治湿不利小便，非其治也，然脉浮者，湿不在里而在表，则当汗解之。若反利之，表湿乘虚入里，作癃闭，故须以脉别之，适其所在可也。虽然，观其攻下内热之方有轻重浅深，其利小便与发汗之方，又岂无轻重浅深之异哉。而是方所主，惟和荣卫，非有发汗峻剂，必表之虚者用之。若《千金》麻黄一味，则是表之荣实者；小柴胡汤，是表之里者用之；连轺赤小豆汤，又是里之表者用之。利小便亦然，此条设其大略如此。（《衍义》）

【医案举例】

章某，女，38岁。患白细胞减少症，病因不明。血常规检查：血红蛋白及血小板正常，白细胞数在2000～3000/mm³之间，分类计数粒细胞百分率亦在正常范围。患者平时容易汗出，抵抗力差，经常感冒，精神疲倦，全身乏力，余无特殊，脉缓无力。此卫阳虚弱，腠理不固所致。拟温卫阳，固腠理为法。用桂枝加黄芪汤：桂枝10g，白芍10g，甘草3g，生姜3片，大枣3枚，黄芪15g。连服10多剂，抵抗力增强，精神转好，白细胞数达6000/mm³。（谭日强 . 金匮要略浅述 . 第1版 . 北京：人民卫生出版社，1981；269）

2. 兼少阳证

【原文】

諸黄，腹痛而嘔者，宜柴胡湯。必小柴胡湯，方見嘔吐中。（二十一）

【释义】

本条论述黄疸病邪在少阳的证治。病黄疸，邪在少阳而见腹痛而呕，当考虑用柴胡汤治疗。若见有寒热往来，胸胁苦满，心烦喜呕者，用小柴胡汤加减（一般可去人参、大枣等甘温之品，加茵陈、山栀等），而按之心下满痛为甚者，可用大柴胡汤和表攻里。

【选注】

吴谦：呕而腹痛，胃实热也，然必有潮热便硬，始宜大柴胡汤两解之；若无潮热便硬，则当用小柴胡汤去黄芩加芍药和之可也。（《金鉴》）

【医案举例】

刘某，男，28岁。发热已5日，全身杏黄，巩膜深染，寒热间作，口苦唇干，时时呕逆，纳谷锐减，大便略干，小溲色黄如茶，舌苔白腻，舌质微红，脉弦数有滑象。证属湿热蕴结于少阳，拟小柴胡汤合茵陈蒿汤加减，以和解少阳，佐以清热利湿为法。柴胡18g，黄芩9g，法半夏8g，炒栀子9g，茵陈30g，大黄粉3g分冲，红枣5枚，生姜2片，生甘草5g。5剂，水煎服，每日一剂。5剂后，热退，全身黄染退净，巩膜残黄，大便实，小溲微黄，舌苔薄，质微红，脉弦小数，方拟：白茅根30g，淡竹叶10g，金钱草10g。5剂，水煎代茶饮，以清余热。按：此案为热胜于湿之阳黄，邪热郁结于少阳，少阳主症明显，故以小柴胡汤去党参重用茵陈，以和解少阳，清热利湿而愈。（李文瑞．金匮要略汤证论治．北京：北京科学技术出版社，1995；578）

（七）黄疸误治成哕

【原文】

黄疸病，小便色不變，欲自利，腹滿而喘，不可除熱，熱除必噦。噦者，小半夏湯主之。方見痰飲中。（二十）

【释义】

本条论述黄疸误治成哕的证治。病黄疸，小便色不变，欲自利，是脾胃虚寒之寒湿发黄，其腹满必喜温喜按，其喘多兼少气不足以息，与实热内结之腹满而喘不同。治当温运脾阳，散寒除湿，故云"不可除热"。若误用苦寒之剂，伤及中阳，胃失和降则发为呕逆，治用小半夏汤以温胃化饮，降逆止哕，待哕逆止，再辨证论治。

【选注】

徐彬：此言黄疸中有真寒假热者。谓内实小便必赤，今色不变，加自利，虚寒也；虽腹热能满，虚亦满，实证有喘，虚亦喘，误以为热而攻除之，则虚其胃而哕；哕由胃虚而气逆，逆则痰壅，故曰哕者小半夏汤主之。谓哕非小故，惟姜半能行痰下逆而调胃，胃调然后消息治之，非小半夏汤即能治黄疸也。（《论注》）

（八）燥结发黄

【原文】

豬黄，豬膏髮煎主之。（十七）

豬膏髮煎方：

豬膏半斤　亂髮如雞子大三枚

上二味，和膏中煎之，髮消藥成，分再服。病從小便出。

【释义】

本条指出胃肠燥结发黄的治法。以方测证，方中用猪膏（即猪脂油）利血脉，解风热，润燥结，并配以消瘀利水的乱发，使余邪得以泄利，可知所谓"诸黄"，实属燥结而兼血瘀所致的发黄，并非泛指所有的发黄。

【临床应用与研究】

有认为本方可治病毒性肝炎、慢性盆腔炎、肝硬化腹水、慢性附件炎、老年性便秘等病证属津亏燥热瘀血发黄者，症见肌肤萎黄而无光泽而目不黄，小便黄赤，脘腹满闷或疼痛，大便干结，舌红少津，脉细涩等。

【选注】

尤怡：此治黄疸不湿而燥之法。按《伤寒类要》云：男子、女人黄疸，饮食不消，胃胀，热生黄衣，在胃中有燥屎使然，猪膏煎服则愈。盖湿热经久，变为坚燥，譬如盒曲，热久则湿去而干也。《本草》：猪脂利血脉，解风热，乱发消瘀，开关格，利水道，故曰病从小便出。(《心典》)

【医案举例】

徐氏云：予友骆天游黄疸，腹大如鼓，百药不效，用猪膏四两，发灰四两，一剂而愈。(陆渊雷.金匮要略今释.北京：人民卫生出版社，1955；309)

（九）虚黄

【原文】

男子黄，小便自利，当与虚劳小建中汤。方见虚劳中。（二十二）

【释义】

本条论述虚黄的证治。湿热黄疸多小便不利，今小便自利而身黄，可知此黄与湿无关。而其治疗用小建中汤，则知发黄必由中焦虚寒，气血不足，肌肤失荣所致。其证除肌肤发黄外，尚可见纳呆少气、身倦肢困、腹痛便溏等，后世称为萎黄。故用小建中汤补脾建中，以资化源，中气旺盛，气血充盈，则虚黄自愈。

【按语】

本条所谓虚黄，除身黄之外，有无目黄，临床上有不同看法。实际上，既有用本方治疗慢性失血所致身黄的，也有以本方治疗溶血性黄疸者，所以临证时不必拘于病名，而更应注重辨证。

【临床应用与研究】

小建中汤除治中虚萎黄外，若黄疸病恢复期，见中焦虚寒者，可用此方加减调理；有报道以本方加味治慢性乙肝，加茵陈、当归、黄芪等治疗溶血性黄疸有效。

【选注】

尤怡：小便利者不能发黄，以热从小便去也；今小便去而黄不去，知非热病，乃土虚而色外见，宜补中而不可除热者也。夫黄疸之病，湿热所郁也，故在表汗而发之，在里攻而去之，此大法也；乃亦有不湿而燥者，则变清利为润导，如猪膏发煎之治也；不热而寒，不实而虚者，则变攻为补，变寒为温，如小建中汤之法也。其有兼证错出者，则先治兼证，而后治本证，如小半夏汤及小柴胡汤之治也。仲景论黄疸一证，而于正变虚实之法，详尽如此，其心可谓尽矣。（《心典》）

【医案举例】

彭某，年二十余，身面俱黄，目珠不黄，小便自利，手足烦热，诸医治疗无效。予诊其脉细弱，默思黄疸虽有阴阳之不同，未有目珠不黄，小便自利者，脉证合参，此为脾虚荣血虚馁，不能荣于肌肉，土之本色外越也。《金匮》云："男子黄，小便自利，当与虚劳小建中汤。"仲师明训"虚劳"也能发黄，与寒湿、湿热诸黄不同，当从虚劳治例，与小建中汤加参归以益气养荣。十余服，热止黄退。[汤万春.万健臣先生医案摘录.中医杂志 1963；(9)：25]

四、预后

【原文】

黄疸之病，当以十八日爲期，治之十日以上瘥，反劇爲難治。（十一）

【释义】

本条论述黄疸病的预后。黄疸病的预后，与正邪盛衰有关。正盛邪去，病即向愈，反之则病情加重。黄疸病本在脾，脾寄旺于四季末各十八日，脾旺之时，正可胜邪，病即向愈，故以十八日为期。此间如果调治得当，十日以上病当向愈，若失治、误治，病情日渐加重，是正不胜邪，故曰"难治"。文中的"十八日"、"十日"须活看，其主要精神在于强调早期治疗、早期康复在黄疸病治疗中的重要意义。

【选注】

尤怡：土无定位，寄旺于四季之末各十八日。黄者土气也，内伤于脾，故即以土旺之数，为黄病之期，盖谓十八日脾气至而虚者当复，即实者亦当通也。治之十日以上瘥者，邪浅而正胜之，则易治，否则邪反胜正而增剧，所谓病胜脏者也，故难治。（《心典》）

【原文】

疸而渴者，其疸難治；疸而不渴者，其疸可治。發于陰部，其人必嘔；陽部，其人振寒而發熱也。（十二）

【释义】

本条再论黄疸病的预后。原文以口渴与否提示湿热黄疸病情的轻重，以口渴为难治，是由于湿热化燥，里热炽盛，或热毒深重，病势迅猛。相反则病势较缓，预后较好。临床判断，当不能仅限于口渴一症，尚需结合相关脉证，方能全面。发于阴部或阳部，提示病情偏里偏表，均有不同见症，临证可资参考。

【选注】

徐彬：治黄疸，内外阴阳之辨，最为吃紧，故特拈出渴呕寒热以别之。谓疸色黄，郁热外蒸之象。渴则内热更甚，内外交病，故难治；不渴，则热从外宣，内之正气自运，故可治。阴主内气，故呕从内出，知阴部逆郁；阳主外卫，寒热发于肌表，故病在阳部，则振寒而发热。然二条辨法，凡病皆然，不独疸也；惟疸为自内及外之证，故浅深多少，尤宜详之。（《论注》）

五、附方

（一）瓜蒂汤：治诸黄。方见暍病中。

【释义】

瓜蒂味苦而有涌吐之效，黄疸之治，以本品祛湿退黄，古书亦有记载，有将瓜蒂研末吹鼻取黄水者，也有作散剂令病人吐黄水者。有报道以瓜蒂末搐鼻，使渗出黄水而治疸有效，可供参考。

【临床应用与研究】

有报道，第三军医大学用瓜蒂内服治 60 例迁慢肝，不仅能改善症状，缩小肝脾肿大，而且退黄降酶效果好。湖南医药工业研究所对瓜蒂的抗炎有效成分进行提取和分析，其中葫芦素 BE 对大白鼠中毒性肝炎有显著降酶作用。但瓜蒂散剂不能超过 4.5g。另外，近年从甜瓜蒂中提取成分，制成新药"瓜蒂素片"和"葫芦素片"，临床用于慢性活动性肝炎、慢性迁延性肝炎，后者还被用于治疗原发性肝癌。

【选注】

赵良仁：古方多用此治黄，或作散服，或吹鼻，皆以取黄水为效。以此观之，是治水饮郁热在膈上者用之；何则？瓜蒂，吐剂也，《内经》曰：在上者因而越之。仲景云：湿家身上疼面黄，内药鼻中，是亦邪浅之故也。（《衍义》）

（二）《千金》麻黄醇酒汤：治黄疸。

麻黄三两

上一味，以美清酒五升，煮取二升半，顿服尽。冬月用酒，春月用水煮之。

【释义】

麻黄发汗，清酒助之，亦为急性黄疸表郁所设。但既用麻黄，当注意其风寒湿滞于肌表营卫，为表实无汗之证。

【选注】

沈明宗：外感风寒湿热在表，郁而成黄，或脉自浮，当以汗解之，用此一味煮酒，使其彻上彻下，行阳开腠，而驱营分之邪，则黄从表解矣。（《编注》）

【医案举例】

张某，男，62 岁，时值隆冬兴修水利而汗出当风，复淋雨，适夜恶寒而栗，身痛，时作干咳，小便点滴，一夜之间全身皮肤黄染如橘，舌苔黄而薄腻，脉浮紧而弦。诊为伤寒表实之急性黄疸。因风寒湿邪束表，肺失宣降，水道不通，湿郁化热，交蒸于肌肤所致。方用麻黄汤直通玄府以发汗，加茵陈解郁利尿以退黄，使邪从汗尿而解。药用净麻黄 12g，嫩桂枝 12g，光杏仁 12g，炙甘草 6g，绵茵陈 10g。服二帖表解，尿畅，黄疸消失。[陈华．麻黄汤验案二则．国医论坛　1986；（2）：24]

研究概要

本篇对黄疸病的论治特点，可以从以下三个方面加以归纳：①从病因的角度对黄疸加以分类，作为黄疸的名称，有谷疸、酒疸、女劳疸、黑疸、黄疸等，但一般认为黄疸为总称，黑疸为转归，故以谷疸、酒疸、女劳疸为三种不同分类。此外，篇中还有提到虚黄，以及火劫发黄、寒湿发黄、燥结发黄等等。②从病机的角度对湿热黄疸加以重视，这主要体现在谷疸、酒疸的具体证治占有相当的篇幅。③从治疗的角度对治法作了较广泛的示范，除了重点强调的清利湿热以外，其他很多治法均有涉猎，可以说是"八法俱备"。

对本篇的研究多围绕以上问题展开。首先是对黄疸病名的定义，是否身黄、目黄二者皆有才能曰黄，还是仅见其一亦能称黄，从原文的表述上又有疸和黄的不同。从黄疸的古今含义看，古代的概念相当宽泛，和西医学的所指有所区别。从后世阴黄、阳黄的观点看，有将谷疸、酒疸归于阳黄，将黑疸、女劳疸归于阴黄的。从西医学的角度看，谷疸、酒疸多类似于急性黄疸型肝炎，黑疸、女劳疸挟瘀血多类似于肝硬化或肝硬化腹水，也有认为肾上腺皮质机能减退症（阿狄森氏病）与女劳疸相当。虚黄有认为与萎黄（钩虫病引起的黄肿）相似，也有提出可考虑为溶血性黄疸者。由于目前临床上《金匮》所出的黄疸病名已很少应用，而且原文详略不一，故对病名的现代探讨有一定难度，研究资料较少。

对黄疸发生的机理，也是研讨热点之一。如湿热黄疸，原文所提"瘀热以行"，很多注家对此理解、阐述不够，经唐宗海指出湿热与血分的关系后，现代不少医家对此都十分注意，认为将"瘀"仅释为"郁结停滞"是不够的，进而有将黄疸病机归纳为肝脾失调，气机痹阻，血行瘀滞的，认为应该注重瘀血与黄疸的关系，并且提出本篇方药中也不乏行血化瘀之品如大黄、桂枝、芍药、乱发、硝石等。对于女劳疸的病机，有认为不应仅仅停留在肾虚之上，参考历代文献结合临床实际，女劳疸的病机亦较复杂，除了肾虚之外，不可忽视原有的湿热内蕴的基础，此外还必兼有瘀血，故治疗当清利、活血、补虚等几个方面兼顾，并掌握好偏重，这比较符合肝硬化病人的证治，若属肾上腺皮质机能减退者，则可重点考虑补肾为主。

《金匮》对黄疸病的治法有相当的临床价值，也是现代医家注目之处。一般多以八法加以总结。具体如：①清泄湿热法，如茵陈蒿汤、栀子大黄汤等；②攻下实热法，如大黄硝石汤；③利水消瘀法，如茵陈五苓散的利水渗湿，硝石矾石散消瘀除湿，猪膏发煎的消瘀润燥；④调和肝脾法，如柴胡汤类；⑤温阳退黄法，用于寒湿黄疸在小半夏汤基础上补出茵陈理中、茵陈四逆等；⑥补脾建中法，如小建中汤等；⑦解表散邪法，如桂枝加黄芪汤、《千金》麻黄醇酒汤等；⑧因势探吐法，如瓜蒂散等。以上诸法，相互联系，可单用，也可合用，其中清热利湿法用之最广。对于具体方药的研究，如茵陈蒿汤、柴胡汤类为多，从药理机制到临床疗效观察，辨病辨证的研究亦有相当多的积累，均可以帮助我们加深认识。

小　　结

本篇专论黄疸病的脉因证治，涉及的范围甚广，凡各种不同原因所引起的发黄证候，皆包括在内。所以篇中对湿热发黄、寒湿发黄、火劫发黄、燥结发黄、女劳发黄，以及虚黄等均有论述。本篇对黄疸病的论治，以谷疸、酒疸、女劳疸为主。

谷疸的主症，为寒热不食，食即头眩（或食难用饱，食即为满），心胸不安。病属湿热内蕴，治宜清热利湿。如由寒湿不化所致者，则当温中化湿。

酒疸的主症，为心中懊侬或热痛。病由饮酒过度，蕴湿助热，湿热上蒸而致。一般当以清热除烦利湿为主要治法。但是如果当病位偏于上或偏于下时，又可考虑用吐法或下法。

女劳疸的主症，为额上黑，足下热，膀胱急，小便自利。或伴见日晡所反恶寒，大便必黑时溏等。从病名考虑，病机强调肾虚。病以血瘀湿滞为主者，治疗当以消瘀化湿为大法。但如纯属肾虚而无瘀血者，则又当以补肾为主。

黑疸为黄疸病的转归，症见目青面黑，大便正黑，皮肤爪之不仁，虽黑微黄等。为湿热内陷血分，瘀血停滞所致，治疗当以化瘀祛湿为主。

黄疸病的治法，对于湿热所致的谷疸、酒疸，应首先从病机分析，明确其证是属湿盛于热、热盛于湿还是湿热俱盛。如湿偏盛者，用茵陈五苓散利湿清热；热偏盛且病偏于上者，用栀子大黄汤清心除烦，病偏于下者，用大黄硝石汤通腑泄热；湿热俱盛者，用茵陈蒿汤清泄湿热。至于女劳疸以瘀血湿浊停滞为主者，可用硝石矾石散消瘀化湿。黄疸见有表虚证，有桂枝加黄芪汤之用；邪在少阳，见身黄且腹痛而呕者，有柴胡汤之用，根据不同病情可选小柴胡汤和解少阳，也可选大柴胡汤和表攻里；身黄属于脾胃虚弱者，用小建中汤补脾建中。若因黄疸误治而致哕逆者，则用小半夏汤温中降逆而止哕。此外，尚有涌吐以退黄的瓜蒂汤，发汗以泄黄的《千金》麻黄醇酒汤，亦可供临床参考应用。

驚悸吐衄下血胸滿瘀血病脈證治第十六

本篇论述惊、悸、吐、衄、下血和瘀血等病的证治,而胸满仅是瘀血的一个伴见症状。由于上述病证均与心和血脉有密切联系,故合为一篇讨论。

惊与悸有别,惊指惊恐,精神不定,卧起不安;悸是自觉心中跳动不安。惊多发于外,悸多自内生。但惊与悸又互有联系,突然受惊必致心悸;心悸又易发生惊恐,二者互为因果,故临床上惊悸每多并称。

吐、衄、下血和瘀血,皆为血脉之病,均属血证范围。因其发病机理和病变部位不同,故证有寒热虚实之分,治有温凉补泻之异。

惊　悸

一、成因

【原文】

寸口脈動而弱,動即爲驚,弱則爲悸。(一)

【释义】

本条从脉象论述惊和悸的病因病机。诊得寸口脉如豆动摇不宁者,为动脉,多主惊证;若脉细软无力,重按乃见者,为弱脉,多见于悸证。由于外界的刺激,如卒受惊恐,使血气逆乱,心无所主,神无所归,可见精神不宁,卧起不安,因而脉见动摇不宁,故曰动即为惊。若气血不足,心脉失于充养,则脉象软弱无力,故曰弱则为悸。若寸口脉动、弱并见,则是心之气血内虚,又为惊恐所触,可见精神惶恐,坐卧不安,心中悸动不宁,是为惊悸。

【按语】

本条以动、弱二脉区别惊悸。一般而言,惊证病轻多实;悸证病深多虚。惊与悸本有外来与内生的不同,但从临床所见,受惊必致心悸,而心悸又易发生惊恐,二者常互为因果。故辨证时仅以脉之动、弱诊断惊、悸,还不足为凭,必须脉症合参,方为全面。《资生篇》曰:"有所触而动曰惊,无所触而动曰悸,惊之证发于外,救逆汤主之,悸之证在于内,桂枝甘草汤主之。"(黄竹斋《集注》)可供临床参考。

【选注】

程林:动乃数脉见于关上,上下无头尾如豆大,厥厥动摇者名曰动,乃阴阳相搏,当以见于关为是，不应见于寸口也。惊者，为物卒动，邪从外来，有动于心，故脉为之动摇；悸者，为心跳动，病从内生，有怯于心，故脉为之弱也。（《直解》）

二、证治

（一）火邪致惊

【原文】

火邪者，桂枝去芍藥加蜀漆牡蠣龍骨救逆湯主之。（十二）

桂枝救逆湯方：

桂枝三兩（去皮）　甘草二兩（炙）　生姜三兩　牡蠣五兩（熬）　龍骨四兩　大棗十二枚　蜀漆三兩（洗去腥）

上爲末，以水一斗二升，先煮蜀漆，減二升，内諸藥，煮取三升，去滓，温服一升。

【释义】

本条论述火邪致惊的治法。火邪者，是指使用熏、熨、烧针等法，强迫发汗，损伤心阳，神气浮越，临床可致心悸、惊狂、卧起不安等症。治宜温通心阳，镇惊安神。用桂枝去芍药加蜀漆牡蛎龙骨救逆汤，方中桂枝汤去芍药之阴柔以助心阳；加龙骨、牡蛎固摄镇惊，以安心神；心阳既虚则痰浊易生，故用蜀漆涤痰逐邪，以止惊狂。因其所主证候紧急，且由火邪致逆，故方名"救逆"。

【按语】

本条应与《伤寒论》112条互参。临证时不必拘泥于火邪致惊。凡属心阳不足，痰扰心神而见惊狂、卧起不安、脉来疾数者，均可选用桂枝去芍药加蜀漆牡蛎龙骨救逆汤。

【临床应用与研究】

桂枝去芍药加蜀漆牡蛎龙骨救逆汤用治多种心脏病（风湿性心脏病快速房颤、病毒性心肌炎、频发性早搏、高血压心脏病频发早搏及阵发性房颤等）所致的心悸、胸闷、气短、乏力、脉促等。若心下空虚而悸者，加柏子仁、酸枣仁养心安神；口不渴，呕恶者，加半夏、生姜，以降逆行水；口渴者加人参、天花粉，以益气生津；伤阴舌红脉数者，加麦冬、玉竹，以滋阴生津；胸脘痞满加栝楼、木香、枳壳，以通气消痞。此外，采用本方还可治疗癫证、精神分裂症、神经官能症、疟病等。

实验研究表明：本方具有发汗解热、健胃制酸、抗疟、抗流感病毒、镇静降压、减低兴奋性等作用。方中蜀漆为常山幼苗，具有奎尼丁样作用，可用于房性和室性心律失常，对于窦性心动过速治疗效果较好。动物实验和临床观察发现，常山可以延长 Q–T 间期和 P–R 间期、QRS 加宽，其作用很像奎尼丁，且与血浓度是平行的。常山的副作用有头晕，乏力，胃肠道不适，偶有皮疹，发热，视力模糊。少数患者可因药物蓄积而致色素沉着，使皮肤发黄，口唇与眼圈发黑。

【选注】

徐彬：此方治惊，乃治病中之惊狂不安者，非如安神丸、镇惊丸等之镇心为言也。奔豚篇中虽有惊怖等四部病，皆从惊恐得之句，然病由虚声所惊，可以镇浮而愈。若因灸焫且热且惊，以致邪结胸中，惊狂不安，则必驱散其胸中之邪为主，故标之为火邪者。见胸中者，清阳之所居，乃火劫亡阳致神明散乱。故以桂甘姜枣，宜其上焦之元阳，则燔火自息，惊则必有瘀结，故加常山苗蜀漆破血，疗胸中结邪，而以龙骨之甘涩平，牡蛎之酸咸寒，一阳一阴，以交其心肾，而宁其散乱之神，若桂枝汤去芍药，病不在肝脾，故嫌其酸收入腹也。（《论注》）

【医案举例】

彭某，男，58 岁。患伤寒证 11 日，虽经发汗 3 次，而发热恶寒不解，身体困倦不支，食欲不思，夜不能寐，口燥舌干，脉象浮软。此系过汗伤津液，而外不解，阳气已伤。此时应以扶阳育阴之法，辅以宣邪外达之剂，助正以祛邪。医者不知，认为阳虚而邪不透，予以辛温散邪法治之，参附和荆防合用。用药后，心中烦躁，惊狂不安，辗转床头，起卧叫喊。余诊其脉，细数而浮，按之无力，舌质绛而少津，此乃平素阳气不足，病后因汗不如法，经过多发汗，津液先伤，阳气耗损。当津气两败之际，病邪仍胶结不解，即不经误治，已感困顿，而医者复以温燥辛散之品，竭阴助热，不但外邪不解，而辛温燥热之药，又复内迫以助病势，故现惊狂不安之症状。若不速挽救，则一阵大汗，将变为虚脱之证矣。遂与桂枝去芍药加蜀漆牡蛎龙骨救逆汤。因患者汗出不禁，为防止大汗淋漓，造成虚脱，故处方时，未去芍药。桂枝 5g，生龙骨 15g，生牡蛎 15g，蜀漆 6g，芍药 12g，茯苓 15g，生姜 3g，大枣 15枚，甘草 10g。嘱其连煎 2 剂，隔 4 小时服 1 次。服药后，精神逐渐安静，略能入睡，惊狂之象不再发作。然胃呆仍不能食，遂以此方加养胃育阴之品，连服 4 剂，症状好转，食欲渐展，连服 20 余剂，恢复正常。[邢锡波.伤寒论临床实验录.天津：天津科学技术出版社，1984；117]

（二）水饮致悸

【原文】

心下悸者，半夏麻黄丸主之。（十三）

半夏麻黄丸方：

半夏　麻黄等分

上二味，末之，炼蜜和丸小豆大，饮服三丸，日三服。

【释义】

本条论述水饮致悸的治法。心下指胃脘部，水饮内停，胃阳被遏，故心下悸动。治宜通阳蠲饮，降逆定悸。用半夏麻黄丸，方中半夏蠲饮降逆，麻黄宣发阳气，阳气得宣，饮邪得降，则悸动自宁。因郁遏之阳不能过发，凌心之水不易速去，故以丸剂小量，缓缓图之。

【按语】

第一条言"弱则为悸"，乃因气虚血少，心失所养，故应补益气血，是言其常。本条之悸则因水饮上逆所致，故用蠲饮降逆、宣发阳气的半夏麻黄丸，此为其变。

饮盛阳虚之悸，一般多用桂枝、茯苓温阳利水；本证则属饮盛而阳郁，且常伴有喘、呕、胸闷，舌苔白滑等肺气闭郁、胃失和降之证，故用半夏降逆和胃以蠲水饮，麻黄通阳宣肺以泄水气。苓桂术甘汤调脾，肾气丸益肾，半夏麻黄丸则重在治肺胃。

【临床应用与研究】

本方为主可用于治疗室性心动过速，心律不齐，心肌炎，风湿性心脏病，贲门痉挛，幽门水肿，急、慢性胃炎，支气管炎，支气管哮喘等病证而属水饮内郁致悸者。

【选注】

尤怡：此治饮气抑其阳气者之法。半夏蠲饮气，麻黄发阳气。妙在作丸与服，缓以图之，则麻黄之辛甘，不能发越津气，而但升引阳气；即半夏之苦辛，亦不特蠲除饮气，而并和养中气。非仲景神明善变者，其孰能与于此哉。（《心典》）

【医案举例】

顾某，男，58岁。入冬以来，自觉"心窝部"跳动，曾作心电图无异常。平时除有老年性慢性支气管炎及血压略偏低外，无他病。脉滑苔白。予以姜半夏、生麻黄各 30g，研末和匀，装入胶囊。每日 3 次，每次 2 丸，服后心下悸即痊愈。[何任．《金匮》摭记（六）．上海中医药杂志　1984；（12）：21]

吐衄下血

一、成因

【原文】

夫酒客欬者，必致吐血，此因極飲過度所致也。（七）

【释义】

本条论述酒客咳、吐血的病因病机。平素嗜好饮酒的人，而患咳嗽，常可导致吐血。这是因为饮酒过度，湿热蕴郁，积于胃而熏于肺，肺失清肃故咳；进而灼伤血络，则必致吐血。

【按语】

吐血之因，有气虚不摄者；有阴虚火旺、迫血妄行者；此则为湿热熏蒸之吐血。治疗时不可专治其血，当以清热除湿为主，据陈念祖主张，可用泻心汤。

【选注】

徐彬：此言吐血，不必尽由于气不摄血，亦不尽由于阴虚火盛。其有酒客而致咳，则肺伤已极，又为咳所击动，必致吐血，此非内因也，故曰极饮过度所致，则治之当以清酒热为主可知。（《论注》）

二、脉症与辨证

（一）太阳阳明衄血

【原文】

又曰：從春至夏衄者，太陽，從秋至冬衄者，陽明。（三）

【释义】

本条从四时气候论述衄血的辨证。手足太阳、手足阳明4条经脉，皆循行于鼻，故鼻衄多属太阳、阳明为病。从春至夏，阳气生发，若外感风寒，客于肌表，阳气被郁，不能外发，逆而上升，血随气逆而致衄，故春夏衄者多属太阳；从秋至冬，阳气内藏，若里热上蒸，迫血上逆而致衄，多属阳明。

【按语】

人体脏腑经络之气的变动与四时气候有关，故临床辨证治疗时应考虑这种关系。一般来说，春夏衄血，多属外感病；秋冬衄血，多属内伤杂病。然春夏衄血，亦有属阳明里热证者；秋冬衄血，亦有属太阳表热证者，不可拘泥。

凡表邪不以汗解，必郁而为衄；里热不从下泄，亦必逆而为衄。《伤寒论》第46条："太阳病，脉浮紧，无汗发热，身疼痛，八九日不解，表证仍在，此当发其汗。服药已微除，其人发烦目瞑，剧者必衄，衄乃解。所以然者，阳气重故也。麻黄汤主之。"第202条："阳明病，口燥，但欲漱水，不欲咽者，此必衄。"均说明衄血与表里之热有关。

【选注】

尤怡：血从阴经并冲任而出者则为吐，从阳经并督脉而出者则为衄，故衄病皆在阳经。但春夏阳气浮，则属太阳；秋冬阳气伏，则属阳明为异耳。所以然者，就阴阳言，则阳主外，阴主内；就三阳言，则太阳为开，阳明为阖，少阳之脉，不入鼻颃，故不主衄也。（《心典》）

（二）内伤吐衄下血

【原文】

病人面無色，無寒熱。脉沉弦者，衄；浮弱，手按之絕者，下血；煩欬者，必吐血。（五）

【释义】

本条论述吐血、衄血、下血的不同脉症。《灵枢·决气》："血脱者，色白，夭然不泽。"病人面无血色，是血脱失荣之征。无寒热，即无外感病的恶寒发热症状，说明由内伤所致。内伤出血可有吐、衄、下血几种不同证候，尚需进一步辨证。若脉见沉弦，沉以主里候肾，弦为肝脉，肝肾阴虚，水不涵木，阳气亢逆，血随气涌，故见衄血；若脉见浮弱，按之则无，则为虚阳外浮，阳不摄阴而阴血脱于下的下血证；若脉浮弱，又见心烦咳逆者，是为阴虚有热，虚热上扰，熏灼心肺，故必吐血。

【按语】

内伤失血有虚实之分，联系《血痹虚劳病》篇第四条："男子面色薄者，主渴及亡血，卒喘悸，脉浮者，里虚也。"第五条："男子脉虚沉弦，无寒热；短气里急，小便不利，面色白，时目瞑，兼衄，少腹满，此为劳使之然。"可知本条之失血，与虚劳亦有关系。

【选注】

尤怡：面无色，血脱者色白不泽也；无寒热，病非外感也。衄因外感者，其脉必浮大，阳气重也。衄因内伤者，其脉当沉弦，阴气厉也。虽与前尺脉浮不同，其为阴之不靖则一也。若脉浮弱，按之绝者，血下过多，而阴脉不充也。烦咳者，血从上溢，而心肺焦燥也。此皆病成而后见之诊也。（《心典》）

（三）虚寒亡血

【原文】

寸口脉弦而大，弦则爲减，大则爲芤，减则爲寒，芤则爲虚，寒虚相擊，此名曰革，婦人則半産漏下，男子則亡血。（八）

【释义】

本条论述虚寒亡血的脉象。详见《血痹虚劳病》篇第十二条。

【按语】

本条专论失血，故去掉《血痹虚劳病》篇第十二条原文末尾"失精"二字。此与本篇第六、七两条对比，说明亡血不一定都是阴虚，也可出现阳虚之象。

【选注】

徐彬：此段言下血之脉，非言吐衄之脉也。谓脉之弦者，卫气结也，故为减为寒。脉之大者，气不固也，故为芤为虚，至弦而大，是初按之而弦，弦可以候阳，稍重按之而大，大可以候阴。不问而知其上为邪实，下为正虚，故曰寒虚相搏，此名曰革，谓如皮革之上有下空也。下既虚则无阳以流之，血不循行经络而下漏，男女一体，故曰妇人半产漏下，男子则亡血，血下遗如亡也。（《论注》）

三、预后及治禁

【原文】

师曰：夫脉浮，目睛晕黄[①]，衄未止。晕黄去，目睛慧了，知衄今止。（二）

【校勘】

夫：《医统》本作"尺"，为是。

【词解】

①目睛晕黄：一是指望诊可见黑睛周围有黄晕，与黄疸白珠发黄有别；二是病人自觉视物昏黄不清。

【释义】

本条从望诊切脉以判断衄血的预后。尺脉候肾，内寄相火。尺脉应沉而反见浮，为肾阴亏虚，相火不潜之象。目为肝窍，肝主藏血。肝经郁热，上扰于目，则见目睛晕黄，视物不清。水不涵木，虚火妄动，迫血上升，损伤阳络则衄血，故知衄未止。若晕黄退去，目睛清明，视物清晰，说明阴复火降，热退血宁，故可知衄血止。

【按语】

《脉经·卷八第十三》在原文"师曰"之前有"问曰：病衄连日不止，其脉何类"十二字；"师曰"后有"脉来轻轻在肌肉，尺中自溢，（一云：尺脉浮）"十一字。为本条之佚文，当参。

【选注】

尤怡：尺脉浮，知肾有游火；目睛晕黄，知肝有蓄热，衄病得此，则未欲止。盖血为阴类，为肾肝之火热所逼而不守也。若晕黄去，目睛且慧了，知不独肝热除，肾热亦除矣，故其衄今当止。（《心典》）

【原文】

衄家不可汗，汗出必额上陷①，脉紧急，直视不能眴②，不得眠。（四）

【词解】

① 额上陷：额上两旁动脉处因血脱于上而微微下陷不起。

② 眴（shùn 舜）：眼珠转动。

【释义】

本条论述衄家禁汗及误汗的变证。衄家，指经常衄血的病人，其阴血必亏少，虽有表证，亦不可辛温发汗。因汗血同源，若发汗则阴血重伤，经脉、目睛以及心神均失其濡养，故可见额上陷，脉紧急，目直视不能转动，不得眠等症。

【选注】

尤怡：血与汗皆阴也，衄家复汗，则阴重伤矣。脉者血之府，额上陷者，额上两旁之动脉，因血脱于上而陷下不起也。脉紧急者，寸口之脉，血不荣而失其柔，如木无液而枝乃劲也。直视不眴不眠者，阴气亡则阳独胜也。经云："夺血者无汗。"此之谓也。（《心典》）

【原文】

夫吐血，欬逆上气，其脉数而有热，不得卧者，死。（六）

【释义】

本条论述吐血的预后。吐血必致阴血亏虚，阴虚则火旺，虚火灼肺，肃降失常，不但吐血不止，反而加重咳逆上气。如此吐血、咳逆互为因果，以致阴不敛阳，虚阳外浮而见脉数、身热；虚火上浮，扰动心神，故虚烦不得卧。吐血不止，终将气随血脱，其病难治，预后险恶，故云死。

【选注】

周扬俊：此金水之脏不足故也。外不足则火浮焰，浮焰则金伤。夫阴血之安养于内者，肾水主之，水虚不能安静，被火逼逐而血溢出矣。血出则阳光益炽，有升无降，炎烁肺金，金受其害，因欬逆而上气。金水子母也，子衰不能救母，母亦受害，不能生子，二者之阴，有绝而无复。脉动身热，阳独胜也，不能卧，阴已绝也，阴绝，阳岂独生乎，故曰死也。（《二注》）

【原文】

亡血不可發其表，汗出則寒慄而振。（九）

【释义】

本条论述亡血误汗的变证。亡血之人，虽有表邪，也不能发汗攻表。若更发其汗，不仅阴血更伤，而且阳气随津外泄而有亡阳之变。阳气虚损，周身失于温煦，筋脉失养，故寒栗而振。

【按语】

亡血之人不可误用汗法，因汗血同源，误汗既伤阴血，又损阳气，会出现多种变证。本条与第四条均论亡血禁汗，但汗后变证有伤阴与伤阳的不同。第四条误汗后呈现一派伤阴之象；本条误汗后却表现出阳虚之证。这与人的体质有阴、阳之别有关，如阴本虚而发汗，势必使阴液更伤；而阳本虚再误汗，则必然使阳气愈损。

【选注】

尤怡：亡血者，亡其阴也；更发其表，则阳亦伤矣。阳伤者外不固，故寒栗；阴亡者内不守，故振振动摇。前衄血复汗，为竭其阴；此则并亡其阳，皆所谓粗工嘻嘻者也。（《心典》）

四、证治

（一）虚寒吐血

【原文】

吐血不止者，柏葉湯主之。（十四）

柏葉湯方：

柏葉　乾姜各三兩　艾三把

上三味，以水五升，取馬通汁一升，合煮取一升，分温再服。

【释义】

本条论述虚寒吐血的证治。吐血日久不止，如为中气虚寒，血不归经所致，治以柏叶汤。方取柏叶之清降，折其逆上之势而止血；干姜辛热，温阳守中；艾叶苦辛温，温经止血；马通微温（《本经》），引血下行以止血。四味合用，共奏温中止血之效。

【按语】

马通汁即马粪加水过滤取汁而成，古人常用于止血。后世医家常以童便代之，其效亦佳。缪希雍《本草经疏》认为马通乃苦凉之品，据此有学者谓本方为寒热并用，阴阳兼顾，并非温剂，此说可供研究。

【临床应用与研究】

柏叶汤为治疗虚寒出血的常用方剂。以方测证，当见面色萎黄或苍白，血色淡红或暗红，神疲体倦，舌淡苔白，脉虚无力等。若阴虚火盛，迫血妄行者，非本方所宜。临床应用并不限于吐血，对衄血、咳血或下血等均可使用。本方常用于胃、十二指肠溃疡，肝硬化，食道静脉曲张所致的吐血；肺结核咯血；血小板减少性紫癜等属中气虚寒失于统摄者。若将柏叶、干姜、艾叶三药炒炭应用，止血效果更佳。

本方有缩短凝血时间，促进血小板聚集等作用。

【选注】

徐彬：此重"不止"二字，是诸寒凉止血药皆不应矣，吐血本由阳虚，不能导血归经；然血亡而阴亏，故以柏叶之最养阴者为君，艾叶走经为臣，而以干姜温胃为佐，马通导火使下为使。马通乃马屎绞汁，如干屎以水和之，愚意无马通，童便亦得。（《论注》）

【医案举例】

谢某，男，32岁。患肺结核8年，痰中带血8个月。诊时患者神疲意懒，面色黄晦，但两颧微红，频频咯出满口暗红色血痰。胸及上腹部阵阵疼痛，勉强能进少量粥饭，大便稀，口淡乏味，舌质胖而淡红，苔薄黄，脉弱数不任按，急拟柏叶汤治之。干姜9g，艾叶9g，柏叶15g，童便约50ml调入煎好的药液中，1次温服。服上方3剂后，自觉精神好转，血痰显著减少，大便已成形。照原方加阿胶9g烊化，以滋燥养营。前后共服本方8剂，8个月的出血才告消失，观察十多天，无复发而出院。[管其健．柏叶汤治疗肺结核咳血的体会．新中医1975；（4）：35]

（二）热盛吐衄

【原文】

心氣不足，吐血、衄血，瀉心湯主之。（十七）

瀉心湯方：亦治霍亂。

大黄二兩　黄連　黄芩各一兩

上三味，以水三升，煮取一升，頓服之。

【校勘】

心气不足：《千金要方》作"心气不定"，即心烦不安之意，可从。

【释义】

本条论述热盛吐衄的证治。心藏神，主血脉，心火亢盛，扰乱心神于内，迫血妄行于上，故见心烦不安、吐血、衄血。治以泻心汤清热泻火而止血。本方特点是药味少而作用专，方中黄连长于清心火，黄芩泻上焦之火，大黄苦寒降泄，三药合用，直折其热，使火降则血亦自止。

【按语】

泻心汤与柏叶汤均治吐血，但有寒温之别，为治疗血证的两大方法。前者为火热亢盛，迫血妄行。常见吐血衄血，血色鲜红，来势较急，面赤口渴，烦躁便秘，舌红苔黄，脉数有力。方具泻火止血之功；后者乃中气虚寒，气不摄血。表现吐血不止，血色暗红，面色苍白或萎黄，形倦神疲，舌淡苔白，脉微弱或虚无力。方有温中止血之效。

《伤寒论》大黄黄连泻心汤主治"心下痞，按之濡，其脉关上浮者"。据宋·林亿方后注，知大黄黄连泻心汤中有黄芩，与《金匮》泻心汤组成相同。但两方的煎服法不同，故作用也有别。大黄黄连泻心汤"以麻沸汤二升，渍之须臾，绞去滓，分温再服"。不用煎煮，是取其清淡之性味，以泻热消痞。而《金匮》泻心汤是"以水三升，煮取一升，顿服之"，取其降火止血之功，不可不知。

【临床应用与研究】

本方是治疗三焦热盛的常用方。用于火热充斥，迫血妄行的吐血、衄血、便血、尿血等多种出血证，均有较好疗效。上述血症见于西医的上消化道出血（胃溃疡、十二指肠球部溃疡、食道静脉破裂、肝硬化）、急性肺出血（肺结核、支气管扩张、肺癌）以及鼻出血、痔疮出血、子宫出血等属于血热妄行者。本方还可辨证用于治疗多种感染性疾病。如急慢性胃肠炎、急性胆囊炎、胆石症、黄疸型肝炎、急性扁桃体炎、口腔炎、结膜炎、巩膜炎、痢疾、皮肤感染、化脓性阑尾炎术后感染等。

实验研究表明，泻心汤能使动物凝血时间及血浆复钙时间明显缩短，其煎剂具有明显增强血小板黏附性的作用；有较强的抑菌作用，大黄酸类物质能刺激大肠壁，引起血管收缩，分泌增加，使大肠内容物易于排出；还有明显的抗缺氧作用，能增强心肌耐缺氧能力，降低脑的耗氧量，提高脑对缺氧的耐受力，减少机体细胞耗氧量。此外，本方还有抑制胃酸过多和保护胃黏膜作用。

【选注】

吴谦：心气有余，热盛也，热盛而伤阳络，迫血妄行，为吐、为衄。故以大黄、黄连、黄芩大苦大寒直泻三焦之热，热去而吐衄自止矣。（《金鉴》）

【医案举例】

吴某，女，26岁。月经非期而至，20余日淋漓不断。既往有此病史，经妇科检查诊为功能性子宫出血。今又复发且重，用中药止血、固涩等药治疗1周，其血不止，拟行刮宫术，患者拒绝，复就诊于中医。询之血色鲜红，量多如崩而腹无所苦。饮啖如常，唯觉口苦烦渴。舌红苔黄，口气臭秽，脉滑数。患者务农，饮食倍常而大便秘结。时当炎夏，胃中积热已甚。冲为血海，络于阳明，热逼血行，上可为吐衄，下可为崩漏。胃热不除，故反复不已。法当釜底抽薪，不可徒事收涩。药用：大黄、黄连、黄芩、栀子各10g，生地榆15g，鲜荷叶1张。1剂血止大半，3剂血净而安。[周德荣.大黄黄连泻心汤临床治验.河南中医1989；18（4）：210]

（三）虚寒便血

【原文】

下血，先便後血，此遠血也，黄土湯主之。（十五）

黄土湯方：亦主吐血衄血。

甘草　乾地黄　白术　附子（炮）　阿膠　黄芩各三兩　竈中黄土半斤

上七味，以水八升，煮取三升，分温二服。

【释义】

本条论述虚寒便血的证治。下血，指大便出血。先见大便，便后出血，出血部位来自直肠以上，距肛门较远，故称为远血。病由中焦虚寒，脾失统摄而血渗于下所致。治宜黄土汤。方中灶心黄土，又名伏龙肝，温中止血；配以附子、白术、甘草温阳散寒，健脾以摄血；地黄、阿胶滋阴养血以止血；黄芩反佐，苦寒坚阴止血，并制术附，以防温燥动血。诸药刚柔相济，温阳不伤阴，滋阴不损阳，共奏温脾摄血之功。

【按语】

黄土汤用治虚寒便血，据方测证，其出血血色紫暗，并伴腹痛，喜温喜按，面色无华，神疲懒言，四肢不温，舌淡脉虚细无力等证。

【临床应用与研究】

黄土汤不仅用治远血，凡属脾气虚寒，不能统血所致的吐血（溃疡病出血）、衄血、崩漏、泄泻、呕吐、血尿等病证，均有良效。出血多者酌加三七、阿胶、白及、艾叶；气虚甚者加党参、黄芪；虚寒甚者加炮姜、肉桂、补骨脂，去黄芩，或改用黄芩炭。本方还可加赤石脂，以温补涩血。此外，坏死性肠炎、慢性痢疾、痔疮出血、过敏性及血小板减少性紫癜、再生障碍性贫血等，亦可辨证用本方加减治疗。

实验研究表明，黄土汤具有缩短凝血时间，使血液黏度增高，促进血小板聚集等作用。方中阿胶含有多种氨基酸，可治疗多种出血及贫血；同时，阿胶中所含的甘氨酸，可改善动物体内的钙平衡，使血钙升高。

【选注】

尤怡：下血先便后血者，由脾虚气寒失其统御之权，而血为之不守也。脾去肛门远，故曰远血。黄土温燥入脾，合白术、附子以复健行之气；阿胶、生地黄、甘草以益脱竭之血，而又虑辛温之品，转为血病之厉，故又以黄芩之苦寒，防其太过，所谓有制之师也。（《心典》）

【医案举例】

章某，男，54岁。患胃病多年，经X线钡餐透视，诊为溃疡病。初起自服苏打片、氢氧化铝之类，可以缓解，以后时愈时发，逐渐加重，曾经中医治疗，亦只暂时见效。近来嗳气泛酸，胃痛背胀之症，反而减轻，但觉头晕眼花，神疲无力，大便溏黑如柏油，隐血试验阳性，其人面色萎黄，眼睑、舌质淡白，脉弦细无力。此中气虚寒，不能摄血，治以温脾摄血为法。用黄土汤：干地黄15g，白术10g，附片10g，黄芩6g，阿胶10g（蒸兑），甘草3g，灶心土150g（烧红淬水煎药），加白芍10g，侧柏叶10g，服3剂，大便色变黄软，余症如上，后用归脾汤多剂，调理半月而痊。（谭日强.金匮要略浅述.北京：人民卫生出版社，1981；309）

（四）湿热便血

【原文】

下血，先血後便，此近血也，赤小豆當歸散主之。方见狐蜑中。（十六）

【释义】

本条论述湿热便血的证治。便血在先，大便在后，出血部位距肛门较近，故称为近血。其病机多因湿热蕴结大肠，灼伤阴络，迫血下行所致。治宜赤小豆当归散清热利湿、活血止血。

【按语】

本方与黄土汤均治便血，但有虚实寒热之分。黄土汤所治之远血，属脾气虚寒，失于统摄。症见下血色紫稀薄，便溏腹痛，面色无华，神疲懒言，手足不温，舌淡脉细。方具温脾摄血之功；而本方所治之近血，则为大肠湿热，灼伤阴络。临床可见下血鲜红或有黏液，大便不畅，苔黄腻，脉数等。赤小豆当归散有清热利湿、活血止血之效。

【临床应用与研究】

本条所论之近血，即后世所称"肠风下血"及"脏毒"，其中包括痔疾、肛裂，特别是痔疾感染而成脓肿者，可用赤小豆当归散治疗。使用本方时可酌加槐花、金银花、紫花地丁；若便血日久不止者，可加炒椿根白皮、侧柏炭；若湿热偏重者，可加黄柏、苦参、知母等。此外，本方还可治疗渗液性皮肤病、白塞氏综合征。

【选注】

尤怡：下血先血后便者，由大肠伤于湿热，而血渗于下也。大肠与肛门近，故曰近血。赤小豆能行水湿，解热毒，当归引血归经，且举血中陷下之气也。（《心典》）

【医案举例】

林某，男，42岁。大便反复出血已3年，近日便血又作，先血后便，色鲜夹瘀块，肛门肿胀，痔核突出，行动艰难，口干，大便偏干，头昏乏力，舌质红，苔薄黄腻，脉弦。外科检查：内痔Ⅱ度。证属下焦湿热，热伤血络，兼有气虚血瘀之象。治宜清热利湿，益气活血止血，予加味赤小豆当归汤：升麻10g，赤小豆60g，当归、连翘、太子参、红藤各30g，银花、赤芍各15g，黄柏6g。服药2帖，大便通畅，粪外微带鲜血，3帖后未见血迹，痔核缩入肛内，已无胀痛。苔白，脉平，原方去黄柏、红藤，加生白术10g，再进三帖。［洪德华．加味赤小豆当归汤治疗近血体会．浙江中医杂志　1990；（2）：61］

瘀　血

一、瘀血证

【原文】

病人胸滿，唇痿舌青，口燥，但欲漱水不欲嚥，無寒熱，脉微大來遲，腹不滿，其人言我滿，爲有瘀血。（十）

【校勘】

漱，赵本作"嗽"，据《医统》本改。

【释义】

本条论述瘀血的脉症。瘀血阻滞，气机痞塞，故胸部满闷；瘀血内阻，新血不生，血不外荣，故唇痿舌青；血瘀津液不布，不能上濡，故口燥，但病由瘀血，并非津亏，故虽口燥却只欲漱水而不欲咽；无寒热，说明非外感表证；腹满可有水气、宿食、瘀血之分。瘀血腹满为病人自觉症状，察其外形并无胀满之征，这是血瘀在里，影响气机运行不畅所致，而非宿食、水饮留积于肠胃。脉微大来迟，是谓脉体虽大，但脉势不足，往来涩滞迟缓，为瘀血阻滞之象。

【按语】

"唇痿舌青"和"口燥，但欲漱水不欲咽"，是辨别瘀血的两大指征，特别是舌质紫暗或舌边尖有青紫色瘀斑，有明确诊断价值。此外，胸腹胀满尚可见刺痛、拒按，脉微大来迟即指脉象涩滞迟缓。这些都是辨瘀血证的重要依据。

【选注】

吴谦：表实无汗，胸满而喘者，风寒之胸满也；里实便涩，胸满烦热者，热壅之胸满也；面目浮肿，胸满喘不得卧者，停饮之胸满也；呼吸不快，胸满太息而稍宽者，气滞之胸满也；今病人无寒热他病，惟胸满、唇痿、舌青、口燥、漱水不欲咽，乃瘀血之胸满也。（《金鉴》）

二、瘀血化热证

【原文】

病者如熱狀，煩滿，口乾燥而渴，其脉反無熱，此爲陰伏，是瘀血也，當下之。（十一）

【释义】

本条论述瘀血化热的脉症和治法。患者自觉发热，心烦胸满，口干燥而渴，但诊其脉，却并无热象，这说明热不在气分，而伏于血分，是瘀血阻滞日久，郁而化热伏于阴分所致，故曰阴伏。治疗当用攻下瘀血为主，使瘀血去则郁热解，诸证自除。

【按语】

治疗瘀血，本条提出"当下之"，即通过攻下瘀血，使瘀去而热无所附，则诸症自解，体现了《脏腑经络先后病》篇十七条"当随其所得而攻之"的审因论治思想。

临证时，当根据瘀血病情的寒热、轻重、缓急及部位不同，分别采用化瘀或逐瘀等不同方法治疗，不可拘泥于下法。

【选注】

吴谦：此承上文互详证脉，以明其治也。如热状，即所谓心烦、胸满，口干燥渴之热证也。其人当得数大之阳脉，今反见沉伏之阴脉，是为热伏于阴，乃瘀血也。血瘀者当下之，宜桃核承气、抵当汤丸之类也。(《金鉴》)

研究概要

惊悸，本篇虽只涉及脉证1条，治方2首，但为临床辨证和论治奠定了基础。后世研究大多将此概括在心悸病证中，并认为心悸既可为仅发于心的病变，也可以是他脏病变波及于心的多脏腑病变。本病虚证居多，或为本虚标实。其本为气血不足，阴阳亏损，标为气滞、血瘀、痰浊、水饮。在辨证分型和治疗选方上更加完善。各种原因引起的心律失常，如心动过速、频发性早搏、心房颤动或扑动、房室传导阻滞、病态窦房结综合征、预激综合征及心功能不全、神经官能症等，表现为心悸、脉促或结者，常纳入惊悸辨治范畴。

桂枝去芍药加蜀漆牡蛎龙骨救逆汤，最常用于精神神经系统疾病。如以本方加减治疗因大惊而致日夜惊恐不安者，处方选用桂枝12g，炙甘草24g，生姜9g，大枣6枚，生龙骨50g，生牡蛎50g，远志9g，桂圆肉100g，小麦100g。本方还可治疗精神病多发性抽动－秽言综合征；强迫性神经症，精神分裂症（妄想型）。此外，本方治疗因体外放射引起的痰涎盘踞中焦，心阳外亡，惊狂不安者；因惊吓而致惊悸气冲者，皆收到较好效果。

采用半夏浸剂进行抗心律失常作用的动物实验研究表明，半夏有较明显的抗心律失常作用。但目前尚缺乏对桂枝去芍药加蜀漆牡蛎龙骨救逆汤治疗惊悸的实验报道，缺少半夏麻黄丸方中半夏与麻黄的协同作用分析。今后应加强药理学方面的研究，筛选针对性强、疗效高的抗心率失常药物，发挥中医药整体调治、双向调节的优势。

吐血、衄血、便血等，常见于西医的上消化道出血和呼吸系统疾病。应用本篇所载方剂的临床及实验研究，均有不少报道。如从五脏辨治鼻衄：分为燥热伤肺灼络、肝经气血上冲、肾经虚火伤络、气不摄血四证，在辨证基础上加川牛膝、白茅根、仙鹤草等，以引血归经、活血止血。据统计100例鼻衄患者中，辨证分型由实火导致者约80例，阴虚火旺14例，气不摄血5例。其中有瘀血见证者占1/4，可见瘀与火是鼻衄的主要原因，祛瘀凉血为基本治则。是对本篇衄血辨治内容的充实。

有报道柏叶汤加味治疗急性上消化道出血，西医诊断为胃溃疡与胃炎合并出血。治宗温阳止血法，处方：侧柏叶、黑艾叶各15g，党参、黑地榆、阿胶、花蕊石各12g，炮姜、甘草各 5g，煎服 1 剂，吐血即止；素患咳喘由外感诱发咳嗽咯血者，西医诊为支气管扩张咯血、肺结核、肺不张，久服西药无效。每日血量约 100～300ml，全身证属虚寒，以柏叶汤加味：柏叶 20g，炮姜 15g，艾叶 10g，西洋参 25g，水煎顿服，每次服药前选服童便 5～10ml，获满意疗效。

泻心汤的临床应用及实验研究报道最多。有学者以本方加味治疗上消化道出血 24 例，全部病例止血成功，总结其治疗经验为：清胃泻火，宁血治本；止血为急，谨防留瘀；通腑清脉，降气止逆；瘥后调理，归脾最宜。以本方治疗急性肺出血 105 例，服药 4 天内血止 97 例。煎服法研究方面，泻心汤用沸水浸泡后服用，疗效较好。以此法治疗胃神经官能症患者，处方：大黄 5g，黄连 5g，黄芩 5g；治疗肺结核咯血 60 例，药用：生大黄 10g，炒黄芩 10g，黄连 5g。用沸水 150～200ml 浸泡 10～15 分钟后，徐徐饮下，每日 1 剂，早晚分服。此妙在煎服法，水煎服可泻肠道有形之热实，沸水浸渍则清肺胃无形之邪热。

实验研究表明，泻心汤具有明显缩短凝血时间等作用，可广泛用于现代医学中的多种出血病。柏叶汤与泻心汤的实验结果比较，两组小鼠血小板计数均有增多（而泻心汤组多于柏叶汤组），凝血时间、胃溃疡指数减少，提示两方对脾胃虚寒胃出血模型均有促进止血凝血、减轻胃黏膜损伤的作用。泻心汤的组方研究结果表明，原方和单味黄连煎剂抑菌作用较强，黄连、黄芩煎剂次之；大黄、黄连煎剂较弱。泻下作用原方和大黄、黄连煎剂较强；大黄、黄芩煎剂次之；单味大黄煎剂则较弱。

关于瘀血，纵观《金匮》可有广、狭义之分。广义瘀血包括血行不畅和血液郁结，如血痹或血滞；狭义瘀血是指溢于脉外而停积于局部的血液，如瘀血、干血、热入血室。寒邪侵入，热邪郁遏，情志失常，饮食不节，水饮阻塞，跌仆金刃虫兽，出血，气血亏虚等，均可导致瘀血形成。本篇提出"当下之"，可谓瘀血的总治则。《金匮》活血化瘀运用规律可概括为：以通为用，审因论治，攻补兼施，配用虫药，丸以缓图。有学者将《金匮》活血化瘀法（及方）归纳为 12 个方面：化瘀消癥法，破瘀逐水法，泻热祛瘀法，解毒祛瘀法，化瘀利湿法，益气行瘀法，行血驱风法，温经祛瘀法，破血逐瘀法，祛瘀退黄法，祛瘀通络法，滋阴化瘀法。可供参考。

现代研究证明，活血祛瘀药具有改善微循环，增加血流量，加强心肌收缩力，抑制血小板聚集，促进纤维蛋白溶解，改善毛细血管通透性，抗菌，抗病毒，抗癌，镇痛，调节体内某些代谢失调，抑制或增强机体免疫功能等作用。可见，《金匮》活血祛瘀法及方的研究，对于防病治病、益寿延年以及中西医结合，开创新医药学都具有重要意义。

小　　结

本篇论述了惊悸和血证的证治。

惊多因突受外界刺激引起，惊者气乱；悸多由心血不足，心失所养而致。两者病因与临床表现有所不同，但又常相互影响，故多惊悸并称。在治疗上，一般惊宜镇惊安神，悸宜补虚定悸。本篇仅列举 2 方，火邪导致心阳不足、神气浮越的惊狂证，用桂枝去芍药加蜀漆牡蛎龙骨救逆汤以温通心阳,镇惊安神;水饮凌心的心下悸证,用半夏麻黄丸蠲饮通阳,降逆定悸。

血证包括出血证和瘀血证两类。出血证主要论述吐血、衄血及下血,是本篇的重点。导致出血的原因,或与四时气候相关,或饮酒过度,或因虚寒亡血。其病机总不离火热迫血妄行和虚寒气不摄血两方面。对吐衄、下血的治疗,篇中各列 2 种不同证治,举出 4 首方剂,虽不能概括完全,但温清补泻,各具法度。如吐血不止属中气虚寒者,用柏叶汤温中止血;吐衄属心火亢盛者,用泻心汤苦寒清热,降火止血;下血属虚寒远血的,治用黄土汤温脾摄血;属湿热近血的,用赤小豆当归散清利湿热,活血止血。本篇还提出"衄家不可汗","亡血不可发其表"的治疗禁忌。

关于瘀血,本篇仅列举 2 条,以示其主要脉症。见唇痿舌青,口燥,但欲漱水不欲咽,对瘀血辨证有诊断价值。若瘀久化热,热伏血分,可见心烦,口干燥而渴,常有热症而无热脉。瘀血的治疗,本篇有法无方,但在"当下之"原则指导下,可酌情选用其他篇所载活血化瘀方剂,如鳖甲煎丸、大黄䗪虫丸等。此为后世瘀血学说的发展奠定了基础。

嘔吐噦下利病脉證治第十七

本篇论述呕吐（含胃反）、哕、下利病的脉因证治。呕吐指因胃失和降，气逆于上，使饮食、痰涎等物自胃中上涌，从口而出的一类病证。关于呕与吐，虽然前人曰有物有声谓之呕，有物无声谓之吐，无物有声谓等干呕等区别，但因呕与吐多同时发生，很难截然划分，故每多并称。本篇并还讨论了胃反。胃反后世又称为反胃、翻胃，以食人之后，停留胃中，朝食暮吐，暮食朝吐，所吐皆属未经消化之食物为特征。虽胃反亦以呕吐为主症，但因其病理变化与病变过程自有规律，故被从呕吐病中独立出来。哕即呃逆，指胃膈气逆，喉间呃呃作声，不能自制之病证。下利包括后世之泄泻与痢疾。

本篇在全书中条文最多，寒热虚实辨证治疗的内容丰富，其主要精神是实证、热证多责之阳明，治法多从和胃降逆，通腑祛邪；虚证、寒证多责之太阴，治法多宗温中祛寒，补虚健脾。篇中还多次论述了其他脏腑病变亦可引起呕吐、哕之胃气上逆病证，提出治病当审证求因，审因论治，强调不可见呕止呕、见哕止哕。

由于呕吐、哕、下利三病病位皆在胃肠，且可互为影响，合并发病；在病机上多与脾胃运化功能失职、传导失司有关；在辨证方法上可互相借鉴；在治疗原则上可以互相提示；某些方剂可以相互借用等诸多联系之处，故合为一篇讨论。

本篇是本书讨论内科疾病的最后一篇。

呕　吐

一、脉证

【原文】

先嘔却渴者，此爲欲解。先渴却嘔者，爲水停心下，此屬飲家。

嘔家本渴，今反不渴者，以心下有支飲故也，此屬支飲。（二）

【释义】

本条论述水饮所致呕吐的脉证及其辨证方法。水停心下、心下有支饮指出呕吐的病因病机是水饮内停，客于心下，使胃失和降，上逆为呕。这里的支饮因其部位在心下，故宜作饮邪支撑之病机理解。其呕吐的特征可表现为先渴却呕，即口渴引饮，饮后作吐；或呕而不渴。这是因为其病乃津液停聚变为饮邪为患，津液伤损不明显，故不渴；若饮邪内停，气化受阻，津不上承，则亦可作渴，但因饮后加重停饮，胃不和降，饮邪上逆，故饮后作吐。若先呕却渴，此时因其呕吐已罢，口渴能饮，饮后不吐，说明胃气已降，故为呕吐欲解之兆。

【按语】

关于"先呕却渴者，此为欲解"的解释，历代注家的观点主要是其呕乃因饮停而致，若经呕使饮邪尽去，胃阳初回，津液未布，可出现口渴，是病情好转的预兆。但因为饮邪是脏腑功能失调所产生的病邪，若呕吐能使既停之饮得以祛除，却并不能使脏腑功能得以恢复。应予注意的是，"先呕却渴者，此为欲解"的判断方法不应是着眼于口渴出现于呕吐之后，因为这一表现形式不全主病情欲解。本书中，水饮内停所致呕吐与口渴出现的相继性形式，表现较多，本篇第 18 条"吐而渴欲饮水"，先吐后渴，呕吐与口渴反复交替出现，亦是其一。本书痰饮病篇 28 条："呕家本渴，渴者为欲解，今反不渴，心下有支饮故也。小半夏汤主之"、41 条"先渴后呕，为水停心下，此属饮家，小半夏茯苓汤主之"亦应与本条互参。说明停饮所致呕吐与口渴表现形式不尽相同，不可拘泥于某一条的阐述。

【选注】

赵良仁：伤寒言呕有多因，因热、因寒、因水、因饮，皆属胃家病。此独以水饮者，分三节言之：初一段先呕却渴者，为饮而呕，呕则饮去，饮去阳气回，津液犹未布，故渴耳。虽渴，终因邪去正回而必解也；第二段先渴却呕者，即前痰饮条中小半夏茯苓汤主之；第三段本渴，今反不渴，亦痰饮条中小半夏汤主之。（《二注》）

二、治禁

【原文】

夫呕家有痈脓，不可治呕，脓尽自愈。（一）

【释义】

本条论述痈脓致呕的治疗禁忌。一般而言，呕吐多为胃失和降所致，治疗应以和胃止呕为原则，但若其呕是由痈脓内蕴所致者，则应以消痈排脓为治，痈消脓尽，其呕自止。

【临床应用与研究】

呕吐痈脓的病证历代中医文献均有记载，说明本病是一种常见病，可能相当于后世之急性化脓性胃炎（胃痈）、上腹壁脓肿（胃脘痈）等疾病。其治疗《张氏医通》提出："轻则《金匮》排脓汤，重则射干汤（射干、栀子仁、赤茯苓、升麻、赤芍药、白术、地黄汁），或犀角地黄汤加忍冬、连翘，皆因势利导之法也。"

【选注】

尤怡：痈脓，胃中有痈，脓从呕出也。是因痈脓而呕，脓尽痈已，则呕自愈，不可概以止吐之药治之也。（《心典》）

【原文】

病人欲吐者，不可下之。（六）

【释义】

本条论述欲吐的治禁。欲吐若不是由于腑气不通、浊气上冲所致者，皆不可予攻下之
法。若是由病邪内停、正气驱邪外出所致者，则应治以涌吐之法，以助正气驱邪，如本书
"黄疸病"篇所谓："酒疸，心中热，欲呕者，吐之愈"；若是由胃失和降，胃气上逆所致，
则应以和胃降逆为治。

【按语】

本条所述"欲吐者，不可下之"，不可视作绝对的治疗禁忌，而应与本篇第七条"哕而
腹满，视其前后，知何部不利，利之即愈"、十七条"食已即吐者，大黄甘草汤主之"结合
理解，说明呕吐亦可以攻下法治之。

以上两条及本篇第七条论述的均是胃失和降致病呕、哕的治法治禁。皆表达了治呕
（哕）不可见呕（哕）止呕（哕），而当根据病因，或呕、或吐、或治疗其他脏腑，这种审因
论治观同样也适用于其他疾病的论治。

【选注】

徐彬：治病之法，贵因势利导，故《内经》曰在上者越之，在下者竭之。今病欲上吐，
不可强使之下，凡病皆然。故曰病人欲吐者，不可下之。（《论注》）

三、证治

（一）实热证

1. 热郁少阳

【原文】

呕而發熱者，小柴胡湯主之。（十五）

小柴胡湯方：

柴胡半斤　黄芩三兩　人參三兩　甘草三兩　半夏半斤　生姜三兩　大棗
十二枚

上七味，以水一斗二升，煮取六升，去滓，再煎取三升，温服一升，日三服。

【校勘】

半夏半斤：《伤寒论》、《医统》本均为"半夏半升"。

【释义】

本条论述少阳邪热迫胃呕吐的证治。呕而发热，用小柴胡汤主治，可知其热是少阳之
热，其呕是少阳邪热迫胃所致。故热当是往来寒热，呕是口苦咽干，心烦喜呕，并可伴有胸
胁苦满等少阳见症。治以疏解清热，和胃降逆。方中柴胡、黄芩解表清热，半夏、生姜降逆
止呕，人参、草、枣补虚安中。

【临床应用与研究】

本方常用于治疗肝胆系统的疾患，如肝炎、胆囊炎及胃炎等证属热郁少阳者。亦可治疗
多种发热病症，如流行性感冒、上呼吸道感染、扁桃腺炎及妇女经期感染发热等。实验研究

证实，本方有保肝利胆、抗菌抗炎、抗病毒、抗肿瘤、抗衰老、增强免疫功能、调节内分泌等药理作用。

【选注】

尤怡：呕而发热，邪在少阳之经，欲止其呕，必解其邪，小柴胡汤和解少阳之正法也。（《心典》）

【医案举例】

李某，女，38岁。长期呕吐，兼见低烧，服药已百余剂不效，舌苔白滑，时有进修医生陈君在侧，问曰：此何证也？余曰：呕而发热者，小柴胡汤主之。果服三剂而呕止烧退。［刘渡舟．对《伤寒论》一书几个问题的探讨．新医学杂志 1978；（1）：18］

2. 胃肠实热

【原文】

食已即吐者，大黄甘草汤主之。《外臺》方，又治吐水。（十七）

大黄甘草汤方：

大黄四两 甘草一两

上二味，以水三升，煮取一升，分温再服。

【释义】

本条论述胃肠实热呕吐的证治。其主症除"食已即吐"外，当还有胃脘灼热疼痛，口苦口臭，大便干燥、甚或不通，小便短黄，舌红苔薄黄少津，脉滑有力等表现，治以荡热和胃，冀实热去，则胃气自和。用大黄甘草汤。方中以大黄泄热通腑，用甘草缓急和中。

【按语】

本条可与第六条文义互补。说明呕吐禁下不是绝对的，而应以审证求因，审因论治，因势利导为根本宗旨。文中"食已即吐"，强调的不仅是呕吐与进食的时间关系，还含有气涌势急，冲逆而出之意，当其伴见有其他胃中积热见症时，方才可以本方治之。

【临床应用与研究】

本方可用于急性胃炎、急性肝炎、急性胆囊炎、胆道蛔虫症、急性胰腺炎、急性阑尾炎、肠梗阻、上消化道出血等所致之反射性呕吐及由脑中风、病毒性脑炎、流行性出血热、糖尿病、农药中毒等所致之中枢性呕吐。实验研究证实，本方具有明显抑制毛果芸香碱对回肠平滑肌的兴奋作用，能显著减轻碱性肠液返流引起炎细胞浸润及腺体增生。

【选注】

金寿山：食已即吐，与通常朝食暮吐之胃反有别，但应用时不能仅凭这一点，还应有实证实脉之据（如便秘脉实）。通其胃腑则浊气下行，呕吐可止。（《诠释》）

【医案举例】

王某，女，25岁，已婚。呕吐2天就诊。2天前出工干农活时，气候炎热，自觉口苦口臭，头昏头痛，胃脘热胀，不发热，食已即吐，不食不吐，吐出物为原食物，全身酸软乏力，精神尚可，大便不畅，小便短黄，舌红苔薄黄少津，脉滑有力。辨为胃脘积热，胃失和降，胃热气逆之证。治以荡热和胃之法，用大黄12g，甘草3g，1剂。上方浓煎，分为2次，间隔4小时服。服后大便通畅，胃脘热胀消失，当晚吃热粥2碗，食已不吐，饮食正常，头昏头痛亦大减，惟口干，舌红无苔乏津，脉细数。此胃中积热已去，胃阴不足之象，拟用甘寒养胃之益胃汤加减，2剂，以善其后。1周后随访，病人药后病已大好，并参加体力劳动了。（王廷富．金匮要略指难．第1版．成都：四川科学技术出版社，1986；392）

3.肠胃湿热

【原文】

乾嘔而利者，黃芩加半夏生薑湯主之。（十一）

黃芩加半夏生薑湯方：

黃芩三兩　甘草二兩（炙）　芍藥二兩　半夏半升　生薑三兩　大棗十二枚

上六味，以水一斗，煮取三升，去滓，溫服一升，日再夜一服。

【释义】

本条论述邪热客犯肠胃的下利兼呕吐证治。热迫于肠则利，热扰于胃则呕。虽是下利与呕吐并见，从其主方黄芩汤加味可知，应是以下利为主。其症当以利下热臭垢积，里急后重，肠鸣腹痛等为特点。方中用黄芩汤清热止利，加半夏、生姜以和胃止呕。

【按语】

黄芩加半夏生姜汤证多被认为是热犯于肠，兼及于胃。但主症下利或属泄泻，或属痢疾，甚或是霍乱，此三病皆以湿邪为主要因素，且黄芩汤亦是此三病湿热证型的主治之方，此其一；其二，由《伤寒论·太阳病》篇172条"太阳与少阳合病，自下利者，与黄芩汤。若呕者，黄芩加半夏生姜汤主之"可知，方中半夏与生姜2味是专为呕吐一症而设。本方之主治，除邪热客犯之外，尚有水湿之邪，其病机应是以大肠湿热，传导失司为主，兼有水饮停胃。

【临床应用与研究】

本方多用于干呕而暴注下迫的急性胃肠炎、干呕而下利脓血的热痢或湿热痢初起，症兼身热口苦、舌红苔黄者。用治热利可酌加黄连、白头翁、马齿苋等；治湿热痢可合用芍药汤；治急性胃肠炎，常与藿朴夏苓汤、平胃散等合用。

【选注】

程门雪：利为热利，故治以黄芩汤，芩、芍苦寒，坚肠泻热也。原本热利，而兼以胃寒之呕恶，则知上寒下热，故加生姜以散寒，半夏以降逆，此即胃寒肠热之治也。（《篇解》）

【医案举例】

高某，男，成人，西北轻工业学院纺织系新生。1977年6月因急性肠炎而腹泻，吃痢特灵后腹泻次数减少，但仍有头痛、发热、口苦、胸胁苦满、腹胀等症，尤其饭量大减，时有恶心呕吐，舌淡苔微黄，脉弦。用黄芩加半夏生姜汤加味：黄芩18g，白芍12g，甘草9g，大枣6个，半夏9g，生姜9g，白头翁30g，水煎服。3剂后诸症消失而愈。（孙溥泉．伤寒论

医案集.第1版.西安：陕西科技出版社，1986；156)

4. 里热兼表

【原文】

吐後，渴欲得水而貪飲者，文蛤湯主之。兼主微風，脈緊，頭痛。（十九）

文蛤湯方：

文蛤五兩　麻黃三兩　甘草三兩　生姜三兩　石膏五兩　杏仁五十枚　大棗十二枚

上七味，以水六升，煮取二升，溫服一升，汗出即愈。

【释义】

本条论述郁热津伤，兼有表寒呕吐的证治。郁热在里，邪热迫胃，则为呕吐；热灼津液，故口渴贪饮，其口渴并可出现于呕吐症前。因主治方药兼有透表达邪之效，从该方组成、功效及方后所云"汗出即愈"推测，其证可夹有轻微表寒，即原文所谓兼主微风、脉紧、头痛者。文蛤汤由大青龙汤去桂枝加文蛤组成，方中文蛤咸寒，生津止渴，与麻黄、杏仁、甘草、石膏相配，发散热邪；复加生姜、大枣调和营卫,全方功能清泄郁热,透表达邪。

【按语】

本条解释，有认为与《伤寒论·太阳病》篇文蛤散互错；有囿于呕吐与口渴出现先后的关系，认为呕吐为水热互结之证，吐后水去热留，热邪消灼津液，故致作渴。临证不必拘泥，凡属郁热津伤兼有表证者皆可予本方。

【选注】

段富津：文蛤汤之用药，有类麻杏甘石汤与越婢汤，盖皆为表里同病而设。本方以文蛤、石膏为君药，取其清热而止烦渴；又臣以麻黄、杏仁解表利肺，盖证因风邪外束，肺失宣降所致；更佐以生姜、大枣，与麻黄相伍，尤能发越水气，解表而和营卫；使以甘草调和诸药。综观全方，外能解表祛风，发越水气，内能清热止渴，利肺和胃。用于《伤寒论》中之"病在阳，应以汗解之，反以冷水㵓之"，风水客于肌表，其热被郁于里，而见"弥更益烦，肉上粟起，意欲饮水，反不渴者"，殊为的当，确可"汗出而愈"。若口渴欲饮，见有恶风头痛，内热烦躁者，不分吐后与否，亦可用之。（《方义》）

【医案举例】

朱某，男，50岁。患糖尿病半年余，口渴多饮，咽干舌燥，心烦不安，饥而欲食，但食而不多，全身乏力，两眼视物模糊，舌尖红，苔薄黄而干，脉偏数。空腹血糖210mg%，尿糖定性（＋＋＋），眼底检查提示早期白内障。辨为肺胃热盛，耗液伤津。文蛤汤加减以清热解渴，宣肺布津：文蛤20g，麻黄3g，生姜1片，生石膏60g，杏仁6g，大枣2枚，鲜石斛30g，麦冬10g。20剂后诸症基本消失，空腹血糖80mg%，尿糖（－），以上方加用补肾之品，以巩固疗效：文蛤20g，麻黄3g，生姜1片，生石膏60g，杏仁6g，大枣2枚，鲜石斛30g，麦冬10g，熟地30g，女贞子10g，山萸肉15g，山药20g。又服30剂，体力和精神完全恢复正常，长驱步行十多里不觉疲累。一年后复查血糖100mg%，尿糖（－）。两年后随访患者一切均好。（陈明.金匮名医验案精选.第1版.北京：学苑出版社，1999；472)

（二）虚寒证

1. 肝胃虚寒

【原文】

呕而胸满者，茱萸汤主之。（八）

茱萸汤方：

吴茱萸一升　人参三两　生姜六两　大枣十二枚

上四味，以水五升，煮取三升，温服七合，日三服。

干呕，吐涎沫，头痛者，茱萸汤主之。方见上（九）

【释义】

以上两条论述肝胃虚寒，寒饮上逆的呕吐证治。主症以呕而胸满、或干呕，吐涎沫、头痛为特征。条文（八）以胃阳不足，寒饮内停，胃气上逆为主；条文（九）尚有厥阴寒气犯胃的现象，干呕、头痛即是由肝经寒气上犯所致。治以温阳散寒，降逆止呕。用吴茱萸汤。方中吴茱萸能解肝脾二经之寒气，功能散寒止痛，温中止呕；生姜温胃散寒，和中降逆；人参、大枣补气和中。

【按语】

以上两条所述症状虽略有不同，但寒饮妄动犯上，中阳不足则一。方中主药吴茱萸既可温散胃中寒饮，又能泄除厥阴逆气，故均用吴茱萸汤散寒饮，降气逆，温胃阳。结合临床本方证尚可见口淡，干呕、或吐清水、或呕出清稀痰涎，心下寒冷痞满、或为冷痛，头顶冷痛，肢冷，脉弦滑无力或沉缓，舌苔白腻等症。

【临床应用与研究】

本方可用于部分慢性胃炎、神经性头痛、高血压、梅尼埃综合征及妊娠呕吐属肝胃虚寒所致者。药理研究证实，本方能抑制胃肠运动，解除胃肠痉挛，有明显的镇吐和保护胃黏膜及抑酸作用。并有镇痛、强心、扩张血管等作用。

【选注】

柯琴：呕而无物，胃虚可知矣。吐惟涎沫，胃寒可知矣。头痛者，阳气不足，阴寒得以乘之也。吴茱萸汤温中益气，升阳散寒，呕痛尽除矣。干呕、吐涎沫是二证，不是并见。（《来苏集》）

【医案举例】

周某，38岁。体质素弱……此次腹痛不舒，就近请某医诊治，服药腹泻，病即陡变，晕厥瞑若已死，如是者半日许……病人目瞑齿露，死气沉沉，但以手触体，身冷未僵，扪其胸膈，心下微温，恍惚有跳动意，按其寸口，在若有若无间，此为心体未全静止，脉息未全厥绝之症。族人苦求处方，姑拟参附汤：人参3g，附子3g，煎浓汁，以小匙微微灌之，并嘱就榻上加被。越2时许，复来邀诊，见其眼半睁，扪其体微温，按其心部，跳跃较明晰，诊其寸口，脉虽极弱极微，亦较先时明晰。予曰：真怪事，此病可救乎？及予扶其手自肩部向上诊察时，见其欲以手抇头而不能，因问：病人未昏厥时曾云头痛否？家人曰：痛甚。因思仲景头痛欲绝者，吴茱萸汤主之。又思前曾患血崩，此次又腹泻，气血不能上达巅顶，宜温宣冲动，因拟吴茱萸汤一方：吴茱萸 9g，人参 4.5g，生姜 9g，大枣 4 枚。越日复诊，神识渐清，于前方减吴萸之半，加人参至 9g。一周后病大减，用当归内补建中汤、炙甘草汤等收功。（冉雪峰 . 冉雪峰医案 . 北京：人民卫生出版社，1962；16）

2. 阴盛格阳

【原文】

呕而脉弱，小便复利，身有微热，见厥者，难治，四逆湯主之。（十四）

四逆湯方：

附子一枚（生用）　乾姜一两半　甘草二兩（炙）

上三味，以水三升，煮取一升二合，去滓，分温再服。强人可大附子一枚，乾姜三兩。

【释义】

本条论述阴盛格阳、虚寒上逆的呕吐证治。阴盛格阳，虚寒上逆，则呕而脉弱；阳气大虚，肾关不固，则小便失禁；阴盛于内，格阳于外，则身有微热；阴盛阳衰，阳不温煦，则四肢厥冷。病已危急，预后不佳。急以温阳救逆法治之。用四逆汤。方中生用附子，配以干姜，以散寒温中，回阳救逆，甘草和中。

【临床应用与研究】

本方用治心肌梗死、休克、心力衰竭、急慢性胃肠炎、胃下垂等属脾肾阳虚，阴盛格阳者有效。现代药理研究证实，四逆汤对离体、在体心脏及戊巴比妥所致的衰竭心脏均具有明显的强心作用，从附子中提取的去甲基乌药碱是其主要的强心成分之一，该成分能增强心肌收缩力，加快心率，使心输出量增加，亦能使培养的心肌细胞搏动频率及振幅增加。四逆汤并能提高多种原因所致的休克动物的平均动脉压，对蟾蜍及家兔心脏有直接加强心脏收缩的作用。

【选注】

尤怡：脉弱便利而厥，为内虚且寒之候，则呕非火邪，而是阴气上逆；热非火邪，而是阳气之外越矣！故以四逆汤救阳祛阴为主。（《心典》）

【医案举例】

陈某，50 岁。陡然腹痛，吐泻大作。其子业医，投以藿香正气散入口即吐，又进丁香、砂仁、柿蒂之属，亦无效。至黄昏时，四肢厥逆，两脚拘急，冷汗淋漓，气息低微，人事昏沉，病势危急，举家怆惶，求治于余。及至，患者面色苍白，两目下陷，皮肤干瘪，气息低弱，观所泄之物如米泔水，无腐秽气，只带腥气，切其脉，细微欲绝。余曰：此阴寒也。真阳欲绝，阴气霾漫，阳光将熄，势已危笃。宜回阳救急，以挽残阳。投大剂四逆汤，当晚连进两剂，冷服。次早复诊：吐利止，厥回，脉细，改用理中加附子而康。（湖南省中医药研究所 . 湖南省老中医医案选 . 第 1 版 . 长沙：湖南科技出版社，1980；24）

（三）寒饮内停

1. 寒饮停胃

【原文】

诸呕吐，谷不得下者，小半夏汤主之。方见痰饮中。（十二）

【释义】

本条论述寒饮停胃的呕吐证治。以呕吐物为清稀痰涎为特征。小半夏汤由半夏与生姜两味组成，功能发散饮邪，和胃降逆。

【按语】

原文"诸呕吐"之"诸"应活看，不可理解为任何呕吐之意。

【临床应用与研究】

本方有较强的和胃降逆之功，适当配伍，可治多种呕吐，故被誉为止呕祖方。如用治急慢性胃炎、幽门不全梗阻、幽门水肿等属寒饮停胃者。实验研究证实，本方有促进胃排空、消除幽门水肿、解除空肠痉挛等作用。

【选注】

赵良仁：呕吐谷不得下者，有寒有热不可概论也。食入即吐，热也；朝食暮吐，寒也；此则非寒非热，由中焦停饮气结而逆，故用小半夏汤。（《二注》）

【原文】

干呕，吐逆，吐涎沫，半夏干姜散主之。（二十）

半夏干姜散方：

半夏 干姜等分

上二味，杵为散，取方寸匕，浆水一升半，煎取七合，顿服之。

【释义】

本条论述中阳不足、寒饮停胃的呕吐证治。由于中焦虚寒，津液变生饮邪，停留于胃，使胃失和降，胃气上逆，则为干呕、吐逆、吐涎沫。半夏干姜散由半夏与干姜两味组成，功能温中助阳，化饮降逆，和胃止呕。浆水甘酸，调中止呕，"顿服之"则药力集中，以取速效。

【按语】

干姜较之于生姜，更有温助中阳之效，其与半夏同用，属标本并治之法。故本方不仅有和胃祛饮之效；更有温助中阳，使饮邪不再化生之功。这种治法，一则说明本条标急不甚，仅为干呕，或与吐逆、吐涎沫并见，一则说明本条中焦虚寒之象较显著。

【临床应用与研究】

本方可用治急慢性胃炎、胃扩张、慢性胆囊炎属中阳不足、寒饮内盛者。

【选注】

程门雪：若干呕、吐涎沫，则又不同。其症有二：干呕者胃气逆也；吐涎沫者口多涎，胃有寒也。"呕逆，吐涎沫者，半夏干姜散主之"，干姜温胃去寒，半夏和胃降逆也。见头痛者，肝病也，厥阴之经，上额会巅，厥阴受寒，是头痛呕吐涎沫。本属胃寒，更加头痛，则兼肝寒，治以吴茱萸汤。参、枣、生姜温胃散寒，重用吴茱萸温肝，以驱阴邪也。是干呕吐涎沫者有二治，不头痛者，单用温胃半夏干姜散，有头痛者，兼用温肝吴茱萸汤。二方虽有不同，其温寒则一也。（《篇解》）

【医案举例】

吴某，女，42岁。患高血压病已三年，血压常波动在 25.3~18.7/14.7~13.3kPa 之间，遍服中西药均无效。于1962年夏从南方赴京求治于秦老。观其服用的中药处方，大多是生石决明、灵磁石、生龙牡、杭菊花、双钩藤、生白芍、桑寄生、怀牛膝等平肝降逆辈。患者形体肥胖，自述常头晕胀痛，眩晕甚如坐舟车，颇欲吐，曾数次呕出大量清涎，饮食欠馨，胸脘部常有胀闷感，心悸多梦，二便尚可，舌质淡，苔薄白腻，脉右寸关滑甚。秦老想到我们当时正在学习《金匮要略》，遂令回忆"呕吐哕下利病篇"。他说，该病载有"干呕、吐逆、吐涎沫，半夏干姜散主之"，观此患者之形证，乃中阳不足，寒饮上逆所致，且患者数年所服中药多系寒凉重降之品，更伤中焦，故当温中止呕，以《金匮要略》半夏干姜散加味治之。处方法半夏9g，淡干姜9g，茯苓9g。水煎服。不料，2天后，亲友兴致而来，言几年来服药后从未如此舒服，因此2天把3剂药痛快服完。嗣后以温中化饮法加减，治疗月余病愈，患者兴奋返里。[吴大真.秦伯未经方验案举隅.国医论坛 1986;(2):20]

【原文】

病人胸中似喘不喘，似呕不呕，似哕不哕，彻心中愦愦然無奈①者，生姜半夏湯主之。（二十一）

生姜半夏湯方：

半夏半升　生姜汁一升

上二味，以水三升，煮半夏，取二升，内生姜汁，煮取一升半，小冷，分四服，日三夜一服。止，停後服。

【词解】

①彻心中愦愦然无奈：指胃脘心胸中烦乱不安，不能忍受。"愦愦然"，《广韵》："愦，心乱也"，轻则郁闷烦乱，胃中嘈杂；重则昏乱糊涂。"无奈"，即无可奈何之意；一说"奈"通"耐"，指禁得起，受得住。《本草纲目·天门冬》："和地黄为使，服之奈老头不白。"二说并通。

【释义】

本条论述寒饮搏结于胸胃的证治。胸为气海，内藏心肺，为呼吸往来之道，清气出入之所。寒饮结于胸中，与正气相搏，阻碍胸胃气机，使之不得畅行，则出现胸中似喘不喘、似呕不呕、似哕不哕难以名状，烦闷不堪，痛苦难忍之症。治用宣散寒饮、舒展气机的生姜半夏汤，该方重用生姜汁以辛开散结，配半夏以化饮降逆。方后云"小冷"，即防热药格拒不纳而吐，故宗《素问·五常政大论》"治寒以热，凉而行之"的反佐之法。"分四服"，意在量少频服，以发挥药力的持续作用，并防药量过大而致呕吐。

【按语】

小半夏汤、半夏干姜散、生姜半夏汤三方俱由半夏与姜组成。故三方证病机皆属寒饮内停，胃气上逆。主症皆有呕吐；治法皆以散寒化饮，和胃止呕。其中小半夏汤用"走而不守"的生姜，且重用半夏，重在降逆化饮，知其证以饮为主，偏于标实。半夏干姜散用"能守能走"的干姜，且其用量与半夏等分相匹，温中散寒与化饮降逆共举，标本兼顾，知其证中阳不足亦较突出，主症除"干呕，吐逆，吐涎沫"外，应还有中阳不足之见症。生姜半夏汤重用生姜汁以加强其辛开散结的作用，可知气机被遏是其主要矛盾。主症"胸中似喘不喘，似呕不呕，似哕不哕，彻心中愦愦然无奈"俱是寒饮闭遏气机所致。

【临床应用与研究】

生姜半夏汤可借治眉棱骨痛、急慢性胃炎、胃或贲门痉挛、胆汁返流性胃炎、食道炎、梅尼埃综合征等属寒饮搏结胸胃者。有学者认为本方证的特点是寒痰蒙闭心包，机窍失灵，可谓内服开窍剂之渊薮。

【选注】

尤怡：寒邪搏饮，结于胸中而不得出，则气之呼吸往来、出入升降者阻也。似喘不喘，似呕不呕，似哕不哕，皆寒饮与气相搏互击之证也。且饮，水邪也；心，阳脏也。以水邪而逼处心脏，欲却不能，欲受不可，则彻心中愦愦然无奈也。生姜半夏汤即小半夏汤，而生姜用汁，则降逆之力少，而散结之力多，乃正治饮气相搏，欲出不出之良法也。（《心典》）

【医案举例】

陈某，男，1.5 个月。1995 年 11 月 17 日初诊：近 3 日来不欲吮奶，时吐奶，偶尔吐涎沫，昨晚哭闹甚，欲索一方，苔白，指纹淡红，遂予生姜半夏汤：半夏 3g，入煎取汁，加生姜汁 5ml，酌加红糖适量，分 5～6 次灌服，连服 2 日病愈。原书按：本例患儿吐奶当为寒饮阻膈所致，应属生姜半夏汤证，考虑到婴儿难以受药，故径处该方以治之，想不到旋获著效，足见经方之妙！（张笑平．金匮要略临床新解．合肥：安徽科技出版社，第 1 版，2001；253）

2. 饮邪阻胃

【原文】

嘔吐而病在膈上，後思水者，解，急與之。思水者，猪苓散主之。（十三）

猪苓散方：

猪苓　茯苓　白术各等分

上三味，杵爲散，飲服方寸匕，日三服。

【释义】

本条论述饮邪阻胃、胃气上逆的呕吐证治。"病在膈上"指饮停于胃，上逆于膈，"后思水者"指呕吐之后口渴思水欲饮，若其思水的原因是由饮阻阳气，气不化津所致者，治用猪苓散健脾祛饮。方中猪苓、茯苓淡渗利水，白术健脾化湿。

【按语】

关于"思水者，解"的判断，多认为是饮去阳复，亦即本篇第二条所谓"先呕却渴者，此为欲解"之意，故曰"解"。但呕吐后思水者，并不尽属病解之兆（见本篇第二条按语）。关于"急与之"含义，多数认为是与水，使其少少饮水自救，即《伤寒论》71条"少少与饮之，令胃气和则愈"之法。当与水量多，致饮又停时，再予猪苓散；另一种说法是与猪苓散善后。从猪苓散的角度而言，是针对饮停于胃而出的治方。

【临床应用与研究】

本方可治疗急慢性胃炎，或神经性呕吐、肠套叠、幽门水肿、贲门痉挛、心律不齐、高血压等病证属饮邪停胃者。

【选注】

吴谦：此详申上条之呕，以明其治也。呕吐病后，则伤膈上津液，若思水者，急与饮之，不复呕吐者，是病去胃和自解也。思水者，与饮之而仍呕吐者，是病未除而有水饮也。（《金鉴》）

【医案举例】

刘某，男，26岁。忽然患腹痛如刀割，腹胀如鼓，大便不通，大渴，床头用釜盛茶水，每饮一大杓，饮下不久即呕水，呕后再饮，寝室满地是水。据西医诊断是"肠套叠"，须用大手术，病延至三日，医皆棘手，危在旦夕。余诊其脉沉紧而滑，首用白术、茯苓、猪苓各五钱，水煎服一剂，呕渴皆除，大便即通。继用附子粳米汤，腹痛腹胀等症亦渐痊愈。（湖南中医药研究所.湖南中医医案选辑·第一集.第1版.长沙：湖南人民出版社，1960；150）

3. 脾虚饮停

【原文】

胃反，吐而渴欲饮水者，茯苓泽泻汤主之。（十八）

茯苓泽泻汤方：《外臺》云：治消渴脉絶，胃反吐食之，有小麦一升。

茯苓半斤　泽泻四两　甘草二两　桂枝二两　白术三两　生姜四两

上六味，以水一斗，煮取三升，内泽泻，再煮，取二升半，温服八合，日三服。

【释义】

本条论述中阳不运、胃有停饮的呕吐证治。本条的胃反，乃反复呕吐之意。以呕吐与口渴反复交替出现，呕吐物为水饮与食物混杂、不酸不苦不臭为特征。口渴是由于饮阻气化，津不上承所致，因渴饮水多，更助饮邪，则愈吐愈渴，愈渴愈吐。其治法是温胃化饮，降逆止呕。茯苓泽泻汤以茯苓、泽泻淡渗利饮；配以桂枝、生姜通阳化饮，和胃止呕；佐以白术、甘草健脾和中。

【按语】

本证"吐而渴欲饮水"，与五苓散证之消渴水逆在病机证治上颇为相似，所不同者，五苓散证重点在于膀胱气化不行，故以小便不利为主症；茯苓泽泻汤证重点在于胃有停饮、中阳不运，故以呕渴不已为主症。在配伍方面，五苓散偏于通利小便，泽泻用量独重，配以二苓、桂枝；茯苓泽泻汤偏于温胃化饮止呕，故重用茯苓去猪苓，配以甘草、生姜。

【临床应用与研究】

据方测证，本证可能尚有浮肿，大便溏薄或不畅，精神不振，兼有头眩、心悸，舌质淡红，苔薄而润，脉缓滑等脉症。本方多用于治疗胃炎、慢性胃肠炎、胃神经官能症、胃窦炎、幽门水肿引起的呕吐，及慢性肾炎小便不利、低血压头晕恶心、梅尼埃综合征等。

【选注】

尤怡：治吐后饮水者，所以崇土气，胜水气也。茯苓泽泻汤治吐未已，知邪未去，则宜桂、甘、姜散邪气，苓、术、泽泻消水气也。(《心典》)

【医案举例】

苟某，男，42岁，巴中县金碑公社农民。于1964年8月患呕吐而丧失劳力，故来求诊。自诉：患呕吐两年多，经某医院诊断为慢性胃炎。其呕吐时间不定，多每天吐一次，或两天吐一次，吐出物水饮与食物混杂，有时水多食物少，有时食物多而水少，不酸臭不苦，口不干不渴不思水，胃纳正常，精神不振，全身浮肿，面色苍白，大便稀溏，口淡无味，舌质淡苔薄白而润，脉象缓滑。此为脾虚水饮之胃反证，拟以健脾利水、化气散饮，方用茯苓15g，泽泻12g，白术12g，桂枝9g，生姜12g，甘草3g。嘱服2剂，严禁生冷食物。3天后复诊，病员服上方2剂后，呕吐消失，饮食倍增，精神仍差，浮肿大减，大便略溏，舌质淡苔薄白而润，脉虚缓。效不更法，仍服原方2~6剂，以资巩固。1965年8月随访，服上方4剂后，诸症基本消失，呕吐未复发，调养一月左右已参加生产劳动。(王廷富.金匮要略指难.第1版.成都：四川科学技术出版社，1986；396)

（四）寒热错杂

【原文】

呕而肠鸣，心下痞者，半夏泻心汤主之。(十)

半夏泻心汤方：

半夏半升（洗） 黄芩三两 乾姜三两 人参三两 黄连一两 大枣十二枚 甘草三两（炙）

上七味，以水一斗，煮取六升，去滓，再煮取三升，温服一升，日三服。

【释义】

本条论述寒热互结中焦、气机升降失常的呕吐证治。寒指中焦虚寒，热指胃肠湿热。由于寒热互结中焦，脾胃升降失司，中焦气结则心下痞，胃不和降则呕，脾失升健则肠鸣泄泻。虽然上有呕吐，中有心下痞，下有肠鸣，但因其病变癥结在中焦，故当以心下痞为主症。以药测证，本证病机尚包含有中气不足的一面。舌质淡胖，苔中心薄黄而润，或薄白而润，脉缓无力或缓滑。中气为上下之枢，故本证虽三焦俱病却"不必治其上下，而但治其中"(《心典》)。半夏泻心汤功能开结除痞，和胃降逆。方中黄芩、黄连苦以折之，干姜、半夏辛以开之，苦辛同用，降逆开痞；参、草、枣补益中气，诸药合用，使中州枢机通利，升降有权，上下交通，则痞结开散，呕逆肠鸣亦相应而痊。

【按语】

关于本证中虚之因，亦见于《伤寒论》太阳病篇149条，是由柴胡证误下，损伤正气，使邪气内陷，寒热互结，中焦痞阻所致，故《金匮》注家每有囿于其说，而从病邪乘虚内陷立论者，稍有拘泥之嫌。

时振声认为：半夏泻心汤证的病机应包括两个方面。其一是寒热交结。寒热之致，可因外邪入里化热，苦寒攻里伤阳，热自外入，寒自内生，结于胃脘。但又不可拘于外邪内陷说，临床所见，多因脾胃升降功能失常而致。其二是虚实夹杂。半夏泻心汤可治湿热内蕴，阻于中焦，气机不畅，脾胃升降失常而致痞者。一般以胃脘部痞塞不通，但以满而不痛，按之自濡为特点。其症以心下痞满和呕吐为主，兼有肠鸣下利。从临床运用来看，虽无呕利症状，但以心窝部痞满、嘈杂不适为主者，亦可选用。

【临床应用与研究】

本方对急慢性胃炎、胃及十二指肠溃疡、口腔黏膜溃疡、胃节律紊乱综合征、乙肝、慢性胆囊炎、胰腺炎、妇人阴吹等病，凡呕而肠鸣或下利，伴有心下痞闷属寒（湿）热错杂，中气不足者，用之多效。如心下痞，按之痛，舌苔黄腻者，可与小陷胸汤合用。叶天士、吴瑭、薛生白、王孟英等后世医家，皆宗本方化裁出苦辛宣泄、苦降辛开、苦降辛通等法。

【选注】

赵良仁：是方连、芩之苦寒入心，以降阳而升阴也；半夏、干姜之辛热以走气，而分阴行阳也；甘草、参、枣之甘温，补中而交阴阳，通上下也。（《二注》）

【医案举例】

白某，男，41岁。患者于1959年9月发现肝大，当时无自觉症状，肝功能正常，以后逐渐觉两肋间歇隐痛，甚则及背，腹胀肠鸣，日轻暮重，食欲减退，嗳气频频，大便不实。检：颈部有蜘蛛痣数个，肝大肋下10cm，质软无叩、压痛。1962年9月以后，谷丙转氨酶曾2次升高，先后住院治疗，都可暂取得效果，但遇紧张和劳累则病症复发。1964年1月24日诊：六脉迟虚无力，舌胖大，苔浮而腻，腹胀肠鸣，干噫食臭，有时两胁及背、少腹作痛，大便呈糊状，日2行、或间日一行。良由早年饥饱劳役，脾胃失调所致。先以仲景半夏泻心汤治之：法半夏、党参、黄芩各9g，干姜、炙甘草各6g，大枣4枚（擘）。至2月8日，服药2周后，干噫肠鸣，矢气稍减，纳食转馨，腹胀亦瘥。胁痛隐隐如故，大便先干后溏，日2行，舌体胖大，舌苔薄黄而腻，脉数中空无力。前药见效，然脾气虚弱较甚，拟于前方加重益气之品。党参改为15g，加太子参15g，茯苓9g。服药至29日，干噫食臭，肠鸣矢气大减，惟腹胀稍增，胁痛隐隐，大便有时成形，舌胖边尖有齿痕，舌苔厚腻，脉虚无力，肝脉尤显。此为虚不受补，用厚朴生姜半夏甘草人参汤与半夏泻心汤交替服用。两月后腹胀明显减轻，干噫食臭、嗳气、肠鸣消失。偶有两胁隐痛，肝脉稍有弦象、较前有力。予半夏泻心汤常服，晨起吞服补中益气丸，缓缓善后，于1964年4月12日出院。［岳美中，等．顽固腹胀治验案．浙江中医杂志　1965；（8）：28］

四、附方

【原文】

《外臺》黄芩汤：治乾嘔下利。

黄芩三两　人参三两　乾姜三两　桂枝一两　大棗十二枚　半夏半升

上六味，以水七升，煮取三升，温分三服。

【释义】

本条论述脾胃阳虚，干呕下利的证治。由于脾胃虚寒，运化无权则为利；胃失和降则为呕，其利与呕的特点是：大便时溏时泻，反复发作，病程较长，腹胀腹鸣，或兼腹痛，纳谷不香，纳后脘痞不适，时有呕恶，呕吐物多清稀无异味，舌质淡，脉虚软等。治用黄芩汤益气温中，降逆止呕。

【按语】

黄芩汤方《金匮》原本阙遗，《外台》收载于卷六疗呕吐哕门。

关于本条病机，亦有认为是寒热互结中焦，胃中虚寒，肠中湿热者。其依据可能主要是①黄芩苦寒，功能清热燥湿，泻火解毒；②《伤寒论》黄芩汤（黄芩三两，芍药、炙甘草各二两，大枣12枚）为清热止利，和中止痛之方。分析方中所用药物，仅黄芩一味性味寒凉，余皆温中补虚，温胃降逆之品；从药物用量比例来看，亦以温热类为重，故判断为寒热互结似觉牵强。

本篇十一条云"干呕而利者，黄芩加半夏生姜汤主之"，字面内容与本方证有相似之处，所主治病证却大相径庭：彼为湿热内蕴，下迫于肠，上扰于胃，以下利热臭垢积，多有腹痛，或有干呕，舌红，苔黄腻，脉滑为见症；本证则是中焦阳虚，脾运失司，胃失和降，以利下溏薄清稀，无里急后重感，腹痛绵绵，时作干呕或呕吐清涎，舌质不红，脉软无力为见症。二方证有寒热虚实之不同。故本方以参、桂、干姜易黄芩加半夏生姜汤中之芍药、生姜、甘草，以加强温中益气的力量。至于本方用黄芩，目的在于反佐，而不在于清热；而黄芩加半夏生姜汤则是以清热止利，降逆止呕为法。

【临床应用与研究】

在加强方中苦寒之剂的基础上，有将本方用于脾胃阳虚，湿热内陷之泄痢呕哕者。

【选注】

尤怡：此与前黄芩加半夏生姜汤治同，而无芍药、甘草、生姜，有人参、桂枝、干姜，则温里益气之意居多，凡中寒气少者，可于此取法焉。（《心典》）

【医案举例】

成蹟录云：一男子患痢，虽日三十余行，不自知其利，腹痛干呕，不能食，胸中烦，心下痞硬，身热微渴，口苦唇干，舌上无苔，脉微数，不能起卧，医以为困极，先生与之六物黄芩汤而愈。（陆渊雷.金匮要略今释.第1版.北京：人民卫生出版社，1955；卷六）

胃　反

一、脉症

【原文】

趺陽脉浮而澀，浮則爲虚，澀則傷脾，脾傷則不磨，朝食暮吐，暮食朝吐，宿穀不化，名曰胃反。脉緊而澀，其病難治。（五）

【释义】

本条论述胃反的脉症。趺阳脉候脾胃之气，趺阳脉浮，主胃气不降，其原因乃在于"虚"，即胃阳虚浮；趺阳脉涩，主大肠干燥，其原因乃在于脾的"不磨"，即脾不运化。脾胃两虚，不能腐熟，则出现胃反之病。其病以"朝食暮吐，暮食朝吐，宿谷不化"为特征。若病情进展，脉转紧涩，紧主寒，说明气虚已累及于阳；涩主燥，乃津亡阴伤之象，病势更重，如助阳则伤阴，滋阴则伤阳，其病难治。

【按语】

胃反作为病名，其含义指由脾胃虚寒，不能腐熟所致，以"朝食暮吐，暮食朝吐，宿谷不化"为主症的一类病证。与后世幽门水肿、幽门梗阻等病的表现有类似之处。

【选注】

程门雪：此言脾胃两病之胃反也。脾为阴土，胃为阳土，胃主纳食，脾主消磨，脾虚则不磨，胃虚则不纳，不磨不纳，则为胃反。胃反之证，大便每多干燥，粪如羊屎者，脾阴不足，脾为约也。脉涩为脾约，《伤寒论》亦已言之，脾阴虚津液不足，不能滋润大肠而下结，下结则下不通而反上逆为胃反，书所谓"幽门不通，上冲吸门"者是，此乃脾阴不足之胃反也。治以生津增液、润燥通幽之法可矣。若脉涩而紧，紧则为寒，寒伤胃阳，阳弱不运；涩主脾阴伤，阴竭不濡，脾阴虚而胃阳亦虚，宿谷不化，反从上逆，滋阴则碍阳，温阳则碍阴，为难治矣。此脾阴胃阳两伤之胃反也。是则胃反一证，可得三法：命火衰微，釜底无薪，一也；胃气无余，木来克土，二也；脾阴竭不能转输，胃阳伤不能生化，三也。益火生土，崇土抑木，调和阴阳，择其三者而施之，必有一合者矣。（《篇解》）

二、病机

【原文】

問曰：病人脉數，數爲熱，當消穀引食，而反吐者，何也？師曰：以發其汗，令陽微，膈氣虚，脉乃數，數爲客熱，不能消穀，胃中虚冷故也。

脉弦者，虚也，胃氣無餘，朝食暮吐，變爲胃反。寒在於上，醫反下之，今脉反弦，故名曰虚。（三）

【释义】

本条论述虚寒胃反的病机。第一段论述误汗导致胃阳虚损形成的胃反。病人虽脉数却不消谷引食,其脉必数而无力。可知这种数脉所主不是真热而是假热,即所谓"客热"之证。是医者误用汗法,损伤胃阳,使胃气虚寒,虚阳浮越之故。

第二段论述误下导致胃阳不足形成的胃反。虚阳浮越之脉数,医者误以为里实证而予苦寒攻下,复损胃阳,土虚木乘,故见弦脉,此必弦而无力。胃阳不足,不能腐熟水谷,则成朝食暮吐,暮食朝吐,宿谷不化之胃反。

【按语】

本条主旨在于阐明胃反的病机是胃气虚寒,不能腐熟,误治只是发病的诱因之一。同时示人不可单纯凭脉论断,而应脉症合参,审证求因。

【选注】

程林:经曰:邪热不杀谷,实热则消谷善饥。今病人脉虽数,以发汗则表中之阳微,膈中之阴损,是数为客热,不能消谷而反吐也。经曰:数为虚,虚为寒,胃中阳微而成虚冷,是以不纳谷也。弦为减,阴脉也,阳虚而阴胜,胃中真阳已亏,不能消磨水谷,是以朝食而暮吐,变为胃反。此证乃寒在于上,法当温之,反下之,复损胃中之阳,阴寒独盛,故脉弦也。(《直解》)

【原文】

寸口脈微而數,微則無氣,無氣則榮虛,榮虛則血不足,血不足則胸中冷。(四)

【释义】

本条论述寸口脉微数亦主胸中冷。这里寸口包含两手寸关尺三部。脉微而数指脉象数而无力,它除了由前条之"胃中虚冷"外,胸中寒冷,宗气不足,卫气营血虚少,亦是主要原因之一。本条与前条互参,旨在指出寸口脉数而无力既主中阳不足之虚寒胃反,亦主宗气不足之胸中寒冷,这时应再诊查病人趺阳脉的变化及结合其全身症状以帮助诊断。

【按语】

本条注家有认为是虚寒胃反所致者。由胃气虚寒,不能消谷,气血化生不足,以致营卫气血俱虚,影响胸中宗气,从而出现胸中寒冷。亦有认为本条有错简阙文。

赵锡武认为,(三)条之"胃中虚冷"与本条之"胸中冷"互相依赖,心脉不通可致胸痹心痛,为冠心病心胃同治法提供了依据,可参。

一般认为,数脉主热,数而有力主实热,数而无力主虚热,以上两条提示,病有常规与变异,整体辨证方为至理。

三、证治

【原文】

胃反呕吐者,大半夏汤主之。《千金》云:治胃反不受食,食入即吐。《外臺》云:治呕,

心下痞鞕者。（十六）

大半夏湯方：

半夏二升（洗完用）　人參三兩　白蜜一升

上三味，以水一斗二升，和蜜揚之二百四十遍，煮取二升半，溫服一升，餘分再服。

【释义】

本条论述胃反的证治。其"胃反呕吐"即指条文（五）之脾胃虚寒，不能腐熟，以"朝食暮吐，暮食朝吐，宿谷不化"为主症的病证，从方中白蜜用量来看，当犹有因寒而燥，大便燥结如羊屎状等症。故用大半夏汤温养胃气，降逆润燥。方中以半夏和胃降逆，人参温养胃气，白蜜润燥滑肠。

【临床应用与研究】

本方常用于治疗如顽固性贲门失弛缓症、贲门痉挛、胃及十二指肠溃疡、胃扭转、肠粘连等所致的呕吐，及化疗药物引起的胃肠道反应，证属脾胃虚寒者。

【选注】

程门雪：气阴大伤，胃火下降，津液枯槁，上下无以濡润，大便结如棋子，食不得入，入则呕吐，但能饮水，不能下食。病虽反胃，已近于噎膈。《金匮》治以大半夏汤。方用人参生津养气阴，半夏降逆气，白蜜润枯燥，方具三法。近人以半夏性燥，每多忌用，殊不知半夏得参蜜，则不燥而专行降逆之功。（《篇解》）

【医案举例】

刘某，女，31 岁。近几年来，曾因溃疡病、肠梗阻等病先后做过四次手术，今次行肠切除吻合术，术后切口一期愈合，但呕吐便秘，每餐所进食物约过 2 小时必尽吐出，全靠静脉注射葡萄糖维持营养，大便干结如羊粪，旬日不解。面色苍白，形体消瘦，舌体瘦小，舌质淡红，脉象弦细。此胃阴虚损，肠液虚耗所致，法当养阴滋液，降逆通便为治，用大半夏汤合橘皮竹茹汤：沙参 30g，法夏 10g，橘皮 5g，竹茹 10g，炙草 3g，生姜 3 片，大枣 3 枚，白蜜 30g，加麦冬 10g，厚朴 6g，杏仁 10g，苏子 10g，枇杷叶 10g，连服 2 个多月，便通呕止，体重增加，康复出院。（谭日强 . 金匮要略浅述 . 第 1 版 . 北京：人民卫生出版社，1981；325）

哕

一、治则

【原文】

哕而腹满，视其前後，知何部不利，利之即愈。（七）

【释义】

本条论述下部不利，浊气上逆致哕的治法。哕而腹满，哕由腹满致，腹满由下部不利致，此下部不利或指膀胱之腑水道不利，即在前之小便不利；或指肠腑谷道不利，即在后之大便不通。六腑以通为用，腑气不通，浊气上逆，则发为哕逆。治疗需根据其不利之腑，而予通利腑道之法。这时仅用降逆止哕之法是无益的。

【按语】

呃逆的治疗一般以理气和胃、降逆平呃为原则。本条提出的通利大小便法仅适用于呃逆是由腑气不通所致者，且单纯的通利之法仅用于正盛邪实之证。作为治疗原则，本条亦有审证求因，审因论治之意，宜与本篇（六）条互参。本条治法亦适用于呕吐并见腹满之症。

本条治方，朱奉议提出"前部不利者，猪苓汤；后部不利者，调胃承气汤"，可参。

【选注】

尤怡：哕而腹满者，病在下，气溢于上也，与病人欲吐者不同。故当视其前后二阴，知何部不利而利之，则病从下出而气不上逆，腹满与哕俱去矣。（《心典》）

二、证治

（一）胃寒气逆

【原文】

乾嘔，噦，若手足厥者，橘皮湯主之。（二十二）

橘皮湯方：

橘皮四兩　生姜半斤

上二味，以水七升，煮取三升，温服一升，下咽即愈。

【释义】

本条论述胃寒气逆的呃逆证治。因寒邪袭胃，胃气上逆，则为呃逆；胃阳被遏，不达四末，可手足欠温。治以通阳和胃为法。橘皮汤中橘皮理气和胃，生姜散寒止呃。

【按语】

本证"手足厥"见症不同于四逆汤证，不可混淆。

【临床应用与研究】

本方在临床运用中，若兼见食欲不振，可加白术、茯苓、神曲；腹胀加木香、砂仁、枳壳；呃逆气冷，或胃脘隐痛，加吴茱萸、干姜；心下痞闷，加柴胡、枳实、芍药等。

【选注】

吴谦：东垣以干呕为轻，哕为重，识仲景措辞之意也。哕而手足厥，乃胃阳虚，是吴茱萸汤证也。若初病形气俱实，虽手足厥，非阳虚阴盛者比，乃气闭不达于四肢也，故单以橘皮通气，生姜止哕也。（《金鉴》）

【医案举例】

何某，女，18岁，农民。初诊：连日降雨，晨起吸入一口凉气后即呃逆频频，已经半日，呃声高亢，胸膈间疼痛，面色如常，精神尚可。舌质淡，苔白腻，脉弦滑。此乃寒气动膈之呃逆，拟用降逆散寒之橘皮汤加味：陈皮12g，姜半夏15g，生姜12g，茯苓12g，甘草3g。嘱服一剂，于服药后2小时再诊，诉服药后约半小时呃逆停止，胸膈疼痛消失，舌质、舌苔同前，脉滑。嘱将上方服完，以巩固疗效。经随访未再复发。（王廷富．金匮要略指难．第1版．成都：四川科学技术出版社，1986；396）

（二）气虚挟热

【原文】

嚥逆者，橘皮竹茹汤主之。（二十三）

橘皮竹茹汤方：

橘皮二升　竹茹二升　大枣三十枚　生姜半斤　甘草五两　人参一两

上六味，以水一斗，煮取三升，温服一升，日三服。

【释义】

本条论述气虚夹热、胃气上逆的呃逆证治。以呃逆为主症，多见于久病体弱，或大吐下后，呃声低微而不连续，并可见虚烦不安，少气口干，不欲多饮，手足心热，苔薄黄或苔少，脉虚数等脉症。治以补气清热、和胃降逆之橘皮竹茹汤。方中橘皮、生姜理气和胃，降逆止呃；人参、甘草、大枣补虚益气；竹茹清热安中。

【按语】

本证所夹之热当予辨识。因竹茹并非大寒之品；且从方中诸药的用量比例来看，也是温热之性偏重。临床报道亦表明，热象突出时，需加清热药物。

本篇论治呃逆的原文虽仅有三条，但其所论胃寒气逆、气虚挟热及腑气不通，浊气上冲三种证型；散寒和胃、补气清热及通利二便三种治法，已为后世对该病证的辨治方法奠定基础。同时本篇所创制的具体方剂至今仍为临床所承袭沿用。后世如严用和即在仲景橘皮竹茹汤的基础上，加茯苓、半夏、麦冬、枇杷叶，改名为济生橘皮竹茹汤，以治疗气阴两虚，胃气上逆之呕吐、呃逆。

【临床应用与研究】

本方被广泛应用于呃逆的治疗。其致呃的原因涉及到混合型食管裂孔疝、碱性返流性胃炎、膈肌痉挛、幽门不全梗阻、神经性呕吐、腹部手术后呃逆不止、妊娠呕吐、急性坏死性肝炎等。其中舌红苔黄胃热显著者可加黄连、芦根、山栀子；兼痰热者，加竹沥、瓜蒌仁；舌红无苔，或中剥，胃阴匮乏者，可加沙参、石斛、麦冬；胃不虚者，去人参、大枣，减甘草之用量；呃逆不止者，加枳实、柿蒂等。

【选注】

程林：《内经》曰：胃为气逆为哕，上证但干呕而未至于逆，今哕逆者，即《内经》所谓诸逆上冲，皆属于火。胃虚而热乘之，作哕逆者欤？夫胃气热而专主呕哕，必以竹茹为君，橘皮下逆气为臣，生姜止呕逆为佐，人参、甘草、大枣用以缓逆为使。(《直解》)

【医案举例】

冯某，女，48 岁。1986 年 10 月 5 日初诊。外感后低热不退 3 个多月，食少乏味，大便数日 1 行，神疲，虚乏，少寐，动则微喘，口干欲得凉润。一日因食凉物而致呃逆不止。曾用丁香柿蒂汤治疗效不佳。查脉细略数，舌红少苔。分析病机：胃阴不足为本，食凉只是诱因，寒热相激，升降相悖，故发呃逆。用橘皮竹茹汤治之。处方：鲜橘皮 90g，竹茹 12g，太子参 15g，生甘草 15g，生姜 24g，大枣 15 枚。3 剂，日 1 剂，水煎两遍合汁约 400ml，从早至晚分 4~5 次温服之。复诊：服药 3 剂不仅呃逆止，食欲亦增，守方服 5 剂。5 日后 3 诊：低热渐趋正常，体温由午后 37.8℃左右降至 37℃以下，其他症状均好转。(吕志杰 . 金匮杂病论治全书 . 第 1 版 . 北京：中医古籍出版社，1995；394)

下　利

一、脉症、病机与预后

(一) 湿热证

【原文】

下利脉沉弦者，下重；脉大者，爲未止；脉微弱數者，爲欲自止，雖發熱，不死。(二十五)

【释义】

本条论述湿热痢疾的脉症和预后。脉沉主里，脉弦主痛，下利而脉见沉弦，是病邪在里，气机不畅，传导失常，故见痢下脓血，赤白相兼，滞下不爽，里急后重，腹中疼痛；下利而见脉大，大主邪气盛，乃正邪交争之象，故此处之大必大而有力，邪气既盛，痢疾尚在发作期 (暴痢)，顷刻不能痊愈，故曰"为未止"；下利而脉见微弱数，微弱者无力之象，虽正气不足，然邪气亦衰，脉数即余邪未尽之象，这时已进入病的恢复期，通过积极的治疗，很快即会向愈，故曰"为欲自止，虽发热，不死"。

【按语】

痢疾病人出现利下赤白，滞下不爽，里急后重，腹中疼痛，身热，脉实有力，这时虽急切不能痊愈，却不一定预后不良 (急性泄泻亦如此)，而下利脉大无力除在恢复期见到主"欲自止"外，阳亡于外，阴亡于内的重证、危证亦可导致，应注意判别。

【选注】

尤怡：沉为里为下，沉中见弦，为少阳之气滞于下而不得越，故下重。大为邪盛，又大则病进，故为未止。徐氏曰微弱者，正盛邪亦衰也。数为阳脉，于微弱中见之，则为阳气将

复，故知利欲自止，虽有身热，势必自已，不得比于下利热不止者，死之例也。(《心典》)

【原文】

下利，寸脉反浮数，尺中自涩者，必圊脓血。(三十二)

【校勘】

"圊（qīng 青）"，赵本作"清"，今据尤、陈本改。下同。

【释义】

本条论述湿热下利的脉症。下利之病属于里证，却见浮数表脉，故曰"反"，同时下利属脾胃之病，却并不现于关部而现于寸部，说明此下利是由新感时邪，内蕴肠腑所致。尺中自涩是指下利病变在肠，由肠失传导，通降不利，气血壅滞，脂膜血络俱受损伤所致，故而利下赤白脓血。其特点是利下脓血，赤白夹杂，稠黏气臭，腹胀腹痛，里急后重，肛门灼热，同时还应有小便短赤，口干苦黏，或恶寒发热，舌苔黄腻，脉象滑数等脉症。

【按语】

本条脉症与痢疾之外感时邪，湿热郁蒸而成的湿热痢疾初期相类似。

关于本条寸脉浮数，尺脉涩的解释注家见解不一。赵良仁谓"阴阳气血不和"；程林谓"有余和不足"；陈念祖谓"阳强阴弱"；《金鉴》谓"热陷血分"，与临床贴近，可参。

本条亦见于《伤寒论》363 条。

【选注】

徐彬：若下利属寒，脉应沉迟，反浮数，其阳盛可知；而尺中自涩，涩为阳邪入阴，此亦热多，故曰必圊脓血。(《论注》)

(二) 虚寒证

1. 虚寒欲绝证

【原文】

夫六府气绝①于外者，手足寒，上气，脚缩；五藏气绝于内者，利不禁，下甚者，手足不仁。(二十四)

【词解】

① 气绝：脏腑之气虚衰之意。《金鉴》曰："气绝非为脱绝，乃谓虚绝也。"

【释义】

本条总论呕吐、哕、下利脏腑"虚绝"的病机及证候。六腑属阳，阳主卫外，以胃为本。胃阳虚衰，失于和降则为呕、哕；不能达于四末则为手足寒冷；筋脉失于温煦，故见蜷卧脚缩；同时由于上焦亦受气于中焦，胃阳的虚衰，可使上焦宗气亦随之不足，故而出现上气喘促之象。

五脏属阴，阴主内守，脾为后天之本，肾为先天之本。脾虚失运，清气下陷，故下利不禁；久病及肾，肾阳亦衰，则下利更甚，阴液亦随之不足，阳不温煦，阴不濡养，则为手足麻木不仁。

【按语】

本条强调了脾（胃）肾在呕、哕、利三病后期的重要作用。这里"六腑气绝于外"和"五脏气绝于内"不是分割开的两种病证，而是五脏六腑尽皆"气绝"。中医脏腑辨证的特点之一，便是脏与腑之间的表里配合关系。故此"手足寒、上气、脚缩"就不能仅理解成只是胃阳不足，而脾阳健旺；而"利不禁、手足不仁"也不能仅理解为只是肾阳虚，而胃腑、肠腑、甚至于脾的功能正常。

【选注】

尤怡：六腑为阳，阳者主外，阳绝不通于外，为手足寒，阳不外通，则并上行，为上气脚缩也。五脏为阴，阴者主内，阴绝不守于内，则下利不禁，甚者不交于阳，而隧道痹闭，为手足不仁也。（《心典》）

【原文】

下利手足厥冷，無脉者，灸之不温。若脉不還，反微喘者，死。少陰負跌陽①者，爲順也。（二十六）

【词解】

①少阴负跌阳：即跌阳比少阴脉有力之意。

【释义】

本条论述脾肾虚衰下利的预后。利下无度，手足厥冷，脉微欲绝，这是脾肾两衰，阳气将脱之象。这时虽以艾灸温之，但阳气衰微，积重难返，仅以艾灸，急切之间很难使阳气恢复，故而厥冷不去，所以说"灸之不温"。此时转归有二：若阳气不复，脉气不还，又更见微喘，是肾阳衰微，肾不纳气，肺肾之气将脱，阴阳欲将离绝的危证，预后不良；若"少阴负跌阳"，跌阳脉尚有胃气，则有治愈的希望。

【按语】

本条少阴负跌阳的解释，注家看法不一，多数注家认同少阴脉比跌阳脉弱，即跌阳脉比少阴脉有力的说法。查"负"之本义为"倚恃"，如《史记·魏其武安侯列传》："武安负贵而好权。"跌阳脉主候脾胃，在脾肾两衰的情况下，若跌阳脉不是脉微欲绝的"无脉"，说明胃气尚存，这时即便肾阳已衰，但"有胃气则生，无胃气则死"，故仍可曰"为顺也"。说明了仲景对下利等消化系统疾病，既重视先天的作用，更强调后天的存亡。

本条亦见于《伤寒论》362条。

【选注】

尤怡：下利厥无脉，阴亡而阳亦绝矣，灸之所以引既绝之阳，乃厥不回，脉不还，而反微喘，残阳上奔，大气下脱，故死。下利为土负水胜之病，少阴负跌阳者，水负而土胜也。故曰顺。（《心典》）

【原文】

下利後脉絕，手足厥冷，晬時①脉還，手足温者生，脉不還者死。（三十五）

【词解】

①晬（zùi醉）时：即一周时，又称一昼夜。

【释义】

本条论述虚寒下利的预后。虚寒下利后脉伏不见，手足厥冷，为阳气衰竭之候，病情凶险，判断其预后的指征是若在一日之内脉气来复，手足转温，则尚有生还之望，否则预后不佳。

【按语】

文中"晬时脉还"的解释，注家看法不尽一致。认为这里宜将晬时视为大致的时间，而不必拘泥于一周时之说。关于脉绝又还的机理，推测其下利是指急剧暴泻，使津液骤泄，阳气一时脱绝，所以在积极的治疗下，经过一段时间，阳气尚有来复的可能。

本条亦见于《伤寒论》368条。

【选注】

尤怡：下利后脉绝，手足厥冷者，阴先绝而阳后脱也。是必俟其晬时经气一周，其脉当还，其手足当温；设脉不还，其手足亦必不温，则死之事也。（《心典》）

2. 虚寒向愈证

【原文】

下利有微熱而渴，脉弱者，今自愈。（二十七）

【释义】

本条论述虚寒下利将愈的脉症。虚寒下利，症见微热、口渴，是阳气来复之兆，脉弱表明邪气亦衰，脉症合参，故知病将自愈。

【按语】

发热口渴，焉知不是邪热？关键一个"微"字。发热的程度轻微，则渴必不甚，如果大热大渴，就不会是阳复，而是邪热了。邪热的脉象必然数大有力，现在脉弱，"小则病退"，因此预断为邪退阳复自愈之候。

一般而言，下利不宜发热，如初起大热而渴，多属表里俱病，或里热过盛；无热不渴，多属阴证或虚证，皆不能自愈。若久利发热，多属阴竭阳越，乃危险之征兆。此是微热而渴，脉弱，乃阴阳和，胃气恢复，或胃气尚强，故为向愈的趋势。但此种下利，必然下利轻微，病邪已去，故有自愈的可能。

本条亦见于《伤寒论》360条。

【选注】

钱潢：言阴寒下利，设身有微热而渴，乃阳气渐回，阴邪已退之兆，非大热而热气有余之比。若虚阳飞越于外而热，则寒盛于里，虽热亦不渴矣，故知为欲愈也。然必脉弱者，方见其里气本然之虚，无热气太过，作痈脓、便脓血，及喉痹、口伤烂赤之变，故可不治，令其自愈也。（《伤寒溯源集》）

【原文】

下利脉數，有微熱，汗出，今自愈；設脉緊，爲未解。（二十八）

【释义】

本条再论虚寒下利向愈与未解的脉症。本条下利微热汗出与上条下利微热而渴都兆示阳气回复，上条脉弱为邪衰，本条脉数（数而无力）仍主阳复。故推测当自愈。设若虚寒下利而脉见紧象，则表示阴寒仍盛，阳气未复，故知病为未解。

【按语】

关于本证自愈的机理，注家约有四种见解：一是"阳胜而热从外泄"，以徐彬为代表；二是"阳升利止"，以魏荔彤为代表；三是"表里俱和"，以程林为代表；四是"阳复而病势外达"，以尤怡为代表。均可作参考。

本条亦见于《伤寒论》361条，"脉紧"作"復紧"。

【选注】

吴谦：下利脉数，内热利也，微热汗出，其邪衰矣，故令自愈。设脉紧者，是表未衰，故为未解也。（《金鉴》）

【原文】

下利脉數而渴者，今自愈；設不差，必圊膿血，以有熱故也。（二十九）

【释义】

本条论述下利脉数口渴所主的不同预后。下利脉数口渴若见于脾胃虚寒，无里急后重，下利次数有减，脉由细弱迟缓转为至数正常甚或无力数脉，口由不渴转为渴而不欲多饮，或喜热饮等，示阳气来复，病将自愈；若下利脉数口渴为大肠湿热所致，见利下臭秽不爽，里急后重，脉数有力，则不唯病不向愈，因湿热内蕴大肠，大肠传导失司，通降不利，气血壅滞，肠道的脂膜与血络俱受损伤，势将出现利下脓血。

【按语】

本条下利的病机，一种认为是虚寒下利，阳气来复。一种认为是热利的自愈机转和湿热痢疾的病理转化，均有待进一步研讨。

本条亦见于《伤寒论》367条。

【选注】

尤怡：按上数条，皆是伤寒邪气入里之候，故或热或渴，或汗出，或脉数，阳气既复，邪气得达则愈。若杂病湿热下利之证，则发热口渴脉数，均非美证。《内经》云"下利身热者死"，仲景云"下利手足不逆冷，反发热者不死"。盖《内经》所言者，杂病湿热下利之证，仲景所言者，伤寒阴邪内入之证，二者不可不分也。（《心典》）

【原文】

下利脉反弦，發熱身汗者，自愈。（三十）

【释义】

本条再论虚寒下利向愈的脉症。阴寒下利属于里证，脉本应沉，今脉不沉却见弦象，故曰反弦。弦脉较沉细脉有力洪大，又见发热身汗，这是一种阳气来复的象征。这里的发热并不一定指体温的升高，而是对阳气不足恶寒症状的否定，即表现为恶寒减轻或不恶寒，甚至全身有一种暖和的舒适感，遍身可漐漐小汗出。

【按语】

关于本条向愈脉症的病机解释，一种认为本条下利是由表邪内陷所致，故提出这里的弦当是浮弦；一种认为脉不沉而弦为阳气升发之象，与发热身汗共主阳气复、营卫和。均可供参考。

【选注】

魏荔彤：脉不沉而见弦，则浮而弦也。浮而弦，阳气由少阳升达之象，知不陷下而能升上也。故发热身汗，祗为阳升利止之象，而不必他疑也，所以必其人方自愈也。(《本义》)

二、治法与禁忌

(一) 湿滞下利气治法

【原文】

下利氣者，當利其小便。(三十一)

【释义】

本条论述气滞湿困下利气的治法。下利气指下利的过程中气随利失，矢气频频。中焦湿困，故大便溏泄；湿滞气阻，故腹胀窘痛，矢气则舒，故为下利气。治当用利小便法，"利小便以实大便"，分利水湿，使小便利，湿邪去，气机通畅，肠道调和，则下利已，矢气除。这里利小便法可包含健脾利湿、温中利湿之意。

【按语】

后世医家受本条的启发，提出了"治湿不利小便，非其治也"和治疗泄泻时的"开支河"法。

【选注】

魏荔彤：下利气者，下利失气也。清气所化，出于小便，阳也；浊质所变，出于大便，阴也，人之常也。今清气出于大便，清浊阴阳不分也。法当利其小便，使清气仍自小便出，则下利可已矣。(《本义》)

(二) 虚寒下利治禁

【原文】

下利清穀，不可攻其表，汗出必脹滿。(三十三)

【释义】

本条论述虚寒下利治禁。这里下利所指乃是泄泻，下利清谷是由脾肾阳虚，不能腐熟，小肠受盛与大肠传导失常所致。故治疗当以健脾温肾，运中化湿为法。在里虚较急的情况下，即便挟有表证，本着"急者先治"之则，亦当先温其里，即《金匮·脏腑经络先后病》(十四) 条："病，医下之，续得下利清谷不止，身体疼痛者，急当救里……"若误攻其表，汗出阳更虚，阴寒更甚，从而又增腹部胀满之症。即《内经》所谓"脏寒生满病"是也。

【按语】

虚寒下利若不挟表证，则更不应以汗法治之。清·罗国纲《罗氏会约医镜》曾总结包括暴泻、久泻在内的治泻十法：一曰淡渗，一曰升提，一曰清凉，一曰疏利，一曰甘缓，一曰酸收，一曰燥脾，一曰平肝，一曰温肾，一曰固涩。其中无一法以汗法治之。

本条亦见于《伤寒论》364 条。

【选注】

黄元御：下利清谷，脾阳陷败，虽有太阳表证，不可攻之，攻之汗出阳亡，清阳愈陷，浊阴愈逆，必生胀满。（《悬解》）

【原文】

下利脉沉而迟，其人面少赤，身有微热，下利清谷者，必郁冒①。汗出而解，病人必微热。所以然者，其面戴阳，下虚故也。（三十四）

【校勘】

"必微热"，《医统》本作"必微厥"，可从。

【词解】

①郁冒：即郁闷昏冒。不仅头昏目瞀，还有郁滞烦闷的感觉。《汉语大字典》："郁（鬱）：阻滞闭塞；冒：通懑（mèn），原指烦闷、气郁，中医学用指晕眩、昏厥。"《素问·玉机真脏论》："忽忽眩冒而颠疾"；《金匮·妇人产后病》："血虚而厥，厥而必冒"。

【释义】

本条继续论述虚寒下利的治禁。下利清谷，脉象沉迟，病机与上条相同，亦是由脾肾阳虚所致。同时由于阴寒内盛，格阳于外，而出现面红如妆，身有微热；虚阳上浮，进一步还将出现头昏目瞀，郁闷不舒之郁冒症。此时应急予通脉四逆之类回阳救逆。若误将"面少赤，身有微热"视为表证，以为可通过"汗出而解"，而妄用汗法，则势必使阳更虚，阳欲脱绝，使其人微厥。之所以禁用汗法，是因为该病的"面少赤，身有微热"是一种虚阳上浮的戴阳证，其证的根本原因在于脾肾阳虚，阴寒内盛，即所谓"下虚故也"。

本条亦见于《伤寒论》366 条。

【选注】

陈念祖：下利脉沉而迟，其为阴盛阳虚无疑矣。阳虚则气浮于上，故其人面少赤，虽身有微热，尚见阳气有根；其奈阳不敌阴，为下利清谷，而不能遂止者，是阳热在上，阴寒在下，两不相接，惟以大药投之，令阴阳和上下通，必郁冒汗出而解。然虽解而病人必微厥，所以然者，其面戴阳，阳在上而不行于下，下焦阳虚故也。此言三阳之阳热在上，而在下阴寒之利，可以冀其得解，师于最危急之证，审其一线可回者，亦不以不治而弃之，其济人无已之心，可谓至矣。（《浅注》）

三、证治

（一）实热证

1. 大肠湿热

【原文】

热利下重者，白头翁汤主之。（四十三）

白頭翁湯方：

白頭翁二兩　黃連　黃柏　秦皮各三兩

上四味，以水七升，煮取二升，去滓，溫服一升；不愈，更服。

【释义】

本条论述大肠湿热、气机阻滞的下利证治。热利下重是其主症，下利热臭，或利下脓血色泽鲜明，里急后重，滞下不爽。或为痢下脓血，鲜紫相杂，腐臭较著，腹痛剧烈，肛门灼痛、下坠，口渴，壮热，烦躁不安，甚则昏迷痉厥，舌质红，苔黄腻，脉数等症。其病由湿热阻滞，肠腑传导失司，通降不利，并可使气血壅滞，损伤肠道脂膜血络所致。治用白头翁汤清热凉血，燥湿止利。方中白头翁清热凉血，秦皮、黄连、黄柏清热燥湿。诸药合用，使湿热去，热毒解，气机调达，后重自除，热利可愈。

【按语】

本方适用于湿热证型的泄泻、痢疾。后世刘完素的"行血则便脓自愈，调气则后重自除"及唐宗海的从肝肺着手、从气血论治痢疾的方法，均可视为受此方启发而来。

本条亦见于《伤寒论》371 条。

【临床应用与研究】

本方加减，可治疗盆腔炎、泌尿系感染。研究表明，本方对痢疾杆菌有较强的抑制作用，其中黄连、秦皮作用为强，黄柏次之，白头翁最弱。由于白头翁对阿米巴原虫抑制作用较强，因而以本方治疗阿米巴痢疾时，宜加大白头翁用量；而治疗细菌性感染时，则应加重黄连等剂量，减少白头翁用量。此外，本方所含药物还能促进非特异性免疫功能，抗炎、抗毒、止泻、镇静、镇痛和抑制肠运动，既能消灭引起湿热下利之病原微生物，又能抑制或缓解肠道感染时局部炎症病变及不适，还能促进抗感染免疫功能，从多方面影响感染过程，从而取得良好疗效。

【选注】

曹家达：夫肠中热而有燥矢者，此为实热，宜大承气汤。肠中热而无燥矢者，此为虚热（在比较上言，犹言空虚之意），宜白头翁汤。胃里有实邪者，宜吐法，用瓜蒂散。胃里有虚热（亦在比较上言）者，宜清法，用白虎汤。故胃之有白虎，无异肠之有白头翁。肠之有承气，无异胃之有瓜蒂。然而胃患虚热时多，患实邪时少。肠患实热时多，患虚热时少。仲圣取其多者常者为法，故立白虎承气为阳明正治，而以瓜蒂白头翁为阳明辅治。（《经方实验录》）

【医案举例】

刘某，男，40 岁。1980 年 8 月 2 日，腹痛下痢 3 天求诊：3 天前腹痛即便，里急后重急剧，肛门如物重坠，便出滞涩艰难，便出物黏涎秽臭难堪，昨天开始便脓血，日夜登厕达20 ~ 30 次，饮食尚可。经某医院诊断为细菌性痢疾，服西药治疗无效。现证如上述，精神郁闷，舌红苔根黄腻，脉沉弦而数。此为肝肺不调湿热滞痢，拟以清热除湿，调气平肝，方用白头翁 30g，秦皮 15g，黄连 10g，黄柏 15g，桔梗 12g，白芍 12g，云木香 1.5g。嘱服 2 剂。8 月 4 日复诊：病员服上方 2 剂后，诸证大减，便次日夜 5 ~ 10 次，其余同上。效不更法，仍于上方加玄胡 6g, 铁苋菜 40g, 以调气活血, 解毒清热。8 月 7 日 3 诊: 病员服上方 2 剂后, 诸证消失, 仅感精神欠佳, 饮食稍差, 用调理脾胃善后而康复。(王廷富 . 金匮要略指难 . 第 1 版 . 成都: 四川科技出版社, 1986; 421)

【原文】

下利肺痛, 紫参汤主之。(四十六)

紫参汤方:

紫参半斤　甘草三两

上二味, 以水五升, 先煮紫参, 取二升, 内甘草, 煮取一升半, 分温三服。疑非仲景方。

【释义】

本条论述大肠湿热, 下利腹痛的证治。以药测证, 本条病机当属大肠湿热, 传导失司。其症利下不爽, 可有脓血, 肛门灼热, 里急后重, 腹中疼痛, 发热口渴, 舌红苔黄脉数, 治用紫参汤清热祛湿, 安中止利。

【按语】

紫参从古至今名实混乱严重, 有认为泽漆汤中紫参, 唐以后都作紫菀; 陈念祖有紫参即桔梗之说; 陆渊雷谓市医多书丹参为紫丹参者; 但有谓紫参又名小丹参、石打穿、石见穿, 为唇形科植物; 近代觉铨之"紫参考"一文认为, 随着时代变迁, 这一古方药名也演变有牡蒙、王孙、草河车、蚤休、重楼等别称, 并云在临床上常以重楼为主治疗急慢性痢疾, 疗效显著。有学者考证,《本经》中紫参即蓼科植物拳参, 不是唇形科石见穿和茜草科小红参, 也不是草河车。蓼科植物拳参 1995 年版《中华人民共和国药典》谓有清热解毒、消肿止血、收敛之功, 主治肠炎、痢疾、肝炎、肺热咳嗽、吐血衄血、痔疮出血, 外治口腔糜烂, 咽喉溃疡。

文中"肺痛"有指肺痛与腹痛之争。本篇是下利病篇, 主症下利常有腹痛出现, 而下利同时出现肺痛的必然性不强。且《金匮》一书曾未有肺痛一词, 论及肺部疼痛时多以胸中痛言之。如"咳即胸中隐隐痛"、"咳烦胸中痛"等。此其一。其二, 紫参汤由紫参、甘草二味药组成, 以二味药兼治肺与大肠两脏, 药力亦有不逮。故这里肺痛宜作腹痛较当。

【临床应用与研究】

实验研究, 紫参汤有抗菌、消炎、解热作用。

【选注】

陆渊雷: 按此方《千金》《外台》诸书俱无考, 故林亿等疑非仲景方。紫参为通经药, 能破血止血, 诸书并载之, 然沪上药商不识其物, 市医多书丹参为紫丹参, 遂有臆断紫参为丹参者; 其实紫参属蓼科植物, 丹参属唇形科植物, 本草中二物分载, 不可混也。(《今释》)

2. 肠腑实热

【原文】

下利三部脉皆平, 按之心下坚者, 急下之, 宜大承气汤。(三十七)

【释义】

本条论述实热下利的证治。三部脉皆平，指寸关尺三部脉如正常人一样，而不同于虚寒下利之微弱沉细，主病非寒证。按之心下坚，指脘腹硬满疼痛，按之不减，即《金匮·腹满寒疝宿食病》（二）条"病者腹满，按之……痛者为实"之谓，主病非虚证。故本条下利病机为实热积滞内停肠腑，下利以利下不爽，臭秽浊垢为特点，并有舌苔黄燥等。治用大承气汤急下实积，积滞一去，则利亦自止。此即所谓"通因通用"之法。

【按语】

本条下利以"心下坚"为辨证要点。然而关于心下坚，仲景尚有"阳明病，心下鞕满者，不可攻之"（《伤寒论》205条）和"按之心下满痛者，此为实也，当下之，宜大柴胡汤"（《金匮·腹满寒疝宿食病》12条）之论。"不可攻之"之"心下鞕满"是以心下痞闷不舒，按之柔软，或不软而硬，但不疼痛为特点，病在胃而不在肠，故不可攻之。大柴胡汤主治之"心下满痛"位于心下而波及两胁，尚见往来寒热，郁郁微烦，呕逆较甚，脉象弦数等，故用大柴胡汤少阳阳明同治。

【选注】

金寿山：心下坚，邪气实；三部脉皆平，正未虚。故当不失时机而急下。（《诠释》）

【原文】

下利，脉迟而滑者，實也，利未欲止，急下之，宜大承氣湯。（三十八）

【释义】

本条续论实热下利的证治。脉迟而滑，这里迟不主寒，而主积滞内停，脉气被阻，故虽迟但有力；滑不主（痰）湿，而主食积，与"脉数而滑者，实也，此有宿食，下之愈，宜大承气汤"（《金匮·腹满寒疝宿食病》二十二条）同义。故本条下利是由宿食内停，肠腑实热所致。宜乘其正气未虚而急下之，攻下积滞。用大承气汤。

【选注】

沈明宗：此亦食滞之利也。食壅于胃，气道不利，故脉来迟；然脉迟而非虚寒之比，但迟为气壅，滑为血实，血实气壅，水谷为病，故为实也。内滞中气不和，利未欲止，但恐成停搁之患，故宜大承气汤急夺其邪也。（《编注》）

【医案举例】

参考本书207页。

【原文】

下利，脉反滑者，當有所去，下乃愈，宜大承氣湯。（三十九）

【释义】

本条续论实热下利的证治。下利多为虚寒之证，脉当虚弱沉迟，今下利而见滑脉，与虚寒之脉不符，故曰"反"。此处之滑必滑数有力，且泻下之物臭如败卵，泻后痛减，或泻而不畅，腹胀腹痛拒按，胸脘痞闷，嗳气不欲食，舌苔垢浊，见于伤食等证。因是积滞之证，故治之宜"当有所去"，即采用攻下去积的方法，可以用大承气汤。

【选注】

程林：滑为有宿食，故当下去之，而利自愈。（《直解》）

【原文】

下利已差，至其年月日時復發者，以病不盡故也，當下之，宜大承氣湯。（四十）

大承氣湯方：見痙病中。

【释义】

本条续论实热下利的证治。下利已经"痊愈"，过一段时间却又复发，这是因为病的夙根未尽，多见于休息痢。其下利的特点是痢疾时发时止，发作之时，腹痛里急后重，下痢赤白。一般而言，痢疾迁延，正虚邪恋；或治疗不当，收涩太早，关门留寇，而正气已虚，即可成为时作时止的休息痢。对于休息痢的治疗，多采用发作时在行积导滞的基础上，再根据湿热或寒湿证的不同，分别用清肠化湿或温中化湿之法；不发时则以扶正为主。本条即是发作时实热证的治法，用大承气汤行积导滞，并可根据证情，适当加入芩、连、柏或苍术等品。

【按语】

以上四条，论述了阳明实热积滞下利不爽，用大承气汤治之的脉症。下利与"心下坚"、"脉迟而滑"、"脉滑"同见，说明虽为下利但仍以实热积滞内停为病机关键，故其下利可以泻下之物臭如败卵，或泻下不爽，或得泻痛减为特点，伴腹胀腹痛拒按，舌苔浊垢等。其中脉滑、脉迟滑均主肠胃积滞。"下利已差，至其年月日时复发"，多见于休息痢。若此病是属阳明积滞未尽者，均应治以"通因通用"之法，以攻下积滞。这里具体用大承气治之，说明这些下利或是由于实热，或是由于积滞，但同属实证这一点是共同的，这是把握辨证的关键。

【选注】

金寿山："至其年月日时复发"一句须活看，只是说到一定的时候又要复发。下利而心下坚，脉迟而滑，都属实证，故当下之。最后一条指出不仅急性泄泻可用下法，慢性泄泻也可用下法，痢疾也同样如此。所以然的道理，原文已经指出"以病不尽故也"，就是说病没有治断根。（《诠释》）

【医案举例】

肖琢如：首饰店胡某，其妻近三四年来，每至霜降节，必发生痢疾，甚至以为苦。审视腹痛里急，赤白杂下，日夜二十余行，舌色鲜红，苔白而薄，身微恶寒，脉浮紧。自云先日食面受凉，遂尔疾作，已两日矣，尚未服药。即与平胃散加羌活、防风、神曲、麦芽等味，以剪除新邪。二剂，外恙已，继用大承气汤两剂，服后腹痛甚，下黑污臭粪便极多，症减七八，恐其久蓄之积，根株未尽，复进大柴胡两剂，各恙皆平，乃以柴芍六君调理而愈。次年霜降时，疾不复作。仲景尝云：下利已瘥，至其年月日时复发者，以未尽故也，不诚然哉。（谭日强.金匮要略浅述.第1版.北京：人民卫生出版社，1981；339）

【原文】

下利讝語者，有燥屎也，小承氣湯主之。（四十一）

小承氣湯方：

大黄四兩　厚朴二兩（炙）　枳實大者三枚（炙）

上三味，以水四升，煮取一升二合，去滓，分溫二服，得利則止。

【釋義】

本条继续论述胃肠实热，热结旁流"下利"的证治。本条的"下利"是由燥屎内结，不得下行，而有少量的所谓热结旁流之秽便下出之故。下利必利下不畅，以腹满腹痛拒按、潮热谵语汗出、舌苔黄燥、脉滑数有力等为特征。谵语与郑声不同，指阳明实热或温邪入于营血，热扰神明时，出现神志不清、胡言乱语的重症。治用小承气汤通腑攻下。

【按语】

前四条实热下利用大承气，本条用小承气，临床不必拘泥，但以把握下利是由积滞内停所致为要。

小承气汤、厚朴三物汤、厚朴大黄汤三方均由大黄、厚朴、枳实组成。小承气汤以大黄为主，主治阳明腑实，热结旁流的燥屎不下，"下利"量少臭秽，潮热谵语，功在通腑攻下。厚朴三物汤以厚朴为主，主治气滞热结，气滞为主的腹胀腹痛腹满，大便干结，功在行气破气，通导肠腑。厚朴大黄汤以厚朴、大黄为主，主治支饮结实之腹满拒按，大便秘结，心下时痛，功在疏导肠胃，荡热涤饮。

【临床应用与研究】

本方可用于治疗急性胃炎、胃切除后排空延迟症、慢性胃炎、胃植物球、胃柿石、急性阑尾炎、胆囊囊肿、慢性肝炎、肠梗阻轻症、急性肺炎、肺心病急性发作、慢性肾炎、手术后肠麻痹、细菌性痢疾、高脂血症等病证而见上述证机者。

【选注】

金寿山：本条用小承气汤，上几条用大承气汤，都是举例而言。总之，根据"通因通用"的原则，大小调胃，随证选用，应该效其法而不泥其方，如李士材一医案：张綗庵秋间患痢，凡香、连、枳、朴等剂，用之两月而病不衰。士材诊之，脉滑而有力，失下之故也。用香、连、归、芍、陈皮、枳壳，加大黄三钱，下秽物较多。诊其脉尚有力，仍用前方，出积滞如鱼物者约数碗，调理十余日而瘥。（《诠释》）

【医案举例】

梁某，男，28岁。因流行性乙脑住院。病已6日，曾连服中药清热解毒养阴之剂，病势有增无减。会诊时，体温40.3℃，脉象沉数有力，腹满微硬，哕声连续，目赤不闭，无汗，手足妄动，烦躁不宁，有欲狂之势，神昏谵语，四肢微厥，昨日下利纯青黑水，此虽病邪羁踞阳明，热结旁流之象，但未至大实满，而且舌苔秽腻，色不老黄，未可与大承气汤，乃用小承气汤法微和之。服药后，哕止便通，汗出厥回，神清热退，诸症豁然，再以养阴和胃之剂调理而愈。原按：此患者症见腹满微硬，谵语欲狂，热结旁流，目赤肢厥，身热无汗，脉沉数有力，乃里闭表郁之征，虽屡用清热、解毒、养阴之剂，而表不解，必须下之。下之则里通而表自和。若泥于温病忌下之禁，当下不下，里愈结而表愈闭，热结精伤，造成内闭外脱。说明脑炎治疗并非绝对禁用下法，惟非下证而误下，酿成内陷则属非是。（中医研究院 . 蒲辅周医案 . 第 1 版 . 北京：人民卫生出版社，1981；94）

（二）虚寒证

【原文】

下利腹脹滿，身體疼痛者，先溫其裏，乃攻其表。溫裏宜四逆湯，攻表宜桂枝湯。（三十六）

四逆湯方：方見上。

桂枝湯方：

桂枝三兩（去皮）　芍藥三兩　甘草二兩（炙）　生姜三兩　大棗十二枚

上五味，哎咀，以水七升，微火煮取三升，去滓，適寒溫服一升，服已須臾[①]，啜稀粥一升，以助藥力，溫覆令一時許，遍身熱熱微似有汗者，益佳，不可令如水淋漓。若一服汗出病差，停后服。

【词解】

①须臾：《俱舍论》："三十须臾为一昼夜也"，一须臾即 48 分钟。

【释义】

本条论述表里同病，里虚为急的证治。下利腹部胀满，是脾肾阳虚、阴寒内盛，当是利下清谷；身体疼痛是外有表邪，形成表里同病之证。表里同病的治则有先表后里、先里后表、表里同治三法，取舍这些法则的原则是急者先治。本条表里同病显然以里虚为急，因为一则正虚不能抗邪外出，且犹有虚脱亡阳之虑；一则若妄用汗法，使阳虚更甚，则可能会导致上下两脱之危候，故采用先里后表的方法。因是里虚寒证，故法取温里散寒，用四逆汤。一般而言，伴随着里阳的恢复，下利渐止，表寒亦相应随之而解，不用再施解表之法。但是如果里阳虽复，而表证仍在，此时阳气初旺，尚不能抗邪外出，为防邪再入里引起它变，宜"乃攻其表"，用桂枝汤。

【按语】

本条宜与"脏腑经络先后病篇"（十四）条内容互参。四逆汤、桂枝汤，举例而已，温里不一定用四逆汤，攻表不一定用桂枝汤。

本条亦见于《伤寒论·厥阴病》372 条。

【选注】

尤怡：下利腹满，里有寒也，身体疼痛，表有邪也。然必温其里，而后攻其表，所以然者，里气不充，则外攻无力，阳气外泄，则里寒转增，自然之势也。而四逆用生附，则寓发散于温补之中，桂枝有甘芍，则固里于散邪之内，仲景用法之精如此。（《心典》）

【医案举例】

虞师舜臣尝曰："一二八之前，闸北有一老妇，其子服务于邮局。妇患脑疽病，周围蔓延，其径近尺许。启其所盖膏药，则热气蒸蒸上冒。头项不能转侧。余与余鸿孙先生会诊之，三日不见大效。四日诊时，天色已晚，见病者伏被中，不肯出。询其故，侍者曰，每日此时恶寒发热汗出。余乃悟此为啬啬恶寒，翕翕发热之桂枝汤证。即用桂枝五分，芍药一钱，加姜草枣轻投之。次日病大减。遂逐日增加药量，至桂枝三钱，芍药五钱，余三味亦如是，不曾加他药。数日后，竟告痊愈云。"佐景按：脑疽，病也。虞余二先生先用治脑疽法治之，三日不见大效，及察知患者有桂枝汤证，试投桂枝汤，用桂枝不过五分，芍药不过一钱，姜草枣又皆和平之品，谅其为效也当仅矣。然而功出望外，毋怪虞师之惊奇。且用独方而竟全功，更可见惟能识证者方能治病。何况仲圣方之活用，初非限于桂枝一汤，仲圣所以于桂枝汤加减法独详者，示后人以楷模耳。果能将诸汤活而用之，为益不更大哉？则是细研，方知吾仲圣"脉症治法"之真价值。（曹家达．经方实验录．第1版．上海：上海科技出版社，1979；77）

【原文】

下利便脓血者，桃花汤主之。（四十二）

桃花汤方：

赤石脂一斤（一半剉、一半筛末）　乾姜一兩　粳米一升

上三味，以水七升，煮米令熟，去滓，温服七合，内赤石脂末方寸匕，日三服；若一服愈，馀勿服。

【释义】

本条论述脏气虚寒、气血下陷的下利证治。利下脓血属痢疾的范畴，桃花汤用赤石脂涩肠固脱，用干姜温中暖脾，用粳米养胃和中，三药合用有温摄固脱之效，可知本条下利证属虚寒。痢由脾阳不足，气不固摄所致。下利特点为痢久反复不愈，时重时轻，下利清稀，有黏白冻，或紫暗血色，甚则滑泄不禁，无里急后重感，脱肛，腹部隐隐冷痛，喜温喜按，每遇饮食不当或感受寒凉则发作加重，伴食少，神疲腰酸，四肢不温，畏寒怕冷，面黄无华，舌质淡，苔薄白，脉细弱无力。

【临床应用与研究】

本方有抗菌、抗炎、镇静镇痛、止血收敛及促进碳水化合物在人体的吸收等作用，常用于慢性阿米巴痢疾、慢性菌痢及肠伤寒伴肠出血、子宫功能性出血、肠功能紊乱、虚寒泄泻、小儿疳泻等病与本方证病机相符者的治疗。

【选注】

曹家达：下利便脓血，为少阴寒湿沉浸，血络腐败之证。陈修园以为由寒邪郁转为湿热，因而动血，此真大误。水分多于血分，不及注肾膀为溺，乃溢入回肠而下利，水寒血凝，若冻瘃（zhú 竹。即冻疮。编者注）然。冻瘃既溃，即有脓血。下利便脓血者，正复如是。非温化其寒而填止其湿，不惟下利不止，脓血又将加剧。此固寒水凝瘀血络，积久溃败之证，非寒郁转为湿热然后动血也。盖寒湿下注为第一病因，故桃花汤方治，以止涩之赤石脂为君；由寒湿浸灌，致内藏血络腐败为第二病因，故干姜次之；由下利而脾精耗损为第三病因，故粳米又次之。假令小便不利腹痛之时，早用四逆、理中，或不至下利而便脓血也。

(《发微》)

【医案举例】

陆渊雷先生治一三十余岁妇人，先服单方验方等不愈。往诊时，腹微痛，下溏粪及黏液，杂以鲜红血腥，舌苔非常垢腻，脉非常沉数，手足微冷，胸腹有白色小水泡，细视始见，殆俗所谓白㾦欤！与桃花汤加附子、阿胶，增干姜至三钱，两服血止，调治十日，杖而后起。[盛国荣.桃花汤与白头翁汤症治辨别.新中医药 1954；(1)：15]

【原文】

下利清穀，裏寒外熱，汗出而厥者，通脈四逆湯主之。(四十五)

通脈四逆湯方：

附子大者一枚(生用)　乾姜三兩(强人可四兩)　甘草二兩(炙)

上三味，以水三升，煮取一升二合，去滓，分溫再服。

【释义】

本条论述下利阴盛格阳的证治。"里寒"是真寒，里阳大虚，阴寒内盛，不能腐熟，则"下利清谷"；"外热"是假热，乃阴盛于内，格阳于外所致，其与汗出而厥并见，厥指手足厥冷，说明其热为阳欲外脱之故。病情危重，故急用通脉四逆汤以回阳救逆。通脉四逆汤由四逆汤倍干姜组成，以加强其温经回阳之功。

【按语】

方名"通脉"二字的含义，皇甫谧《甲乙经》云"人常禀气于胃，脉以胃气为本"；尤怡认为"加干姜一倍，所谓进而求阳，以收散亡阳之气也"。成都中医学院编《金匮要略讲稿》进一步阐述曰："由于卫源于胃，营源于脾，而营行脉中，卫行脉外，方中倍用干姜，大温中阳，中阳振复，即可达到脉通厥回之效，故曰通脉。"

本条亦见于《伤寒论》370条。并当与317条"少阴病，下利清谷，里寒外热，手足厥逆，脉微欲绝，身反不恶寒，其人面色赤，或腹痛，或干呕，或咽痛，或利止脉不出者，通脉四逆汤主之。……其脉即出者愈。面色赤者，加葱九茎；腹中痛者，去葱，加芍药二两；呕者，加生姜二两；咽痛者，去芍药，加桔梗一两；利止脉不出者，去桔梗，加人参二两。病皆与方相应者，乃服之。"互参。

【临床应用与研究】

本方可用于休克、心力衰竭、急慢性肾功能衰竭、风湿性关节炎、急慢性肠胃炎等病证而见上述证机者。许云斋曾专就主用本方所治16例少阴格阳一证进行了比较深入的分析，发现下述三种必见症各呈特点：一是发热并非不能测出的虚热，而是多为39℃～40℃的稽留热，且不为各种退热药物减轻，冷敷只能使之加剧或更趋缠绵，多伴有不同程度的恶寒，或极轻微，或需加衣加被，同时多诉有头昏及口渴不欲饮或饮而辄止之表现，舌根部苔多淡白，脉多浮大无根而不兼数，外周白细胞总数多超过 10×10^9/L，甚或接近 20×10^9/L，中性粒细胞多超过80％；二是腹中痛多为小腹部阵发性轻痛，查腹部软而无压痛；三是厥逆系由四末向心逐渐发展，直至肘、膝关节，程度常与病程相关，且多闭目蜷卧，并未入睡，轻唤即醒，神志清楚，血压多与体温升高不相称，多在 13.33～14.67/9.33～10.67KPa 之间，另心肺检查几乎无异常。其中均有发热并常因此而掩盖另两种表现，医家、病者每多被此所惑，因此凡具发热恶寒、腹中痛、蜷卧假睡、四肢逆冷者，即应考虑为本证。如再测得体温升高，头面部位不灼手，并见白昼假睡而入夜不安，舌苔淡白，三部脉浮取皆大或散，沉取却无者，即可断为本证，主用本方治之。实验研究表明，本方具有抗休克、抗炎、镇静镇痛及促进肾上腺皮质功能的作用。

【选注】

陈念祖：此为下利阴内盛而阳外亡者出其方治也。里不通于外而阴寒内拒，外不通于里而孤阳外越，非急用大温之剂，必不能通阴阳之气于顷刻。上言里热下利者为下重，此言里寒下利而为清谷，隔一节以寒热作对子。（《浅注》）

【医案举例】

刘某，女，56岁。腹泻一个月，每日3~5次不等，便极稀薄，杂有米谷颗粒，似由吃冷饭所致。近两天来，恶心，未进饮食，也未大便，仅小便3次，量不多，半日来神志不清，手脚发凉，1小时前全身发热，两手躁动，意欲裸衣，发病之初不恶寒，不发热，不吐，不腹痛，从未服何药。检查：体形消瘦，两目微陷，神志不清，头时左右摇动，两手躁动不安，面色红，两目闭合，口时开时闭，唇不焦，色略淡，舌淡红，湿润无苔，脉微欲绝，身手足皆较热，腹部柔软。久利清谷，脾胃虚寒可知，脉微欲绝，乃阴盛阳虚，孤阳外越之征。凭舌验脉，实属真寒，真寒假热，生气将离，病极危殆。治以抑阴扶阳，通脉四逆汤主之。炙甘草6g，干姜6g，附子9g。患者于服药后3小时，神志清楚，体温恢复正常，不再躁动，呼吸平稳，一如常人，且有饥饿感觉，乃嘱食小米粥以养护。但脉尚沉细，乃继投升阳益胃汤去黄连加芍药。第2天饮食二便均可，已能做饭，乃告痊愈。（刘俊士．古妙方验案精选．第1版．北京：人民卫生出版社，1992；264）

【原文】

氣利，訶梨勒散主之。（四十七）

訶梨勒散方：

訶梨勒十枚（煨）

上一味，爲散，粥飲和，頓服。疑非仲景方。

【释义】

本条论述中气下陷、气虚不固的下利证治。"气利"乃下利滑脱不禁，甚或大便不能制约，自肛门外流。下利之物不黏涩，不秽臭，腹不痛不胀，无里急后重。其病机为中气虚寒，气机下陷，不能固摄所致。治以温涩固脱，涩肠止利。诃梨勒散诃子煨用，有涩肠固脱之效，以粥饮和服，能助益中气。

【按语】

本条治法多有从敛肺涩肠立论者，本证虽不一定是肺虚有疾，本方却可用来治疗久咳虚喘，久嗽失音及属于虚证的崩漏带下，遗精尿频等证。

本条气利与前三十一条下利气分属不同病证。前下利气为湿邪太盛，郁滞气机之证，偏于邪气盛，以下利、矢气频颇为特点；本条气利为中气虚寒，不能固摄之证，纯为正气衰，以利下无度、滑脱不禁为特点。故治法一以利湿祛邪，一以扶正固脱。

【临床应用与研究】

有人指出本方最好单用，药单则力专，药量宜较大，常用量为 10 枚，1 次服。然亦有人提出宜与益气升提、温肾固涩之品同用。诃子对痢疾杆菌有较强的抑制作用，因富含鞣质，对痢疾形成的黏膜溃疡有收敛作用，诃子素有缓解平滑肌痉挛的作用，因而对痢疾起到治疗作用。

【选注】

吴谦：气利，所下之气秽臭，所利之物稠黏，则为气滞不宣，或下之，或利之皆可也。若所利之气不臭，所下之物不黏，则谓气陷肠滑，故用诃梨勒散以固肠，或用补中益气汤举陷亦可。(《金鉴》)

【医案举例】

杨某，男，38 岁。1957 年秋，患痢疾已 3 天。小腹疼痛，里急后重，频欲登厕，每次多排出少量粉冻样肠垢，纯白无血，有时则虚坐努责，便之不出，自觉肛门有物嵌顿重坠，昼夜不已。前医曾予芍药汤加减，1 剂后病情加剧。邀诊：舌苔白滑，脉沉带紧。询之知发病后未见寒热现象，似属气利。乃试用《金匮要略》诃梨勒散：诃子 10 枚，煨剥去核，研末，用米粥汤一次送服。约隔 1 小时许，当肛门窘迫难忍时，经用力努挣，大便迅即直射外出，从此肛门如去重负，顿觉舒适，后服调整脾胃之方而康复。［杨文辉，等.《金匮》诃梨勒散治疗气利.浙江中医杂志　1980；(8)：356］

(三) 利后虚烦证

【原文】

下利後更煩，按之心下濡者，爲虛煩也，梔子豉湯主之。(四十四)

梔子豉湯方：

梔子十四枚　香豉四合(絹裹)

上二味，以水四升，先煮梔子，得二升半，内豉，煮取一升半，去滓，分二服，溫進一服，得吐則止。

【释义】

本条论述下利后热邪内扰、虚烦不安的证治。这里"虚烦"之"虚"非指虚证之虚，而是无有形实邪停滞之意。参照本篇(三十七)条、(三十八)条大承气汤证是肠腑有形积滞内停之证，故曰"实也"，其症按之心下坚；本证仅是无形热邪聚集，心下按之濡软不坚，宛若空虚无物，故曰"虚"。烦是由热邪内扰所致，故用清热除烦之栀子豉汤治疗。方中以栀子清心除烦，用豆豉宣泄郁热。因方后有"得吐则止"之句，故有注家谓本方为涌吐之剂者，从临床来看，服用本方并非尽皆出现呕吐。

【按语】

原文曰本症见于下利后，其下利的原因，注家多结合《伤寒论》81 条"凡用栀子汤，病人旧微溏者，不可与服之"从实热作解，从临床言，则应以热邪内扰为辨证要点，不必拘泥于下利之后。

【临床应用与研究】

本方可用治食道炎、咽炎、扁桃体炎、腮腺炎、心肌炎、急性胃炎、胆囊炎、牙龈出血、过敏性紫癜等 病证而见上述证机者。实验研究发现，本方具有抗菌、抗炎、抗病毒作用，及解热、保肝、利胆、镇痛等作用。

【选注】

尤怡：下利后更烦者，热邪不从下减，而复上动也。按之心下濡，则中无阻滞可知，故曰虚烦。（《心典》）

【医案举例】

沈某，男，30岁许。患热性病，发热三四日不退，烦满欲吐，不食，口渴喜热饮，医初以为表寒，投辛温疏解无效。延先父诊之，身热不退，烦渴不宁，欲吐，自觉心胃间有说不出来的难过感，喜饮置于火炉上的热茶，且须自壶嘴中不时啜之始觉松快，小便短赤，舌苔白而滑，脉数而有力。先父诊毕语予曰：从心胃部烦满不安，按之柔软，舌苔、烦渴不眠、欲吐等症候言，乃懊憹症，……主以经方栀子豉汤。处方：生栀仁 9g，淡豆豉 18g。如法煮汤，分 2 次温服。翌日复诊，热退脉平，诸症若失，仅精神疲软，食思不振耳。以其体质素弱，改进补中益气汤，以善其后。（高德．伤寒论方医案选编．第 1 版．长沙：湖南科技出版社，1981；56）

四、附方

【原文】

《千金翼》小承氣湯：治大便不通，噦數譫語。方見上。

【校勘】

此方载于《千金翼》，仅分量稍有出入：厚朴二两（炙），大黄四两，枳实五枚（炙）。

【释义】

本条论述肠腑实热、大便秘结的证治。因阳明实热，腑气不通，故致大便秘结，腹胀腹痛；热扰神明，则谵语潮热；腑气不通，浊气上冲，则呃逆频频。故以小承气汤泄热导滞，攻下阳明。俟腑气得通，实热下泄，则诸症可除。

【按语】

该方药味组成与《金匮要略》、《伤寒论》小承气方同，独方中枳实用量较重，为五枚（彼为三枚），知其方证病机与《金匮》大致相同，只是其行气导滞之力更强而已。然其主治为何一为下利，一为便秘？小承气汤证的下利属热结旁流，下利是由于热结，下利并非真下利，热结却是真热结，故用"通因通用"法治之。

本方为宋·林亿等人校订本书时所附，成都中医学院《金匮要略讲稿》认为是以此"补本篇哕而腹满，后部不利之未备"。

【选注】

丹波元坚：此燥屎内结，大便不通壅逆，胃邪上行，而哕数谵语，所以亦宜轻利和中，而涤热开结也。（《述义》）

研究概要

对呕吐、哕、下利三病的认识，后世有了长足的发展。最突出的进步，主要表现在从张仲景时代，笼统地把呕吐、哕、下利这些代表性的症状视作独立的病种，把引起呕吐、哕、下利的不同疾病都归纳在一起，对其进行辨证论治，而逐步过渡到了对引起呕吐、哕、下利的不同疾病的辨识，体现了张仲景辨治杂病以病为纲，病证结合，辨证论治模式的延伸与发展。如从教材的角度言，从呕吐病中独立出了噎膈病、反胃病、妊娠恶阻病；从下利病中独立出了泄泻病、痢疾病；以及从呕吐下利病中独立出了霍乱病等。从临床的角度言，如认识到呃逆一症，因导致其发病的疾病不同，可致使其轻重差别极为明显，在病证结合的基础上，认识到呃逆若出现在急慢性疾病的严重阶段，是病情转向危重的表现，中医学称之为"土败胃绝"，预后不佳。从科学研究的角度言，已经出现了大量的以西医学的病种为纲，研究其常见的中医证型及与这些证型相对应的客观诊断指标、代表性方药等内容。认识到这些病虽均以呕吐或下利为主症，但因其所属病种不同，疾病的主要病理因素、病理过程、治疗方法、代表方药、预后转归等都有着本质的差异。如同属下利范畴，泄泻以脾虚湿胜为其最重要的病机因素；而痢疾则以湿热、疫毒、寒湿之邪壅塞肠中，与气血搏结，化为脓血为主要的发病机理。《医宗必读》治泄泻总结有淡渗、升提、清凉、疏利、甘缓、酸收、燥脾、温肾、固涩九法；治痢疾有所下赤多重用血药，白多重用气药的特点；而霍乱则因其起病急骤，病势凶险，而强调急救，及时治疗。

从治疗手段方面来说，后世对下利一类疾病尚有剂型与给药途径的讲究。如脾胃病专家徐景藩指出治疗慢性泄泻宜汤散剂型结合，散剂中可加入等量或半量米粉，酌加白糖，以红枣或荷叶煎汤代水调匀和服；而对久泻大便杂有黏冻，粪检有黏液、脓、红细胞者，提倡用中药浓煎灌肠的方法。

本篇原文中多次强调了呕吐出现的时间问题，如朝食暮吐、食入即吐及与口渴出现的时间顺序问题，如吐后贪饮、吐而渴欲饮水等，需指出的是，不能简单地据此判断证型。如食入即吐不等于全是实热证，朝食暮吐也不全属虚寒证。而需结合其呕吐物的内容、气味，病人的舌苔脉象及全身情况进行判断。西医学在判断引起呕吐病变的病位上，对呕吐出现在餐后时间的把握有一定的意义。如一般而言餐后即吐，提示病变多在食道、贲门，及见于部分精神、神经性呕吐病人；呕吐在食后 2～3 小时出现，多见于胃与胆道的疾患；食后 6～12 小时呕吐，吐出宿食臭腐，提示病在幽门、胃下端、十二指肠的梗阻。

小　　结

　　本篇因为内容较多，为便于阅读，故将证治部分的内容进行了再划分，但这种划分不是绝对的，如呕吐虚寒证证治与寒饮内停证证治的部分内容即存在着交叉重叠。

　　本篇系统地阐述了呕吐、哕、下利三种病证的病因、病机、证治、治禁及预后等内容。其中胃反虽也以呕吐为主症，但因其自身特有的病理表现，故被从呕吐中独立出来，而单独成病。哕即呃逆。胃反、呕吐、哕在病机上都有胃失和降的一面，治疗时，应根据引起胃失和降原因的不同，而审因论治。

　　辨证方面：由水饮内停而致的呕吐，根据呕吐和口渴出现的先后关系，判断呕吐的病机性质、病情进退。如"先呕后渴者，此为欲解"，"先渴却呕者，为水停心下"，"呕……不渴者，以心下有支饮故也"。这些辨证方法应该活看，如茯苓泽泻汤证亦有饮停于胃，其症却为"吐而渴欲饮水"。治疗原则：对"哕而腹满"，哕由实证腹满，腑气不通所致者，提出"视其前后，知何部不利，利之"的方法。治疗禁忌：提出"呕家有痈脓，不可治呕"，"病人欲吐者，不可下之"的注意事项，强调呕吐哕的治疗应审因论治。预后判断：对脾胃虚寒的胃反，提出若其脉由浮涩变为"脉紧而涩"，则"其病难治"，表示此时已因寒而燥，变为阴阳两虚之证，病情较重。方证治疗：属于实证热证的有大黄甘草汤证、小柴胡汤证及黄芩加半夏生姜汤证。大黄甘草汤证的呕吐为胃肠实热积滞，腑气逆而上冲所致，故以泄热通腑为法；小柴胡汤证的呕吐为少阳邪热迫胃所致，故以和解少阳，和胃降逆为法；黄芩加半夏生姜汤证为呕利并见证，以利为主，由邪热客犯胃肠所致，故以清热止利、降逆止呕为法治之。属于虚寒之证的有大半夏汤证、四逆汤证。大半夏汤证的呕吐名曰"胃反"，属脾胃虚寒，不能腐熟证，治宗和胃降逆，补虚润燥之法；四逆汤证呕吐与厥并见，脾肾两虚，阴阳欲将离绝，故急于回阳救逆。属于寒热错杂证的有半夏泻心汤证，呕吐由寒热互结中焦，脾胃升降失司所致，治以辛开苦降，寒热并调。属于饮停之证者有小半夏汤证、半夏干姜散证、生姜半夏汤证、猪苓散证、茯苓泽泻汤证及茱萸汤证。小半夏汤证、半夏干姜散证、生姜半夏汤证的呕吐俱属寒饮停胃之证，其中小半夏汤证以饮为主，偏于标实；半夏干姜散证中焦阳虚较实出；生姜半夏汤证则以气机阻滞明显为特征，故治疗虽皆不出温散寒饮之法，亦仍有侧重之不同；猪苓散证的呕吐是由饮邪阻胃所致，治以健脾利水；茯苓泽泻汤证的呕吐是由中阳不运，饮停于胃所致，法取温胃止呕，化饮利水；茱萸汤证的呕吐属胃阳不足，寒饮内停证，用温中补虚，化饮降逆法治之。治哕代表方有橘皮汤和橘皮竹茹汤。其中橘皮汤证为寒邪客胃所致，治以散寒理气、和胃降逆；橘皮竹茹汤证为气虚挟热，胃气上逆所致，治从补气清热，和胃降逆。另外书中还为吐后贪饮，证属里热津伤者设文蛤汤清里热，复津伤，透表邪。

　　本篇的下利包括泄泻和痢疾，其内容包括病机、治则、治禁、预后判断及证治等方面。

　　病机：分为实热与虚寒两类。治则：对中焦湿困、气机被阻的下利提出"当利其小便"的治法，利小便以实大便。治禁：提出虚寒下利兼挟表邪，以里虚为急时，禁用发表之法，免使阳气更损。预后判断：原文内容大致可按实热和虚寒分为两大类，实热下利如利下后脉软而静，主向愈；若脉大不静，主"未止"。虚寒下利若脏腑"气绝"者，主预后不良；若此时趺阳脉尚有胃气，主病尚可救；若在此基础上又见身有微热，口渴脉数，主病将向愈。

证治：属实热证者，有大承气汤证、小承气汤证、白头翁汤证、黄芩加半夏生姜汤证及紫参汤证。其中大承气汤证、小承气汤证俱属阳明实热积滞之证，治以通因通用的方法，攻下积滞；白头翁汤证及紫参汤证俱属大肠湿热，气血壅滞，用清热除湿，凉血解毒法治之；黄芩加半夏生姜汤症见上述。属虚寒者有四逆汤证、通脉四逆汤证、桃花汤证及诃梨勒散证。其中四逆汤证及通脉四逆汤证俱属脾肾虚寒证，只是通脉四逆汤证病情更重，有阳欲外脱之意，治皆以温阳救逆为法，只是通脉四逆汤功效更强；桃花汤证属虚寒痢疾，治以涩肠固脱；诃梨勒散证为中气虚寒，气机下陷的"气利"，以温涩固脱、涩肠止利为法。另外书中还为利后余热内扰、虚烦不安者设栀子豉汤清热除烦。本篇附方有《千金翼》小承气汤与《外台》黄芩汤，前者与仲景小承气汤组成相同，独枳实用量稍重，主治肠腑实热之便秘。后者功能益气温中，降逆止呕，主治脾胃阳虚的干呕下利。

瘡癰腸癰浸淫病脈證并治第十八

本篇所论述的疾病都属于外科病范围，所以合为一篇讨论。其中"疮"指金疮，即刀斧所伤；"痈"指痈肿，为体表痈疡之一；"肠痈"即内痈的一种；"浸淫疮"是一种皮肤病。

痈 肿

一、痈肿初起脉证

【原文】

諸浮數脉，應當發熱，而反洒淅惡寒，若有痛處，當發其癰。（一）

【释义】

本条论述痈肿初起的脉症。凡浮数脉象，一般应有发热等表证，而患者反洒淅恶寒，身体某处局部感觉疼痛，此为邪热内郁，正邪交争之象，即可判断将发痈肿。

【选注】

尤怡：浮数脉，皆阳也。阳当发热，而反洒淅恶寒者，卫气有所遏而不出也。夫卫主行营气者也，而营过实者，反能阻遏其卫。若有痛处，则营之实者已兆，故曰当发其痈。（《心典》）

二、痈肿辨脓法

【原文】

師曰：諸癰腫，欲知有膿無膿，以手掩腫上，熱者爲有膿，不熱者爲無膿。（二）

【释义】

本条论述辨别痈肿有脓、无脓的一种方法。凡诊痈肿，欲知其有脓或无脓，可用手掩于痈肿上，若有热感，即为有脓的征象；反之，即为无脓。《灵枢·痈疽》说："热盛则肉腐，肉腐则为脓。"

【按语】

以上两条简要论述了痈肿的诊断方法。外感病与痈肿初起都常见脉浮数而恶寒，但前者为外邪束表所致，必恶寒而发热；后者为热毒内郁使然，必振寒而发热。病因病机不同，治法有别。关于痈肿的具体诊治，须参考后世方书。

【选注】

尤怡：痈肿之候，脓不成则毒不化，而毒不聚则脓必不成，故以手掩其肿上，热者毒已聚，则有脓；不热者毒不聚，则无脓也。（《心典》）

肠 痈

一、脓未成证治

【原文】

腸癰者，少腹腫痞，按之即痛如淋，小便自調，時時發熱，自汗出，復惡寒。其脉遲緊①者，膿未成，可下之，當有血。脉洪數①者，膿已成，不可下也。大黃牡丹湯主之。（四）

大黃牡丹湯方：

大黃四兩　牡丹一兩　桃仁五十枚　瓜子半升　芒消三合

上五味，以水六升，煮取一升，去滓，内芒消，再煎沸，頓服之，有膿，當下；如無膿，當下血。

【校勘】

按之即痛如淋，小便自调：《脉经》作"按之则痛，小便数如淋"。可从。

【词解】

①脉迟紧、脉洪数：脉"迟"绝非主寒，是相对"数"脉而言，脉紧为肠痈初起正邪交争之象，若肠痈化脓，邪毒壅盛，则"脉洪数"也。

【释义】

本条论述肠痈脓未成的证治。肠痈病人，由于营血瘀结于肠中，致少腹肿痞；经脉不通，不通则痛，所以少腹拘急、拒按，按之痛及反跳痛；病在肠中，与膀胱邻近，热毒影响膀胱，可致"小便数如淋"；正邪相争于里，营卫失调于表，故时时发热、恶寒、自汗出；"其脉迟紧"，乃肠痈初起，郁热壅结肠中之象，故曰"脓未成，可下之"。治用大黄牡丹汤，方中大黄、芒硝荡涤实热，宣通壅滞；丹皮、桃仁凉血逐瘀；瓜子（冬瓜仁或瓜蒌仁均可）排脓散痈，共奏泻热逐瘀，散结消肿之功。迟则生变，一旦热盛肉腐，痈脓已成，脉洪数者，则不可下也。

【按语】

大黄牡丹汤与下文薏苡附子败酱散均为治肠痈良方，但前者适用于脓未成证，后者适用于脓已成证。大黄牡丹汤的适应证，注家有不同见解：一是认为本方仅适宜治肠痈脓未成者；二是认为本方对肠痈脓已成或脓未成均可应用；三是认为本方最适宜于未成脓的肠痈实热证，但也可用于初酿脓的实热证，却不可用于脓已成而正气虚者。根据辨证论治的原则及原文精神，以第三种见解较为切实。不过，对于肠痈脓已成者，仍当慎用攻下，以免造成阑尾穿孔，导致腹膜炎等危险病变。

【临床应用与研究】

大黄牡丹汤是治疗急性阑尾炎的专方，肠痈未成脓、轻度化脓及阑尾周围脓肿，不论老幼、妊娠期，均可应用。此外，对多种妇科病、泌尿系统疾病、肝脓疡、肺脓疡等，只要是以瘀热毒盛、腑气不通为主要病机者，亦均可以本方为主治之。

本方具有抑菌、杀菌、消炎、镇痛、增强阑尾蠕动、改善阑尾壁血循环、排除肠道的运动障碍等药理作用。

【选注】

丹波元坚：按痈肿之病，不论内外诸证，其初起也，乘其未溃而夺之；其既成也，扶正气以外托。故葶苈大枣泻肺汤，肺痈逐毒之治也；桔梗汤，肺痈排脓之治也；大黄牡丹汤，肠痈逐毒之治也；薏苡附子败酱散，肠痈排脓之治也。盖疡医之方，皆莫不自此二端变化，亦即仲景之法则也。（《述义》）

【医案举例】

张某，男，25岁。昨天始上腹部至脐周阵发性疼痛，位置不固定，恶心欲吐，乏力。数小时后腹痛转移并固定在右下腹部，且振寒，发热。乡村医生按"急性阑尾炎"予以抗生素治疗。今日病情加重，来门诊要求配合中药治疗。查其右下腹压痛；腰大肌试验阳性。脉滑数，舌红苔薄黄。体温39.2℃。大黄牡丹汤加减：大黄、牡丹皮、桃仁、赤芍各12g，红藤30g，芒硝6g（后下煎数沸）。水煎分日4次温服。服药1剂，腹泻3次，腹痛等诸症减轻。原方去芒硝，加甘草6g，连服4剂，症状消失。（吕志杰，等．仲景方药古今应用．第1版．北京：中医古籍出版社，2000；531）

二、脓已成证治

【原文】

腸癰之爲病，其身甲錯，腹皮急，按之濡，如腫狀，腹無積聚，身無熱，脉數，此爲腸內有癰膿，薏苡附子敗醬散主之。（三）

薏苡附子敗醬散方：

薏苡仁十分　附子二分　敗醬五分

上三味，杵爲末，取方寸匕，以水二升，煎減半，頓服，小便當下。

【释义】

本条论述肠痈脓已成的证治。肠痈患者失治或误治，以致热毒结聚，肉腐化脓。其局部表现为按之腹皮紧张拘急，脓肿濡软如肿状，此与腹内"积聚"坚硬者不同。由于热毒聚于局部而影响血分，故全身发热不明显而脉数。至于"其身甲错"，则为营血内耗，不能营养肌肤所致。薏苡附子败酱散，方中薏苡仁、败酱皆甘而微寒，重用清热解毒排脓为主；少用附子为佐药，振奋阳气，并"假其辛热，以行郁滞之气尔"。（《心典》）

【临床应用与研究】

本方为辨证治疗阑尾炎脓已成之主方，若痈脓表现瘀热证，应加丹皮、桃仁等活血化瘀药，或加冬瓜仁、红藤等排脓解毒药；若患者体虚阳气不足，方中附子可适当加大用量，并可加入黄芪、党参之类。本方亦可辨证治疗慢性盆腔炎、卵巢囊肿等。另外，用本方加减治疗克隆氏病、多发性胸腔脓疡、肝脓肿等，亦效。

方中薏苡仁有镇痛、解热作用，亦有报告称该药有抑制癌细胞成长及伤害作用。

【选注】

尤怡：甲错，肌皮干起，如鳞甲之交错。由营滞于中，故血燥于外也。腹皮急，按之濡，气虽外鼓，而病不在皮间也。积聚为肿胀之根，脉数为身热之候，今腹如肿状而中无积聚，身不发热而脉反见数，非肠内有痈，营郁成热而何。薏苡破毒肿，利肠胃为君；败酱一名苦菜，治暴热火疮，排脓破血为臣；附子则假其辛热，以行郁滞之气尔。（《心典》）

【医案举例】

张某，男，23岁。腹痛一天，发热呕吐，继则腹痛转入右下腹，经西医诊断为急性化脓性阑尾炎。先后用抗生素等药治疗，疼痛持续不解，且发热呕吐。患者不愿手术而求治于中医。症见面色青黄，神色困惫，右少腹持续疼痛，阵发性加剧，有明显压痛、反跳痛及肌紧张，包块如掌大，畏寒发热，剧痛时四肢冰冷，苔黄有津，脉滑数。体温38.7℃，血中白细胞20000/mm³。处方：薏米90g，炮附子30g（先煎），败酱草30g。嘱其浓煎顿服。4剂后疼痛大减，呕吐止，体温正常，白细胞下降。继服上方6剂，白细胞总数10000/mm³，右下腹包块不消。再服上方20余剂，包块消失而愈。[唐祖宣.老中医周连三运用温阳法的经验.上海中医药杂志 1982；（5）:5]

金　疮

一、脉证

【原文】

問曰：寸口脉浮微而濇，然當亡血，若汗出。設不汗者云何？答曰：若身有瘡，被刀斧所傷，亡血故也。（五）

【释义】

本条论述金疮出血的脉症。寸口脉表现浮微而涩，"脉浮者，里虚也"（《血痹虚劳病》篇）"脉微，气夺也；脉涩，血夺也"（《金鉴》），当有亡血，或汗出。假如没有汗出过多因素的话，又是因何病呢？如果身有创伤，则知被刀斧所伤而亡血之故。

【选注】

李彣：汗出亡阳则脉微，亡血伤阴则脉涩，微与涩皆阴脉也。设不汗而疮疡金疮，虽不亡阳而亡血，亦见微涩之脉者，总是营卫虚衰也。（《广注》）

二、治疗

（一）血脉瘀阻

【原文】

病金疮，王不留行散主之。（六）

王不留行散方：

王不留行十分（八月八日采）　蒴藋①细叶十分（七月七日採）　桑东南根白皮十分（三月三日採）　甘草十八分　川椒三分（除目及闭口，去汗②）　黄芩二分　乾姜二分　芍藥二分　厚朴各二分

上九味，桑根皮以上三味烧灰存性，勿令灰过；各别杵筛，合治之爲散，服方寸匕。小疮即粉之，大疮但服之，産後亦可服。如風寒，桑東根勿取之。前三物皆陰乾百日。

【校勘】

金疮：桂林古本《伤寒杂病论·卷第十五》之本条，在"金疮"后有"无脓者"三字。且在"王不留行散主之"后有"有脓者，排脓散主之，排脓汤亦主之"十四字。王不留行散：《本草纲目》"王不留行"条云："王不留行散，治身被刀斧伤，亡血。"

【词解】

①蒴藋（shuò diào 硕掉）：为忍冬科植物蒴藋的全草或根。黄元御《长沙药解》论蒴藋："味酸微凉，入足厥阴肝经，行血通经，消瘀化凝。"蒴藋还有接骨草、接骨木、落得打、秧心草、血满草、八棱麻等异名。

②除目及闭口者，去汗："目"，指川椒仁；"闭口"，指未成熟的尚未张开的川椒，句意指去掉椒仁及未成熟的川椒。"去汗"，指将川椒炒去水分。

【释义】

本条论述金疮的治疗。"金疮"是指被刀斧等金属器械的创伤，亦属外科疾患。由于经脉肌肤创伤，局部气血瘀滞，故用王不留行散消瘀止血镇痛。通过治疗后，营卫通行，则肌肤得其营养，金疮自能向愈。方中王不留行祛瘀活血，"主金疮，止血逐痛"（《本经》），故为本方主药；蒴藋行血通经，消瘀化凝；桑白皮续绝脉、愈伤口；三味烧灰存性，取入血止血之意；黄芩、芍药清血热；川椒、干姜、厚朴温运血脉，利气行滞；甘草补中生肌，调和诸药。此方寒温相配，气血兼顾，既可外用，亦可内服。"小疮即粉之"，指损伤不大，外敷可也；"大疮"则须内服；"产后亦可服"者，取其行瘀止血，行气活血之功。风寒去桑皮，是嫌其过于寒凉之故。

【按语】

王不留行散对各种机械创伤，瘀血兼出血证有效，在仲景治瘀诸法中，该方体现了活血以止血的治法。后世如明代缪仲淳、清代唐宗海将活血止血法奉为治疗血证的主要大法，所谓"宜行血不宜止血"是也，故七厘散、十灰散等著名止血方剂皆于凉血止血中加活血药，

实受王不留行散治法的影响。

【临床应用与研究】

王不留行散用于治疗金刃创伤之皮肉筋脉破损、流血不止或肿痛、肋间神经痛、肋软骨炎以及产后胎盘滞留、恶露不尽、子宫内膜炎、附件炎、月经不调、腹痛而内有瘀血者。另据报道：方中蒴藋可治疗各种手术后切口痛、牙痛、腹痛等（取全草粉末装胶囊，每粒装3g，痛时服2粒）；并可治疗骨折（取根茎，洗净烘干研细末，掺入4:1面粉，以白酒调成糊状，敷于骨节处）。

据动物实验研究，蒴藋能加速骨折愈合。王不留行散具有促进磷在骨痂中沉积，减少毛细血管通透性，对兔耳血管有明显的收缩等作用。

【选注】

吴谦：此承上条以明其治也。金疮，谓刀斧所伤之疮也。亡血过多，经络血虚，风寒易得干之，故用王不留行散，一以止血出，一以防外邪也。小疮粉之，即外敷也。（《金鉴》）

【医案举例】

钟某，女，53岁，1997年3月17日诊。主诉：半年前因颈椎增生而行手术，有一小伤口至今未愈合，也多次局部用药及内服药，但效果都不理想。刻诊：伤口处有渗出物，时有流黄水，伤口颜色呈黯红，局部时有疼痛，舌苔无变化，脉细。辨证：金疮瘀毒，腐灼血脉。治疗当化瘀敛疮，排脓托毒。处方以王不留行散加味：王不留行30g，蒴藋细叶30g，桑东南根白皮30g，甘草6g，川椒9g，黄芩6g，干姜6g，厚朴6g，芍药6g，当归12g，丹皮12g，黄芪18g，皂刺10g。5剂，每日1剂，水煎二次合并分三服。药用10剂后伤口黯红变为嫩红，渗出物消除，局部有轻度发痒。之后又服药16剂，伤口愈合。（王付，等.仲景方临床应用指导.北京：人民卫生出版社，2001；707）

（二）金疮成脓

排膿散方：

枳實十六枚　芍藥六分　桔梗二分

上三味，杵爲散，取鷄子黃一枚，以藥散與鷄黃相等，揉和令相得，飲和服之，日一服。

【释义】

本方未列主治证，但方名排脓散，当有排脓之功。观其用药，乃枳实芍药散加桔梗所成。枳实芍药散主治产后腹痛，方后又云"并主痈脓"，可知本方确能用于各种痈脓之证。方中枳实行气导滞为君，《本经》谓其有"长肌肉"之功；臣以芍药养血活血；佐以桔梗利气排脓；更加鸡子黄益脾养血。全方以行气活血为主，兼可养血生肌。盖气行则血活，血行则脓消；养血则生肌，新肉生则腐肉去。腐去脓消，疮痈自愈。

【临床应用与研究】

国外曾对此方在试管内的抗菌作用和每种生物成分对25种革兰阳性及阴性细菌进行敏感试验，能使痈的肿大缩小，但不与试管内的抗菌作用直接相关，对由金葡菌感染引起的小鼠皮肤痛的肿痛增大具抑制作用。方中白芍对所有革兰阳性和阴性细菌均有抑制作用，桔梗不具任何抗菌作用，从而认为生药制剂的特点，是这些生药协同和拮抗作用的结果。

【选注】

尤怡：枳实苦寒，除热破滞为君，得芍药则通血，得桔梗则利气，而尤赖鸡子黄之甘润，以为排脓化毒之本也。（《心典》）

【医案举例】

成蹟录云：加贺侯臣某，便脓血五年，来浪华从医治之亦三年，一门生与桂枝加术附汤及七宝丸，不治，遂请先生诊之。腹满挛急，少腹硬，底有物，重按则痛，及与排脓散，受剂而去。未几，来谢曰，宿疴尽除矣。（陆渊雷．金匮要略今释．第1版．北京：人民卫生出版社，1955；395）

（三）脓毒兼营卫失和

排膿湯方：
甘草二兩　桔梗三兩　生姜一兩　大棗十枚
上四味，以水三升，煮取一升，温服五合，日再服。

【释义】

本方亦未载主治证，观其用药，乃桔梗汤加生姜、大枣而成。桔梗汤主治肺痈"咽干不渴，时出浊唾腥臭，久久吐脓如米粥者"。《伤寒论》又以之治少阴病咽痛。可知甘草、桔梗合用，确有疗咽痛、排痈脓之效。然桔梗汤中甘草之用量倍于桔梗，而本方桔梗之用量大于甘草。甄权谓桔梗"消聚痰涎"，《大明本草》谓桔梗"排脓"，《本草求真》又说桔梗是"开提肺气之圣药"，可见桔梗长于入肺消痰排脓。臣以甘草解毒除热，配合桔梗以奏排脓消肿解毒之效；佐以生姜、大枣调和营卫。四药合用，对于上部痈脓，微有寒热者，较为适宜。

【临床应用与研究】

以上二方，一散一汤，虽未载主治，但均为排脓而设，排脓散以治肠痈、胃痈为主，排脓汤以治肺痈为主。一般化脓性疾病如肺痈、胃痈、肝痈、肠痈、瘰疬溃疡流脓、中耳炎流脓、脐痈流脓及卵巢脓肿，凡属内痈、金疮皆可服用。惟两方药力较薄，应用时，均可适当加入银花、连翘、赤小豆、贝母、苡米、败酱、丹皮、桃仁、冬瓜仁之类解毒排脓药，其效更显。

【选注】

邹澍：排脓散，即枳实芍药散加桔梗、鸡子黄；排脓汤，即桔梗汤加姜、枣也。排脓何以取桔梗？盖皮毛者肺之合，桔梗入肺畅达皮毛，脓自当以出皮毛为顺也。散之所至者深，汤之所至者浅。枳实芍药散本治产后瘀血腹痛，加桔梗、鸡子黄为排脓散，是知所排者结于阴分、血分之脓。桔梗汤本治肺痈吐脓喉痛，加姜、枣为排脓汤，是知所排者阳分、气分之脓矣。（《本经疏证》）

【医案举例】

续建殊录云：加州士人某者，来在浪华，患淋疾七年，百治无效，其友人有学医者，诊之，与汤药，兼以七宝丸、梅肉散，久服而不治，于是请治于先生。先生诊之，小腹挛急，阴头含脓，疼痛不能行步，乃作排脓汤与之，服之数日，旧疴全瘳。（陆渊雷．金匮要略今释．第1版．北京：人民卫生出版社，1955；396）

浸淫疮

【原文】

浸淫瘡①，從口流向四肢者，可治；從四肢流來入口者，不可治。（七）

浸淫瘡，黃連粉主之。方未見。（八）

【词解】

①浸淫疮："浸淫"二字叠韵，渐渍也，渐染也。孙思邈曰："浸淫疮者，浅搔之蔓延长不止，瘙痒者，初如疥，搔之转生汁相连者是也。"

【释义】

以上两条论述浸淫疮的预后和治疗。浸淫疮是一种皮肤病。起病时，病灶范围很小，先痒后痛。由于分泌物浸淫皮肤，逐渐扩大，遍于全身，故称为浸淫疮。如疮从口部向四肢蔓延，离心性发展，是病邪由内向外发散，故易治；如疮从四肢流向口部，向心性发展，是病邪内攻，故病重难治。但这种预后判断，仅是从内外浅深之理的假设，不能绝对看待。本病由心火热毒所致，正如《内经》所说："诸痛痒疮，皆属于心。"故以黄连粉泻心火、解热毒，邪去毒消，疮即可愈。

【按语】

黄连粉方未见，古代注家多认为即黄连一味，为粉外敷之，甚者亦可内服之。

【选注】

陈念祖：浸淫疮，留流不已，俗名棉花疮、杨梅疮、恶疮之类。……黄连粉方未见，疑即黄连一味，为粉外敷之，甚者亦内服之。诸痛疮痒，皆属于火，黄连苦寒泻心火，所以主之。余因悟一方，治杨梅疮、棉花疮等甚效。连翘、蒺藜、黄芪、金银花各三钱，当归、甘草、苦参、荆芥、防风各二钱，另用土茯苓二两，以水煮汤去滓，将此汤煮药，空心服之，十日可愈。（《浅注》）

研究概要

本篇对痈肿、金疮、浸淫病的证治论述简略，而关于肠痈病的证治论述详细，切合实用。对于肠痈证治的现代研究简述如下：

"肠痈"与西医学所述阑尾炎很相似。阑尾炎是外科常见病，居各种急腹症的首位。其临床表现70%～80%具有典型的转移性腹痛（即腹痛先起于上腹或脐周部，数小时后，转移并固定在右下腹部）。不同病理及临床类型的阑尾炎之腹痛有差异，如单纯性阑尾炎是轻度隐痛；化脓性呈阵发性剧痛和胀痛；坏疽性腹痛剧烈呈持续性，穿孔后则可引起弥漫性腹膜炎。常伴有恶心、呕吐等胃肠道症状，病重者有发热等全身中毒症状。体征以右下腹压痛为特点，若阑尾炎已发展到化脓、坏死或穿孔，则有腹肌紧张、反跳痛和肠鸣音减弱或消失等腹膜刺激征象。并可借助腰大肌试验等协助诊断。其白细胞计数多增高。急性阑尾炎化脓坏疽时，可形成阑尾周围脓肿及其内外瘘等并发症。中医认为其病因为寒温失调，饮食失节，情志失常，糟粕积滞等。病机为气滞血瘀，瘀而化热，甚则阑尾肉腐化脓。西医治疗以抗生素为主及对症处理。经非手术疗法治愈后短期内复发或多次复发者，多考虑及早手术。对毒热炽盛，病情危重，中西医结合保守治疗难以奏效者，更应尽快手术。但阑尾切除术后可有并发症。中医药治疗阑尾炎，大大减少了手术率及其并发症。

临床观察表明，以大黄牡丹汤为主方治疗急性阑尾炎，有确切可靠的良好效果。本方不仅治疗单纯性急性阑尾炎有良效，若结合辨证，适当加减，还可治疗化脓性阑尾炎、阑尾周围脓肿及老年人阑尾炎等。

阑尾炎非手术治疗最大的问题是部分患者容易复发。根据手术所见及病理检查，复发病例多有粪石、粘连、狭窄、扭曲等梗阻因素存在。因此，对阑尾炎既往有反复发作史，应高度注意有无阑尾粪石、粘连、阑尾腔狭窄与梗阻之可能，应考虑手术为佳。还有，治疗过程中过早停药，治疗不彻底而转为慢性，亦是导致复发的另一原因。因此，腹痛等症状缓解后，应适当变通处方，善后调理一段时间，以防复发。

小　　结

本篇论述了疮痈肠痈浸淫病的脉证并治。痈肿只提出了诊断方法。对于肠痈的阐述比较详细，所创制的大黄牡丹汤与薏苡附子败酱散是历代医家治疗肠痈的主方，前方泻热逐瘀，散结消肿，后方清热解毒排脓，并通阳散结，临证两方可联合应用。这两首方剂用于治疗急慢性阑尾炎取得显著疗效。本篇并论及病金疮用王不留行散消瘀止血镇痛；浸淫疮用黄连粉泻火解毒。此外，还附有排脓散、排脓汤两方，前专治金疮成脓，后专治脓毒兼营卫失和者。

跌蹶手指臂腫轉筋陰狐疝蚘蟲病脉證治第十九

本篇论述跌蹶、手指臂肿、转筋、阴狐疝、蚘虫（蛔虫）五种病证，其中以蛔虫病为重点。这五种病证性质各异，既不便于归类，又不能各自成篇，故在论述杂病之后，合为一篇讨论。

跌蹶，指足背强直，行动不便的一种足部疾病。由太阳经脉受伤，筋脉拘急所致。

手指臂肿，是手指臂部肿胀抽动，或身体肌肉跳动的病证。多由风痰阻滞经络所致。

转筋，指突然发生筋脉拘挛掣痛的病证，以下肢为多见，甚则牵引小腹作痛。其病多由湿浊化热，伤及筋脉引起。

阴狐疝，是一种阴囊偏大偏小，时上时下的病证。由寒凝肝经所致。

蛔虫病是以时常发生腹脐部剧烈疼痛，甚或吐出蛔虫为特征的一种肠道寄生虫病。

跌　　蹶

【原文】

師曰：病跌蹶①，其人但能前，不能却，刺腨②入二寸，此太陽經傷也。(一)

【词解】

① 跌蹶："跌"同"跗"。"蹶"，《说文》：僵也。跌蹶是一种足背僵直，行走不便，只能前行，不能后退的疾病。

② 刺腨（chuǎi tuǎn）：《说文》："腨，腓肠也。"即指小腿肚。刺腨是指针刺小腿肚的穴位。

【释义】

本条论述跌蹶的病因和证治。"此太阳经伤也"句，应列在"刺腨入二寸"之前，为倒装文法。足太阳经脉，行身之后及腨中，下贯腨内，出外踝之后，至于足小趾端外侧。由于足太阳经脉受伤，经气不行，筋脉失养，故足背强直，活动不利。故治疗当取足太阳经脉，针刺腨部穴位，以调其经气，舒缓筋脉。

【按语】

"跌蹶"有注家作"跌蹶"，认为本病由倾跌而致蹶，明确跌伤为其病因。但从文义看，跌蹶是太阳经脉受伤的病证,并非拘于外伤,故仍以"跌蹶"为是。

"刺腨入二寸",不可拘泥,小腿部的腧穴,临床多以刺入 8 分 ~ 1 寸为度,一般为承山穴处。

【选注】

黄元御:病跌蹶,其人能前不能却,足跌鞭直,能前走而不能后移也。筋脉寒湿缩急不柔,是以不能后却。阳明行身之前,筋脉松和则能前步。太阳行身之背,筋脉柔濡则能后移。今能前不能却,是病不在前而在后,太阳经伤也。太阳之经入腘中,贯腨内外踝,至小指之外侧,刺腨入二寸,泻太阳之寒湿,筋柔则能却矣。此脏腑经络篇所谓湿伤于下,寒冷筋急者也。(《悬解》)

手指臂肿

【原文】

病人常以手指臂腫動,此人身體瞤瞤者,藜蘆甘草湯主之。(二)

藜蘆甘草湯方:未見。

【释义】

本条论述手指臂肿动的证治。手指臂肿动是一种手指臂部关节肿胀,并作振颤,身体肌肉也发生抽动的病证。前人有"风胜则动"、"湿胜则肿"之论,《三因方》说:"痰涎留在胸膈上下,变生诸病,手足项背牵引钓痛,走易不定",与本证颇类似。可知本证主要因风痰阻于经络所致。风痰在膈,攻走流窜,凝滞关节则肿胀;风邪袭伤经络,则身体肌肉抽动。藜芦甘草汤方虽未见,但从二药的功效推测,藜芦辛寒大毒,可涌吐胸膈间久积风痰,甘草和中安胃,并制藜芦之毒。故本方属于风痰涌吐剂,令风痰去则诸证自愈。

【按语】

由本条启示,临床对类风湿性关节炎等治疗,常配以祛风痰药物,疗效较好。如导痰汤(胆星、枳实、半夏、陈皮、茯苓、生姜、大枣)、《指迷》茯苓丸(半夏、茯苓、枳壳、风化硝、姜汁)之类。

【选注】

尤怡:湿痰凝滞关节则肿,风邪袭伤经络则动。手指臂肿动,身体瞤瞤者,风痰在膈,攻走肢体;……藜芦吐上膈风痰,甘草亦能取吐,方虽未见,然大略是涌剂耳。(李氏)(《心典》)

【临床应用与研究】

本方可治疗癫痫、疟疾等病证。关于藜芦甘草汤方中的藜芦,目前以白藜芦研究较多,可用于治疗急性风湿性关节炎。实验研究还表明,藜芦所含之总碱具有明显而持续的降压作用,同时伴有心率减慢,呼吸抑制或暂停等,用之宜慎。

【医案举例】

张子和云：一妇病风痫。从六七岁因惊风得之。自后每三二年间一二作，至五七年五七作。逮三十余岁至四十岁，则日作，甚至一日十余作。遂昏痴健忘，求死而已。值岁大饥，采百草而食。于水滨见草若葱状，采归泡蒸食之，至五更忽觉心中不安，吐涎如胶，连日不止约一二斗，汗出如洗，甚昏困。三日后遂轻健。病去食进，百脉皆和。以所食葱访之，乃憨葱苗也，即《本草》藜芦是也。《图经》云：藜芦苗吐风病。此亦偶得吐法耳！（《儒门事亲·卷二》）

转　　筋

【原文】

轉筋之爲病，其人臂脚直，脉上下行，微弦。轉筋入腹者，鷄屎白散主之。（三）

鷄屎白散方：

鷄屎白

上一味，爲散，取方寸匕，以水六合，和，温服。

【校勘】

和，温服：《肘后方》、《外台》均作"煮三沸，顿服之，勿令病者知之"。

【释义】

本条论述转筋的证治。转筋，俗称抽筋，是一种四肢筋脉拘挛，牵引作痛的病证。症见臂（上肢）脚（下肢）强直，不能屈伸。转筋的部位，一般多发于下肢，由于足厥阴肝经循股阴，抵少腹，故转筋之甚者，病邪可循经入腹，出现筋脉挛急，严重时可从两腿内侧牵引小腹作痛，称为转筋入腹。其脉上下行而微弦，即劲急强直，全无柔和的脉象，与痉病的主脉"直上下行"相同。治用鸡屎白散，鸡屎白（《素问》作鸡矢）性寒下气，《本经》谓："主转筋，利小便。"可知本条所论转筋，是由于湿浊化热伤阴，筋脉失养所致。法宜泻湿浊、清热镇挛、舒缓筋脉。

【按语】

转筋一证原因很多，不仅限于湿热伤阴，最常见于霍乱吐泻严重者，由于阴液耗损过多，筋脉失去阴液濡养和阳气的温煦所致。后世王孟英用蚕矢汤（晚蚕砂、宣木瓜、大豆黄卷、醋炒半夏、焦山栀）治热性霍乱转筋，即受本方的启发。如属寒性霍乱，吐利太过，阴液耗伤，阳气大衰，而致转筋者，急当用四逆汤或通脉四逆汤加吴萸、木瓜等，以温煦阳气，缓急止痛，多有良效。

【临床应用与研究】

《本草纲目》记载鸡屎白，气味微寒，无毒，治疗破伤中风，小儿惊啼，腰脊反张，牙紧口噤，四肢强直，产后中风等。

鸡屎白即鸡粪中之灰白色部分，将其选出焙干，研为细末备用。服时用黄酒冲服（黄酒2两为引，日服2次）。对牙关紧闭不能下咽者，可做保留灌肠，亦可收到同样效果。小儿可酌情减量；成人此量不能控制病情时，可加倍应用。此药无副作用，亦无特殊恶臭气味，为一般人所易于接受。药源易找，疗程短，疗效高。

鸡屎白散可用治破伤风。鸡屎白亦可与解痉、镇挛药合服，如鸡屎白合剂：蜈蚣1条，全蝎、南星、天麻、白芷各3g，羌活6g，防风3g，鸡屎白6g（焙干研细另包，黄酒冲服），疗效颇佳。此外，亦有用本方治强直性脊柱炎，肌肉僵硬症，腓肠肌痉挛，肠胃痉挛，血吸虫腹水或其他湿热内蕴之单纯腹胀者。本方具有解痉和抗炎作用。

【选注】

魏荔彤：转筋之为病，风寒外袭，而下部虚热也。其人臂脚直，脉上下行，微弦，弦者即紧也，风寒入而隧道空虚也。直上下行，全无和柔之象，亦同于痉病中"直上下行"之意也。风寒入而变热，热耗其营血，而脉遂直劲也。转筋本在腨中，乃有上连少腹入腹中者。邪热上行，由肢股而入腹里，病之甚者也。主之以鸡屎白散，《本草》谓其利便破淋，善走下焦，入至阴之分。以之疗转筋，大约不出泄热之意耳。然此治其标病，转筋止，而其本病又当别图补虚清热之方矣。（《本义》）

【医案举例】

任某，男，20岁。因伐木而被树枝刺破左手指，二三日伤口愈合，但突然发热，口噤，牙关紧闭，阵发性全身痉挛，角弓反张，面呈苦笑状。急予鸡屎白三钱为末，烧酒冲服，汗出后，诸症悉减，数日而愈。[曲垣瑞.鸡屎白治疗破伤风的观察.中医杂志 1962；（10）：23]

阴 狐 疝

【原文】

陰狐疝氣者，偏有小大，時時上下，蜘蛛散主之。（四）

蜘蛛散方：

蜘蛛十四枚（熬焦）　桂枝半兩

上二味，爲散，取八分一匕，飲和服，日再服。蜜丸亦可。

【释义】

本条论述阴狐疝气的证治。阴狐疝气，简称狐疝，是一种阴囊偏大偏小，时上时下的病证。这种疝气，每卧时缩入腹中，起立、行走或咳嗽用力时，则坠入阴囊，偏坠于一侧，则该侧大而对侧小。其轻者仅有坠胀感，严重者由阴囊牵引少腹剧痛。肝之经脉循阴股，环阴器，抵少腹，寒湿之邪凝结于厥阴肝经则成此证。治当以辛温通利。方用蜘蛛散。蜘蛛善于破结利气，配桂枝辛温，能散肝经寒气。但蜘蛛有毒，用之宜慎。因本证有轻重，故治有缓急。病急用散，势缓者宜丸，故方后注云：蜜丸亦可。

【按语】

本篇所论阴狐疝，与今之腹股沟斜疝相似，乃小肠从疝孔脱出，非睾丸本体受病。阴狐疝与睾丸肿大的癫疝不同，癫疝虽也偏大偏小，但不时时上下；与前《腹满寒疝宿食病》篇所论寒疝亦不同，寒疝为寒气攻冲，以腹部疼痛为主症，小肠不脱出，睾丸不肿大。

【临床应用与研究】

本方用于治疗阴狐疝，常配疏肝理气、暖肝散结药，如川楝子、延胡索、木香、香附、青皮、荔枝核、小茴香、乌药等，可取得一定效果。治疗小儿疝气，如小儿腹股沟斜疝，可兼见小腹冷痛，舌淡，苔白润，脉紧等，效果较好。亦可治吐泻腹痛，脚麻转筋。

蜘蛛类数十种，有的有毒，有的无毒。故临床运用时，对于品种、炮制及用量等，都应慎重为宜。近人提出宜用大黑蜘蛛，而不可用花蜘蛛；也有学者认为当用袋蜘蛛，可供参考。

【选注】

吴谦：偏有大小，谓睾丸左右有大小也。时时上下，谓睾丸入腹时出时入也。疝，厥阴之病也。以与狐情状相类，故名之也。主之蜘蛛散，入肝以治少腹拘急而痛也。(《金鉴》)

【医案举例】

彭某，男，8岁。主诉：患阴狐疝已有6年。阴囊肿大如小鸡蛋，其色不红，肿物时而偏左，时而偏右，患儿夜卧时肿物入于少腹，至白昼活动时肿物坠入阴囊，而且肿物时有疼痛感觉，几年来曾服一般疏肝解郁、利气止痛等治疝气之药，但肿物依然出没无定，未见效果。患儿平素健康，饮食二便正常，余无所苦，舌苔不黄，舌质不红，脉象弦缓。诊断：寒气凝结肝经之阴狐疝。治则：辛温通利、破结止痛。方药：《金匮要略》蜘蛛散原方。大黑蜘蛛（宜选用屋檐上牵大蛛网之大黑蜘蛛，每枚约为大拇指头大小，去其头足，若误用花蜘蛛则恐中毒）6枚，置磁瓦上焙黄干燥为末，桂枝9g。上2味共为散，每天用水酒1小杯，1次冲服3g，连服7天。效果：服药3天后疼痛缓解，7天后阴囊肿大及疼痛消失，阴狐疝痊愈，观察1年未见复发。[彭履祥，等. 蜘蛛散治阴狐疝验案1例. 成都中医学院学报 1981；(2)：18]

蚘　虫

一、蛔虫病

（一）脉证

【原文】

问曰：病腹痛有蟲，其脉何以别之？师曰：腹中痛，其脉当沉若弦，反洪

大，故有蚘蟲。（五）

【释义】

本条论述蛔虫腹痛的脉诊。腹痛是蛔虫病的主要症状，但腹痛一症，可见于多种疾病中，故须加以鉴别。一般来说，腹痛如因里寒所致，其脉当沉或弦，今脉反见洪大，而又无热象，脉症不符，故曰反。此乃蛔虫扰动，气机逆乱之象，为诊断蛔虫病的依据之一。

【按语】

蛔虫病的诊断还必须结合其他症状，如平时心腹疼痛，常口吐清涎，白睛有蓝色斑点，面部有白斑，鼻孔瘙痒，睡中龂齿，喜嗜异物，甚至有吐蛔，大便下虫或化验有蛔虫卵等症，方可作出正确的诊断。

【选注】

尤怡：腹痛脉多伏，阳气内闭也；或弦者，邪气入中也。若脉洪大，则非正气与外邪为病，乃蚘动而气厥也，然必兼有吐涎等证，如下条所云，乃无疑耳。（《心典》）

（二）证治

【原文】

蚘蟲之爲病，令人吐涎，心痛發作有時，毒藥不止，甘草粉蜜湯主之。（六）

甘草粉蜜湯方：

甘草二兩　粉一兩　蜜四兩

上三味，以水三升，先煮甘草，取二升，去滓，内粉、蜜，攪令和，煎如薄粥，溫服一升，差即止。

【释义】

本条进一步论述蛔虫病的证治。吐涎为口吐清水，《灵枢·口问》曰："虫动则胃缓，胃缓则廉泉开，故涎下。"心痛是指上腹部疼痛，虫动则疼痛发作，静则痛止，故曰：发作有时。这是蛔虫病心腹痛的特点。毒药不止，是说蛔虫病已用过一般杀虫药而未取得疗效，所以改用安蛔和胃之剂，以缓解疼痛，待病势缓和后，再用杀虫药治疗。甘草粉蜜汤中甘草、粉、蜜，皆是甘平安胃之药，服后可以安蛔缓痛。

【按语】

本方所用之"粉"，注家有米粉、铅粉两种不同见解。因铅粉有毒，且方后注云"煎如薄粥"，故"粉"当为米粉。临床应用，可视具体病情而定。一般安蛔用米粉，取"甘以缓之"之意，养胃安蛔；若诱杀蛔虫常用铅粉。铅粉有毒，用时宜慎。

【临床应用与研究】

甘草粉蜜汤可治疗蛔虫性腹痛、肠梗阻、胆道蛔虫病、十二指肠溃疡、不寐等病证。

临床应用要注意原方蜜、甘草、粉的用量之比为4:2:1。煎煮时，应先煎甘草，取汁去渣，后纳铅粉、白蜜，再合煎10分钟左右，空腹1次服，不可1日再服。至于铅粉虽然毒性大，偶尔用一二次，量小不致中毒。

【选注】

丹波元简：案粉，诸注以为铅粉……然古单称粉者，米粉也。《释名》云：粉，分也，研米使分散也。《说文》粉，傅面者也。徐曰：古傅面，亦用米粉。《伤寒论》猪肤汤所用白粉，亦米粉耳。故万氏《保命歌括》载本方云：治虫啮心痛，毒药不止者，粉，乃用粳米粉，而《千金》诸书，藉以治毒药，并不用铅粉。盖此方非杀虫之剂，乃不过用甘平安胃之品，而使蛔安。应验之于患者，始知其妙而已。（《辑义》）

【医案举例】

例1：余曾仿《金匮要略》甘草粉蜜汤之意治愈1例蛔厥患儿。该患儿系3岁女童，因腹痛，其父给服"一粒丹"若干，腹痛转剧，呈阵发性，痛时呼号滚打，甚则气绝肢冷，并吐出蛔虫10余条。住院后一面输液以纠正水与电解质平衡，一面服中药以安蛔。处方：山药30g，甘草60g，共研为极细末，放入白蜜60g中，加水适量稀释之，令频频喂服。初起随服随吐，吐出蛔虫40余条，此后呕吐渐止，并排便数次，所排泄之物，粪便无几，悉为虫团。前后经吐泻排虫达300余条，病好告愈。［郭蔼春，等.急重病治验四则.广西中医药1983；（4）：6］

例2：某女，20余岁。素有蛔虫病史，病发腹痛，呕吐不纳，烦躁。患者曾服山道年片及中药驱蛔药皆不效，遂投生甘草15g，煎汤去滓，加和铅粉5g，白蜜30ml，煎如薄粥状，分2次温服。初服稍安，再服痛呕渐止。次日排出蛔虫20余条。［邵宝仁.医案二则.浙江中医学院学报 1981；（2）：14］

二、蛔厥

【原文】

蛔厥者，当吐蛔，令病者静而复时烦，此爲藏寒，蛔上入膈[1]，故烦，须臾复止，得食而呕，又烦者，蛔闻食臭出，其人常自吐蛔。（七）

蛔厥者，乌梅丸主之。（八）

乌梅三百枚　细辛六兩　乾姜十兩　黄连一斤　当归四兩　附子六兩（炮）川椒四兩（去汗）　桂枝六兩　人参六兩　黄蘗六兩

上十味，異搗篩，合治之，以苦酒漬乌梅一宿，去核，蒸之五升米下，飯熟搗成泥，和藥令相得，内臼中，與蜜杵二千下，丸如梧子大，先食飲服十丸，日三服，稍加至二十丸。禁生冷滑臭等食。

【校勘】

令：《玉函》作"今"，为是。

【词解】

① 入膈：乃指近胸膈的部位，如上腹部的胆道等。

【释义】

以上两条论述蛔厥的证治。蛔厥是因蛔虫扰动，而腹痛剧烈，以致手足厥冷证。由于脏腑寒热错杂，以致蛔虫窜动，上扰胸膈，蛔动则痛作，静则痛止；气机被扰，逆乱不续，故手足逆冷，烦扰不宁；胃失和降则呕吐，甚则吐蛔。治以乌梅丸寒温并用，安蛔杀虫。蛔有得酸则伏、得苦则安的特性。故方中重用乌梅，醋渍以安蛔止痛，并能敛肝泄热为君药；连、柏苦寒，清心肝之热，苦能安蛔；蛔因寒而动，又用桂、附、姜、椒、细辛，温脏祛寒，令脏温蛔安，其厥自止。人参、当归，补气养血，为安正祛邪之计。

【按语】

蛔厥与《伤寒论》脏厥不同，脏厥为脉微而厥，周身肤冷，躁无宁时，乃真阳极虚，脏气垂绝之候，故以四逆汤、白通加猪胆汁汤之类急救之。蛔厥虫动痛作，甚则吐蛔，手足厥冷，静而时烦，得食而呕，较脏厥为轻，故用乌梅丸安蛔温胃补虚即可。

【选注】

尤怡：蛔厥，蛔动而厥，心痛吐涎，手足冷也。蛔动而上逆，则当吐蛔，蛔暂安而复动，则病亦静而复时烦也。然蛔之所以时安而时上者，何也？虫性喜温，脏寒则虫不安而上膈，虫喜得食，脏虚则蛔复上而求食，故以人参、姜、附之属，益虚温胃为主，而以乌梅、椒、连之属，苦酸辛气味，以折其上入之势也。（《心典》）

【临床应用与研究】

乌梅丸常用于治疗胆道蛔虫、蛔虫性肠梗阻、胆汁反流性胃炎、反流性食道炎、慢性结肠炎、胆囊鞭毛虫症、十二指肠壅积症、胆汁性肝硬化继发肝肾综合征、急慢性菌痢、感染性休克、宫颈癌术后呕吐、妇女崩漏、经期头痛等，均有较好疗效。乌梅丸以安蛔为主，若要增强其杀虫作用，可酌加使君子、苦楝根皮、榧子、槟榔等。热重者，可去附子、干姜；寒重者，可减黄连，去黄柏；呕吐者可加半夏、生姜；腹痛甚者，可加白芍、甘草；腹胀甚者，加厚朴、木香；便秘者可加大黄。

实验研究表明，乌梅丸有麻醉蛔虫、促进胆汁分泌、增强机体免疫能力，还有较强的抗菌（尤其是抗痢疾杆菌）、抗真菌、抗过敏、抗氧化等作用。

【病案举例】

王某，48岁，1994年8月5日初诊。患者于1天前开始右上腹部疼痛，状似钻顶，宛如刀绞，疼痛时发时止，伴有恶心，呕吐黄水，吐蛔1条，胃中灼热，嘈杂，呻吟不已。刻诊：面色青黄，右上腹部疼痛拒按，手足厥冷，不欲饮，口臭，舌质紫暗，苔腻，脉沉弦而紧。证属厥阴脏寒，肝胆气机不调，腹中蛔虫上扰，而致阴阳不相顺接之蛔厥证，遵仲景法，以乌梅丸治之。处方：附子10g，干姜7g，肉桂7g，当归15g，党参15g，黄连17g，黄柏15g，蜀椒17g，细辛4g，乌梅20g。药进2剂，疼痛稍减，能忍受；服药3剂，疼痛呕吐均止，手足已温，能安然入睡，唯有胃中不适，嘈杂，纳谷不香，舌苔白腻稍退。守方加槟榔片20g，苦楝根皮15g，续服2剂，便蛔虫20余条，诸症悉除，随访2年未发。［韩玉香，等.乌梅丸临床应用体会.内蒙古中医药 2000；(3)：38］

研究概要

本篇将几种不便归类的病证置于内科杂证后加以论述，体现了《金匮》病种杂多的特点。目前，对趺蹶、手指臂肿、转筋、阴狐疝和蛔虫病证，主要反映在对其相应方药的临床应用及实验研究上，报道最多的是蛔虫病。

藜芦甘草汤方中的藜芦，以白藜芦研究较多。白藜芦即小叶买麻藤，为我国南方民间草药，有用于治疗急性风湿性关节炎有效的记载。白藜芦醇为从中分离的单体化合物。用白藜芦醇对 IV 型变态反应中白细胞介素 6（IL－6）表达的抑制作用进行研究，白细胞介素 6 是具有广泛生物活性的细胞因子，在正常机体内参与免疫疾病，如风湿性和类风湿性关节炎、系统性红斑狼疮、银屑病、系统性硬化、多发性硬化等，采用免疫组化方法实验结果表明：白藜芦醇皮下给药 50mg/Kg 可明显抑制由二硝基氟苯（DNFB）诱导的 IV 型变态反应中的小鼠耳肿胀。皮下给药 50mg/Kg、100mg/Kg 剂量下，可抑制 DNFB 诱导的 IV 型变态反应中 IL－6 生成。

在蜘蛛散众多的研究中，用其治疗疝气，已成定论。有学者对蜘蛛散中的蜘蛛，经上百例临床验证，认为：袋蜘蛛一物，疗疝功专，效力宏伟，当为《金匮》蜘蛛散之蜘蛛正品。以此方治疗一张姓 7 岁男童，其右侧阴囊肿大，质软。平卧即可推入腹中，站立后，旋即降入阴囊。服药一周病愈。十余年未复发。此后治疗疝气，不论老幼，皆用《金匮》蜘蛛散，以蜘蛛 14 枚，新瓦上焙干，肉桂 15g，共研细末，为 1 剂，每服 3g，日服 2 次。另有报道用蜘蛛散治疗小儿腹股沟斜疝 55 例，方药：黑色大蜘蛛（去头足，焙干）10g，桂枝尖 20g，共研粉末，过筛，瓶装密封备用。每次每千克体重 0.25 g，早晚各服 1 次，白开水冲服，3 周为1疗程。其中51例均在服药2～4周左右症状消失。

甘草粉蜜汤主要用治蛔虫病。有学者提出了具体用量，可供参考：甘草 6g，铅粉 1.5g，蜂蜜 30g。关于铅中毒：曾有报道，甘草粉蜜汤用铅粉制成混悬液驱蛔虫（处方：甘草 1000g，铅粉 500g，蜂蜜 1000g。先煎甘草取汁，再和铅粉、蜂蜜制成混悬液 10000ml 待用。3～17 岁服 30～100ml，18 岁以上服 120ml）。接受治疗后的 74 人全部中毒，死亡 1 人，故认为甘草粉蜜汤中的"粉"为"米粉"为宜。另有学者针对这一中毒报道，考证大量史料，综合分析铅中毒原因，在列举许多临床案例的基础上提出，金匮教材（1985 年版）的观点颇有依据，不可轻易否定铅粉杀虫的功效和甘草粉蜜汤的诱杀蛔虫的价值，并再次强调了该方的用量及用法。

此外，尚有甘草粉蜜汤治疗十二指肠球部溃疡和神经衰弱的报道：辨证属脾胃气虚型胃脘痛，治宜益气和胃止痛，方用甘草粉蜜汤：炙甘草 30g，粳米粉 20g，蜂蜜 6g，早晚饭后服。服药 2 月后，钡餐造影示龛影基本消失；辨证属心脾气虚者，治宜补益心脾，用甘草粉蜜汤：炙甘草 20g，粳米 15g，蜂蜜 6g。10 剂后可入睡 5～6 小时。甘草粉蜜汤原方未言明甘草用生或炙，上两例报道均用炙甘草，且用量较重。炙甘草微温，善补心脾之气，走十二经，使心脾气复，升降调畅，痛则自消；心神得养，则可入睡。可谓对《金匮》方具体应用的发挥。

乌梅丸用以治疗胆道蛔虫病，实验研究表明其作用机理：①乌梅丸有麻醉蛔虫的性能，使之活动迟钝、静止、呈濒死状态，失去其固有附着肠壁的能力，从而起到抑制蛔虫的作用。②服乌梅丸后，胆汁的 pH 值有降低倾向，并与胆汁分泌量增多一致，促进胆囊收缩和排泄胆汁。蛔虫有喜碱恶酸的特性，胆汁逐渐趋于酸性，使胆道成为不利于蛔虫生存的环境。③服乌梅丸后能使奥狄氏括约肌弛缓扩张，加之胆汁量分泌增加，冲击这些没有活力的蛔虫，通过弛缓扩大的奥狄氏括约肌退回十二指肠，从而使胆道蛔虫病治愈。

在剂型研究方面，将乌梅丸按原方比例制成汤剂，对人体胆囊收缩功能进行实验研究：拟定乌梅汤Ⅱ号方（将主药乌梅改为 60g，其他各药剂量不变），并与乌梅丸进行对比。结果表明：乌梅丸有促进胆囊收缩和排泄胆汁的作用；乌梅汤Ⅱ号方收缩胆囊的作用较原方明显增强，说明本方促进胆囊收缩的作用主要在乌梅。而乌梅汤与单纯乌梅对胆囊的影响又不完全相同，胆囊收缩曲线也有差别，说明药物组成复方的协同作用增强了收缩胆囊的作用。

乌梅丸不仅是治疗蛔厥的主方，而且对于内、外、妇、儿等多种疾病表现为寒热错杂、虚实并见者，均有良效。总结叶天士运用乌梅丸的规律，足资借鉴：叶氏化裁乌梅丸是根据药物性味扩充演变的，方中酸能收能柔，苦能泄能降，辛能通能行，甘能补能缓。集四味于一方，适应厥阴病寒热虚实错杂的诸多症状。叶氏始终以酸味药为主，旁及苦、辛、甘。酸味药除乌梅外，又增加了生白芍、木瓜、山楂肉、山萸肉。苦味药除黄柏少用外，常用黄芩、川楝子、枳实、秦皮等。甘味药加石斛、麦冬、生地、阿胶、首乌等。据此化裁治疗呕吐、胃痛、泄泻、痢疾、久疟、痞证以及温病等，扩大了本方的应用范围。

综之，关于本篇的藜芦甘草汤、鸡屎白散、蜘蛛散、甘草粉蜜汤，虽有不少临床应用报道，但对趺蹶、手指臂肿、转筋、阴狐疝及蛔虫病的病因病机、病性、治法等实质性研究较少，相关方剂的实验研究报道也不多，今后应加强这些方面的研究。

小　结

本篇论述了趺蹶、手指臂肿、转筋、阴狐疝和蛔虫几种不便归类的病证，其中蛔虫病为重点。

趺蹶，指足背强直，行动不便，只能前行，不能后退的病证。是由太阳经脉受伤所致，治疗可用针刺足太阳经穴（如承山）的方法，以通利经气，舒缓筋脉。

手指臂肿，是以手指臂部肿胀，或身体肌肉跳动为主症的病证，乃由于风痰阻滞经络所致，可用藜芦甘草汤以涌吐风痰。后世医家常用导痰汤、《指迷》茯苓丸治疗胸膈间风痰，通络舒筋，可谓是对此法的运用与发挥。

转筋，是一种筋脉拘挛作痛的病证，以下肢为多见，甚则牵引小腹拘急疼痛，脉象强直而弦。多由湿浊化热，伤及筋脉所致，治以鸡屎白散泻浊去湿，舒缓筋脉。

阴狐疝，是一种阴囊偏大偏小，时上时下的病证，由寒凝厥阴肝经所致，用蜘蛛散辛温通利，温经散寒。

　　蛔虫病，时常发生腹脐部剧烈疼痛，甚或吐出蛔虫。其腹痛应与一般性腹痛加以鉴别，一般腹痛属于寒者，脉多沉或弦，如腹痛脉不沉不弦，反而洪大，又无热象者，可能是蛔虫病致痛。治疗一般以杀虫为主，如用毒药杀虫后病仍不愈者，可用甘草粉蜜汤和胃缓痛。如因腹痛剧烈而致手足逆冷，静而时烦，反复发作，甚至吐蛔者，则属蛔厥证，可用乌梅丸泄肝清胃，温脏安蛔，杀虫扶正。

婦人妊娠病脉證并治第二十

本篇专论妇女妊娠期间常见疾病的证治。内容涉及妊娠的诊断与调治、胎瘕的鉴别及治疗，以及妊娠腹痛、胞阻、恶阻、妊娠小便难、妊娠水肿、胎动不安等病证的诊断和治疗。由于妊娠腹痛很常见，若腹痛不已，反复发作或合并下血，则可能损伤胎元，致胎动不安，甚或堕胎、小产，故本篇作为重点论述。

一、妊娠诊断与调治

【原文】

師曰：婦人得平脉①，陰脉小弱②，其人渴，不能食，無寒熱，名妊娠，桂枝湯主之。方見下利中。於法六十日當有此證，設有醫治逆③者，却一月④加吐下者，則絶之。（一）

【词解】

①平脉：指平和无病之脉。

②阴脉小弱：阴脉，此指尺脉。小，通"稍"。阴脉小弱，即尺脉稍显弱象。

③治逆：指误治。

④却一月：却：退也。《商君书·农战》："敌不敢至，虽至必却。"（《古汉语常用字字典》）故"却一月"指六十日后却一月，即妊娠三月。

【释义】

本条论述早期妊娠的诊断与调治。已婚育龄期妇女，停经以后，诊得平和无病之脉，惟尺部略显弱象，并见口渴、不能食等症，而无外感寒热的表现，这是妊娠的反应，即《素问·腹中论篇》所谓"身有病而无邪脉也"。由于妊娠两个月左右，胎元初结，经血渐蓄，归胞养胎，胎气不盛，所以阴脉小弱。孕后经血不泻，冲脉之气较盛，可引起孕妇体内的阴阳气血一时失调。若素体胃气虚弱，逢冲脉之气上逆，遂致脾胃失和，故不能食。胃气上逆，则呕逆。故尤怡在"其人渴"之后云"一作呕亦通"。阴血不足，血失濡养，亦可口渴。此为妊娠早期胃气虚弱，阴阳失调的表现，故用桂枝汤调阴阳，和脾胃，平冲逆，则诸证可除。

因妊娠反应多出现在怀孕 6～10 周之间，故原文说："于法六十日当有此证。"在此期间给予恰当的治疗和调护，反应便可逐渐消失。如果诊疗失误，在妊娠三月时，妄施吐、下法者，应暂停服药，以饮食调养为主；或随证治之，以绝其病根；若误治损伤了胎元，则可能导致胎动，甚至堕胎。故曰"则绝之"。

【按语】

对"则绝之"，注家主要有三种不同的理解：①断绝病根：即不要泥于安胎之说，如徐彬；②禁绝其医药：即不治而胃气自复，或采取饮食消息止之，以魏荔彤为代表；③断绝其妊娠，避免劣胎，认为此指误吐误下致胎动而堕的后果，如唐宗海。从临床实践看，上述见解对妊娠反应的调治和优生学都有指导意义。

本条所述妊娠脉象与《素问·平人气象论篇》"妇人手少阴脉动甚者，妊子也"及《素问·阴阳别论篇》"阴搏阳别谓之有子"不同。此为妊娠初期的脉象，彼属妊娠中期的脉象。据临床观察，孕脉的变化以妊娠 2~3 个月后较为显著。妊娠初期胎气不盛，所以阴脉小弱。随着孕期的增加，气血日渐充盛，"其血留气聚，胞宫内实，故尺阴之脉必滑数"（清·阎纯玺《胎产心法》）。可见，孕期不同，其脉象也可有别。

本条所描述的妊娠反应，后世又称作"恶阻"。桂枝汤调治妊娠反应的辨证要点是：妊娠早期不能食，口渴但饮水不多，或恶心呕吐，神疲体倦，舌淡红、苔薄白润，脉象无明显异常。

【临床应用与研究】

本方除可调治妊娠反应外，还可用于滑胎、妊娠背冷、妊娠癃闭、乳汁自溢、经期及产后感冒、产后自汗或盗汗、痛经、经行身痛、妊娠腹痛等，其病机总与脾胃虚弱，气血阴阳失调有关。对妊娠反应较重者，可加陈皮、砂仁、法夏、竹茹；兼气虚者，可加党参、黄芪、白术。治滑胎兼血虚者，可加当归、阿胶、熟地；肾虚不固者可加杜仲、菟丝子、桑寄生。

【选注】

徐彬：平脉者，不见病脉，一如平人也。关前为阳，关后为阴，小弱者，脉形小不大，软弱无力而非细也。诸脉既平，而独下焦阴脉，微见不同，是中上焦无病，乃反见渴、不能食之证，则渴非上焦之热，不能食，亦非胃家之病矣。……是渴乃阴火上壅，不能食乃恶心阻食，阴脉小弱乃胎元蚀气，故曰名妊娠，孕也。（因经已阻，故如此断。）药用桂枝汤者，此汤，表证得之，为解肌而荣卫，内证得之，为化气调阴阳。今妊娠初得，上下本无病，因子室有凝，气溢上干，故但以白芍一味，固其阴气，使不得上溢，以桂、甘、姜、枣，扶上焦之阳，而和其胃气，但令上之阳气充，能御相侵之阴气足矣。未尝治病，正所以治病也。否则，以渴为邪热而解之，以不能食为脾不健而燥之，岂不谬哉。于法六十日当有此证者，谓胎已成而气上干，治之当以胎气为主也。设有因医治逆，逆者，误也，却一月，其期未满六十日，则胎未成，又加吐利，而因医治误，则脾胃实有受伤处，是当但以断绝病根为主，不得泥安胎之说，而狐疑致误也，故曰绝之。（《论注》）

【医案举例】

王某，女，24 岁，社员。1971 年 6 月初诊。妊娠月余，呕吐频频数天，饮食甚少，2 周后，神疲体怠，在当地求治于中医数人，服中药 10 余剂，乏效。继在某地区医院接受西医治疗，住院 3 天，静脉点滴葡萄糖、维生素 C、林格氏液，以及口服维生素 E 等药，仍呕吐不止，故邀余诊。患者主诉"呕恶冲心难忍"。近几天来阵阵腹痛。诊其面色不华，精神不安，语声无力，舌苔舌质无明显变化，脉象弦数，小便黄，大便干。细询之，病人言：对冷热饮食均无食欲，强食之则食入即吐，不食亦觉"胎气上攻心口"。余索病家所服之中药方数首视之，为小半夏加茯苓、黄连温胆汤、丁香柿蒂汤等。余思，前医不效，应归咎于冲气上逆，非降逆平冲，不能止呕。遂书方：桂枝、芍药各 10g，竹茹、生姜各 9g，大枣 3 枚，炙甘草 3g。暂投 1 剂，以探消息。5 天后，病人来告：服 1 剂后，自觉心中安定，呕吐有所减轻。自照原方连用 3 剂，现呕吐已止，腹痛除，胎气安。[裴永清 . 桂枝汤治妊娠恶阻 . 新中医　1984；(4)：12]

二、胎癥的鉴别与治疗

【原文】

婦人宿有癥病①，經斷未及三月，而得漏下不止，胎動在臍上者，爲癥痼害。妊娠六月動者，前三月經水利時，胎也。下血者，后斷三月衃②也。所以血不止者，其癥不去故也，當下其癥，桂枝茯苓丸主之。（二）

桂枝茯苓丸方：

桂枝　茯苓　牡丹（去心）　桃仁（去皮尖，熬）　芍藥各等分

上五味，末之，煉蜜和丸，如兔屎大，每日食前服一丸。不知，加至三丸。

【词解】

①癥病：病名。指腹内有瘀阻积块的疾病。

②衃（pēi 胚）：一般指色紫而暗的瘀血。此作癥痼的互辞。

【释义】

本条论述胎与癥的鉴别及癥病漏下的治疗。妇女素有癥病史，停经不到三个月，漏下不止，并觉脐上似有胎动。其实这不是真正胎动，而是癥积作祟，故曰"为癥痼害"。一般胎动俱在怀孕 18~20 周出现，而且此时胎动部位在脐下，不在脐上。如果怀孕六个月感觉胎动，停经前三个月，月经又正常，受孕后胞宫亦按月增大，这才确属胎孕。若前三个月，经水异常，后三个月又经闭不行，胞宫也未按月增大，复见漏下不止，这是癥痼造成的。宿有癥积，血瘀气滞，所以经水异常，渐至经停。瘀血内阻，血不归经，又可漏下不止。此时癥积不去，漏下难止，故当消瘀化癥，使瘀去血止，当用桂枝茯苓丸治疗。方中桂枝、芍药通调血脉，丹皮、桃仁活血化瘀，茯苓渗湿利水。

【按语】

对于本方证，有不少注家从癥胎互见解释，即宿有癥病复又受孕，并因癥病致孕后下血不止。故均以"有故无殒"作为使用本方的理论依据。但从临床实践看，素有癥病复又受孕者，毕竟少见。故解释为胎癥的鉴别及癥病的治疗，似既符合文义，又切合临床。

胎与癥病的鉴别，除原文提示要审察停经前月经正常与否、胎动的部位和时间与停经月份是否相合外，还应检查小腹是按之柔软不痛还是疼痛有块。

桂枝茯苓丸所治癥病下血的辨证特点有：①素有癥病史：可见小腹疼痛，或有包块；②经行异常，闭经数月又漏下不止；③停经不到三个月，便觉脐上有跳动感；④舌质紫暗或边

尖有瘀点。

本方体现了治血兼治水（湿）的治法特点。既曰癥病，便知为痼疾，瘀积日久，往往阻遏气机，妨碍津液代谢，由此继发水湿停聚，所以本书《水气病》篇有"血分"之称。故治疗时不仅要活血化瘀，还应兼以渗利水湿。临床治疗癥积痼疾时，尤当注意。

从本方制剂特点与服药剂量可知，治疗癥瘕痼疾，宜用丸剂缓消。若用汤剂，既恐药力偏急，久服伤正，又虑服之不便，难以坚持，故宜选择丸剂。方后注指出的服药量，提示本方用于癥病漏下不止时，药量宜轻，以免量大力猛，导致崩中，因本方毕竟属于化瘀消癥之剂。

【临床应用与研究】

凡病机与瘀血阻滞，寒湿（痰）凝滞有关的下列病证，都可用本方化裁治疗。如子宫肌瘤（常加三棱、莪术、鳖甲、牡蛎等），卵巢囊肿（常加香附、泽兰、苇茎汤、消瘰丸等），慢性盆腔炎或伴积液（常加泽泻、益母草、薏苡仁、生黄芪），慢性附件炎（常加芦根、冬瓜子、桃仁），附件炎性包块（常加红藤、刘寄奴、蒲公英、败酱草、甲珠、黄芪等），子宫内膜异位症（可加血竭、淫羊藿、川楝子、元胡、夏枯草），产后尿潴留（加木通），陈旧性子宫外孕，输卵管阻塞及其引起的不孕（常加莪术、王不留行、贯众、丹参、皂刺、路路通、银花、连翘、土茯苓等），输卵管妊娠（常加乳香、没药、红花、鳖甲、甘草），人流后恶露不尽（合失笑散），痛经，月经后期，月经过少，经期综合征，前列腺肥大及其引起的尿潴留（常加牛膝、大黄、益母草、泽兰、海藻、土鳖虫），盆腔瘀血综合征，闭经（常加郁金、菖蒲、橘络），习惯性流产，子宫直肠窝积液（可加三棱、莪术、贯众、银花、连翘、甘草），面部黄褐斑（加当归、香附、苡仁、红花、甘草），宫外孕（加乳香、没药、丹参、昆布、海藻、生蒲黄），冠心病心绞痛（常加丹参、当归）等。

实验研究发现，本方具有：①抑制小鼠子宫内膜异位发生的作用；②能明显降低全血黏度；③有降低血小板聚集的作用；④有预防实验性弥漫性血管内凝血的作用；⑤对大鼠急性、亚急性、慢性炎症均有抑制作用；并能抑制组胺、5－羟色胺所致的毛细血管通透性增高；⑥可能具有催乳素释放激素类似物及弱抗雌激素的特性。

【选注】

尤怡：癥，旧血所积，为宿病也。癥痼害者，宿病之气，害其胎气也。于法妊娠六月，其胎当动，今未三月，胎不当动而忽动者，特以癥痼害之之故。是六月动者，胎之常，三月动者，胎之变也。夫癥病之人，其月经当不利，经不利则不能受胎。兹前三月经水适利，胞宫净而胎可结矣。胎结故经断不复下，乃未三月而衃血仍下，亦以癥痼害之之故，是血留养胎者其常，血下不止者其变也。要之，其癥不去，则血必不守，血不守，则胎终不安，故曰"当下其癥"。桂枝茯苓丸下癥之力颇轻且缓，盖恐峻厉之药将并伤其胎气也。（《心典》）

【医案举例】

刘某，女，30岁，已婚，农民，1998年12月16日初诊。右下腹疼痛反复半年余，加重10余天，疼痛拒按，面色晦黯，肌肤乏润，头昏乏力，月经淋漓不净，舌质淡红、边有瘀点，脉沉涩。B超示：右侧输卵管炎性包块8.0 cm×3.3cm。治拟活血散结，破瘀消癥佐以益气，予桂枝茯苓丸加味。处方：桂枝10g，云苓15g，丹皮6g，桃仁6g，赤芍10g，红藤20g，黄芪20g，刘寄奴10g，玄胡6g，甲珠5g。每日1剂，连服1个月后，自觉右侧下腹疼痛明显减轻，精神较佳，面转红润，于1999年1月25日经净后B超复查，示：右侧附件炎性包块约4.2cm×2.8cm，续守原方法服用1个月，右下腹痛完全消失，经期正常，神清气爽。于1999年2月23日经净后B超复查，提示：子宫附件正常。[江南. 桂枝茯苓丸加味治附件炎性包块98例. 江西中医药　2000；(4)：25]

三、证治

（一）腹痛

1. 阳虚寒盛

【原文】

婦人懷娠①六七月，脈弦發熱，其胎愈脹，腹痛惡寒者，少腹如扇②，所以然者，子藏③開故也，當以附子湯溫其藏。方未見。（三）

【词解】

①怀娠：《说文》："娠，女妊身动也，"段玉裁注："妊而身动曰娠，别词也。浑言之则妊娠不别。"可见，单言娠，似指孕后有胎动者，即相当于中晚期妊娠。

②少腹如扇（shān 山）：扇，此指风吹。形容少腹阵阵恶寒犹如风吹状。

③子脏：即子宫。又称胞宫。

【释义】

本条论述妊娠阳虚寒盛腹痛的证治。妊娠六七月时，出现脉弦发热，胎胀愈加明显，腹痛恶寒，少腹阵阵作冷，有如风吹的感觉，这是肾阳亏虚，阴寒内盛所致。阳虚阴盛，寒凝气滞，所以其胎愈胀、腹痛。肾阳虚不能温煦，胞宫失于温摄，故恶寒少腹如扇。该脉弦为虚寒之征。此发热与一派阴寒之象并见，显然既非外感，亦不是真热，而是虚阳外浮的假热。故用附子汤温阳散寒，暖宫安胎。原方未见，徐彬等注家认为可能是《伤寒论·少阴病》篇的附子汤（炮附子二枚，茯苓三两，人参二两，白术四两，芍药三两）。

【按语】

附子被后世医家列为妊娠忌药，这是因为附子辛热有毒，若妊娠期用之不当，有耗津液、损胎元之可能。仲景将其用于阳虚阴盛的腹痛证，是本《素问》"有故无殒"之意。不过妊娠期使用附子要注意：一是辨证准确，属阳虚寒盛的腹痛才能应用。二是讲究配伍，当与扶正安胎的人参（或党参）、白术等同用。三是量不宜重，一般6~9g。四是附子要先煎或同其他药同煎以减少毒副作用。

妊娠阳虚寒盛腹痛的辨证要点是：腹痛伴少腹阵阵作冷，喜温喜按，形寒怯冷，腹胀，舌质淡，苔白润，脉弦而无力或沉迟无力。发热可有可无，若有，亦多为短暂的微热。

【临床应用与研究】

本方可用于确属阳虚寒盛的妊娠腹痛、子肿、胎水、先兆流产、习惯性流产、早产、子宫脱垂、白带过多、慢性盆腔炎、慢性附件炎、月经延迟及痛经、经前浮肿、绝经前后浮肿等病证。在治疗先兆性流产和习惯性流产时，可加煅龙骨、牡蛎；据临床观察，将本方重剂煎汤，温洗或热敷腹部，也能收效。

实验研究发现，本方有抗心肌缺血及缺氧、抗血小板聚集、抗炎、镇痛诸作用。附子汤、桂枝附子汤、芍药甘草汤均能明显提高小鼠痛阈，其中以附子汤作用最好。

【选注】

赵良仁：妊至六七月，筋骨坚强之时，若其脉弦，弦为虚、为寒；内格其阳于外而发热，阴寒内逆而作胀；腹痛恶寒者，其内无阳，故子脏开，少腹如扇也。用附子汤复返其阳，以温其脏。（《二注》）

【医案举例】

王某，女，35岁。经产妇，怀孕7个月。忽感腹部疼痛绵绵不休，经多方治疗痛反益甚。余诊时已延月余，畏寒，腹部更甚，口中和，喜热饮，泛清涎，脉弦而无力。先以逍遥散加味治之，无效。不得已乃用《伤寒论》附子汤原方：附子15g，茯苓15g，党参25g，白术25g，白芍15g。连服三剂而愈。至期产一男婴，甚壮。[刘长天．略谈妊娠用附子的体会并兼论妊娠禁忌药．辽宁中医杂志　1980；（4）：15]

2. 肝脾失调

【原文】

婦人懷妊，腹中疞痛①，當歸芍藥散主之。（五）

當歸芍藥散方：

當歸三兩　芍藥一斤　芎藭半斤—作三兩　茯苓四兩　白术四兩　澤瀉半斤

上六味，杵爲散，取方寸匕，酒和，日三服。

【词解】

① 疞痛：疞，据《康熙字典》有两种读音，其意有别。一读（xiǔ 朽），指"病也"。一读（jiǎo 绞），同"疞"。考"疞"，《广韵·巧韵》："腹中急痛，俗作疞。"

【释义】

本条论述妊娠肝脾失调腹痛的证治。原文仅指出主症腹中疞痛。据方测证，可知此妊娠腹痛是由肝（血虚）脾（气虚）失调，气郁血滞湿阻所致。肝藏血主疏泄，脾主运化水湿，妊娠时血聚胞宫养胎，肝血相对不足，则肝易失调畅而致气郁血滞，木不疏土，脾虚失运则湿阻。故用当归芍药散养血调肝，渗湿健脾。方中重用芍药敛养肝血，缓急止痛，辅以当归补养肝血、芎藭行血中之滞气，三药共用以养血调肝；泽泻用量亦较重，意在渗利湿浊，白术、茯苓健脾除湿，三者合用以健脾渗湿。肝血足则其气条达，脾运健则湿邪自除。

【按语】

对于主症腹中急疞痛，《汉语大字典》解作"腹中绞痛"；徐彬谓"疞痛者绵绵而痛，不若寒疝之绞痛，血气之刺痛也"；《金匮要略校注语译》认为"疞痛，即拧着痛"。根据临床实践，上述三种情况本方都可治疗，关键在于确定其病机为肝脾失调，气郁血滞湿阻。

当归芍药散的适应证应包括两方面，一是肝血虚少的表现，如腹中拘急而痛，或绵绵作痛，面色萎黄或黄白无华，头昏目眩，爪甲不荣，肢体麻木，或心悸怔忡，少寐多梦；或月经量少，色淡，甚至闭经等。二是脾虚湿阻的见证，如纳少体倦，白带量多，面浮或下肢微肿，小便不利或泄泻等。并见舌淡苔白腻或薄腻，脉弦细。

本方养血调肝，渗湿健脾，体现了肝脾两调，血水同治的治法。本书《水气病》篇提出妇人病水有血分、水分之异，但未出方治。可与本方治互参。

本方与附子汤均治妊娠腹痛，但主症、病机、治法各异。当归芍药散证以腹中拘急，绵绵作痛为特点，多伴头昏，面唇少华，或肢肿，小便不利等，属肝脾失调，气郁血滞湿阻，治以养血调肝，健脾渗湿；附子汤证以腹痛恶寒，少腹如扇为特点，伴其胎愈胀，脉弦，发热等，属肾阳不足，阴寒内盛，治以温阳散寒，暖宫安胎。

【临床应用与研究】

本方对血虚气郁湿阻的妊娠腹痛疗效显著。如兼肾虚，可合寿胎丸（菟丝子、续断、桑寄生、阿胶）；若血虚较甚或孕前已明确子宫发育欠佳者，可加首乌、乌豆衣、赤芍、杜仲等；若肝郁气滞明显，或孕前有慢性附件炎者，可合四逆散，另加丹参、香附。此外，妇科病如胎位不正（可加续断、菟丝子、桑寄生、大腹皮、苏叶、陈皮等），先兆流产（可加川断、桑寄生、菟丝子、苎麻根），功能性子宫出血以及多种原因引起的妇科前阴出血〔包括月经不调、月经过多、上（取）环后出血、产后恶露不尽、流产后出血等〕，慢性盆腔炎（可加白花蛇舌草、红藤、薏苡仁），特发性浮肿，痛经，不孕症，妊娠高血压综合征，妊娠贫血，妊娠坐骨神经痛，子宫肿瘤，更年期综合征，羊水过多（可加猪苓、陈皮、大腹皮、广木香、砂仁）；内科病如心绞痛（可加太子参、丹参、水蛭），脑血管性痴呆，老年性痴呆，眩晕（可加桂枝、葛根、生龙骨、牡蛎），慢性肾病，肾结石（可加鸡内金、海金沙、郁金、穿山甲、芒硝）等；五官科病如梅尼埃综合征（可加丹参、白茅根），中心性浆液性视网膜病变等；外科病如慢性阑尾炎（可加败酱草），黄褐斑（可加白附子、白芷、苡仁、玉竹、天冬、砂仁、甘草）等，只要病机都与肝脾失调，气郁血滞湿阻有关，都可用当归芍药散为基础加味收效。

本方的药理作用有：①直接或间接的作用于下丘脑，调节垂体-卵巢功能；②可促进内源性促黄体生成素、促卵泡激素和孕酮分泌，而对催乳素无明显影响；③对正常离体大鼠子宫有收缩作用，并能明显对抗催产素所致的子宫收缩；还可提高动物的受孕率，并使幼鼠出生率显著增加；④能改善东莨菪碱引起的老龄雄性小鼠的记忆缺失，提示本方不仅可用于女性患者，而且可用于男性患者；⑤通过激活胆碱能和多巴胺能神经元以及受体和蛋白质合成，逆转与年龄有关的记忆力下降；⑥对成熟的神经元有抑制凋亡的作用，而且还具有刺激合成和释放 NGF（神经生长因子）的作用，从而使神经元生长和成熟；⑦可使妊娠大鼠的血液黏度明显下降，而对红细胞变形能力、红细胞压积及纤维的浓度无影响，提示本方可增加胎盘和肾的微循环血量，这对妊娠中毒症状的改善是十分有利的。

通过对当归芍药散的致畸性观察，发现无致畸及遗传毒理学效应，表明本方作为妊娠及胎产用药较为安全。

【选注】

徐彬：疗痛者，绵绵而痛，不若寒疝之绞痛，血气之刺痛也，乃正气不足，使阴得乘阳，而水气胜土，脾郁不伸，郁而求伸，土气不调，则痛绵绵矣。故以归芍养血，苓术扶脾，泽泻泻其有余之旧水，芎劳畅其欲遂之血气。不用黄芩，疗痛因虚，则稍挟寒也。然不用热药，原非大寒，正气充，则微寒自去耳。（《论注》）

【医案举例】

宋某，女，26岁。怀孕7个月，时感腹中拘急，绵绵作痛，食欲不振，双下肢浮肿已月余，按之凹陷不起，舌淡苔白润，脉弦滑。系妊娠肝脾不和的腹痛证，用当归芍药散改散为汤：当归9g，芍药24g，川芎6g，茯苓15g，泽泻15g，白术12g。5剂后，腹痛消失，双下肢浮肿渐退，继服3剂，诸症悉除。足月顺产一子。［李翠萍，等．《金匮》方治疗妇科肝病举隅．国医论坛　1987；(4)：38］

（二）胞阻

【原文】

師曰：婦人有漏下者，有半產後因續下血都不絶者，有妊娠下血者。假令妊娠腹中痛，爲胞阻，膠艾湯主之。（四）

芎歸膠艾湯方：一方加乾姜一兩。胡洽治婦人胞動，無乾姜。

芎藭　阿膠　甘草各二兩　艾葉　當歸各三兩　芍藥四兩　乾地黃六兩

上七味，以水五升，清酒三升，合煮取三升，去滓，內膠，令消盡，溫服一升，日三服。不差，更作。

【校勘】

"干地黄六两"，赵本缺剂量，据《论注》、《心典》补。

【释义】

本条论述胞阻及妇人三种下血的证治。妇人下血之证，一为经水淋漓不断的漏下，二为半产后下血不止，三为妊娠胞阻下血。"假令"二字是承"有妊娠下血者"而言，意指若妊娠下血又伴腹痛者，即属胞阻。因妊娠时阴血下漏，以致不能入胞养胎，而阻其化育，故称胞阻。以上三种下血，虽出现于不同的生理时期，但病机皆属冲任脉虚，阴血不能内守。冲为血海，任主胞胎，冲任虚损，不能约制经血，故淋漓漏下或半产后下血不止，冲任虚而不固，胎失所系，则妊娠下血，腹中疼痛。故皆可用胶艾汤调补冲任，固经安胎。方中阿胶补血止血，艾叶温经止血，二药又均能安胎；干地黄、芍药、当归、芎劳养血和血，甘草调和诸药，清酒行药势。

【按语】

本方主治的妇女下血症，所下之血色多浅淡，或黯淡，质清稀。并常伴头晕目眩，神疲体倦，舌淡，脉细等证候。

方中的艾叶、当归、芎劳皆为辛温之品，又有辛温行滞的清酒同煎，故所治三种妇女下血，以冲任虚损，血虚兼寒最为适宜。若纯属血分有热或癥瘕为害而致下血者，非原方所宜。

《太平惠民和剂局方》中补血调经妇科要方四物汤就是由胶艾汤减去阿胶、艾叶、甘草而成。故芎归胶艾汤可视为补血剂之祖方。

有关胞阻的涵义，本条与后世有所不同。后世医家多将妊娠小腹痛称作胞阻，而认为仲景所称之胞阻即后世之胎动不安，类似于西医的"先兆流产"。

【临床应用与研究】

本方常用于治疗多种妇科出血病，包括崩漏、产后恶露不绝、胎漏、胎动不安、滑胎等，涉及功能性子宫出血、宫外孕、先兆流产、习惯性流产等疾病。其病机多与冲任脉虚，气血两亏，血分虚寒等有关。治妊娠下血时，腹不痛者，可去川芎；治胎漏、胎动不安、滑胎者，可加菟丝子、桑寄生、杜仲等；治月经过多、崩漏者，酌减当归用量，并可加党参、白术、补骨脂、贯众炭、地榆炭等；治恶露不绝者，可加党参、黄芪、益母草。本方还可用于胎位不正、支气管扩张引起的咯血、血小板减少性紫癜及胃和十二指肠溃疡合并出血等。

【选注】

尤怡：妇人经水淋漓，及胎产前后下血不止者，皆冲任脉虚，而阴气不能内守也。是惟胶艾汤为能补而固之。中有芎、归能于血中行气；艾叶利阴气，止痛安胎，故亦治妊娠胞阻。胞阻者，胞脉阻滞，血少而气不行也。（《心典》）

【医案举例】

刘某，女，24岁，工人，结婚两年，婚后未采取任何避孕措施，分别于1996年2月及1996年9月流产两胎，均为孕80天左右时流产。末次月经1997年3月2日，已停经48天，查尿妊试验为阳性，入院前两天因劳累后出现阴道少许出血，色淡红，腰酸痛，小腹略感坠痛。入院时上述症状仍在，面黄少华，肢软乏力，轻度恶心，纳食一般，小便正常，大便略结。舌质淡红，苔薄黄，脉细滑。证属血虚肾亏，冲任不固。即予胶艾合剂（阿胶珠、艾叶炭、当归身、白芍、熟地、川芎、炙甘草、菟丝子、桑寄生、川续断、黄芩）30ml 口服，3次/天。服药3天，阴道出血即止，腹部坠感消失。继续给予胶艾合剂30ml，2次/天，口服。服药15天，患者阴道一直无出血，腰腹不痛，早孕反应存。B超检查示：早孕存活。改为胶艾合剂20ml，2次/天，口服，持续1个月，症状完全消失，出院时已孕3月余，作B超示胎儿存活。1年后随访，足月顺产一女婴，产后正常，小孩生长发育均正常。［王敏，等．胶艾合剂治疗先兆流产临床疗效观察．时珍国医国药　2000；（5）：452］

（三）恶阻

【原文】

妊娠呕吐不止，乾姜人参半夏丸主之。（六）

乾姜人参半夏丸方：

乾姜　人参各一兩　半夏二兩

上三味，末之，以生姜汁糊爲丸，如梧子大，飮服十丸，日三服。

【释义】

本条论述恶阻重证的证治。恶阻多由妊娠时冲脉之气较盛，上逆犯胃所致。但妊娠反应多持续时间不长，一般可不药而愈。本证呕吐不止，而且持续时间长，一般药物又不易治愈，属于寒饮中阻，脾胃虚寒的恶阻重证，故宗"有故无殒"之意用干姜人参半夏丸治疗。方中干姜温中散寒，人参扶正补虚，半夏、生姜汁蠲饮降逆，和胃止呕。四药合用，共奏温中散寒，化饮降逆之功。

【按语】

本方与桂枝汤均可用于恶阻，但其病情轻重有别：此属寒饮中阻，脾胃虚寒的恶阻重证，以妊娠呕吐不止，多呕吐清水涎沫，口淡不渴，舌淡苔白滑为特点。治以温中散寒，化饮降逆。彼为胃气虚弱，阴阳失调的恶阻轻证，以妊娠不能食，无寒热，口渴但饮水不多，或呕逆，阴脉小弱为特点。故治以调和阴阳，平冲降逆。

对于用半夏治疗妊娠恶阻，历代医家均有争议。后世一些医家曾将其列为妊娠忌药。然半夏止呕作用明显，尤其是辨证确属胃虚寒饮的恶阻，非此药则病难获效。但必须用制半夏，而且要与人参（或党参）、白术、甘草、生姜等配伍。有滑胎史或先兆流产者，尽量避免用半夏。

本方制剂特点，值得借鉴。原方以生姜汁糊为丸剂，一是藉生姜汁化饮降逆之功，增强疗效；二是便于受纳；三是能制半夏之毒。现在临床多改作汤剂，而在服药时加入生姜汁数滴。若呕吐剧烈，汤丸难下，可将诸药碾为细末，频频用舌舔服。

【临床应用与研究】

本方主要用于脾胃虚寒、痰饮上逆之妊娠恶阻，常加陈皮、白术、砂仁等。若兼伤阴者，可加石斛、乌梅。本方也可治疗寒饮停胃的腹痛、呕吐、痞证、眩晕等。

动物实验表明：半夏具有显著的胚胎毒性，引起全数流产的少，多数是部分流产或出现流产先兆。半夏的毒性影响多发生于妊娠早期或前中期，后期影响甚小。半夏无遗传毒性，生半夏汤剂与制半夏汤剂的胚胎毒性一致。

【选注】

赵良仁：此即后世所谓恶阻病也。先因脾胃虚弱，津液留滞，蓄为痰饮；至妊二月之后，胚化为胎，浊气上冲，中焦不胜其逆，痰饮遂涌，呕吐出不已，中寒乃起。故用干姜止寒，人参补虚，半夏、生姜治痰散逆也。（《二注》）

【医案举例】

黄某，女，27岁，农民。1992年12月17日诊。停经2月，食欲渐减，头昏，精神疲惫，晨起恶心呕吐，或吐痰涎，或吐宿食。自以为呕吐是妊娠反应，未服药。延时月余，渐至水饮不入，食入即吐，呕吐痰涎清水，故来就诊。诊脉虽细但滑象明显，面色苍白，形瘦肢冷，脘痞不舒，舌淡苔薄白而润。此脾胃虚寒，痰饮内阻，浊气上逆之象。处方：干姜6g，党参10g，半夏6g。3剂。嘱服药时取生姜汁10滴于药中，频服。药后呕吐大减，能进少量稀粥。再投原方3剂，呕吐止，食欲增。后以香砂六君子汤调治。7个月后顺产1男孩。[陈邦芝.运用仲景方治疗呕吐举要.上海中医药杂志 1996；(1)：18]

（四）小便难

【原文】

妊娠小便難，飲食如故，當歸貝母苦參丸主之。（七）

當歸貝母苦參丸方：男子加滑石半兩。

當歸　貝母　苦參各四兩

上三味，末之，煉蜜丸如小豆大，飲服三丸，加至十丸。

【释义】

本条论述妊娠血虚热郁小便难的证治。妊娠小便难，即后世所称"子淋"。妊娠但见小便难而饮食如常，可知病不在中焦，而在下焦。从方测之，此由妊娠血虚热郁，通调失职，兼膀胱湿热蕴结，导致小便难而不爽。故用当归贝母苦参丸养血开郁，清热除湿。方中当归养血润燥，贝母清热开郁下气，以复肺之通调，苦参清热燥湿而能通淋涩。诸药合用，使血得濡养，热郁得开，湿热得除，水道通调，则小便自能畅利。

【按语】

对于"小便难"，有医家认为应是大便难之误。观当归贝母苦参丸除能养血润燥外，还有利气解郁，清热除湿作用，且方名后有细注云"男子加滑石半兩"，意在加强清热渗湿利窍之功，故仍以小便难为是。不过，肺为水之上源，又与大肠相表里，肺热气郁通调失职，则小便不利；若影响传导之功，则大便难。所以妊娠血虚热郁，出现二症，用本方皆可取效。

本条"小便难"，可表现为小便短黄不爽，或尿频尿急，淋沥涩痛，常伴小便灼热，小腹胀痛。

本方治疗小便难不囿于常法的思路值得借鉴。原方治"妊娠小便难"，除清热利湿治下焦外，还开郁下气治上焦，体现了正本清源，下病上取之意。临床治疗小便难，下取无效时，不妨一试。

妊娠小便难，虽与湿热有关，但不可通利太过。因孕后阴血下聚胞中养胎，全身阴血相对不足，若渗利太过，不仅耗伤津血，还恐引起滑胎。所以原方后注明"男子加滑石四两"，申明虽同属一病，但妊娠妇女与男子用药有别。

【临床应用与研究】

本方除能治疗妊娠小便难、妊娠癃闭、妊娠便秘，病涉妊娠膀胱炎、妊娠尿潴留外，还可用于慢性支气管炎、肾盂肾炎、急慢性前列腺炎等疾病。并能治疗胃脘痛。虽然上述疾病不同，但其病机总不离湿热内蕴，热郁血虚（或津少），故可异病同治。如治疗妊娠膀胱炎，偏阴虚者可加生地、枸杞、车前子、木通；偏实热者，可加黄柏、淡竹叶、瓜蒌；兼气虚者，可加黄芪、党参、川断等。治急性前列腺炎可合五味消毒饮，并酌加白术、甘草；治慢性前列腺炎可加赤白芍、丹参、红藤、川芎、银花、党参；前列腺炎肥大者，可酌加甲片、皂刺、海藻。

【选注】

尤怡：小便难而饮食如故，则病不由中焦出，而无腹满身重等证，则更非水气不行，知其血虚热郁，而津液涩少也。本草当归补女子诸不足，苦参入阴利窍除伏热，贝母能疗郁结，兼清水液之源也。（《心典》）

【医案举例】

张某，女，28岁，农民。孕8个月，因小便滴沥难下，小腹胀急，于1976年6月15日住院。西医诊断为妊娠尿潴留。经用抗生素、导尿等法治疗10余日，不但无效，反而出现发热等症。患者苦于导尿，故邀余会诊。症见口干苦，气短，少腹及尿道热痛，脉弦细滑数，舌质绛，苔黄腻，面赤。体温38.5℃；血常规：白细胞13000/mm^3；尿常规：脓球（+++）、红细胞（++）、白细胞（++）。诊断为妊娠癃闭。辨证：始由膀胱湿热蕴结，气化失常，分清泌浊失司，小便滞涩难下而为癃；复因反复导尿，尿道感染，终至尿路阻塞，小便点滴不下而为闭。治宜清热解毒，利尿除湿。方选导赤散加味。6剂尽，证无转机。后投以当归贝母苦参丸治之。药用：当归12g，贝母12g，苦参12g，3剂，水煎服。三诊：体温37.5℃，小腹、尿道热痛减轻，脉细滑稍数，口干但不苦，气已不短，舌质红，苔黄腻，原方加银花15g，败酱草30g，3剂。四诊：拔除导尿管一天，小便通，色微黄，便时微感不适，伴体倦，手足心热，脉滑细稍数，舌质红，苔微黄，余热未尽，气阴两伤。前方加太子参60g，生山药30g，鸡内金10g。3剂。五诊：体温、血象、尿检均正常，诸证悉除，出院调养。［薛璞．当归贝母苦参丸临床应用举隅．山西中医 1990；(2)：14］

（五）水肿

【原文】

妊娠有水氣，身重，小便不利，洒淅惡寒，起即頭眩，葵子茯苓散主之。（八）

葵子茯苓散方：

葵子一斤　茯苓三兩

上二味，杵爲散，飲服方寸匕，日三服，小便利則愈。

【释义】

本条论述妊娠水肿的证治。妊娠水肿即后世的"妊娠肿胀"，亦称"子肿"。本证由胎气影响，膀胱气化受阻，水湿停聚所致。水盛身肿，乃身重；水泛肌肤，阻遏卫阳，则洒淅恶寒；水湿内阻，清阳不升，故起则头眩。此非脾肾虚所致，关键在于气化受阻，小便不利。故用葵子茯苓散利水通阳。使小便通利，水湿下走，阳气宣通，气化复常，则诸证悉除。故方后注云"小便利则愈"。据此，后世叶天士治湿温提出"通阳不在温，而在利小便"。方中葵子滑利通窍，茯苓淡渗利水，两药合用，利水通窍，渗湿通阳。

【按语】

方中葵子，又名冬葵子，性滑利，后世列为妊娠慎用药。此处取有病则病当之之意。不过临床亦须谨慎，一是服药量不可太大。原方虽用一斤，但每次只服方寸匕。二是不可久服，小便利则宜停服，以免造成滑胎。此外，若妊妇素体虚弱或有滑胎史者，则不宜用本方。

本方证与当归贝母苦参丸证都可出现小便不利，但病机证治各不相同。葵子茯苓散证由胎气影响，导致膀胱气化受阻，以身肿、身重为主症，伴洒淅恶寒，起则头眩，小便不利，病情属实，治以利水通阳；当归贝母苦参丸证因血虚热郁，膀胱湿热而起，以小便难为主症，表现为小便短黄不爽，或尿频尿急，淋沥涩痛，小便灼热，小腹胀痛，属虚实夹杂，治以养血润燥，开郁下气，清热除湿。

【临床应用与研究】

本方可用于妊娠 8~9 月属于实证子肿，心腹胀急，或为子痫先兆者。若见腹满，可加紫苏、砂仁；头面四肢皆肿者，可加泽泻、猪苓；喘者可加葶苈子、桑皮。本方亦可与当归贝母苦参丸化裁合用，治疗急性肾炎。

当孕妇出现"身重，小便不利"的水肿，同时又见"起即头眩"如此明显的自觉症状时，通常已有血压升高。根据"诸风掉眩，皆属于肝"的理论及临床经验，有医家提出本条论述的证候是脾虚肝旺所致的既有水肿，又有血压升高的妊娠高血压综合征的最早记载。后世医家在此基础上，不仅创制了不少治疗妊高征的有效方剂，而且还从辨证分型预测妊高征的发生发展中，发现脾虚肝旺型发生妊高征的倾向性最大，而及早治疗可大大减少其发病率。

【选注】

尤怡：妊娠小便不利，与上条同，而身重恶寒头眩，则全身水气为病，视虚热液少者，霄壤悬殊矣。葵子、茯苓滑窍行水，水气既行，不淫肌肤，身不重矣；不侵卫阳，不恶寒矣；不犯清道，不头眩矣。经曰：有者求之，无者求之，盛虚之变，不可不审也。(《心典》)

(六) 胎动不安

1. 血虚湿热
【原文】
妇人妊娠，宜常服当归散主之。(九)
当归散方：
当归　黄芩　芍药　芎藭各一斤　白术半斤
上五味，杵为散，酒饮服方寸匕，日再服。妊娠常服即易产，胎无苦疾。产后百病悉主之。

【释义】
本条论述血虚湿热胎动不安的治法。妇人妊娠后，最需重视肝脾两脏。因胎在母腹，全赖气血以养之。肝血足则胎得养，脾运健则气血充。若肝血不足，脾运不健，酿湿蕴热，则胞胎失养，影响胎儿，甚至可导致胎动不安。故用当归散养血健脾，清热除湿，以祛病安胎。方中当归、芍药补肝养血，配芎藭则补而不滞；白术健脾除湿，黄芩坚阴清热，合用之，使血虚得补，湿热得除，收到邪去胎自安，血足胎得养的效果。

原文"常服"二字宜活看。妊娠肝脾不调,血虚湿热者常服之,确能清化湿热,安胎保产;而妊妇体健无病,胎有所养,胎元自安,则无需服药。对方后"妊娠常服即易产,胎无苦疾。产后百病悉主之"等说,亦应从肝虚脾弱,血虚湿热着眼,并非产后百病,都可用当归散治疗。

【按语】

原文未述主症,只是提出"宜常服",注家认为,本方具有安胎的作用(如徐彬)。明·方广《丹溪心法附余》指出:"此方(即当归散)养血清热之剂也,瘦人血少有热,胎动不安,素曾半产者,皆宜服之。"由此而知,当归散主治血虚湿热的胎动不安。结合本证的病机,当归散的适应症为胎动下坠或妊娠下血,或腹痛,或曾经半产,伴头昏,神疲肢倦,口干口苦,纳少,面黄形瘦,大便或结或溏,舌尖微红或苔薄黄,脉细滑。

朱丹溪从本方悟出"黄芩、白术乃安胎圣药",对后世影响颇深。需要说明的是这两味药仅适宜于脾虚失运,湿热内蕴而致胎动不安者,并非安胎通用之品。

【临床应用与研究】

本方可治疗符合该方证病机的妊娠腹痛和胎漏(先兆流产)。本方酌加补肾之品如生熟地、桑寄生、续断、菟丝子、阿胶、杜仲等可预防习惯性流产。如长期服用,以散剂为佳,短期服用,以汤剂为宜。本方用于胎动不安者或预防滑胎时,方中川芎量宜小,一般汤剂用3～6g。本方加茵陈、大黄、丹参等,还可预防母婴血型不合之新生儿溶血病。

在对寿胎丸加味方进行的拆方研究中发现,黄芩对子宫平滑肌收缩有较强的抑制作用,并可对抗前列腺素引起的子宫收缩作用。这就阐明了黄芩安胎的机制主要是抑制子宫收缩。

【选注】

尤怡:妊娠之后,最虑湿热伤动胎气,故于归、芎、芍药养血之中,用白术除湿,黄芩除热,丹溪称白术、黄芩为安胎之圣药,夫芩、术非能安胎者,去其湿热而胎自安耳。(《心典》)

【医案举例】

朱某,25岁,护士,1975年4月26日初诊。患者孕七月,因夜班劳累,于3天前出现阴道少量流血,妇科以"先兆流产"收住院,经西药治疗罔效,特邀中医会诊。刻诊:阴道出血量较前稍增多,血色鲜红,面赤唇红,口渴咽燥,心烦不安,舌红,苔薄黄燥,脉滑稍数。辨证:热扰冲任,胎漏不止。立法:清热养血安胎。处方:全当归10g,白芍20g,川芎10g,黄芩15g,炒白术10g。水煎服。服一剂药后,出血即止,服完两剂,诸证全消。出院休息10天后正常上班,至妊娠足月顺产一女婴。[韩奕.金匮妇科方治验举隅.北京中医1991;(5):50]

2.脾虚寒湿

【原文】

妊娠養胎,白术散主之。(十)

白术散方:見《外臺》。

白术四分　芎藭四分　蜀椒三分去汗　牡蠣

上四味，杵爲散，酒服一錢匕，日三服，夜一服。但苦痛，加芍藥；心下毒痛，倍加芎藭；心煩吐痛，不能食飲，加細辛一兩，半夏大者二十枚。服之後，更以醋漿水服之。若嘔，以醋漿水服之；復不解者，小麥汁服之。已後渴者，大麥粥服之。病雖愈，服之勿置。

【校勘】

《外台秘要·卷三十三·胎数伤及不长方三首》引"古今录验疗妊娠养胎，白术散方"为"白术、芎藭各四分　蜀椒三分汗　牡蛎二分……忌桃李雀肉等"，并附小注曰"裴伏张仲景方出第十一卷中"。可从。

【释义】

本条论述脾虚寒湿者的养胎方法。古人虽有多种养胎方法，但一般都是藉防治疾病，以收安胎的效果。若孕妇素体健康，则无需服药养胎。惟禀赋薄弱，屡为半产或漏下，或已见胎动不安或漏红者，则需积极治疗，此即所谓养胎或安胎。本方所治即属脾虚寒湿胎动不安者。方中白术健脾除湿，芎藭和肝舒气，蜀椒温中散寒，牡蛎收敛固涩，合而用之，共收温中除湿，健脾安胎之功。

原文"妊娠养胎"是一句泛指之词，白术散只能对于脾虚而寒湿中阻之人，通过治病而达到养胎安胎的作用。

【按语】

从方测证，白术散的常见证候应包括脘腹疼痛，恶心，呕吐，不思饮食，肢倦，便溏，带下量多，甚至胎动不安。舌淡，苔白润或滑，脉缓滑。

本方与当归散都是去病安胎之剂，但主治不同。白术散适宜于体型肥胖属脾虚寒湿而胎动不安者，以温中除湿、健脾安胎为法，重在健脾；当归散适宜于体型偏瘦属血虚湿热而胎动不安或素有流产史者，以养血健脾、清热除湿为法，重在调补肝血。以上两方体现了仲景去病即可安胎养胎的精神。同时还寓示，养胎安胎应因病而异，辨证论治。从当归散与白术散皆藉调理肝脾以去病养胎可以看出，仲景在妊娠养胎时，非常重视肝脾，因为胎赖母血以养，而肝主藏血，脾为气血生化之源，故应注意调养之。

清代《叶氏女科证治》的长胎白术散就是本方加当归、干地黄、黄芪、茯苓、炒阿胶所组成。

【临床应用与研究】

本方可用于孕妇因体虚有寒或孕期恣食凉物伤脾，致寒湿内生，扰胎不安，而见脘腹疼胀，呕恶吐涎，舌苔白腻者。也可治疗肥胖型妇人妊娠时羊水过多，或有流产习惯，症见胎动不安、腹痛、呕吐心烦者。

【选注】

尤怡：妊娠伤胎，有因湿热者，亦有因湿寒者，随人脏气之阴阳而各异也。当归散正治湿热之剂，白术散白术、牡蛎燥湿，川芎温血，蜀椒去寒，则正治湿寒之剂也。仲景并列于此，其所以昭示后人者深矣。(《心典》)

【医案举例】

焦某，女，23 岁。无产育史。无慢性肾炎及其他特殊病史。妊娠 26 周发生两足浮肿，逐渐蔓延至全身。就诊时全身浮肿并伴腹水。患者肤色淡黄，精神萎靡，舌苔薄腻，舌质淡胖有齿痕，脉滑无力。证属脾虚水泛，治以健脾温中除寒湿。方用白术 12g，川芎 6g，蜀椒 3g，牡蛎 30g，黄芪、泽泻各 15g，通草 6g，车前子 15g。5 剂后肿势减轻，随症加减服 15 剂后，水肿基本消失。足月顺利分娩。［王桂生．白术散加减治疗子肿 84 例报告．北京中医 1994；（6）：28］

3. 心火气盛

【原文】

婦人傷胎，懷身腹滿，不得小便，從腰以下重，如有水氣狀，懷身七月，太陰當養不養，此心氣實，當刺瀉勞宮及關元，小便微利則愈。見《玉函》。（十一）

【释义】

本条论述妊娠伤胎的证治。此所言伤胎，是指因脏腑功能失调，胎失所养而引起的证候。妇女怀孕后，腹部本应逐月增大，但若胀满异常，并见小便不通，腰以下感觉沉重不适，如患水气病一样，这是心肺两脏功能失调导致的伤胎证。按逐月分经养胎之说，妊娠七月，为手太阴肺经养胎之时。若此时心火气盛，火乘肺金，致肺失清肃治节之职，影响气血津液的敷布，而使胎失所养，还可妨碍水道通调，气滞水停，故见上述诸症。法当泻心火，利水道，宜针刺劳宫、关元两穴。劳宫为手厥阴心包经的荥穴，针刺该穴，能清心泻火；关元乃小肠募穴，刺之能利小便，导心火下行。如此配合，使心火得泻，肺气清肃，治节复常，小便通利，则诸证自愈，胎亦自得所养。

【按语】

对于原文提到的针刺劳宫、关元二穴，王渭川《金匮心释》指出："此二穴孕妇禁用，刺之有堕胎危险。"但针灸学中，劳宫并非妊娠禁用之穴，唯有孕妇慎用关元穴之训。可见，关元穴孕妇一般不要轻用。而本条所述证候中有"不得小便"，实属标急之证，仲景提出刺关元，亦寓"有故无殒"、急则治标之意。后学当从中领悟其精神。

【临床应用与研究】

本条为后世逐月分经养胎学说之源。北齐徐之才的《逐月养胎法》以及《千金》、《外台》都载有此内容。目前临床上对于一些习惯性流产，具有典型的"应期而堕"特征者，妇科医生常取本条原文之意，嘱患者避开滑胎之"应期"再怀孕，并在以往孕周"应期而堕"之前，务加小心用药，加强心理疏导，使之渡过"应期而堕"的危险期，从而达到安胎的目的。

【选注】

尤怡：伤胎，胎伤而病也，腹满不得小便，从腰以下重，如有水气，而实非水也。所以然者，心气实故也。心，君火也，为肺所畏，而妊娠七月，肺当养胎，心气实则肺不敢降，而胎失其养，所谓太阴当养不养也。夫肺主气化者也，肺不养胎，则胞中之气化阻，而水乃不行矣，腹满便难身重职是故也。是不可治其肺，当刺劳宫以泻心气，刺关元以行水气，使小便微利则心气降，心降而肺气自行矣。（《心典》）

研究概要

妇人妊娠病与妇人产后病、妇人杂病三篇作为中医妇产科学之源，为后世妇产科学的发展奠定了基础，具有重要的学术价值和历史价值，古今医家对此开展了不少的研究。综观25年来围绕妊娠病篇主要开展了以下三方面的研究：

一是理论研究。其中研究最多的是对妊娠病治疗中所体现的治法特色的总结和提炼。首先是仲景对《内经》妇人重身使用毒药"有故无殒"这一用药原则的继承和发挥，反映在治妊娠病时，不避辛热有毒的附子、半夏以及滑利通窍的葵子，取有是病用是药，有病则病当之之意，这是承认"无殒"，但同时又采取适当的措施以防其殒，即将上述诸药用之得法、用之有度。如附子汤中用人参、白术制附子之毒，并固胎元，干姜人参半夏丸中取生姜以制半夏之毒，并配人参固胎。其次是对本篇安胎法的总结。即将本篇治疗腹痛、胞阻、恶阻、水肿、小便难及常服方等共9首方所体现的治法归纳为多种安胎法，有谓"五法"或"六法"或"七法"，甚至"十法"的不同。在本篇的理论研究中，还有一些是围绕本篇的疑点展开的，一是桂枝茯苓丸究竟是下癥保胎，还是治疗癥病，时至今日，仍无定论。结合临床实践，上述两种观点可以并存。二是对第一条原文"则绝之"的认识，其争论仍不出历代注家的看法范围。

二是临床研究，即对本篇所载诸方的临床应用范围及治疗的疾病进行初步的研究和总结报道。在本篇的10首方剂中，研究最多的是桂枝茯苓丸和当归芍药散，其次是当归贝母苦参丸、芎归胶艾汤，再次为干姜人参半夏丸。

三是对本篇的常用方剂进行实验研究，主要集中在桂枝茯苓丸和当归芍药散。通过对这两首方的药理作用进行多方面的研究，为临床拓展该方的使用范围提供了可靠的实验室依据。

总结近25年来对本篇的研究，理论研究比较深入，而临床和实验研究还比较粗浅，有必要进行系统深入和规范的研究，尤其是桂枝茯苓丸、当归芍药散、当归贝母苦参丸体现的治法特点、配伍规律以及临床应用规律等方面都还有可供研究的空间。

小　结

妊娠病是常见的妇产科疾病，不仅影响孕妇的健康，还可妨碍胎元的生长发育，甚至导致堕胎、小产。因此，妊娠病的预防与治疗具有重要意义，故仲景以专篇讨论的形式，将其列为妇人病的首篇。

本篇论述了早期妊娠反应及其调治，胎与癥的鉴别，以及妊娠期间常见疾病的辨证和治疗。内容虽然不多，但是提出了常见妊娠病的治法和方药，更重要的是起到了治疗妊娠病的源头和规范作用，一直影响着后世。

妊娠早期，见不能食，或呕逆，与脾胃虚弱，阴阳失调，冲气上逆有关者，用桂枝汤调和阴阳，平冲降逆。对妊娠腹痛的辨治，应注意其疼痛性质与兼证。若腹痛伴少腹恶寒有如风吹感者，为阳虚阴盛，治宜温阳散寒，暖宫安胎，用附子汤。若腹中拘急，绵绵作痛，或腹中绞痛，或拧着痛，属肝脾失调，气郁血滞湿阻者，用当归芍药散养血调肝，健脾除湿。妊娠下血伴腹痛者，名胞阻，属冲任虚寒的，用胶艾汤养血止血，固经安胎，调补冲任。妊娠恶阻重证，呕吐不止，属胃虚寒饮者，用干姜人参半夏丸温中散寒，化饮降逆。妊娠血虚热郁，湿热蕴结，致小便难者，用当归贝母苦参丸养血开郁，清热除湿。妊娠气化受阻致水停，身体肿重者，用葵子茯苓散利水通阳。因母病致胎元不安的，宜去病安胎。其中偏血虚湿热者，用当归散养血健脾，清化湿热。偏脾虚寒湿者，用白术散温中除湿，健脾安胎。若妊娠七月伤胎，不得小便，属心火气盛者，可刺劳宫与关元穴，以泻心火，利小便。

本篇对妊娠病的调治体现了三个特点：一是重视肝脾，如当归芍药散、当归散、白术散都是调治肝脾的。二是宗"有故无殒"之旨，治病不拘于有身孕，如用药不避附子、半夏，针刺选用关元穴等。三是勿忘有身孕，如用附子、半夏时，十分重视配伍，该篇制剂也多选用丸、散等剂型。

婦人産後病脉證治第二十一

本篇讨论妇人产后常见病的证治。包括产后痉、郁冒、大便难三大证；产后腹痛、产后中风、产后下利、产后烦乱呕逆等各病证。妇人产后多有气血阴阳皆虚的特点，篇中涉及的病因病机包括冲任亏损、瘀血内阻、外感六淫、饮食劳倦等诸种。在治法上，既强调照顾产后亡血伤津，气血俱虚的特点，也不因之远避祛邪诸法。

一、产后常见三病

（一）成因

【原文】

問曰：新産婦人有三病，一者病痙，二者病鬱冒，三者大便難，何謂也？師曰：新産血虚，多汗出，喜中風，故令病痙；亡血復汗，寒多，故令鬱冒；亡津液，胃燥，故大便難。（一）

【释义】

本条论述新产妇人常见三病及病机。痉病由于产后失血过多，筋脉失养；加之腠理疏松，自汗出，营卫空虚，易受风邪，致使筋脉拘急不舒，发为肢体痉挛、抽搐之痉病。郁冒指郁闷昏冒，症见郁闷，眩晕，昏瞀，或有表证，是由于产后失血，覆被发汗，腠理不固，寒邪乘袭，郁闭于内，逆而上冲所致。大便难指大便秘结或不畅，是由于产后失血，津液重伤，肠失濡润所致。以上三证，其病机均与亡血伤津有关。

【按语】

以上三证在总的治疗原则上，都必须照顾津液。其中痉病可以养血祛风为法，用四物汤配葛根汤，或配栝楼桂枝汤，或配玉真散加减。郁冒可以养血益气，伍以祛邪为法，用八珍汤配桂枝汤加减。大便难可以补血润肠通便为法，用四物汤配五仁丸（桃、杏、柏子、郁李、松子之仁及陈皮）加减。

产后郁冒应与产后血晕相区别。产后血晕指产妇突然出现头晕眼花，不能起坐，或泛恶欲呕，或心下满闷，痰涌气急，甚则神昏口噤不省人事。产后血晕与西医学之产后出血性休克、羊水栓塞等病关系密切。

【选注】

尤怡：痙，筋病也，血虚汗出，筋脉失养，风入而益其劲也。郁冒，神病也，亡阴血虚，阳气遂厥，而寒复郁之，则头眩而目瞀也。大便难者，液病也，胃藏津液而渗灌诸阳，亡津液胃燥，则大肠失其润而便难也。三者不同，其为亡血伤津则一，故皆为产后所有之病。（《心典》）

（二）证治

1. 郁冒大便难并见证

【原文】

產婦鬱冒，其脉微弱，嘔不能食，大便反堅，但頭汗出。所以然者，血虛而厥，厥而必冒。冒家欲解，必大汗出。以血虛下厥，孤陽上出，故頭汗出。所以產婦喜汗出者，亡陰血虛，陽氣獨盛，故當汗出，陰陽乃復。大便堅，嘔不能食，小柴胡湯主之。方見嘔吐中。（二）

【释义】

本条论述产妇郁冒和大便难的脉因证治。全文可分为三段理解："产妇郁冒……但头汗出"为第一段，论述产妇郁冒除头眩目瞀、郁闷不舒外，尚伴有脉微弱，呕不能食，大便坚，但头汗出等症状。

"所以然者，……阴阳乃复"为第二段，论述由于产后亡阴血虚，阳气独盛，故喜汗出，以损阳就阴，而使阴阳平衡，此新产妇人常周身汗出的机理所在。汗出乃产后机体自身调节的一个外在表现。今产妇由周身汗出变为"但头汗出"，并见郁冒主症，其病必由感受寒邪（即上条之寒多），使表气郁闭而里气不宣，导致偏盛之阳气上逆，出现郁冒与但头汗出等症，故云"血虚而厥，厥而必冒"、"血虚下厥，孤阳上出，故头汗出"。所以，郁冒欲解，必待外邪去，使表气和而周身汗出，则里气畅而气不上逆，郁冒自愈。故云"冒家欲解，必大汗出"，此"大汗出"是与"但头汗出"相对而言的，实指周身汗出，非大汗淋漓之谓。

"大便坚……小柴胡汤主之"为第三段，论述本病的治疗。表闭里郁，气机上逆，胃失和降则呕不能食；血虚肠燥，传导失职则大便难；正虚血亏则脉微弱。故治用小柴胡汤扶正达邪，和利枢机，使外邪得去，里气宣通，阴阳调和，诸证悉去。

【按语】

上条言郁冒、大便难的原因是"亡血复汗，寒多"，"亡津液，胃燥"，说明二病的病理基础有三：一是阴血不足，一是感受寒邪，一是肠腑燥结。本条所述是上条病变的延伸。主要是表邪入里，转入少阳，故有呕不能食。《伤寒论》266条："本太阳病不解，转入少阳者，胁下硬满，干呕不能食，往来寒热，尚未吐下，脉沉紧者，与小柴胡汤。"可与本条互参。

对于"小柴胡汤主之"，注家多尊崇《心典》"能解散客邪而和利阴阳"之解，以其作为治郁冒之代表方。但吴谦等则认为是治大便坚难，呕不能食之剂，并强调"必其人舌有胎，身无汗，形气不衰者始可"。梁运通《金匮释按》认为"小柴胡汤主之在文末，不在'故当汗出'之后，且'故当汗出'之后有'阴阳乃复'句，据临床所见，郁冒不一定都兼有客邪，且不药而得汗自解者，屡见不鲜，故小柴胡汤当主郁冒解后，呕恶不食、便燥之症，与下条用大承气汤均为郁冒解后而设", 此说可作参考。

【选注】

丹波元简: 本条所论, 别是一证 (谓与血晕不同), 《活人书》妊娠伤寒门载此条于三物黄芩汤之后, 则知是专治妇人草蓐伤风, 呕而不能食者; 若以小柴胡汤为产后郁冒之的方, 则误人殆多矣。(《辑义》)

【医案举例】

刘姓, 女, 28 岁。病史简介: 第一胎第一产, 足月自娩。产前血压上升至 150/100mmHg, 曾一度发痉。产后第 7 天, 体温突然上升至 39.6℃。白细胞 13400, 中性分核 85%。当时曾先后给予青霉素、链霉素、四环素治疗, 以及冬眠灵静脉滴注, 安乃近小剂量穴位注射等, 高热持续 3 天不退。第 4 天, 邀中医会诊, 治案: 第一胎产后一旬, 恶露虽少未净, 腹不胀痛, 寒热往来, 连日不解, 头痛面浮, 口苦作恶, 胸痞, 时太息, 舌淡红, 苔薄白腻, 脉弦数。肝阳素旺, 复因产后血室空虚, 邪乘虚入, 居于肝胆之经, 少阳之气不和, 营卫失调。拟小柴胡汤加减, 以调枢机而和营卫, 使邪热循经而散。处方: 醋炒柴胡 2.4g, 炒黄芩 4.5g, 人参片 4 片 (吞), 全当归 9g, 炒白芍 4.5g, 姜半夏 9g, 紫丹参 9g, 粉甘草 1.5g, 益母草 9g, 炒黑荆芥 2.4g, 生姜 1 片。服上药 1 剂, 得汗而热减, 服 2 剂后热退 (37.4℃), 服 3 剂后热罢, 最后以和养之剂调治, 服 8 剂而收功。[沈衡甫. 小柴胡汤加减治疗产后发热 8 例. 上海中医药杂志 1965; (10): 14]

2. 胃肠实热证

【原文】

病解能食, 七八日更發熱者, 此爲胃實, 大承氣湯主之。方見痙病中 (三)

【释义】

本条论述郁冒病解后转为胃实的证治。上条证候, 经服小柴胡汤使表和汗出, 郁冒得解, 不呕能食。但因疾病初愈, 未至强盛, 新病易起。今新病以大承气汤主之, 知其七八日更发热为胃家实之阳明实证。

【按语】

本证应有腹满腹痛拒按, 大便秘结, 脉象沉滑有力, 舌苔黄燥等 "胃实" 之状, 否则不可妄加攻逐。

【选注】

徐彬: 此段言大虚之后, 有实证, 即当以实治。故谓病解能食, 则经络脏腑之气俱平, 无产后本病可疑。至七八日, 更发热不恶寒, 又无表证可疑, 明是食复之象, 故曰胃实。大承气峻逐之, 恐因循致虚也。属词比事, 新产郁冒, 大产之后, 药不嫌峻如此, 况他病乎。(《论注》)

【医案举例】

麦某, 女, 24 岁。1950 年 6 月 8 日下午 7 时出诊。结婚 5 年, 生育一次, 此次怀孕足月, 临产前 3 天无大便, 至本月 3 日产一男孩, 产后发热, 至今 6 天未退, 经医治无效。症见发热, 心烦, 胸翳, 8 天无大便, 面色两颧赤, 舌苔厚黄而干, 8 日下午 4 时起神昏谵语,两手脉沉伏不显，按足部趺阳脉滑实有力。热邪内闭，阳明胃实所致。拟用大承气汤下之，荡涤肠胃，以通利热邪为治。处方：枳实 12g，川厚朴 18g，大黄 12g，芒硝 12g，先以清水两盅，煎枳实、川朴至 1 盅，去滓，纳大黄、芒硝微火煮数沸，去滓，分 3 次温服。此症当时神昏谵语，服药时已下午 9 时，需人慢慢用药匙喂服。至 11 时服完，次日 2 时病者渐渐清醒，旋大便 2 次。9 日再诊，谵语止，发热、心烦、胸翳减轻，两手脉滑有力，照方连服 3 剂，每服 1 剂，大便 2 次，各症状大减。11 日 3 诊，尚有余热，舌苔黄已除，但口干，拟用甘淡微凉之剂为治。处方：玄参 18g，竹叶 12g，白芍 15g，甘草 6g，麦冬 12g，花旗参 9g。以清水 3 盅煎至 1 盅，温服。[邓鹤芝 . 医案数则 . 广东中医　1962；(7)：31]

二、产后腹痛证治

(一) 血虚里寒

【原文】

産後腹中疒痛，當歸生姜羊肉湯主之；并治腹中寒疝，虚勞不足。(四)

當歸生姜羊肉湯方：見寒疝中。

【释义】

本条论述产后血虚里寒的腹痛证治。症见腹中拘急，绵绵作痛，喜温喜按。治用当归生姜羊肉汤养血散寒，温中止痛。

【选注】

徐彬：疒痛者，缓缓痛也，概属客寒相阻，故以当归通血分之滞，生姜行气分之寒，然胎前责实，故当归芍药散内加茯苓、泽泻泻其水湿；此之产后大概责虚，故君之以羊肉，所谓形（精）不足者，补之以味也。盖羊肉补气，疒痛属气弱，故宜之。此方攻补兼施，故并治寒疝、虚损。(《论注》)

【医案举例】

胡某，女，38 岁。因滞产早破水而行剖腹产，第 3 天出现高热，体温波动于 39℃ ~ 39.5℃ 之间，疑术后感染，治疗 10 余日罔效。刻下诊见：发热，微恶寒，口干喜热饮，二便调，食减，面色苍白，腹软无压痛，恶露少许，色淡红，无异味，舌淡苔薄白，脉弦数，重取无力。白细胞总数 11.6×10^9/L，中性 82%，淋巴 18%，此为产后失养、气弱血虚、阳浮外越证。治以温里散寒、补益气血法。拟当归生姜羊肉汤：当归 50g，生姜 10g，羊肉 100g，炖服，每日 1 剂。服 3 剂后热退，体温正常，无恶寒感，但喜热饮，脉弦细，舌淡，续进 1 剂，将息调养而愈。[张介眉，等 . 经方运用举隅 . 湖北中医杂志　1987；(5)：26]

(二) 气血郁滞

【原文】

産後腹痛，煩滿不得臥，枳實芍藥散主之。(五)

枳實芍藥散方：

枳實（燒令黑，勿太過）　芍藥等分

上二味，杵爲散，服方寸匕，日三服，并主癰膿，以麥粥下之。

【释义】

本条论述气血郁滞的产后腹痛证治。症见小腹胀痛，按之加剧，恶露色黯不畅，心烦腹满不得安卧，或见胁肋胀痛，烦躁易怒等。治用枳实芍药散破气散结，和血止痛。方中枳实破气散结，炒黑并能行血中之气；芍药和血止痛；大麦粥和胃安中。

【临床应用与研究】

近代药理研究证明，枳实对子宫、胃肠运动均具有兴奋作用，能使子宫及胃肠的收缩节律有力；芍药中所含芍药苷具有良好的解痉、镇痛、镇静作用，故本方常用于治疗胃痛、腹痛、胃下垂、子宫脱垂、痛经等病证。

【选注】

唐宗海：烦满腹痛，虽是气滞，然见于产后，则其滞不在气分，而在血分之中也。故用芍药以利血，用枳实而必炒黑，使入血分，以行血中之气。并主痈脓者，脓乃血所化，此能行血中之滞故也。知主痈脓，即知主产后腹痛矣，若寓补养之意，故主痈脓，则尤谬矣。（《补正》）

【医案举例】

杨某，女，21岁。产后7天，恶露已尽，小腹隐痛，前医治疗无效。现小腹疼痛剧烈，面色苍白带青，痛苦面容，烦躁满闷，不能睡卧，拒按，舌质淡紫，苔薄白，脉沉弦。此乃气血壅结，治以破气散结，和血止痛，投枳实芍药散：枳实（烧黑）、芍药各12g，水煎服。当晚即安，1剂而愈。（陈明．金匮名医验案精选．第1版．北京：学苑出版社，1999；555）

（三）瘀血内结

【原文】

師曰：産婦腹痛，法當以枳實芍藥散，假令不愈者，此爲腹中有乾血著臍下，宜下瘀血湯主之；亦主經水不利。（六）

下瘀血湯方：

大黃二兩　桃仁二十枚　䗪蟲二十枚（熬，去足）

上三味，末之，煉蜜和爲四丸，以酒一升，煎一丸，取八合頓服之，新血下如豚肝。

【释义】

本条论述瘀血内结的产后腹痛证治。产后脐下小腹或少腹部位疼痛拒按，或呈刺痛，恶露紫黯有块，量少不行，甚或恶露不下，曾用枳实芍药散治之不愈，知其是由于干血停着，病重药轻，当改用下瘀血汤破血逐瘀。方中大黄荡逐瘀血，桃仁活血化瘀，䗪虫逐瘀破结，三味相合，破血之力颇猛。用蜜为丸，是缓其性而不使骤发，酒煎是取其引入血分。如因瘀血内结而致经水不利，如闭经、痛经、经行不畅等，亦可用本方治疗。服药后如见恶露下如豚肝，是瘀血下行的验兆。

【按语】

丁光迪指出，活血化瘀药虽然可以单独作用，在《伤寒论》《金匮》中，大体是按气血寒热虚实的病情分别结合相应的治法和方药，急者下之，缓者丸消，多用酒以行药势。王清任主张"在外分头面四肢，周身血管，在内分膈膜上下"，处方大体可分为：活血化瘀和补阳益气。活血逐瘀配伍通气药，补阳益气配伍活血药。唐容川又分瘀血在脏腑上、中、下三焦和经络，腠理，肌肉，并分别病情轻重和寒热虚实选方用药，这些都是带有总结性和规范性的应用方法。

【临床应用与研究】

本方广泛用于消化、神经、精神、生殖等系统的瘀血病证。如用于乙型肝炎、肝硬化、溃疡病、肠粘连、精神分裂症、中风后遗症、急慢性盆腔炎、附件炎、痛经、闭经、胎盘滞留、宫外孕、面瘫、长期低热等病证。姜春华主张下列各病由瘀血所致者可用本方加味：如肝硬化腹水可加己椒苈黄丸并重用人参、黄芪、白术、车前子等药；溃疡病胃脘痛宜加人参、黄芪，其兼胸闷吐酸喜太息者，可加煅瓦楞、良姜、川朴，且认为本方与参、芪相伍治肝胃血瘀疼痛，效果更好。

【选注】

赵良仁：血之干燥凝著者，非润燥荡涤，不能去也；由是芍药、枳实不得治，故用大黄将军之剂荡而逐之；桃仁润燥，缓中破结；䗪虫下血；用蜜补不足，止痛和药，缓大黄之急速，尤润燥也，此剂与抵当汤同类，但少缓耳。（《二注》）

【医案举例】

高某，女，初诊。病由1年前小产而起。当时有急性盆腔炎，经住院治疗，急性炎症解除，但后遗小腹内有鸭蛋大包块，腰骶酸胀，小腹坠胀痛。白带多，有臭气。月经不调，四五十天一转，量少色黑有紫块，经前腰酸，小腹胀痛更甚，经后略缓解。大便秘结，五七日一解，粪坚如栗，时有低热，经前或便秘日久则低热更明显。面色萎黄。不耐烦劳，更不能久站，否则腰腹坠胀更甚。脉细弦，按之有力，舌色暗，边多瘀斑，苔薄黄腻。病属瘀阻气滞，疏泄失职，属于癥积。盖由小产后热入血室，热与血结，瘀阻下焦。观其脉细弦有力，舌暗瘀斑，苔薄黄腻，显属邪实有余。治以祛瘀化癥，疏泄厥阴。方用下瘀血汤合桂枝茯苓丸加味。药选桃仁、炙䗪虫、制大黄、桂枝、茯苓、丹皮、赤芍、当归、川楝子、牛膝、醋炒香附、鲜藕。全方重点是活血化瘀。服药至15帖，大便通顺，月经提前来潮，经前腰酸小腹坠胀减轻，经量亦增多，自感下半身轻松。原方加炒三棱、莪术继进。腹中转气，异常舒适，月经又来潮（两次月经都在25天左右），服至第3个月，大便保持通畅，低热亦退，苔化薄白。妇科检查，包块显著缩小，双合诊仅有白果大小。原方去芍药、丹皮、牛膝、川楝，加党参、炙甘草、炒生地，兼顾气阴。至第4个月，月经量多色转红，腰酸腹胀全除，改用归芍六君（去白术）加黄芪、桂枝、桃仁、䗪虫、丹参、香附、鲜藕调理巩固，完全恢复正常。（江一平，等.中医辨治经验集萃·应用下瘀血汤辨治体会.第1版.北京：人民卫生出版社，1996；640）

（四）实热瘀结

【原文】

産後七八日，無太陽證，少腹堅痛，此惡露不盡。不大便，煩躁發熱，切脉微實，再倍發熱，日晡時煩躁者，不食，食則讝語，至夜即愈，宜大承氣湯主之。熱在裏，結在膀胱①也。方見痓病中。（七）

【校勘】

《脉经》："恶露不尽"下，作"不大便四五日，趺阳脉微实再倍，其人发热，日晡时所烦躁者，不能食，谵语，利之则愈，宜承气汤，热在里，结在膀胱。"

【词解】

①膀胱：即上条"脐下"的互辞，泛指下腹部，含子宫之义。

【释义】

本条论述实热瘀结产后腹痛的证治。产后腹痛，在少腹部位，并见坚满拒按，恶露不下，或恶露紫黯，夹有血块，无恶寒发热太阳表证，属瘀血内结，本可与前条之下瘀血汤攻下瘀血。但其与不大便，不能食，食则谵语，发热烦躁日晡时尤甚，脉微实再倍之里热实证同见。不能食，不大便，腹中痛乃是阳明腑实，腑气不通之故；发热烦躁日晡时尤甚，因日晡为阳明所主，故主阳明里热；食则谵语，主里热炽盛，扰动神明；脉微实再倍主邪气盛，正未虚。故知本证为"热在里，结在膀胱"之实热瘀结证，治疗以攻下瘀热为法，可予大承气汤。方中取大黄既在于其荡涤实热之效，并在于其攻逐瘀血之功。

【按语】

以上四条论述了产后腹痛的证治。一般而言，产后腹痛多由血虚或血瘀而致。此外，新产妇人（多在产后第1天开始出现）腹痛，尤以哺乳时为甚，尚应考虑到是子宫平滑肌收缩，促使子宫复旧所发生的阵发性痉挛，使子宫肌壁血管缺血，组织缺氧，刺激神经而引发，这种疼痛3～5天即可消失，但应排除宫内感染或宫腔积血、胎盘残留。

大承气汤在《金匮》中先后出现4次，主治热盛动风之痓病、阳明腑实之腹满、热结旁流之下利、实热瘀结之腹痛等不同病证。其主治病证从病性言，皆属于实；从病邪言，有热、实、瘀之不同；从治疗途径言，主要是着眼于因势利导，给邪以去路。体现了中医学"异病同治"的思想。

【选注】

吴谦：无太阳证，无表证也；少腹坚痛，有里证也。因其产后七八日，有蓄血里证，而无太阳表证，则可知非伤寒太阳随经瘀热在里之病，乃产后恶露未尽，热结膀胱之病，当主以下瘀血可也。若不大便，不食，谵语，烦躁，发热，日晡更甚，至夜即愈，此为胃实之病，非恶露不尽之病。以其日晡更甚，至夜即愈，则可知病不在血分而在胃也，故以大承气汤下之。（《金鉴》）

三、产后中风证治

（一）太阳中风

【原文】

產後風續之數十日不解，頭微痛，惡寒，時時有熱，心下悶，乾嘔，汗出，雖久，陽旦證續在耳，可與陽旦湯。即桂枝湯，方見下利中。（八）

【释义】

本条论述产后中风营卫不和的证治。产后体虚，复感风寒外邪，正气虽不能驱邪外出，但邪气亦不过甚，故持续数十日病仍在表，阳旦证续在，症见头微痛、恶寒、时发热、胸脘闷、干呕、汗出等太阳中风表证，治用桂枝汤解表驱邪，调和营卫。

【按语】

关于阳旦汤，林亿认为指桂枝汤；喻嘉言认为是桂枝汤加黄芩；魏荔彤认为是桂枝汤加附子；陈念祖认为是桂枝汤增桂加附子；何志雄谓是桂枝汤加芍药、黄芩等不同看法。有学者据《伤寒论》30条："问曰：证象阳旦……病形象桂枝，因加附子参其间，增桂令汗出，附子温经，亡阳故也"，认为是"产后风"之属阳气虚弱证，而不属于太阳中风证。均可供参考。

【选注】

徐彬：此段言产后中风，淹延不愈，而表里杂见者，仍当去其风也。谓中风之轻者，数十日不解，似乎不可责表，然头疼、恶寒、汗出、时有热，皆表证也。心下闷、干呕，太阳之邪欲内入，而内不受，考《伤寒论》有阳旦汤，乃桂枝汤加黄芩，以治太阳中风，而挟热者。今久风而热不已，则阳旦证仍在，阳旦汤何不可与，而因循以致误也。（《论注》）

【医案举例】

黄某，女，29岁，产后4日，寒热复作，经西医治疗无效。发热（体温38.9℃）恶寒，头痛且晕，时自汗出，胸脘不舒，饮食不振，时欲呕吐，小便淡黄，大便稍结，乳水尚能正常泌哺，舌质淡红，苔薄黄，脉濡。此为产后外感风寒兼邪热之证，拟解肌和营，清泄邪热为法，《金匮》阳旦汤加味。桂枝15g，黄芩10g，白芍10g，生姜3片，炙甘草6g，红枣4枚。2剂。复诊：药后寒热已退，惟自汗出，神疲乏力等症不解，改拟桂枝汤合玉屏风散。桂枝10g，白术10g，白芍15g，黄芪15g，防风8g，生姜2片，大枣3枚，甘草6g。3剂。证渐除而愈。[谢胜臣．经方验案．新中医　1984；（4）：25]

（二）阳虚中风

【原文】

產後中風，發熱，面正赤，喘而頭痛，竹葉湯主之。（九）

竹葉湯方：

竹葉一把　葛根三兩　防風　桔梗　桂枝　人參　甘草各一兩　附子一枚

（炮）　　大棗十五枚　生姜五兩

上十味，以水一斗，煮取二升半，分温三服，温覆使汗出。頸項强，用大附子一枚，破之如豆大，煎藥揚去沫。嘔者，加半夏半升洗。

【释义】

本条论述产后中风兼阳虚的证治。产后正虚，风邪袭表，成正虚邪实之候。其中发热头痛，为中风之征；面红而赤，气喘，乃元阳不固，虚阳上浮，而兼有卫气闭郁，肺气不降之象。另外尚可见如恶寒无汗，身疼乏力，四肢欠温，舌质淡红，舌苔薄白，脉浮无力等脉症。治用竹叶汤扶正祛邪，表里同治。方中用竹叶、葛根、防风、桔梗、桂枝疏解外邪；以人参、附子温阳益气；以甘草、生姜、大枣调和营卫。

【按语】

"面正赤"，《高注》认为是"胃腑受阳邪而化虚热，面为阳明之应，故正赤。"《论注》谓："然面正赤，此非小可淡红，所谓面若妆朱，乃真阳上浮也。"张再良《金匮指要》提出"竹叶汤证病机可考虑为体虚外感，阳气怫郁，肺气不宣。"诸说可合参之。

【临床应用与研究】

本方可以治疗流行性感冒、食道炎、支气管炎、慢性胃炎、神经性头痛、淋巴结炎、产后发热、妊娠发热、产后缺乳、带下等病证而见上述证机者。

【选注】

尤怡：此产后表有邪而里适虚之证，若攻其表，则气浮易脱；若补其里，则表多不服。竹叶汤用竹叶、葛根、防风、桔梗解外之风热，人参、附子固里之脱，甘草、姜、枣以调阴阳之气而使其平，乃表里兼济之法。凡风热外淫，而里气不固者，宜于此取则焉。（《心典》）

【医案举例】

邓某，女，40岁，农妇。分娩四五日，忽然恶寒发热头痛，其夫以产后不比常人，恐生恶变，遂急邀余治。患者面赤如妆，大汗淋漓，恶风发热，头痛气喘，语言滞钝，脉象虚浮而弦，舌苔淡白而润，询得口不渴，腹不痛，饮食二便俱无变化，已产数胎，皆无病难，向无喘疾，而素体欠强。仔细思量其发热恶风头痛，是风邪在表之候；面赤大汗气喘，为虚阳上浮之征；语言滞钝，乃气液两亏，明系产后中风，虚阳上浮之征。幸喜发病未久，尚可施治，若稍迁延，法难图也。观其脉象虚浮而弦，已伏痉病之机矣。当温阳益气以固其内，搜风散邪以解其外，偏执一面，证必生变。《金匮》云："产后中风，发热，面正赤，喘而头痛，竹叶汤主之。"乃师其旨，书竹叶汤原方1剂与之。淡竹叶9g，葛根9g，桂枝4.5g，防风4.5g，桔梗4.5g，西党9g，附片6g，甘草4.5g，生姜3片，大枣3枚煎服。翌日复诊，喘汗俱减，热亦渐退，仍以原方再进1剂，三诊病已痊矣。（刘俊士．古妙方验案精选．第1版．北京：人民军医出版社，1992；310）

四、虚热烦呕证治

【原文】

婦人乳中虚，煩亂嘔逆，安中益氣，竹皮大丸主之。（十）

竹皮大丸方：

生竹茹二分　石膏二分　桂枝一分　甘草七分　白薇一分

上五味，末之，棗肉和丸彈子大，以飲服一丸，日三夜二服。有熱者，倍白薇，煩喘者，加柏實一分。

【释义】

本条论述产后中虚内热，胃失和降的证治。生子曰"乳"，乳中虚指新产妇人正气亏虚之病机。以方测证，其虚主要在气血的不足。由之虚热内生，热扰心神，则心中烦乱；热邪犯胃，胃气失和，则呕逆不安。其症尤可见如食欲不振，神疲乏力，低热留恋，舌红苔少，脉滑数无力等。治用竹皮大丸清热降逆，安中益气。安中益气有补中益气，和胃安中之意。方中重用甘草为君，功能益气安中；与桂枝相配，可辛甘化气；竹茹、石膏清胃热以止呕逆；白薇退虚热；枣肉调和诸药。虚热重者，倍加白薇；烦喘者，加柏实以宁心润肺。

【临床应用与研究】

本方可用治妊娠呕吐、妊娠中毒症、神经性呕吐、病毒性肝炎、急性胃炎、消化性溃疡、返流性食道炎等属上述证机者。近年更有用本方治疗更年期综合征、癔病、失眠、小儿夏季热、男性不育症、阳痿等病证的报道。

【选注】

尤怡：妇人乳中虚，烦乱呕逆者，乳子之时，气虚火旺，内乱而上逆也。竹茹、石膏甘寒清胃，桂枝、甘草辛甘化气，白薇性寒入阳明，治狂惑邪气，故曰安中益气。（《心典》）

【医案举例】

数年前，一友人来告，其妻产后每当哺乳必心中烦乱不已，恶心欲作，自称"闹心"，到难以支持的程度。登门诊后，得知该患者产后一直食欲不佳，多汗，乏力，有时身体阵阵烘热。乳汁量虽尚可，但质较清稀。观其人面色少华，舌淡少苔，脉虚无力。因初遇此证，难免踌躇不决，后忽思《金匮要略》"产后病篇"有"妇人乳中虚，烦乱，呕逆，安中益气，竹皮大丸主之。"产后虚烦，拟安中益气，清热宁神为治则。处方：竹茹15g，石膏10g，白薇15g，白术10g，甘草15g，大枣12枚，当归10g，桂枝7.5g，柏子仁15g，煅龙、牡各10g，每日1剂，水煎，分3次口服。服完2剂即觉明显好转，烦乱恶心得平，仍有胸闷心烦，身体烘热症减，余症均好转。但大便变稀，脉舌如前，将前方桂枝量增至10g，去柏子仁加茯苓10g、神曲10g，嘱继服3剂。4日后诸症痊愈，精神转佳，其脉平缓。活动量稍大时还易少量出汗，嘱每日用大枣10枚、黄芪5g水煎代茶饮，以善后调治。又5日后，友人来告，病愈，母子皆安，合家欢乐。（刘渡舟，等．当代医家论经方·竹皮大丸治愈产后烦乱症．第1版．北京：中国中医药出版社，1993；548）

五、热利伤阴证治

【原文】

產後下利虛極，白頭翁加甘草阿膠湯主之。（十一）

白頭翁加甘草阿膠湯方：

白頭翁　甘草　阿膠各二兩　秦皮　黃連　蘗皮各三兩

上六味，以水七升，煮取二升半，內膠令消盡，分溫三服。

【释义】

本条论述产后热利伤阴的证治。下利以白头翁汤为主方，可知其利由湿热下注所致，其症应以大便脓血，腹痛即便，里急后重，肛门灼热，身热口渴，舌红苔黄为特点；"虚极"主要指产后气血不足，症见面黄乏力，虚烦不寐，脉象虚数等。治用白头翁加甘草阿胶汤清热利湿，养血和中。方中以白头翁汤清利湿热，阿胶补益阴血，甘草益气和中。

【临床应用与研究】

本方应用不拘于产后下利，亦可用于久利伤阴，或阴虚之体的下利。阿米巴痢疾、急性坏死性肠炎、急性泌尿系感染、宫颈切除后引起的大出血、红斑性狼疮、滴虫性肠炎等病证而见上述证机者皆可用之。

【选注】

徐彬：仲景治热利下重，取白头翁汤，盖白头翁纯苦能坚肾，故为驱下焦风热结气君药；臣以黄连，清心火也；秦皮清肝热也；柏皮清肾热也。四味皆苦寒，故热利下重者宜之。若产后下利，其湿热应与人同，白头翁汤在所宜矣。假令虚极，不可无补，但非他味参术所宜，恶其壅而燥也；亦非苓泽淡渗可治，恐伤液也。唯甘草之甘凉，清中即所以补中，阿胶之滋润，去风即所以和血，以此治病，即以此为大补。方知凡治利者，湿热非苦寒不除，故类聚四味之苦寒不为过；若和血安中，只一味甘草及阿胶而有余。治利好用参术者，正由未悉此理耳。（《论注》）

【医案举例】

阎氏妇，年24岁，住宿城。病因夏月感受暑湿，至秋后娩时，恶露太多，膜原伏暑又泄而变痢。其症痢下赤白，里急后重，日夜40余次，腹痛甚则发厥，口极苦而喜饮，按其胸腹灼手。脉息细数。细为阴虚，数则为热，此张仲景所谓"热利下重者，白头翁汤主之"是也。然此症在产后，本妇又每日厥十余次，症已棘手，严装待毙，僵卧如尸。余遂晓之曰：病势危矣，然诊右脉尚有神，或可挽救，姑妨仲景经方以消息之。亟命脱去重棉，用湿布覆心部，干则易之，方用大剂白头翁汤加味，苦寒坚阴以清热为君，甘咸增液以润燥为臣，佐以酸苦泻肝，使以清芬透暑，力图挽回于万一。处方：白头翁12g，北秦皮6g，炒黄柏6g，金银花18g，川雅连3g（盐炒），生炒杭芍各9g，益元散9g，净阿胶3g（烊冲），淡条芩6g，鲜荷叶1张。次日复诊，痛厥已除，痢亦轻减，遂以甘凉濡润，如鲜石斛、鲜生地、鲜藕肉、鲜莲子、甘蔗等味。连服5剂，幸收全功。廉按：胎前伏暑，产后患阴虚下利者颇多，此案仿《金匮》治产后下利虚极，用白头翁加甘草阿胶汤，合《伤寒论》黄芩汤增损之，以清热解毒，兼滋阴血而痊。（何廉臣编．重印全国名医验案类编．上海科技出版社，1959；129）

六、附方

(一)《千金》三物黄芩汤

【原文】

治婦人在草蓐①，自發露得風②，四肢苦煩熱，頭痛者，與小柴胡湯；頭不痛但煩者，此湯主之。

黄芩一兩　苦參二兩　乾地黄四兩

上三味，以水八升，煮取二升，溫服一升，多吐下蟲。

【校勘】

《千金要方》黄芩用量为二两，"服一升"下有"日二"。

【词解】

①草蓐：草垫子、草席。这里指产床。古称妇女临产为坐蓐。

②发露得风：指产妇分娩时，因产床不洁或产后保养不慎而感受病邪。发：暴露；露：露天，在室外。

【释义】

本条论述产后四肢烦热的不同证治。产后四肢为烦热所苦，若是由于少阳枢机不利所致者，宜以小柴胡汤和解少阳，其证并可见两侧头痛，往来寒热，胸胁苦满，默默不欲饮食等症；若是由于湿热阴虚所致者，宜以三物黄芩汤清热燥湿，滋养阴液，其证并可见如带下黄白腥臭，或阴部瘙痒，大便不爽，肛门灼热，虚烦少寐，苔少色黄，脉象虚数等脉症。

【临床应用与研究】

三物黄芩汤是临床治疗阴虚湿热之良方。后世医家主要将本方用于治疗骨蒸劳热、阴痒、阴肿、红斑性肢痛等病证。研究表明，该方能直接抑制乙肝病毒，改善肝功，并有利尿、降糖之功效。临床用治湿热疫毒内郁，郁久化火伤阴之乙肝相关性肾炎、乙肝相关性皮疹及肝源性糖尿病等，均取得满意疗效。

【选注】

徐彬：谓在草蓐，是未离产所也。自发露得风，是揭盖衣被，稍有不慎而暂感也。产后阴虚，四肢在亡血之后，阳气独盛，又得微风，则苦烦热；然表多则上入而头痛，当以上焦为重，故主小柴胡和解；若从下受之而湿热结于下，则必生虫，而头不痛，故以黄芩清热为君，苦参去风杀虫为臣，而以地黄补其元阴为佐。曰多吐下虫，谓虫得苦参必不安，其上出下出，正未可知也。(《论注》)

【医案举例】

马某，女，21岁，农民。自1994年元月12日起，双足灼热剧烈疼痛，于同月26日来诊。患者1993年9月赴广东打工，生活环境潮湿、劳累，食用新鲜蔬菜较少。自12月初开始双足夜晚自觉灼热，需露足于被外或冷水洗浴后方减轻。1994年元月12日雨后初晴，双足皮肤发红、发热、剧烈疼痛，至夜晚加重，以后每夜都号啕大哭，彻夜不眠。查双下肢自膝关节下肿胀呈非指陷性,自胫骨中段以下皮肤发暗粗糙,皮肤皲裂,皮色发红,皮温高,足背与胫后动脉搏动数而有力,患者不时将双足浸泡入冰水之中,由于较久的冷水浸浴,足趾顶端皮肤色泽发暗呈浅表坏死状。疏方:当归 30g,元参 60g,生地黄 30g,苦参 30g,黄芩 20g,黄柏 15g,甘草 10g。上药煎煮两次,24 小时内分 3 次服用。服药后第二天晨 3 点患者又因剧痛由熟睡中醒来,浸足于冷水之中。如此反复治疗 3 天后,疼痛明显减轻,入夜虽仍有疼痛及皮肤发红,但已无需将足浸入冷水之中,只露足于被外即可忍受。用药 5 天后,足部红斑基本消失,夜晚剧烈疼痛得以控制,中药继续内服并配合维生素 B 族内服。[崔炎,等.三物黄芩汤治疗红斑性肢痛症 68 例.河南中医 2000;20(4):51]

(二)《千金》内补当归建中汤

【原文】

治婦人產後虛羸不足,腹中刺痛不止,吸吸①少氣,或苦少腹中急摩痛②引腰背,不能食飲。產後一月日得服,四五劑爲善,令人強壯宜。

當歸四兩　桂枝三兩　芍藥六兩　生薑三兩　甘草二兩　大棗十二枚

上六味,以水一斗,煮取三升,分溫三服,一日令盡。若大虛,加飴糖六兩,湯成內之,于火上煖令飴消。若去血過多,崩傷內衄不止,加地黃六兩、阿膠二兩,合八味,湯成內阿膠。若無當歸,以芎藭代之;若無生薑,以乾薑代之。

【校勘】

《千金》"刺"作"疗","宜"作"方","内衄"作"内竭"。《千金翼》"少腹中急摩痛"作"小腹拘急挛痛"。

【词解】

①吸吸:拟声词,指忍痛时的"嘶嘶"吸气之声。

②少腹中急摩痛:即少腹拘急挛痛。

【释义】

本条论述产后气血不足腹中疼痛的证治。由于产后虚羸,气血不足,不能煦养,故腹中疼痛,绵绵不已,或为腹中拘急,痛引腰背;脾气亏虚,运化不健,故吸吸少气,不能食饮。当归建中汤即小建中汤加当归,当归功能养肝补血,与小建中汤合用,有建中益气,养血柔肝之效,为产后气血不足、脾胃虚弱之代表方。

【临床应用与研究】

本方与黄芪建中汤均为小建中汤加味方,然因此加当归重在补血,彼加黄芪重在补气,故主治迥异。后世医家主要将本方用于治疗虚寒性胃脘痛、腹痛、痛经、不孕等病证。日本学者报道,若患者乙状结肠部位附近有抵抗与压痛、腹力中等度以下,兼有腹痛腰痛、背痛、心悸、面色不佳、气短等症。凡腹中拘挛紧缩,如系数条绳索,痛引少腹腰背;或手足疼痛浮肿者;或突然手足挛痛,俗称转筋者;或因血证虚羸,气息将绝者,用此方皆有显效，颇为贴切。

【选注】

张璐：此即黄芪建中之变法。彼用黄芪以助卫外之阳，此用当归以调内营之血，然助外则用桂枝，调中则宜肉桂，两不移易之定法也。（《医通》）

【医案举例】

胡某，女，28 岁。1998 年 12 月 15 日初诊：产后月余，自觉乏力短气，纳食不振，奶水较少，少腹时隐痛，近有水样带下，舌质淡红，苔薄白，脉沉细。此乃当归建中汤证，方予：当归、炒白芍各 15g，川桂枝、炙甘草各 8g，生姜 3 片，大枣 5 枚，饴糖 30g（烊化，兑服），5 剂，水煎服。12 月 20 日二诊：上述诸症几近消除，为巩固疗效，予原方 30 剂制膏 1 料，药尽食振体强。（张笑平．金匮要略临床新解．第 1 版．合肥：安徽科技出版社，2001；556）

研究概要

后世产后病的概念，有了较为严格的规定。指从胎儿娩出到产褥期发生的与分娩或产褥有关的疾病。而产褥期则是指从胎盘娩出至产妇除乳腺外全身各器官恢复或接近正常未孕状态的一段时期。一般需 6 周左右。常见的产后病一般包括产后血晕、产后血崩、产后腹痛、产后痉症、产后发热、产后身痛、恶露不绝、产后小便不通、产后小便频数与失禁、产后大便难、缺乳、乳汁自出等病种。

后世对产后病的发病机理的研究，在《金匮要略》有关认识的基础上，进一步确定为三：一是失血过多，亡血伤津，虚阳浮散，或血虚火动，易致产后血晕、产后痉症、产后发热、产后大便难等；二是瘀血内阻，气机不利，血行不畅，或气机逆乱，可致产后血晕、产后腹痛、产后发热、产后身痛、恶露不绝等；三是外感六淫或饮食房劳所伤等，导致产后腹痛、产后痉证、产后发热、产后身痛、恶露不绝等。

后世对产后病的诊断，受《金匮》对产后腹痛、恶露特征等病证的辨析方法的启发，总结为应结合新产特点，强调"三审"。即审小腹痛与不痛，以辨有无恶露的停滞；审大便通与不通，以验津液之盛衰；审乳汁的行与不行，以及饮食之多少，以察胃气的强弱。

关于产后病的治疗，后世基于《金匮》既重视产后亡血伤津，气血俱虚的特点，又不远避祛邪诸法的相关论述，提出"勿拘于产后，亦勿忘于产后"的产后病治疗原则，根据产后病亡血伤津，瘀血内阻，多虚多瘀的病机特点，主张产后补虚须防滞邪、助邪；产后祛瘀须佐以养血，使不伤正。

小   结

本篇重点论述了妇人产后常见病的证治。篇中所论关于产后病的大部分内容都极经典，为后世对产后病病理基础、证治规律的认识奠定了基础。

对于新产妇人，篇中提出：虚，尤其是阴血伤损为其主要病理基础，在此阶段，若失血过多，津液伤损，易致产后痉病、郁冒、大便难三大病证。该三病证虽各自主症不同，病机有别，用方给药各有所选，但其治疗都必须围绕照顾津液，滋养阴血的总原则进行。

产后腹痛，篇中列举其证治内容有四：即属血虚里寒的当归生姜羊肉汤证，其腹痛以腹中拘急，绵绵作痛，喜温喜按为特征；属气血郁滞的枳实芍药散证，主症以小腹胀痛，按之加剧，烦满不卧为特征；属瘀血内结的下瘀血汤证，主症以脐下小腹或少腹部位坚痛拒按，或呈刺痛为特征；及属瘀血与阳明实热相兼，以阳明实热为急，治之先予攻下阳明的大承气汤证，其症以腹中痛，不大便，不能食，食则谵语，发热烦躁日晡时尤甚为突出特征。

此外，本篇并讨论了产后三大证中郁冒兼大便难，证以少阳枢机不和为主之小柴胡汤证、以胃家实大便秘结为主之大承气汤证；产后中风属营卫不和之阳旦汤证、兼元阳虚衰之竹叶汤证；产后中虚内热，胃失和降，而以烦乱呕逆为主症之竹皮大丸证；产后下利属湿热下注，气血不足之白头翁加甘草阿胶汤证的证治。

以上所有证治都体现着《金匮要略》对妇人产后病既不泥于产后禁忌，又照顾产后病理基础的特点。

本篇附方部分，有源自于《千金》的两则方证。即由湿热阴虚所致以产后四肢烦热为主症之三物黄芩汤证、由气血不足所致产后腹痛之当归建中汤证。

婦人雜病脉證并治第二十二

本篇论述妇人杂病的病因、证候及治法。其范围包括除妊娠、产后疾病以外，以经、带和前阴疾患为主的妇女病证，以及一些妇女常见的情志疾患。内容包括热入血室、经水不利、带下、漏下、腹痛、梅核气、脏躁、转胞、阴吹、阴疮等方面。

热入血室详见《伤寒论》。经水不利是指月经不调的疾病。带下是指白带的量色质发生变化的疾病。漏下包括月经过多的崩证和月经点滴而下、经期过长的漏证。腹痛是指月经期间或月经前后腹部疼痛为主的病证。梅核气是痰凝气滞所致咽中如有炙脔的病证。脏躁是七情所伤导致情志失常，以悲伤欲哭为主证的病证。转胞是指妊娠期间小便不通为主的病证。阴吹是指前阴排气为主的病证。阴疮是指阴部生疮。

在病因方面提出虚、冷、结气。治则有审阴阳、分虚实之别；治法丰富，有内治，也有外治。内治法中有汤、散、丸、酒、膏等剂型；外治法中有针刺、洗剂、坐药、润导剂等。为后世妇科杂病辨证论治奠定了良好基础。

一、成因、证候与治则

【原文】

婦人之病，因虛、積冷、結氣，爲諸經水斷絕，至有歷年，血寒積結，胞門①寒傷，經絡凝堅。

在上嘔吐涎唾，久成肺癰，形體損分②。在中盤結，繞臍寒疝；或兩脅疼痛，與藏相連；或結熱中，痛在關元，脉數無瘡，肌若魚鱗，時着男子，非止女身。在下未多，經候不匀，令陰掣痛，少腹惡寒；或引腰脊，下根氣街，氣衝急痛，膝脛疼煩。奄忽眩冒③，狀如厥癲④；或有憂慘，悲傷多嗔⑤，此皆帶下⑥，非有鬼神。

久則羸瘦，脉虛多寒；三十六病，千變萬端；審脉陰陽，虛實緊弦；行其針藥，治危得安；其雖同病，脉各異源；子當辯記，勿謂不然。（八）

【校勘】

"令阴"，赵本作"冷阴"，据《医统》本改。

【词解】

① 胞门：即子宫，意同《妊娠病》篇之"子脏"。

② 形体损分：指形体消瘦，与未病前判若两人。

③ 奄忽眩冒：指忽然发生晕厥。

④ 厥癫：指昏厥、癫狂一类疾病。

⑤ 多嗔（chēn，抻）：时常发怒。

⑥ 带下：古代泛指妇人经带诸病。

【释义】

本条总论妇人杂病的病因、病机和证治，为本篇之总纲。第一段说明妇人杂病的病因不外乎虚、积冷、结气三个方面。"虚"是气血虚少，"积冷"是久积冷气，"结气"指气机郁结。妇人气血充盈，血脉流通，气机通畅，则月经应时而下。若三者之中一有所患，皆能造成经水不利。若迁延日久，寒冷久积，致胞宫受伤，气血凝滞，经络瘀凝不通，则致经水断绝。

第二段进一步论述在上、中、下三焦的病变。在上，因寒饮伤肺，可见咳吐涎沫，日久寒郁化热，邪热壅肺，形成肺痈，致形体消瘦；在中，为肝脾受邪，症见绕脐作痛，或两胁疼痛，与肝脏相连，如素禀阳盛，则病从热化，出现脐下疼痛，脉数。因内有瘀血，旧血不去，新血不生，血不外荣，肌肤失养，所以虽身无疮疡，但仍肌肤状如鳞甲。以上证候，无论男女均可出现，故云"时着男子，非止女身"。若虚、冷、结气在下，则可引起多种妇科疾病，因为妇人以冲、任为事，冲为血海，任主胞胎，故主要引起月经病变，而表现为月经先后不定，经量或多或少；阴中掣痛，少腹恶寒，或牵引腰背；或下连气街，冲气急痛，且两腿膝胫疼烦。此外，还可因情志不遂，气机失于调达，突然发生昏厥癫狂；或为忧愁悲伤，时时发怒之证。此皆妇人杂病范畴，并非鬼神作怪。

最后一段说明妇人杂病的诊治原则。妇人杂病，如果延久失治，必见病人气血更虚，形体消瘦，以致正虚邪盛。妇人杂病，常见的有三十六种，其变化多端，错综复杂，因此医者必须审脉之阴阳紧弦，而辨证的寒热虚实，或用针灸或用汤药进行针对性治疗，才能切中病机，收到转危为安的效果。对于同病异脉之证，尤应详加审察，辨明该病的根源，以免误治。

【选注】

吴谦：此条为妇女诸病纲领。其病之所以异于男子者，以其有月经也。其月经致病之根源，则多因虚损、积冷、结气也。三者一有所感，皆能使经水断绝。至有历年寒积胞门，以致血凝气结而不行者。先哲云：女子以经调为无病；若经不调，则变病百出矣。以下皆言三者阻经之变病，其变病之不同，各因人之脏腑、经络、寒热、虚实之异也。（《金鉴》）

二、误下成痞治法

【原文】

婦人吐涎沫，醫反下之，心下即痞，當先治其吐涎沫，小青龍湯主之；涎沫止，乃治痞，瀉心湯主之。（七）

小青龍湯方：見痰飲中。

瀉心湯方：見驚悸中。

【校勘】

"见痰饮中"，赵本误作"见肺痈中"，故改正之。

【释义】

本条论述上焦寒饮误下成痞的先后治法。《水气病》篇第二条指出"上焦有寒，其口多涎"，本条妇人"吐涎沫"亦是上焦寒饮所致，治当温化寒饮，医反误用攻下，伤其中阳而成心下痞证。此与伤寒下早成痞系同一机理。虽经误下，而犹吐涎沫，说明上焦寒饮仍在，可先用小青龙汤温散之，俟吐涎沫止，再用泻心汤治痞。

【选注】

尤怡：吐涎沫，上焦有寒也，不与温散而反下之，则寒内入而成痞，为伤寒下早例也。然虽痞而犹吐涎沫，则上寒未已，不可治痞，当先治其上寒，而后治其中痞，亦如伤寒例，表解乃可攻痞也。（《心典》）

三、证治

梅核气

【原文】

婦人咽中如有炙臠①，半夏厚朴湯主之。（五）

半夏厚朴湯方：《千金》作胸滿，心下堅，咽中帖帖，如有炙肉，吐之不出，吞之不下。

半夏一升　厚朴三兩　茯苓四兩　生姜五兩　乾蘇葉二兩

上五味，以水七升，煮取四升，分溫四服，日三夜一服。

【词解】

①炙臠：炙，烤；臠，肉切成块。炙臠即烤肉块。

【释义】

本条论述咽中痰凝气滞的证治。本病的发生多由七情郁结，痰凝气滞，上逆于咽喉之间所致。表现为咽中自觉有物阻塞，咯之不出，咽之不下，后世称为"梅核气"。治用半夏厚朴汤。方中半夏、厚朴、生姜辛开苦降，以散结降逆；佐以茯苓利饮化痰；苏叶芳香宣气解郁。诸药合用，气顺痰消，则咽中自爽。

【按语】

本病亦可见于男子。本方酌加舒肝理气之品，或伍以咸味化痰之药，有助于提高疗效。

【临床应用与研究】

本方常用于治疗歇斯底里瘾球、慢性咽喉炎、慢性支气管炎、支气管哮喘、颈淋巴结核、急性胃炎、眩晕、闭经、神经官能症、假性心绞痛等属于痰凝气滞型者。

有人观察半夏厚朴汤对猫喉反射影响及其药理试验，发现该方中紫苏和厚朴对喉反射几乎显示相同的抑制作用，其余药物对喉反射则无影响。这就意味着半夏厚朴汤对喉反射的抑制作用主要取决于这两味药。半夏厚朴汤对小鼠的运动活性有明显抑制作用，并能延长巴比妥类引起的睡眠时间，说明该方还有镇静作用。

【选注】

吴谦：咽中如有炙脔，谓咽中有痰涎，如同炙肉，咯之不出，咽之不下者，即今之梅核气病也。此病得于七情郁气，凝涎而生。故用半夏、厚朴、生姜，辛以散结，苦以降逆，茯苓佐半夏，以利饮行涎，紫苏芳香，以宣通郁气，俾气舒涎去，病自愈矣。此证男子也有，不独妇人也。（《金鉴》）

【医案举例】

孙文垣治张溪亭乃眷，喉中梗梗有肉如炙脔，吞之不下，吐之不出，鼻塞头晕，耳常啾啾不安，汗出如雨，心惊胆怯，不敢出门，稍见风则遍身疼痛，小腹时痛，小水淋涩而疼，脉两尺皆短，两关滑大，右关尤搏指。孙曰：此梅核气症也。以半夏四钱，厚朴一钱，苏叶一钱，茯苓一钱三分，姜三分，水煎食后服，每用此汤调理多效。（魏之琇．续名医类案．北京：人民卫生出版社，1982；344）

脏 躁

【原文】

妇人藏躁，喜悲伤欲哭，象如神靈所作，数欠伸，甘麥大棗湯主之。（六）

甘麥大棗湯方：

甘草三兩　小麥一升　大棗十枚

上三味，以水六升，煮取三升，温分三服。亦補脾氣。

【释义】

本条论述脏躁的证治。本病多由情志不舒或思虑过多，郁而化火，伤阴耗液，心脾两虚所致。一般表现有情志不宁、无故悲伤欲哭、频作欠伸、神疲乏力等症。治用甘麦大枣汤补益心脾，宁心安神。方中小麦养心安神，甘草、大枣甘润补中缓急，使脏不躁则悲伤叹息诸症自去。

【按语】

脏躁病虽多见于女子，但男子亦不少。根据症状和方药分析，本病始于肝，伤及心脾，累及于肾。故除原文所述症状外，还伴有心烦、易怒、失眠、便秘等症。

【临床应用与研究】

临床常用本方治疗神经、精神疾患。如癔病、精神分裂症、神经衰弱、神经官能症、失眠、更年期综合征、夜游症、遗尿、癫痫等疾病。但治疗时常与生脉散、百合地黄汤、酸枣仁汤、四七汤、逍遥散、六味地黄丸等合用；或加山药、地黄、当归、白芍、茯神、龙齿、五味子等。

甘麦大枣汤性味平淡，口感亦好，临床尚可用作大病后，体虚不复，气阴两伤的辅助饮食疗法。该方对自汗、盗汗、小儿夜啼等病亦有较好的疗效，治疗盗汗、自汗时，小麦可用至 50～200g。

本病不可仅以悲伤欲哭、数欠伸作为使用本方的依据，而应结合病人的实际情况进行辨证论治。例如脏躁见痰多心烦、胸闷太息，苔腻脉濡或脉滑等痰热内蕴证者，宜用温胆汤或黄连温胆汤加龙骨、牡蛎；如见纳呆便溏，胸闷胁痛，脉弦等肝脾失调证者，宜用逍遥散加减治疗。待痰热除、肝脾调和后，再施以甘麦大枣汤善后调理。

有研究表明，本方有类似雌激素作用，对妇人更年期综合征因手术或放疗导致卵巢功能减退，血中雌激素水平低落及植物神经功能紊乱所引起的烘热和失眠有缓解作用；本方有镇静及抗惊厥作用，连续给药七天，能明显延长环己烯巴比妥所致小鼠睡眠时间和戊四氮所致小鼠惊厥死亡的时间。于给药 2～4 天，可抑制大鼠的自发活动。

【选注】

吴谦：脏，心脏也，心静则神藏。若为七情所伤，则心不得静，而神躁扰不宁也。故喜悲伤欲哭，是神不能主情也。象如神灵所凭，是心不能神明也，即今之失志癫狂病也。数欠伸，喝欠也，喝欠烦闷，肝之病也，母能令子实，故证及也。(《金鉴》)

【医案举例】

孙文垣表嫂孀居二十年矣，右瘫不能举动，不出户者三年，今则神情恍惚，口乱言，常悲泣，诘之答曰，自亦不知。为何故也？两寸脉短涩，以石菖蒲、远志、当归、茯苓、人参、黄芪、白术、附子、晚蚕砂、陈皮、甘草，服四帖稍愈。但悲泣如旧、夜更泣。因思仲景大枣小麦汤，正与此对，两贴而瘳。方用大枣十二枚，小麦一合，大甘草炙三寸，水煎饮。(魏之琇．续名医类案．北京：人民卫生出版社，1982；528)

月 经 病

（一）热入血室

1. 邪入少阳，初结血室

【原文】

婦人中風，七八日續來寒熱，發作有時，經水適斷，此爲熱入血室，其血必結，故使如瘧狀，發作有時，小柴胡湯主之。方見嘔吐中。(一)

【释义】

本条论述热入血室的证治。妇人患太阳中风证，七八日不解，应无寒热，而今仍继续寒热，发作有时。询知其续来寒热之前适值经期，经水行而剐断，可知是邪热乘虚侵入血室，与血相结所致。因血室内属于肝，肝与胆相表里，故见寒热如疟之少阳证。治以小柴胡汤清肝胆之热，从而散血室之结。后世医家多主张在本方中加赤芍、丹皮、桃仁等，清热与活血并用，可以取法。

【选注】

程林：妇人伤寒中风，六经传变，治例与男子同法，惟经水适来适断，热入血室，与夫胎前产后，崩漏带下，则治有殊也。妇人经行之际，当血弱气尽之时，邪气因入血室，与正气相搏，则经为之断，血为之结也。血结则邪正分争，往来寒热，休作有时，与小柴胡汤和解表里，而散血室之邪热。（《直解》）

【医案举例】

黄某，30余岁。病名：热入血室。原因：适月事来，因感寒中断。证候：往来寒热，少腹及胁下疼痛如被杖，手不可近。脉弦数，舌苔白而暗。诊断：即伤寒论热入血室，其血必结。故使如疟状也。疗法：与小柴胡汤加归、芍、桃仁、红花、荆芥炭，活血通瘀。川柴胡钱半、青子芩一钱（酒炒）、姜半夏钱半、清炙甘草六分、当归须二钱、赤芍一钱、光桃仁三钱、片红花一钱、荆芥炭一钱、鲜生姜一钱、大红枣二枚。效果：连服两剂，大便下黑血而瘥。（何廉臣.全国名医验案类编.上海：上海科技出版社，1959；255）

2. 辨证和治禁

【原文】

婦人傷寒發熱，經水適來，晝日明了，暮則讝語，如見鬼狀者，此爲熱入血室，治之無犯胃氣及上二焦，必自愈。（二）

【释义】

本条论述热入血室的证候和治禁。患伤寒发热时，妇人虽经水正行而畅利，但邪气乘虚而入血室，扰于血分，血为阴，夜暮亦为阴，所以白日神志清楚，夜暮则胡言乱语，精神错乱。此证不同于阳明腑实证，而是热入血室，血分热盛所致，所谓"必自愈"，亦并非不用药物而待自愈，而是因邪陷不深，尚未与血相结，月经正行，邪热可随月经外泄而愈。有些注家认为可用小柴胡汤加化瘀、清血热之品治疗，可供参考。

【选注】

柯琴：前言中风，此言伤寒者，见妇人伤寒中风，皆有热入血室证也，……发热不恶寒，是阳明病。申酉谵语，疑为胃实。若是经水适来，固知为热入血室矣。此经水未断，与上条血结不同，是肝虚魂不安而妄见，本无实可泻，固不得妄下，以伤胃气……俟其经尽，则谵语自除，而身热退矣。（《来苏集》）

【医案举例】

许学士治一妇病伤寒，发热，遇夜则见鬼状，经六七日，忽然昏塞，涎音如引锯，牙关紧急，瞑目不知人，病势危困。许视之曰：得病之初，曾值月经来否？其家云：经水方来，病作而经遂止，得一二日，发寒热，昼虽静，夜则有鬼祟，从昨日不省人事。许曰：此乃热入血室证。仲景云：妇人中风，发热恶寒，经水适来，昼则明了，暮则谵语，如见鬼状，发作有时，此名热入血室症……医者不晓，以刚剂与之，遂致胸膈不利，涎潮上脘，喘急息高，昏冒不知人，当先化其痰，后除其热，乃急以一呷散投之（按：一呷散，即天南星一味），两时顷，涎下得睡，省人事，次授以小柴胡汤加生地，三服而热除，不汗而自解矣。（明·江瓘.名医类案.北京：人民卫生出版社，1982；318）

3. 表证已罢，瘀热内结

【原文】

婦人中風，發熱惡寒，經水適來，得之七八日，熱除脉遲，身涼和，胸脅滿，如結胸狀，讝語者，此爲熱入血室也，當刺期門，隨其實而取之。（三）

【释义】

本条再论热入血室，表热已罢的证治。妇人患中风，发热恶寒，正值经期，经水适来，历时七八日后，表热虽除，脉迟身凉和，但有胸胁满如结胸状、谵语等现象，此为表热已罢，瘀热结于血室之证。血室属肝，肝脉络于胁，瘀热而致肝的经脉不利，故胸胁满如结胸状；其谵语并非阳明腑实，而是血热上扰神明（母病及子）所致，治疗宜取肝之募穴期门刺之，以泻其实而清其瘀热。

【选注】

成无己：中风，发热恶寒，表病也。若经水不来，表邪传里，则入府而不入血室也。经水适来，血室空虚，至七八日邪传里之时，更不入府，乘虚而入于血室。热除脉迟，身凉者，邪气内陷，而表证罢也；胸胁下满如结胸状，谵语者，热入血室而里实。期门者，肝之募，肝主血，刺期门者，泻血室之热。审何经气实，更随其实而泻之。（《注解伤寒论》）

【医案举例】

一妇人患热入血室证，医者不识，用补中益气药治之，数日遂成血结胸，或劝用前药，许公曰：小柴胡已迟，不可行也，无已，刺期门可矣；予不能针，请善针者治之。如言而愈。或问热入血室，何以成结胸也？许曰：邪气传入经络，与正气相搏，上下流行，遇经适来适断，邪气乘虚入于血室，血为邪所迫，上入肝经，肝受邪则谵语如见鬼，复入膻中，则血结于胸中矣。何以言之？妇人平居，水养木，血养肝，方未受孕，则下行之为月水；既孕，则中蓄之以养胎；及已产，则壅之以为乳，皆血也。今邪逐血，并归于肝经，聚于膻中，结于乳中，故手触之则痛，非药所及，故当刺期门也。（明·江瓘.名医类案.北京：人民卫生出版社，1982；318）

4. 阳明里热，迫血下行

【原文】

陽明病，下血讝語者，此爲熱入血室，但頭汗出，當刺期門，隨其實而瀉之，濈然汗出①者愈。（四）

【词解】

① 濈（jí）然汗出：形容周身汗出。

【释义】

本条论述阳明病热入血室的证治。妇人患阳明病，虽不在经期，但阳明里热太盛，亦可致热入血室，迫血妄行，使前阴下血。由于阳明热盛，心神不宁，故出现烦躁谵语，肝与冲任之脉均行于上，若里热熏蒸，故但头汗出。既属热入血室，故治疗仍宜刺期门，以泻其实热，使邪热去，阴阳和，则周身汗出而愈。

【按语】

以上4条，皆论热入血室之证，或经水适断，或经水适来，或表证已罢，邪热内陷，或阳明热盛，迫血下行。虽其病情各不相同，但邪热内陷血室的病机则是一致的。故在治疗上不论针刺或用药，都必须以泻热为主。当然，还应辨其血结与否，进一步区别治疗，血未结者治以清热凉血，血已结者应予清热行瘀。具体方法，除针刺期门外，还可用小柴胡汤加丹参、赤芍、炒山栀、生地黄等随证施治。4条原文与《伤寒论》相同，因多见于妇人，故复列于此，治疗以清泄肝经血分之热为主。小柴胡汤在《金匮》中用治黄疸、呕吐、郁冒及热入血室，体现了异病同治。

【选注】

陈念祖：此言阳明病亦有热入血室者，不必拘于经水之来与断也。但其证下血，头汗出之独异也。盖阳明之热从气而之血，袭入胞宫，即下血而谵语，不必乘经水之来而后热邪得以入之。彼为血去而热乘其虚而后入；此为热入而血有所迫而自下也。然既入血室，则不以阳明为主，而以冲任、厥阴之血海为主。冲任，奇脉也，又以厥阴为主。厥阴之气不通，故一身无汗，郁而求通，遂于其少阳之腑而达之，故头上汗出。治法亦当刺期门以泻其实，刺已周身漐然汗出，则阴之闭者亦通，故愈。(《浅注》)

(二) 崩漏

1. 虚寒挟瘀

【原文】

问曰：妇人年五十所，病下利数十日不止，暮即發熱，少腹裏急，腹滿，手掌煩熱，唇口乾燥，何也？師曰：此病屬帶下。何以故？曾經半產，瘀血在少腹不去。何以知之？其證唇口乾燥，故知之。當以溫經湯主之。(九)

溫經湯方：

吳茱萸三兩　當歸二兩　芎藭二兩　芍藥二兩　人參二兩　桂枝二兩　阿膠二兩　生姜二兩　牡丹皮二兩（去心）　甘草二兩　半夏半升　麥門冬一升（去心）

上十二味，以水一斗，煮取三升，分溫三服。亦主婦人少腹寒，久不受胎；兼取崩中去血，或月水來過多，及至期不來。

【校勘】

下利：程氏与《金鉴》俱谓当是"下血"，可从。

【释义】

本条论述冲任虚寒兼有瘀血所致的崩漏证治。妇人五十岁左右，气血已衰，冲任不充，经水应绝。今又阴道出血几十天不止，此属崩漏。病由冲任虚寒，曾经小产，少腹有残余的瘀血停留。致腹满里急，或伴有刺痛、拒按等症。漏血数十日不止，阴血势必耗损，以致阴虚生内热，故见暮即发热、手掌烦热等症。瘀血不去则新血不生，津液失于上润，故见唇口干燥。证属冲任虚寒，瘀血内停，故当用温经汤温养血脉，使虚寒得以补，瘀血得以行，从而起到温经行瘀之效。方中吴茱萸、桂枝、生姜温经暖宫；阿胶、当归、川芎、芍药、丹皮养血行瘀；麦冬养阴润燥而清虚热；人参、甘草、半夏补中益气和胃。

【临床应用与研究】

本方常用治功能性子宫出血、子宫内膜增生、子宫内膜异位症、痛经、闭经、不孕以及男子精室虚寒所致的不孕症、习惯性流产、胎动不安、卵巢囊肿、附件炎、子宫肌瘤、老年性阴道炎、外阴瘙痒症、血吸虫性肝病、皮肤病属虚寒挟瘀者。对于年老妇人因瘀血而致下利日久不愈的，用之亦颇有效。

日本学者用大白鼠以间脑 – 脑垂体连续环流法，研究温经汤对促性腺激素分泌的影响。结果表明，温经汤可作用于间脑。促进 LH – RH（促黄体生成素）的分泌，然而对于卵巢的作用尚不清楚。温经汤中的丹皮也具有促 LH（黄体生成素）分泌作用，但芍药、甘草、人参则无此作用，由此可望将温经汤用于治疗临床上因间脑功能不全的无排卵症。

【选注】

吴谦：妇人年已五十，冲任皆虚，天癸当竭，地道不通矣。今下血数十日不止，宿瘀下也。五心烦热，阴血虚也；唇口干燥，冲任血伤，不上荣也；少腹急满，胞中有寒，瘀不行也。此皆曾经半产崩中，新血难生，瘀血未尽，风寒客于胞中，为带下，为崩中，为经水愆期，为胞寒不孕。均用温经汤主之者，以此方生新去瘀，暖子宫，补冲任也。（《金鉴》）

【医案举例】

陈某，女，47 岁，工人。1980 年 6 月 14 日初诊。

主诉：经漏不止。月水提前而至，量多色黑有块，淋漓不断已二十余日，经某院妇科诊治效不显，又经中医诊治，服药 20 余剂亦无效。现腰困腿软，少腹常有拘急感，手足心热，时有心悸，口略干，纳差，舌淡胖，苔薄而润，脉沉细缓，观前医所治，方药有三：一是归脾汤化裁，医谓脾虚失养，冲任不固；一是知柏地黄汤化裁，医谓阴虚内热，扰乱冲任；一是桃红四物汤化裁，医谓胞宫瘀阻，血不归经。然皆不效，何也？遂详询之，知其少腹近半年来常有凉感，喜温喜按。吾悟之，此因年近七七，肾气渐虚，命门火衰，冲任虚寒，当化瘀调经，方用温经汤加炒黑益母草 10g，焦艾叶 10g。

二诊（6 月 23 日）：服上药 3 剂漏下即止，本人照原方又服三剂，已上班。惟腰困，带下量多，清稀而白。上方去益母草加杜仲 10g，川断 10g，炒山药 15g，6 剂而愈。[伊智雄，温经汤临床应用的体会 . 陕西中医　1983；（2）：21]

2. 冲任虚寒

【原文】

婦人陷經，漏下黑不解，膠姜湯主之。臣億等校諸本無膠姜湯方，想是前妊娠中膠艾湯。（十二）

【释义】

本条论述妇人陷经的证治。妇人陷经，漏下色黑不止者，乃因冲任虚寒，不能摄血所致。治以胶姜汤，温补冲任，养血止血。

【按语】

本条后世诸家多以下血的颜色来辨别寒热属性，似不足为据。因一般出血量多则血色鲜红，如出血量少，或停留时间较长，其血则为紫黑色，故漏下色黑，固可属于虚寒，但也有瘀血郁热，冲任有火所致者。本条除漏下色黑外，势必具有相应的虚寒证候，始可按后世注家所述用胶艾汤加干姜或胶姜汤为治。按《千金方》胶艾汤，其中亦有干姜。陈修园治一妇人漏下黑水，宗此方用阿胶、生姜二味治愈，可作参考。

【选注】

曹家达：此承上节"虚寒相抟"言之。以虚寒之故，因病漏下，病由出于寒湿下陷，故名陷经。因寒湿下陷而瘀血色黑日出不已。则法当温化。吾友丁甘仁云：凡吐血下血见黑色者，皆当用附子理中汤以温运脾阳，服凉药者多死，数十年来不爽。则陷经黑不解之当用温药，要可类推，胶姜汤方治虽阙，其必为胶艾汤加干姜无疑也。（《发微》）

【医案举例】

道光四年，闽都闽府宋公，其三媳妇产后三月余，夜半腹痛发热，经血暴下鲜红，次下黑块，继有血水，崩下不止，约有三四盆许，不省人事，牙关紧闭，挽余诊之，时将五鼓矣。其脉似有似无，身冷面青，气微肢厥。予曰：血脱当益阳气，用四逆汤加赤石脂一两，煎汤灌之，不差。又用阿胶、艾叶各四钱，干姜、附子各三钱，亦不差。沉思良久，方悟前方用干姜守而不走，不能导血归经也，乃用生姜一两，阿胶五钱，大枣四枚，服半时许，腹中微响，四肢头面有微汗，身渐温，须臾甦醒。自道身中疼痛，余令先与米汤一杯，又进前方，血崩立止，脉复厥回。大约胶姜汤，即生姜、阿胶二味也。盖阿胶养血平肝，去瘀生新；生姜散寒升气，亦陷者举之，郁者散之，伤者补之育之之义也。（陈修园.金匮方歌括.上海：上海科学技术出版社，1963；131）

3. 肝络血瘀

【原文】

寸口脉弦而大，弦则为减，大则为芤，减则为寒，芤则为虚，寒虚相抟，此名曰革，妇人则半产漏下，旋覆花汤主之。（十一）

旋覆花汤方：见五藏风寒积聚篇。

【释义】

本条论述半产漏下的脉象和治法。因原文已见于《虚劳病》篇，故本条不释。方中旋覆花通肝络而行气血，新绛（茜草）活血化瘀，葱白通阳散结，三药配伍，则阳通瘀散，漏下自止。其方剂作用请参见《五脏风寒积聚病》篇。

【按语】

本条因弦大芤减为虚寒之脉，而旋覆花汤是为疏肝散结，理血通络之剂，病与方药似不相符，故《金鉴》认为本条"必有错简"。但徐彬云："盖虚而兼寒，是有邪矣，故以开结为主，结开而漏止，其血自生，不必补也；若有邪而补，则邪盛而漏愈甚，未得益先得损矣"（《论注》）。尤怡亦云："是以虚不可补，解其郁聚，即所以补；寒不可温，行其血气，即所以为温"（《心典》）。都有一定参考价值。

【医案举例】

戴某，女，社员。1975 年来我处就诊。自诉于去年小产后，阴道出血至今未净。诊脉细数，舌红润苔白，小腹部时有隐痛，下血量虽不多，但终日淋漓不净，其症显属半产后瘀血结聚，用旋覆花汤治之。处方：旋覆花（布包）10g，新绛（茜草）12g，青葱 10 根，生地 15g，当归 10g，白芍 6g，川芎 6g。二诊：服药后下血块数枚，血渐止，腹亦不痛，继以十全大补汤调理而愈。[李继路．半产漏下．江苏中医 1981；(3)：19]

（三）经水不利

1. 血瘀

【原文】

帶下經水不利，少腹滿痛，經一月再見①者，土瓜根散主之。（十）

土瓜根散方：陰癩腫②亦主之。

土瓜根　芍藥　桂枝　䗪蟲各三兩

上四味，杵爲散，酒服方寸匕，日三服。

【词解】

①经一月再见：意指月经一月两潮。

②阴癩（tuí 颓）肿：指外阴部有较硬的卵状肿块。《本草纲目·鲮鲤》引《摘玄方》："妇人阴癩，硬如卵状。"

【释义】

本条论述因瘀血而致经水不利的证治。妇女患经水不利或兼一月再见者，多因留瘀所致，故少腹同时出现满痛症状，并伴有少腹按之有硬块，月经量少，色紫有块，舌紫暗，脉涩等脉症。治当以活血通瘀为主，方用土瓜根散。方中土瓜根祛瘀破血，桂枝、芍药调营止痛，加酒以行药势，瘀去则经水自调。阴癩肿，多属瘀积为患，故本方亦能治疗。

【按语】

经水不利，有血瘀和血虚的不同，因气滞血瘀者，少腹胀痛或刺痛，治当行气活血；因于血虚者，则腹无胀痛，但有气血不足之象，治宜培补气血。本条之证，系由瘀血所致，故用土瓜根散祛瘀以调经。但是经一月再见之证，亦可见于血热所致的月经先期，或经期紊乱等疾患，故应根据具体脉症而辨证论治。

【临床应用与研究】

本方可以治疗中枢性痛经、闭经、月经不调、输卵管不全梗塞、附件炎、盆腔炎等病证而见瘀血所致病机者。方中之土瓜根，即葫芦科植物王瓜的块根，亦可用丹参、桃仁、瓜蒌等代之。

【选注】

尤怡：妇人经脉流畅，应期而至，血满则下，血尽复生，如月盈则亏，月晦复胐（fèi，槵。月初生明。编者注。）也。惟其不利，则蓄泄失常，似通非通，欲止不止，经一月而再

见矣。少腹满痛，不利之验也。土瓜根主内痹瘀血月闭，䗪虫蠕动逐血，桂枝、芍药行营气而正经脉也。（《心典》）

【医案举例】

魏某，女，26岁，1999年4月23日诊。主诉：自月经来朝至今，月经量少而疼痛，几经治疗，从未得到改善。今经朋友介绍，前来诊治。刻诊：月经点滴量少而疼痛，瘀血得下则疼痛缓解，月经持续时间2~3天，手足不温，心烦，头汗出，舌略红，苔薄略黄，脉沉。辨证：血瘀阳郁，经气不和，脉络不畅。治疗当活血化瘀，通阳通经。处方以土瓜根散加味：土瓜根9g，白芍12g，桂枝12g，䗪虫10g，水蛭10g，虻虫10g，细辛6g，丹皮10g，通草9g，桃仁9g，当归12g。6剂，每日1剂，水煎二次合并分三服。并嘱其在下次月经来前1周诊治，基本按前方加减治疗，连续5个月，每月6剂。5个月后，月经量较原来增多，小腹不再疼痛，其他病证也随之解除。随访一年，月经量正常，余无不适。（王付．仲景方临床应用指导．北京：人民卫生出版社，2001；727）

2. 瘀热内结

【原文】

妇人經水不利下，抵當湯主之。亦治男子膀胱滿急有瘀血者。（十四）

抵當湯方：

水蛭三十個（熬）　　䖟蟲三十枚（熬，去翅足）　　桃仁二十個（去皮尖）

大黄三兩（酒浸）

上四味，爲末，以水五升，煮取三升，去滓，溫服一升。

【校勘】

《伤寒论》124条在"温服一升"后有"不下，更服"四字，当补。

【释义】

本条论述经闭属于瘀结实证的治法。本证妇人经水不利下，是因瘀血内结成实所致的经闭，治宜祛瘀通经，故用抵当汤治疗。方中以水蛭、虻虫攻其瘀，大黄、桃仁下其血，俾瘀血去而新血生，则其经自行。以药测证，本证尚有少腹硬满结痛或腹不满而病人自诉腹满、大便色黑易解、小便自利、脉象沉涩等。

【按语】

条文（十）"经水不利"与条文（十四）"经水不利下"在程度上有所不同，前者"经水不利"是经行不畅利；后者"经水不利下"，为经水闭阻不通，所以前者以土瓜根散活血通瘀，后者以抵当汤攻瘀破血。血滞经闭，一般应理气和血而行瘀，今用抵当汤逐瘀峻剂，说明瘀结较重，临床上必具有某些蓄血的见症，如参考《伤寒论》篇有关蓄血证的条文，更有助于对本病的辨证治疗。

【临床应用与研究】

本方用于治疗子宫肌瘤、急性盆腔炎、急性附件炎、胎盘滞留、急性尿潴留、前列腺肥大、偏头痛、静脉血栓形成、顽固性痛经、精神分裂症等属瘀血内结较重者。实验研究表明抵当汤显著降低全血黏度、血浆黏度及红细胞压积，降低纤维蛋白原含量；降低甘油三酯含量和β脂蛋白含量；改善纤维蛋白原及血小板黏附率异常。本方为破血逐瘀峻剂，应用时既要掌握中病即止，又要掌握"不下，更服"。对于年老，体弱，孕妇有瘀血者慎用，若非用不可，但要做到"有故无殒，亦无殒也"，"衰其大半而止"，否则易致他变。

【选注】

尤怡：经水不利下者，经脉闭塞而不下，比前条下而不利者有别矣。故彼兼和利，而此专攻逐也。然必审其脉证并实而后用之。不然，妇人经闭，多有血枯脉绝者矣。虽养冲任，犹恐不至，而可强责之哉。（《心典》）

【医案举例】

周姓少女，年约十八九，经事三月未行。面色萎黄，少腹微胀，证似干血痨初起，因嘱其吞服大黄䗪虫丸，每服三钱，日三次，尽月可愈。自是之后，遂不复来，意其瘳矣。后一中年妇人扶一女子来请医，顾视其女，面颊以下几瘦不成人，背驼腹胀，两手自按，呻吟不绝，余怪而问之，病已至此，何不早治？妇泣而告曰：此吾女也，三月以前，曾就诊于先生，先生令服丸药，今腹胀加，四肢日削，背骨突出，经仍不行，故再求诊。余闻而骇然悔前药之误，然病已奄奄，尤不能不尽心力，第察其情状，皮骨仅存，少腹胀硬，重按益甚，此瘀血内结，不攻其瘀，病焉能除？又虑其元气已伤，恐不胜攻，思先补之，然补能恋邪，尤为不可，于是决以抵当汤（虻虫一钱，水蛭一钱，大黄五钱，桃仁五粒）。

明日母女复偕来，知女下黑瘀甚多，胀减痛平，惟脉虚甚，不宜再下，乃以生地、黄芪、当归、潞党参、川芎、陈皮、白芍、茺蔚子，活血行气，导其瘀积，一剂之后，遂不复来。后六年，值于途，已生子，年四五岁矣。（曹颖甫．经方实验录．上海：上海科技出版社，1984；81）

（四）水血并结血室

【原文】

婦人少腹滿如敦①狀，小便微難而不渴，生後者，此爲水與血俱結在血室也，大黃甘遂湯主之。（十三）

大黃甘遂湯方：

大黃四兩　甘遂二兩　阿膠二兩

上三味，以水三升，煮取一升，頓服之，其血當下。

【词解】

①敦（duì 对）：是古代盛食物的器具，上下稍锐，中部肥大。

【释义】

本条论述妇人水血俱结血室的证治。妇人少腹满，有蓄水与蓄血之不同。区别在于若满而小便自利，为蓄血；满而小便不利，口渴，则为蓄水。今少腹胀满，其形高起如敦状，小便微难而不渴，而且发生在产后，所以诊断为水与血俱结在血室。治当水血兼攻，以大黄甘遂汤破血逐水。方中大黄攻瘀，甘遂逐水；因产后所得，故配阿胶养血扶正，使邪去而不伤正。

【按语】

对本条"生后者"，《心典》认为"生后即产后"；《论注》则谓"更在生病之后"，可供参考。大黄甘遂汤与抵当汤皆主瘀血实证，并见少腹满症。但两者病机同中有异，抵当汤证血热瘀结下焦，下腹硬满而小便自利，故治以荡热破瘀为法；本方证水血并结血室，少腹满如敦状而小便微难，故治宜破血逐水。

【临床应用与研究】

本方常用治闭经、产后尿潴留、肝硬化腹水、附睾瘀积症等属于水血内结者。

【选注】

吴谦：敦，大也。少腹，胞之室也。胞为血海，有满大之状，是血蓄也。若小便微难而不渴者，水亦蓄也。此病若在生育之后，则为水与血俱结在血室也。主之大黄甘遂汤，是水血并攻之法也。(《金鉴》)

【医案举例】

钟某，女，43岁，闭经3月余，腹部膨隆，状如十月怀胎，曾经数月诊治，且时减时复。诊时患者形体尚结实，惟面色萎黄，腹大如鼓，呕吐频繁，小便不利，大便稍结，时腹部隐痛，不欲饮食，睡眠不安，舌质偏红，苔白，脉沉缓。审前服之方皆桃仁、红花、三棱、莪术之类，且服用半月余，病情全无更动。中医辨证为水血并结于血室之中。《金匮》大黄甘遂汤证，施水血并攻之法。大黄15g，阿胶50g（烊化），桃仁10g，甘遂10g。1剂。晚间服药，至夜半时，腹中剧痛，约半小时后，前阴排出大量淡红色血水，其痛即缓解，腹胀亦随之消失。原方减量复进1剂，又排出血水若干，腹胀基本消除。复诊：服药后月经即来潮，经量较多且夹血块，头晕乏力，自汗畏寒，苔薄质淡，脉沉而细，改拟健脾益气，温中复阳之方调理之，予归脾汤合四逆汤加减数剂而愈。[谢胜臣．经方验案．新中医 1984；(4)：23]

带 下 病

（一）湿热带下

【原文】

婦人經水閉不利，藏堅癖不止①，中有乾血，下白物，礬石丸主之。(十五)
礬石丸方：
礬石三分（燒）　杏仁一分
上二味，末之，煉蜜和丸棗核大，內藏中，劇者再內之。

【词解】

① 脏坚癖不止：指胞宫内有干血坚结不散。《编注》云："止当作散字，坚癖不散，子宫有干血也。"

【释义】

本条论述干血内郁，湿热带下的外治法。本条带下病是由经行不畅或经闭，干血内着，郁为湿热，久而腐化所致。故以矾石丸为坐药，纳入阴中，以除湿热而止带下，这是治疗白带的外治法，亦为治标之剂。方中矾石性寒燥湿，清热去腐，解毒杀虫，酸涩收敛以止带；杏仁破滞利湿泄瘀，并配白蜜滋润以制矾石燥涩之性。一般还须同时内服消瘀通经之剂，以治其本。

【临床应用与研究】

本方常用治宫颈糜烂，宫颈炎，霉菌性、滴虫性阴道炎，带下病属于瘀积兼湿热内蕴者。

外用枯矾的稀薄液，能收到消炎、收敛、防腐的作用。药理研究，矾石有良好的抗阴道滴虫和抗菌作用。其中对金黄色葡萄球菌和变形杆菌有抑制作用，对大肠杆菌、绿脓杆菌、痢疾杆菌以及白色念珠菌等，有明显的抑制作用。

【选注】

吴谦：藏，阴内也。不止，不去也。经水闭而不通。瘀，宿血也。阴中坚块不去，血干凝也。下白物，化血成带也。用矾石丸坐药治之。此方治下白物，若从湿化者可也，恐未能攻坚癖干血也。(《金鉴》)

【医案举例】

李某，女，22岁，1998年3月22日诊，主诉：因多次作人工流产后并发宫颈糜烂，多次治疗，效果不佳。经妇科检查：宫颈炎Ⅲ糜烂。刻诊：带下量多，色黄而黏稠，有明显异味，内外阴均痒，时有疼痛，小腹有轻微下坠，阴部潮湿，舌质无变化，苔腻，脉沉。辨证：胞中瘀湿阻结证。治疗当活血化瘀燥湿，通畅气机。处方以矾石丸加味：矾石10g，杏仁10g，蛇床子15g，地肤子15g，苦参6g。6剂水煎外洗，每日洗两次，用冲洗器冲洗，连续用30天。之后，病证悉除，经妇科检查：宫颈光滑，糜烂愈合，表面轻微充血，为治愈。(王付. 仲景方临床应用指导. 北京：人民卫生出版社，2001；733)

(二) 寒湿带下

【原文】

蛇床子散方，温陰中坐藥①。(二十)

蛇床子散方：

蛇床子仁

上一味，末之，以白粉②少許，和令相得，如棗大，綿裹内之，自然温。

【词解】

① 坐药：指纳药阴道中或肛门中。此处指纳药阴道中。

② 白粉：一说为米粉；一说为铅粉。作为外用药的赋形剂，当以米粉为是；若作为杀虫剂，则又当用铅粉。

【释义】

本条论述阴冷寒湿带下的治法。从"温阴中"及方后云"绵裹内之，自然温"，可知病人自觉阴中寒冷甚至连及后阴；以药测证还应有带下清稀、腰酸困重、少腹寒冷、外阴瘙痒等症状。此由阴寒湿浊之邪凝着下焦所致。故用蛇床子散作为坐药，直接温其受邪之处，以暖宫燥湿，杀虫止痒，使寒湿得去，则带下自除。

【按语】

《医宗金鉴·妇科心法》主张本病可在内服桂附地黄丸的同时，外用蛇床子、吴茱萸、远志、干姜等分为末，绵裹纳阴中，可收卓效。

蛇床子散与矾石丸同治带下，均有杀虫止痒作用，且皆为外用方，但本方苦温燥湿，主治下焦寒湿证；矾石丸清热燥湿，主治下焦湿热证。可知，带下因湿而生，其证当分寒热。这对带下病内服方剂的创制及辨证论治都具有重要的临床指导意义。

【临床应用与研究】

本方可用治宫颈糜烂，滴虫性、霉菌性阴道炎，湿疹、外阴瘙痒症，包皮、龟头念珠菌病等属于下焦寒湿之证。

蛇床子煎剂在体外能使阴道滴虫迅速停止活动。动物实验发现，该药对家兔阴道黏膜无腐蚀作用。而以前列腺、精囊、提肛肌增加重量的方法（小鼠）证明，蛇床子提取物有雄性激素样作用。

【选注】

尤怡：阴寒，阴中寒也。寒则生湿，蛇床子温以去寒，合白粉燥以除湿也。此病在阴中而不关脏腑，故但内药阴中自愈。（《心典》）

【医案举例】

何某，女，62岁，1998年1月26日诊。主诉：患老年性阴道炎已有3年余，多次治疗，均因症状未能得到控制而更医。经妇科检查：诊断为老年性阴道炎。刻诊：阴部瘙痒而干燥，阴部阴冷，有白色分泌物，舌苔无变化，脉弱。辨证：阳虚寒湿证。治疗当温肾散寒，燥湿止痒。处方以蛇床子散加味：蛇床子24g，苍术15g，蜀椒6g，地肤子24g，黄柏6g。5剂，每日1剂，水煎分两次合并，分3次内服外用。每次服药约150ml左右，外用250ml。二诊：病证好转，又以前方5剂。之后，用本方约20余剂，病证悉罢。［王付．仲景方临床应用指导．北京：人民卫生出版社，2001；825］

腹　痛

（一）瘀血内阻

【原文】

婦人六十二種風，及腹中血氣刺痛，紅藍花酒主之。（十六）

紅藍花酒方：疑非仲景方。

紅藍花一兩

上一味，以酒一大升，煎減半，頓服一半，未止，再服。

【释义】

本条论述妇人血瘀腹痛的证治。妇人六十二种风，是泛指一切风邪病毒而言。妇人经后和产后，风邪最易侵入腹中，与血气相搏，致使血滞不行，故腹中刺痛。治用红蓝花酒活血行瘀，利气止痛，以红蓝花（即红花）活血止痛；酒亦能行血，气血行，风自灭，故方中不再用祛风药物。

【临床应用与研究】

本方常用治胎死腹中、胎衣不下、急慢性肌肉劳损、褥疮、产后恶露不尽、产后腹痛、荨麻疹、痛经、冠心病、心绞痛、血栓闭塞性脉管炎等证属瘀血内阻者，本方以温通气血见长，阴虚有热者不宜。

药理研究发现，红花煎剂对小鼠、兔、犬、猫之离体、在位子宫均有兴奋作用，但弱于番红花煎剂。红蓝花酒具有兴奋心脏，增加冠脉血流量，扩张周围血管，抑制血小板凝聚，抗心肌缺血，抗心律失常，明显减轻小鼠缺血性脑组织血管充血及渗出性出血状态，降低血压，降低血清总胆固醇、甘油三酯，抗炎作用，镇痛作用等。

【选注】

魏荔彤：风邪入腹，扰气乱血，腹中必刺痛，主之以红蓝花酒。酒以温和其血，红蓝花以行散其瘀，而痛可止。此六十二种之风名，不过言其风之致证多端，为百病之长耳，不必据其文而凿求之。（《本义》）

【医案举例】

某女，26岁。初产恶露未尽之时过食生冷而发生腹痛已3月，月经时来忽止，形体肥胖，面部色青，舌质紫黯，脉弦涩有力。证为恶血瘀阻，治以活血通经。处方：红花50g，入酒60g煎，分3次服，3剂而愈。［明宇．红蓝花酒治疗产后恶露不尽．四川中医　1986；（11）：35］

（二）肝脾失调

【原文】

婦人腹中諸疾痛，當歸芍藥散主之。（十七）

當歸芍藥散方：見前妊娠中。

【释义】

本条论述妇人腹中诸痛的治法。妇人腹痛的原因颇多，但多由肝脾不和，肝郁则气滞血凝，脾气不运则生湿。故治用当归芍药散调肝脾、理气血、利水湿，使肝脾和，气血调，水湿去，则痛自已。

【按语】

条文中"诸疾痛"应活看。一方面妇人腹中痛大多为气血不和，肝脾不调，故本方可治许多腹痛。逍遥散即从本方化裁而出，可见"诸"字用意之深；另一方面并非各种腹痛均可用治，只限于肝脾不和，湿停血滞之证。

【临床应用与研究】

本文常用治产后、妊娠、经期、杂病腹痛等属肝脾失调者。

【选注】

曹家达：妇人腹中疾痛，大要由于水湿太甚，血郁不通，前于《妊娠》篇妇人怀孕节言之已详。但怀孕之人，水血俱停，人尽知之，不知杂病亦有相类者。盖妇人经水，按月而行，故血常不足。血不足而水湿有余，乃郁结于太阴腹部而为痛。此方泄湿行血，故可通治，要不惟为妊娠设也。(《发微》)

【医案举例】

邵某、眭某二位女同志，均患少腹作痛。邵腹痛，白带多，头晕，诊断为慢性盆腔炎。予以当归芍药散作汤用（当归9g，白芍18g，川芎6g，白术9g，茯苓9g，泽泻12g），数剂后，腹痛与头晕基本消失，白带见少。眭长期腹痛，小腹重坠，白带多，头目眩晕。投当归芍药散作汤用，三诊，腹痛白带均减，改用少腹逐瘀汤治其白带症。(陈可冀，等．岳美中医学文集．北京：中国中医药出版社，2000；282)

(三) 脾胃虚寒

【原文】

妇人腹中痛，小建中汤主之。(十八)

小建中汤方：见前虚劳中。

【释义】

本条论述妇人虚寒里急腹痛的证治。条文叙证简略，从药测证妇人腹痛，因中焦脾胃虚寒所致者，临床见症为腹痛喜按，心悸虚烦，面色无华，神疲纳少，大便溏薄，舌质淡红，脉细涩等。用小建中汤治疗，意在建中培土，补气生血，使脾胃健运，气血流畅，则腹痛自已。

【按语】

妇人腹痛，多与气血失和有关，其病机有偏气、偏血和寒热虚实的不同，故治法各异。血瘀气滞，腹中刺痛，用红蓝花酒活血行气；肝脾失调，腹中诸疾痛，用当归芍药散养血柔肝，健脾除湿；脾胃虚寒，腹中痛者，用小建中汤温中散寒，缓急止痛。可见，妇人腹痛的治疗，仍当审证求因，审因论治。本书小建中汤凡三见：《虚劳病》篇以之治疗阴阳两虚、脾虚之主之虚劳；《黄疸病》篇以之治疗血虚萎黄；本篇以之治疗妇人杂病虚寒腹痛。病虽不同，但脾胃虚寒、阴阳失调之病机则一。

【选注】

陈元犀按：妇人腹中痛主以建中汤者，其意在于补中生血，非养血定痛也。盖血无气不生，无气不行，得建中之力，则中气健运，为之生生不息，即有瘀痛者，亦可平之。(《金匮方歌括》)

转 胞

【原文】

問曰：婦人病飲食如故，煩熱不得臥，而反倚息者，何也？師曰：此名轉胞①不得溺也，以胞系了戾②，故致此病，但利小便則愈，宜腎氣丸主之。（十九）

【校勘】

赵本刊有肾气丸组成及服法，与中风历节病篇之"崔氏八味丸"相同，仅在"酒下十五丸"后，多"加至二十五丸"六字。

【词解】

① 转胞：胞，同"脬"（pāo 泡），即膀胱。是一种小便不通的病证，多见于妊娠妇人。

② 胞系了戾（lì 利）：了，通"缭"；戾，背转扭曲。胞系了戾，指膀胱之系缭绕不顺。

【释义】

本条论述妇人转胞的证治。妇人转胞的主证为脐下急痛，小便不通。由于病不在胃，故饮食如故；因病在膀胱，故少腹胀满急痛而不得溺；水气不化，浊阴上逆，故烦热；水不得下行，故倚息不得卧。病由肾气虚弱，膀胱气化不行所致。故治用肾气丸，益肾以化膀胱之气，气化则溺出，诸证自消。

【按语】

转胞为男女皆有之疾。肾气虚弱，膀胱气化不行，仅是其中一种。此外，尚有中焦脾虚下陷；上焦肺虚，通调失职；妊娠胎气上迫以及忍溺入房等，都能导致胞系缭绕不顺而发生转胞，故应分别论治。如朱丹溪用补中益气汤，程钟龄用茯苓升麻汤（赤、白茯苓，升麻，当归，川芎，苎麻根，急流水煎，或调琥珀末更佳），就是根据转胞的不同病机进行治疗的例子，可补本条之不足。

【临床应用与研究】

详见研究概要。

【选注】

尤怡：饮食如故，病不由中焦也。了戾与缭戾同，胞系缭戾而不顺，则胞为之转，胞转则不得溺也。由是下气上逆而倚息，上气不能下通而烦热不得卧。治以肾气者，下焦之气肾主之，肾气得理，庶缭者顺，戾者平，而闭乃通耳。（《心典》）

【医案举例】

张某，女，1 月前少腹胀满，但不痛，溺时不畅，只是劳动时感到不舒，未作任何治疗，大约 3 天左右，症状自觉消失。就诊前夕，脐下胀满急痛，牵引腰部，意欲解小溲缓其急，溺时点滴难出，胸中烦闷，呼吸促迫，但坐不得眠，然而食欲并无影响，大便正常。舌淡红少苔，脉细弱。据脐下急痛、小便不通，《金匮要略·妇人杂病》简称为"转胞"，用肾气丸振奋阳气，温化膀胱之气，所谓"气化则能出矣"。连服5剂，气化行，小便通。[赵淑炳，等．金匮肾气丸的应用．湖北中医杂志　1979；(1)：37]

前阴诸疾

（一）阴疮

【原文】

少陰脉滑而數者，陰中即生瘡，陰中蝕瘡爛者，狼牙湯洗之。（二十一）

狼牙湯方：

狼牙三兩

上一味，以水四升，煮取半升，以綿纏筯①如繭，浸湯瀝陰中，日四遍。

【词解】

①筯：即筷子。

【释义】

本条论述下焦湿热而阴中生疮的证治。肾主二阴，少阴属肾，若少阴脉见滑而数，说明湿热内蕴下焦，若湿热之邪聚于前阴，日久必致阴中痒痛糜烂，并伴有带浊淋漓。治用狼牙汤煎水洗涤阴中，旨在清热燥湿，杀虫止痒。

【按语】

本方狼牙草，有谓即伞形科植物鸭儿芹（又名野蜀葵）者，能消炎解毒，消肿止血；有谓即豆科木蓝者，有清热解毒、去瘀止血之功；有谓龙牙草即仙鹤草（非指马鞭草），异名为"狼牙草"者；而陈念祖提出狼毒（大戟科植物狼毒大戟或月腺大戟的根）代之，因其有毒，用时宜慎。诸说可供选用。

狼牙汤、矾石丸、蛇床子散三方均为外用方剂，功可除湿止带，杀虫止痒，治疗妇人白带病，但三者同中有异，故应区别应用。如狼牙汤与矾石丸为清热燥湿之剂，主治下焦湿热之证；蛇床子散为苦温燥湿之剂，主治下焦寒湿之证。在用法上，因狼牙汤证有疮痛，故作洗剂用，以利清疮排毒；矾石丸、蛇床子散证无疮痛，故作坐药纳于阴中，专以杀虫止痒，蛇床子散还可直接温阴中寒冷。

【临床应用与研究】

本方用治滴虫性阴道炎取得较好疗效。实验发现狼牙汤（选用蔷薇科植物龙牙草的带幼苗的根芽）的杀灭滴虫效果明显优于灭滴灵。尚具有抗菌，抗寄生虫，抗病毒，抗肿瘤，降血糖，止血作用。

【选注】

吴谦：阴中，即前阴也。生疮蚀烂，乃湿热不洁而生䘌也。用狼牙汤洗之，以除湿热杀䘌也。（《金鉴》）

【医案举例】

王某，女，36岁。外阴瘙痒，变白8年余，间断治疗6年多，其效果不佳。现感外阴干痒，入夜加剧，阴中灼热疼痛，头晕，口干，杂色带下。妇检：外阴皮肤粗糙有大量的抓痕，大小阴唇、阴蒂、会阴部变白，阴道分泌物减少。舌红苔少，脉弦细。证属下焦湿热，治宜清热燥湿，杀虫止痒。方用狼牙汤加味：狼牙草30g，蛇床子15g，烟草20g，茯苓10g，白鲜皮10g，炒白术10g，地骨皮10g。水煎先熏后洗外阴30分钟左右，日1剂，如法熏洗3次。经期停药。患者半月后复诊，外阴瘙痒干痛明显减轻，其外阴皮色恢复正常，不粗糙，小阴唇两侧白色减少，药已中病，继用上方5剂。1个月后，会阴白斑、阴痒消失，外阴皮肤光滑而告愈。［高庆超．狼牙汤加味外治女阴硬化苔癣15例．中医外治杂志，1996；（2）：43］

（二）阴吹

【原文】

胃氣下泄，陰吹而正喧，此穀氣之實也，膏髮煎導之。（二十二）

膏髮煎方：见黄疸中。

【释义】

本条论述阴吹的病因和证治。此为胃肠燥结，腑气不畅，以致浊气下泄，干及前阴而出气有声，犹如后阴矢气之状。以方测证，除阴吹而正喧外，还当有大便燥结、小便不利等症。在病机上除胃肠燥结外，还兼有瘀血，故治用猪膏发煎化瘀润肠通便，使浊气下泄归于肠道，则其病自愈。本方还可治疗胃肠燥结的萎黄证。

【按语】

阴吹之病在临床上并不少见，张璐谓之"乃妇人恒有之疾"，病轻的多隐忍不言，重者阴吹不已，声喧于外，始行医治，故后世方记载不多。本病一般多发于生育后的妇女，体虚气血不足是其根本因素，故临床上除本证胃肠燥结兼瘀血之阴吹外，还有后世医家所载的气虚下陷用补中益气汤及《温病条辨》从饮病论治，提出"饮家阴吹，脉弦而迟，橘半桂苓枳姜汤主之"之说。说明阴吹亦当辨证论治。此病可由直肠与阴道间其他因素形成瘘管而成；也可见于经产妇人子宫宽弛，无力收缩恢复，在起坐或睡卧时转侧身体，阴中即如气囊收缩样出声，此时可用补益升提之药，取效较速。

【选注】

尤怡：阴吹，阴中出声，如大便矢气之状，连续不绝，故曰正喧。谷气实者，大便结而不通，是以阳明下行之气，不得从其故道，而乃别走旁窍也。猪膏发煎润导大便，便通，气自归矣。（《心典》）

【医案举例】

高某，28岁。素体阳盛，婚后半年，阴道内有气体排出，纳谷不香，脘腹胀满，口干咽燥，大便秘结，小便黄赤，舌质红，苔黄腻，脉滑而有力。《金匮要略·妇人杂病》曰："胃气下泄，阴吹而正喧，此谷气之实也，膏发煎导之。"此证属胃热肠燥，治宜润燥通便，方用膏发煎方。猪膏250g，乱发如鸡子大3撮，洗净油垢，和膏中煎之，发消药成，分成2次服。3剂后大便通，阴吹止。[吴标，等．阴吹证治．广西中医药　1985；（1）：22]

疳虫蚀齿

小兒疳蟲蝕齒方：疑非仲景方。（二十三）

雄黄　葶藶

上二味，末之，取臘日猪脂鎔，以槐枝綿裹頭四五枚，點藥烙之。

【释义】

本条，林亿等疑非仲景方，但《辑义》谓"玉函经第八卷末亦载小儿药三方，盖另有幼科书而亡佚者，此类岂其遗方耶"；程云来亦怀疑此方是仲景的《口齿论》错简于此。其说亦有参考价值。此方治疗小儿疳热生虫，牙龈糜烂，牙周炎，口腔溃疡，或牙齿蛀蚀之口齿疾患。方中雄黄杀虫解毒，葶苈子泻湿毒而消肿，猪脂凉血润燥，槐枝凉血散邪，通达经气，诸药相伍，有行气活血，消肿杀虫之功；另油脂初溶，乘热烙其局部，以杀虫蚀虫。

【选注】

黄树曾：小儿疳虫病，多由乳食失调，过食糕糊乳粉粮果粑烷等生虫助火不易消化之物，以至停积生热，久则生虫津干，体热面黄，肢细腹大，发焦目嗜，喜食香燥，枯脊如丁。……仲景此方，专为疳虫蚀齿而设，雄黄杀百虫，葶苈去积聚，猪脂槐枝，能调和气血，且直按熏（烙即熏之意）齿，收获自速，不伤脏腑，洵良治也。（《释义》）

研究概要

本篇内容丰富，包括热入血室、经水不利、痛经、带下、漏下、腹痛、梅核气、脏躁、转胞、阴吹、阴疮等十多种妇科杂病。对于有些临床不常见的病证，如阴吹等，现代研究较少。现就月经不调、痛经、脏躁、转胞的研究分述如下：

一、月经不调

月经不调即妇人杂病篇所指的经水不利，就是指月经的周期、经期、经量发生异常的一组妇科疾病的总称，包括月经先期、月经后期、月经先后无定期、月经过多、月经过少、经期延长等病种。西医功能失调性子宫出血病、多囊卵巢综合征、子宫肌瘤、生殖道炎症以及计划生育手术后均可出现月经不调。近十余年来，随着对中医妇科传统理论和中西医结合研究的不断深入，中医药调经的内容也不断发展和丰富。现介绍如下：

1. 成方治疗　临床行之有效的经方、验方加减形成协议处方或制剂，使用方便，疗效确切。如有的用调经Ⅰ号（炒蒲黄、制五灵脂、夏枯草）为主治疗月经过多，明显地改善全身症状，停药后远期疗效较好。有的以清热泻火、凉血安冲为法，自拟先期饮（黄芩、生栀子、酒大黄、升麻、麦冬、杭白芍、茯苓、泽泻）治疗月经先期 106 例，有效率 96.2%。有的运用活血化瘀、补肾填精法，自拟方（鸡血藤、炙龟板、丹参、熟地、菟丝子、山茱萸、女贞子、三七、炮山甲）治疗输卵管结扎术后月经失调 56 例，效果良好。

2. 辨证论治 根据中医传统辨证论治的理论，结合妇女生理病理特点，主要从肝、脾、肾、气血结合寒热虚实辨证论治。有学者认为月经不调必须辨证论治，推崇左归饮、归肾丸、定经汤、逍遥散、四物汤、举元煎作为基础方随症加减运用，按期加以调摄，以顺应其生机，可获良效。有的注重"调"字，认为月经不调的多种病证均因冲任失调所致。治疗对热者清而调之，寒者温而调之，主张多用和营养血、疏畅气机之品。有的总结治疗月经后期的经验是：辨证切勿拘于虚寒，阴虚有热者居十之三四；治疗不忘脾肾，无论有无脾虚或肾虚之症，主张酌加补肾健脾之品，可提高疗效；通补贯穿始终，虚者以补为主，佐以通脉；滞者以通为主，辅以养血；通剂多选用益母草、牛膝、桃红四物汤等，补药常用当归、白芍、首乌、熟地等，用药贵在择时，认为经前期（周期 20 天）开始用药最好，以促进月经周期恢复。

中医药治疗月经不调方法多，应用广，是通过调节整体机能以达到调经治病的目的。成方及辨证治疗体现了中医传统治疗的特色，仍占据主导地位。

二、痛经

1. 痛经的病机 痛经的记载最早见于张仲景《金匮要略·妇人杂病脉证并治》："带下经水不利，少腹满痛。"论述因瘀血而致经水不利引起痛经的证治。《丹溪心法》云："经水将来作痛者，血实也……经候过而作痛，血气俱虚也。"阐其虚实之别。《傅青主女科》认为："舒则通畅，郁而不扬，经欲行而肝不应，则抑拂其气而痛。"概括其病因病机大致可分肝郁气滞、寒湿蕴结、气血虚弱、肝肾亏虚等四型。罗元恺将痛经分气滞血瘀、寒凝气滞、瘀热壅阻和气血虚弱四证。《中医妇科学》第 6 版将痛经辨证分型为肾气亏损型、气血虚弱型、气滞血瘀型、寒凝血滞型、湿热蕴结型，并阐明其辨证要点为伴随月经来潮而周期性小腹疼痛发作，治疗以调理气血为主。

2. 痛经的辨证 不少学者认为首当辨痛，辨疼痛的时间、性质、部位、程度，结合月经期、量、色、质、兼症、舌、脉进行辨证归型论治：经前、经期腹胀痛甚则痛剧，拒按多为实；喜按多为虚；小腹灼痛得热反剧多属热；小腹冷痛，得温则减多属寒；小腹胀痛为气滞；小腹刺痛，痛甚于胀为血瘀。

3. 痛经的治疗 有辨证治疗、成方治疗、单味药治疗及针灸、敷脐、拔罐、肛门给药等多种方法。如有学者认为痛经关键是"瘀"，并强调"治病必求于本"，辨证不论虚实均加活血药，如当归、川芎、延胡索、三棱、莪术、五灵脂等。有的用少腹逐瘀汤为主治疗原发性痛经 150 例，治愈率 92%。有的以逍遥散加味治疗原发性痛经 116 例，治愈率 74.14%，好转率 24.14%。中药新制剂的开发应用如片剂、冲剂、胶囊等，大大方便了广大病员。有的以九气拈痛胶囊治疗气滞血瘀型痛经，总有效率 96%。有的以红花注射液 5ml 肌注，每日 2 次，共 10 次为 1 个疗程，治疗原发性痛经 90 例，远期有效率 80%。有的用妇科千金片治疗气滞血瘀型原发性痛经 44 例，总有效率 93.2%。还有的用铁心甘草治疗原发性痛经 136 例，总有效率 83.9%。铁心甘草为豆科植物甘草的根，质地坚硬呈紫黑色的茎心部分，脾虚型及气血两虚型更佳。中医对原发性痛经非口服药物治法非常丰富，有起效快而方便的优势。有的以肛门给药痛经宁栓治疗寒凝气滞型原发性痛经，效佳于田七痛经胶囊。有的单纯用灸法治疗原发性痛经 120 例，有效率 96.7%。有的用自拟痛经膏敷脐治疗该病 150 例，总有效率 91.33%。有的用妇科万应膏敷关元、神阙穴治疗痛经 110 例，总有效率 87.3%。有的取穴血海、中极拔罐治疗 92 例原发性痛经，总有效率 91%。

三、脏躁

1. 主证及病因病机 脏躁的临床表现，原文只是简要地作了提示，强调患者的情绪极不稳定，但诊断时仅仅凭原文是远不够的，有学者总结 40 例脏躁患者的主证是：精神忧郁，悲伤啼哭，神情呆滞，胸胁满闷，呵欠频作，心烦急躁，少寐易惊，经闭腹痛。关于脏躁的病因病机，不少学者认为脏躁之脏，似从广义的角度加以认识和理解为好。有的认为本病五脏虚损是本，躁是由于气血虚少，使脏真躁急不安。本病乃内脏虚损所出现的一系列血虚气衰，脏腑功能紊乱，阶段性作用衰减的概况，一般虚之内因在先，情志诸症的出现在后。对病机的归纳，有的归纳为心神失养、阴虚阳亢、痰气阻滞、阴阳失调四型；有的分为情志抑郁，肝郁化火伤阴；思虑伤脾，心失所养；痰浊上蒙，心失所主等三型。

2. 脏躁的治疗，不限于甘麦大枣汤 有学者对 50 例脏躁治以疏肝解郁，养血和脾，清热除痰，镇心安神，药用柴胡、当归、白芍、茯苓、珍珠母、龙骨、甘草、朱砂、琥珀等。有的以活血化瘀法治疗脏躁 40 例，主要方药为柴附桃红四物汤（柴胡、香附、生熟地、赤白芍、当归、川芎、桃仁、红花、生龙骨、甘草等）。有的从五脏论治脏躁，分别使用圣愈汤、酸枣仁汤、归脾汤、百合地黄知母汤、六味地黄汤等。值得一提的是，不少报道指出单纯用甘麦大枣汤往往无捷效，临床上一般都应随证加减。有的曾对·50 例脏躁患者（以悲伤欲哭为主）用本方（甘草 9g、小麦 60g、大枣 15 枚）14 剂煎服，结果无一获效。因而强调对本方不应盲从或任意扩大其使用范围，或夸大其疗效。除了药物之外，临床上还当配合一定的心理疗法。

四、转胞

转胞之胞，一般多释为膀胱，即胞与胛通，不少学者均有这方面的探讨，如果以胞指膀胱为前提，那么胞系当为与膀胱有关连的某物。有人曾撰文分析了"输尿管说"、"正中脐索说"、"膀胱的网膜说"、"胞的附近部位说"等各种见解，最后的结论为：本病证可以由肾阳不足，膀胱失温，阴寒内生，寒则使其拘急收引；或肾虚系胞无力，胎元下压，膀胱转位，致使与其相连的排尿管道发生屈曲，影响了尿液的正常排泄。限于古人的解剖学知识，当时可能尚未发现输尿管，故胞系了戾是古人对本病病因的一种推测。也有认为胞为子宫，了戾作违背常规之意解，妇人怀孕后胞宫逐月增大，一般不致于下压膀胱，如果违背了这个常规，则膨大的子宫会下压膀胱，导致小便不通。

日本学者认为，将"胞系了戾"解释为输尿管屈曲、扭转是不合适的，因为最符合"胞系"的组织是从脐悬吊膀胱顶部的脐尿管索。"胞系了戾"可能是从扭曲的自觉症状和朴素的解剖学知识推测出的产生排尿障碍的发病原因。而"转胞"则是排尿障碍的总称。

从历代医家的临床证治来看似更接近于尿潴留，如《世医得效方》中有用葱白炒热裹脐下或以盐炒热囊盛熨小腹的方法，有用良姜、葱头、紫苏茎叶煎汤熏洗小腹外阴，并以手抚脐的方法。《证治汇补》、《医宗必读》等还记有探吐法。《金匮》用肾气丸治疗，仅为转胞证治之一端而已。

此外，张建荣发现《金匮》妇人病三篇所论疾病基本有 36 种，故著《金匮妇人三十六病》，亦有参考价值。

小　结

本篇论述妇人杂病的病因证治。篇中第八条为全篇的总纲，概括了妇人杂病的病因，不外虚、积冷、结气三个方面；证候表现涉及到上、中、下三焦各部，并有经带异常的特点；论治原则为详审阴阳，分辨寒热虚实，根据不同的病证特点，按法治疗。

妇人杂病属胎产以外的疾患，其中尤以经带病为最常见。但胎产可以导致杂病，杂病每影响胎产，二者互为因果，所以本篇亦涉及部分胎产疾病。关于妇人杂病的证治内容可归纳如下。

经带病方面的疾患，有经水不调、经闭、漏下与带下病等。因瘀血而致经水不利的，治宜土瓜根散活血通瘀；因瘀阻而经闭不行的，治宜抵当汤逐瘀下血；因水、血俱结于血室而经闭，小便微难的，治宜大黄甘遂汤逐水破血；因冲任虚寒，瘀血内阻而漏血不止的，治宜温经汤养血祛瘀；因虚寒气陷，漏下色黑不解的，治宜胶姜汤温补冲任，养血止血；因肝络血瘀而半产漏下的，仲景在此用旋覆花汤，意在治肝解郁，畅行血气，以收化瘀止漏之效。带下之证，分下焦湿热与寒湿两类，分别用矾石散或蛇床子散纳药阴中；因下焦湿热所致阴中生疮蚀烂者，则用狼牙汤洗涤治疗。

所论腹痛，每发生于月经前后，为妇科常见之病，因挟风邪而瘀血内阻的，治宜红蓝花酒活血止痛；因血行不畅而挟水湿的，治宜当归芍药散通调气血，祛除水湿；因中气虚寒的，治宜小建中汤温中补虚。

其他如梅核气、脏躁，皆与情志刺激有关，并非女子所特有，在治疗上前者为痰气郁结，宜用半夏厚朴汤化痰理气；后者为气郁化火，脏阴不足，宜用甘麦大枣汤滋养心脾，润燥缓急。至于转胞用肾气丸，阴吹用膏发煎，可结合后世的有关论述全面理解掌握。

热入血室，是由外感发热所引起，并与月经疾患有关，其辨证要点在于血结与否。治疗均以泄热为主，小柴胡汤与刺期门可以随证选用。小儿疳虫蚀齿方，对临床亦有参考价值。必须指出，本篇与妊娠、产后三篇，为中医妇产科的形成发展奠定了基础，无论是病因病机的论述，还是就某些病证所立的方药，迄今仍具有重要的指导意义。

雜療方第二十三

概　述

　　自此以下三篇，明清以来的注家如赵良仁、魏荔彤、尤怡、朱光被等均认为非仲景原著，因此编排体例与上述各篇迥然不同，或疑宋代林亿等在校编《金匮要略方论》时，采录仲景以后其他医家及民间流传的验方，充实该书内容而成，故多数注家删去不释，其至全国统编的二、四、六版《金匮》教材亦不附载。但是也有注家通过考证《肘后方》、《千金方》、《外台秘要》、《小品方》、《古今录验》、《医心方》诸书，知其为仲景遗文无疑。南京中医学院编著的《金匮要略译释》则明确提出"这是仲景根据古代医籍记载与搜集民间有效验方而辑成的"，故认为有必要予以释注，使《金匮要略方论》成为全璧。鉴于三篇内容丰富（计205条，载方57首），为后世中医急救学、食疗学以及预防医学等方面的发展奠定了基础，无论在理论指导与临床实践方面均有重要科学价值，而且有的方法与方剂至今仍在加以广泛运用，它不但说明中医能够治疗急性病，而且证明张仲景是急救学的开创者，因而在振兴和发展中医学术的今天，不能完全否定这三篇的学术价值，应本着去粗取精、去伪存真、实事求是的科学态度，加以继承、整理、发扬与研究。

　　至于本篇内容，主要提出了对急慢性内外科杂证的处理方法，尤多急救措施，后世中医对急症的处理，多受本篇的影响。高学山谓："杂疗方者，大概症则九死一生，既非常有之病，药则险峻冷异，又非和易之才，虽至十年，或可不用，而却为一时之所急需，无处收受，而以不忍弃绝者，故以杂疗统之。"（《高注》）意即杂疗方虽非仲景《伤寒论》六经之专方，亦非《金匮》前二十二篇杂病门之要药所能疗治之方，但却为救治危重死症之要方，方剂虽杂，毕竟代表了多种不同的治疗方法，应为《金匮要略方论》全书中必不可少的重要内容之一，故仲景单独成篇归类，以备急用。

　　本篇涉及病证达十多种，计十六条，载方二十二首（赵刻本谓二十三方，误），除第一、二、四条是论五脏虚热的治法、伤寒愈后的调治而外，其他十三条均论述了各种危急重证、卒死、自缢死、溺死的辨证论治，至今仍在临床中广泛运用，且疗效颇佳。某些治疗方法，对于指导中医临床急救方面，有较大的实用价值。

　　退五臟虚熱四時加減柴胡飲子方（一）

　　冬三月加柴胡八分　白术八分　陈皮五分　大腹槟榔四枚，并皮子用　生姜五分　桔梗七分

　　春三月加枳實　減白术共六味

夏三月加生姜三分 枳實五分 甘草三分，共八味

秋三月加陳皮三分，共六味

上各㕮咀，分爲三貼，一貼以水三升，煮取二升，分溫三服。如人行四五里，進一服。如四體壅，添甘草少許，每貼分作三小貼，每小貼以水一升，煮取七合，溫服，再合滓爲一服，重煮，都成四服。疑非仲景方。

長服訶梨勒丸方疑非仲景方（二）

訶梨勒煨 陳皮 厚朴各三兩

上三味，末之，煉蜜丸如梧子大，酒飲服二十丸，加至三十丸。

三物備急丸方見《千金》，司空裴秀爲散用亦可。先和成汁，乃傾口中，令從齒間得入，至良驗。（三）

大黄一兩 乾姜一兩 巴豆一兩，去皮、心，熬，外研如脂

上藥各須精新，先搗大黄、乾姜爲末，研巴豆內中，合治一千杵，用爲散，蜜和丸亦佳，密器中貯之，莫令歇。主心腹諸卒暴百病。若中惡客忤，心腹脹滿，卒痛如錐刺，氣急口噤，停尸卒死者，以暖水若酒，服大豆許三四丸，或不下，捧頭起，灌令下咽，須臾當差。如未差，更與三丸，當腹中鳴，即吐下，便差。若口噤，亦須折齒灌之。

治傷寒，令愈不復，紫石寒食散方。見《千金翼》。（四）

紫石英 白石英 赤石脂 鐘乳碓煉 栝楼根 防風 桔梗 文蛤 鬼臼各十分 太一餘糧十分，燒 乾姜 附子炮去皮 桂枝去皮，各四分

上十三味，杵爲散，酒服方寸匕。

救卒死方（五）

薤搗汁，灌鼻中。

又方：

雄鷄冠割取血，管吹內鼻中。

猪脂如鷄子大，苦酒一升，煮沸，灌喉中。

鷄肝及血塗面上。以灰圍四旁，立起。

大豆二七粒，以鷄子白并酒和，盡以吞之。

救卒死而壯熱者方（六）

礬石半斤，以水一斗半，煮消，以漬脚，令没踝。

救卒死而目閉者方（七）

騎牛臨面，搗薤汁灌耳中，吹皂莢末鼻中，立效。

救卒死而張口反折者方（八）

灸手足兩爪后十四壯了，飲以五毒諸膏散。有巴豆者。

救卒死而四肢不收失便者方（九）

馬屎一升，水三斗，煮取二斗以洗之。又取牛洞稀糞也一升，温酒灌口中，灸心下一寸，臍上三寸，臍下四寸，各一百壯，差。

救小兒卒死而吐利，不知是何病方（十）

狗屎一丸，絞取汁，以灌之。無濕者，水煮乾者取汁。

治尸蹶方　尸蹶脉動而無氣，氣閉不通，故静而死也。治方脉症見上卷（十一）

菖蒲屑，内鼻兩孔中吹之。令人以桂屑着舌下。

又方：

剔取左角髮方寸，燒末，酒和，灌令入喉，立起。

救卒死，客忤死，還魂湯主之方

《千金方》云：主卒忤鬼擊飛尸，諸奄忽氣絶無復覺，或已無脉，口噤拗不開，去齒下湯。湯下口不下者，分病人髮左右，捉搐肩引之。藥下，復增取一升，須臾立甦。（十二）

麻黄三兩，去節。一方四兩　杏仁去皮尖，七十個　甘草一兩，炙，《千金》用桂心二兩

上三味，以水八升，煮取三升，去滓，分令咽之。通治諸感忤。

又方：

韭根一把　烏梅十枚　吳茱萸半升，炒

上三味，以水一斗，煮之。以病人櫛内中，三沸，櫛浮者生，沉者死。煮取三升，去滓，分飲之。

救自縊死方　救自縊死，旦至暮，雖已冷，必可治。暮至旦，小難也。恐此當言陰氣盛故也。然夏時夜短于晝，又熱，猶應可治。又云：心下若微温者，一日以上，猶可治之方。（十三）

徐徐抱解，不得截繩，上下安被卧之。一人以脚踏其兩肩，手少挽其髮，常弦弦勿縱之。一人以手按據胸上，數動之。一人摩捋臂脛，屈伸之。若已僵，但漸漸强屈之，并按其腹。如此一炊頃，氣從口出，呼吸眼開而猶引按莫置，亦勿苦勞之。須臾，可少桂湯及粥清含與之，令濡喉，漸漸能嚥，及稍止。若向令兩人以管吹其兩耳，罙好。此法最善，無不活也。

療中暍方　凡中暍死，不可使得冷，得冷便死，療之方（十四）

屈草帶，繞暍人臍，使三兩人溺其中，令温。亦可用熱泥和屈草，亦可扣瓦椀底按及車缸以着暍人，取令溺，須得流去。此謂道路窮卒無湯，當令溺其中，欲使多人溺，取令温。若有湯便可與之，不可泥及車缸，恐此物冷。暍既在夏月，得熱泥土，暖車缸，亦可用也。

救溺死方（十五）

取竈中灰兩石餘，以埋人，從頭至足。水出七孔，即活。

上療自縊、溺、暍之法，并出自張仲景爲之。其意殊絶，殆非常情所及，

本草所能關，實救人之大術矣。傷寒家數有喝病，非此遇熱之喝。見《外臺》《肘後》目。

治馬墜及一切筋骨損方見《肘後方》。（十六）

大黄一兩，切，浸，湯成下　緋帛如手大，燒灰　亂髮如鷄子大，燒灰用　久用炊單布一尺，燒灰　敗蒲一握，三寸　桃仁四十九枚，去皮尖，熬　甘草如中指節，炙，剉。

上七味，以童子小便量多少煎湯成，内酒一大盞，次下大黄，去滓，分温三服。先剉 敗蒲席半領，煎湯浴，衣被蓋覆，斯須通利數行，痛楚立差，利及浴水赤。勿怪，即瘀血也。

小　结

本篇论述了十多种病证治方。其中救卒死证治方十二首，救尸厥证治方二首，以及救溺死证、中暍死证、自缢死证治方各一首。上述危急重症治方的特点，是给药的途径各有不同，如有：内服、口含、灌鼻、管吹内鼻中、管吹两耳、涂面、外浸等不同。其目的是根据不同的发病机理，捷取药效，速奏转危为安之功。本篇原文虽虚实寒热未究，病因医理未释，但根据"因病立方，因方用药"的原则，后世医家认为本篇是在《内经》13首经方基础上的发展，故李彣曰："然则《杂疗方》一篇，仲景盖酌手病情之最深，而备《内经》之遗意者欤？"（《广注》）

当今有学者认为，张仲景在抢救卒死等危重急症的过程中，紧紧抓住了四个基本环节：恢复神志，恢复呼吸，保存阳气，祛除邪气。

恢复神志是抢救卒死之首务。仲景选用薤汁、菖蒲屑、桂屑、雄鸡冠血、马屎、牛粪等芳香辛烈，或腥膻恶臭之品，开窍醒神。并注意到昏迷病人多伴见吞咽困难，在使用这些药物时，多采用灌鼻、吹耳、涂面、含舌下等方法，直接刺激机窍。

为了帮助患者恢复呼吸，张仲景发明了相当完善的人工呼吸复苏术。以一人蹬肩挽发，使患者头部后仰，颈项舒直，咽喉通畅；另一人根据正常的呼吸，按压患者胸部；再以一人屈伸患者臂胫，舒展胸廓，还可同时按其腹部，借胸、臂、腹的被动运动，引动肺脏舒缩，保证肺中获得充足的清（氧）气。

阳气之存亡关系到患者之死生，阳气之盛衰又反映于四肢的温暖。因此，保持肢体温暖是固护阳气的重要措施。张仲景采用"以灰围四旁"等方法，借灶灰之余热，提高室温，温暖肢体。此外，采用温灸的方法，助阳回阳。徐彬《论注》由此悟出仲景救卒死是以复其阳气为主旨。

中恶客忤引起的停尸卒死，皆因于邪气猝犯。因此，抢救过程中，必须配合使用祛邪之法。张仲景制有三物备急丸与还魂汤，供医者常备以救急，此二方，一以攻里，去恶除秽，一以发表，宣散表邪，祛邪以扶正，相得益彰。

可见《金匮要略》本篇所载急救技术充分利用了当时所具有的科学技术，综合采用了各种简便易行的方法，确立了与病理机制相符合的治疗原则，为中医临床急救医学的形成奠定了基础。后世中医急症的救治，多受本篇影响。

仲景在本篇救急 22 首方剂所使用的急救药物中，基本上具备了速效、使用方便、效果准确的三个特点，如藿汁、皂荚末、菖蒲等体现尤为明显。它如：加减柴胡饮子方治五脏虚热，体现的行气退热法；长服诃梨勒丸方治气壅邪滞于中，与单服滋补不同；紫石寒食散方为伤寒令愈不复之治剂；三物备急丸治心腹诸卒暴百病，中恶客忤，气急口噤，停尸卒死以攻逐寒积，并广泛应用于当今中医的急症治疗；治马坠及一切筋骨损方为后世伤科之祖方等，均对中医急症学的治疗有较大贡献。因而有学者认为，张仲景是急救学的开创者，在振兴中医学的今天，继承和发扬仲景的急症学，为中医占领急症阵地，无疑具有重要的现实意义和实用价值。

禽獸魚蟲禁忌并治第二十四

概　述

古人对饮食卫生非常重视，如《周易》之颐卦谓："君子以慎言语，节饮食。"清·陈梦雷《周易浅述》释需卦曰："需者，饮食之道也。"

中医食疗学，是中医药学重要的组成部分。据统计，从汉代到清代，我国有名的食疗著作有三百之余，但现在可以见到的仅存十余部。而《金匮要略》的"禽兽鱼虫禁忌并治第二十四"和"果实菜谷禁忌并治第二十五"则是论述动物类和植物类食品饮食卫生的专篇，讲究饮食卫生又是科学膳食的主要内容之一，因此我们可以认为《金匮》本篇及下篇也应视为中医食疗学的专篇，有其重要的学术研究价值。

《汉书·艺文志》载有《神农黄帝食禁》十二卷，此下两篇所载，多见于《千金》引黄帝云，及《外台》引《肘后》，其中部分可能是《神农黄帝食禁》的遗文。

张仲景在《伤寒杂病论》中，非常重视禽、兽、虫类药物的应用。如鸡子，用鸡子黄者有3首方剂，用鸡子清者一首方剂；如羊肉者，用于当归生姜羊肉汤；用猪者，含猪胆汁方共三首，含猪肤（猪皮）方一首，含猪膏方一首；至于虫类药（如虻虫、䗪虫、蜘蛛、蜂房、水蛭等）的应用更为广泛了。

本篇着重论述禽兽鱼虫等动物类食品的饮食卫生，预防食物中毒，和各种食物中毒的治疗方剂，贯穿着预防与治疗相结合的思想。就日常生活饮食的宜忌，作为卫生常识提出来，引起人们注意，有利于身体健康，因而寓有科学膳食的丰富内容。本篇共有原文一零一条，载方二十一首。其中第一条是论禁忌不洁食物的原因和治疗方法。第二条是论述五脏之病，有五味之禁忌，以及四时有宜食不宜食的规律。第三条至十八条、第二十四条至三十二条、第三十五条至四十条、第四十三条至五十七条、第五十九条至第七十二条、第七十四条至第九十二条、第九十七条、第九十九条至一零一条，共计八十三条，是论各种不洁禽兽鱼虫的辨别方法、食物中毒引起的各种疾病，以及某些食物相混饮用不利于健康的原理、妊娠饮食禁忌等。其他十六条（第十九条至二十三条，三十三、三十四条，四十一、四十二条，五十八条，七十三条，九十三条至九十六条，九十八条）则论各种食物中毒的治法和方药。

本篇条文甚多，内容较为丰富，对于我们研究古人在饮食卫生方面的预防方法，以及饮食中毒的解毒治疗功效是很有帮助的。有的解毒方法，直至目前仍在广泛加以应用。当然，限于历史条件,部分肉类有毒不可食的内容有些重复,个别说法,不可理解,但可供研究参考。

凡飲食滋味,以養于生,食之有妨,反能爲害。自非服藥煉液,焉能不飲食乎?切見時人,不閑調攝,疾灾競起,若不因食而生,苟全其生,須知切忌者矣。所食之味,有與病相宜,有與身爲害,若得宜則益體,害則成疾,以此致危,例皆難療。凡煮藥飲汁以解毒者,雖云救急,不可熱飲,諸毒病得熱更甚,宜冷飲之。(一)

肝病禁辛,心病禁咸,脾病禁酸,肺病禁苦,腎病禁甘。春不食肝,夏不食心,秋不食肺,冬不食腎,四季不食脾。辯曰:春不食肝者,爲肝氣王,脾氣敗,若食肝,則又補肝,脾氣敗尤甚,不可救。又肝王之時,不可以死氣入肝,恐傷魂也。若非王時即虚,以肝補之佳,餘藏準此。(二)

凡肝藏,自不可輕噉,自死者彌甚。(三)

凡心皆爲神識所舍,勿食之,使人來生復其報對矣。(四)

凡肉及肝,落地不着塵土者,不可食之。

豬肉落水浮者,不可食。(五)

諸肉及魚,若狗不食,鳥不啄者,不可食。(六)

諸肉不乾,火炙不動,見水自動者,不可食之。(七)

肉中有如朱點者,不可食之。六畜肉熱血不斷者,不可食之。(八)

父母及身本命肉,食之令人神魂不安。(九)

食肥肉及熱羹,不得飲冷水。(十)

諸五藏及魚,投地塵土不污者,不可食之。(十一)

穢飯、餒肉、臭魚,食之皆傷人。(十二)

自死肉,口閉者,不可食之。(十三)

六畜自死,皆疫死,則有毒,不可食之。(十四)

獸自死,北首及伏地者,食之殺人。(十五)

食生肉,飽飲乳,變成白蟲。一作血蠱。(十六)

疫死牛肉,食之令病洞下,亦致堅積,宜利藥下之。(十七)

脯藏米甕中,有毒,及經夏食之,發腎病。(十八)

治自死六畜肉中毒方(十九)

黄蘗屑,搗服方寸匕。

治食鬱肉漏脯中毒方鬱肉,密器蓋之,隔宿者是也。漏脯,茅屋漏下,沾著者是也。(二十)

燒犬屎,酒服方寸匕,每服人乳汁亦良。飲生韭汁三升,亦得。

治黍米中藏乾脯食之中毒方(二十一)

大豆濃煮汁，飲數升即解。亦治狸肉漏脯等毒。

治食生肉中毒方（二十二）

掘地深三尺，取其下土三升，以水五升，煮數沸，澄清汁，飲一升，即愈。

治六畜鳥獸肝中毒方（二十三）

水浸豆豉，絞取汁，服數升愈。

馬腳無夜眼者，不可食之。（二十四）

食酸馬肉，不飲酒，則殺人。（二十五）

馬肉不可熱食，傷人心。（二十六）

馬鞍下肉，食之殺人。（二十七）

白馬黑頭者，不可食之。（二十八）

白馬青蹄者，不可食之。（二十九）

馬肉、犿肉共食，飽醉臥，大忌。（三十）

驢馬肉合豬肉食之，成霍亂。（三十一）

馬肝及毛，不可妄食，中毒害人。（三十二）

治馬肝毒中人未死方（三十三）

雄鼠屎二七粒，末之，水和服，日再服。屎尖者是。

又方：

人垢，取方寸匕，服之佳。

治食馬肉中毒欲死方（三十四）

香豉二兩　杏仁三兩

上二味，蒸一食頃，熟，杵之服，日再服。

又方：

煮蘆根汁，飲之良。

疫死牛，或目赤，或黃，食之大忌。（三十五）

牛肉共豬肉食之，必作寸白蟲。（三十六）

青牛腸，不可合犬肉食之。（三十七）

牛肺，從三月至五月，其中有蟲如馬尾，割去勿食，食則損人。（三十八）

牛、羊、豬肉，皆不得以楮木、桑木蒸炙，食之，令人腹內生蟲。（三十九）

噉蛇牛肉殺人。何以知之？噉蛇者，毛髮向後順者，是也。（四十）

治噉蛇牛肉食之欲死方（四十一）

飲人乳汁一升，立愈。

又方：

以泔洗頭，飲一升，愈。

牛肚細切，以水一斗，煮取一升，煖飲之，大汗出者愈。

治食牛肉中毒方（四十二）

甘草煮汁飲之，即解。

羊肉，其有宿熱者，不可食之。（四十三）

羊肉不可共生魚、酪食之，害人。（四十四）

羊蹄甲中有珠子白者，名羊懸筋，食之令人癲。（四十五）

白羊黑頭，食其腦，作腸癰。（四十六）

羊肝共生椒食之，破人五藏。（四十七）

豬肉共羊肝和食之，令人心悶。（四十八）

豬肉以生胡荽同食，爛人臍。（四十九）

豬脂不可合梅子食之。（五十）

豬肉和葵食之，少氣。（五十一）

鹿肉不可和蒲白作羹，食之發惡瘡。（五十二）

麋脂及梅李子，若妊婦食之，令子青盲，男子傷精。（五十三）

麋肉不可合蝦及生菜、梅、李果食之，皆病人（五十四）

痼疾人，不可食熊肉，令終身不愈。（五十五）

白犬自死，不出舌者，食之害人。（五十六）

食狗鼠餘，令人發瘻瘡。（五十七）

治食犬肉不消成病者方　治食犬肉不消，心下堅，或腹脹，口乾大渴，心急發熱，妄語如狂，或洞下方（五十八）

杏仁一升，合皮，熟，研用

上一味，以沸湯三升和取汁，分三服，利下肉片，大驗。

婦人妊娠，不可食兔肉、山羊肉及鱉、鷄、鴨，令子無聲音。（五十九）

兔肉不可合白鷄肉食之，令人面發黃。（六十）

兔肉著乾姜食之，成霍亂。（六十一）

凡鳥自死，口不閉，翅不合者，不可食之。（六十二）

諸禽肉，肝青者，食之殺人。（六十三）

鷄有六翮四距者，不可食之。（六十四）

烏鷄白首者，不可食之。（六十五）

鷄不可共葫蒜食之，滯氣。一云鷄子（六十六）

山鷄不可合鳥獸肉食之。（六十七）

雉肉久食之，令人瘦。（六十八）

鴨卵不可合鱉肉食之。（六十九）

婦人妊娠食雀肉，令子淫亂無恥。（七十）

雀肉不可合李子食之。（七十一）

燕肉勿食，入水爲蛟龍所噉。（七十二）

治食鳥獸中箭肉毒方　鳥獸有中毒箭死者，其肉有毒，解之方（七十三）

大豆煮汁，及鹽汁，服之解。

魚頭正白，如連珠至脊上，食之殺人。（七十四）

魚頭中無腮者，不可食之，殺人。（七十五）

魚無腸膽者，不可食之，三年陰不起，女子絕生。（七十六）

魚頭似有角者，不可食之。魚目合者，不可食之。（七十七）

六甲日，勿食鱗甲之物。（七十八）

魚不可合雞肉食之。（七十九）

魚不得合鸕鷀肉食之。（八十）

鯉魚鮓不可合小豆藿食之；其子不可合豬肝食之，害人。（八十一）

鯉魚不可合犬肉食之。（八十二）

鯽魚不可合猴雉肉食之。一云：不可合豬肝食。（八十三）

鯤魚合鹿肉生食，令人筋甲縮。（八十四）

青魚鮓不可合生葫荽及生葵，并麥中食之。（八十五）

鯸、鱔不可合白犬血食之。（八十六）

龜肉不可合酒、果子食之。（八十七）

鱉目凹陷者，及腹下有王字形者，不可食之。（八十八）

又其肉不得合雞、鴨子食之。（八十九）

龜、鱉肉不可合莧菜食之。（九十）

蝦無鬚及腹下通黑，煮之反白者，不可食之。（九十一）

食膾，飲乳酪，令人腹中生蟲，爲瘕。（九十二）

治食膾不化成癥病方　膾食之，在心胸間不化，吐復不出，速下除之，久成癥病，治之方（九十三）

橘皮一兩　大黃二兩　朴硝二兩

上三味，以水一大升，煮至小升，頓服即消。

食膾多不消，結爲癥病，治之方（九十四）

馬鞭草

上一味，搗汁飲之。或以姜葉汁，飲之一升，亦消。又可服吐藥吐之。

食魚後中毒，兩種煩亂，治之方（九十五）

橘皮

濃煎汁，服之即解。

食鯸鮧魚中毒方（九十六）

蘆根

煮汁，服之即解。

蟹目相向，足斑目赤者，不可食之。（九十七）

食蟹中毒治之方（九十八）

紫蘇

煮汁，飲之三升。紫蘇子搗汁飲之，亦良。

又方：

冬瓜汁，飲二升。食冬瓜亦可。

凡蟹未遇霜，多毒。其熟者，乃可食之。（九十九）

蜘蛛落食中，有毒，勿食之。（一〇〇）

凡蜂、蠅、蟲、蟻等，多集食上，食之致瘻。（一〇一）

小　　结

　　本篇专门论述了禽兽鱼虫等动物类食品卫生方面的知识，说明马、牛、羊、鸡、犬、猪、鸭、熊、鹿、麋、獐、兔、鱼、龟、鳖、蟹、虾等虽富营养，作为美味佳肴补养人体，是食疗中不可缺少的部分（以及部分昆虫食品在内），但若这些动物因误食毒品，或感受疫毒等原因而死亡，或死因不明，或某些动物的某些内脏含有毒素，或其形状畸形怪异，或腐败变质，或不经烹饪而生食，均应禁忌。如果误食，必然导致人体中毒或死亡。以上说明古人非常强调饮食卫生对人体健康的重要性，寓有防重于治的思想。篇中除了阐述饮食对疾病的影响，妊娠与饮食的关系而外，并着重指出动物类食品因有寒热温凉等属性的不同，在烹饪饮食时要调配得宜。否则，吃了其相反的饮食，对人体健康必有妨害。

　　本篇重点论述了肉类食品有无毒的鉴别方法，归纳起来，不外三个方面：鉴别禽兽鱼虫肉好坏的方法，如有朱点、狗不食、鸟不啄等，可能包括腐败之肉、染疫之肉和有毒之肉；诸禽兽鱼虫，自死者不能食用，因自死的多为病死；所有被狗、鼠、蜂、蝇、虫、蚁所污染者不可食用。据研究证实，以动物为传染源者不少。因此，禁止食用和接触这些食物，也是防止一些传染病流行传染的有效方法。上述极简便而科学的方法，至今仍为民间所沿用。

　　此外，本篇还涉及到食物中毒的原因、毒入途径和肉类食品中毒后，应当采取的急救治疗方药。其中主要涉及到食物中毒，虫兽伤中毒和秽浊之气中毒的内容；毒入途径有由食道（胃肠）而入者，有由皮毛而入者（如虫咬伤、毒箭刺），也有由血道而入者（如食鲵鳔鱼中毒），唯对中毒的临床表现描述甚少。本篇对中毒的急救处理方法则涉及到了涌吐法（如三十三条人垢、九十四条服吐药等）、通下法（如十七条"宜利药下之"；九十三条用大黄、朴硝、橘皮以攻下解毒）、中和解毒法（如用甘草、大豆、地浆水、韭汁、盐汁、黄柏、马鞭草之类）、利尿解毒法（如冬瓜汁等）、特效药物解毒法（如杏仁解犬肉毒、芦根解河豚毒、紫苏解蟹毒）等等，对当今中医内科急症中毒的救治，提示了有效的治疗途径和方药。此外，特别指出了服用解毒方之时，"不可热饮，诸毒病得热更甚，宜冷饮之"的原则。

由上述可知，本篇治疗食物中毒的诸方法，的确是中医抢救食物中毒的宝贵遗产；禽兽鱼中毒之饮食宜忌，是中医食疗学科学膳食的精华，应当继续加以发掘与实际运用。时至今日，有的解毒方药仍在临床实践中被广泛使用。因此，国内有学者评价本篇学术价值谓"总结了中医食疗的方药……实为中医食疗学的滥觞"。与此同时，也应该认识到，由于历史条件的限制，篇中有的条文应当活看，有的条文掺杂有部分迷信的，甚至荒诞无稽的，不可理解的内容（如四条、九条、七十二条、七十八条），应站在历史的角度进行实事求是的分析与批判；有的条文，其理不明的，尚有待进一步加以研究（如九条、四十五条、四十六条）。

后世医家在本篇的基础上，进一步从饮食禁忌中毒的分类和病因、临床特点、治疗原则、解毒急救等方面进行了较全面的归纳整理，如巢元方的《诸病源候论》、孙思邈的《千金要方》、李时珍的《本草纲目》，直至现代黄星垣主编的《中医内科急症证治》等书中的有关内容，有了更大的发展与提高，均可供学习研究本篇时的参考。

果实菜谷禁忌并治
第二十五

概　述

　　《内经》云："天食人以五气，地食人以五味。"果实菜谷皆地产，供养人体以五味。《内经》又云："五谷为养（稻黍稷麦菽），五果为助（李杏桃枣栗），五菜为充（韭薤葵葱藿）。"我们的祖先对果实菜谷的烹调食用是讲究一定法度的。《礼记·内则》云："枣曰新之，栗曰撰之，桃曰胆之，楂梨曰攒之。"《疏》："枣曰新之者，枣，虫好食，数数布拭之使新，栗曰撰之者，栗，虫好食，数数布陈，撰省视之。桃曰胆之者，桃多毛，拭治去毛，令色表滑如胆也。或曰胆谓苦，桃有苦如胆者，择去之。楂梨曰攒（攒音钻）之者，恐有虫，故皆看其虫孔也。"此言食果实之法。

　　张仲景在《伤寒杂病论》中，非常重视果实菜谷的临床应用，如用大枣的方剂，就有64首之多；用葱的方剂有4首；用薤白的方剂有3首；用粳米的方剂有8首；用苡仁米者有3首；用小麦者1首；大麦者3首；有用豆类者，其中用赤小豆者3首；用豆豉者6首；用大豆黄卷者1首。说明张仲景十分重视食疗作用。他将药物与食物共同组方，协同作用相辅相成，堪称"药疗"与"食疗"相结合的典范。

　　本篇主要论述果实菜谷等植物食品的饮食卫生，以及预防和治疗果实菜谷等食品中毒的方法和方药。本篇共有原文88条，载方14首。其中第一条至第十四条、第十六条、第二十一条至第五十六条、第六十二条至第八十条，共计70条，是论上述食品的饮食卫生，阐述了这些不洁食品的辨别方法，指出某些食品混合饮用，不利于健康的原理，以及春夏秋冬四季饮食和病者妊娠饮食的禁忌等。第八十三条至八十七条，共计5条，是论矾石、商陆、葶苈、水银、苦楝等药物，用之不当引起的中毒症状。第十五条、第十七条至二十条、第五十七条至第六十一条、第八十一条、第八十二条、第八十八条，共计13条，则论误食各种不洁植物类食品而引起中毒的治疗方法和方药。

　　本篇内容比较丰富，对于探讨古人在饮食卫生方面的思想，以及防治食物中毒的方法和药物，指导临床实践是有裨益的，无疑在中医饮食营养疗法中占有较重要的地位。当然，限于历史条件，个别条文的阐述也有不正确之处，应该注意分析鉴别。

　　果子生食，生疮。（一）

果子落地經宿，蟲蟻食之者，人大忌食之。（二）

生米停留多日，有損處，食之傷人。（三）

桃子多食，令人熱，仍不得入水浴，令人病淋瀝寒熱病。（四）

杏酪不熟，傷人。（五）

梅多食，壞人齒。（六）

李不可多食，令人臚脹。（七）

林檎不可多食，令人百脉弱。（八）

橘柚多食，令人口爽，不知五味。（九）

梨不可多食，令人寒中。金瘡、產婦亦不宜食。（十）

櫻桃、杏多食，傷筋骨。（十一）

安石榴不可多食，損人肺。（十二）

胡桃不可多食，令人動痰飲。（十三）

生棗多食，令人熱渴氣脹。寒熱羸瘦者，彌不可食，傷人。（十四）

食諸果中毒治之方。（十五）

豬骨燒灰

上一味，末之，水服方寸匕。亦治馬肝、漏脯等毒。

木耳赤色及仰生者，勿食。菌仰卷及赤色者，不可食。（十六）

食諸菌中毒，悶亂欲死，治之方（十七）

人糞汁，飲一升。土漿，飲一二升。大豆濃煮汁，飲之。服諸吐利藥，并解。

食楓柱菌而哭不止，治之以前方。（十八）

誤食野芋，煩毒欲死，治之以前方。其野芋根，山東人名魁芋。人種芋三年不收，亦成野芋，并殺人。（十九）

蜀椒閉口者，有毒，誤食之，戟人咽喉，氣病欲絕，或吐下白沫，身體痹冷，急治之方（二十）

肉桂煎汁飲之。飲冷水一二升，或食蒜，或飲地漿，或濃煮豉汁，飲之，并解。

正月勿食生葱，令人面生游風。（二十一）

二月勿食蓼，傷人腎。（二十二）

三月勿食小蒜，傷人志性。（二十三）

四月、八月勿食胡荽，傷人神。（二十四）

五月勿食韭，令人乏氣力。（二十五）

五月五日勿食一切生菜，發百病（二十六）

六月、七月勿食茱萸，傷神氣。（二十七）

八月、九月勿食姜，傷人神。（二十八）

十月勿食椒，損人心，傷心脉。（二十九）

十一月、十二月勿食薤，令人多涕唾。（三十）

四季勿食生葵，令人飲食不化，發百病。非但食中，藥中皆不可用，深宜慎之。（三十一）

時病差未健，食生菜，手足必腫。（三十二）

夜食生菜，不利人。（三十三）

十月勿食被霜生菜，令人面無光，目澀，心痛，腰疼，或發心瘧。瘧發時，手足十指爪皆青，困委。（三十四）

葱、韭初生芽者，食之傷人心氣。（三十五）

飲白酒，食生韭，令人病增。（三十六）

生葱不可共蜜食之，殺人。獨顆蒜彌忌。（三十七）

棗和生葱食之，令人病。（三十八）

生葱和雄鷄、雉、白犬肉食之，令人七竅經年流血。（三十九）

食糖、蜜後四日內，食生葱、韭，令人心痛。（四十）

夜食諸姜、蒜、葱等，傷人心。（四十一）

蕪菁根多食，令人氣脹。（四十二）

薤不可共牛肉作羹，食之成瘕病。韭亦然。（四十三）

蓴多病食，動痔疾。（四十四）

野苣不可同蜜食之，作內痔。（四十五）

白苣不可共酪同食，作䘌蟲。（四十六）

黃瓜食之，發熱病。（四十七）

葵心不可食，傷人，葉尤冷，黃背赤莖者，勿食之。（四十八）

胡荽久食之，令人多忘。（四十九）

病人不可食胡荽及黃花菜菜。（五十）

芋不可多食，動病。（五十一）

妊婦食姜，令子餘指。（五十二）

蓼多食，發心痛。（五十三）

蓼和生魚食之，令人奪氣，陰欬疼痛。（五十四）

芥菜不可共兔肉食之，成惡邪病。（五十五）

小蒜多食，傷人心力。（五十六）

食躁式（或）躁方。（五十七）

豉

濃煮汁飲之。

誤食鈎吻殺人解之方　鈎吻與芹菜相似，誤食之，殺人，解之方《肘後》云：與茱萸、食芹相似。（五十八）

薺苨八兩

上一味，水六升，煮取二升，分溫二服。鈎吻生地傍無它草，其莖有毛者，以此別之。

治誤食水莨菪中毒方　菜中有水莨菪，葉圓而光，有毒。誤食之，令人狂亂，狀如中風，或吐血，治之方（五十九）

甘草

煮汁，服之即解。

治食芹菜中龍精毒方　春秋二時，龍帶精入芹菜中，人偶食之爲病。發時手青腹滿，痛不可忍，名蛟龍病，治之方（六十）

硬糖二三升

上一味，日兩度服之，吐出如蜥蜴三五枚，差。

食苦瓠中毒治之方（六十一）

黎穰煮汁，數服之，解。

扁豆，寒熱者不可食之。（六十二）

久食小豆，令人枯燥。（六十三）

食大豆屑，忌噉豬肉。（六十四）

大麥久食，令人作癬（疥）。（六十五）

白黍米不可同飴、蜜食，亦不可合葵食之。（六十六）

蕎麥麵多食之，令人髮落。（六十七）

鹽多食，傷人肺。（六十八）

食冷物，冰人齒。食熱物，勿飲冷水。（六十九）

飲酒，食生蒼耳，令人心痛。（七十）

夏月大醉汗流，不得冷水洗着身，及使扇，即成病。（七十一）

飲酒，大忌灸腹背，令人腸結。（七十二）

醉後勿飽食，發寒熱。（七十三）

飲酒食豬肉，臥秫稻穰中，則發黃。（七十四）

食飴，多飲酒，大忌。（七十五）

凡水及酒，照見人影動者，不可飲之。（七十六）

醋合酪食之，令人血瘕。（七十七）

食白米粥，勿食生蒼耳，成走疰。（七十八）

食甜粥已，食鹽即吐。（七十九）

犀角筯攪飲食，沫出，及澆地墳起者，食之殺人。（八十）

飲食中毒，煩滿，治之方（八十一）

苦参三两　苦酒一升半

上二味，煮三沸，三上三下，服之，吐食出即差。或以水煮亦得。

又方

犀角湯亦佳。

貪食，食多不消，心腹堅滿痛，治之方（八十二）

鹽一升　水三升

上二味，煮令鹽消，分三服，當吐出食，便差。

礬石，生入腹，破人心肝。亦禁水。（八十三）

商陸，以水服，殺人。（八十四）

葶藶子傅頭瘡，藥成入腦，殺人。（八十五）

水銀入人耳，及六畜等，皆死。以金銀着耳邊，水銀則吐。（八十六）

苦練（棟）無子者，殺人。（八十七）

凡諸毒，多是假毒以投，元（無）知時，宜煮甘草薺苨汁飲之，通除諸毒藥。（八十八）

小　结

　　本篇重点论述了果实菜谷等植物性食品的饮食卫生，以及预防和治疗上述食品中毒的方法和方药。指出瓜果、蔬菜米谷等食物，不应生吃而应熟食，要注意消毒，病刚愈者，尤忌生冷；果子落地，日久变质被虫蚁食之者，不要再吃；应节制饮食量，不宜暴食、多食、过饱食；饮食要注意节令的变化，春夏少吃辛辣发散的食品，秋冬则少食生冷滑腻的食品，各有所忌；不宜夜食过多，有碍消化；奇形怪状和色异的蔬菜、果实（如木耳、菌、葵、叶茎、苦楝），勿食或药用；孕妇要注意精选饮食，寓有"胎养"之义（参五十二条）；注意饮食物的配合，宜简少而不宜杂乱，宜清淡而不宜肥腻，特别是性味相反或大辛大热、大苦大寒的食品，一时或数日之内合食，均应禁忌；患有疾病者，当忌食某些食品或发物（参五十、五十一、六十二条），否则会引起其他疾病（参六十五、六十七条）。上述饮食卫生应遵循的原则，时至今日的食疗学中，仍有理论与实用价值。

　　本篇治疗食物中毒的方法及所用药物，同样有研讨与实用价值，篇中有涌吐毒邪外出法，如人粪汁、豉、苦参合苦酒、盐水之类；有甘寒或苦寒清热解毒法，如甘草、荠苨、硬糖、犀角、土浆、冷水之类；有从治或特殊作用解毒法，如肉桂、蒜、黍、穰、猪骨之类；有利下解毒法。尤其是甘草配荠苨，因具有培扶中气、清解毒邪之功，故为通除诸毒之方药，尤宜广泛使用。

　　此外，本篇还提出了用犀角鉴别饮食中毒的方法（参八十条），预防疾病的方法（参七十一、七十四条）以及外用药中毒的记载（参八十五条）。

《伤寒杂病论》中食疗是仲景学说中一个组成部分，是中医药的瑰宝。运用食物药，既可缓药之烈性以制其害，又可扶正祛邪，更有治病之妙，即所谓医食同源。常用药有粳米、薏苡仁、赤小豆、小麦、大枣、山药、葱白、生姜、蜀椒、盐、蜜、酒及羊肉、猪肤等，不胜枚举。饮食宜忌亦属食疗范畴，如服桂枝汤后"饮热粥"、"禁生冷、黏滑、肉面、五辛、酒酪、臭恶等物"，这些实与西医学中的淡食、素食等法相似。

本篇与上篇是同论饮食卫生、预防和治疗各种食物中毒的专篇，这些丰富内容，较完整地反映了古人在饮食卫生方面的思想和方法，特别是为后世食疗学的发展奠定了基础。其大要是：①安身之本，必资于食，不知食宜者，不足以存生。饮食能安脏腑而排邪气，悦神爽志以资血气，为擅养生术者所重视。②饮食不欲杂，宜简少节俭，切忌贪味多餐，大饱脍鱼，生冷肥腻之物尤当所忌。③注意饮食间的宜忌，对食物中毒宜有相应的解救方法。食疗大师孙思邈在此基础上，提出了五脏所合、五脏不可食忌法、五脏所宜食法、五味动病法、五味所配法、五脏病五味对治法，以及服食法等有关食疗的丰富内容，李时珍总结的"服药食忌"，更值得继承与发扬。至于治疗食物中毒的具体方法，如甘凉解毒、涌吐毒邪、攻下泄毒、冷服解毒等，则是中医抢救食品中毒的精华部分，确有其研究价值。

张仲景的巨著《伤寒杂病论》开创了中医学辨证论治的先河，而《金匮要略》堪称"药疗"与"食疗"相结合的典范，杂疗并治篇所反映的学术思想亦说明，张仲景也是中医急救学和中医食疗学的大师；同样也是一位伟大的中医养生康复学巨匠和开创自然疗法的先驱。

附　录

1. 汉代度量衡与张仲景方药剂量

本篇通过文献文物和有关方面的研究，弄清东汉时期的度量衡制度，以期解决对张仲景方药剂量的古今折算问题，这对于汉方的临床应用和中医药面向世界有十分重要的意义。

一、秬黍是新莽时期度量衡制的标准

《辞海》说："秬，黑黍。"《汉书·律历志》记载："五声之本，生于黄钟……。"又称为黄钟律。黄钟是一个根据秬黍谷为基础而规定的律准的概称，因之所律不同而不同。如用之于度量衡方面，则以 10 枚秬黍之广为一寸，即为黄钟之长；以秬黍 1200 枚之容为一龠（yuè月），即为黄钟之量。2400 枚秬黍之重为一两，即为黄钟之重。

（一）10 枚秬黍之广为一寸，即为黄钟之长

班固《汉书·律历志》说："度者，分，寸，尺，丈，引也。本起于黄钟之长，以子谷秬黍中者，一黍之广，度之九十分，黄钟之长。一为一分，十分为寸，十寸为尺，十尺为丈，十丈为引，而五度审于。其法用铜，高一寸，广二寸，长一丈，而分寸尺丈存焉。"说明 1 黍之广为一分，10 黍之广为一寸，以 10 进位制推而广之，此即黄钟之长。据此，取用陕西省咸阳地区产的的秬黍（中大者）实测，结果 10 黍之广的长度正好为 2.3 厘米，100 黍之广为 23 厘米。与西汉铜尺一尺为 23.5 厘米；新莽铜丈一尺合 23.03 厘米；东汉铜圭表尺一尺合为 23 厘米的长度基本相符。

（二）1200 枚秬黍之容为一龠，即为黄钟之量

《汉书·律历志》说："量者，龠、合、升、斗、斛也，所以量多少也。本起于黄钟之龠，用度数审其容，以子谷秬黍中者千有二百实其龠，以井水准其概。合（hé）龠为合（gě），十合（gě）为升，十升为斗，十斗为斛，而五量嘉矣。"据此，取用陕西咸阳地区产秬黍随机数取 2400 枚装入量杯中，正好为 20 毫升，故 1 升是 200 毫升。这与商鞅铜方升 1 升合 202.5 毫升；始皇诏铜方升 1 升合 215.65 毫升，新莽嘉量每升合 191.825 毫升基本相符。

（三）2400 枚秬黍之重为一两，即为黄钟之重

《汉书·律历志》说："权者，铢、两、斤、钧、石也。所以称物平施，知轻重也，本起

于黄钟之重。一龠容千二百黍，重十二铢，两之为两，二十四铢为两。十六两为斤，三十斤为钧……，两者两黄钟律之重也。"李奇注："黄钟之管重十二铢，两十二得二十四也。"根据《汉书》的这一记载，取用陕西咸阳地区产的秬黍，随机数取 2400 枚，用天平称量结果为 15.7 克，每斤重 251.2 克。这个实测资料与始皇诏铜权一斤重 248 克、秦两诏铜权一斤重 250.4 克、新莽嘉量的一斤重 250 克基本相符。说明黍的品性稳定，大小均匀，时过一千多年的今天尚能与度量衡各方面的有关文献文物的量值相一致，证明新莽时期把秬黍作为律准之本是较为科学的。

二、东汉时期的度量衡是承用新莽制

秦始皇统一全国后立即推行了"一法度衡石、丈尺，车同轨，书同文字"等措施。在度量衡方面，颁发了统一度量衡的诏书，制发了一大批度量衡的标准器。如秦始皇诏二十六年铜权及铜方升的制作和颁发，为我国两千多年封建社会的度量衡制度奠定了基础。《东汉会要·卷十》说："汉初，文学既缺，时亦草创，舆服旗帜，一承秦制，故虽少改，所用尚多。"说明东汉各方面制度多是袭用秦制和新莽制。东汉的度量衡制也是沿用秦制和莽制。如东汉元初年间向全国颁发的大司农铜斗与王莽制造和向全国颁发的新莽嘉量计出每升的容量均约200 毫升，充分证明了这一点。

（一）东汉之度　一尺长 23 厘米

从《汉书·律历志》有关"度"的文献记载，已经明确新莽时期度的量值"本起于黄钟之长"，经折算每尺为现今之 23 厘米，这既符合文献记载，也符合实物折算的结果。那么东汉时期的度制是否也是以"黄钟之长"为标准呢，近几十年来全国各地大量出土文物可以充分证明这一点。此将汉代的度量有关的文物列表如下。

表 1　　　　　　　　　　　　汉代度量文物一览表

朝代	文物名称	出土年月	出土地点	尺（厘米）	现藏单位
西汉	错金铁尺	1968	河北满城陵山 2 号汉墓	23.2	中国社科院考古研究所
西汉	铜　　尺	1970	山东曲阜九龙 3 号西汉墓	23.5	山东省博物馆
西汉	木　　尺	1973	甘肃金塔汉代肩水金关遗址	23.2	甘肃省博物馆
新莽	新莽铜丈	1927	甘肃定西秤钩驿	23.03	台 湾 省
东汉	菱形纹铜尺	1975	广州市先烈路	22.94	广州博物馆
东汉	玉　　尺	1959	河南洛阳中州大渠 19 号东汉墓	22.9	河南省博物馆
东汉	菱形纹铜尺	1956	湖南长沙雷家嘴东表墓	22.9	湖南省博物馆
东汉	铜圭表尺	1965	江苏仪征碑村东汉墓	23	南京博物馆

从表中看出，西汉时期三件度尺的平均长是 23.3 厘米；新莽铜丈是 23.03 厘米；从四个不同省区出土的四件度尺的平均长也是 23.3 余厘米。这表明东汉的尺度量值略小于西汉

而与新莽相一致。上述事实充分说明东汉时期长度单位的量值与新莽制是一致的，故可以结论，东汉之度量每尺是23厘米。

（二）东汉之量　一升容200毫升

据《汉书·律历志》的记载，已知新莽时期的容量"本起于黄钟之龠"。而东汉是沿用新莽制，东汉一升的量值也是200毫升，现将秦汉容量文物列下表。

表2　　　　　　　　　　　　　　　　秦汉容量文物一览表

制造年代	文物名称	原容（毫升）	折算每升（毫升）	收藏单位
秦（公元前344年）	商鞅铜方升	202.15	202.15	上海博物馆
秦（公元前221年）	始皇诏铜方升	215.65	215.65	上海博物馆
始建国（公元9年）	新莽铜嘉量	191.825	191.825	台湾省
始建国（公元9年）	始建国铜龠	10	200	陕西省博物馆
始建国（公元13年）	始建国铜撮	2.01	210	陕西省博物馆
东汉	二分圭铜量	1.2	213	中国历史博物馆
东汉	铜龠	10	200	中国历史博物馆
东汉（公元60元）	永平大司农铜合	20	200	南京博物馆
东汉（公元116年）	元初大司农铜斗	1970	197	上海博物馆
东汉（公元179年）	光和大司农铜斛	20400	204	上海博物馆

表中新莽铜嘉量的形制与《汉书·律历志》所载"上为斛，下为斗，左耳为升，右耳为合、龠"相符。东汉的容量器具的制作规格承袭新莽制，而在制作上更为完备精致，撮以下制设了圭。如东汉二分圭的长柄上铭刻有"一分容黍粟六十四枚"。《汉书·律历志》："以子谷秬黍中者，千有二百实其龠。"又说："量多少者不失圭撮。"注引应劭曰："四圭曰撮。"又引孟康注曰："六十四黍为圭。"始建国铜撮上铭刻有："……积百六十二分，容四圭。"据此，国家计量局测出新莽时四圭为一撮，五撮为一龠；一圭容水0.5毫升，容秬黍60或64枚。东汉的二分圭铜量容水1.2毫升，与新莽的单位量值基本上一致。现将国家计量局测得的新莽嘉量和出土的大量东汉量器的单位量值略加整理如下表。

表3　　　　　　　　　　　　　新莽和东汉容量及进位制一览表

项目　　量别	新莽嘉量容量			东汉容量
	进位制	原器铭之容积	折今容量（毫升）	折今容量（毫升）
圭	64黍为圭	40.5分	0.5325	0.5
撮	4圭为撮	162分	2.13	2

续表

龠	5 撮为龠	810 分	10.65	10
合	2 龠为合	1620 分	21.125	20
升	10 合为升	16200 分	191.825	200
斗	10 升为斗	162 寸	2012.5	2000
斛	10 斗为斛	1620 寸	20097.5	20000

新莽铜嘉量上本无圭、撮的设制和铭文，本表中圭的量值是笔者根据始建国铜撮的量值推算出来的；而表中撮的量值又是根据始建国铜撮上的铭文和国家计量局对铜撮的测定资料决定的；虽然铜撮与新莽嘉量各是一个量器，但其铭文和实测容积正与之相符，恰好补充了龠以下的量器。至于表中所列东汉时期的容量单位及量值，是根据《汉书·律历志》记载的"黄钟之龠"取秬黍实测的资料，以及从前表东汉的大量出土文物之量值资料，并且参照新莽嘉量资料略加整理而成。这个资料既没有失去东汉时期文献文物展现的本来之单位容值，又便于折算应用。

（三）东汉之衡　一斤重 250 克

从各方面的史料证明，东汉的权量也是承用秦制和新莽制。秦·二十六年颁发全国的始皇诏铜权和两诏铜权，经国家计量局测定分别每斤重 248 克和 250.4 克。近年出土的东汉光和大司农铜权上刻有铭文说："大司农以戊寅诏书，秋分之日，同度量，均衡石，桶斗桶，正权概，特更为诸州作铜称，依黄钟律历，九章算术，以均长短，轻重，大小，用齐七政，令海内皆同……"。"光和"是汉灵帝年号，光和二年为公元 179 年。说明在光和年间政府向全国颁发了标准权量器。经国家标准计量局折算，每斤合 249.7 克。徐天麟《东汉会要·卷五·冬至》记载："权水轻重，水一升，冬重十三两。"依据东汉之量，1 升为 200 毫升；与秦·商鞅铜方升容 202.15 毫升，新莽铜嘉量每升容 191.825 毫升，东汉光和大司农铜斛每升容 204 毫升基本相符。文献记载的重量容量都与出土文物相符，说明《东汉会要》的这一文献记载是符合历史事实的。它从不同的角度证明了东汉时期的度量衡的单位量值准确无误。

根据上述史料的研究分析和对比之后，可以充分确定东汉时期度量衡制的标准及单位量值是清楚的。即其标准仍依照"黄钟律历"。其度量衡单位量值是：一尺长 23 厘米；一升容200 毫升；一斤重 250g。张仲景所著的《伤寒论》和《金匮要略》成书于东汉建安年间，而大量文献和文物已清楚地证实了整个东汉时期的度量衡制及其单位量值，故仲景的方药剂量应当以此为依据，进行归纳和折算，落实到方剂的药物剂量上，使之有利于中药剂量实行克公制，有利于教学科研和临床应用。

表 4　　　　　　　　　　　　　秦汉权量文献文物一览表

朝　代	文物文献	原　重	折算克/斤	收藏单位
秦·二十六年	始皇诏铜权	一　斤	248	上海博物馆

续表

朝　代	文物文献	原重	折算克/斤	收藏单位
秦·二十年	两诏铜权	一　斤	250.4	甘肃省博物馆
秦·（年代不详）	咸阳亭半两铜权	半　两	241.6	上海博物馆
文帝十三年	第十重四两砝码	四　两	250	西安文物管理所
文帝十三年	一铢砝码钱	一　斤	230.4	国家标准计量局 度量衡史料组 见《文物参考资料》 （3）：82，1956
汉·（年代不详）	汉代铜锭	百三十斤	262.56	
东汉光和年间	大司农铜权	一　斤	249.7	中国历史博物馆
东汉·《东汉会要》	权水一升	十三两	250	《东汉会要·冬至》
《汉书·律历志》 第一上	权者……，本起 于黄钟之重。一龠 容千二百黍，重十 二铢。两之为两， 二十四铢为两。十 六两为斤	秬黍 384000 枚	256	陕西咸阳地区产
		褐　黍 384000 枚	249.9	甘肃兰州酒泉地区产
		黄　黍 384000 枚	246.4	宁夏地区产

三、度量衡文物图集

该图集是从有关国家度量衡专著，或从全国主要博物馆存放的出土文物实物照片收集整理而成，有关文物的鉴定和测定资料，皆是经国家有关专家测定的结论，能较系统、客观地反映东汉和东汉以前的有关资料，再现历史，具有直观性、可信性，有助于认识秦汉时期的度量衡制度。

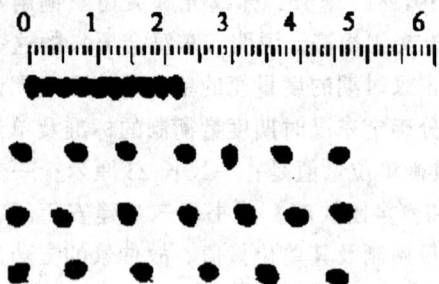

图1　秬黍（颜师古：即黑黍）
注：此秬黍 1987 年采取于陕西咸阳地区所产。

《汉书·律历志》说，权者，本起于黄钟之重，一龠容千二百黍，重十二铢，两之为两，二十四铢为两，十六两为斤。量者，本起于黄钟之龠，用度数审其容，以子谷秬黍中者千有二百实其龠，以井水准其概。合龠为合，十合为升，十升为斗。

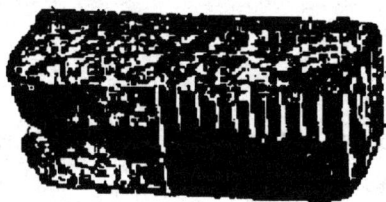

残长 4.7 厘米、宽 2.4 厘米、厚 1.5 厘米
（一尺长合 23.5 厘米）

1970 年山东曲阜九龙山 3 号西汉墓出土

山东省博物馆藏

图 2　铜尺（西汉）

长 34.5 厘米、宽 2.8 厘米、厚 1.4 厘米
（一尺合 23 厘米）

1965 年江苏仪征石碑村东汉墓出土

南京博物院藏

图 3　铜圭表尺（东汉）

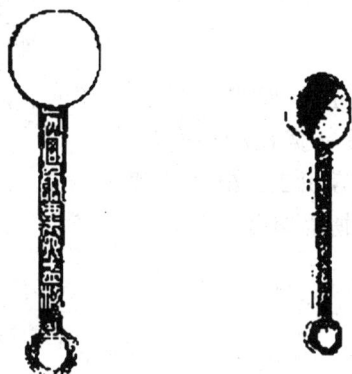

二分圭铜量　东汉

全长 6.9 厘米、高 1.03 厘米、口径 1.9
厘米，容 1.2 毫升

中国历史博物馆藏

形似小勺。长柄，柄上刻"一分容黍粟
六十四枚"。

图 4　二分圭铜量（东汉）

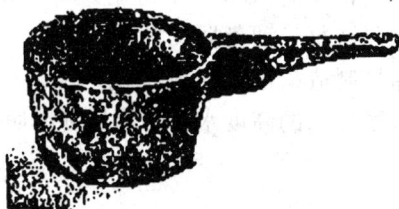

全长 6.6 厘米、高 1.9 厘米、口径 3.1 厘
米，容 10 毫升

中国历史博物馆藏

形似小勺。短柄。容量相当于一籥（籥
通龠）。

图 5　东汉铜钥（钥同龠）

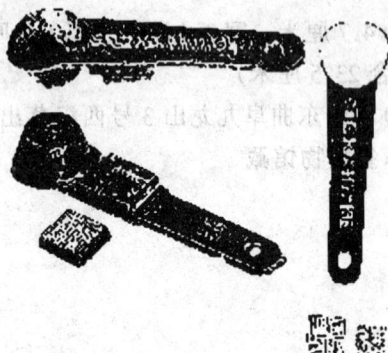

图6 永平大司农铜合（东汉）

全长 15.7 厘米、高 2.3 厘米、口径 4.1 乘 4.5 厘米，容 20 毫升
南京博物馆藏

图7 商鞅铜方升（战国·秦）

全长 18.7 厘米、内口长 12.4774、宽 6.9742、深 2.323 厘米
计算容积 202.15 立方厘米
上海博物馆藏

图8 始皇诏铜方升（秦）

全长 18.7 厘米、深 2.51 厘米、内口长 12.47 厘米、宽 6.897 厘米
计算容积 215.65 立方厘米
上海博物馆藏

图9 新莽铜嘉量（现藏台湾省）

此器形制与《汉书·律历志》所记"上为斛，下为斗，左耳为升，右耳为合、龠"相符。器壁正面有八十一字总铭，与"新莽铜丈"铭同。每一种量器又各有分铭。

嘉量制造精湛，比例准确，反映了当时我国科学技术的高度水平。测量资料如下：

表5

项目 量别	口径 (厘米)	深 (厘米)	容量 (毫升)
龠	3.231	1.2865	10.65
合	3.29	2.4165	21.125
升	6.494	5.7795	191.825
斗	32.5645	2.2675	2012.5
斛	32.948	22.895	20097.5

图10　元初大司农铜斗（东汉）

高 7.8 厘米、口径 20.3 厘米、底径 16.7 厘米，容 1970 毫升

上海博物馆藏

右侧有镶检封的凸出方框。器壁刻铭："大司农平斗，元初三年二月造。"元初为东汉安帝年号，元初三年即公元 116 年。

图11　光和大司农铜斛（东汉）

高 22.4 厘米、口径 37 厘米，容 20400 毫升

传 1815 年河南睢州出土

上海博物馆藏

图12　始皇诏铜权（秦）

高 3.2 厘米、底径 4.2 厘米

重 248 克（一斤）

上海博物馆藏

鼻纽。权身刻秦始皇二十六年诏书十四行。此为一斤权。

高 7 厘米、底径 6.2 厘米

重 250.4 克

1967 年甘肃秦安垄城公社西汉墓出土

甘肃省博物馆藏

腹空、鼻纽。棱间刻秦始皇二十六年诏书七行和二世元年诏书九行，从字体看，是一次刻成。此为一斤权。

图 13　两诏铜权（秦）

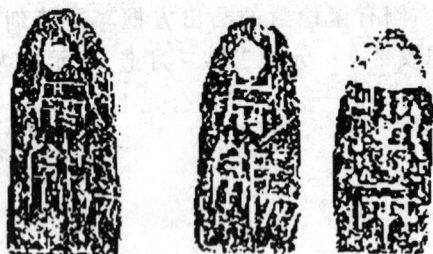

高 2.35 厘米、宽 1.1 厘米、厚 0.45 厘米

重 7.55 克，按自铭推算，每斤合 241.6 克。

上海博物馆藏

图 14　咸阳亭半两铜权（秦）

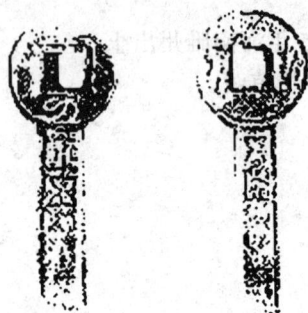

（1）王莽金错刀，刀钱上铭有"一刀平五千"，实测圆钱的直径为 2.3 公分，合当时一寸。

（2）王莽契刀，刀钱上铭有"契刀五百"，实测圆钱直径为 2.3 公分，合当时一寸。以上二件都是王莽时的货币。

　　（1）　　　　　　（2）

图 15　王莽的货币——金错刀和契刀

四、张仲景方药剂量的折算

根据上述研讨结果，将张仲景《伤寒论》和《金匮要略》中的方药剂量加以具体的折算。

（一）重量的折算

依照东汉的权量，以 100 黍为铢，重 0.65 克；24 铢为两，重 15.625 克；16 两为斤，重 250 克的标准折算。在具体折算时为了方便使用，按照四舍五入的原则，1 铢按 0.7 克计，1 两至 8 两每两按 15 克计，8 两以上者，则按每斤 250 克计。故书中凡言铢、两、斤者，均可按此为依据加以折算。（汉代每斤为 16 两，8 两即半斤）

（二）容量的折算

在东汉时期张仲景对有些药物的用量和煎服法往往是用升量代权衡。因此对容量的折算又有液体和固体物的不同。

1. 液体的折算　东汉时以 0.5 毫升为圭，2 毫升为撮，10 毫升为龠，20 毫升为合，200 毫升为升，2000 毫升为斗。故书中凡言龠、合、升、斗的有关液体物者，均可以此为依据取之。

2. 固体物的折算　由于药物的种类和质的差别，故相同体积的不同药物的重量不同，因此不能概论一升等于多重。根据东汉的 1 升为 200 毫升的标准，现将从成都中医药大学中药中心标本室中称测的各种与张仲景方药有关药物每升的重量资料列表如下。因药品的质量等级和大小不同，因此同一品种用同一容量器称测，因批次和产地不同，可有一些小的差别，但大体基本如此，可供使用参考。

表 5　　　　　　　　　　　**各种药物每升重一览表**

品　名	重量（克/升）	品　名	重量（克/升）	品　名	重量（克/升）
竹　茹	24	苡　仁	150	吴茱萸	80
白　蜜	280	麦　冬	120	䗪　虫	44
蜀　椒	50	葵　子	140	浮小麦	100
半　夏	120	小　麦	140	苇　茎	24
赤小豆	160	橘　皮	40	香　豉	124
桃　仁	120	麻子仁	100	瓜蒌仁	100
杏　仁	122	粳　米	160	虻　虫	16
赤石脂	218	五味子	90	芒　硝	160
饴　糖	270	葶苈子	120	蛴　螬	60
酸枣仁	120				

（三）药物个数的折算

在张仲景的方药剂量中，凡以某药物的个数或枚数表示剂量者，应根据该药物的实际情况折合重量。同种药物的质量大小基本上一致的，可以测定出每枚药物的基本重量，相差过大的则无法测定较为准确的重量。如甘遂半夏汤方中有"白芍五枚"，而白芍的长短大小差别很大，所以单凭多少枚是无法测定其较确切的重量的。但这种情况可以仿照该味药物在其他方剂中的用量，再结合病证来决定用量。为使用方便，将个数折为克重。现将《伤寒论》和《金匮要略》书中用个数表示用量的药物，用天平称测量每10个的重量列如下表。被称药材皆取于成都中医药大学中药中心标本室的干成品。凡方剂中以个数表示用量的，可根据以下实测的资料折合成克重。

表6 　　　　　　各种药物每10枚重量一览表

品名	规格	重(克/10枚)	品名	规格	重(克/10枚)	品名	规格	重(克/10枚)
附子	大者	200	半夏	大者	12	杏仁	大者	4
	中大	150	乌梅	中大	30	桃仁	大者	4
							大者	100
川乌	大者	100	栀子	中大	15	枳实	中者	60
							小者	30
	中大	70	大枣	中大	30	虻虫	大者	1
石膏	鸡蛋大	1000	诃子	中大	45	䗪虫	大者	9
獭肝	中大(一具)	100	百合	大者	100	水蛭	大者	30
							中大	20
全栝楼	中大	500	甘遂	大者	25	射干	去苗	15

（四）其他方法表示剂量的折算

1. 长度的折算　　凡方剂中用长度表示某种药物剂量的，一般都无法考证其确切重量。因为只明确了长度，而没有明确药物的宽窄厚薄或大小。这种情况可以参考同样药物在别的方剂中的用量以及某种药物在具体方剂中的作用而决定。如麻子仁丸方中的厚朴一尺，厚朴大黄汤中的厚朴一尺。根据大承气汤中有厚朴用半斤，小承气汤中用厚朴二两，半夏厚朴汤中有厚朴三两的先例。而麻子仁丸为丸药缓剂，各种药物用量较大，方中厚朴、枳实在于助大黄泄热导滞，枳实用量已达1斤，故厚朴可少于枳实，用半斤左右即可，余皆仿此。

2. 方寸匕的折算　　方寸匕是东汉时期取用药末的量器。即正方平面1寸而带有长柄的药铲。东汉时的1寸为2.3厘米，唐代的1寸为3.3厘米，后世的变更较大，难以为凭。因为药品的质量和方剂药物的结构不同而重量不一样。故应当根据方药实际而论。因此，只能统一方寸匕的大小，而不能一概而论1方寸匕有多重。凡书中言方寸匕者，可用2.3厘米乘2.3厘米大小的平面器具自然铲取药末冒尖，以不落为度，再用天平称测即得该药剂1方寸匕的实际重量。被称测的方药应加工极细粉末，以能冲服为宜。

3. 刀圭的折算　　刀圭者，根据史料来看，应略大于1分圭而小于1方寸匕之量较为合理。在目前为止出土的文物中，已有东汉的二分圭铜量和始建国铜撮。1圭容64黍，为0.5毫升；1撮容2毫升，合4圭。但尚未发现刀圭。若按文献《汉书·律历志》的记载，圭应比撮小，64黍为圭，4圭为撮，则1刀圭即是指1圭，其理可通。但为何称"刀圭"而不称

"圭"。据彭信威《中国货币史》考证，王莽时的金错刀上有"一刀平五千"的铭文。该刀币的直径为 2.3 厘米，中间有 1 厘米方孔，柄长为 3.5 厘米，形似刀。钱端与汉五铢钱大小同。经实测，王莽金错刀的实际平面积正好是东汉 1 方寸匕的一半。由于错刀是钱币，有柄，制作规范，用此取药末，手持之方便。取一整钱者，称一刀圭，或称谓一钱匕；取半钱者，称为半钱匕。"匕"者，一般都指有手柄之器具。故钱匕应当是指王莽的金错刀（见图15）较为合理。因东汉的度量衡制是沿用王莽制。由此可以结论，张仲景之用药量一刀圭或一钱匕，即为半方寸匕；云半钱匕者，即为四分之一方寸匕。书中凡言刀圭或钱匕、半钱匕者，均可参照前述方寸匕资料折合定量为克。方寸匕、刀圭与圭、撮的区别是，方寸匕、刀圭是平面器具，而圭、撮是勺形小容量器具。但都是微小量具。至于书中尚有如豆大，如弹丸大，如兔屎大等取类比象的用量形式，应当根据原方证情况灵活应用即可。

从上述文献和文物可知，汉时的度量衡制是很清楚的，既有大量的文献和文物证实，又基本上符合临床常用量，无论是水与药的比例，用药的剂量和方法，方药的总剂量，或者是某些单味药重用治疗某些特殊疾病，都与目前常用量接近。故《伤寒论》和《金匮》中的药物剂量应当按 1 斤为 250 克，1 升为 200 毫升为准。张家礼、陈仁旭主编的《金匮图解释要》一书中的方剂已按此剂量标准折合为克公制，可资参考。但是在临床应用时，应当严格按照仲景原书的方剂配伍及其配伍比例，以及原书对方药的煎煮和服用方法，并且灵活应用某些大剂量方剂，特别应当注意方证是否相符合，真正做到辨证论治，辨证施药处方，大小剂型恰当，既不可不遵循常量治常病，也不可忽略大疾大剂，专方治专病的特点，故专方治专病，原方用量比较大时，为慎重安全起见，一般可以从中小量开始，逐渐加至原方用量，中病即止，既安全可靠，又不妨碍专方治疗特殊病证的特点。这样方能掌握好仲景书中的方药剂量，使之更好地用于教学科研和临床。

2.〔选注〕书目

1.《巢源》:《诸病源候论》　巢元方等　610 年
2.《注解伤寒论》　成无己　1144 年
3.《三因方》:《三因极一病证方论》　陈言（无择）　1174 年
4.《医门法律》:喻昌（嘉言）　1658 年
5.《来苏集》:《伤寒来苏集》　柯琴（韵伯）　1669 年
6.《论注》:《金匮要略论注》　徐彬（忠可）　1671 年
7.《直解》:《金匮要略直解》　程林（云来）　1673 年
8.《广注》:《金匮要略广注》　李彣（珥臣）　1682 年
9.《二注》:《金匮玉函经二注》　①《金匮方论衍义》　赵良仁（以德）　1368 年
　　②《补注》　周扬俊（禹载）　1687 年
10.《编注》:《金匮要略编注二十四卷》　（《沈注金匮要略》）　沈明宗（目南）　1692 年
11.《医通》:《张氏医通》　张璐（石顽）　1695 年
12.《伤寒溯源集》　钱潢（天来）　1707 年
13.《本义》:《金匮要略方论本义》　魏荔彤（念庭）　1720 年
14.《心典》:《金匮要略心典》　尤怡（在泾）　1729 年
15.《金鉴》:《医宗金鉴·订正金匮要略注》吴谦，等　1742 年
16.《悬解》:《金匮悬解》　黄元御（坤载）　1748 年
17.《正义》:《金匮要略正义》　朱光被（峻明）　约 1803 年
18.《浅注》:《金匮要略浅注（註）》　陈念祖（修园）　1803 年
19.《辑义》:《金匮玉函要略辑义》　（日）丹波元简　1807 年
20.《金匮方歌括》:陈元犀（灵石）　1811 年
21.《本旨》:《伤寒论本旨》　章楠（虚谷）　1825 年
22.《本经疏证》:邹澍（润安）　1832 年
23.《述义》:《金匮玉函要略述义》　（日）丹波元坚　1842 年
24.《高注》:《高注金匮要略》　高学山（汉峙）　约 1872 年
25.《补正》:《金匮要略浅注补正》　唐宗海（容川）　1896 年
26.《发微》:《金匮发微》　曹家达（颖甫）　1931 年
27.《今释》:《金匮今释》　陆渊雷（彭年）　1934 年
28.《经方实验录》:曹家达（颖甫）　1937 年、1979 年
29.《释义》:《金匮要略释义》　黄树曾　1956 年
30.《语译》:《金匮要略语译》　任应秋　1958 年
31.《方义》:《金匮要略方义》　段富津　1984 年
32.《诠释》:《金匮诠释》　金寿山　1986 年
33.《篇解》:《金匮篇解》　程门雪　1986 年

3. 方剂索引（杂疗方等三篇除外）